ALFRED BIOLEK

Tre Torri

ALFRED BIOLEK

DIE REZEPTE MEINES LEBENS

Tre Torri

IMPRESSUM

Alfred Biolek
Rezepte meines Lebens

HERAUSGEBER	Ralf Frenzel © 2007 Tre Torri Verlag GmbH www.tretorri.de
KONZEPTION UND UMSETZUNG	CPA! Communications- und Projektagentur GmbH, Wiesbaden www.cpagmbh.de Die CPA! ist Mitglied der Deutschen Akademie für Kulinaristik und fördert Slow Food Deutschland e.V.
BUCHGESTALTUNG	Constantin Rothenburg, Berlin
FOTOGRAFIE	Mitja Arzenšek, Köln
SATZHERSTELLUNG	Peter Winkelmann, Wiesbaden
DRUCK UND BINDUNG	GGP Media GmbH, Pößneck

Printed in Germany

ISBN 978-3-937963-56-3

Typographie: Baskerville Regular, Baskerville Italic, Baskerville Bold,
Bickham Script Pro Semibold, Wingdings Regular

Inhalt

11 SAUCEN, DIPS & FONDS
23 SALATE
45 APPETIZER & VORSPEISEN
65 SUPPEN & EINTÖPFE
99 KLEINE GERICHTE
117 GEMÜSE
141 AUFLÄUFE & GRATINS
151 BEILAGEN
167 PASTA & RISOTTI
195 FISCH & MEERESFRÜCHTE
227 GEFLÜGEL
255 FLEISCH
279 LAMM
291 WILD
307 DESSERTS
341 DIE WEINE MEINES LEBENS
359 REZEPTREGISTER

VORWORT

von Alfred Biolek

Die Rezepte meines Lebens – das klingt so endgültig, so abschließend. Als ob es in Zukunft keine neuen Rezepte mehr geben würde, als ob es in meinem Leben nur einen Blick zurück und nicht auch immer noch einen Blick nach vorne gäbe. So war der Titel dieses Kochbuchs nicht gemeint. Eigentlich hätte der Titel »Die Rezepte meines bisherigen Lebens« heißen müssen. Aber das klingt holprig. Ich freue mich, auch in Zukunft noch viele neue Rezepte kennenzulernen und mit ihrer Hilfe viele neue Gerichte zu kochen.

Wir haben bei diesem Buch bewusst auf die übliche Ausstattung verzichtet. Weil wir davon ausgehen, dass dieses Kochbuch nicht für das Bücherregal oder für den Büchertisch gemacht ist, sondern für die Küche, als tägliche Hilfe und Anregung. Beides kann man auch dann immer wieder brauchen, wenn man frei improvisiert ohne Rezepte kocht.

Und weil immer mehr Menschen entweder ganz vegetarisch leben oder zumindest seltener Fisch und Fleisch essen, haben wir alle vegetarischen Gerichte mit diesem ❧ Zeichen gekennzeichnet. Auf diesen Vermerk kann man sich absolut verlassen, weil wir auch bei den versteckten Zutaten, wie Fonds oder Speck sehr aufmerksam auf den vegetarischen Aspekt geachtet haben.

Ein zweites Zeichen ✸ zeigt an, dass es bei einigen Rezepten darum geht, bestimmte Zutaten für mehrere Stunden oder Tage einzulegen, zu marinieren. Das ist hilfreich für die Planung eines Essens mit Gerichten, die man selten kocht und die einem daher nicht vertraut sind. Sie müssen rechtzeitig vorbereitet werden, um das volle Aroma zu entfalten.

Jetzt wünsche ich allen Benutzern dieses Kochbuchs »Gutes Gelingen« und »Guten Appetit«!

SAUCEN, DIPS & FONDS

Seite 11–22

Saucen, Dips und Fonds verbindet zunächst nur, dass sie alle flüssig sind. Für den Koch und den Genießer sind es ganz verschiedene Produkte. Beim Dip genügt es, sich an das Rezept zu halten. Danach kommt es nur darauf an, die richtige Kombination mit Gemüse, Brot, Fleisch oder anderen Zutaten zu finden. Einen Fond zu machen, ist auch nicht schwer. Leider wird er trotzdem viel zu oft durch fertige Fonds, Brühwürfel oder Instant-Pulver ersetzt. Dabei ist ein selbstgemachter Fond als Basis vieler Gerichte unverzichtbar. Das gilt vor allem für Suppen, Risotti und Saucen, die nicht durch geschmacksintensive Gewürze oder andere Zutaten dominiert werden. Sie bekommen den Geschmack erst durch den hochwertigen Fond. Eine gute Sauce zu machen, ist die größte Herausforderung der Küche. An der Qualität der Sauce erkennt man die Qualität des Kochs. Hier genügt es nie, sich auf die angegebenen Zutaten zu verlassen. Sie stellen nur die Basis dar. Dabei kommt es neben Salz und Pfeffer auf die Ausgewogenheit von Säure und Süße an. Ein paar Tropfen eines alten Aceto Balsamico können da bereits sehr helfen.

SAUCE HOLLANDAISE

Zutaten ❧

200 g Butter
3 Eigelbe
2 EL Weißweinessig
Salz
Cayennepfeffer
Muskatnuss

In einer Pfanne die Butter schmelzen lassen. Eigelbe, 50 ml Wasser und Essig im Wasserbad zu einer homogenen Masse aufschlagen. Damit dies gelingt, darf die Masse weder zu heiß noch zu kalt sein. Vom Herd nehmen und die Butter langsam unter ständigem Rühren einfließen lassen. Mit Salz, Cayennepfeffer und frisch geriebener Muskatnuss abschmecken.

SAUCE BÉARNAISE

Zutaten ❧

220 g Butter
2 Schalotten
50 ml Weißweinessig
½ TL gestoßene schwarze Pfefferkörner
3 Eigelbe
½ Bund Estragon
Salz
Cayennepfeffer
Zitronensaft

200 g Butter in einem kleinen Topf schmelzen lassen. Die Schalotten schälen und in sehr feine Würfel schneiden, in der restlichen Butter glasig andünsten. Mit Weißweinessig und 50 ml Wasser ablöschen und einmal aufkochen lassen. Den gestoßenen Pfeffer dazugeben und leicht abkühlen lassen, mit den Eigelben im Wasserbad zu einer homogenen Masse aufschlagen, nicht zum Kochen bringen. Vom Herd nehmen und die Butter langsam unter ständigem Rühren vorsichtig in den Eierschaum einfließen lassen.

Estragon waschen, trockentupfen und von den Stielen zupfen. Die Blätter fein schneiden und zu der fertigen Sauce béarnaise geben, mit Salz, Cayennepfeffer und 1 Spritzer Zitronensaft abschmecken.

BÉCHAMELSAUCE

Zutaten ❧

2 EL Butter
2 EL Mehl Type 405
500 ml Milch
1 Zwiebel, gespickt mit 1 Lorbeerblatt und 1 Nelke
Salz
Muskatnuss
Cayennepfeffer
1 Spritzer Zitronensaft

Die Butter in einem Topf schmelzen lassen, das Mehl einrühren und hell rösten. Nach und nach die kalte Milch zugießen und unter ständigem Rühren zum Kochen bringen, dabei glatt rühren.

Die gespickte Zwiebel hineingeben und die Sauce 30 Minuten leise kochen lassen; gelegentlich umrühren, damit die Sauce nicht ansetzt. Die gespickte Zwiebel herausnehmen, die fertige Sauce durch ein feines Sieb gießen und mit Salz, Muskatnuss, Cayennepfeffer und 1 Spritzer Zitronensaft abschmecken.

PFEFFERSAUCE

Zutaten ❧

3 Schalotten
2 EL Butter

2 TL bunte Pfefferkörner (grün, schwarz, rot)
4 EL Cognac
2 EL Weißwein
2 EL Apfelsaft
1 Becher Sahne (200 g)
Salz
2 Zweige Estragon

Die Schalotten schälen und in sehr feine Würfel schneiden, in eine Pfanne geben und mit der Butter glasig andünsten. Den Pfeffer im Mörser grob zerstoßen und zu den Schalotten geben. Mit Cognac, Weißwein und Apfelsaft ablöschen und fast vollständig einkochen lassen. Mit Sahne aufgießen und nochmals auf etwa zwei Drittel einkochen lassen. Mit Salz abschmecken. Den Estragon waschen, trockentupfen, von den Stielen zupfen und in feine Streifen schneiden, in die Sauce geben und unterrühren.

Die Pfeffersauce passt sehr gut zu kurz gebratenem Fleisch wie Steaks, Koteletts oder Filets.

KLASSISCHE TOMATENSAUCE

Zutaten

750 g geschälte Tomaten, frisch oder aus der Dose
1 kleine Möhre
1 kleine Zwiebel
1 Stange Staudensellerie
50 ml Olivenöl
½–1 Zehe Knoblauch
5 Basilikumblätter
Salz
Pfeffer
eventuell Zucker

Tomaten zum Abtropfen auf ein Sieb geben. Das Gemüse waschen, schälen und so weiter, in sehr kleine Würfel schneiden.

Die Gemüsewürfel im Öl anschmoren. Tomaten dazugeben, ebenso den geschälten und durch die Presse gedrückten Knoblauch. Zuletzt die kleingezupften Basilikumblätter. Die Sauce bei kleiner Hitze einkochen, bis die Gemüse gar sind und der Tomatensaft eingekocht ist. Durch ein Haarsieb streichen und nochmals bei geringer Hitze leise köchelnd eindicken lassen. Salzen, pfeffern und, falls die Sauce zu säuerlich schmeckt, mit einer guten Prise Zucker abrunden.

Serviert man auf bissfest gekochten Spaghetti, Maccheroni oder Penne mit frisch geriebenem Parmesan.

MEINE TOMATENSAUCE

Zutaten

1 mittelgroße Zwiebel oder 2 Schalotten
7 EL Olivenöl
750 g geschälte Tomaten – frisch, aus der Dose oder gewürfelt aus der Packung
2 EL Tomatenmark
Basilikum oder Oregano
Salz, Pfeffer
eventuell Zucker
Parmesan

Die Zwiebel oder die Schalotten pellen, fein würfeln und in 5 EL Olivenöl andünsten. Die Tomaten mit Flüssigkeit und das Tomatenmark dazugeben. Nach Geschmack mit Basilikum oder Oregano würzen, sehr sparsam salzen und pfeffern. Etwa 1 Stunde bei ganz kleiner Hitze milde köcheln lassen. Gelegentlich umrühren. Die Sauce muss eindicken, aber flüssig bleiben. Dann vom Herd nehmen und die restlichen 2 EL Olivenöl untermischen. Mit Salz und Pfeffer abschmecken, sollte die Sauce zu säuerlich schmecken, eine Prise Zucker zugeben. Passt am besten zu Spaghetti und muss auf jeden Fall mit frisch geriebenem Parmesan serviert werden.

SCHNELLE TOMATENSAUCE

Zutaten ☙

750 g Tomaten
2–3 EL Olivenöl
Salz
Pfeffer
Basilikumblätter oder frischer Liebstöckel
Parmesan

Die Tomaten mit kochendem Wasser überbrühen, häuten und halbieren, die Hälften fest ausdrücken (so werden die Kerne entfernt) und das Fruchtfleisch fein würfeln, in einem Topf mit 2 bis 3 EL Olivenöl nur gerade 5 Minuten dünsten, mit Salz und Pfeffer abschmecken und ganz zum Schluss mit fein geschnittenen Basilikumblättern oder frischem Liebstöckel garnieren. Dazu natürlich Parmesan.

TOMATENSAUCE À LA KEKA

Zutaten ☙

750 g Tomaten
Olivenöl
1 Knoblauchzehe
Peperoncino
Salz
Pfeffer

Tomaten wie für die schnelle Tomatensauce brühen, abziehen, klein würfeln. In einer Schüssel mit Olivenöl vermischen, eine Knoblauchzehe dazupressen und mit gehacktem Peperoncino, Pfeffer und Salz würzen. Schon fertig! Kalt über heiße Spaghetti gießen.

OLIVENSAUCE

Zutaten ☙

100 g schwarze Oliven
50 g grüne Oliven
Italienische Kräutermischung
Olivenöl

Sehr frisch und leicht. Dazu einfach schwarze und grüne Oliven (Mengenverhältnis 2:1, zum Beispiel 100 g schwarze und 50 g grüne) mit einem spitzen Messer sehr klein vom Kern schneiden, vermischen und mit einer guten Prise gemischter italienischer Kräuter (gibt es als fertige Mischung im Glas) in ein Schraubglas füllen, mit gutem Olivenöl bis zur Oberkante auffüllen. Das hält im Kühlschrank wochenlang. Die Olivenstreifen mit dem würzigen Öl werden kalt über »al dente« gekochte Spaghetti gegeben, dazu kommt noch ein kleines Stück Butter und frisch gehackte Petersilie.

RUCOLASAUCE

Zutaten ☙

3 Bund Rucolasalat (Rauke)
2 Knoblauchzehen
Olivenöl
Salz

Einige Bund Rucola waschen und trockenschleudern, dann grob hacken. Knoblauch fein hacken und in einer Pfanne mit reichlich gutem Olivenöl ganz kurz glasig dünsten, dann die Rucolastreifen 4 bis 5 Minuten darin dünsten. Nur sparsam mit Salz abschmecken, Rucola würzt schon genug.

FISCH-SAFRAN-SAUCE ZU BANDNUDELN

Zutaten

250 g Rotbarsch-Filet (oder einen anderen Fisch)
1 Bund Schnittlauch
½ Glas Fischfond, 200 ml
10 Safranfäden
2 EL Crème fraîche
1 EL Butter
1 Schuss Weißwein
1 Prise Cayennepfeffer
1 Schuss Zitronensaft
Salz
Pfeffer
400 g Bandnudeln
1 TL rosa Beeren

Die Fischfilets waschen, trockentupfen und quer in 1 cm breite Streifen schneiden. Den Schnittlauch waschen, trockentupfen und in Röllchen schneiden. In einem Topf den Fischfond erwärmen und die Safranfäden hinzufügen.

Crème fraîche einrühren und auf die Hälfte einkochen lassen. In einer Pfanne die Butter schmelzen und die Fischstreifen kurz anbraten. Mit Weißwein ablöschen und 4 Minuten zugedeckt köcheln lassen.

Den Fisch mit dem Sud in den Topf zum Fond geben, alles aufkochen und mit Cayennepfeffer, Zitronensaft, Salz und Pfeffer abschmecken.

Bandnudeln in reichlich Salzwasser »al dente« kochen, abgießen und auf Teller verteilen. Fisch-Safran-Sauce darübergeben und mit Schnittlauchröllchen und rosa Beeren bestreuen.

CURRY-SHRIMPS-SAHNE

Zutaten

250 g geschälte Shrimps (Garnelen), eventuell tiefgekühlt
1 kleine Schalotte
25 g Butter
1–2 TL Currypulver
1 Becher Sahne (200 g)
Salz
einige Blättchen Koriander (Cilantro) oder Petersilie

Die Shrimps kurz in einem Sieb überbrausen, dann gut abtropfen lassen. Die Schalotte fein hacken. In einem Topf bei ganz kleiner Hitze die Butter schmelzen lassen und die Schalottenwürfel glasig dünsten. Das Currypulver darüber stäuben und unterrühren, sofort die Sahne aufgießen, sonst wird der Curry bitter. Nun bei mittlerer Hitze auf etwa ⅔ der Menge einkochen lassen.

Die Shrimps dazugeben und nur ganz kurz unter Rühren garen, sonst laugen sie aus und werden hart. Mit Salz abschmecken.

Mit Korianderblättchen garnieren. Der zarte Geschmack dieses auch »asiatische Petersilie« genannten Kräutleins passt noch besser dazu als Petersilie. Mit Bandnudeln servieren.

STEINPILZE IN SAHNE

Zutaten

350 g frische Steinpilze, möglichst kleine
(es dürfen auch mehr sein)
2 EL Pflanzenöl
50 g Butter
1 Knoblauchzehe
1 Msp. gemahlener Kümmel
1 Becher Sahne (200 g)
ein Schuss Weißwein
Salz, Pfeffer
1 Bund Petersilie

Die Steinpilze säubern, am besten mit einer kleinen weichen Bürste (Kuchenpinsel), unansehnliche Stellen herausschneiden und nur, wenn unbedingt erforderlich, noch waschen. Die Pilze der Länge nach in etwa 5 mm dicke Scheiben schneiden.

In einer großen Pfanne zuerst das Pflanzenöl erhitzen, dann die Butter darin schmelzen lassen, die Pilzscheiben und die geschälte (aber nicht zerteilte) Knoblauchzehe bei mittlerer Hitze unter Rühren anbraten, bis die Pilzscheiben fast gar sind.

Eine Prise gemahlener (oder noch besser: im Mörser frisch zerkleinerter) Kümmel unterstreicht fein das Pilzaroma.Die Knoblauchzehe herausnehmen, die Sahne und einen Schuss Weißwein dazugießen, alles etwas einkochen lassen und erst jetzt mit Salz und Pfeffer abschmecken.

Auch ein wenig Trüffel-Öl (3 bis 4 Tropfen), das allerdings nicht billig ist, unterstreicht den herrlichen Steinpilzgeschmack dieser Sauce.

Mit gewaschener und fein gehackter Petersilie bestreuen und zu nach Grundrezept gekochten Fettuccine (Bandnudeln) anrichten.

PESTO GENOVESE

Zutaten

1–2 Bund Basilikum mit schönen großen Blättern
200 g Pecorino
50 g Parmesan
100 g Pinienkerne
2–3 Knoblauchzehen
¼ l Olivenöl
Salz

Die Blätter von den Basilikumstielen zupfen, waschen und trockentupfen. Die beiden Käsesorten zerkleinern, die Knoblauchzehen pellen. Alle Zutaten außer dem Öl in einem Mixer oder mit dem Pürierstab zu einem Mus zerkleinern, dabei langsam das Öl zugießen, bis die Masse eine pastenähnliche Konsistenz hat. Eventuell mit etwas Salz abschmecken, aber Vorsicht: Die Käsesorten können unterschiedlich salzig sein.

Pesto wird klassisch im Mörser bereitet, das macht allerdings sehr viel mehr Arbeit und nur die wenigsten Haushalte werden einen genügend großen Mörser haben.

Mit Spaghetti mischen oder auf Gnocchi servieren.

PFIFFERLINGSAUCE

Zutaten

350 g Pfifferlinge
1–2 Schalotten
100 g geräucherter roher Speck
50 g Butter
1 Becher Sahne (200 g)
Salz, Pfeffer
1 TL getrockneter oder 2–4 Zweige frischer Estragon
1 Bund Petersilie

Die Pfifferlinge putzen und möglichst nicht waschen, sondern trocken mit einer kleinen Bürste oder einem Kuchenpinsel reinigen.

Die Schalotten schälen, in feine Würfel schneiden, ebenso den Speck würfeln. In einer Pfanne bei mäßiger Hitze den Speck auslassen, die Butter dazugeben und die Schalottenwürfel unter Rühren glasig dünsten. Die Pilze zugeben und unter ständigem Rühren bei mittlerer Hitze etwa 10 Minuten dünsten. Die Sahne unterrühren und etwas einkochen lassen. Die Petersilie waschen, trockenschleudern und hacken. Die Sauce mit Salz, Pfeffer und Estragon würzen und mit Petersilie bestreuen. Am besten zu Tagliatelle (Bandnudeln) servieren.

SCHARFE AUBERGINENSAUCE

Zutaten

1 große Aubergine
1 Dose geschälte Tomaten, 400 g
1 TL Korianderkörner
1–2 getrocknete rote Chilischoten
125 g schwarze Oliven
1 Bund Basilikum
6–8 EL Olivenöl
Salz, Pfeffer
nach Geschmack etwas Rotweinessig
500 g Spaghetti
150 g Parmesan

Die Aubergine gründlich waschen und in 1 cm große Würfel schneiden. Tomaten abtropfen und hacken. Koriander und Chili im Mörser zerstoßen. Die Oliven vom Stein schneiden. Basilikum waschen, trockenschleudern und grob hacken.

In einer Pfanne Olivenöl erhitzen und die Auberginenwürfel zusammen mit Chili und Koriander goldbraun braten. Die Tomaten dazugeben und einige Minuten köcheln lassen, dann die Oliven unterrühren. Etwas einkochen lassen, bis die Sauce sämig wird. Mit Salz, Pfeffer und nach Geschmack mit etwas Rotweinessig abschmecken. Am besten zu Spaghetti servieren.

ROUILLE

Zutaten

3 Knoblauchzehen
1 Peperoncino (getrocknete rote Pfefferschote)
1 gekochte und gepellte Kartoffel
8–10 Safranfäden
100 ml Olivenöl
Salz, Pfeffer

In einem Mörser die geschälten Knoblauchzehen und die Pfefferschote sehr fein zerstoßen. Die kalte Kartoffel auf einer Rohkostreibe fein zerkleinern und zusammen mit den Safranfäden sorgfältig unter den Knoblauchbrei mischen. Nach und nach das Olivenöl dazurühren, bis eine geschmeidige Sauce entstanden ist; sollte sie zu dick werden: 1 EL Fischbrühe untermischen. Mit Salz und Pfeffer abschmecken. Wie Aioli auf Weißbrot zur Fischsuppe reichen oder einfach in einem Schüsselchen servieren, jeder löffelt davon nach Geschmack in seine Suppe.

AIOLI

Zutaten

4–5 Knoblauchzehen
1 Eigelb
100 ml Olivenöl
Salz, Pfeffer
1 EL Zitronensaft

Die Knoblauchzehen pellen und durch die Knoblauchpresse in eine Schüssel drücken. Das Eigelb dazurühren.

Erst tropfenweise, später in dünnem Strahl das Olivenöl mit dem Schneebesen unterrühren, bis eine mayonnaisenartige Creme entstanden ist. Mit Salz, Pfeffer und dem Zitronensaft herzhaft würzen. Auf getrocknetes Weißbrot gestrichen passt das ebenfalls zu der Fischsuppe.

MAYONNAISE

Zutaten

1 Ei mit Zimmertemperatur
2 TL Dijon-Senf
1 Spritzer Zitronensaft oder Essig
200 ml Sonnenblumenöl
Salz, Cayennepfeffer

Ei, Senf mit dem Zitronensaft in einen hohen Mixbecher oder eine Schüssel geben. Mit dem Stabmixer oder Schneebesen das Öl unter ständigem Rühren langsam einlaufen lassen. Darauf achten, dass eine homogene Masse entsteht. Wenn alles Öl eingerührt ist, mit Salz und Cayennepfeffer abschmecken.

OLIVENPASTE

Zutaten

280 g Oliven mit Steinen, je zur Hälfte grün und schwarz
90 g getrocknete, in Öl eingelegte Tomaten
1 Knoblauchzehe
1 EL Kapern
1 Chilischote
75 ml Olivenöl
Pfeffer
Thymian

Die Oliven entkernen und sehr klein schneiden bzw. in einer Küchenmaschine zerkleinern. Die getrockneten Tomaten aus dem Öl nehmen, abtropfen lassen und ebenfalls sehr fein hacken. Den Knoblauch schälen, fein hacken. Kapern und Chilischote fein hacken. Alles zusammen in eine Schüssel geben und mit dem Olivenöl gut vermischen. Mit Pfeffer und Thymian abschmecken.

TIPP: Wer kein Fleisch, aber gelegentlich Fisch isst, kann die Olivenpaste durch 2 bis 3 gut abgespülte und klein gehackte Sardellen verfeinern. Die Paste hält sich im Einweckglas bis zu 2 Wochen im Kühlschrank.

Die in Südfrankreich „Tapenade" genannte Olivenpaste schmeckt wunderbar auf getoastetem Graubrot oder auf frischer Baguette, Ciabatta oder Vollkorn-Baguette. Hervorragend zum Apéritif!

DILL-SENF-SAUCE

Zutaten

2 Bund Dill
1 TL Senfpulver
1 TL Essig
2 TL Dijon-Senf
2 TL Zucker oder, noch besser, Honig
1 kleine Tasse neutrales Pflanzenöl

Den Dill waschen, trockenschwenken und sehr fein schneiden. Senfpulver mit dem Essig glatt rühren und mit dem Dijon-Senf und Zucker oder Honig unter Zugabe von Öl zu einer geschmeidigen Sauce verquirlen. Den Dill unterrühren, fertig! Die Sauce soll einen feinscharfen, süßlichen Geschmack haben.

SENFSABAYON

Zutaten

5 sauber getrennte Eigelbe
1–2 TL Senf
100 ml Weißwein
Salz
1 Msp. Cayennepfeffer

In einer Metallschüssel, die in einen größeren Topf mit siedendheißem Wasser gestellt wird, die Eigelbe mit dem Senf aufschlagen. Dazu eignet sich gut ein elektrischer Schneebesen, es geht aber auch mit einem normalen. Nach und nach den Weißwein dazugießen und mit Salz und Cayennepfeffer abschmecken. So lange quirlen und vorsichtig erhitzen, bis eine leichte, schaumige Sauce entstanden ist.

Nach dem Herausnehmen aus dem Wasserbad noch so lange schlagen, bis sie etwas abgekühlt ist!

KRÄUTER-VINAIGRETTE

Zutaten

jeweils 1 kleines Bund Dill, glatte Petersilie und Schnittlauch
1 Bund Rucola (Rauke)
1 Bund Brunnenkresse
3 Frühlingszwiebeln
4 EL neutrales Pflanzenöl
3 EL Olivenöl
2 EL Himbeeressig
1 EL Dijon-Senf
1 TL Zucker
Salz
Pfeffer

Die Kräuter gründlich waschen, trockenschleudern, und – ohne die harten Stängel – fein hacken. Die Frühlingszwiebeln putzen, waschen und in feine Ringe schneiden. Aus beiden Ölen, dem Essig, Senf, Zucker sowie Salz und Pfeffer eine Salatsauce (Vinaigrette) mischen und die gehackten Kräuter unterrühren. Passt auch wunderbar zu Roastbeef oder einer Sülze mit Bratkartoffeln.

JOGHURTSAUCE

Zutaten

1 Becher Joghurt
2 EL fein gehackte frische Minze
2 TL gemahlener Kreuzkümmel (Cumin)
Knoblauchzehen nach Belieben
Salz
Cayennepfeffer

Den Joghurt in eine Schüssel füllen und cremig rühren. Mit der gehackten Minze und dem Kreuzkümmel vermischen. Die Knoblauchzehen schälen und durch die Presse dazudrücken. Mit Salz und Cayennepfeffer abschmecken.

KALBSFOND

Zutaten

2 mittelgroße Zwiebeln
1 Knoblauchzehe
1 kleine Karotte
2 Stangen Staudensellerie
2 EL ÖL
350 g Kalbsknochen und Kalbfleischabschnitte
3 Nelken
1 Lorbeerblatt
15 Pfefferkörner
Meersalz
1 EL Tomatenmark
100 ml Weißwein

Zwiebeln und Knoblauch schälen, Karotte und Sellerie putzen, schälen oder waschen und alles in grobe Stücke zerteilen. Das Öl in einem Bräter erhitzen, Kalbsknochen und Fleischabschnitte dazugeben und von allen Seiten darin anbraten.

Gemüse und Gewürze dazugeben, mit Meersalz leicht würzen und kurz schmoren. Das Tomatenmark einrühren und leicht anrösten. Mit Weißwein ablöschen und vollständig einkochen lassen. Nach und nach etwas Wasser dazugießen und immer wieder einkochen lassen. Diesen Vorgang drei- bis viermal wiederholen. Mit 1 ½ l kaltem Wasser aufgießen, einmal aufkochen lassen und 2 bis 3 Stunden leicht köcheln lassen. Den Fond durch ein feines Sieb streichen.

Der Kalbsfond lässt sich wunderbar portionsweise einfrieren.

FISCHFOND

Zutaten

500 g helle Fischkarkassen (Fischabfälle)
2 Frühlingszwiebeln
2 Stangen Staudensellerie
20 kleine Champignons
1 EL Butter
100 ml Weißwein
2–3 Stängel glatte Petersilie
4 Pfefferkörner
2 Wacholderbeeren, 1 Lorbeerblatt
abgeriebene Schale von ½ unbehandelten Zitrone

Die Fischkarkassen gut mit kaltem Wasser abspülen. Zuerst die Kiemen aus den Köpfen entfernen, damit der Fond nicht bitter wird. Frühlingszwiebeln putzen, grobes Grün entfernen und Frühlingszwiebeln grob zerteilen. Sellerie putzen, waschen und in 2 cm große Würfel schneiden. Champignons putzen, kurz mit kaltem Wasser abbrausen und trockentupfen, eventuell halbieren.

Das Gemüse in einem Topf mit der Butter andünsten, es sollte allerdings keine Farbe annehmen. Die Fischkarkassen dazugeben und mit Weißwein ablöschen. Alles mit 1 l kaltem Wasser auffüllen und langsam zum Kochen bringen. Petersilie waschen und trockentupfen. Mit den Gewürzen und der Zitronenschale in den Topf geben. Aufkochen lassen und 20 bis 30 Minuten köcheln lassen. Ein Sieb mit einem Passiertuch (oder Leinen-Geschirrtuch) auslegen und den Fond durch das Sieb streichen.

Fischkarkassen gibt es inzwischen in allen hochwertigen Fischgeschäften. Der Fischfond lässt sich sehr gut portionsweise einfrieren.

GEFLÜGELFOND

Zutaten

800 g Geflügelklein
1 Stange Lauch
2 Stangen Staudensellerie
1 mittelgroße Zwiebel
1 Bouquet garni, aus 4 Zweigen Thymian
und 8 Stängeln Petersilie
1 Lorbeerblatt
20 schwarze Pfefferkörner
10 Wacholderbeeren
grobes Meersalz

Das Geflügelklein waschen und mit 2 l kaltem Wasser in einem Topf vorsichtig zum Kochen bringen, den entstehenden Schaum abschöpfen. Lauch und Staudensellerie putzen, waschen und grob zerkleinern. Die Zwiebel schälen und halbieren.

Für das Bouquet garni die Zutaten waschen, trockentupfen und zu einem Kräutersträußchen binden. Mit Lorbeerblatt, Zwiebel, Lauch, Sellerie, Pfefferkörnern und Wacholderbeeren in den Fond geben. Mit Meersalz würzen und 1 ½ bis 2 Stunden leicht köcheln lassen. Den Fond durch ein Sieb streichen und kalt stellen. Wenn nicht der ganze Fond benötigt wird, kann er portionsweise eingefroren werden.

GEMÜSESUD

Zutaten

1 große Zwiebel
2 große oder 4 kleine Schalotten
2 dicke Stangen Lauch (350 g)
2 Karotten
100 g Staudensellerie
1 großer Fenchel (250 g)
200 g Austernpilze
3 EL Olivenöl
3 Knoblauchzehen
1,5 l Wasser
2 Lorbeerblätter
6 Stängel glatte Petersilie
3 Nelken
1 EL Meersalz
15 weiße Pfefferkörner

Die Zwiebel und Schalotten schälen. Den Lauch putzen und sorgfältig waschen. Karotten, Sellerie und Fenchel putzen und waschen. Alles in nicht zu kleine Stücke schneiden. Die Pilze putzen.

Zwiebel- und Schalottenwürfel in Olivenöl kurz anschwitzen. Lauch, Möhren, Staudensellerie, Fenchel, Pilze und die ungeschälten und angedrückten Knoblauchzehen zugeben. Den Topf mit dem Wasser auffüllen. Lorbeerblätter, Petersilienstängel (vorher mit Küchengarn zusammenbinden), Nelken sowie Meersalz zugeben und alles einmal kurz zum Aufkochen bringen.

20 Minuten leise kochen lassen.

Vom Herd nehmen, die Pfefferkörner zugeben und 20 Minuten ziehen lassen. Alles durch ein Sieb gießen und dabei nur leicht anpressen.

TIPP: Den Gemüsesud können Sie gut auf Vorrat herstellen und zum Beispiel in Eiswürfelformen oder verschieden großen Plastikbehältern einfrieren, weil man dann den Sud in den unterschiedlichen Mengen, je nach Rezept, auftauen kann. Besser schmeckt es aber, wenn der Gemüsesud vor der Verwendung frisch zubereitet wird.

TOMATENSUGO

Zutaten für ¾ Liter Sauce

1 kg reife Tomaten
1 mittelgroße Fenchel (200 g)
1 dicker Stängel Staudensellerie
1 mittelgroße rote Paprikaschote (100 g)
1 mittelgroße und 1 kleine Zwiebel (150 g)
3 EL Olivenöl
1 EL Zucker
4 Knoblauchzehen
5 große Blätter frisches Basilikum
2 frische Zweige Rosmarin (etwa 10 Nadeln) oder getrockneter Rosmarin
2 Zweige frischer Thymian oder getrockneter Thymian
1 Lorbeerblatt
1 EL Tomatenmark
1 große Dose geschälte Tomaten (800 g)
2 getrocknete Chilischoten
Salz

Alle Gemüse waschen. Tomaten vom grünen Strunk befreien und vierteln. Fenchel halbieren, Strunk und Grün entfernen und die Knolle in dünne Streifen schneiden. Staudensellerie klein schneiden. Paprikaschote vierteln, entkernen und würfeln, Zwiebeln schälen und ebenfalls in kleine Würfel schneiden. Das Olivenöl erhitzen und den Zucker darin karamellisieren. Die Knoblauchzehen in der Schale leicht andrücken und mit den Kräutern zugeben. Das klein geschnittene Gemüse (ohne Tomaten) und die Zwiebeln dazugeben und weitere 3 Minuten glasieren. Tomatenmark einrühren, geviertelte Tomaten unterheben und abgedeckt 20 Minuten bei geringer Temperatur sanft kochen lassen.

Die Tomaten aus der Dose mit einer Gabel fein zerdrücken und mit dem Saft zur Tomatensauce geben. Weitere 1,5 Stunden offen sanft kochen lassen, gelegentlich umrühren und bei Bedarf etwas Flüssigkeit zugeben (Gemüsesud oder Tomatensaft). Die Chilischoten zwischen den Fingern zerreiben und die Tomatensauce damit pikant würzen. Sauce durch ein grobes Sieb gießen und leicht salzen.

TIPP: Der Tomatensugo kann wunderbar auf Vorrat produziert werden, da er sich im Kühlschrank mehrere Tage aufbewahren lässt. Er ist vielseitig einsetzbar. So schmeckt er zu Spaghetti mit Basilikum, aber auch als Suppe, verdünnt mit Gemüsesud und mit einem Klacks Crème fraîche abgeschmeckt.

CAFÉ-DE-PARIS-BUTTER

Zutaten

250 g zimmerwarme Butter
5 EL Pflanzenöl
½ Bund glatte Petersilie
3 Zweige Estragon, 1 Zweig Thymian
1 Msp. gehackter Rosmarin
1 TL Dijon-Senf
1 TL Ketchup
1 Msp. Currypulver
je 1 TL abgeriebene unbehandelte Orangen- und Zitronenschale
Salz, Pfeffer
Zitronensaft

Die Butter mit dem Handrührgerät schaumig schlagen (das dauert etwa 5 Minuten) und das Öl einrühren. Petersilie, Estragon und Thymian waschen, trockentupfen, die Blätter von den Stielen zupfen und sehr fein hacken.

Nach und nach Petersilie, Estragon, Thymian, Rosmarin, Senf, Ketchup, Currypulver und Zitrusschalen unter die Butter rühren. Mit Salz, Pfeffer und 1 Spritzer Zitronensaft abschmecken und die Butter kühl aufbewahren.

TIPP: Die Butter ist zwar etwas aufwändig in der Zubereitung, die Mühe lohnt sich aber. Bereiten Sie einfach etwas mehr davon zu und frieren Sie sie portionsweise ein. Die Butter passt sehr gut zu kurz gebratenem Fleisch wie Rinderfilet.

OLIVEN-ORANGEN-BUTTER

Zutaten

3 mittelgroße Schalotten
3 TL Rosmarinnadeln
1 TL abgeriebene unbehandelte Orangenschale
1 EL Balsamico-Essig
3 kleine Sardellenfilets
125 g Butter
1–2 EL gehackte schwarze Oliven
Olivenöl, Salz
schwarze und weiße Pfefferkörner, im Mörser zerstoßen

Die Schalotten schälen und in feine Würfel schneiden. Rosmarinnadeln fein hacken.

In einer kleinen Pfanne die Schalottenwürfel zusammen mit dem Balsamico-Essig und 1 EL Wasser unter Rühren garen, bis die Flüssigkeit verdampft ist. Das Ganze etwas abkühlen lassen. In einer Schüssel die Sardellenfilets fein zerdrücken und gründlich mit Butter, Oliven, Orangenschale und Rosmarin verrühren. Mit Salz und dem Pfeffer abschmecken und die abgekühlten Balsamico-Zwiebeln untermischen. Oliven-Orangen-Butter im Kühlschrank fest werden lassen.

TIPP: Die Oliven-Orangen-Butter schmeckt sehr gut zu gebratenem Lammfleisch oder Schweinekotelett.

SALATE

Seite 23–44

Beim Salat kennt die Fantasie keine Grenzen. Nahezu alles lässt sich kombinieren. Aber bestimmte Kombinationen haben sich bewährt und gelten sozusagen als klassisch. Andere wiederum sind so ungewöhnlich, dass man sie ohne Rezeptvorschlag nicht entdecken würde. Für alle Salate gilt: Sie müssen frisch und knackig sein. Im Winter kaufe ich beispielsweise keinen Kopfsalat, weil er kein festes Herz hat. Fast immer entscheidend für den Geschmack eines Salats ist die Sauce, das Dressing, wie man heute gerne sagt. Auch da sind der Fantasie keine Grenzen gesetzt. Ich bevorzuge jedoch meist die klassische Vinaigrette aus Öl, Essig, etwas Senf, Salz und frisch gemahlenem Pfeffer. Eine Vinaigrette lässt sich hervorragend variieren, etwa mit Zucker oder Honig, mit Sahne oder Joghurt und natürlich mit Kräutern. Für welche Salatsauce man sich entscheidet – ohne gute Zutaten wird sie nicht schmecken. Besonders beim Öl und beim Essig sollte man nicht sparen. Ich habe neben dem Olivenöl zum Kochen immer noch ein extra feines für den Salat. Und Essig sollte man ohnehin in so kleinen Mengen verwenden, dass es ruhig auch ein etwas besserer sein darf!

FELDSALAT MIT KÜRBIS

Zutaten

400 g Kürbis
100 g Feldsalat
3 EL Kürbiskerne
6 EL Pflanzenöl
Salz, Pfeffer
1 EL brauner Zucker
3 EL Weinessig

Den Kürbis schälen und in schmale Spalten schneiden. Den Feldsalat verlesen, waschen und trockenschleudern. Die Kürbiskerne trocken in einer Pfanne anrösten. In einer Pfanne 4 EL Öl erhitzen, die Kürbisspalten bei geringer Hitze auf jeder Seite 3 Minuten anbraten und mit Salz, Pfeffer und Zucker würzen. Mit 2 EL Essig ablöschen zugedeckt fertig dünsten. Aus der Pfanne nehmen und abkühlen lassen. Aus 1 EL Essig, 2 EL Öl, Salz und Pfeffer eine Vinaigrette rühren und mit dem Feldsalat vermengen.

Den Salat auf Tellern anrichten, darauf die Kürbisspalten legen und mit den gerösteten Kernen bestreuen.

FELDSALAT MIT SENF-EI-DRESSING

Zutaten

ca. 350 g Feldsalat
2 hartgekochte Eier
1 TL Dijon-Senf
2–3 EL milder Weißweinessig
Salz
Pfeffer
1 Prise Zucker
4 EL Olivenöl extra nativ

Den Feldsalat mehrmals gründlich waschen, putzen und in einem Sieb gut abtropfen lassen. Die hartgekochten Eier pellen und halbieren, die Eigelbe auslösen und in einem Schüsselchen mit einer Gabel zerdrücken. Den Senf, den Essig, Salz, Pfeffer und Zucker unterrühren, schließlich das Olivenöl mit einer Gabel kräftig unterschlagen.

Den Feldsalat vorsichtig mit dem Dressing vermischen und gleich servieren. Nach Belieben die Eiweiße hacken und darüber streuen.

FELDSALAT MIT ROTER BETE UND WALNÜSSEN

Zutaten

200 g Rote Bete
200 g Feldsalat
50 g Walnüsse
5 EL Walnussöl
1 EL Rotweinessig
1 EL Balsamico-Essig
Salz
Pfeffer

Rote Bete garen (oder gekochte, vakuumverpackte nehmen, aber keine aus Dose oder Glas). Rote Bete in 1 cm große Würfel schneiden. Feldsalat gründlich waschen, verlesen, mit der Salatschleuder trocknen. Nusskerne klein schneiden. In einer Schüssel die Rote Bete mit Feldsalat und Nüssen mischen, mit einer Vinaigrette aus Öl und Essigen, Salz und Pfeffer anmachen. Ein köstlicher Wintersalat!

WINTERLICHER SALAT MIT DATTELN

Zutaten ❧

100 g Feldsalat
1 kleiner Fenchel mit etwas frischem Grün
2 mittelgroße Chicorée
6 frische Datteln
1 rosa Grapefruit
1 Orange
3–4 EL gestiftelte Mandeln
1 kleine reife Avocado
1 unbehandelte Orange
1 unbehandelte Zitrone
6 EL Olivenöl
1 EL Weißweinessig
1 EL Rotisseur-Senf (grobkörniger Senf)
2 EL Honig
2 EL Schnittlauchröllchen
Salz
Pfeffer

Den Feldsalat verlesen und mehrfach gründlich waschen, dann trockenschleudern. Den Fenchel halbieren, den Strunk keilförmig herausschneiden, die Hälfte in dünne Scheiben schneiden und das Fenchelgrün fein hacken. Den Chicorée halbieren, den Strunk herausschneiden, die Blätter waschen und in 1 bis 2 cm große Streifen schneiden.

Die Datteln entkernen und in kleine Würfel schneiden. Grapefruit und Orangen filetieren, dabei den Saft auffangen. Die Mandeln in einer kleinen Pfanne ohne Fett bei schwacher Hitze anrösten. Die Avocado halbieren, den Kern auslösen, das Fruchtfleisch stückchenweise herauslöffeln.

Von der Orange und der Zitrone jeweils etwa 2 EL Schale abreiben (Zesten), dann die Früchte auspressen. Orangen- und Zitronenzesten mit dem Saft von 1 Orange und ½ Zitrone sowie dem beim Filetieren aufgefangenen Saft und dem Olivenöl, Essig, Senf, Honig, klein geschnittenen Schnittlauch sowie Salz und Pfeffer zu einer Vinaigrette mischen. Den Salat vorsichtig mit der Vinaigrette mischen.

RUCOLA-BRUNNEN-KRESSE-SALAT MIT BIRNE UND ROQUEFORT

Zutaten ❧

1 Bund Rucola (möglichst mit großen runden Blättern)
1 Bund Brunnenkresse
2 reife, aromatische Birnen
(zum Beispiel Williams Christ oder Abate Fetel)
½ TL Korianderkörner
50 g Butter
1 TL brauner Zucker
2 EL Balsamico-Essig
Salz
Pfeffer
125 g Roquefort oder ähnlicher Blauschimmelkäse

Rucola und die Brunnenkresse verlesen, gründlich waschen, die harten gröberen Stiele entfernen. Die Salate trockenschleudern. Die Birnen schälen, vierteln oder (je nach Reife) achteln und die Kerngehäuse ausschneiden. Die Korianderkörner im Mörser zerstoßen. Rucola und Kresseblättchen auf Tellern anrichten. Die Hälfte der Butter in einer Pfanne erhitzen, den Zucker und den Koriander darin verrühren. Die Birnen in die Pfanne legen und unter Wenden braten, bis sie glasiert sind. Auf den Salat legen. Die restliche Butter in der Pfanne schmelzen lassen, den Balsamico-Essig einrühren, mit etwas Salz und Pfeffer abschmecken und über den Salat löffeln. Den Roquefort zerbröckeln und über den Salat streuen. Lauwarm servieren.

ROMANASALAT MIT BUTTER-CROÛTONS UND ZWIEBEL-SENF-VINAIGRETTE

Zutaten

4 Scheiben Toastbrot
2 EL Butter (40 g)
1 mittelgroßer Romana-Salat (etwa 500 g)
5 EL Olivenöl
2 TL Dijon-Senf
2 EL Joghurt
2 TL frisch gepresster Zitronensaft
40 g geriebener Parmesan
Salz, Pfeffer
Zucker
2 mittelgroße rote Zwiebeln
1 EL fein gehackter frischer Koriander
1 EL fein gehackte glatte Petersilie

Das Toastbrot entrinden und in zentimetergroße Würfel schneiden. Die Butter in einer versiegelten Pfanne erhitzen und das Toastbrot darin von allen Seiten goldbraun braten, leicht salzen und auf Küchenkrepp auskühlen lassen. Den Romana-Salat vom groben Strunk befreien, in 2 cm breite Streifen schneiden, waschen und trockenschleudern.

Das Olivenöl tröpfchenweise mit einem Schneebesen zum Senf rühren, Joghurt zugeben, mit Zitronensaft und Parmesan verfeinern, mit Salz, Pfeffer und 1 Prise Zucker abschmecken. Die Zwiebeln schälen und in hauchdünne Scheiben schneiden.

Romana-Salat, Zwiebeln und Vinaigrette vermengen, mit den Kräutern bestreuen und portionsweise auf Tellern verteilen. Mit den gebratenen Brotwürfeln bestreuen.

RADICCHIOSALAT MIT LAUWARMER LINSENVINAIGRETTE

Zutaten

2 Radicchio (die längliche Form heißt Trevisana)
4 EL Zucker
60 g kleine grüne Berglinsen
3 mittelgroße Schalotten
60 ml Olivenöl
5 EL Wasser
3 EL Rotweinessig
Salz, Pfeffer
60 g ungesalzene Mandeln (Reformhaus)
3 EL geschnittenen Schnittlauch

Den Radicchio vom Strunk schneiden, die Blätter waschen und in 2 Liter Wasser mit Zucker etwa 1 Stunde einweichen lassen. Danach das Wasser abgießen. Die Berglinsen in Salzwasser etwa 25 Minuten weich kochen, dann abgießen.

Die Schalotten schälen, waschen und in dünne Scheiben schneiden. Mit Olivenöl anschwitzen und mit Wasser und Rotweinessig ablöschen, zuckern, mit Salz und Pfeffer würzen und von der Herdplatte nehmen. Die Linsen mit der Vinaigrette vermischen.

Die Mandeln längs halbieren und mit Schnittlauch zum Radicchio geben. Dann die lauwarme Linsenvinaigrette darüber geben und mit Salz und schwarzem Pfeffer abschmecken.

KOCHSALAT MIT POCHIERTEM EI

Zutaten

4 kleine Romana-Salatherzen
2 Frühlingszwiebeln
4 EL Butter
Salz, Pfeffer
5 EL Essig
4 Eier, sehr frisch
4 Scheiben Frühstücksspeck (Bacon)
2 EL Semmelbrösel

Die Salatherzen im Ganzen putzen, halbieren und waschen. Frühlingszwiebeln putzen, grobes Grün entfernen, Frühlingszwiebeln in feine Ringe schneiden und in einer Pfanne mit 2 EL Butter glasig andünsten. Die Salatherzen mit der Schnittfläche nach unten in die Pfanne geben, mit Salz und Pfeffer vorsichtig würzen und zugedeckt etwa 5 bis 7 Minuten, je nach Größe, weich dünsten.

Einen Topf mit Essigwasser zum Kochen bringen. 1 Ei in eine Tasse aufschlagen, das Wasser mit einem Schneebesen schnell rühren, sodass ein Strudel entsteht. Das Ei vorsichtig hineingleiten lassen, dabei nicht mehr rühren. Das Ei 4 Minuten ziehen lassen, mit der Schaumkelle herausnehmen und kalt abschrecken. Die restlichen Eier nacheinander auf die gleiche Weise pochieren.

Den Speck in 2 cm breite Streifen schneiden und in einer Pfanne kross braten. Die restliche Butter in einer Pfanne schmelzen und die Semmelbrösel darin goldbraun anrösten. Die Eier vorsichtig in den Semmelbröseln wenden und mit dem Kochsalat auf 4 Tellern anrichten, mit Speck bestreuen.

WARMER GEMÜSESALAT

Zutaten

1 Karotte
½ Kohlrabi
3 Stangen Staudensellerie
3 Champignons
½ Bund grüner Spargel (250 g)
1 Tomate
6 EL Mayonnaise
1 EL Ketchup
Salz, Pfeffer
Zucker
1 EL Essig, am besten Weißweinessig
1 EL Butter
200 g geräucherter Lachs
1 Kästchen Gartenkresse

Karotte und Kohlrabi schälen, Sellerie putzen und waschen, alles in sehr kleine Würfel schneiden. Die Champignons putzen, kurz abbrausen, trockentupfen und ebenfalls in kleine Würfel schneiden. Den Spargel falls nötig im unteren Drittel schälen, die Enden abschneiden, Spargel waschen und in 2 cm lange Stücke schneiden, dabei die Köpfe ganz lassen. Die Tomate mit heißem Wasser überbrühen, mit kaltem Wasser abschrecken und die Haut abziehen. Tomate halbieren, das Kerngehäuse entfernen und die Tomate in Würfel schneiden. Mit 3 EL Mayonnaise und Ketchup verrühren, mit Salz, Pfeffer und 1 Prise Zucker abschmecken.

Für die Vinaigrette Essig, Salz, Pfeffer und 1 PriseZucker verrühren und die restliche Mayonnaise unterziehen.

Die Champignons in einer Pfanne mit Butter leicht anbraten und herausnehmen. Den Spargel in die Pfanne geben und bissfest dünsten. Karotte, Sellerie und Kohlrabi in reichlich kochendem Salzwasser etwa 3 Minuten garen. Gut abtropfen lassen und mit Salz und Pfeffer würzen. Mit der Vinaigrette vermischen.

Das Gemüse auf Tellern anrichten, den Lachs in 1 cm dicke Scheiben schneiden und auf das Gemüse legen, mit Tomaten-sauce beträufeln und mit Gartenkresse garnieren.

GEMÜSESALAT

Zutaten

800 g fest kochende Kartoffeln
4 große Zwiebeln
je 1 rote, gelbe und grüne Paprikaschote
2–4 Knoblauchzehen
2 Fleischtomaten
¼ l Olivenöl extra nativ
Salz, Pfeffer
2 Zweige frischer Thymian
⅛ l Weißwein
1 EL Balsamico-Essig
2–3 EL Weißweinessig
1 Bund Basilikum

Die Kartoffeln waschen, schälen und in große Würfel schneiden. Die Zwiebeln schälen und vierteln.

Die Paprikaschoten waschen, halbieren, Stiele, Kerne und Trennwände entfernen. Die Schoten in Würfel schneiden. Die Knochlauchzehen pellen und fein hacken.

Die Tomaten kurz mit kochendem Wasser überbrühen, häuten und halbieren, die Kerne entfernen und die Tomatenhälften in kleine Stücke schneiden.

In einem Schmortopf das Olivenöl erhitzen. Zuerst die Zwiebeln und den Knoblauch darin glasig dünsten, dann die Kartoffel- und die Paprikawürfel zugeben. Mit Pfeffer und Salz würzen und den Thymianzweig dazugeben. Mit dem Weißwein übergießen und zugedeckt bei schwacher Hitze 30 Minuten garen. Dann die Tomaten unter das Gemüse mischen und alles noch etwa 20 Minuten garen, bis die Tomaten verkocht sind.

Die Gemüsemischung mit den beiden Essigsorten, Salz und Pfeffer abschmecken und bei Zimmertemperatur abkühlen lassen (nicht im Kühlschrank, sonst leidet das feine Aroma). Etwa 5 Stunden durchziehen lassen.

Zum Servieren das Basilikum waschen und die Blättchen grob hacken. Den Gemüsesalat mit dem Basilikum bestreuen und servieren.

GEMÜSESALAT MIT EI

Zutaten

2 Eier
1 kleine Gurke
Salz
1 gelbe Paprikaschote
1 Stange Staudensellerie (40 g)
1 kleiner Kohlrabi
1 Mairübe
200 g grüne Bohnen
2 EL Kapern
Salz, Pfeffer
4 EL Mayonnaise
2 EL Frischkäse
2 Spritzer Essig
2 EL Öl
1 TL Balsamico-Essig
Kopfsalatherzen
Petersilie, Schnittlauch, Kresse o. a. Kräuter der Saison

Die Eier hart kochen, abschrecken, pellen und dann kalt stellen, danach würfeln. Die Gurke schälen, in Würfel schneiden, leicht salzen, 10 Minuten stehen lassen und die entstandene Flüssigkeit abgießen.

Alle Gemüse putzen, waschen und in kleine Würfel schneiden. Paprikaschote und Staudensellerie roh lassen. Kohlrabi, Mairübe zusammen in Salzwasser weich kochen. Die Bohnen ebenfalls kochen, bis sie weich sind und dann kalt abschrecken. Die

Kapern hacken und mit den Gemüsen mischen. Mit Salz und Pfeffer abschmecken.

Die Mayonnaise mit Frischkäse, Essig und Öl verrühren und den Salat damit anmachen. Die Kopfsalatherzen mit einer Vinaigrette aus 1 TL Olivenöl, 1 TL Balsamico-Essig, Pfeffer und Salz beträufeln. Den Gemüsesalat auf den Kopfsalatherzen anrichten, mit den frisch geschnittenen Gartenkräutern bestreuen und den Eierwürfeln garnieren.

SALAT VON WEISSEN BOHNEN MIT RÄUCHERFORELLE

Zutaten

1 Dose weiße Bohnen, 425 g
1 unbehandelte Zitrone
1 Bund glatte Petersilie
1 Knoblauchzehe
1 rote Zwiebel
3–4 EL Olivenöl
Salz, Pfeffer
2 geräucherte Forellenfilets

Die Bohnen in einem Sieb mit heißem Wasser übergießen und abtropfen lassen. Die Zitrone gut abwaschen und ca. 2 TL Zesten abziehen. Von einer Hälfte den Saft auspressen. Die Petersilie waschen und grob hacken. Knoblauch und Zwiebel schälen und die Zwiebel fein würfeln. Die Bohnen in eine Schüssel geben.

Zesten, Zitronensaft, Petersilie und Öl mit den Bohnen vermischen, Zwiebelwürfel dazugeben und Knoblauch dazupressen, mit Salz und Pfeffer abschmecken.

Den Salat mit Forellenfilets anrichten.

SALAT PANORMOS

Zutaten

½ kg grüne dünne Bohnen (Buschbohnen)
2 mittlere Zucchini
1 Zitrone
2 kleine rote Zwiebeln
3 EL Sherry-Essig
2 EL Balsamico-Essig
8 EL Olivenöl
Salz, Pfeffer
Zucker
2–3 EL Kapern

Die Bohnen waschen und halbieren. Zucchini waschen und in sehr dünne Scheiben hobeln. In eine Schüssel geben und mit dem Saft der Zitrone mischen. Die Zwiebeln schälen und in sehr feine Ringe hobeln. Salzwasser in einem Topf zum Kochen bringen und die Bohnen darin etwa 15 Minuten bissfest garen.

Für das Dressing Sherry-Essig, Balsamico und Olivenöl vermischen und mit Salz, Pfeffer und Zucker herzhaft abschmecken. Die Bohnen abgießen, gut abtropfen lassen und heiß mit dem Dressing mischen. Zwiebeln, Kapern und Zucchini unterheben und durchziehen lassen, bis der Salat abgekühlt ist.

SELLERIE-SALAT MIT SAUERRAHM

Zutaten *

750 g Knollensellerie
Salz
2 Schalotten
3 EL Weißweinessig
1 Becher saure Sahne (Sauerrahm)
2 EL Pflanzenöl
Pfeffer

Den Sellerie waschen, schälen und vierteln. Die Sellerieviertel in einem Topf mit kaltem Wasser bedecken, salzen und aufkochen. Den Sellerie bissfest garen (Garprobe: Mit einer Messerspitze einstechen, die Knollen sollen noch einen spürbaren Widerstand bieten). Die Schalotten pellen und in feine Scheiben schneiden.

Aus dem Essig, saurer Sahne, Öl, Salz und Pfeffer eine Marinade rühren. Die Schalottenscheiben zu Ringen aufblättern und unter die Marinade mischen.

Die gegarten Selleriestücke abgießen und noch heiß in 5 mm dicke Scheiben schneiden. Unter die Marinade heben und durchmischen. 2 bis 3 Stunden durchziehen lassen, dabei ab und zu umrühren.

FENCHEL-ORANGEN-SALAT

Zutaten

2 Orangen
2 Fenchel
ein Stück Parmesan
1 Handvoll schwarze Oliven (ohne Stein)
2–3 EL Honigessig (oder ein anderer milder Obstessig)
4 EL neutrales Pflanzenöl
Salz
Pfeffer

Die Orangen mit einem scharfen Messer so dick bis ins Fruchtfleisch schälen, dass auch die weiße Haut entfernt wird. Die Fruchtspalten zwischen den hellen Trennhäuten herausschneiden, dabei den Saft auffangen. Vom Fenchel jeweils den Strunk entfernen, die Knollen waschen und unansehnliche Stellen ausschneiden. Die Knollen mit einem Gurkenhobel sehr fein hobeln. Dann den Parmesan ebenso fein hobeln. Die Fenchel- und Parmesanscheiben vorsichtig mit den Orangenfilets vermischen. Die Oliven halbieren und zum Salat geben. Aus dem Essig mit dem aufgefangenen Orangensaft, dem Pflanzenöl, Salz und Pfeffer eine Salatsauce rühren, über den Fenchel-Orangen-Salat gießen und alles noch einmal behutsam vermischen.

SALAT MIT GRÜNEM SPARGEL UND GERÄUCHERTER TRUTHAHNBRUST

Zutaten

Für die Vinaigrette:
50 ml Geflügelfond
½ Vanilleschote
2 TL Zucker
Salz
Pfeffer
2 EL Sherry-Essig
1 EL weißer Balsamico-Essig
6 EL Olivenöl

Für den Salat:
1 kg grüner Spargel
1 Frühlingszwiebel
1–2 EL Öl
200 g dünn geschnittene, geräucherte Truthahnbrust
25 g geröstete Pinienkerne

Geflügelfond erwärmen. Die Vanilleschote mit einem scharfen Messer der Länge nach halbieren und das Mark herauskratzen, mit Zucker vermischen und zum Geflügelfond geben. Mit Salz und Pfeffer abschmecken, Essigsorten dazugeben und gut verrühren. Das Öl langsam einlaufen lassen.

Den Spargel falls nötig im unteren Drittel schälen, die Enden abschneiden, Spargel waschen und schräg in 3 cm lange Stücke teilen. Die Frühlingszwiebel putzen, grobes Grün entfernen und die Frühlingszwiebel in feine Ringe schneiden.

Den Spargel in einer Pfanne mit etwas Öl langsam von allen Seiten anbraten, sodass er noch bissfest ist. Aus der Pfanne nehmen, mit den Frühlingszwiebelringen mischen und noch lauwarm mit der Marinade verrühren. 10 Minuten ziehen lassen.

Den Spargelsalat mit der Truthahnbrust auf Tellern anrichten und mit den gerösteten Pinienkernen bestreuen.

TIPP: Zur Dekoration kann man 1 Karotte waschen, schälen und mit dem Sparschäler lange, dünne Scheiben herunterschneiden. Die Karottenscheiben in kochendem Wasser blanchieren und zwischen den Truthahnscheiben anrichten.

ROTE-BETE-SALAT

Zutaten ❧ ✱

1 kg Rote Bete, möglichst klein, mit Blättern
1 TL Kümmel
4–6 EL Essig
5 EL Olivenöl
3–4 Schalotten
2–3 Knoblauchzehen
Salz
Pfeffer
1 Bund Petersilie

Die Bete-Knollen gründlich waschen, mit einer Bürste säubern. In einem großen Topf in Salzwasser mit Kümmel und 2 EL Essig aufkochen und garen, das dauert je nach Größe mindestens eine halbe Stunde, dann wie beim Kartoffelkochen mit einer Messerspitze prüfen, ob die Knollen innen noch hart sind.

Aus dem Öl und dem restlichen Essig (die Menge richtet sich nach dem Säuregrad) eine Marinade rühren, die fein geschnittenen Schalotten und den Knoblauch (durch eine Presse) dazugeben und mit Salz und Pfeffer würzen. Die gekochten Roten Beten noch heiß pellen, in Scheiben schneiden und zur Marinade geben. Unter Wenden 4 bis 5 Stunden ziehen lassen, je länger, desto besser. Kurz vorm Anrichten reichlich Petersilie hacken und untermischen.

LINSEN-FETA-SALAT

Zutaten ❧

2 rote Zwiebeln
6 Zweige Thymian
5 Stängel Minze
250 g dunkelgrüne Linsen (Tellerlinsen)
6 EL Olivenöl
4 Scheiben Feta-Käse à 100 g
2–3 EL Zitronensaft
Salz
Pfeffer
Fladenbrot

Den Backofen auf 200 °C vorheizen. Die Zwiebeln schälen und in dünne Ringe schneiden. Thymian und Minze waschen, trockentupfen und die Blättchen abstreifen, die Minze fein hacken. Die Linsen unter fließendem Wasser abspülen, in einem Topf mit reichlich Wasser zum Kochen bringen und 25 bis 30 Minuten garen.

Zwiebelringe mit Thymian und 2 EL Olivenöl in einer Schüssel vermischen, mit Pfeffer würzen. 4 Stück Alufolie, 25 x 25 cm, auf ein Backblech legen, die Hälfte der Zwiebelringe darauf verteilen. Je eine Scheibe Feta darauf legen und mit den restlichen Zwiebeln bedecken. Die Folie locker zu Päckchen verschließen und 15 bis 20 Minuten im Backofen backen. Die Linsen abgießen, mit der Minze und 4 EL Olivenöl vermengen, mit Zitronensaft, Salz und Pfeffer abschmecken. Auf Teller verteilen und je eine Scheibe Feta und Zwiebeln darauf legen.

Dazu kann man ein Fladenbrot reichen, das 5 Minuten im Ofen aufgebacken wurde.

ORANGEN-AVOCADO-SALAT MIT SHRIMPS

Zutaten

6 große Orangen
3 Avocados, reif, aber nicht zu weich
250 g Shrimps (Tiefseegarnelen), geschält
1 Zitrone, 2 TL Senf
1 EL Tomatenketchup
1 TL Worcestersauce
4 EL Pflanzenöl
1 Bund Dill
Salz

Die Orangen mit scharfem Messer bis aufs Fruchtfleisch schälen, sodass die weiße Innenschale entfernt wird. Über einer Schüssel (um den Saft aufzufangen) die Schnitze aus den harten Trennhäuten schneiden (filetieren). Die Avocados halbieren, den Kern ent-fernen, schälen und die Hälften quer in halbzentimeterdicke Scheiben schneiden. Orangenfilets, Avocadoscheiben und die Shrimps in eine Schüssel schichten. Aus dem aufgefangenen Orangensaft, dem Saft der Zitrone und Senf, Ketchup, Worcestersauce sowie dem Pflanzenöl eine Salatsauce quirlen (am besten mit dem Schneebesen).

Den Dill waschen, trockenschleudern und fein hacken. Zur Salatsauce rühren und mit Salz abschmecken. Die Sauce über die Zutaten verteilen und etwa 1 Stunde durchziehen lassen, dann alles vorsichtig vermischen.

ORANGEN-DATTEL-SALAT MIT PARMESAN

Zutaten

3 Orangen
20 geschälte Mandeln
1 kleines Bund Rucola
8 frische kernlose Datteln
Parmesan
3 EL Mandel- oder Haselnussöl
Pfeffer

Orangen schälen und die Filets mit einem scharfen Messer aus den Trennhäuten herauslösen. Mandeln in einer kleinen Pfanne ohne Fett anrösten. Rucola waschen und trockentupfen. Datteln halbieren. Vom Parmesan mit dem Sparschäler sehr dünne Scheiben abhobeln. Rucola auf Tellern anrichten, Datteln, Orangenfilets und Parmesan darauf legen und mit den Mandeln bestreuen. Mit etwas Öl beträufeln und mit Pfeffer würzen.

MELONEN-FETA-SALAT

Zutaten

1 Bund Rucola
200 g Feta
1 Honigmelone (z. B. Galia)
1 Glas Kapern, 35 g
100 g Cherry-Tomaten
½ Bund glatte Petersilie
½ Bund Basilikum
2 Orangen
1 Zitrone
2 EL Himbeeressig
5 EL Olivenöl
Salz, Pfeffer

Den Rucola verlesen, waschen und trocknen. Melone schälen, Kerne herauskratzen und mit dem Feta in gleich große Würfel schneiden. Kapern waschen und abtropfen lassen. Cherry-Tomaten halbieren. Petersilie und Basilikum waschen, trockentupfen und die abgezupften Blättchen grob hacken. Orangen und Zitrone auspressen.

Auf einer Platte den Rucola verteilen, die Feta- und Melonenwürfel darüber geben und mit den halbierten Tomaten und den Kapern dekorieren. Aus Orangen- und Zitronensaft, Himbeeressig, Olivenöl, Salz und Pfeffer eine Marinade rühren und über den Salat geben. Zum Schluss die gehackten Petersilie- und Basilikumblättchen darüber verteilen.

KAROTTEN-ORANGEN-INGWER-SALAT

Zutaten

4 Karotten
3 Orangen
1 rote Zwiebel
1 walnussgroßes Stück Ingwer
2 Limetten
½ Bund Rucola zur Garnitur
200 g geräucherte Enten- oder Gänsebrust
5 EL Olivenöl
3 EL Honig
Salz, Pfeffer

Die Karotten putzen und in dünne Scheiben hobeln. Die Orangen schälen und filetieren.

Die Zwiebel schälen und in dünne Ringe schneiden oder hobeln. Ingwer schälen und fein reiben. Die Limetten auspressen. Rucola waschen und grob hacken. Enten- oder Gänsebrust in dünne Scheiben schneiden.

In einer Schüssel Karottenscheiben, Orangenfilets und Zwiebelringe mischen. Aus Olivenöl, Limettensaft, Honig, Ingwer sowie Salz und Pfeffer eine Vinaigrette rühren und mit dem Salat vermischen.

Salat auf Teller verteilen, mit Rucola garnieren und mit Enten- oder Gänsebrustscheiben anrichten.

SALAT VON CHICORÉE UND CREVETTEN

Zutaten

4–6 Chicorée, je nach Größe
400 g mittelgroße Crevetten (Riesengarnelen), gekocht oder roh
5 EL Crème fraîche
5 EL Joghurt
3 EL Tomatenketchup
½ TL gemahlener Piment
1 EL Zitronensaft
Zucker
Salz, Pfeffer

Die Chicoréestauden am Wurzelende abschneiden, prüfen, ob der Strunk bitter schmeckt. Wenn ja, mit einem spitzen Messer keilförmig ausschneiden. Die Blätter ablösen, waschen und vorsichtig trockenschleudern.

Wenn die Crevetten roh gekauft wurden (sie sind dann grau): In kochendes Wasser legen, den Topf vom Herd nehmen und höchstens 5 Minuten darin lassen, bis sich die Panzer rot verfärbt haben. Dann herausnehmen, die Panzer auf der Beinseite aufbrechen, das Fleisch ausschälen. Gekochte Crevetten werden nur so ausgelöst. Auf der Rückenseite mit einem Messer etwas einschneiden und mit der Messerspitze den dunkleren Darm entfernen.

Aus Crème fraîche, Joghurt, Ketchup, Piment, Zitronensaft, einer kleinen Prise Zucker, Salz und Pfeffer eine cremige Sauce rühren. Die Chicoréeblätter auf einer flachen Platte auslegen, die Crevetten darauf verteilen und die Sauce darüber löffeln.

CHICORÉE-SALAT MIT ROQUEFORT

Zutaten

80 g Roquefort
4 EL saure Sahne
1 Birne
1 Rote-Bete-Kugel (aus dem Glas)
2 Chicorée
2 TL Dijon-Senf
4 EL Rotweinessig
4 EL Olivenöl
4 EL Sonnenblumenöl
4 EL Wasser
Salz
Pfeffer
Zucker
6 EL gehackte Walnüsse

Den Roquefort mit der sauren Sahne glatt rühren. Die Birne und Rote Bete in Würfel schneiden. Den Chicorée putzen, Strunk entfernen, die Blätter zerteilen und diese in lauwarmes Wasser legen. Senf, Rotweinessig, Olivenöl, Sonnenblumenöl und das Wasser verrühren und mit Salz, Pfeffer und 1 Prise Zucker abschmecken. Den Chicorée aus dem Wasser nehmen und mit Küchenkrepp trockentupfen. In einer Schüssel die Chicoréeblätter mit der Vinaigrette vermischen und kurz darin ziehen lassen. Zwei Drittel der Roquefort-Sauce auf 4 Teller verteilen. Den marinierten Chicorée auf den Tellern anrichten, Birnenwürfel, gehackte Nüsse und Rote-Bete-Würfel auf dem Chicorée verteilen und mit der restlichen Roquefort-Sauce beträufeln.

KÜRBIS-RUCOLA-SALAT

Zutaten

2 Bund Rucola
2 Chicorée
1 kleiner Kürbis, 500 g
80 ml Sonnenblumenöl
4 TL Kapern
Salz, Pfeffer
2 Sardellenfilets, in Öl
4 EL Saft von einer Orange
3 EL Balsamico-Essig

Rucola und Chicorée putzen, waschen und trockentupfen. Rucola in mundgerechte Stücke zupfen, Chicorée längs in Streifen schneiden. Den Kürbis von faserigem Fruchtfleisch und Kernen befreien, schälen und in 0,5 cm dicke Spalten schneiden. Zu lange Spalten halbieren. Sonnenblumenöl in einer Pfanne erhitzen und 2 TL der Kapern knusprig frittieren. Die Kapern herausnehmen und auf Küchenkrepp abtropfen lassen. Die Kürbisspalten bei mittlerer Hitze ca. 3 Minuten im selben Öl bissfest garen, dabei einmal wenden. Mit Salz und Pfeffer würzen und auf Küchenkrepp abtropfen lassen.

Für die Vinaigrette Sardellenfilets und 1 TL Kapern fein hacken, mit Orangensaft, Balsamico und 5 EL des Bratöls verrühren.

Die Hälfte der Vinaigrette mit Rucola und Chicorée vermischen und auf Tellern anrichten. Den Kürbis darauf legen, mit der restlichen Vinaigrette beträufeln und mit den frittierten Kapern bestreuen.

AVOCADO-BIRNEN-SALAT

Zutaten ❧

2 EL Pinienkerne
2 reife Avocados
2 reife Birnen
3 Limetten
Olivenöl
75 g Parmesan
Salz
Pfeffer

In einer kleinen versiegelten Pfanne die Pinienkerne ohne Fett hellbraun rösten. Avocados und Birnen schälen, halbieren und entkernen. Die Früchte vierteln, in schmale Streifen schneiden, im Wechsel auf einem Teller anrichten und mit Limettensaft und Olivenöl beträufeln.

Den Parmesan zu hauchdünnen Scheiben oder Spänen reiben und mit den Pinienkernen über den Salat streuen. Mit Salz und Pfeffer würzen.

TIPP: Dieser Salat schmeckt nur dann gut, wenn Avocados und Birnen wirklich reif sind.

WELSCHER SALAT

Zutaten ❧ ✸

Für 8–10 Personen:
500 g gekochte Möhren (aus Glas oder Dose)
500 g gekochte Linsen (aus der Dose)
250 g eingelegter Sellerie (aus dem Glas)
250 g gekochte Erbsen (aus der Dose)
250 g Gewürzgurken in Dill (aus dem Glas)
200 g Walnusskerne
300 ml Salat-Mayonnaise
½ Tasse Dill-Essig (von den Gewürzgurken)
Saft von 1–2 Zitronen
Zucker
Salz
Pfeffer
1 kleine Zwiebel
1 Bund Schnittlauch
1 Bund Petersilie

Das gekochte Gemüse aus Glas oder Dose abtropfen lassen, die Gewürzgurken in kleine Würfel schneiden, die Walnusskerne grob hacken – nicht zu fein, sie müssen noch Biss haben. Diese Zutaten in einer großen Schüssel vermischen.

Aus Mayonnaise, Essig, Zitronensaft, einer guten Prise Zucker, Salz und Pfeffer eine Salatsauce rühren. Die Zwiebel sehr fein hacken (oder reiben) und unter die Sauce rühren.

Die Kräuter waschen, trocknen und klein schneiden. Die Sauce und die Kräuter unter den Salat heben. Bis zum Servieren möglichst einen halben, besser einen ganzen Tag im Kühlschrank durchziehen lassen. Das Kühlstellen ist dabei ganz wichtig!

Diesen Salat gab es in meiner mährischen Heimat am Heiligen Abend zu gebackenem Karpfen. Der Salat musste so reichlich sein, dass man »zwischen den Tagen«, wie die Zeit zwischen Weihnachten und Silvester genannt wurde, immer noch davon essen konnte. Und er wurde von Tag zu Tag immer besser!

Nach einem anderen Rezept wurde der welsche Salat aus gekochten weißen Bohnen mit Linsen, gewürfelten Äpfeln, geriebenem Meerrettich, Senf sowie gegartem Gemüse (Sellerie, Kartoffeln, Möhren) zubereitet. Dazu kamen ebenfalls sauer eingelegte Gurken in Würfeln, ausgebratene Speckwürfel und braune Butter. Zuletzt wurden noch Streifen von Salzhering oder Fleischwurst darunter gemischt.

Auch dieser gehaltvolle Salat muss lange durchziehen.

SALAT OLPE

Zutaten

1 große rosa Grapefruit
1 große Orange
1 großer säuerlicher Apfel (z. B. Boskop, Elstar)
1 große rote Paprikaschote
1 große Fenchelknolle
1 Granatapfel
5 EL Walnussöl, 2 EL Himbeeressig
Salz, weißer Pfeffer

Dieser erfrischende Salat, der aus Sizilien stammen soll (ich habe ihn zum erstenmal in Olpe gegessen – daher der Name), ist eine Mischung aus Obst und Gemüse. Grapefruit und Orange sorgfältig schälen und alle weißen Häute entfernen (Spezialisten schälen mit einem scharfen Messer bis knapp ins Fruchtfleisch), in nicht zu dicke Scheiben schneiden.

Den Apfel schälen und die Mitte mit dem Kerngehäuse ausstechen, dafür gibt es einen Apfelausstecher, den man für wenig Geld in jedem Haushaltsgeschäft kaufen kann. Den Apfel in nicht zu dicke Ringe schneiden.

Die Paprikaschote um den Stielansatz herum aufschneiden, die Kerne und das andere »Innenleben« entfernen, ebenfalls in Ringe schneiden.

Von der Fenchelknolle die Stiele, den Boden und von der Außenhaut alles Unansehnliche wegschneiden. Die Knolle halbieren und den Strunk, also die feste, bittere Mitte, herausschneiden. Die Hälften in dünne Scheiben schneiden, zu Halbringen aufblättern.

Den Granatapfel in der Mitte durchschneiden (Vorsicht, der Saft färbt entsetzlich!) und die fleischigen Kerne mit einem Löffelchen herausheben. Obst und Gemüse auf einer sehr großen, flachen Platte anrichten, mit Granatapfelkernen bestreuen. Aus Walnussöl, Essig, weißem Pfeffer und wenig Salz eine Vinaigrette rühren und über den Salat träufeln, aber nicht vermischen.

KARTOFFELSALAT

Zutaten

4 fest kochende Kartoffeln
ganzer Kümmel
1 Lorbeerblatt
Meersalz
1 Zwiebel
5 EL Pflanzenöl
200 ml Geflügelfond
1 TL Dijon-Senf
3 EL Obstessig
Salz, Pfeffer
1 Salatgurke
4 Radieschen
1 hartgekochtes Ei
1 Kästchen Gartenkresse

Die Kartoffeln waschen und mit der Schale in einem Topf mit 1 Prise Kümmel, Lorbeerblatt und Meersalz nicht zu weich kochen, abgießen und pellen. Zwiebel schälen, in kleine Würfel schneiden und im Öl glasig dünsten, Geflügelfond dazugießen, etwas reduzieren lassen.

Geflügelfond mit Senf, Essig, Salz und Pfeffer abschmecken. Die noch lauwarmen Kartoffeln in Scheiben schneiden, unter die Zwiebelsauce mischen und ziehen lassen. In der Zwischenzeit die Gurke schälen. Der Länge nach halbieren und mit einem Teelöffel entkernen. Die Gurke in dünne Scheiben schneiden und zum Salat geben. Die Radieschen putzen, waschen und in sehr dünne Scheiben schneiden. Das hart gekochte Ei pellen, Eiweiß und Eigelb getrennt fein hacken. Die Gartenkresse mit der Schere abschneiden. Den Kartoffelsalat auf Tellern anrichten, mit den Radieschenscheiben, gehacktem Ei und Gartenkresse dekorieren und servieren.

KARTOFFEL-SPARGEL-SALAT MIT BOHNEN UND GERÄUCHERTEM LACHS

Zutaten

Für den Salat:
200 g kleine, fest kochende Kartoffeln
Salz
16 Stangen grüner Spargel
1 rote Zwiebel
200 g grüne Bohnen
250 g geräucherter Lachs

Für die Vinaigrette:
5 EL Rotweinessig
5 EL Weißweinessig
100 ml Olivenöl
SalzPfeffer
1 TL Zucker

Für die Sauce:
1 Ei
2 EL saure Sahne
1 EL Meerrettich, aus dem Glas
200 ml Olivenöl
1 EL gehackte Staudenselleriebblätter, aus der Mitte
1 EL gehackter Kerbel
1 EL gehackte glatte Petersilie
Salz, Pfeffer
Zitronensaft

Die Kartoffeln waschen und mit der Schale in reichlich Salzwasser kochen. Kartoffeln abgießen, etwas abkühlen lassen, pellen und in Scheiben schneiden. Den Spargel falls nötig im unteren Drittel schälen, die Enden abschneiden und den Spargel waschen. In 2 cm lange Stücke schneiden, dabei die Köpfe ganz lassen. Die Zwiebel schälen und in feine Streifen schneiden. Die Bohnen putzen, waschen und falls nötig in Stücke schneiden.

Salzwasser in einem Topf zum Kochen bringen, nacheinander zuerst die Spargelstücke, dann die Bohnen, die Zwiebel und zum Schluss die Spargelköpfe darin blanchieren; das geht recht schnell, etwa 2 bis 3 Minuten. Den Gemüsefond, der durch das Blanchieren entsteht, aufbewahren. Den Lachs in 1 cm breite Streifen schneiden.

Aus den Essigsorten, dem Olivenöl sowie 100 ml Gemüsefond eine Vinaigrette rühren, mit Salz, Pfeffer und Zucker abschmecken. Kartoffeln, Spargel, Bohnen und Zwiebel in einer Schüssel mit der Vinaigrette gut vermischen und kurz ziehen lassen.

In der Zwischenzeit Ei, saure Sahne, Meerrettich und Olivenöl in ein hohes Gefäß geben und mit dem Pürierstab aufschlagen. Sellerieblätter und fein gehackte Kräuter unterrühren und die Sauce mit Salz, Pfeffer und 1 Spritzer Zitronensaft abschmecken.

Den Salat auf Tellern anrichten, geräucherten Lachs darauf verteilen und mit der Sauce beträufeln.

KARTOFFEL-ZUCCHINI-SALAT MIT OLIVEN UND KAPERN

Zutaten

500 g fest kochende Kartoffeln
400 g Tomaten
2 Knoblauchzehen
200 g Schalotten
100 ml Olivenöl
6 EL Rotweinessig
¼ l Wasser
Salz, Pfeffer
10 grüne Oliven mit Stein
1 geh. EL Kapern
½ Bund Basilikum
1 mittelgroße Zucchini

Die Kartoffeln waschen und in der Schale in reichlich Salzwasser kochen. Die Tomaten überbrühen, kalt abschrecken, enthäuten, vierteln, in kleine Würfel schneiden und die ausgetretene Flüssigkeit abgießen.

Die Knoblauchzehen und Schalotten schälen, fein hacken, in Olivenöl anschwitzen, mit Rotweinessig ablöschen und mit ¼ Liter Wasser begießen. Mit Salz und Pfeffer abschmecken und 5 Minuten sanft kochen lassen. Die Kartoffeln abgießen, heiß schälen und in feine Scheiben schneiden. Die heiße Marinade über die Kartoffeln gießen.

Die Oliven entkernen und in feine Stifte schneiden, die Kapern grob hacken. Das Basilikum waschen, die Blätter von den Stielen zupfen und fein schneiden. Die Zucchini waschen, in feine Scheiben hobeln und alle Zutaten zu dem Kartoffelsalat geben. Vorsichtig untermischen.

TIPP: Den Salat vor dem Servieren 5 bis 10 Minuten ziehen lassen.

SÜSSKARTOFFEL-SALAT

Zutaten

3 Süßkartoffeln
150 g Spinatsalat
12 Kirschtomaten
75 g Pinienkerne
6 EL Olivenöl
Salz
Pfeffer
1 Avocado
3 EL Honig
3 EL Rotweinessig

Süßkartoffeln schälen, waschen und in gleichmäßig große Schiffchen schneiden. Spinat verlesen, gründlich waschen und trockenschleudern. Tomaten waschen und halbieren. Pinienkerne in einer Pfanne trocken anrösten.

4 EL Olivenöl in einer Pfanne erhitzen und die Süßkartoffeln darin goldbraun braten und garen, salzen und pfeffern.

Die Avocado schälen und in Spalten schneiden. Aus Honig, Essig und 2 EL Olivenöl ein Dressing rühren und mit Salz und Pfeffer abschmecken. Spinat und Avocado auf Teller verteilen, mit Süßkartoffeln und Tomaten umlegen und mit dem Dressing beträufeln. Mit Pinienkernen bestreuen.

NEAPOLITANISCHER SALAT

Zutaten

300 g Kartoffeln
Salz
125 g Kenia-Bohnen
300 g grüner Spargel, dünne Stangen
1 große rote Zwiebel
1 Avocado
2 Orangen
4 EL Olivenöl
Saft von 2 Zitronen
Pfeffer

Kartoffeln waschen, in Salzwasser garen, abgießen und pellen. Die Bohnen putzen und waschen. Spargel falls nötig im unteren Drittel schälen, die Enden abschneiden, Spargel waschen und in etwa 2 cm lange Stücke schneiden, dabei die Köpfe ganz lassen. Die Zwiebel schälen und in sehr dünne Ringe schneiden. Avocado vierteln, vom Stein lösen, schälen und die Viertel noch mal der Länge nach halbieren.

Die Spargelstücke in kochendem Salzwasser 6 bis 8 Minuten bissfest garen, nach 2 Minuten die Spargelspitzen dazugeben. Gleichzeitig die Bohnen bissfest kochen, abgießen und abtropfen lassen. Die Orangen schälen und die Filets herauslösen.

Aus Olivenöl, Zitronensaft, Salz und Pfeffer ein Dressing rühren. Die Kartoffeln vierteln und mit Zwiebelringen, Spargel, Bohnen, Avocado und Orangenfilets vorsichtig in dem Dressing wenden und kurz ziehen lassen.

NUDELSALAT

Zutaten

350 g grüne Bandnudeln
2 EL Olivenöl
1–2 EL Weißweinessig
Salz
Pfeffer
2 gut reife Avocados
1 EL Zitronensaft
4 nestfrische Eier
2 EL Essig

Die Nudeln in reichlich Salzwasser bissfest garen, abgießen und sofort mit Öl, Weißweinessig, Salz und Pfeffer anmachen. Die Avocados halbieren, den Kern auslösen, das Fruchtfleisch mit einem Kartoffelbohrer ausstechen. Mit Zitronensaft beträufeln und unter die Nudeln mischen, auf Teller verteilen. In einem Topf Wasser mit Essig sieden lassen, die Eier einzeln in Tassen aufschlagen, ins Wasser gleiten lassen und 3 Minuten pochieren, kalt abschrecken, gut abtropfen lassen und auf dem Nudelsalat anrichten.

REIS-SALAT

Zutaten

125 g Keniabohnen
Salz
125 g Erbsen (frisch oder TK)
2 Frühlingszwiebeln
1 Dose Thunfisch in Öl (185 g)
4 Tomaten
10 Radieschen
8 Cornichons
½ Bund Petersilie
300 g Langkornreis
5 EL Olivenöl
1 Zitrone
Pfeffer
200 g frisch geriebener Gruyère

Bohnen waschen, halbieren, in Salzwasser bissfest garen und abgießen. Die Erbsen ebenfalls garen und abgießen. Frühlingszwiebeln putzen und in dünne Ringe schneiden. Thunfisch abtropfen lassen und zerpflücken. Tomaten vierteln, Stielansatz entfernen, entkernen und grob würfeln. Radieschen waschen, putzen und in Scheiben schneiden. Cornichons in Scheiben teilen. Petersilie waschen und fein hacken.

Den Reis mit 450 ml kaltem Wasser und 1 TL Salz in einen Topf (mit dicht schließendem Deckel) geben und bei sehr kleiner Hitze 15 Minuten zugedeckt garen – das Wasser soll nicht kochen. Den Reis auf einem Backblech auskühlen lassen. Für das Dressing Olivenöl mit dem Saft der Zitrone verrühren und mit Salz und Pfeffer abschmecken.

Reis mit Bohnen, Erbsen, Frühlingszwiebeln und den restlichen Zutaten vermengen und das Dressing unterheben. Mit Petersilie bestreut anrichten.

GRÜNER COUSCOUS-SALAT

Zutaten

1 mittelgroße Salatgurke (300 g)
½ Bund frische Minze
200 ml Gemüsesud
80 ml Pflanzenöl
150 g Couscous
100 ml frisch gepresster Orangensaft

4 EL Weißweinessig
1 TL gemahlener Kreuzkümmel (Cumin)
1 Prise Zucker
1–2 Knoblauchzehen, je nach Größe
1 frische oder 1–2 getrocknete Chilischoten
Salz
Pfeffer
1 mittelgroßer Fenchel
1 Orange
¼ Bund frischer Koriander
1 kleine rote Zwiebel
1 Joghurt (möglichst griech. Joghurt, 10 %)
Cayennepfeffer

Die Gurke waschen, schälen und längs halbieren. Mit einem Teelöffel die Kerne herausschaben und das Fruchtfleisch fein würfeln. Die Minze waschen und die Blätter sehr fein hacken.

Den Gemüsesud mit 1 EL Öl aufkochen. Den Couscous einstreuen und den Topf vom Herd nehmen. Den Couscous zugedeckt 5 bis 10 Minuten aufquellen lassen.

Aus Orangensaft, Öl, Essig, Kreuzkümmel und Zucker eine Vinaigrette rühren, Knoblauch und Chili fein hacken, dazugeben und mit Salz und Pfeffer abschmecken. Den Couscous vorsichtig mit einer Gabel auflockern. Gurkenwürfel, Minze und die Hälfte der Vinaigrette vorsichtig unter den Couscous heben.

Den Fenchel waschen, halbieren, den Strunk entfernen und die Knolle in hauchdünne Streifen schneiden. Die Orange schälen, filetieren und die Filets klein schneiden. Das Koriandergrün klein hacken. Alles mit der restlichen Vinaigrette mischen. Die Zwiebel in feine Ringe schneiden.

Zum Servieren den Fenchel-Orangen-Salat portionsweise auf die Teller verteilen. Den Couscous darauf verteilen und mit Zwiebelringen dekorieren. Mit Joghurt, der mit Salz und Cayennepfeffer gewürzt wurde, anrichten.

SOMMERLICHER WURSTSALAT

Zutaten

4 Regensburger Würste
(wahlweise Lyoner oder Schinkenwurst)
100 g würziger Bergkäse
6 EL Essig, am besten Apfelessig
1 TL mittelscharfer Senf
1 TL scharfer Senf
1 TL Meerrettich, aus dem Glas
Zucker
Salz
Pfeffer
6 EL Pflanzenöl
2 Essiggurken
1 kleine Salatgurke
½ Bund Radieschen
1 Frühlingszwiebel
1 rote Zwiebel
1 Bund Schnittlauch
1 Kästchen Gartenkresse

Die Regensburger Würste häuten und in dünne Scheiben schneiden. Vom Käse die Rinde abschneiden und den Käse in möglichst dünne Streifen schneiden.

Für die Marinade Essig mit den beiden Senfsorten und Meerrettich glatt rühren, mit 2 Prisen Zucker, Salz und Pfeffer abschmecken und 5 Minuten stehen lassen. 6 EL Wasser dazugießen und erst jetzt das Pflanzenöl langsam einrühren.

Die Wurst und den Käse vermischen, die Marinade darüber gießen, gut unterrühren und mindestens 30 Minuten ziehen lassen.

In der Zwischenzeit die Essiggurken in dünne Scheiben schneiden. Die Salatgurke schälen, halbieren, mit einem Teelöffel entkernen und in kleine Würfel schneiden. Die Radieschen putzen, waschen und in dünne Streifen schneiden. Die Frühlingszwiebel putzen, grobes Grün entfernen und die Frühlingszwiebel schräg in dünne Ringe schneiden. Die rote Zwiebel schälen und in möglichst dünne Ringe hobeln oder schneiden. Den Schnittlauch waschen, trockentupfen und in feine Röllchen schneiden. Die Kresse am besten mit einer Küchenschere abschneiden.

Essiggurken, Salatgurken, Frühlingszwiebel und Schnittlauch unter den Wurstsalat heben, auf Tellern anrichten und mit den Radieschen und der Kresse bestreuen. Zum Schluss die roten Zwiebelringe locker darauf anrichten, nochmals mit frisch gemahlenem Pfeffer bestreuen und servieren.

RINDFLEISCHSALAT MIT BOHNEN UND RADIESCHEN

Zutaten ✸

Für den Salat:
700 g flache Rinderschulter (das Fleisch sollte schon am Vortag gekocht werden)
2 Bund Suppengemüse
1 mittelgroße Zwiebel
1 Tomate
½ TL Pfefferkörner
2 Nelken
1 Lorbeerblatt
1 kg frische Saubohnen (ergibt geputzt 200 g) oder 200 g tiefgekühlte, geschälte Saubohnen oder 200 g Stangenbohnen
Salz
2 mittelgroße Frühlingszwiebeln
½ Bund Radieschen, 1 Bund Schnittlauch
Für die Vinaigrette:
3 TL Meerrettich, aus dem Glas
4 EL Weißweinessig
100 ml lauwarme Rinderbrühe
Salz
Pfeffer
Zucker
8 EL Olivenöl

Etwa 3 l kaltes Wasser in einen hohen Topf geben, Fleisch hineinlegen und bei mittlerer Hitze aufkochen lassen. Das Suppengemüse waschen, Sellerie und Karotten schälen. Zwiebel mit Schale und Tomate halbieren. Sobald die Suppe einmal aufgekocht ist, den auftretenden Schaum mit einer Schaumkelle oder einem Schöpfer abnehmen und etwa 2 ½ Stunden bei geringer Hitze köcheln lassen. Nach 1 ½ Stunden das Suppengemüse, Tomate, Zwiebel und die Gewürze hinzufügen. Das fertig gegarte Fleisch aus der Suppe heben, auskühlen lassen und in hauchdünne Scheiben schneiden (gegen die Faser). Die Brühe durch ein feines Sieb gießen und 100 ml abmessen.

Frische Saubohnen aus der Schale brechen, in kochendem Salzwasser je nach Größe etwa 3 Minuten garen und in eiskaltem Wasser abschrecken, damit die Farbe frisch bleibt. Die äußere Haut und den kleinen weißen Keimling entfernen. Die Tiefkühl-Saubohnen auftauen. Grüne Bohnen putzen, waschen, in mundgerechte Stücke schneiden und etwa 10 Minuten je nach Dicke nicht zu weich kochen. Auch die grünen Bohnen können abgeschreckt werden, wenn die Farbe frisch bleiben soll.

Frühlingszwiebeln putzen, waschen und in feine Ringe schneiden. Die Radieschen putzen, waschen und mit einer Küchenreibe grob raspeln oder in Scheiben schneiden. Den Schnittlauch waschen, trockentupfen und in feine Röllchen schneiden.
Für die Vinaigrette Meerrettich, Essig und Brühe verrühren, mit 1 TL Salz, Pfeffer und ½ TL Zucker abschmecken, kurz ziehen lassen und das Öl unterrühren. Zum Anrichten 4 flache Teller mit je 1 EL Vinaigrette beträufeln. Fleisch portionsweise darauf verteilen und nochmals mit 1 EL Vinaigrette beträufeln. 15 Minuten marinieren lassen.

Bohnen, Frühlingszwiebeln und Radieschen mit der restlichen Vinaigrette verrühren, auf dem Fleisch verteilen, mit Schnittlauch bestreuen und mit Bauernbrot servieren.

HÄHNCHENSALAT MIT GRAPEFRUIT UND MINZE

Zutaten

2 mittlere Grapefruits, pink
2 rote Chilischoten
2 Knoblauchzehen
1 Bund Minze
3 EL Olivenöl
4 kleine Hähnchenbrustfilets à 80 g
4 EL Sojasauce
2 EL Zucker
2 EL Limettensaft
1 EL Reisessig

Grapefruits schälen und die Filets mit einem scharfen Messer aus den Trennhäuten herauslösen. Chili entkernen und in feine Streifen schneiden. Den Knoblauch schälen und sehr fein würfeln. Die Minze waschen, trockenschütteln, Blättchen von den Stielen zupfen und hacken. In einer Pfanne das Öl erhitzen und die Hähnchenbrustfilets darin unter mehrmaligem Wenden etwa 10 Minuten braten.

Für das Dressing Sojasauce, Zucker, Limettensaft, Reisessig und etwas heißes Wasser verrühren und mit Knoblauch und Chili abschmecken.

Das Hähnchenfleisch schräg in Streifen schneiden und auf Tellern anrichten. Grapefruitfilets und Minzeblättchen darauf verteilen und mit dem Dressing beträufeln.

ASIATISCHER HÜHNERSALAT MIT KAROTTEN UND STERNANIS

Zutaten *

125 g Karotten
4 Frühlingszwiebeln
20 g Sternanis
1 Stück Ingwer, walnussgroß
6 EL helle Sojasauce
4 TL Zucker
½ TL 5-Gewürze-Pulver
4 EL Reiswein-Essig
2 TL helles Sesamöl
500 g Hähnchenbrustfilets
½ l Hühnerbrühe
Salz
Pfeffer

Die Karotten schälen und schräg in dünne Scheiben schneiden. Die Frühlingszwiebeln putzen und fein hacken. Den Sternanis im Mörser leicht zerdrücken. Ingwer schälen und in dünne Scheiben schneiden.

Sojasauce, Zucker, 5-Gewürze-Pulver, Reiswein-Essig und 1 TL Sesamöl in einer Schüssel verrühren, Sternanis und Ingwerscheiben untermischen. Die Hähnchenbrustfilets darin marinieren und zugedeckt mindestens 8 Stunden, aber nicht länger als 24 Stunden ziehen lassen.

Die Filets aus der Marinade nehmen. Die Marinade in einen kleinen Topf geben und zusammen mit der Hühnerbrühe zum Kochen bringen. Die Filets etwa 10 Minuten darin leise köcheln, die Karotten für etwa 5 Minuten mitköcheln lassen. Beides herausnehmen und die Hähnchenbrustfilets in sehr dünne Scheiben schneiden. Den Kochsud durch ein Sieb gießen, bei großer Flamme auf etwa ein Viertel einkochen lassen und mit Salz und Pfeffer abschmecken. Karotten und Hähnchenbrustscheiben auf Tellern anrichten, mit den Frühlingszwiebeln bestreuen und mit der Sauce beträufeln.

Die 5-Gewürze-Mischung kann man auch ganz einfach selber herstellen. Dazu zerstößt man im Mörser 2 Sternanis, 1 TL Fenchelsamen, 1 TL weißer Pfeffer, 1 TL Zimt und 3 Nelken.

FISCHSALAT MIT WARMEM GEMÜSE

Zutaten

400 g fest kochendes Fischfilet
(z. B. Kabeljau, Rotbarsch, Seelachs)
Salz, Pfeffer
1 Knoblauchzehe
½ TL Fenchelsamen
Saft von 1 Zitrone
Zucker
1 Msp. gemahlener Koriander
8 EL Olivenöl
½ Bund glatte Petersilie
½ Bund Dill
1 Zweig Estragon
1 Handvoll Kerbel
¼ Blumenkohl
100 g Kenia-Bohnen
2 Karotten
1 kleine Fenchelknolle (200 g)
4 Radieschen
4 Champignons

Die Fischfilets in etwa 3 cm große Stücke teilen, mit Salz und Pfeffer würzen. Den Knoblauch schälen und fein hacken. Die Fenchelsamen im Mörser zerstoßen. Knoblauch und Fenchel in einer Schüssel mit Zitronensaft, 1 Prise Zucker, Salz, Pfeffer und gemahlenem Koriander sehr gut verrühren. Das Olivenöl einfließen lassen und unterrühren.

Die Kräuter waschen, trockentupfen, fein hacken und zu der Vinaigrette geben.

Das Gemüse waschen. Den Blumenkohl in kleine Röschen teilen. Die Kenia-Bohnen putzen und halbieren, Karotten schälen und in Würfel schneiden. Fenchel halbieren, den Strunk keilförmig herausschneiden und entfernen, den Fenchel in Würfel schneiden. Radieschen putzen, die Champignons kurz abbrausen und gründlich trockentupfen.

Blumenkohl, Bohnen, Karotten und Fenchel in kochendem Salzwasser 5 Minuten bissfest garen, herausnehmen und mit der Vinaigrette vermischen. Das Gemüsewasser nicht wegschütten.

Den Gemüsesud nochmals mit Salz und Pfeffer würzen und die Fischfilets hineinlegen, vom Herd nehmen und den Fisch 4 Minuten ohne Deckel ziehen lassen. Die Fischfilets abtropfen lassen und vorsichtig unter den Gemüsesalat heben. Auf Tellern anrichten, Radieschen und Champignons über den Salat hobeln und mit Baguette servieren.

THAILÄNDISCHER KALAMARISALAT

Zutaten

1–2 Stangen Zitronengras
4 Knoblauchzehen
500 g kleine Kalamari, küchenfertig ausgenommen und gesäubert
2 EL Pflanzenöl
½ TL Chilipulver
2 EL Sojasauce oder Fischsauce
4 EL Limettensaft
1 EL Zucker
½ TL Salz
1 kleine rote Zwiebel
2 Stangen Staudensellerie
10 Blättchen Minze oder Koriandergrün, gehackt

Vom Zitronengras harte Teile entfernen und das Weiche fein hacken, ca. 2 TL. Die Knoblauchzehen schälen und ebenfalls klein hacken. Die Kalamari-Tuben in Streifen schneiden. In einer Pfanne das Pflanzenöl heiß werden lassen und die Kalamari bei starker Hitze anbraten. Nur ab und zu umrühren.

Die Pfanne vom Herd nehmen, Zitronengras, Knoblauch und Chilipulver unterrühren und abkühlen lassen. Zwiebel schälen, halbieren und in dünne Ringe schneiden. Den Staudensellerie waschen, putzen und in feine Streifen schneiden. Für das Dressing Soja- oder Fischsauce, Limettensaft, Zucker, Salz, Zwiebelringe und Sellerie verrühren. Die lauwarmen Kalamari-Streifen darunter heben und mit Minze oder Koriandergrün bestreuen.

WARMER WALNUSS-LINSEN-SPINAT-SALAT ZU FISCH

Zutaten

250 g Kenia-Bohnen
300 g Spinatsalat
100 g Walnüsse
150 g Puy-Linsen
1 EL Honig, z. B. Akazienhonig
1 EL Dijon-Senf
50 g Butter
3 EL Balsamico-Essig
1 EL Zitronensaft
2 EL Olivenöl
Salz, Pfeffer
4 Forellen- oder Saiblingsfilets mit Haut

Die Bohnen waschen, den Spinatsalat putzen, alles gründlich waschen und trockenschleudern. Walnüsse in grobe Stücke brechen.

Die Linsen waschen, mit kaltem Wasser aufsetzen und bissfest garen. Bohnen in kochendes Wasser geben und ebenfalls bissfest garen, dann abschrecken und abtropfen lassen.

Den Honig mit Senf gut verrühren. Die Hälfte der Butter in einer Pfanne erhitzen und die Walnüsse darin unter Rühren 3 Minuten braten, dann den Balsamico zugeben und weitere 2 Minuten rühren, damit der Essig die Nüsse umhüllt.

Die Kenia-Bohnen sowie die Linsen in die Pfanne geben und bis auf 1 EL die restliche Butter dazugeben. Die Hitze ganz reduzieren, den Spinat untermengen und zusammenfallen lassen. Aus Zitronensaft, Olivenöl, Salz und Pfeffer ein Dressing anrühren. In einer zweiten Pfanne etwas Olivenöl und die restliche Butter erhitzen, die leicht gesalzenen und gepfefferten Fischfilets erst auf der Hautseite braten, dann wenden, mit der Honig-Senf-Mischung bestreichen und fertig garen.

Die Linsen-Bohnen-Spinat Mischung auf Tellern verteilen, das Dressing darüber träufeln und mit je einem Fischfilet garniert servieren.

TOPINAMBUR MIT FELDSALAT

Zutaten

500 g Topinambur
200 g Feldsalat
¼ Bund glatte Petersilie
¼ Bund Basilikum
50 g Walnusskerne
4 EL Olivenöl
4 EL weißer Balsamico-Essig
Salz, Pfeffer
1 Kästchen Kresse

Topinambur waschen, schälen und in gleichmäßig große Stücke schneiden. Feldsalat gründlich verlesen, waschen und trockenschleudern. Die Kräuter ebenfalls waschen, trockentupfen, Blätter abzupfen und fein hacken. Walnusskerne vierteln und in einer Pfanne trocken anrösten.

Topinambur in gesalzenem Wasser ca. 12 Minuten garen. In einer Schüssel Öl, Salz, Balsamico und Pfeffer zu einer Vinaigrette anrühren. Die gegarten Topinambur abgießen und noch heiß mit dem Feldsalat und der Vinaigrette vermengen. Die Kresse darüber schneiden, mit Walnüssen und den Kräutern bestreut anrichten und sofort servieren.

APPETIZER & VORSPEISEN

Seite 45–64

Wenn wir zum Abendessen in kleiner Runde bleiben, dann setzen wir uns an den Tisch, sobald wir vollzählig sind. Dann gibt es gleich ein Glas Wein und wir beginnen mit dem ersten Gang. Diese Vorspeisen müssen nach meinem Geschmack sehr leicht sein, sie sollen den Appetit eher anregen, als schon stillen. Wer zu große Portionen einer Vorspeise auf den Tisch bringt, darf sich nicht wundern, wenn der Gast den Hauptgang nicht ganz aufessen kann. Bei größeren Einladungen gibt es erst einmal im Stehen je nach Anlass ein Glas Champagner, Winzersekt oder Riesling und dazu reiche ich gerne Appetizer. Viele dieser Appetizer sind im Verhältnis dazu, wie schnell sie gegessen sind, eher aufwändig in der Zubereitung. Aber es lohnt sich: Die erste Begeisterung für ein Räucherforellenmousse oder für die ligurischen Crostini kann den ganzen Abend einläuten. Viele dieser Appetizer eignen sich auch für Partys, leichte Mittagessen im sommerlichen Garten oder vor dem Theaterbesuch.

LIGURISCHE CROSTINI

Zutaten &

8 Scheiben Baguette oder italienisches Weißbrot
Knoblauchzehen
gutes Olivenöl, extra nativ
Tomatenmark
grob gehackte Kapern
grob gemahlener Pfeffer

Die Brotscheiben toasten oder im Ofen oder in der Pfanne rösten. Knoblauchzehen (Menge nach Belieben) schälen und längs halbieren, mit den Schnittflächen die gerösteten Brotscheiben einreiben. Jede Scheibe mit etwas Olivenöl beträufeln, dann mit Tomatenmark bestreichen und zum Schluss mit den gehackten Kapern belegen. Mit grob gemahlenem Pfeffer bestreuen und gleich servieren.

CROSTINI DI FEGATINI

Zutaten

150 g Hähnchenleber
40 g roher Schinken, nicht zu mager
½ Zwiebel
1 EL Öl
3 Salbeiblätter
1 EL Butter
Zitronensaft
Salz, Pfeffer
8 Scheiben Weißbrot (Baguette)
frisch geriebener Parmesan

Die Hähnchenlebern enthäuten, putzen und in kleine Stücke schneiden. Zur Seite stellen. Den Schinken grob, die halbe Zwiebel fein würfeln. Den Backofen auf höchster Stufe (250 °C) anheizen, eventuell noch den Grill zuschalten.

Das Öl in einer Pfanne erhitzen, die Salbeiblätter kurz anbraten, dann Schinkenwürfel und Zwiebel zugeben und dünsten, bis die Zwiebelwürfel glasig werden. Die Hähnchenleberstücke dazugeben und bei starker Hitze kurz, aber kräftig, anbraten, dabei umrühren, bis sie gar sind – das geht sehr schnell.

Die Pfanne vom Herd nehmen, die Salbeiblätter entfernen und die Leber mit Schinken und Zwiebel im Mixer (Blitzhacker) pürieren oder, was mühsam ist, durch ein Sieb streichen. In eine Schüssel füllen und mit der Butter zu einer geschmeidigen Creme verrühren. Mit Zitronensaft, Salz und wenig Pfeffer abschmecken.

Die Brotscheiben kurz rösten, mit Leberpüree bestreichen und mit etwas Parmesan bestreuen. Kurz vor dem Servieren im heißen Ofen ganz kurz überbacken.

SCHWARZBROT-LACHS-APPETIZER

Zutaten

Schwarzbrot (in Scheiben)
Butter
150 g Räucherlachs (in dünnen Scheiben)
Pfeffer
1 Kästchen Kresse

Die Brotscheiben nach Belieben entrinden, mit Butter bestreichen. Jeweils eine Scheibe bis zum Rand mit Räucherlachs belegen und etwas Pfeffer darüber mahlen. Mit einer zweiten Brotscheibe belegen, so dass die Butterseite nach oben zeigt. Wieder mit Lachs belegen. Je nach Dicke der Brotscheiben beliebig so fortfahren. Auf die oberste mit Lachs belegte Scheibe mit einer Schere die gewaschene Kresse schneiden.

Die Appetizer in etwa 2 cm große Quadrate schneiden.

POCHIERTES EI AUF TOSKANA-TOAST

Zutaten

1 kleine Schalotte
1 Radicchio
1 Frisée-Salat
1 EL Balsamico-Essig
½ EL Dijon-Senf
6 EL Olivenöl
Salz, Pfeffer
2 Stängel Petersilie
1 Zweig Rosmarin
4 Scheiben italienisches Weißbrot
2 Knoblauchzehen
100 g Parma-Schinken
3 EL Weißweinessig
4 Eier

Die Schalotte schälen und sehr fein würfeln, Radicchio und Frisée verlesen, in warmem Wasser waschen und trockenschleudern. Balsamico-Essig, Senf und Schalotten in eine Schüssel geben und unter Rühren 5 EL Olivenöl dazugeben, mit Salz und Pfeffer abschmecken. Petersilie und Rosmarin waschen, trockentupfen, hacken und mischen. Die Brotscheiben toasten, auf einer Seite mit geschältem Knoblauch einreiben und mit Olivenöl beträufeln. Dann mit der Kräutermischung bestreuen, etwas salzen und pfeffern und mit Schinken belegen.

Weißweinessig in einen Topf mit einem Liter kochendem Wasser geben. Jeweils ein Ei in eine Suppenkelle oder Tasse aufschlagen und vorsichtig ins Wasser gleiten lassen. Die Eier 3 bis 4 Minuten pochieren, mit der Schaumkelle herausnehmen und abtropfen lassen. Den Salat mit der Vinaigrette vermischen. Je ein Ei auf einen Toast geben und mit dem Salat servieren.

APFEL-CARPACCIO MIT SENF-HONIG-DRESSING

Zutaten

1 kleiner Kopf Eichblattsalat
10 Radieschen
2 EL grobkörniger Senf
1 EL Honigsenf oder Dijoncrème
4 EL Apfelsaft oder Cidre
1 EL Honig
2 EL Kapern
60 ml Traubenkernöl (oder Pflanzenöl)
Salz, Pfeffer
4 Äpfel
etwas Zitronensaft

Den Salat waschen und trockenschleudern. Die Radieschen putzen, waschen und in dünne Stifte schneiden. Für das Dressing beide Senfsorten mit 2 EL Apfelsaft oder Cidre, dem Honig und 1 EL Kapern pürieren, dann tropfenweise, später in dünnem Strahl das Öl zugeben und wie eine Mayonnaise aufrühren. Den restlichen Apfelsaft/Cidre dazugeben und mit Salz und Pfeffer abschmecken. Salatblätter auf Teller anrichten. Die Äpfel waschen, das Kerngehäuse mit einem Apfelausstecher ausstechen und in dünne Scheiben schneiden. Die Apfelscheiben auf dem Salat anrichten und mit etwas Zitronensaft beträufeln. Das Senfdressing auf den Äpfeln verteilen und das Carpaccio mit den restlichen Kapern und den Radieschenstiften anrichten.

KOHLRABI-CARPACCIO

Zutaten

2 Kohlrabi (ca. 400 g)
1 Knoblauchzehe
1 walnussgroßes Stück Ingwerwurzel
½ Bund Koriander oder Petersilie
8 EL Reisessig
6 EL Sojasauce
3 EL dicke, süße Sojasauce (aus Thailand)
2 EL dunkles Sesamöl
1 EL Sesamkörner (möglichst schwarze)

Kohlrabi schälen und in sehr dünne Scheiben schneiden (z. B. mit einer Brotschneidemaschine). Knoblauch und Ingwer schälen und fein reiben oder durchpressen. Koriander oder Petersilie waschen und hacken.

Reisessig, beide Sojasaucen, Sesamöl sowie Knoblauch und Ingwer in einem Topf auf kleiner Hitze etwa 7 Minuten zu einem Sirup einkochen, dabei ständig mit einem Schneebesen rühren.

Die Kohlrabi-Scheiben auf Tellern auslegen, mit dem abgekühlten Sirup beträufeln und etwa 10 Minuten ziehen lassen. Mit Sesamkörnern und Koriander oder Petersilie bestreuen.

MARINIERTE PAPRIKA

Zutaten

3 rote und 3 gelbe Paprikaschoten
5 Knoblauchzehen
8 Sardellenfilets
5 EL Zitronensaft
8 EL Olivenöl
Salz
Pfeffer

Den Backofen auf 200 °C vorheizen. Die Paprikaschoten waschen, halbieren, die Stiele, Kerne sowie die hellen Trennwände entfernen. Die Paprikahälften mit den Schnittstellen nach unten auf ein Backblech mit Backpapier oder in eine hitzefeste Form legen und im heißen Ofen backen, bis die Haut der Paprikaschoten kräftig Blasen wirft (dauert etwa 30 Minuten).

Das Blech oder die Form aus dem Ofen nehmen und die Schoten mit einem feuchten Tuch bedecken, etwas abkühlen lassen.

Den Knoblauch schälen. Die Sardellenfilets unter kaltem Wasser abspülen und mit Küchenkrepp trockentupfen. Die Haut der Paprikaschoten abziehen und die Schoten in Streifen schneiden. Auf einer Servierplatte auslegen.

Den Knoblauch fein hacken oder mit der Knoblauchpresse in ein Schüsselchen drücken. Die Sardellen fein hacken und zugeben. Mit Zitronensaft, Olivenöl, Salz und Pfeffer vermischen, über die Paprikastreifen gießen. Die Paprikastreifen möglichst über Nacht, mindestens 6 Stunden marinieren lassen. Mit knusprigem Baguette oder italienischem Weißbrot servieren.

BOHNENPASTE AUF TOMATENSCHEIBE

Zutaten ❧

1 Dose weiße Bohnen
(mit Gemüse gekocht)
1 Bund Basilikum
2 EL Balsamico-Essig
2–3 EL Olivenöl
nach Belieben: 1 frisches Eigelb
4 reife, aber noch feste Tomaten
Salz
Pfeffer

Die Bohnen aus der Dose in ein Sieb gießen und abtropfen lassen. Das Basilikum waschen. ¾ der Blättchen abzupfen und mit den Bohnen in einen Mixer geben. Balsamico-Essig und Olivenöl dazugießen, nach Belieben auch das Eigelb zugeben und alles pürieren.

Die Tomaten waschen und in Scheiben schneiden. Das Bohnenpüree mit Salz und Pfeffer abschmecken und auf den Tomatenscheiben anrichten. Die übrigen Basilikumblättchen grob hacken und die Bohnenpaste damit garnieren. Bald servieren.

GRÜNER SPARGEL MIT VINAIGRETTE

Zutaten ❧

2 Bund grüner Spargel
Salz
weißer Pfeffer
4 EL Pflanzenöl
1 EL Walnussöl
1 EL Weißweinessig
1 TL Dijon-Senf
1 TL Zucker

Grüner Spargel muss, im Gegensatz zu weißem, nicht oder nur am unteren Viertel geschält werden. Dann mit einem scharfen Messer so viel unten abschneiden, bis die Schneide leicht durch die Spargelstange gleitet.

Die Stangen locker bündeln und mit Küchengarn zu einer Garbe schnüren. In einem Topf etwa 10 cm hoch Wasser aufkochen, salzen und das Spargelbündel aufrecht hineinstellen, darin etwa 3 Minuten sprudelnd kochen lassen, bis die unteren Enden der Stangen halbgar sind. Dann den Faden entfernen und die oberen Teile und die empfindlichen Spitzen gar, aber noch mit Biss kochen, je nach Dicke 3 bis 5 Minuten. Spargelstangen aus dem Wasser heben, entweder kalt abschrecken oder lauwarm servieren.

Aus beiden Ölsorten, Senf, Essig sowie Zucker, Salz und weißem Pfeffer eine Salatsauce rühren und über die Spargelstangen gießen.

SPARGEL UND SCHALOTTEN MIT HONIG-VINAIGRETTE

Zutaten

250 g grüner Spargel, dünne Stangen
500 g kleine Schalotten
1 Bund Brunnenkresse
5 Zweige Thymian
4 EL Weißweinessig
3–4 *EL Honig*
2 EL Dijon-Senf
8 EL Olivenöl
Salz
Pfeffer

Den Spargel waschen, die harten Enden entfernen und die Stangen in 2 cm lange Stücke schneiden, die Köpfe beiseite legen. Die Schalotten schälen. Die Brunnenkresse verlesen, waschen und grobe Stiele entfernen. Den Thymian waschen, trockentupfen und davon ca. 1 TL Blättchen sehr fein hacken.

In 2 Töpfen Salzwasser zum Kochen bringen. In einem Topf die Schalotten 15 Minuten kochen, abgießen und abkühlen lassen. Im anderen Topf die Spargelstücke bissfest garen, nach 2 Minuten die Spargelköpfe dazugeben.

Essig, Honig, Senf, Öl, Salz und Pfeffer zu einer Vinaigrette verrühren, Thymian dazugeben. Schalotten und Spargel in eine Schüssel geben, die Vinaigrette darüber gießen und 10 Minuten ziehen lassen. Zum Schluss die Brunnenkresse und 1 TL Thymian unterheben. Den Salat lauwarm essen.

STANGENSELLERIE MIT GORGONZOLA

Zutaten

1 Staude Stangensellerie
125 g Gorgonzola
65 g weiche Butter
Pfeffer

Die unteren Teile des Stangenselleries waschen, putzen und die Fäden entfernen (mit einem Messer anschneiden und die harten Fäden abziehen). Den Gorgonzola mit der Butter in eine Schüssel geben und mit einer Gabel vermischen. Mit Pfeffer abschmecken (Salz dürfte nicht nötig sein, der Käse ist schon salzig). Diese Mischung auf die Selleriestangen streichen. Auf einer Platte anrichten.

AUBERGINEN-TATAR

Zutaten

400 g Auberginen
1 EL Kapern (20 g)
10 g grüne Oliven mit Stein
1 Knoblauchzehe
5 Basilikumblätter
5–6 EL Balsamico-Essig (am besten je zur Hälfte dunkler und heller)
2–3 EL Olivenöl (30 ml)
1 EL Honig
Salz
Pfeffer

Den Backofen auf 220 °C (Heißluft 200 °C) vorheizen. Die Auberginen waschen und halbieren. Die Kerne entfernen, sie können das Tatar leicht bitter machen. Die Auberginen ungeschält in größere Stücke schneiden. Die Kapern klein hacken, die Oliven entkernen, den Knoblauch schälen, beides klein schneiden. Die Basilikumblätter waschen.

Auberginen, Kapern, Knoblauch, Oliven, Basilikum, Essig, Öl und Honig vermischen und mit Salz und Pfeffer abschmecken. In eine mit Alufolie verschlossene Auflaufform geben und im vorgeheizten Backofen 1 Stunde schmoren. Herausnehmen, abkühlen lassen und fein hacken. Falls zu säuerlich, mit etwas Honig nachsüßen.

Auf geröstete mundgerechte Schwarzbrotscheiben streichen und als Häppchen zum Apéritif reichen.

Alle, die eine Variante mit Fisch bevorzugen, können dem Tatar 1 entsalzene, fein gehackte Sardelle zufügen.

GEBRATENE AUBERGINEN- UND ZUCCHINISCHEIBEN

Zutaten

2–3 kleinere längliche Auberginen (gibt es zum Beispiel beim türkischen Gemüsehändler)
3–4 feste Zucchini
ca. ½ Tasse Mehl
Olivenöl zum Braten
Salz
Pfeffer

Die Auberginen waschen und den grünen Stielansatz abschneiden. Die Auberginen der Länge nach in 1 cm dicke Scheiben schneiden. Die Zucchini waschen und die Enden abschneiden. Ebenfalls der Länge nach in Scheiben – etwas dünner als die Auberginenscheiben – schneiden. Das Mehl auf einen großen flachen Teller oder eine Platte streuen. In einer großen Pfanne nicht zu wenig Olivenöl erhitzen. Jeweils 2 bis 3 Zucchini- und Auberginenscheiben in dem Mehl wenden, überschüssiges Mehl abklopfen und die Scheiben sofort (sonst zieht das Mehl Feuchtigkeit) im heißen Öl auf beiden Seiten braten, bis sie hellbraun sind. Aus der Pfanne heben, auf Küchenkrepp abtropfen lassen und mit Salz und Pfeffer bestreuen.

TIPP: Hierzu passt hervorragend die Joghurtsauce aus dem Kapitel *„Saucen, Dipps & Fonds"*.

GEMÜSE-RELISH

Zutaten

2 mittelgroße Tomaten
¼ Salatgurke
½ grüne Paprikaschote
2–3 dünnere Lauchzwiebeln (Frühlingszwiebeln)
2 EL Hot-Chili-Sauce (nach Geschmack)
Saft und geriebene Schale von ½ Zitrone
Salz
Zucker

Die Tomaten kurz mit kochendem Wasser überbrühen, häuten und entkernen, das Fruchtfleisch hacken. Die Salatgurke und die halbe Paprikaschote waschen, putzen und in kleine Würfel schneiden. Die Lauchzwiebeln waschen, putzen und in ganz feine Ringe schneiden. Das Gemüse in eine Schüssel geben und vermischen. Mit der Hot-Chili-Sauce, Zitronensaft und geriebener Schale, Salz sowie einer Prise Zucker abschmecken. Nach Belieben mit gehackter glatter Petersilie anrichten.

ZUCCHINIPLÄTZCHEN

Zutaten

500 g Zucchini
Salz
4 EL Mehl
2 Eier
je 2 EL fein gehackte glatte Petersilie, Minze und Dill
Sonnenblumenöl zum Braten

Die Zucchini waschen und auf einer Rohkostreibe (mittelfein) raspeln. In eine Schüssel geben und salzen, etwa 20 Minuten ruhen lassen. Dann die ausgetretene Flüssigkeit aus der Schüssel abgießen und die Zucchiniraspel in einem Tuch fest ausdrücken. Mit dem Mehl, den Eiern und den gehackten Kräutern vermischen, mit Salz abschmecken. Aus dem Zucchiniteig kleine Plätzchen (etwa wie Reibekuchen) formen.
In einer Pfanne Sonnenblumenöl erhitzen und die Plätzchen bei mittlerer Hitze etwa 5 Minuten pro Seite braten, bis sie leicht angebräunt sind. Warm servieren.

TOMATEN-KÄSE-QUICHE

Zutaten

Butter für die Form
3 Platten TK Blätterteig (oder 1 frischer, 230 g)
2 Zweige Thymian
2 Knoblauchzehen
300 g Gruyère in Scheiben
6 Tomaten
15 schwarze Oliven mit Stein
1 EL Dijon-Senf
Pfeffer
3 EL Olivenöl

Den Backofen auf 200 °C vorheizen. Eine Quicheform mit Butter ausstreichen, den Blätterteig auftauen und leicht ausrollen oder den frischen Blätterteig ausbreiten, in die Form legen und 15 Minuten in den Kühlschrank stellen. Den Thymian waschen, trockentupfen und die Blättchen abzupfen. Den Knoblauch schälen und den Käse in Streifen schneiden. Die Tomaten waschen und in Scheiben schneiden, den Stielansatz entfernen. Die Oliven vom Stein schneiden und grob hacken.

Den Blätterteig dünn mit Senf bestreichen und den Käse darauf verteilen. Die Tomatenscheiben ringförmig auf den Käse legen und die Oliven darauf verteilen. Mit Thymianblättchen bestreuen und mit Pfeffer würzen. Olivenöl mit ausgepresstem Knoblauch mischen, die Quiche damit beträufeln und im Backofen auf mittlerer Schiene ca. 25 Minuten backen.

BALSAMICO-SCHALOTTEN

Zutaten

500 g kleine Schalotten
4 EL Olivenöl
100 ml Balsamico-Essig
2 EL brauner Zucker
5 Nelken
3 Lorbeerblätter
½ TL Salz

Die Schalotten ungeschält in einen Topf geben, knapp mit kaltem Wasser bedecken, aufkochen und dann zugedeckt bei schwacher Hitze 7 bis 10 Minuten köcheln lassen. Die Schalotten in ein Sieb abgießen und pellen.

Die gepellten Schalotten in einer Pfanne mit Olivenöl bei kleiner Hitze etwa 5 Minuten dünsten. Den Balsamico-Essig, 100 ml Wasser, den braunen Zucker und die Gewürze zugeben und 15 bis 20 Minuten bei kleiner Hitze unter gelegentlichem Rühren garen. Die Balsamico-Schalotten schmecken warm oder kalt – zum Beispiel auch einfach so als Vorspeise.

RENATES GRÜNE SAUCE ZU GRÜNEM SPARGEL

Zutaten ❧

mindestens 6 verschiedene Kräuter, zum Beispiel:
1 Bund Schnittlauch
1 Bund Dill
1 Bund Estragon
1 Bund Sauerampfer
1 Bund Kerbel
1 Bund glatte Petersilie
1 Kästchen Gartenkresse
eventuell auch noch Borretsch und Pimpinelle
½ Tasse Milch
2 Becher Vollmilch-Joghurt
½ Becher Crème fraîche
etwas Zitronensaft
Salz, Pfeffer
grüner Spargel

Die ganzen Kräuter waschen und trocknen, die harten Stiele entfernen und die Blätter klein schneiden. Den Schnittlauch in feine Röllchen schneiden. Die Kräuter in einen hohen Becher geben, die Milch dazugießen und alles mit dem Pürierstab so lange mixen, bis alles fein zerkleinert, cremig und dickflüssig ist.

Den Joghurt dazurühren und die Crème fraîche untermischen. Mit etwas Zitronensaft, Salz und Pfeffer würzen. Die Sauce kalt zu gekochtem grünem Spargel servieren.

GESCHMOLZENER FETA

Zutaten ❧

200 g Feta (griechischer Schafskäse, 45 % Fett)
4 dünne Tomatenscheiben
getrockneter Oregano

Den Backofen auf 250 °C (Grill und Umluft) vorheizen. Den Feta in kleine ofenfeste Schälchen krümeln und mit 2 bis 3 mm dünnen Tomatenscheiben bedecken. Jeweils etwas Oregano darüber bröseln. Die Schälchen auf der obersten Schiene in den Backofen schieben und etwa 4 Minuten backen, bis der Käse leicht gebräunt und die Tomatenscheiben weich sind.

ZIEGEN-FRISCHKÄSE MIT RIESLING-VINAIGRETTE

Zutaten ❧

4 kleine Ziegen-Frischkäse
Mehl
1 Ei
Semmelbrösel
ca. 5 EL Olivenöl
etwa 150 g bunt gemischte Salatblätter
(Feldsalat, Frisée, Rucola, Radicchio)
2 Schalotten
3 EL Weißweinessig
4 EL trockener Riesling
Salz, Pfeffer
1 Prise Zucker
1 EL Schnittlauchröllchen

Die Ziegen-Frischkäse nacheinander in Mehl, verkleppertem Ei und Semmelbröseln wälzen. In etwas Öl goldbraun braten. Die Salatblätter waschen und gut trocknen. Die Schalotten pellen und fein hacken. Mit dem Essig und dem Riesling verrühren, salzen, pfeffern und eine Prise Zucker zugeben. Etwa 3 EL

Olivenöl mit einer Gabel kräftig unterschlagen, die Schnittlauchröllchen unterziehen.

Die Salatblätter auf Teller verteilen, die gebratenen Ziegen-Frischkäse darauf setzen und mit der Vinaigrette beträufeln. Dazu passt Walnussbrot.

KÄSESOUFFLÉ

Zutaten

300 ml Milch
35 g Speisestärke
2 Stangen Lauch (200 g)
2 EL Butter (40 g)
Salz, Pfeffer
frisch geriebene Muskatnuss
100 g Sahne
200 g Hartkäse (Appenzeller, Emmentaler oder Greyerzer)
4 Eier
weiche Butter zum Ausfetten der Auflaufform

Die Zutaten sind ausreichend für eine runde, feuerfeste Form mit 16 cm Durchmesser und 8 cm Höhe.

Von der Milch einige EL abnehmen und darin die Speisestärke kalt glatt rühren. Die restliche Milch aufkochen, die angerührte Speisestärke hineinrühren, aufkochen lassen, in eine große flache Schüssel gießen, mit Klarsichtfolie abdecken und auskühlen lassen. Den Lauch putzen, waschen und in feine Ringe schneiden. In der Butter leicht anschwitzen, mit Salz, Pfeffer und Muskat abschmecken. Die Sahne angießen und den Lauch weich kochen, so dass die Sahne fast völlig reduziert ist. Erkalten lassen. Den Käse nicht zu grob reiben. Den Speisestärke-Pudding durch ein Sieb streichen. Die Eier trennen. Die Eiweiße mit 1 Prise Salz nicht zu steif (wichtig!) aufschlagen. Das Eigelb mit dem geriebenen Käse vermischen. Den Pudding mit der Käse-Eigelb-Mischung verrühren. Mit Salz, Pfeffer und Muskatnuss abschmecken.

Die Form reichlich mit der Butter ausfetten und die kalte Sahne-Lauch-Mischung so einfüllen, dass der Boden bedeckt ist. Das Eiweiß unter die Käsemasse ziehen – erst ein Drittel, dann den Rest.

Die Soufflémasse bis knapp unter den Rand der Form auf den Lauch geben. Den Backofen auf 220 °C (Heißluft 200 °C) vorheizen.

1 Blatt Zeitungspapier passend für den Boden eines Bräters oder einer feuerfesten Form zusammenfalten, an den Seiten einreißen und in den Bräter geben. Kochendes Wasser einfüllen und die Auflaufform hineinstellen. Es soll nicht höher sein als ein Viertel der Höhe der Form. Das Wasser auf der Herdplatte zum Kochen bringen.

Den Bräter mit der Auflaufform in den Backofen stellen und 40 Minuten backen. Wenn die Oberfläche zu dunkel wird, mit Alufolie abdecken. In der Form servieren.

TIPP: Dieses Soufflé eignet sich für 2 Personen als Hauptgericht oder für 4 Personen als kleine Vorspeise. Bei 4 Personen die Mengen verdoppeln. Wichtig fürs Gelingen ist, dass die Eiweiße nicht zu steif, am besten von Hand mit dem Schneebesen, aufgeschlagen werden.

RICOTTA-SOUFFLÉ

Zutaten

2 Handvoll frisches Basilikum
1 Handvoll frische Minze
1 Handvoll glatte Petersilie
12 schwarze Oliven
Butter für die Form
60 g frisch geriebener Parmesan
3 Eier
1 Msp. Backpulver
500 g frischer Ricotta-Käse
125 g Crème double
Meersalz
Pfeffer

Die Kräuter vorsichtig waschen und trocknen. Die Oliven entsteinen und hacken. Eine runde Quiche- oder Auflaufform (von etwa 21 cm Durchmesser) mit etwas Butter gleichmäßig ausstreichen. Mit ein wenig von dem geriebenen Parmesan ausstreuen, den überschüssigen Käse wieder aus der Form zu dem übrigen schütteln.

Die Eier trennen. Die Eiweiße mit dem Backpulver zu steifem Schnee schlagen.

Den Backofen auf 230 °C vorheizen. Die Kräuter mit dem Ricotta, den Eigelben und der Crème double in den Mixer füllen und zu einer hellgrünen Masse pürieren. Zum Schluss den Parmesan unterziehen, den Eischnee unterheben und die Soufflémasse mit Salz und Pfeffer abschmecken. In die gefettete Form füllen und die Oliven darüber verteilen.

Im heißen Ofen auf der mittleren Schiene etwa 25 Minuten backen, bis das Soufflé aufgegangen ist und eine braune Kruste hat, innen aber noch weich ist.

KLEINE DILL-RÖSTI MIT ROHEM LACHS

Zutaten

500 g fest kochende Kartoffeln
1 Bund Dill
Salz, Pfeffer
Butterschmalz zum Braten
200 g frisches Lachsfilet
1 Becher Crème fraîche
etwas Zitronensaft

Die Kartoffeln waschen, schälen und auf einer Rohkostreibe mittelgrob raspeln. Den Dill waschen und trocknen, dicke Stiele entfernen und die Dillspitzen (bis auf einige zum Garnieren) fein hacken – etwa 2 EL voll werden benötigt.

Die Kartoffelraspel mit dem gehackten Dill gründlich vermischen, mit Salz und Pfeffer würzen. Die Masse in einem Tuch auspressen.

In einer großen Pfanne Butterschmalz erhitzen, jeweils 1 EL Kartoffelmasse in die Pfanne setzen, mit einem Pfannenwender platt drücken und bei mittlerer Hitze knusprig braten, dabei einmal wenden. Die fertigen Rösti aus der Pfanne heben, auf Küchenkrepp entfetten und im Ofen warm halten. Nebenbei das Lachsfilet mit einem scharfen Messer in sehr dünne Scheiben schneiden. Die Crème fraîche mit etwas Zitronensaft, Salz und Pfeffer abschmecken.

Wenn alle Rösti gebraten sind, mit den Lachsscheiben belegen und jeweils einen Klecks Crème fraîche darauf setzen. Mit den zurückbehaltenen Dillspitzen garnieren und gleich servieren.

SÜSSKARTOFFEL-CARPACCIO MIT RIESENGARNELEN

Zutaten

400 g Süßkartoffeln
150 g Feldsalat
1 Kopf Frisée-Salat
12 Riesengarnelen, ca. 10 cm lang, mit Schale
12 EL Pflanzenöl
4 EL Himbeeressig
2 EL süßer Senf
Zucker
Salz, Pfeffer

Die Süßkartoffeln waschen, mit kaltem Wasser aufsetzen, zum Kochen bringen und garen. Abgießen, pellen, abkühlen lassen und für eine halbe Stunde ins Gefrierfach legen. Die Salate verlesen, waschen und trockenschleudern.

Die Garnelen schälen, der Länge nach halbieren und den Darm entfernen. Die angefrorenen Süßkartoffeln mit einem scharfen Messer in hauchdünne

Scheiben schneiden. Kreisförmig auf einem Teller auslegen, ohne dass sie sich überlappen. Für die Vinaigrette 10 EL Öl, Essig, Senf, Zucker, Salz und Pfeffer in ein Marmeladenglas geben, verschließen und kräftig durchschütteln. Etwas Vinaigrette über die Kartoffeln träufeln und den Rest mit den Salaten vermischen.

Den Salat auf die Kartoffelscheiben setzen. Das restliche Öl in einer Pfanne erhitzen, darin die Garnelen unter Wenden etwa 5 Minuten braten. Mit Salz und Pfeffer würzen und auf den Salat legen.

MATJES-TATAR

Zutaten

4 Matjesfilets
2 Schalotten
2 Gewürzgurken
1 säuerlicher Apfel (Boskop, Jonagold)
1–2 EL Traubenkernöl
1 Päckchen Pumpernickeltaler
gesalzene Butter
1 Bund Dill zum Garnieren
weißer Pfeffer

Die Matjesfilets mit Küchenkrepp trocknen und mit einem scharfen Messer in ganz kleine Würfel schneiden. Die Schalotten pellen, eine Schalotte in winzig kleine Würfel, die zweite Schalotte in sehr dünne Scheiben schneiden.

Die Gewürzgurken recht grob schälen, sodass die Schalen gut 2 mm dick sind. Nur die Schalen nehmen und fein würfeln (Gurkeninneres anderweitig verwenden). Den Apfel waschen, schälen und das Kerngehäuse entfernen. Den Apfel in feine Würfel schneiden.

Die Apfelwürfel mit den Schalottenwürfeln, den Gewürzgurkenschalenwürfeln und den gehackten Matjesfilets vermischen, das Traubenkernöl unterziehen.

Die Pumpernickeltaler mit Butter bestreichen und jeweils einen Teelöffel Matjes-Tatar darauf setzen.

Die Schalottenscheiben zu Ringen aufblättern und das Matjes-Tatar damit garnieren, jeweils noch ein Dillästchen darauf legen. Mit weißem Pfeffer würzen und leicht gekühlt servieren.

RÄUCHERFORELLENMOUSSE

Zutaten

2 frisch geräucherte Forellen (oder geräucherte Forellenfilets in Folie, gibt's im Supermarkt)
2 mittelgroße Schalotten
1 EL Crème fraîche
ca. 100 g Sahne
Salz
weißer Pfeffer
1 Päckchen Pumpernickeltaler oder Cracker
1 Bund Dill

Die Forellen häuten und das Fischfleisch mit einem kleinen Messer von den Gräten zupfen. Die Schalotten pellen und klein schneiden.

Forellen und Schalotten im Mixer pürieren, Crème fraîche und nach und nach so viel Sahne zugießen, bis eine geschmeidige Creme entsteht. Mit Salz und weißem Pfeffer würzen. Gut kühlen.

Das schmeckt vorzüglich auf runden Pumpernickelscheiben oder auf Crackern, mit fein gehacktem Dill garniert.

MAKRELENDIP

Zutaten

250 g geräucherte Makrelenfilets
2 EL Crème fraîche
2–3 EL frisch geriebene Meerrettichwurzel
etwas abgeriebene Schale von einer unbehandelten Zitrone
Salz
weißer Pfeffer
1 Bund Dill
1 Baguette oder Flûte

Den Backofen auf 200 °C vorheizen. Die Makrelenfilets in Stücke schneiden. Mit der Crème fraîche, dem Meerrettich und geriebener Zitronenschale in einen Mixer oder den Blitzhacker geben und zu einer glatten Masse pürieren. Vorsichtig mit Salz und Pfeffer würzen.

Den Dill waschen und trocknen, in kleine Zweige zerpflücken und beiseite legen. Das Baguette in dünne Scheiben schneiden, auf einen Backrost legen und im Ofen goldbraun rösten.

Die Brotscheiben mit dem Makrelendip bestreichen und mit kleinen Dillzweigen garnieren. Gleich servieren.

GARNELENCOCKTAIL

Zutaten

½ kleine Dose Ananasstücke (440 g)
1 Becher Crème fraîche (150 g)
2 TL Meerrettich, aus dem Glas
3 EL Ketchup
Saft von ½ Zitrone
3 EL Ananassud
2 EL Orangenlikör
1 Msp. gemahlener Ingwer
Zucker, Salz
1 Msp. Cayennepfeffer
1 Frühlingszwiebel
2 Stangen Staudensellerie, aus der Mitte
¼ Cantaloup-Melone (200 g)
12 Garnelen, ohne Kopf und Schale
2 EL Olivenöl
8 Blätter Basilikum
einige Salatblätter

Die Ananas in ein Sieb gießen, den Sud dabei auffangen. Die Ananasstücke teilen. In einer Schüssel Crème fraîche, Meerrettich, Ketchup, Zitronensaft, Ananassud, Orangenlikör, Ingwer, 1 Prise Zucker, Salz und Cayennepfeffer gut miteinander verrühren und kaltstellen.

Frühlingszwiebel putzen, grobes Grün entfernen und Frühlingszwiebel in feine Ringe schneiden. Den Staudensellerie putzen, waschen und in kleine Würfel schneiden. Das Fruchtfleisch der Melone aus der Schale lösen, entkernen und ebenfalls in kleine Stücke schneiden.

Die Garnelen waschen, trockentupfen und in einer Pfanne mit dem Olivenöl anbraten. Alle Zutaten mischen, Basilikum waschen, trockentupfen, klein zupfen, dazugeben und alles mit der Sauce vermischen. Auf den gewaschenen Salatblättern servieren.

GARNELEN MIT RUCOLA

Zutaten

Für 2 Personen:
300 g rohe Garnelenschwänze (etwa 10 cm lange)
1–2 Bund Rucola
2 mittelgroße Tomaten
2 Knoblauchzehen (wahlweise)
4–5 EL Olivenöl
Salz, Pfeffer
Cayennepfeffer
Zitronensaft

Garnelen auf der Rückenseite aufschneiden, den Darm entfernen. Garnelen kurz abspülen und trocknen.

Rucola verlesen, waschen und trocknen. In 2 bis 3 cm breite Streifen schneiden. Die Tomaten überbrühen, häuten und entkernen. Das Fruchtfleisch würfeln. Die Knoblauchzehen (wahlweise) pellen und vierteln.

In einer Pfanne das Öl mit dem Knoblauch erhitzen. Die Garnelen auf jeder Seite 1 Minute anbraten. Rucola und Tomaten zugeben, zugedeckt 5 bis 6 Minuten dünsten, ab und zu umrühren. Mit Salz, Pfeffer, einer Prise Cayennepfeffer und Zitronensaft abschmecken. Mit Safranreis servieren.

GARNELEN UND FEIGEN MIT SPECK

Zutaten ✷

Für die Marinade:
5 EL Olivenöl
2 EL Champagneressig (oder ein guter Weißweinessig)
1 EL Zitronensaft
1 TL Dijon-Senf
nach Belieben: 1 Knoblauchzehe
Salz
weißer Pfeffer

Für die Spießchen:
6 frische Garnelenschwänze (jeweils 6–7 cm lang)
3 getrocknete Feigen
6 Scheiben Räucherspeck (ganz dünn geschnitten)

Für die Marinade das Olivenöl mit dem Essig, Zitronensaft, Senf und (nach Belieben) einer durchgepressten Knoblauchzehe verrühren, mit einer Prise Salz und weißem Pfeffer würzen.

Die Marinade auf zwei Schüsselchen verteilen. In dem einen die Garnelen und in dem anderen die halbierten Feigen 2 bis 4 Stunden ziehen lassen (die Garnelen im Kühlschrank, die Feigen bei Zimmertemperatur).

Die fertig marinierten Feigen und Garnelenschwänze mit jeweils einer halben Speckscheibe umwickeln und mit Zahnstochern feststecken.

Eine große Pfanne erhitzen und die Speckgarnelen und die Speckfeigen bei starker Hitze sehr schnell braten, dabei nach Belieben mit etwas Marinade beträufeln.

MARINIERTE GEGRILLTE GARNELEN MIT FELDSALAT

Zutaten ✷

8 Garnelenschwänze, 8 cm lang
1 walnussgroßes Stück Ingwer
1 Knoblauchzehe
1 rote Peperoni
150 g Feldsalat
4 EL Sesamöl
1 EL brauner Zucker
4 EL helle Sojasauce
4 EL Limettensaft
2 EL Pflanzenöl
2 EL Walnussöl

Die Garnelenschwänze schälen, der Länge nach halbieren und dabei den Darm entfernen. Ingwer und Knoblauch schälen und zusammen mit der Peperoni fein hacken. Den Feldsalat verlesen, gut waschen und trockenschleudern.

Das Sesamöl in einem Topf erhitzen, Ingwer, Knoblauch und Peperoni kurz anschwitzen. Den Zucker dazugeben und unter Rühren schmelzen. Mit Sojasauce und 3 EL Limettensaft ablöschen. Die Garnelen in eine Schüssel legen und die heiße Marinade, bis auf 2 Esslöffel, darüber gießen und über Nacht ziehen lassen.

In einer Grillpfanne das Pflanzenöl erhitzen, die Garnelen hineinlegen und unter mehrfachem Wenden etwa 6 bis 7 Minuten braten. Restliche Marinade mit Walnussöl, 1 EL Limettensaft, Salz und Pfeffer verrühren und alles mit dem Feldsalat vermischen. Auf Tellern anrichten und die Garnelen darauf legen.

KOKOS-GARNELEN AUF FENCHEL-SALAT

Zutaten ✸

250 g tiefgekühlte Garnelenschwänze
1 rote Chilischote
2 Fenchel
2 EL Sherryessig
4 EL Traubenkernöl
Salz
Pfeffer
1 Prise Zucker
4–5 EL Pflanzenöl
3–4 TL Kokosflocken

Die Garnelen im Kühlschrank auftauen lassen, schälen, halbieren und dabei den schwarzen Darm entfernen. Die Chili halbieren, Kerne herauskratzen und die Schote in feine Streifen schneiden. Den Fenchel putzen, halbieren, den harten Strunk herausschneiden und die Fenchelhälften in sehr dünne Scheiben hobeln. Das frische Fenchelgrün fein hacken.

Aus Essig, Traubenkernöl, Salz, Pfeffer und einer Prise Zucker eine Vinaigrette rühren und den Fenchel unterheben. Gut durchmischen und mindestens 4 bis 5 Stunden ziehen lassen, dabei öfter umrühren.

In einer Pfanne das Öl erhitzen, Garnelen und Chili anbraten. Die Kokosflocken dazugeben und mit Salz und Pfeffer würzen. Die Garnelen wenden und fertig garen. Den Salat auf Tellern anrichten, mit Fenchelgrün bestreuen und die Garnelen darauf legen.

LACHSMOUSSE

Zutaten

80 g Pistazienkerne
300 g geräucherter Lachs
8 Stangen hellgrüner Staudensellerie
250 g Ricotta
Zesten von 1 unbehandelten Zitrone
Saft von ½ Zitrone
Saft von 1 Limette
Salz, Pfeffer
3 Messerspitzen Piment

Die Pistazien in einer geschichteten Pfanne ohne Öl anbräunen und auskühlen lassen.

Alle Zutaten nacheinander in einer Küchenmaschine auf Tatar-Konsistenz klein hacken.

Mit einem guten Brot oder zu frischen Kartoffeln servieren.

LACHSTATAR MIT DILL-HONIG-SENF

Zutaten

250 g frisches Lachsfilet, küchenfertig
150 g geräucherter Lachs
1 kleine Salatgurke
½ Granny-Smith-Apfel
1 Stange Staudensellerie, aus der Mitte
4 EL Mayonnaise
2 EL gehackter Dill
Salz, Pfeffer
Zitronensaft
1 EL Dijon-Senf
1 EL körniger Senf
½ TL Honig
1 EL Meerrettich, aus dem Glas
1 EL Pflanzenöl

Frischen und geräucherten Lachs mit einem scharfen Messer in feine Würfel schneiden. In eine Schüssel geben und kalt stellen.

Die Salatgurke schälen, der Länge nach halbieren, mit einem Teelöffel die Kerne entfernen und die Gurke in feine Würfel schneiden. Den Apfel schälen, entkernen und ebenfalls in feine Würfel schneiden. Den Staudensellerie putzen, waschen und in feine Würfel schneiden.

Gurke, Apfel und Sellerie mit dem Lachs mischen, 2 EL Mayonnaise und 1 ½ EL Dill dazugeben und mit Salz, Pfeffer und 1 Spritzer Zitronensaft abschmecken.

Für die Sauce die restliche Mayonnaise mit Senf, Honig, Meerrettich, Öl und dem restlichen Dill glattrühren, mit Salz und Pfeffer abschmecken und mit dem Lachstatar auf Tellern anrichten.

GEBEIZTER LACHS ODER LACHSFORELLE

Zutaten *

½ kg Lachsfilet (aber mit Haut) oder eine Lachsforelle von ca. 800 g, vom Fischhändler filetieren lassen
2–3 Bund Dill, je nach Größe
4 EL Salz (grobes, wenn vorhanden)
4 EL Zucker
10 Korianderkörner
1 großer Gefrierbeutel

Das Fischfilet mit Küchenkrepp trockenwischen. Den Dill gut waschen und gründlich abtropfen lassen, dann grob hacken. Zucker und Salz gut vermischen, mit den im Mörser zerdrückten Korianderkörnern auf dem Fisch verteilen und mit dem Dill bestreuen. Alles in den Gefrierbeutel legen, den Beutel flachdrücken und verknoten.

Im Kühlschrank mindestens 48 Stunden ruhen lassen, dabei öfter wenden. Es bildet sich eine Lake, die den Fisch beizt.

Zum Servieren den Beutel öffnen, Fisch herausnehmen und mit Küchenpapier trocknen, schräg zum Schwanzende wie Räucherlachs in nicht zu dünnen Scheiben von der Haut abschneiden.

SCHINKEN UND CHORIZO MIT TRAUBEN-ROSMARIN-DRESSING

Zutaten

200 g milde Chorizo-Wurst
250 g Schinken (San Daniele oder Serrano) in dünnen Scheiben
150 g grüne Trauben
150 g rote Trauben
1–2 Zweige Rosmarin
Saft von ½ Zitrone
4 EL Olivenöl
1 EL Honig
Salz, Pfeffer
frisch getoastetes italienisches Weißbrot

Chorizo in dünne Scheiben schneiden und mit dem Schinken auf Tellern anrichten. Trauben waschen, vierteln und gegebenenfalls entkernen. Rosmarin fein hacken.

Aus Zitronensaft, Öl, Honig, Salz, Pfeffer und Rosmarin ein Dressing rühren und die Trauben kurz darin ziehen lassen. Das Trauben-Rosmarin-Dressing über Schinken und Wurst geben und mit frisch getoastetem Weißbrot servieren.

GEFLÜGELLEBER-CREME MIT SCHNELLER PORTWEINSAUCE

Zutaten

Für die Geflügelleber-Creme:
125 g Hühnerlebern
2 Schalotten
1 säuerlicher Apel (Boskop, Granny Smith)
1–2 EL Sonnenblumenöl
2–4 EL Calvados (Apfelschnaps)
Salz, Pfeffer
Baguette, Cracker oder Bauernbrot zum Servieren

Für die Portweinsauce:
3 mittelgroße Schalotten
1/8 l Portwein
2–3 EL Schnittlauchröllchen
Salz, Pfeffer

Für die Geflügelleber-Creme die Hühnerlebern sorgfältig putzen und in grobe Stücke zerteilen. Die Schalotten pellen und fein hacken. Den Apfel schälen, vierteln und entkernen, die Viertel in Stücke schneiden.

In einer Pfanne das Öl erhitzen. Die Schalottenwürfel darin glasig dünsten. Dann erst die Apfelwürfel anbraten, schließlich die Leberstücke zugeben und alles unter Rühren garen, bis kein Blut mehr aus der Leber tritt. Den Calvados darüber gießen, kurz warm werden lassen und mit einem langen Streichholz entzünden (flambieren) – Vorsicht, die Flammen können Haare oder ähnliches über der Pfanne in Brand setzen!

Die Mischung mit Salz und Pfeffer würzen, etwas abgekühlt im Mixer oder Blitzhacker zu einer glatten Creme pürieren. In den Kühlschrank stellen und einige Stunden kühlen.

Für die Sauce die Schalotten pellen und sehr fein hacken. In einem Topf den Portwein mit den Schalottenwürfeln erhitzen und ohne Deckel einkochen lassen, bis die Sauce sämig gebunden ist, dabei in den letzten 10 Minuten die Schnittlauchröllchen zugeben. Mit Salz und Pfeffer abschmecken.

Die abgekühlte Creme auf Baguettescheiben, Cracker oder Bauernbrot streichen und mit der Portweinsauce beträufelt servieren.

ENTEN-TERRINE

Zutaten ✸

500 g Entenbrustfilet
1 unbehandelte Zitrone oder Limette (Limone)
1 unbehandelte Orange
500 g Schweinemett (gewürztes Schweinehackfleisch)
2 Eier
3–4 EL Cognac (oder guter Weinbrand)
je 1–2 Msp. gemahlener Ingwer, Piment, Zimt und Cayennepfeffer
Salz, Pfeffer

Den Backofen auf 180 °C vorheizen. Die Entenbrustfilets häuten, das Fleisch in kleine Würfel schneiden. Die Zitrone (oder Limette) und die Orange heiß abwaschen, jeweils 1 gehäuften EL voll Schale abreiben.

Das Entenfleisch mit dem Schweinemett, den geriebenen Zitrusschalen, den Eiern, Cognac und den Gewürzen vermischen, sparsam mit dem Salz (das Mett ist ja bereits gewürzt), kräftig mit Pfeffer abschmecken.

Die Mischung in eine Terrinenform füllen und etwas andrücken, die Oberfläche glatt streichen. Die Form mit dem dazugehörigen Deckel oder mit Alufolie verschließen, in einen passenden hitzefesten Topf oder einen Bräter stellen und seitlich so viel kochendes Wasser angießen, dass die Form zu 2/3 im Wasserbad steht.

Den Topf oder den Bräter in den heißen Ofen (unten) stellen und die Terrine 1 1/2 bis 2 Stunden garen, nach Bedarf Wasser nachgießen.

Dann den Deckel abnehmen und ein sauberes Holzbrettchen, das möglichst genau in die Form passt, auf die Terrine legen. Mit einer vollen Konservendose beschweren und abkühlen lassen. Dann in den Kühlschrank stellen und einige Stunden kühlen.

Dann die Terrine in Scheiben schneiden und servieren. Dazu passen gutes Bauernbrot, saure Gürkchen und eine Cumberland-Sauce (fertig aus dem Glas) oder die Balsamico-Schalotten.

HÜHNCHEN-FRIKADELLEN

Zutaten

2 Hähnchenbrustfilets
50 g Pistazienkerne
1 Ei
Salz, Pfeffer
Nach Belieben: gemahlener Kreuzkümmel
2–3 EL fein gehackte Petersilie
Olivenöl zum Braten
Zitronenschnitze zum Garnieren

Die Hähnchenfilets kurz unter kaltem Wasser abspülen, mit Küchenkrepp trocknen und in grobe Stücke schneiden. Durch den Fleischwolf drehen oder im Blitzhacker zerkleinern. Die Masse mit den Pistazienkernen vermischen und nochmals durch den Fleischwolf drehen oder zerkleinern. Die Mischung in einen tiefen Teller geben und mit dem Ei vermischen, mit Salz und Pfeffer, nach Belieben auch Kreuzkümmel würzen. Die fein gehackte Petersilie untermischen. Aus der Masse walnussgroße Bällchen formen. In einer Pfanne Olivenöl erhitzen und die Bällchen bei mittlerer Hitze 7 bis 8 Minuten darin unter Wenden braun braten. Die Bällchen aus der Pfanne heben und auf Küchenkrepp entfetten. Heiß mit Zitronenschnitzen servieren.

ORIENTALISCHE KEFTES

Zutaten

500 g Rinderhackfleisch
1 mittelgroße Zwiebel
2 Eier
1–2 EL fein gehackter Dill
½ TL gemahlener Kreuzkümmel
¼ TL gemahlener Kardamom
Salz, Cayennepfeffer
Olivenöl zum Braten

Das Hackfleisch in eine Schüssel geben. Die Zwiebel schälen und sehr fein hacken. Mit den Eiern, gehacktem Dill, Kreuzkümmel und Kardamom zu dem Hackfleisch geben. Gut verkneten, mit Salz und Cayennepfeffer pikant abschmecken.

Aus der Hackmasse kleine, tischtennisballgroße Kugeln formen und flach drücken. In einer Pfanne Olivenöl auf mittlerer Stufe erhitzen und die Keftes auf beiden Seiten braun und knusprig braten.

Aus der Pfanne heben und gut abtropfen lassen. Gleich heiß servieren.

WACHTELN AUF ROMANASALAT

Zutaten

4 schön fleischige Wachteln
Salz, Pfeffer
2 Köpfe Romana (auch Romain- oder Koch-Salat genannt)
125 g Butter
Walnussöl und Pflanzenöl
Sherryessig

Wachteln eventuell ausnehmen, waschen, mit Küchenkrepp trocknen, durch Brust und Rücken halbieren. Mit Salz und Pfeffer würzen. Den Salat putzen, waschen, trocknen und in 3 bis 4 cm breite Streifen schneiden.

In einer Pfanne die Butter aufschäumen und die Wachteln bei mittlerer Hitze 20 bis 25 Minuten darin braten, bis sie braun und innen gar sind.

Aus je zur Hälfte Nuss- und Pflanzenöl, Sherryessig, Pfeffer und Salz eine Salatsauce rühren. Die Romanastreifen auf einer Platte anrichten, mit Essig-Öl-Mischung beträufeln. Die Wachteln mit der heißen Butter über den Salat geben, lauwarm servieren.

GEFÜLLTE GEBACKENE MANGOLDSTIELE MIT DIP

Zutaten

80 g Speisequark, 40 %
500 g Mangold
5 Schalotten
15 g Butter
Salz, weißer Pfeffer
Muskatnuss
150 g Mehl
4 g Speisestärke
200 ml eiskaltes Wasser
1 Eigelb
350 g Tomaten
1 Knoblauchzehe
8 EL Olivenöl
1 TL Kapern
4 EL Gemüsesud
3 EL Balsamico-Essig (nach Belieben auch mehr)
20 g Pinienkerne
20 g Rosinen
Pflanzenöl zum Frittieren

Den Speisequark durch ein Sieb streichen. Den Mangold waschen und die Blätter von den Stielen streifen. Die Stiele abziehen und in breite, 10 cm lange Stücke schneiden (Stiele längs teilen, wenn sie sehr dick sind). 2 bis 3 Minuten in reichlich Salzwasser kochen, sodass sie noch Biss haben. Mit kaltem Wasser abschrecken und mit einer Schaumkelle zum Abtrocknen auf ein Küchentuch legen.

Die Mangoldblätter 1 Minute in reichlich kochendes Salzwasser geben. Herausnehmen, abtropfen lassen, vorsichtig ausdrücken und sehr fein hacken. 3 Schalotten schälen, fein würfeln, in der Butter glasig anschwitzen, die Mangoldblätter zugeben und gar dünsten. Mit dem Speisequark vermengen und mit Salz, Pfeffer und Muskatnuss abschmecken. Die Mangoldstiele mit der Masse bestreichen und 1 Stunde in den Kühlschrank stellen.

Für den Ausbackteig Mehl, Speisestärke und Salz in einer Schüssel mischen. Nach und nach das Wasser und das vorher verquirlte Eigelb einrühren. Den Teig 1 Stunde in den Kühlschrank stellen. Für den Tomaten-Rosinen-Dip die Tomaten kurz in kochendes Wasser legen, herausnehmen, enthäuten und vierteln. Wen die Kerne stören, kann sie herauskratzen; in jedem Fall muss der Saft der Tomate aufgefangen werden. Die Schalotten und Knoblauchzehe schälen, grob würfeln und in 5 EL Olivenöl anschwitzen. Die Tomaten mit den Kapern, dem Gemüsesud, dem Balsamico-Essig dazugeben und schmoren, bis die Tomaten weich sind.

Die Mischung etwas abkühlen lassen. Mit dem Stabmixer pürieren, dabei nach und nach 3 bis 4 EL Olivenöl einlaufen lassen. Eventuell noch mit etwas Salz abschmecken. Durch ein Sieb streichen. Pinienkerne und Rosinen grob hacken und unter den Dip mischen. Aufgefangenen Tomatensaft hinzufügen. Eventuell mit Zucker abschmecken.

Das Pflanzenöl zum Frittieren erhitzen. Den Ausbackteig direkt neben die Pfanne stellen. Die Mangoldstiele mit einem Löffel durch den Ausbackteig ziehen und im heißen Öl goldgelb ausbacken. Mit einer Schaumkelle herausnehmen. Zum Entfetten auf eine dicke Lage Küchenkrepp legen. Noch heiß mit dem Tomaten-Rosinen-Dip servieren.

SALZMANDELN

Zutaten

200 g ungeschälte Mandeln
½ TL Butter
½ TL Salz

Die Mandeln mit kochendem Wasser übergießen und 3 Minuten ziehen lassen. Löffelweise herausnehmen und die braune Haut abziehen. Die geschälten Mandeln mit Küchenpapier trocknen. Wenn alle geschält sind, die Butter in einer Pfanne erhitzen und die Mandeln unter ständigem Rühren und Wenden rundum braun rösten. Mit Salz bestreuen und auf Küchenkrepp entfetten.

BURGUNDER GUGELHUPF

Zutaten

250 g roher Schinken
1 Päckchen frische Hefe
250 g Mehl
4 Eier
125 ml Olivenöl
125 ml Weißwein
150 g geriebener Emmentaler

Den Backofen auf 200 °C vorheizen. Den Schinken in kleine Würfel schneiden. Die Hefe zerbröckeln.

Das Mehl in einer Schüssel mit allen Zutaten vermischen (der Teig muss nicht aufgehen) und in eine ungefettete Gugelhupfform füllen.

Die Form in den Ofen stellen und den Gugelhupf etwa 1 Stunde 15 Minuten backen.

SUPPEN & EINTÖPFE

Seite 65–98

Nichts ist schlimmer als eine lieblos gekochte Suppe. Dasselbe gilt für Eintöpfe. Beide verführen durch ihre Konsistenz dazu, nebenbei auf die Schnelle gemacht zu werden. Womöglich aus löslichem Pulver oder fertig aus der Dose. Die Suppe wird dann zur Brühe und der Eintopf zum Brei. Mit etwas Mühe und Aufmerksamkeit und mit Hilfe guter Rezepte kann man wunderbare Suppen und Eintöpfe machen, selbst wenn die Basis aus einem Brühwürfel besteht oder fertig aus der Dose kommt. Für die traditionelle Suppe ist ein selbstgemachter Fond ein Garant für ein außerordentliches Geschmackserlebnis. Bei neueren Rezepten mit exotischen, geschmacksintensiven Zutaten kann man sich oft mit einer vorgefertigten Basis begnügen. Für den Sommer empfehlen sich die kalten Suppen als Vorspeise oder als kleiner Hauptgang für ein leichtes Mittagessen. Beim Eintopf denkt man eher an den Winter. Aber ich habe auch Rezepte für leichte Eintöpfe, die das ganze Jahr gut ankommen, wenn zu einem besonderen Anlass viele Gäste eingeladen sind.

RINDSSUPPE

Zutaten

500 g Rinderbeinfleisch
500 g Rindfleisch, zum Kochen
Salz
2 Karotten
1 kleiner Knollensellerie
1 Stange Lauch
2 Lorbeerblätter
20 Pfefferkörner
10 Wacholderbeeren
Pfeffer
Muskatnuss
1 Stängel glatte Petersilie
1 Bund Schnittlauch

Beinfleisch und Rindfleisch in einem Topf mit 5 l Wasser und 1 TL Salz langsam zum Kochen bringen. 2 Stunden ganz leicht köcheln lassen. Karotten und Sellerie schälen und in Würfel schneiden. Lauch putzen, waschen, das dunkle Grün entfernen und den Lauch in Ringe schneiden.

Gemüse und Gewürze in den letzten 20 Minuten in die Suppe geben und bissfest garen. Die Suppe durch ein Sieb gießen und das Fleisch in daumengroße Stücke schneiden.

Die Suppe mit Salz und Pfeffer abschmecken. Ein Tuch mit frisch geriebener Muskatnuss bestreuen und die Petersilie darauf legen. Die Suppe vorsichtig durch das Tuch streichen, aufkochen und nochmals abschmecken. Schnittlauch waschen, trockentupfen und fein schneiden.

Gemüse und Fleisch in Suppentellern anrichten, mit der Suppe übergießen und mit Schnittlauch bestreuen.

RINDSSUPPE NACH MAMA BIOLEK

Zutaten

700 g mageres Rindfleisch
1 ½ Würfel klare Rinderbrühe
1 große Zwiebel
Salz
1 Stange Lauch
2 Möhren
¼ Sellerieknolle
3–4 Eier
weißer Pfeffer
1 Bund Petersilie
1 Bund Schnittlauch

Das Rindfleisch waschen und mit Küchenkrepp trocknen. 2 l Wasser mit Brühwürfeln und geschälter, geviertelter Zwiebel aufkochen. Das Fleisch rundum mit Salz einreiben und im Ganzen ins kochende Wasser legen.

Offen aufkochen lassen. Wenn der Schaum an der Oberfläche fest genug ist, mit einem Schaumlöffel abheben. Zugedeckt 1 Stunde ganz leise simmern lassen, die Brühe soll eben »lächeln«, wenn man den Deckel abhebt.

Lauchstange putzen, den oberen Teil aufschlitzen, gründlich waschen, in 2 bis 3 Stücke schneiden. Möhren und Sellerieknolle schälen, waschen, aber nicht zerteilen. Gemüse zum Fleisch geben, 20 Minuten mitgaren. Dann mit einer Messerspitze probieren, ob es gar ist (kann bei den Gemüsesorten zu unterschiedlichen Zeiten der Fall sein), ebenso das Fleisch. Was gegart ist, mit einem Schaumlöffel herausheben und in Stücke schneiden. Die Brühe durch ein Sieb gießen, die ausgekochten Zwiebelviertel fest ausdrücken und wegwerfen. Die Brühe wieder aufkochen.

Die Eier verrühren und an verschiedenen Stellen in die Brühe gießen, es dauert nur kurz, bis die Eierflocken gestockt sind, dabei aufpassen: Sie legen sich gern am Topfboden an, deshalb am Boden gut rühren. Suppe mit Salz und Pfeffer abschmecken, Fleisch- und Gemüsewürfel dazurühren. Mit gewaschener, kleingeschnittener Petersilie und Schnittlauch bestreut auftragen.

HÜHNERSUPPE MIT FENCHEL

Zutaten

500 g Hähnchenbrustfilet
500 g Fenchelknolle
300 g fest kochende Kartoffeln
1 Bund glatte Petersilie
1 Bund Basilikum
1–2 TL Fenchelsamen
3 Zwiebeln
2 Knoblauchzehen
300 g Kirschtomaten
1/8 l Olivenöl
2 EL Tomatenmark
2 Msp. Safranfäden
2 Lorbeerblätter
1 l Geflügelfond
1 l Weißwein
Salz, Pfeffer
Anisschnaps

Die Hähnchenbrustfilets in 2 cm große Würfel schneiden. Den Fenchel putzen, den Strunk keilförmig herausschneiden und entfernen. Den Fenchel in Würfel schneiden. Die Kartoffeln schälen, waschen und in 1 cm dicke Scheiben schneiden.

Petersilie und Basilikum waschen und trockentupfen, Basilikum grob hacken, Petersilie als Bund lassen. Die Fenchelsamen im Mörser andrücken. Zwiebeln und Knoblauch schälen, Zwiebeln in feine Würfel schneiden, Knoblauch sehr fein hacken.

Die Kirschtomaten waschen und, je nach Größe, halbieren oder vierteln. In einem Topf die Hälfte des Öls erhitzen, das Hähnchenfleisch von allen Seiten anbraten, herausnehmen und beiseite stellen. Das restliche Öl erhitzen und Fenchel- und Zwiebelwürfel darin andünsten, dann den Knoblauch dazugeben. Tomatenmark, Fenchelsamen, Safran und Lorbeerblätter dazugeben und mit Geflügelfond und Wein ablöschen.

Hähnchenfleisch, Kartoffeln und Tomaten zur Suppe geben, mit Salz und Pfeffer abschmecken. Die Petersilie hineinlegen und zugedeckt bei kleiner Hitze etwa 1 1/2 Stunden köcheln lassen. Die Petersilie herausnehmen und die Suppe noch einmal abschmecken. Nach Geschmack etwas Anisschnaps einrühren, die Suppe mit Basilikum bestreuen und servieren.

HÜHNERSUPPE – ETWAS ASIATISCH

Zutaten

Für die Brühe:
1 Suppenhuhn, ca. 1,5 kg
750 g Hühnerklein (Hälse, Flügel, Mägen u.s.w.)
1 Zwiebel, Salz
2 Gewürznelken, 1 Lorbeerblatt
2 Möhren
Hellgrünes von 1 Stange Lauch

Als Einlage:
2–3 Hähnchenbrustfilets
10 g Mu-Err-Pilze
Weißes von 1 Stange Lauch (siehe oben)
125 g Zuckerschoten
125 g Sojabohnensprossen
125 g Champignons oder braune Egerlinge
1 kleine Dose Bambussprossen
1 kleine Dose Wasserkastanien (Water-Chestnuts)
Sojasauce
100 g chinesische Glasnudeln
frischer Koriander oder Petersilie

Huhn und Hühnerklein waschen, vom Huhn den fetten Bürzel abschneiden, wegwerfen. Die Zwiebel schälen und mit Nelken spicken. Mit Lorbeerblatt und Geflügel in einen großen Topf legen. Die Möhren schälen und in grobe Stücke schneiden. Den hellen Teil vom Lauch längs aufschlitzen, gut waschen und in breite Stücke schneiden.

Das Gemüse in den Topf geben und etwa 2 l Wasser aufgießen. Salzen und ohne Deckel langsam aufkochen lassen. Wenn sich der dunkle Schaum an der Oberfläche verfestigt hat, vorsichtig mit einem Schaumlöffel abschöpfen. Etwa 1 ½ Stunden ohne Deckel ganz leise simmern lassen, vielleicht nochmals Schaum abschöpfen.

Danach die Brühe durch ein Sieb in einen anderen Topf gießen, das ausgekochte Gemüse und nicht verwertbares Hühnerklein wegwerfen. Das Huhn enthäuten, das Fleisch von den Knochen ablösen und klein schneiden.

Für die Einlage die Hähnchenfilets in Streifen schneiden. Die Mu-Err-Pilze in heißem Wasser einweichen. Das Weiße vom Lauch aufschlitzen, gründlich waschen, in feine Scheiben schneiden. Von den Zuckerschoten die Enden abknipsen.

Die Sojasprossen heiß überbrausen, abtropfen lassen. Champignons säubern, Stiel abschneiden, vierteln. Bambussprossen abtropfen lassen und in Scheiben schneiden. Abgetropfte Wasserkastanien vierteln.

Die eingeweichten Mu-Err-Pilze aus der Brühe heben, harten Stielansatz abschneiden, die Pilze in Stücke schneiden. Die durchgesiebte Hühnerbrühe aufkochen, mit Sojasauce kräftig abschmecken. Die Brustfiletstreifen und das Fleisch vom Suppenhuhn zusammen mit den Bambussprossen, Wasserkastanien und Mu-Err-Pilzen etwa 30 Minuten köcheln lassen.

Dann die Glasnudeln, Champignons und Sojabohnensprossen zugeben, nach 5 Minuten die Zuckerschoten und Lauchringe. Noch 5 bis 10 Minuten leise sieden lassen. Nochmals mit Sojasauce pikant abschmecken und mit fein gehacktem Koriander oder Petersilie bestreut servieren.

OCHSENSCHWANZ-SUPPE

Zutaten

1 ½ kg Ochsenschwanz, in Stücke zerteilt
3 Zwiebeln
½ kleine Sellerieknolle
2–3 Möhren
4 EL Pflanzenöl,
Salz, Pfeffer
1 EL Rosenpaprika
2 Lorbeerblätter
½ TL Thymian
2 EL Tomatenmark
¼ l Rotwein
4–6 cl Cognac

Die Ochsenschwanz-Stücke waschen und abtrocknen. Zwiebeln, Sellerie und Möhren schälen und in grobe Würfel schneiden.

In einem großen Topf die Fleischstücke in Öl anbraten, bis sie auf allen Seiten Farbe angenommen haben, dann die Gemüsewürfel dazugeben und weiter unter Rühren anschmoren. Mit Salz, Pfeffer und dem Rosenpaprika würzen, etwa 1 ½ l Wasser aufgießen. Die Lorbeerblätter, den Thymian und das Tomatenmark zugeben, langsam offen aufkochen und den Schaum abschöpfen. Dann den Deckel auflegen. Bei geringer Hitze 3, besser noch 4 Stunden leise simmern lassen. Die Ochsenschwanzstücke herausnehmen und mit einem spitzen Messer das Fleisch ablösen. Den restlichen Inhalt des Topfes durch ein Sieb passieren, die Rückstände kräftig ausdrücken.

Die Suppe wieder erhitzen und den Wein dazugießen, ohne Deckel etwas einkochen lassen, dann das ausgelöste Fleisch darin erwärmen. Mit Salz, Pfeffer und dem Cognac abschmecken. Dazu serviert man Weißbrot und den Rest des Rotweins.

PILZSUPPE

Zutaten

500 g Champignons oder braune Egerlinge
100 g durchwachsener Speck
1 größere Zwiebel
250 g Kartoffeln
1 Bund Petersilie
2 EL Butter
½ l Fleischbrühe
1 Becher Sahne
Salz, Pfeffer
etwas getrockneter Thymian

Die Pilze, wenn sie nicht zu verunreinigt sind, möglichst nur trocken putzen (zum Beispiel mit einem Kuchenpinsel) und feinblättrig schneiden. Speck und die Zwiebel in kleine Würfel schneiden, die Petersilie waschen und fein hacken.

Die Kartoffeln schälen und in 1 cm große Würfel schneiden. In einem Topf den Speck etwas auslassen, dann die Zwiebel mit der Butter dazugeben und kurz andünsten. Die Pilze dazurühren und etwa 5 Minuten im Topf dünsten, dann mit der Brühe aufgießen und die Kartoffelwürfel dazugeben, den Deckel auflegen und bei mäßiger Hitze etwa 30 Minuten köcheln lassen, dann die Sahne zugießen und nochmals aufkochen lassen. Mit Salz, Pfeffer und Thymian würzen und mit Petersilie bestreut servieren.

CHILI CON CARNE

Zutaten

1 kg Rumpsteak (Lende)
3–4 Zwiebeln
2–3 Knoblauchzehen
½ l Fleischbrühe
½ Dose geschälte Tomaten
5–6 EL Pflanzenöl
1 Dose Bohnen (rote oder weiße)
je ½ TL gemahlener Kreuzkümmel, Cayennepfeffer und zerstoßene Chilischoten
Salz, Pfeffer

Fleisch in 1,5 cm große Würfel schneiden. Zwiebeln und Knoblauch pellen, Zwiebeln grob, den Knoblauch fein hacken. Brühe erhitzen. Die Tomaten etwas zerkleinern. In einem großen Topf das Öl erhitzen, die Fleischwürfel rundum scharf anbraten. Die Zwiebeln und Knoblauch anschmoren. Die Gewürze, Tomaten und Brühe zugeben, Bohnen untermischen und zugedeckt bei schwacher Hitze 20 bis 30 Minuten schmoren lassen. Mit Salz und Pfeffer abschmecken.

SCHNELLE FISCHSUPPE

Zutaten

2 Möhren
1 Stange Lauch
2 mittelgroße Zwiebeln
2 Knoblauchzehen
5–6 EL Olivenöl
3 Gläser Fischfond à 400 ml
⅛ l Weißwein, trocken
½ TL Fenchelsamen (ersatzweise 1 TL Pastis)
1 Lorbeerblatt
5–10 Safranfäden
1 unbehandelte Orange
Salz, Pfeffer
1 Baguette
800 g Fischfilet, z. B. Rotbarsch, Kabeljau oder andere – fragen Sie den Fischhändler nach fest kochenden Fischsorten

Die Möhren, den Lauch sowie Zwiebeln und Knoblauch putzen, schälen, in kleine Würfel schneiden.

Die Gemüsewürfel in einem Topf in heißem Olivenöl unter Rühren etwa 10 Minuten dünsten.

Fischfond und Weißwein dazugießen, Fenchelsamen, das Lorbeerblatt und den Safran zugeben. Von der Orange ein Stück Schale, so etwa 2 x 4 cm groß, dünn abschälen und zur Suppe geben. Alles ohne Deckel etwa eine halbe Stunde köcheln lassen, dann mit Salz und Pfeffer abschmecken.

Inzwischen den Backofen auf 100 °C vorheizen und darin in Scheiben geschnittenes Baguette leicht anrösten, eher trocknen. Die Brotscheiben mit halbierten Knoblauchzehen einreiben. Das Fischfilet in 3 x 3 cm große Würfel schneiden und in die Suppe rühren, nur 3 bis 4 Minuten ziehen lassen. In Suppenteller Knoblauchbrot legen und mit Fischsuppe auffüllen. Heiß mit Rouille oder Aioli oder beidem servieren.

GAZPACHO

Zutaten

5 große Tomaten, ersatzweise 1–2 Päckchen gehackte Tomaten
2 Zwiebeln
2–3 Knoblauchzehen
1 Salatgurke
1 grüne Paprikaschote
1 rote Paprikaschote
3 EL Olivenöl
1 EL Essig
Salz, Pfeffer
2–3 Scheiben Weißbrot
25 g Butter

Für diese kalte Gemüsesuppe aus Spanien die Tomaten brühen und häuten, dann vierteln und den grünen Strunk entfernen. Zwiebeln und die Knoblauchzehen pellen, die Gurke schälen, halbieren und die Kerne mit einem Löffel herauskratzen. Die Paprikaschoten waschen, vierteln und die Kerne sowie die inneren weißen Trennwände entfernen.

Alle Gemüse zusammen mit Öl und Essig im Mixer pürieren, mit Salz und Pfeffer abschmecken und in einer Schüssel im Kühlschrank bis zum Servieren kaltstellen.

Kurz vor dem Auftragen die Weißbrotscheiben in Würfel schneiden und in einer kleinen Pfanne in Butter zu Croutons braten; diese zu der Suppe reichen. Besonders appetitlich sieht es aus, wenn man zur Suppe verschiedene Schälchen mit feinen Würfeln von Gurke, Paprika, Tomaten und Zwiebeln stellt; jeder nimmt davon nach Belieben.

KALTE SENFGURKENSUPPE

Zutaten

1 mittelgroße Salatgurke
Salz
1 Glas Senfgurken (215 g Abtropfgewicht)
100 ml Mineralwasser
3 EL Pflanzenöl
200 ml Buttermilch
200 g Joghurt (10 % Fett)
1 TL gehackter Dill
Cayennepfeffer
Zucker
Zitronensaft
4 mild geräucherte Forellenfilets

Die Salatgurke schälen, der Länge nach halbieren, mit einem Teelöffel entkernen und die Gurke in 3 cm breite Stücke schneiden. In kochendem Salzwasser kurz blanchieren und in kaltem Wasser rasch abschrecken. Die Senfgurken in ein Sieb gießen, den Sud dabei auffangen, ein Drittel der Senfgurken in kleine Würfel schneiden und beiseite stellen.

Den Rest der Senfgurken mit Salatgurke, Mineralwasser, Öl und Buttermilch im Mixer sehr fein pürieren, in eine Schüssel füllen, Joghurt und Dill dazugeben. Mit Salz, Cayennepfeffer, Zucker, etwas

Zitronensaft und dem Gurkensud abschmecken und auf Eis oder im Kühlschrank kaltstellen.

Die Räucherforellenfilets in Stücke zupfen und mit den Senfgurkenwürfeln als Einlage in die Suppe geben und kalt servieren.

KALTE KARTOFFELSUPPE

Zutaten

1 Knoblauchzehe
2 mittelgroße Zwiebeln
1 mittelgroße Stange Lauch
3 mittelgroße, mehlig kochende Kartoffeln
4 EL Butter
Salz, Pfeffer
Muskatnuss
¼ l Milch
1 Chilischote
2 EL trockener Wermut
3 EL Weißwein
1 Avocado
Saft von ½ Limette
100 g Crème fraîche
150 g Sahne
200 g geräucherter Lachs

Knoblauch und 1 Zwiebel schälen, Lauch putzen, Kartoffeln schälen und waschen. Alles in feine Streifen schneiden. Knoblauch, Zwiebel und Lauch in einem Topf mit 2 EL Butter glasig andünsten. Kartoffeln dazugeben mit Salz, Pfeffer und frisch geriebener Muskatnuss würzen, mit ½ l Wasser ablöschen und einmal aufkochen. Die Milch dazugeben und etwa 20 Minuten leicht köcheln lassen, bis die Kartoffeln weich sind. Die Suppe durch ein Sieb gießen, die Flüssigkeit dabei auffangen und beiseite stellen. Die Kartoffel-Gemüse-Masse durch eine Kartoffelpresse zurück in die aufgefangene Flüssigkeit drücken und erkalten lassen.

In der Zwischenzeit die andere Zwiebel schälen, in feine Würfel schneiden und mit der restlichen Butter in einer Pfanne andünsten. Die Chilischote dazugeben und mit Salz würzen. Mit Wermut und Weißwein ablöschen und die Flüssigkeit vollständig reduzieren lassen, die Chilischote wieder entfernen.

Die Avocado schälen, entsteinen, das Fruchtfleisch in feine Würfel schneiden und mit dem Limettensaft beträufeln. Die Zwiebeln zu den Avocadowürfeln geben, verrühren und mit Salz und Pfeffer abschmecken.

Unter die abgekühlte Suppe Crème fraiche und Sahne rühren, die Suppe eventuell durch ein Sieb streichen und kaltstellen. Den geräucherten Lachs in Würfel schneiden. Die eiskalte Suppe mit Avocado und Lachswürfeln anrichten.

GRÜNE SPARGELSUPPE

Zutaten

1 kg grüner Spargel
4 EL Kerbelblättchen
3 EL Olivenöl
1–2 EL Hühnerbrühpaste
1 Becher Crème fraîche
Salz, Pfeffer, Muskatnuss

Den Spargel waschen, das harte Ende abschneiden. Stangen in Stücke teilen, die Köpfe beiseite legen. Die Kerbelblättchen waschen und die Stängel entfernen.

In einem Topf das Olivenöl erhitzen und die Spargelstücke stark anbraten, sie sollen gut Farbe bekommen. Mit ¾ l Wasser aufgießen, Brühpaste zugeben, die Kerbelblättchen unterrühren und 15 Minuten köcheln lassen.

Die Suppe mit dem Pürierstab aufmixen, Crème fraîche einrühren. Mit Salz, Pfeffer und Muskatnuss abschmecken. Die Spargelköpfe jetzt in die Suppe einrühren und noch 4 bis 5 Minuten garen.

KÜRBISSUPPE

Zutaten &

800 g Kürbis, geputzt 500 g
1 mittelgroße, möglichst weiße gewürfelte Zwiebel
½ gehackte Knoblauchzehe
1 mittelgroße Möhre
1 Stange Staudensellerie
1 rote Paprikaschote
3 EL Butter
1 EL geriebener Ingwer
1 Msp. edelsüßes Paprikapulver
½ TL Curry
1 Msp. getrocknete zerbröselte Chilischote
2 EL Ingwersirup (in Asialäden erhältlich)
2 EL Ketchup
1 l Gemüsesud
Salz, Pfeffer
120 g Sahne
4 EL ungesüßte Kokosmilch
1 Prise Zucker
1 Scheibe Graubrot
1 Prise Zimt

Den Kürbis schälen, die Samen entfernen, das Fruchtfleisch grob raspeln, salzen und zugedeckt 30 Minuten ziehen lassen.

Zwiebeln, Knoblauch, Möhren und Sellerie schälen und fein würfeln. Die Paprikaschoten waschen und ebenfalls würfeln. In einem Topf 2 EL Butter zerlassen, Zwiebeln, Knoblauch, Möhre, Paprika und Sellerie hineingeben und dünsten. Geriebenen Ingwer, Paprikapulver, Curry, Chili, Ingwersirup und Ketchup zugeben, weitere 5 Minuten dünsten. Den Kürbis in einem Sieb über einer Schüssel gut ausdrücken und den Saft auffangen. Das Kürbisfleisch mit dem Gemüse vermischen, etwa 15 Minuten mitdünsten. Kürbissaft und Gemüsesud zugießen, mit Salz und Pfeffer abschmecken. 20 Minuten bei niedriger Hitze sanft kochen.

Die Sahne halbsteif schlagen und mit Kokosmilch und Zucker mischen. Nach und nach in die Suppe einrühren, mit einem Stabmixer pürieren und abschmecken.

Das Graubrot würfeln, in 1 EL Butter rösten und mit 1 Prise Zimt würzen. Die Würfel kurz vor dem Servieren in die Suppe geben.

KÜRBIS-PAPAYA-SUPPE

Zutaten &

1 kg Kürbis
2 große Kartoffeln
etwa 1 l Gemüsebrühe
2 Papayas
½ Becher Sahne
Salz, Pfeffer
rosenscharfes Paprikapulver
Cayennepfeffer
1 Bund Petersilie

Den Kürbis schälen und entkernen, das Fruchtfleisch würfeln. Die Kartoffeln waschen, schälen und in Würfel schneiden.

Etwa ¾ l Gemüsebrühe in einem großen Topf aufsetzen, die Kürbis- und Kartoffelwürfel darin weich kochen.

Die Papayas halbieren, die Kerne und die Innenhaut auskratzen. Papayas schälen und in Stücke schneiden. Zur Suppe geben und nur ganz kurz aufkochen lassen. Die Suppe durch ein Passiersieb streichen (mit dem Pürierstab glatt mixen). Je nach Konsistenz die Suppe mit weiterer Gemüsebrühe aufgießen, noch einmal erhitzen und die Sahne unterrühren.

Die Suppe mit Salz, grob gemahlenem Pfeffer, Paprika und Cayennepfeffer pikant abschmecken. Die Petersilie waschen, Blätter abzupfen und hacken, über die Suppe streuen und servieren.

KAROTTEN-INGWER-HONIG SUPPE

Zutaten

1 Zwiebel
1 Knoblauchzehe
2 walnussgroße Stücke Ingwer
1 Stange Staudensellerie
500 g Karotten
1 unbehandelte Zitrone
1 EL Pflanzenöl
3 EL Butter
¾ l Gemüsebrühe
1 EL Honig
2 EL Crème fraîche
Salz, Pfeffer
Zucker
gehackte Petersilie

Zwiebel und Knoblauch schälen und fein hacken. Den Ingwer schälen und in dünne Scheiben schneiden. Den Sellerie waschen und in kleine Würfel schneiden. Die Karotten schälen und in Scheiben schneiden. Die Zitrone gründlich waschen, Schale abreiben und die Frucht auspressen. Pflanzenöl und 2 EL Butter in einem Topf erhitzen, Zwiebel und Knoblauch darin anbraten. Ingwer, Staudensellerie und Karotten dazugeben und andünsten. Mit der Gemüsebrühe ablöschen und bei geschlossenem Deckel 12 Minuten köcheln. Honig, Crème fraîche, Zitronenschale und die restliche Butter zu der Suppe geben und mit einem Stabmixer pürieren. Mit Salz, Pfeffer, Zitronensaft und Zucker abschmecken und mit Petersilie bestreuen.

EXOTISCHE KAROTTENSUPPE

Zutaten

1 kg Karotten (Möhren)
250 g Spinat (eventuell Tiefkühl-Blattspinat)
1 Bund Koriandergrün (Cilantro)
1 große Zwiebel
1 Knoblauchzehe
1 TL Gemüsebrühepulver
50 g gemahlene Mandeln
25 g Kokosnuss-Creme (ungesüßt, aus der Dose)
1 Limone (Limette)
Salz, Pfeffer
Crème fraîche oder Sahne-Joghurt

Die Karotten putzen, waschen und in 2 bis 3 cm lange Stücke schneiden. Den Spinat verlesen, gründlich waschen und abtropfen lassen. Den Koriander waschen, trocknen und die Blättchen abzupfen.

Die Zwiebel pellen und grob zerteilen. Den Knoblauch pellen, aber ganz lassen. Die Karotten, die Zwiebelstücke, die ganze Knoblauchzehe und das Gemüsebrühepulver in einen Suppentopf geben und etwa 1 l Wasser aufgießen, bis die Karotten ganz bedeckt sind. Zum Kochen bringen, zugedeckt etwa 30 Minuten köcheln lassen, bis die Karotten weich sind. Dann die Knoblauchzehe herausfischen und wegwerfen.

Den Topfinhalt zusammen mit den gemahlenen Mandeln in einen Mixer geben und glatt pürieren. Das Püree wieder in den Topf gießen, zuerst die Kokoscreme, dann den Saft der Limone unterrühren. Die Suppe aufkochen und die Spinatblätter zugeben. Aufwallen lassen, bis der Spinat zusammengefallen ist. Mit Salz, Pfeffer abschmecken und falls nötig noch etwas Wasser zugeben.

Die Suppe vom Herd nehmen und mit jeweils einem Klecks Crème fraîche oder Joghurt, Koriandergrün und schwarzem Pfeffer servieren.

CHILI SIN CARNE

Zutaten ❧

2–3 Möhren
3–4 Stangen Staudensellerie
4 Paprikaschoten (2 grüne, 1 gelbe und 1 rote Schote)
1 Zucchini
3 mittelgroße Zwiebeln
Olivenöl
1 Glas Tomatensauce (oder Tomatenmark)
1 Dose geschälte Tomaten
2 kleine Dosen Kidney-Bohnen (rote Bohnen)
2 EL Kreuzkümmel (Cumin)
2 EL Paprikapulver, rosenscharf
1 EL Oregano
1 EL getrocknetes Basilikum oder 10 frische Basilikumblätter
Salz, Pfeffer
Tabasco
saure Sahne zum Garnieren

Alle Gemüsesorten waschen, putzen und, soweit sinnvoll, schälen. In kleine Stücke schneiden. In einem großen Topf reichlich Olivenöl erhitzen.

Zunächst die Möhren bei mäßiger Hitze etwa 8 Minuten braten. Dann die Staudensellerie- und die Paprikastücke zugeben, weitere 5 Minuten anbraten. Jetzt die Zucchini und die Zwiebeln untermischen und noch 3 bis 4 Minuten braten.

Die Tomatensauce, die geschälten Tomaten und die Kidney-Bohnen ebenfalls in den Topf geben. Alles zum Kochen bringen und mit den Gewürzen, Kräutern, Salz und Pfeffer abschmecken. Zugedeckt etwa 1 Stunde leise köcheln lassen, dabei ab und zu umrühren, bei Bedarf ein wenig Wasser angießen.

Zum Schluss das Chili mit Tabasco nach Geschmack »schärfen« und mit einem Häubchen saurer Sahne ganz heiß servieren.

MANGOLDSUPPE

Zutaten ❧

600 g Mangold
3 Schalotten
1 Knoblauchzehe
2 reife Birnen
2 EL Pflanzenöl
700 ml klare Gemüsebrühe
100 g Blauschimmelkäse (am besten Gorgonzola)
Salz, Pfeffer

Den Mangold waschen, putzen und die Blätter und die Stiele in breite Streifen schneiden. Die Schalotten und den Knoblauch pellen, fein würfeln. Die Birnen schälen und vierteln, die Kerngehäuse entfernen.

Im Suppentopf das Pflanzenöl erhitzen. Zuerst die Schalotten, dann den Knoblauch anschmoren. Den Mangold zugeben und dünsten, bis die Stiele glasig werden. Mit der Gemüsebrühe aufgießen, die Birnen und den Käse zugeben und kurz kochen lassen (der Käse kann auch ganz zum Schluss zugegeben werden).

Die Suppe im Mixer (oder mit dem Pürierstab direkt im Topf) glatt mixen, wieder erhitzen und mit Salz und Pfeffer abschmecken. Gleich servieren, damit sie ihre schöne Farbe behält.

SAUERAMPFER-SÜPPCHEN

Zutaten ❧

2–3 Bund Sauerampfer
1 mehlig kochende Kartoffel
3 Gläser Kalbsfond à 400 ml (oder selbstgekochte Bouillon oder eine aus Brühwürfeln zubereitet)
2 EL Pflanzenöl
25 g Butter
1 Becher Crème fraîche
Salz, Pfeffer

Vom Sauerampfer die groben Stiele entfernen, die Blätter gründlich waschen und in etwa 2 cm breite Streifen schneiden. In einem Topf Öl und Butter zusammen erhitzen und die Sauerampferstreifen darin zusammenfallen lassen.

Fond (oder Brühe) zugießen. Kartoffeln waschen, schälen und in sehr dünne Scheiben schneiden oder hobeln. Fängt die Suppe an zu kochen, die Kartoffeln zugeben und auf kleiner Stufe ohne Deckel etwa 30 Minuten leise simmern lassen.

Nach der Garzeit die Suppe durch ein Haarsieb (ein sehr feinmaschiges Sieb) streichen oder im Mixer pürieren. Die Crème fraîche einrühren und die Suppe mit Salz und Pfeffer abschmecken. Gleich servieren.

BRUNNENKRESSESUPPE

Zutaten

2 Bund Brunnenkresse
5 Lauchzwiebeln (Frühlingszwiebeln)
2 mittelgroße Kartoffeln
50 g Butter
1 l Hühnerbrühe (oder Gemüsebrühe)
1 Becher Crème fraîche
Salz, Pfeffer
Muskatnuss

Die Brunnenkresse verlesen und in lauwarmem Wasser gründlich waschen, harte, gröbere Stiele entfernen. Etwa ¼ der Blätter zum Garnieren beiseite legen.

Die Lauchzwiebeln putzen und den hellen Teil sowie 3 bis 4 cm vom grünen Lauch in dünne Scheiben schneiden. Die Kartoffeln waschen, schälen und in 1 cm große Würfel schneiden. Im Suppentopf die Butter zerlassen und die Lauchzwiebeln bei mittlerer Hitze etwas anschwitzen. Die Kresse dazugeben und in 4 bis 5 Minuten zusammenfallen lassen. Die Brühe angießen und die Kartoffelwürfel einrühren. Etwa 10 Minuten köcheln lassen, bis die Kartoffeln weich sind.

Die Crème fraîche einrühren und aufkochen lassen. Mit Salz, Pfeffer und Muskat abschmecken, dann die Suppe mit dem Pürierstab schaumig aufmixen. Mit den übrigen Kresseblättern garnieren und servieren.

FENCHELSUPPE MIT LACHSSTÜCKEN

Zutaten

750 g Fenchel
2–3 Schalotten
1 kleine Knoblauchzehe
50 g Butter
1 l Hühner-, Fleisch- oder Gemüsebrühe
½ Becher Crème fraîche
Salz, Pfeffer
200 g Lachsfilet
nach Belieben etwas Pernod (Pastis)

Den Fenchel waschen, Stängel und Wurzelansätze abschneiden, das zarte Grün beiseite legen. Die Knollen achteln und den harten Strunk ausschneiden.

Die Schalotten und die Knoblauchzehe pellen und fein hacken. Im Suppentopf die Butter erhitzen, die Schalottenwürfel und den Fenchel unter Rühren andünsten, dann den Knoblauch zugeben. Mit ¼ l Brühe ablöschen, den Deckel auflegen und den Fenchel in etwa 20 Minuten weich kochen.

Den Topfinhalt in den Mixer geben und pürieren, das Püree wieder in den Topf geben und die übrige Brühe aufgießen. Die Crème fraîche einrühren und die Suppe ohne Deckel 4 bis 5 Minuten kochen. Mit Salz und Pfeffer abschmecken. Das Lachsfilet in etwa 2 cm große Würfel schneiden und in die Suppe rühren, ganz kurz garen. Das Fenchelgrün fein schneiden.

Die Suppe nach Geschmack mit einigen Tropfen Pernod würzen und mit Fenchelgrün bestreut servieren.

FENCHEL-MINESTRONE

Zutaten

200 g weiche italienische Salami
1 Stange Lauch
250 g Fenchelknolle mit Grün
1 TL Fenchelsamen
1 Knoblauchzehe
1 Bund Basilikum
100 g kleine Nudeln
2 EL Olivenöl
1 Dose geschälte Tomaten, 800 g
¾ l Hühnerbrühe
1 Dose Cannellini-Bohnen, 200 g
Salz, Pfeffer
50 g geriebener Parmesan

Die Haut von der Salami entfernen und die Wurst in kleine Würfel schneiden. Lauch und Fenchel putzen und waschen. Das Weiße und Hellgrüne vom Lauch in Ringe schneiden. Fenchelknollen in Streifen schneiden und das Fenchelgrün fein hacken. Den Fenchelsamen im Mörser zerstoßen, Knoblauch schälen. Das Basilikum waschen, trockentupfen, die Blättchen abstreifen und in Streifen schneiden. Die Nudeln in Salzwasser bissfest garen.

Olivenöl in einer Pfanne heiß werden lassen und die Salamiwürfel darin anbraten. Etwa ¾ vom Fett abgießen, Fenchel, Lauch und Fenchelsamen zur Wurst geben und Knoblauch dazupressen. Bei mittlerer Hitze etwa 5 Minuten dünsten und dann die Tomaten mit Saft dazugeben. Tomaten mit dem Kochlöffel leicht zerdrücken und die Hühnerbrühe angießen. Zugedeckt etwa 30 Minuten köcheln lassen. Die Bohnen abgießen und zusammen mit den Nudeln zur Suppe geben, mit Salz und Pfeffer abschmecken.

Die Suppe mit geriebenem Parmesan, Basilikum und Fenchelgrün anrichten.

GEMÜSESUPPE MIT PISTOU

Zutaten

2 Knoblauchzehen
6 EL Olivenöl
1 kleines Bund Basilikum
1 geh. EL Parmesan
1 mittelgroße Zwiebel (60 g)
4 EL Butter (80 g)
1 kleine Kartoffel (40 g)
1 kleine Karotte (50 g)
1 kleine weiße Rübe (50 g)
1 Stange Lauch (50 g)
1 kleine Fenchelknolle (40 g)
1 Tomate (50 g)
1 Stange Staudensellerie (40 g)
1 Bouquet garni (Bund aus Petersilie, Thymian und Lorbeerblatt)
600 ml Gemüsesud
Salz, Pfeffer
50 g grüne Bohnen
50 g tiefgekühlte Erbsen
1 kleiner Zucchino (40 g Zucchini)

Für das Pistou 1 Knoblauchzehe schälen und zusammen mit 3 EL Olivenöl, dem Basilikum und dem Parmesan in der Küchenmaschine fein mixen.

Alle Gemüse putzen, waschen und in kleine Würfel schneiden. 1 Knoblauchzehe fein hacken. Die Zwiebeln und den Knoblauch in 3 EL Olivenöl und der Butter glasig dünsten. Kartoffeln, Karotten, weiße Rüben, Lauch, Tomaten, Staudensellerie, Fenchel und das Bouquet garni zugeben, mit dem Gemüsesud aufgießen. Mit Salz und Pfeffer abschmecken. Alles auf kleiner Flamme 20 Minuten sanft kochen lassen. Die Bohnen separat weich kochen. Erbsen ebenfalls getrennt davon in kochendem Wasser blanchieren und kurz vor dem Ende der Garzeit zusammen mit den Bohnen und den Zucchiniwürfeln zugeben. Das Bouquet garni entfernen, die Suppe nochmals mit Pfeffer und Salz abschmecken und das Pistou mit der Suppe vermischen.

TOMATEN-ORANGEN-SUPPE

Zutaten

1 Zwiebel
reichlich Basilikumblätter
2 EL Pflanzenöl
1 EL Zucker
1 Knoblauchzehe
1 kg stückige Tomaten, aus der Dose
100 ml Weißwein
Saft von 2 Orangen
1 EL Tomatenmark
2 EL Ketchup
Salz, Zitronenpfeffer
Crème double

Die Zwiebel schälen und in kleine Würfel schneiden. Die Basilikumblätter waschen, trockentupfen, einen Teil fein hacken und die restlichen Blätter zur Dekoration zurückbehalten. Das Pflanzenöl in einem Topf erhitzen und die Zwiebel darin glasig dünsten. Zucker dazugeben und leicht karamellisieren lassen. Den Knoblauch schälen und dazupressen, Tomaten dazugeben. Wein und Orangensaft hinzufügen, Tomatenmark, Ketchup und Basilikum unterrühren und alles aufkochen lassen.

Mit Salz und Zitronenpfeffer abschmecken. Die Suppe in Tellern verteilen und mit je einem Klacks Crème double und Basilikumblättern garnieren.

KLARE TOMATENSUPPE MIT BASILIKUMKLÖSSCHEN

Zutaten

Suppe:
500 g reife Tomaten
1 Zwiebel
1 Karotte
1 Stück Knollensellerie, 150 g
1 kleine Stange Lauch
250 g Hähnchenbrustfilets
4 Eier
1 ½ l Hühnerbrühe
1 Zweig Estragon
Salz, Pfeffer

Klößchen:
100 g Petersilie
100 g Basilikum
3 EL Butter
4 Eier
100 g geriebenes Weißbrot vom Vortag
Salz
Cayennepfeffer

Die Tomaten brühen, abziehen, den Stielansatz entfernen, entkernen und das Fruchtfleisch grob würfeln. Zwiebel, Karotte und Knollensellerie schälen und grob zerteilen. Den Lauch gut putzen, waschen und in grobe Stücke schneiden. Das Hähnchenfleisch fein würfeln. Alle Eier trennen, Eiweiß für die Suppe zur Seite stellen, 8 Eigelbe für die Klößchen verwahren.

Für die Klößchen Petersilie und Basilikum waschen, trockentupfen und die Blätter abzupfen. Die Kräuter sehr fein hacken. Die Eigelbe mit Butter, Weißbrot und Kräutern mit einem Mixstab pürieren. Mit Salz und Cayennepfeffer würzen und die Masse im Kühlschrank einige Stunden fest werden lassen.

Für die Suppe die kalte Hühnerbrühe in einen Topf geben. Gemüse, Hähnchenwürfel, Tomaten, die

Hälfte des Eiweiß (die andere Hälfte entsorgen) und Estragon zugeben und alles langsam zum Kochen bringen. Zwischendurch umrühren und 20 Minuten ziehen lassen. Ein großes Sieb mit einem Küchentuch auslegen und die Suppe passieren.

In einem Topf Salzwasser zum Kochen bringen. Mit einem Teelöffel Nocken von dem Klößchenteig abstechen und im siedenden Wasser etwa 5 Minuten ziehen lassen.

Die Suppe mit Salz und Pfeffer abschmecken, auf Teller verteilen und die Klößchen hineingeben.

FRISCHE TOMATENSUPPE MIT QUARKNOCKEN

Zutaten für 6 Personen

2 EL weiche Butter (35 g)
3 Eigelbe
45 g Semmelbröseln
135 g Quark, 20 %
Estragon oder Basilikum
Salz, Pfeffer
Muskatnuss
500 g vollreife Tomaten
2 Zwiebeln (120 g)
1 Stange Staudensellerie (30 g)
4 EL Olivenöl
2 EL Zucker
4 Salbeiblätter
1 kleine ungeschälte Knoblauchzehe
2 gehäufte EL Tomatenmark
1 Bouquet garni (Bund aus Thymianzweig, Lorbeerblatt, Petersilienstängel)
600 ml Gemüsesud
1 große Dose Tomaten (800 g)

Die Butter schaumig rühren, dann die Eigelbe nacheinander zugeben. Semmelbröseln, Quark, Estragon oder Basilikum hacken und zugeben. Mit Salz, Pfeffer und Muskatnuss abschmecken und die Masse ungefähr 45 Minuten ruhen lassen.

Die Tomaten vierteln. Die Zwiebeln schälen und in kleine Würfel schneiden. Den Staudensellerie waschen und würfeln.

Das Olivenöl erhitzen: Zuerst den Zucker, dann die Salbeiblätter, die Zwiebeln und die ungeschälte, angeklopfte Knoblauchzehe sowie das Tomatenmark zugeben und etwa 10 Minuten langsam schmoren. Die frischen Tomaten und das Bouquet garni zugeben und den Gemüsesud zugießen. Mit Pfeffer und Salz abschmecken. Alles etwa 25 Minuten sanft kochen lassen. Etwa 5 Minuten vor Schluss die Dosentomaten mit Saft zugeben. Die fertige Suppe durch ein Sieb gießen oder mit dem Stabmixer pürieren – in diesem Fall müssen die Knoblauchzehe und das Bouquet garni vorher entfernt werden. Nochmals mit Salz und Pfeffer abschmecken.

Von der Quarkmasse mit zwei Teelöffeln Nocken abstechen (Teelöffel nach jeder Nocke in kaltes Wasser tauchen) und diese in leicht gesalzenem Wasser etwa 10 Minuten gar ziehen. Die Suppe noch einmal erhitzen – nicht kochen, in tiefe Suppenteller verteilen und mit den Quarknocken garnieren.

TIPP: Noch besser schmeckt es, wenn man statt der Semmelbröseln trockenes Weißbrot reibt oder elektrisch zerkleinert.

WASSERMELONEN-TOMATENSUPPE MIT MOZZARELLA

Zutaten

700 g Wassermelone, ohne Schale und Kerne
1 kg Tomaten
150 ml Olivenöl
2 Bund Basilikumblätter
2 Knoblauchzehen
2 EL Rotweinessig

Salz, Pfeffer
Cayennepfeffer
1 Mozzarella (150 g)
16 Cocktailtomaten
30 g Pinienkerne

Wassermelone und ungeschälte, gewaschene Tomaten in grobe Stücke schneiden. Mit 100 ml Olivenöl, 30 Basilikumblättern, Knoblauchzehen und Rotweinessig in ein Gefäß geben, mit dem Stabmixer pürieren und durch ein feines Sieb streichen. Dann mit Salz, Pfeffer und Cayennepfeffer pikant abschmecken.

Den Mozzarella fein würfeln. Die Cocktailtomaten kurz in kochendes Wasser tauchen. Wenn sich die Haut wellt, herausnehmen und sofort kalt abschrecken. Die Tomaten enthäuten und halbieren. Die Pinienkerne einige Sekunden ohne Fett goldgelb anrösten. Das restliche Basilikum fein schneiden. Mozzarella, Cocktailtomaten, Pinienkerne und Basilikum mit dem restlichen Olivenöl, Salz und Pfeffer bedecken und kurz stehen lassen.

Die kalte Suppe in Tellern anrichten, die Einlage mit der Schaumkelle aus der Marinade nehmen und auf die Suppe geben.

ARTISCHOCKENSUPPE MIT TOMATEN

Zutaten

16 Baby-Artischocken (geputzt etwa 200–300 g)
1 Knoblauchzehe
100 ml Olivenöl
10 Safranfäden
1 fest kochende Kartoffel (100 g)
100 ml Weißwein
1 Bouquet garni (Bund aus Petersilienstängel, Thymianzweig und Lorbeerblatt)
400 ml Gemüsesud
1 kleine Tomate
1 kleine weiße Zwiebel
Salz, Pfeffer
1 kleine getrocknete Chilischote
1 EL gehackte glatte Petersilie

Die Artischocken waschen. Die oberen zwei Drittel der Hüllblätter mit einem scharfen Messer abschneiden. Beim unteren Drittel die verbliebenen Hüllblätter rund um den Blütenboden entfernen, bis das so genannte Heu zum Vorschein kommt. Diesen faserigen Flaum mit einem Teelöffel entfernen. Restliche Blattansätze und harte Stellen an der Bodenunterseite wegschneiden. Die geputzten Artischocken vierteln und mit der ungeschälten, angedrückten Knoblauchzehe im Olivenöl anschwitzen. Den Safran zugeben und pfeffern.

Die Kartoffel schälen, waschen, halbieren, in Scheiben schneiden und zugeben. Mit dem Weißwein ablöschen und einkochen lassen. Das Bouquet garni zugeben, den Gemüsesud zugeben und etwa 10 Minuten sanft kochen lassen, sodass das Gemüse noch Biss behält.

Die Tomate kurz in kochendem Wasser überbrühen, dann enthäuten, in feine Würfel schneiden und die ausgetretene Flüssigkeit abgießen. Die Zwiebel in feine Ringe schneiden und zusammen mit den Tomaten in etwas Olivenöl anschwitzen und in die Suppe geben. Mit Salz, Pfeffer, der fein gehackten Chilischote und der Petersilie abschmecken.

TIPP: Dieses Rezept funktioniert nicht mit den handelsüblichen dicken Artischocken. Es müssen die dünnen Baby-Artischocken sein.

ZWIEBELSUPPE MIT ZIEGENKÄSE-CROÛTONS

Zutaten &

3 Stangen Lauch
1 große Gemüsezwiebel
1 Bund Frühlingszwiebeln
5–6 Schalotten
2 Knoblauchzehen
2 walnussgroße Stücke Ingwer
4 EL Butter
1 ½ l Gemüsebrühe
60 ml trockener Wermut
60 ml Cidre oder Apfelwein
2 EL Calvados
1 EL Zitronensaft
100 g Sahne
Salz, Pfeffer
Muskatnuss
2 Bund Schnittlauch
1 Stange Baguette
150 g Ziegenfrischkäse oder einen neutralen Frischkäse
2 Bund Schnittlauch

Das Weiße und Hellgrüne vom Lauch putzen, waschen und in Streifen schneiden. Die Gemüsezwiebel halbieren und in dünne Scheiben schneiden.

Nur das Weiße von den Frühlingszwiebeln klein hacken. Schalotten, Knoblauch und Ingwer schälen und ebenfalls hacken. In einem Topf die Butter schmelzen und bei kleiner Hitze Zwiebeln, Lauch, Frühlingszwiebeln, Schalotten, Knoblauch und die Hälfte Ingwer unter Rühren 5 Minuten anschwitzen. Mit der Gemüsebrühe ablöschen, aufkochen und mit Deckel 25 Minuten köcheln lassen.

Wermut, Cidre, Calvados, Zitronensaft und den restlichen Ingwer zur Suppe geben und weitere 10 Minuten ohne Deckel köcheln lassen. Die Sahne dazugießen, mit Salz, Pfeffer und frisch geriebener Muskatnuss abschmecken und die Suppe mit dem Stabmixer pürieren.

Den Schnittlauch waschen und in feine Röllchen schneiden. Das Baguette in 1 bis 2 cm dicke Scheiben schneiden. Ziegenkäse mit ¼ des Schnittlauches vermischen, salzen, pfeffern und die Baguettescheiben damit bestreichen. Unter dem Grill hellbraun rösten. Die Suppe anrichten, je 2 Ziegenkäse-Croûtons einlegen und mit dem restlichen Schnittlauch bestreuen.

WEISSE ZWIEBELSUPPE

Zutaten

450 g Zwiebeln
5 EL Butter
½ EL Mehl
3 EL trockener Wermut
4 EL trockener Weißwein
¾ l Geflügelfond
2 Scheiben Toastbrot
Salz
1 TL Stärke
2 Msp. Paprikapulver
½ Bund Dill
Pfeffer
1 Becher Sahne (200 g)

Die Zwiebeln schälen. 1 Zwiebel in hauchdünne Ringe schneiden, die restlichen halbieren und in dünne Streifen schneiden. Die Zwiebelstreifen in einem Topf mit 2 EL Butter hei geringer Hitze etwa 15 Minuten dünsten. Die Zwiebeln sollten dabei keine Farbe annehmen. Nach 15 Minuten die Zwiebeln mit Mehl bestäuben, kurz verrühren und mit 2 EL Wermut und 4 EL Weißwein ablöschen. Einkochen lassen.

Den Geflügelfond in einem Topf erhitzen und etwa ½ l Fond zu den Zwiebeln gießen. Aufkochen lassen und 25 Minuten bei geringer Hitze köcheln lassen. Restlichen Fond nach etwa 15 Minuten dazugeben.

In der Zwischenzeit den Toast entrinden und in ½ cm große Würfel schneiden. 2 EL Butter in einer großen Pfanne aufschäumen lassen, die Brotwürfel darin von allen Seiten goldbraun braten und leicht salzen. Aus der Pfanne nehmen und auf Küchenkrepp abtropfen lassen.

Die Zwiebelringe mit Stärke und Paprikapulver bestreuen und gut mischen, in 1 EL Butter bei mittlerer Hitze kross braten, auf Küchenkrepp abtropfen lassen. Den Dill waschen, trockenschütteln, die Blättchen von den Stielen zupfen und fein hacken. Die Suppe mit dem Pürierstab fein aufschlagen, mit Salz und Pfeffer würzen und mit dem restlichen Wermut verfeinern. Die Sahne mit dem Handrührgerät halb steif schlagen, in die heiße Suppe geben, kurz aufkochen lassen und nochmals schaumig aufschlagen. Zum Schluss den Dill in die Suppe rühren und in Tellern anrichten, mit den Buttercroûtons und den Röstzwiebeln bestreuen und die Suppe servieren.

RIESLINGSUPPE MIT FRISCHER BRATWURST

Zutaten

1 EL Butter
1 EL Mehl
¼ l halbtrockener Riesling
¾ l Geflügelfond
1 kleine Zwiebel
2 Nelken
1 TL Senfkörner
5 Wacholderbeeren
1 TL schwarze Pfefferkörner
1 kleines Lorbeerblatt
1 Bund Schnittlauch
Salz
1 Msp. Cayennepfeffer
1 TL Zucker
1 Becher Sahne (200 g)
1 frische Bratwurst (120 g)
1 EL Pflanzenöl

Die Butter in einem Topf schmelzen lassen, das Mehl einrühren und mit einem Schuss Riesling ablöschen. Aufkochen lassen, wieder Riesling dazugießen und glatt rühren. Den restlichen Wein und den Geflügelfond dazugießen und aufkochen lassen.

Die Zwiebel schälen und mit den Nelken spicken. Gewürze, gespickte Zwiebel und Lorbeerblatt zur Suppe geben. Die Suppe etwa 20 Minuten bei geringer Hitze sämig einkochen lassen. Dabei immer wieder umrühren.

Den Schnittlauch waschen, trockentupfen und in dünne Röllchen schneiden. Die Suppe durch ein feines Sieb streichen, wieder erhitzen und mit Salz, Cayennepfeffer und Zucker abschmecken. Die Sahne mit dem Handrührgerät halb steif schlagen.

Die Bratwurst aus dem Darm drücken und mit einem Teelöffel kleine Klößchen abstechen. In einer Pfanne das Pflanzenöl erhitzen und die Wurststückchen darin von beiden Seiten goldbraun braten. Auf Küchenkrepp abtropfen lassen und in vorgewärmten, tiefen Tellern portionsweise verteilen.

Die Sahne unter die kochende Suppe rühren, nochmals kurz aufkochen lassen, schaumig aufschlagen, in den vorbereiteten Tellern anrichten, mit Schnittlauch bestreuen und mit dunklem Bauernbrot servieren.

WEIN-PAPRIKA-SUPPE

Zutaten

3 rote Paprika
10 Basilikum-Blätter
½ l Weißwein, vorzugsweise Chardonnay
100 g Sahne
Zucker
Salz, Pfeffer

Den Backofen auf 250 °C vorheizen. Die Paprika halbieren, entkernen und 25 Minuten im Backofen rösten, bis die Haut Blasen wirft und dunkel wird. Die Paprika aus dem Ofen nehmen, mit einem feuchten Tuch abdecken und etwa 10 Minuten ruhen lassen. Dann die Schale abziehen. Basilikumblättchen waschen, trockentupfen und in Streifen schneiden. In einem Topf den Wein bei großer Hitze auf die Hälfte einkochen lassen. Die gegrillten Paprika im Mixer pürieren.

Paprika-Püree zum Wein geben, die Sahne angießen, kurz aufkochen lassen und bei kleiner Hitze 5 Minuten köcheln. Mit einer Prise Zucker, Salz und Pfeffer abschmecken und mit Basilikum anrichten.

MAISSUPPE MIT GERÄUCHERTER FORELLE

Zutaten

2 Gläser Maiskörner (à 230 g Abtropfgewicht)
1 Schalotte
3 EL kalte Butter
¾ l Gemüsebrühe
1 Msp. Kurkuma
2 Msp. Cayennepfeffer
Salz, Pfeffer
1 Packung geräuchertes Forellenfilet (125 g Nettogewicht)
1 Kästchen Gartenkresse
1 Becher Sahne (200 g)

Die Maiskörner in ein Sieb gießen, mit kaltem Wasser abbrausen und gut abtropfen lassen. Die Schalotte schälen und in kleine Würfel schneiden. 1 EL Butter in einem Topf erhitzen und die Schalotte darin etwa 3 Minuten glasig dünsten. Die Gemüsebrühe in einem separaten Topf erhitzen. Die Maiskörner zu der Schalotte geben und mit ¼ l Gemüsebrühe ablöschen.

Die Suppe 25 Minuten bei mittlerer Hitze köcheln lassen, dabei nach und nach die restliche Brühe dazugießen. Die Suppe mit Kurkuma, Cayennepfeffer, Salz und Pfeffer pikant würzen, mit dem Pürierstab fein aufschlagen und eventuell noch durch ein Sieb streichen.

Den Räucherfisch auf einen Teller legen, mit Klarsichtfolie abdecken und im Ofen bei 80 °C etwa 10 Minuten leicht erwärmen.

Die Kresse am besten mit der Küchenschere abschneiden und fein hacken. Die Suppe nochmals erhitzen, flüssige Sahne dazugeben, aufkochen lassen und falls nötig nochmals abschmecken.

Die restliche kalte Butter in kleine Würfel schneiden. Die Butterwürfel in die Suppe geben, mit dem Pürierstab schaumig aufschlagen und mit der Kresse verfeinern.

Die Fischhaut abziehen. Den Fisch in mundgerechte Stücke zupfen und portionsweise in tiefen Tellern verteilen. Die Suppe in die Teller gießen und servieren.

SCHARFE MAISSUPPE

Zutaten

1 Zwiebel
1 Knoblauchzehe
2 Scheiben Frühstücksspeck (Bacon)
4 mittelscharfe Chilischoten
1 mittelgroße Kartoffel
2 Hähnchenbrustfilets
50 g Butter
1,2 l Hühnerbrühe
1 TL Thymianblättchen
225 g Mais, tiefgekühlt oder aus der Dose
150 g Sahne
Salz, Pfeffer
Chili-Öl nach Geschmack

Zwiebel und Knoblauch schälen und fein würfeln. Den Bacon ebenfalls fein würfeln. Chili entkernen und fein hacken. Die Kartoffel schälen, waschen und würfeln. Hähnchenbrustfilets waschen, trockentupfen und in 1 cm große Würfel schneiden.

In einem Topf die Butter erhitzen und darin Bacon, Chili, Zwiebel und Knoblauch etwa 8 Minuten andünsten. Die Brühe angießen und Kartoffelwürfel, Thymian, Hähnchenfleisch und Mais dazugeben. Mit Deckel etwa 20 Minuten köcheln lassen. Die Sahne zugießen und mit Salz und Pfeffer abschmecken. Nach Geschmack mit Chili-Öl beträufeln und anrichten.

PILZSUPPE MIT NÜSSEN

Zutaten

200 g kleine Steinpilze oder braune Champignons
100 g Pfifferlinge
7 Shiitake-Pilze
250 g Kartoffeln
1 Zwiebel
1 Bund glatte Petersilie
2 Zweige Thymian
2 Zweige Majoran
1 l Gemüsebrühe
4–5 EL Olivenöl
Salz, Pfeffer
3 EL Haselnusskerne
50 g geriebener Parmesan

Die Pilze putzen und in Scheiben schneiden, Kartoffeln schälen und in sehr dünne Scheiben schneiden. Die Zwiebel schälen und fein würfeln. Die Kräuter waschen, trockentupfen und fein hacken. Die Gemüsebrühe erhitzen. In einen großen Topf 2 EL Olivenöl geben, Zwiebel und Kräuter bei schwacher Hitze kurz dünsten, Kartoffeln und Pilze zufügen und mit Salz und Pfeffer würzen. Mit der heißen Brühe aufgießen und 15 Minuten leicht köcheln lassen.

Inzwischen die Haselnüsse ohne Fett in einer Pfanne rösten, dabei ständig rühren. Die Nüsse herausnehmen, auf ein Tuch geben und die losen Hautteile damit abreiben. Nüsse nicht zu fein hacken, in die Suppe geben und 10 Minuten mitkochen. Die Suppe in Schalen füllen, mit dem restlichen Olivenöl beträufeln und nach Geschmack mit Parmesan bestreuen.

KARTOFFEL-LAUCH-SUPPE

Zutaten

3–4 Stangen Lauch
500 g Kartoffeln
1 ½ l Hühnerbrühe, selbst gekocht oder Instant
100 ml Weißwein, trocken
1 Becher Crème fraîche
Salz, weißer Pfeffer
Muskatnuss
½ Bund Schnittlauch

Den weißen und hellgrünen Teil von den Lauchstangen halbieren, unter fließendem Wasser gründlich (auch die Innenseiten der Blätter) waschen und in etwa 1 cm breite Streifen schneiden.

Kartoffeln schälen, in Würfel schneiden und zusammen mit dem Lauch in einen Topf geben, die Brühe und den Wein zugießen und ganz weich kochen, das dauert gute 30 Minuten.

Alles durch ein Sieb in einen zweiten Topf passieren, die Rückstände im Sieb gründlich ausdrücken. Unter das Gemüsepüree die Crème fraîche rühren, einmal kurz aufkochen und mit Salz und weißem Pfeffer sowie einem Hauch geriebener Muskatnuss abschmecken.

Schnittlauch waschen, in Röllchen schneiden und auf die Suppe streuen. Gut heiß servieren.

KARTOFFELSUPPE MIT GEMÜSESTREIFEN

Zutaten

600 g mehlig kochende Kartoffeln
1 Stange Lauch (150 g)
2 Frühlingszwiebeln
1 kleiner Kohlrabi (50 g)
1 kleine Karotte (50 g)
6 Shiitake-Pilze
5 EL Butter (100 g)
Salz, Pfeffer
Muskatnuss
600 ml Wasser
1 Bouquet garni (zusammengebundene Petersilienstängel und Lorbeerblatt)
2 Scheiben Toastbrot
Öl zum Braten
1 kl. Päckchen getrocknete Steinpilze (4 g)
1 Becher Sahne (200 g)
2 EL Crème fraîche
1 Zweig frischer fein gehackter Majoran (oder 1 TL getrockneter Majoran)
1 Bund geschnittenen Schnittlauch

Die Kartoffeln schälen, waschen und in kleine Stücke schneiden. Lauch und Frühlingszwiebeln putzen und in schmale Ringe schneiden. Kohlrabi und Karotte schälen und mit den Shiitake-Pilzen in Streifen schneiden.

⅔ der Lauchringe, Frühlingszwiebeln und Kartoffeln in 1 EL Butter in einem Topf anschwitzen. Mit Salz, Pfeffer und Muskatnuss würzen und dem Wasser aufgießen, das Bouquet garni zugeben und 30 Minuten sanft kochen lassen.

Die Toastbrotscheiben in Würfel schneiden und in einer Pfanne mit 1 EL Butter langsam goldbraun braten und zur Seite stellen. Die in Streifen geschnittenen Shiitake-Pilze in einer Pfanne mit 2 EL Öl anbraten. Kohlrabi, Karotte und restlichen Lauch zugeben, mit Salz und Pfeffer würzen, etwas Wasser angießen und 5 Minuten »al dente« kochen.

Die getrockneten Steinpilze mit dem Handmörser zerkleinern und mit der Sahne in einem Topf aufkochen. Aus der gekochten Kartoffelsuppe das Bouquet garni herausnehmen und die Suppe mit dem Stabmixer pürieren.

Die Pilz-Sahne-Mischung mit der Crème fraîche, der restlichen Butter und dem bissfest gekochten Gemüse in die Suppe geben und umrühren. Mit Majoran, Schnittlauch und Brotwürfeln anrichten und servieren.

SELLERIE-PROSECCO-SUPPE

Zutaten

500 g Knollensellerie
1 Zwiebel
1 Knoblauchzehe
1 unbehandelte Zitrone
1 Apfel, z. B. Boskop
3 Zweige Majoran
2 EL Pflanzenöl
Salz, Pfeffer
200 ml Prosecco
¼ l Apfelsaft
½ l Gemüsebrühe
100 g Crème fraîche
Muskatnuss, Cayennepfeffer
20 g Butter
2 EL Ahornsirup

Den Sellerie schälen, waschen und in ca. 3 cm große Würfel schneiden. Zwiebel und Knoblauch schälen und fein hacken. Die Zitrone auspressen. Den Apfel schälen, vierteln, entkernen, in ca. 1 cm große Stücke würfeln und mit Zitronensaft beträufeln, damit er nicht braun wird. Majoran waschen, trockentupfen und die Blättchen abzupfen.

Zwiebelwürfel und Knoblauch im Pflanzenöl glasig anschwitzen, den Sellerie dazugeben, kurz mitdünsten und alles salzen und pfeffern. Mit 150 ml Prosecco, dem Apfelsaft und ¼ l Gemüsebrühe ablöschen. Aufkochen lassen und zugedeckt bei mittlerer Hitze ca. 25 Minuten kochen, bis der Sellerie weich ist. Crème fraîche dazugeben und die Suppe mit einem Mixstab pürieren, dabei von der restlichen Gemüsebrühe so viel hinzufügen, dass die Suppe eine cremige Konsistenz bekommt. Mit frischer Muskatnuss, Cayennepfeffer, Salz und Pfeffer abschmecken. Die Suppe eventuell durch ein Sieb geben und noch einmal aufkochen lassen.

Die Apfelstücke in einer Pfanne mit Butter und dem Ahornsirup kurz anbraten. Den restlichen Prosecco, die Majoranblättchen und die Apfelstücke zur Suppe geben.

ROSENKOHLSUPPE

Zutaten

500 g Rosenkohl
1 große Zwiebel
1 große Kartoffel
1 Bund Brunnenkresse
3 Scheiben Bacon, 2–3 mm dick oder geräucherten Tofu
50 g Butter
1 l Hühner- oder Gemüsebrühe
2–3 EL Crème fraîche
Salz, Pfeffer
Muskatnuss

Den Rosenkohl putzen, waschen und vierteln. Zwiebel schälen und fein würfeln. Die Kartoffel ebenfalls schälen, waschen und würfeln. Brunnenkresse waschen, trockenschütteln, die Blätter abzupfen und in Streifen schneiden. Den Bacon oder Tofu würfeln. Die gewürfelte Zwiebel in der Butter glasig anschwitzen und dann die Kartoffelwürfel dazugeben. Mit der Brühe ablöschen und das Ganze einige Minuten kochen. Den Rosenkohl dazugeben und weitere 10 Minuten kochen. Bacon in einer Pfanne ohne Fett knusprig braten oder Tofu in Butter anbraten. Auf Küchenkrepp abtropfen lassen. Crème fraîche unter die Suppe rühren und alles mit einem Mixstab pürieren. Mit Salz, Pfeffer und frisch geriebener Muskatnuss abschmecken. Die Suppe in Teller geben und mit Bacon und Brunnenkresse anrichten.

WEISSKOHL-CURRY-SÜPPCHEN

Zutaten

1 kleiner Weißkohl
2 mittelgroße Schalotten
50 ml Sonnenblumenöl
1 ½ TL Ingwerpulver
2 Msp. Currypulver
Meersalz
¾ l Gemüsesud
2 Frühlingszwiebeln
3 EL Butter (70 g)
Salz, weißer Pfeffer
80 ml Weißwein
300 ml naturtrüber Apfelsaft
½ Stange frisches oder gefriergetrocknetes Zitronengras
2 Mangos
Cayennepfeffer
1 Stängel Koriander

Für den Kohlsud die Schalotten sowie Strunk und Stiele des Weißkohls im Öl anschwitzen. 1 TL Ingwer, Curry und Meersalz zugeben und mit dem Gemüsesud aufgießen. Ungefähr 45 Minuten kochen und dabei auf etwa 250 ml einreduzieren lassen. Durch ein Sieb abgießen.

Für die Suppe die Weißkohlblätter und Frühlingszwiebeln klein schneiden und in der Butter anschwitzen. Mit Salz, Pfeffer und ½ TL Ingwer abschmecken. Mit Weißwein ablöschen. Den Apfelsaft zusammen mit dem Kohlsud und dem Zitronengras zugeben. So lange kochen, bis der Kohl weich ist. Die Mangos schälen, in Würfel schneiden und dazugeben. Mit Salz und Cayennepfeffer abschmecken und mit gehacktem Koriander verfeinern.

ROTE-BETE-SUPPE

Zutaten

1 mittelgroße Zwiebel
2 EL Butter
1 Glas gekochte Rote-Bete-Scheiben (Abtropfgewicht 430 g)
1 EL Honig
½ l Gemüsesud
1 säuerlicher Apfel
Salz, Pfeffer
gemahlener Kümmel
½ Becher saure Sahne (100 g)
1 TL geriebener Meerrettich (Glas)

Die Zwiebeln schälen und grob würfeln und in 1 EL Butter anschwitzen. Die abgetropften Rote-Bete-Scheiben dazugeben und mit dem Honig kurz glasieren.

Den Gemüsesud und den aufgefangenen Rote-Bete-Saft zugeben und 30 Minuten auf kleiner Flamme kochen. Währenddessen den Apfel schälen, fein würfeln und in 1 EL Butter in etwa 5 Minuten weich garen. Die fertige Rote-Bete-Suppe mit dem Stabmixer pürieren, mit Salz, Pfeffer und gemahlenem Kümmel abschmecken.

Die Saure Sahne mit dem Meerrettich vermischen. Die Suppe auf Teller verteilen. Auf jeden Teller einen Klacks saure Sahne-Meerrettich-Creme in die Mitte der Suppe geben. Die Apfelwürfel darüber streuen.

MARONENCREMESUPPE

Zutaten für 8 Personen

3 Möhren
3 Stangen Staudensellerie mit Blättern
3 mittelgroße Zwiebeln
2 EL Butter
1 ½ l Rinds- oder Hühnerbrühe, am besten selbst gekocht
¼ l Weißwein, natürlich trocken
1 kleine Zwiebel
3 Nelken
750 g geschälte, gekochte Maronen (Esskastanien) aus Gläsern, Dosen oder aus der Vakuumpackung
Salz, Zucker, Pfeffer
250 g Crème fraîche
3–4 EL guter Cognac

Die Möhren schälen und klein würfeln. Staudensellerie waschen, samt Blättern klein schneiden. Die 3 mittelgroßen Zwiebeln pellen und fein hacken. In einem großen Topf die Butter erhitzen und die Gemüsewürfel bei kräftiger Hitze unter Rühren etwa 10 Minuten andünsten. Die Brühe und den Wein angießen. Die kleine Zwiebel schälen und mit den Nelken spicken. Von den Maronen 8 Stück zur Seite legen, die restlichen mit der gespickten Zwiebel in die Brühe geben. 25 Minuten leise köcheln lassen, dann die Zwiebel mit den Nelken herausfischen, wegwerfen.

Die Suppe im Mixer (oder mit dem Stabmixer im Topf) pürieren. Falls sie zu dick ist, mit etwas Brühe oder Weißwein flüssiger machen.

Die zur Seite gelegten Maronen klein schneiden. Suppe mit Salz, Zucker und Pfeffer (natürlich frisch aus der Mühle) abschmecken. Kurz vor dem Servieren die Crème fraîche in die heiße Suppe rühren, erst ganz zum Schluss den Cognac, damit sein Aroma nicht verfliegt. Die kleingeschnittenen Maronen auf 8 Suppenteller verteilen und die heiße Suppe darüber schöpfen.

GERÖSTETE GRIESS-SUPPE MIT GEBRATENEN ZWIEBELN

Zutaten

2 EL Butter
40 g Hartweizengrieß
½ l Gemüsesud
½ l Milch
3 mittelgroße Zwiebeln
1 Lorbeerblatt
1 Nelke
1 EL Tempuramehl (in Asialäden, notfalls einfaches Mehl)
½ TL edelsüßes Paprikapulver
100 g leicht geschlagene Sahne
100 g flüssige Sahne
Salz, weißer Pfeffer
Muskatnuss
1 Msp. Cayennepfeffer
1 Bund Schnittlauch

1 EL Butter im Topf erhitzen, den Grieß zugeben und 5 Minuten bei geringer Temperatur rösten. Den Gemüsesud mit der Milch vermischen. Mit ¼ Liter der Flüssigkeit den Grieß ablöschen. 1 Zwiebel schälen und mit dem Lorbeerblatt und der Nelke spicken. Die Suppe einmal aufkochen lassen, die restliche Flüssigkeit und die gespickte Zwiebel zugeben und 20 Minuten auf kleiner Flamme sanft kochen.

Die beiden anderen Zwiebeln schälen, in hauchdünne Scheiben schneiden, mit dem gut vermischten Tempuramehl und Paprikapulver bestäuben; gut vermischen und in 1 EL heißer Butter langsam goldbraun braten. Herausnehmen, auf Küchenkrepp entfetten und leicht salzen. In die Suppe die leicht geschlagene sowie die flüssige Sahne unterrühren. Mit Salz, Pfeffer, Muskatnuss und Cayennepfeffer pikant abschmecken.

Den Schnittlauch waschen und in feine Röllchen schneiden. Die geröstete Grießsuppe in vorgewärmten Tellern anrichten. Die Zwiebelringe portionsweise darin verteilen und mit frisch geschnittenen Schnittlauchröllchen bestreuen.

KOKOS-CURRYSÜPPCHEN

Zutaten

1 Fenchelknolle (etwa 300 g)
2–3 Zwiebeln (etwa 120 g), wenn möglich weiße
2 Knoblauchzehen
1 Stück Ingwer (2 cm)
5 EL Sesamöl
1 kleine Stange oder 1 TL gefriergetrocknetes Zitronengras
600 ml Gemüsesud
1 Dose Kokoscreme (400 g)
Salz
Chilipulver
Currypulver
2 Schalotten
1 Stange Staudensellerie (100 g)
2 Frühlingszwiebeln
1 kleine Orange
1 EL Honig
Cayennepfeffer
1 Msp. getrockneter Estragon

Die Fenchelknolle putzen, den Strunk entfernen und ein Drittel der Fenchelknolle für die Suppeneinlage beiseite legen. Den Rest und die geschälten Zwiebeln grob zerschneiden. Den Knoblauch schälen und pressen. Den Ingwer schälen und halbieren. Eine Hälfte ebenfalls für die Einlage zur Seite legen. Zwiebeln, Knoblauch und Fenchel in 3 EL heißem Sesamöl kurz andünsten. Eine Ingwerhälfte vierteln und mit dem Zitronengras zum Gemüse geben, dann den Gemüsesud und die Kokoscreme einrühren. Mit Salz, Chili- und etwas Currypulver würzen und zugedeckt 45 Minuten sanft kochen lassen. Dann durch ein Sieb gießen.

Die Schalotten schälen, den Sellerie und die Frühlingszwiebeln putzen. Von den Frühlingszwiebeln nur das Weiße verwenden und in 5 mm dicke Ringe schneiden. Schalotten, Sellerie und den zurückbehaltenen Fenchel in kleine Würfel schneiden. Die Orange schälen, die Filets aus den Trennhäuten lösen und quer halbieren, den dabei abgetropften Saft aufheben. Die zweite Ingwerhälfte sehr fein hacken. Das Gemüse in 2 EL heißem Öl kurz anschwitzen, 1 EL Currypulver zugeben und etwas anrösten, 1 EL Honig, die Orangenfilets und den Ingwer zufügen. Mit Salz und Cayennepfeffer würzen, mit der Kokos-Gemüse-Flüssigkeit aufgießen und die Suppe etwa 10 Minuten auf kleiner Flamme kochen. Zuletzt den Estragon und den aufgefangenen Orangensaft zugeben.

TIPP: Ganz nach Gusto kann man diese exotische Suppe am Schluss noch mit einigen Spritzern Limettensaft, eventuell auch noch mit süßer Sahne abschmecken.

LINSEN-SPINAT-SUPPE

Zutaten

1 Stange Lauch
100 g Knollensellerie
2 mittelgroße Zwiebeln
1 Karotte
200 g kleine Linsen
400 g frischer Blattspinat oder 200 g tiefgekühlter Blattspinat
1 unbehandelte Zitrone
5–6 EL Olivenöl
2 EL Tomatenmark
1 ½ l Gemüsebrühe
2–3 TL Rotisseur-Senf
Salz, grob gemahlener Pfeffer
Zucker

Lauch und Sellerie putzen. Lauch in feine Streifen schneiden und Sellerie würfeln. Zwiebeln und Karotte schälen und ebenfalls in Würfel schneiden. Die Linsen in einem Sieb unter fließendem Wasser kalt abspülen. Spinat verlesen und gründlich waschen, blanchieren, gut ausdrücken und grob hacken oder den tiefgekühlten Spinat auftauen lassen und ebenfalls grob hacken. Die Zitrone gründlich abwaschen und etwa 1 TL Schale abreiben.

In einem Topf das Öl erhitzen und die Gemüsewürfel darin andünsten. Linsen und Tomatenmark zugeben und unter Rühren kurz mitdünsten. Die Gemüsebrühe angießen und alles ohne Deckel bei mittlerer Hitze köcheln, bis die Linsen gar sind, aber noch Biss haben. Den Senf einrühren und alles mit einem Schneidstab kurz pürieren, um die Suppe leicht zu binden. Die Linsen nicht komplett pürieren. Den Spinat und die Zitronenschale zur Suppe geben und weitere 3 bis 4 Minuten köcheln lassen. Mit Salz und etwas Zucker abschmecken, auf Teller verteilen und mit grob gemahlenem Pfeffer bestreuen.

ORIENTALISCHE LINSENSUPPE

Zutaten

1 mittelgroße Zwiebel
1 Bund Koriander
1 unbehandelte Zitrone
4 EL Olivenöl
je 1 TL gemahlener Koriander und Kreuzkümmel (Cumin)
je ½ TL Ingwerpulver und englisches Senfpulver
1 l Gemüsebrühe
250 g geschälte rote Linsen
1 Becher Joghurt (griechischer oder türkischer)
Salz, Pfeffer

Die Zwiebel pellen und fein hacken. Den Koriander waschen und trocknen. Die Zitrone heiß waschen, ein etwa daumengroßes Stück Schale dünn abschälen, die Zitrone auspressen.

Im Suppentopf das Öl erhitzen, die Zwiebelwürfel unter Rühren anschwitzen. Die Gewürze dazurühren und kurz dünsten. Die Brühe aufgießen, Zitronenschale und die Linsen einrühren. Bei schwacher Hitze zugedeckt 15 bis 20 Minuten garen, bis die Linsen weich sind.

Koriander hacken, unter den Joghurt rühren, mit Zitronensaft würzen.

Die Zitronenschale aus der Suppe entfernen. Die Suppe abschmecken, in tiefe Teller füllen und jeweils mit einem Klecks Koriander-Joghurt garnieren, sofort servieren.

RAHMSUPPE VON GELBEN ERBSEN

Zutaten ✱

100 g gelbe Spalterbsen
100 g Zwiebeln
1 Knoblauchzehe
1 Stange Lauch
1 mehlig kochende, mittelgroße Kartoffel
130 g Butter
200 g geräucherter Bauchspeck
1 Bund glatte Petersilie
Salz, Pfeffer
250 g Sahne
3 EL Crème fraîche
1 Prise Majoran

Die gelben Erbsen über Nacht in kaltem Wasser einweichen. Den Backofen auf 170 °C vorheizen.

Die Zwiebeln schälen und in Würfel schneiden. Die Knoblauchzehe schälen und sehr klein hacken. Den Lauch putzen, waschen und das Grün entfernen. Das Weiße vom Lauch für die Suppe in Scheiben schneiden. Die Kartoffel schälen, waschen und in Scheiben schneiden. Zwiebeln, Lauch und Knoblauch mit 2 EL Butter in einem Topf glasig andünsten. 1 l Wasser dazugeben und zum Kochen bringen. Die eingeweichten Erbsen durch ein Sieb gießen und mit dem Bauchspeck und den Kartoffeln dazugeben. Die Petersilie waschen und zu der Suppe geben. Mit Salz und Pfeffer würzen und zugedeckt 1 ½ bis 2 Stunden im Backofen köcheln lassen, dabei immer wieder umrühren. Die Erbsensuppe aus dem Ofen nehmen Bauchspeck und Petersilie herausnehmen und die Suppe mit dem Stabmixer pürieren. Wer es ganz fein möchte, streicht die Suppe zusätzlich noch durch ein Sieb.

Die Sahne und Crème fraîche einrühren und einmal aufkochen lassen. Die restliche Butter in kleine Stückchen schneiden und in die heiße Suppe rühren, nicht mehr kochen lassen. Mit Salz, Pfeffer und Majoran abschmecken und servieren.

RAHMSUPPE VON ERBSEN UND ZUCKERSCHOTEN MIT MINZE

Zutaten ❧

5 EL Butter (100 g)
2 Scheiben Toastbrot
300 g tiefgefrorene Erbsen
100 g Zuckerschoten
1 weiße Zwiebel
1 Knoblauchzehe
1 Msp. Puderzucker
Salz, Pfeffer
Muskatnuss
½ l und 2 EL Gemüsesud
½ Bund Minzeblätter
1 TL gehackte Petersilie
100 g Sahne

Von der Butter 2 EL abnehmen und zur Seite stellen. Das Toastbrot in kleine Würfel schneiden. In einer Pfanne den anderen Teil der Butter heiß werden lassen und die Brotwürfel darin goldgelb rösten. Die

Brotwürfel in ein feines Sieb geben und abtropfen lassen. Das abgetropfte Fett für die Suppe aufheben.

Von den Erbsen 2 EL und von den Zuckerschoten 2 Schoten zur Seite stellen. Zwiebel und Knoblauch schälen und in feine Scheiben schneiden, in die heiße Croûtons-Butter geben und hell andünsten. Erbsen und Zuckerschoten zugeben, mit dem Puderzucker bestäuben und 2 bis 3 Minuten mitdünsten, notfalls noch etwas Butter zugeben. Mit Salz, Pfeffer und Muskatnuss abschmecken. ½ Liter Gemüsesud aufkochen, zu dem Gemüse in der Pfanne gießen und 10 Minuten sanft kochen. Mit einem Stabmixer pürieren. In einem Topf 2 EL Butter bräunen. Die zur Seite gestellten Erbsen und in feine Streifen geschnittenen Zuckerschoten in der gebräunten Butter kurz andünsten, salzen und pfeffern. Mit 2 EL Gemüsesud ablöschen und 1 bis 2 Minuten dünsten.

Die pürierte Suppe zugießen, Minze und Petersilie waschen, trockentupfen, fein hacken und einstreuen. Einen Klacks halbsteif geschlagene Sahne auf die Suppe geben und mit den Croûtons bestreuen.

BIO'S BOHNENSUPPE

Zutaten

200 g geräucherter roher Speck
2 große Zwiebeln
2 EL neutrales Pflanzenöl
2 große Dosen weiße Bohnen mit Suppengemüse
1 kleine Flasche Ketchup
2 Becher saure Sahne
½ l Rotwein
1 Bouillon-Würfel
1 Lorbeerblatt
Zucker
Salz, Pfeffer
edelsüßes Paprika
Zitronensaft
Thymian, Majoran
Bohnenkraut
4–6 Debreziner Würste

Speck in feine Würfel schneiden, die Zwiebeln schälen und etwas größer würfeln. In einem großen Topf das Öl erhitzen und die Speckwürfel auslassen und anbraten. Die Zwiebelwürfel zugeben und glasig dünsten. Bohnen, Ketchup, saure Sahne, Rotwein, den Bouillon-Würfel und das Lorbeerblatt dazugeben, mit Zucker, Salz, Pfeffer, Paprika, einem Schuss Zitronensaft, Thymian, Majoran und Bohnenkraut abschmecken, der Eintopf soll süß-sauer sein.

Aufkochen und dann auf kleinster Stufe zugedeckt ziehen lassen – je länger, desto besser, aber Vorsicht, er setzt gern am Topfboden an, also öfter einmal umrühren.

In den letzten 30 Minuten die Debreziner, in 1 cm dicke Scheiben geschnitten, zugeben und mitköcheln lassen.

SUPPE VON DICKEN BOHNEN MIT BACON

Zutaten

2 Zwiebeln
100 g geräucherter fetter Speck
5 Scheiben Bacon
1–2 EL Pflanzenöl
500 g dicke Bohnen, ohne Schale
¾ l Hühnerbrühe
1 Stängel Bohnenkraut
3 EL Crème fraîche
Salz, Pfeffer

Die Zwiebeln schälen und in Würfel schneiden. Den Speck fein würfeln und die Baconscheiben in Streifen schneiden. In einem Topf das Öl erhitzen, den Speck auslassen und die Zwiebeln glasig andünsten.

Die dicken Bohnen zugeben und die Hühnerbrühe angießen. Das Bohnenkraut darauf legen und zugedeckt 30 Minuten köcheln lassen. Die Crème fraîche einrühren, mit Salz und Pfeffer abschmecken und mit dem Stabmixer pürieren. Eine Pfanne ohne Fett stark erhitzen und die Baconstreifen knusprig auslassen. Die Suppe in Teller geben und mit den Baconstreifen bestreuen.

GRAUPENEINTOPF

Zutaten

125 g geräucherter Speck (2 dickere Scheiben)
2 mittelgroße Zwiebeln
3 Möhren
3 Kartoffeln
1 Stange Lauch
1–2 Petersilienwurzeln
1 Mairübe oder kleiner Kohlrabi
1 kleiner Wirsing (ca. 500 g ungeputzt gewogen)
3 EL Pflanzenöl
125 g Perlgraupen
1 ½ l Fleischbrühe (eventuell aus Brühepulver bereitet)
5 Pimentkörner
2 Lorbeerblätter
2 geräucherte Mettwürste
1 Bund Petersilie
ca. 10 cm frische Meerrettichwurzel
Salz, Pfeffer

Den Speck (ohne Schwarte) in kleine Würfel schneiden. Das Gemüse waschen, putzen, schälen und so weiter, in 1 cm große Würfel oder in Scheiben schneiden. Im Suppentopf das Öl erhitzen. Die Speckwürfel darin anbraten. Die Wurzelgemüse und die Graupen dazugeben, unter Rühren kurz anschwitzen. Die übrigen Gemüse und die Kartoffeln dazugeben, die Brühe angießen.

Die Pimentkörner und die Lorbeerblätter unter den Eintopf mischen, die Mettwürste obenauf legen. Das Ganze zugedeckt 40 bis 50 Minuten köcheln lassen. Petersilie waschen, die Blättchen hacken. Den Meerrettich schälen und fein reiben.
Nach der Garzeit die Würste in Scheiben schneiden. Den Eintopf mit Salz und Pfeffer abschmecken, mit dem geriebenen Meerrettich bestreuen, die Wurstscheiben darauf legen und mit gehackter Petersilie garniert servieren.

GRAUPENTOPF MIT BÜNDNER FLEISCH

Zutaten

100 g Perlgraupen
1 mittelgroße Karotte
1 mittelgroße Petersilienwurzel
1 Zwiebel
1 EL Butter
1,2 l Geflügelfond
1 Bouquet garni, aus 4 Zweigen Thymian, 8 Stängeln Petersilie, 1 Lauchblatt
1 Lorbeerblatt
½ Stange Lauch
½ Bund glatte Petersilie
Salz, Pfeffer
Muskatnuss
16 Scheiben Bündner Fleisch, hauchdünn geschnitten (40 g)

Die Perlgraupen in kochendem Wasser (ohne Salz) 5 Minuten garen und in ein Sieb gießen. Karotte, Petersilienwurzel und Zwiebel schälen und in kleine Würfel schneiden. Zwiebeln in einem Topf mit 1 EL Butter 5 Minuten glasig dünsten. Karotte und Petersilienwurzel sowie Graupen dazugeben und 5 Minuten garen. ½ l Geflügelfond dazugießen und 40 Minuten bei geringer Hitze köcheln lassen. Restlichen Fond nach und nach dazugießen.

Für das Bouquet garni die Zutaten waschen, trockentupfen und zu einem Kräutersträußchen binden. Mit dem Lorbeerblatt zur Suppe geben. Den Lauch putzen, waschen und in feine Würfel schneiden. Etwa 10 Minuten vor Garzeitende zur Suppe geben. Kräutersträußchen und Lorbeerblatt nach dem Ende der Garzeit wieder entfernen. Die Petersilie waschen, trockentupfen und fein hacken. Die Suppe mit Salz, Pfeffer und frisch geriebener Muskatnuss abschmecken und mit Petersilie verfeinern. Das Bündner Fleisch in tiefen Tellern verteilen und mit der Suppe begießen.

LINSENEINTOPF

Zutaten ✸

200 g braune Linsen (z. B. Champagnerlinsen)
50 g geräucherter Bauchspeck
1 große Zwiebel
2 Karotten
3 EL kalte Butter
1 TL Tomatenmark
1 l Geflügelfond
½ TL Zucker
4 EL Balsamico-Essig
300 g fest kochende Kartoffeln
1 kleine Steckrübe
1 Stange Lauch, 1 Bund glatte Petersilie
2 Paar Wiener Würstchen
Salz, Pfeffer

Die Linsen über Nacht in reichlich Wasser einweichen. Den Bauchspeck in kleine Würfel schneiden. Zwiebel und Karotten schälen und ebenfalls in kleine Würfel schneiden. 1 EL Butter in einem Topf erhitzen und die Zwiebeln darin 3 Minuten glasig dünsten. Die Speckwürfel zu den Zwiebeln geben und weitere 3 Minuten braten, das Tomatenmark dazugeben und alles nochmals 5 Minuten schmoren. Den Geflügelfond in einem separaten Topf erhitzen.

Die Karottenwürfel zu den Zwiebeln geben, 2 Minuten anbraten, mit Zucker bestreuen, mit 2 EL Essig ablöschen und einkochen lassen. Die Linsen in ein Sieb gießen und gut abtropfen lassen. Die Linsen in den Topf geben und ¼ l Geflügelfond dazugießen und bei geringer Hitze etwa 1 Stunde köcheln lassen. Die Kartoffeln und Steckrübe gründlich schälen, waschen und in 1 cm große Würfel schneiden. Die Kartoffel- und Steckrübenwürfel nach etwa 20 Minuten Garzeit zu den Linsen geben, restlichen Fond nach und nach dazugießen und fertig garen. Lauch putzen, der Länge nach halbieren, gründlich waschen, trockentupfen und in kleine Würfel schneiden. Etwa 5 Minuten vor Garzeitende den Lauch zu den Linsen geben. Die Petersilie waschen, trockentupfen und grob hacken. Die Wiener Würstchen schräg in 1 cm dicke Scheiben schneiden und zum Erwärmen in den Eintopf legen.

Die restliche kalte Butter in kleine Würfel schneiden. Den Linseneintopf mit Salz, Pfeffer, 2 EL Essig und 2 Prisen Zucker abschmecken. Die kalte Butter einrühren, den Eintopf mit Petersilie verfeinern und servieren.

ERBSENEINTOPF MIT KARTOFFELN

Zutaten

1 Zwiebel
1 Karotte
50 g geräucherter Bauchspeck
2 EL kalte Butter
200 g grüne Schälerbsen
1,2 l Geflügelfond
1 Bouquet garni, aus 4 Zweigen Thymian,
8 Stängeln Petersilie und 1 Lauchblatt
1 Lorbeerblatt
250 g mehlig kochende Kartoffeln
2 Paar Wiener Würstchen

Salz, Pfeffer
Muskatnuss

Zwiebel und Karotte schälen und in kleine Würfel schneiden. Den Bauchspeck ebenfalls in Würfel schneiden. Zwiebelwürfel in einem Topf mit 1 EL Butter glasig andünsten. Speckwürfel, Karotte und Schälerbsen dazugeben, durchschwenken und weitere 5 Minuten garen. Den Geflügelfond dazugießen und 50 Minuten bei geringer Hitze leise köcheln lassen.

Für das Bouquet garni die Zutaten waschen, trockentupfen und zu einem Strauß binden. Mit dem Lorbeerblatt zur Suppe geben. Die Kartoffeln schälen, waschen und in kleine Würfel schneiden. Nach etwa 30 Minuten in die Suppe geben. Kräutersträußchen und Lorbeerblatt nach dem Ende der Garzeit wieder entfernen.

Die Würstchen schräg in Scheiben schneiden. Die restliche kalte Butter in Würfel schneiden, zur Suppe geben und mit dem Stabmixer leicht pürieren, die Suppe sollte noch stückig sein. Mit Salz, Pfeffer und frisch geriebener Muskatnuss würzen. Würstchen dazugeben, 5 Minuten ziehen lassen, den Erbseneintopf servieren.

ERBSENEINTOPF MIT KARAMELLISIERTEM WURZELGEMÜSE

Zutaten für 6 Personen

180 g Petersilienwurzeln
100 g Karotten
50 g Zwiebeln
1 ½ EL Zucker
50 ml Wasser
25 ml Weißweinessig
80 g grüne halbierte Erbsen (Reformhaus)
30 g Grünkern- oder Dinkelflocken
1 Zweig Thymian
1 Lorbeerblatt
1 l Gemüsebrühe
Salz, weißer Pfeffer
Muskatnuss
200 ml Sahne
100 g Saure Sahne
1 Bund Schnittlauch

Petersilienwurzeln, Karotten und Zwiebel schälen und in kleine Würfel schneiden. Den Zucker mit Wasser zu einem hellen Karamell kochen und mit Essig ab-löschen. Zwiebel- und Gemüsewürfel darin kurz anbraten. Erbsen, Grünkern- oder Dinkelflocken, Thymian und Lorbeer mitrösten und mit ¼ l Gemüsebrühe ablöschen. Die restliche Gemüsebrühe nach etwa 5 Minuten zugießen und 45 Minuten bei geringer Temperatur köcheln lassen.

Den Erbseneintopf mit Salz, Pfeffer und Muskatnuss würzen und mit Sahne und Saurer Sahne verfeinern. Den Schnittlauch waschen und in kleine Röllchen schneiden. Erbseneintopf in vorgewärmte Teller verteilen und mit den Schnittlauchröllchen bestreuen. Am besten schmeckt der Eintopf mit dunklem Bauernbrot mit Frischkäse und klein geschnittenem Schnittlauch.

TIPP: Die Grünkernflocken verleihen dem Eintopf einen interessanten Rauchgeschmack. Der Dinkel gibt ihm eine etwas andere Note: Seine grüngelben, würzigen, unreifen Körner erhalten durchs Schälen und Dörren ihren markanten Geschmack.

PICHELSTEINER EINTOPF

Zutaten

300 g Rindfleisch, z. B. aus der Schulter
300 g mageres Lammfleisch
300 g Schweineschnitzel
4 EL Pflanzenöl
200 g Sellerieknolle

250 g Kartoffeln
250 g Möhren
250 g Weißkohl oder Wirsing
300 g Zwiebeln
250 g Lauch
Salz, Pfeffer
½ TL Thymian oder Majoran
1 l Fleischbrühe
1 Bund Petersilie

Alle Fleischsorten in 2 bis 3 cm große Würfel schneiden und nacheinander in einem Bräter in heißem Öl rundum anbraten, herausnehmen und zur Seite stellen.

Die Gemüse putzen, waschen und, soweit nötig, schälen, die Zwiebeln pellen und alles in kleinere Würfel teilen, gut miteinander vermischen. In einen großen Topf (zu dem es einen fest aufliegenden Deckel gibt) Fleisch und Gemüse schichtweise einfüllen, zuerst eine Lage Fleisch, dann eine Lage Gemüsemischung und so weiter, jede Schicht mit Salz, Pfeffer und etwas zerbröseltem Thymian (oder Majoran) würzen, die Fleischbrühe darüber gießen und den Deckel auflegen. Bei kleiner Hitze aufkochen und 1 ½ bis 2 Stunden leise köcheln lassen. Dabei nicht umrühren!

Nach der Garzeit den Eintopf mit fein gehackter Petersilie bestreuen und heiß servieren.

Der Schreibweisen für dieses Gericht gibt es viele, benannt ist der Topf wohl nach dem Büchelberg im Bayrischen Wald und die Stadt Regen feiert seit über hundert Jahren das »Bichelsteiner Fest« zur Kirchweih. Man sagt, Bismarck habe diesen Eintopf 1893 nach langer Krankheit mit großem Appetit gegessen. Daher auch »Bismarck-Ragout« genannt.

SPITZKOHLEINTOPF MIT LAMM UND GEMÜSE

Zutaten ✸

Für die Marinade:
½ Knoblauchzehe
2 EL Pflanzenöl
½ TL ganzer Kümmel
1 Msp. mildes Currypulver
1 gehäufter EL rotes Tandooripulver
½ TL Anissamen
1 Msp. Zimt
½ TL Korianderkörner
abgeriebene Schale von ½ unbehandelten Zitrone
150 g Joghurt, wenn möglich von Ziege oder Schaf

Für den Eintopf:
600 g Lammfleisch, aus der Keule oder Schulter
2 mittelgroße Zwiebeln
2 Knoblauchzehen
2 mittelgroße Karotten
1 Stück Knollensellerie (200 g)
4 mittelgroße Kartoffeln
1 Spitzkohl (600 g)
50 ml Weißwein
Salz, Pfeffer
1 Bund glatte Petersilie
2 Zweige Thymian
1 Zweig Rosmarin
2 Lorbeerblätter

Für die Marinade Knoblauch schälen und mit Öl, Gewürzen und der abgeriebenen Zitronenschale mischen und mit einem scharfen Messer sehr fein hacken. Die Gewürzmischung mit Joghurt und 1 EL Wasser verrühren. Das Lammfleisch in daumengroße Stücke schneiden und in der Joghurt-Marinade 3 bis 4 Stunden ziehen lassen.

Den Backofen auf 150 °C vorheizen. Zwiebeln und Knoblauch schälen und in feine Ringe schneiden.

Karotten, Sellerie und Kartoffeln schälen, waschen und in dicke Scheiben schneiden. Vom Spitzkohl die äußeren Blätter entfernen, Spitzkohl vierteln und den Strunk herausschneiden. Den Kohl in 3 cm große Stücke schneiden und waschen.

Das Gemüse mit Weißwein mischen und mit Salz und Pfeffer würzen. Das Fleisch aus der Marinade nehmen, abtropfen lassen, salzen und zu dem Gemüse geben. Die Kräuter waschen und trockentupfen.
Die Hälfte der Petersilie klein hacken. Aus Thymian, Rosmarin, Lorbeerblättern und der restlichen Petersilie ein Kräutersträußchen binden.

Die Lamm-Gemüse-Mischung in eine feuerfeste Form geben. 100 ml Wasser dazugießen, das Kräutersträußchen hineinlegen und den Eintopf zugedeckt etwa 1 Stunde im Ofen garen. Aus dem Ofen nehmen, einmal umrühren, erneut zudecken und nochmals für etwa 15 Minuten im Backofen fertig garen. Das Kräutersträußchen aus dem Eintopf entfernen, den Eintopf nochmals abschmecken, mit der gehackten Petersilie bestreuen und servieren.

SCHNIBBELBOHNENEINTOPF

Zutaten

400 g breite Stangenbohnen
100 g Zwiebeln
200 g Kartoffeln
Salz
3 Stängel Bohnenkraut
1 Zweig Thymian
2 EL Butter
1 ½ Becher Sahne (300 g)
½ l Geflügelfond
1 Lorbeerblatt
100 g Frühstücksspeck (Bacon)
Pfeffer
½ Becher saure Sahne

Die Bohnen putzen, waschen und schräg in dünne Streifen schneiden. Die Zwiebeln schälen und in feine Würfel schneiden. Die Kartoffeln schälen, waschen, in kleine Würfel schneiden und 2 Minuten in kochendem Salzwasser blanchieren. Bohnenkraut und Thymian waschen, trockentupfen und zu einem Kräutersträußchen binden. Die Zwiebeln in einem Topf mit 2 EL Butter glasig andünsten und die Bohnen dazugeben. Sahne und Geflügelfond dazugießen und Kartoffeln, Kräutersträußchen und Lorbeerblatt dazugeben.
Die Suppe aufkochen und 15 Minuten köcheln lassen. In der Zwischenzeit den Frühstücksspeck in dünne Streifen schneiden und in einer Pfanne von allen Seiten kross braten. Die Suppe beiseite stellen. Kräutersträußchen und Lorbeerblatt herausnehmen und den Eintopf mit Salz und Pfeffer abschmecken. Die saure Sahne vorsichtig einrühren und mit den Speckstreifen servieren.

FISCHEINTOPF MIT SAFRAN

Zutaten

2 Schalotten
1 Knoblauchzehe
1 kleiner Fenchel (200 g)
3 Champignons
3 EL kalte Butter
6–8 Safranfäden
2 EL trockener Wermut
100 ml Weißwein
¾ l Fischfond
1 Bouquet garni, aus 4 Zweigen Thymian,
8 Stängeln Petersilie, 1 Lauchblatt
1 Lorbeerblatt
2 Tomaten
½ Bund Dill

600 g Fischfilet, ohne Haut (je nach Angebot, z. B. Rotbarbenfilets, Lachsforelle, Wolfsbarsch)
Salz
Pfeffer
Cayennepfeffer
Zitronensaft

Schalotten und Knoblauch schälen und in feine Würfel schneiden. Fenchel putzen, waschen, den Strunk keil-förmig herausschneiden und entfernen. Das Fenchelgrün fein hacken und beiseite stellen. Den Fenchel in kleine Würfel schneiden. Die Champignons kurz abbrausen, trockentupfen, putzen und in kleine Würfel schneiden.

Schalotten und Knoblauch in einem Topf mit 1 EL Butter 5 Minuten glasig andünsten, Safranfäden, Champignon- und Fenchelwürfel dazugeben und weitere 5 Minuten garen. Mit 2 EL Wermut ablöschen, den Weißwein dazugießen und einkochen lassen. Den Fischfond hinzufügen und alles 30 Minuten bei geringer Hitze köcheln lassen.

Für das Bouquet garni die Zutaten waschen, trockentupfen und zu einem Kräutersträußchen binden. Zusammen mit dem Lorbeerblatt zur Suppe geben.

Die Tomaten kurz mit kochendem Wasser überbrühen, häuten, halbieren und die Kerne auslösen. Das Fruchtfleisch in Würfel schneiden. Den Dill waschen, trockentupfen und fein hacken.

Den Fisch in etwa 5 cm große Stücke schneiden, salzen und pfeffern. In die Suppe geben und 8 Minuten bei geringer Hitze ziehen lassen. Tomatenwürfel und gehacktes Fenchelgrün vorsichtig unterheben. Der Fisch sollte nicht zerfallen.

Die Suppe mit Salz, Pfeffer, Cayennepfeffer und 1 Spritzer Zitronensaft abschmecken. Die restliche kalte Butter in Würfel schneiden, in die Suppe rühren, mit Dill bestreuen und servieren.

IRISH STEW »MY WAY«

Zutaten für 6 Personen

1 kg Lammragout oder Lammschulter ohne Knochen
1 mittelgroßer Weißkohl
750 g Zwiebeln
Salz
Pfeffer
Thymian
1 l Fleischbrühe

Das Lammfleisch in gulaschgroße Stücke schneiden, den Kohlkopf vierteln, den Strunk herausschneiden und den Kohl in 1–2 cm breite Streifen schneiden. Die Zwiebeln pellen und in nicht zu kleine Würfel schneiden. In einen großen Topf zuerst eine Schicht Kohl legen, darauf eine Schicht Zwiebeln und schließlich eine Schicht Lammfleisch.

Mit Salz und Pfeffer würzen, nach Geschmack auch mit Thymian. Dann wieder eine Lage Kohl, Zwiebeln und Fleisch einschichten, wieder würzen. So weiter verfahren, bis alle Zutaten im Topf sind. Die letzte Lage soll aus Kohlstreifen bestehen.

Die Brühe angießen, den Deckel auflegen und den Eintopf bei kleiner Hitze mindestens 2 Stunden leise köcheln lassen, eventuell noch etwas Brühe nachgießen, aber nicht umrühren! Nach der Garzeit mit einem großen Löffel von oben nach unten Portionen ausheben, in tiefen Tellern servieren. Schmeckt besonders gut nach einem Winterspaziergang!

BORSCHTSCH

Zutaten für 6 Personen

2 Beinscheiben vom Rind
750 g Zwerchrippe oder anderes Suppenfleisch
2–3 Markknochen
1 Bund Suppengemüse

2 große Zwiebeln
2 Gewürznelken
1 Lorbeerblatt
7–8 mittelgroße Kartoffeln
1 frische Rote Bete
½ EL Essig
2 Knoblauchzehen
1 EL Butter
1 große Tomate
1 EL Tomatenmark
250 g Sauerkraut
15 Pfefferkörner
1 Becher Crème fraîche
Salz
Pfeffer

Das Fleisch und die Markknochen waschen. Das Suppengemüse putzen, eine der Zwiebeln schälen und mit den Nelken spicken. Fleisch, Gemüse und die gespickte Zwiebel mit dem Lorbeerblatt in 2 ½ l Salzwasser aufsetzen und bei ganz kleiner Stufe sachte 2 Stunden köcheln lassen.

Nach 1 ¾ Stunden die Kartoffeln schälen und in kleine Würfel schneiden. Rote Bete auf einer groben Rohkostreibe raspeln (Vorsicht, färbt ungemein!) und in einem Töpfchen in ganz wenig Wasser mit einem kleinen Schuss Essig weich kochen. Die zweite Zwiebel und die Knoblauchzehen schälen und klein würfeln. In einer Pfanne in Butter die Zwiebelwürfel anrösten, ein wenig später den Knoblauch dazugeben. Die Tomate überbrühen, häuten und klein würfeln. Zusammen mit dem Tomatenmark unter die Zwiebel-Knoblauchmischung rühren. Kurz dünsten und mit ein wenig von der Fleischbrühe ablöschen.

Das gare Suppenfleisch aus dem Topf nehmen und in Würfel schneiden. In der Brühe die vorbereiteten Kartoffelstücke zusammen mit den Pfefferkörnern ca. 10 Minuten kochen, erst dann kommt das Sauerkraut dazu, aber nicht früher, sonst bleiben die Kartoffeln durch die Säure hart! Die Zwiebel-Tomatenmischung und die vorgekochte Rote Bete zusammen mit dem Suppenfleisch in die Brühe geben, alles noch mal mit Salz und Pfeffer abschmecken. Heiß servieren, jeden Teller mit einem Klacks Crème fraîche krönen. Dazu gibt's Weißbrot.

WIRSING-KARTOFFEL-EINTOPF MIT DILLCREME

Zutaten

1 mittelgroße Zwiebel
¼ Knollensellerie
1 große Karotte
1 große Petersilienwurzel
4 mittelgroße, vorwiegend fest kochende Kartoffeln (400 g)
½ Wirsing (400 g)
½ TL Kümmel
1 EL Butter
2 EL Pflanzenöl
1 Lorbeerblatt
½ Bund frischer Dill
1 l Gemüsesud
Salz
Pfeffer
Muskatnuss
150 g Crème fraîche

Zwiebel, Sellerie, Karotte, Petersilienwurzel und Kartoffeln schälen und in Würfel schneiden. Wirsing vierteln, vom Strunk befreien und in Streifen schneiden.

Den Kümmel in etwas Öl anrösten, dann mit einem großen, scharfen Messer hacken und mit der Butter vermischen. Kümmelbutter mit dem Pflanzenöl erhitzen, Zwiebel und Lorbeer darin glasig anbraten. Sellerie, Karotte, Petersilienwurzel, Wirsing und Kartoffeln dazugeben.

Den Dill waschen, abzupfen, die Stängel zusammenbinden und zum Eintopf geben. Gemüsesud angießen und 40 Minuten abgedeckt bei geringer Temperatur garen. Dillstängel und Lorbeerblatt entfernen und mit Salz, Pfeffer und frisch geriebener Muskatnuss abschmecken. Crème fraîche mit frisch gehacktem Dill vermengen, leicht mit Salz und Pfeffer würzen. Eintopf in vorgewärmten Tellern anrichten und mit einem Klacks Dillcreme verfeinern.

Tipp: Diesen Eintopf kocht man am besten auf Vorrat. Er lässt sich wunderbar portionsweise einfrieren. Falls sich überraschend Gäste ankündigen, den aufgetauten Gemüseeintopf mit flüssiger Sahne verfeinern und mit dem Pürierstab aufmixen. So hat man im Handumdrehen eine leckere Gemüsesuppe gezaubert.

ERBSENSUPPE MIT MINZE

Zutaten

1 kleine Zwiebel
2 Knoblauchzehen
1 Bund Minze
1 EL Olivenöl
250 g tiefgekühlte Erbsen
500 ml Hühnerbrühe
Salz, Pfeffer
Muskatnuss

Zwiebel und Knoblauch schälen und fein würfeln. Die Minze waschen, trockentupfen, Blättchen von den Stielen zupfen und fein hacken. In einem Topf das Öl erhitzen und die Zwiebelwürfel darin weich dünsten. Knoblauch, Erbsen und Minze, bis auf einen kleinen Teil zum Anrichten, hinzufügen und 2 bis 3 Minuten dünsten.

Die Hühnerbrühe angießen, kurz aufkochen und bei kleiner Hitze köcheln lassen, bis die Erbsen weich sind. 4 bis 5 EL Erbsen herausnehmen und zur Seite stellen. Die Suppe mit dem Stabmixer pürieren. Mit Salz, Pfeffer und frisch geriebener Muskatnuss abschmecken. Die restlichen Erbsen zur Suppe geben und mit Minze bestreuen.

TOSKANISCHE BOHNENSUPPE

Zutaten (❧)

250 g getrocknete weiße Bohnen
2 mittelgroße Zwiebeln
2 Knoblauchzehen
1 Lauchstange (davon den weißen und hellgrünen Teil)
3 große Tomaten
2 Möhren
125 g Staudensellerie
5–6 EL Olivenöl
1 ½ l Fleisch- oder Gemüsebrühe
nach Belieben: 1 Rosmarinzweig
Salz, Pfeffer
1 Bund Basilikum
frisch geriebener Parmesan

Die Bohnen in reichlich Wasser über Nacht einweichen.

Am nächsten Tag die Zwiebeln und die Knoblauchzehen pellen, fein würfeln. Den Lauch putzen, waschen und in dünne Scheiben schneiden. Die Tomaten kurz mit kochendem Wasser überbrühen, häuten und das Fruchtfleisch würfeln. Die Möhren und den Staudensellerie waschen, putzen und in Würfel schneiden.

Im Suppentopf das Olivenöl erhitzen. Unter Rühren erst die Zwiebeln, dann den Knoblauch und das übrige zerkleinerte Gemüse darin andünsten.

Die eingeweichten Bohnen in ein Sieb abgießen und in den Topf geben. Die Brühe angießen, den Deckel auflegen und bei kleiner Hitze etwa 1 Stunde leise köcheln lassen, bis die Bohnen weich sind (je nach Alter und Größe kann das auch länger dauern). Nach Geschmack kann man einen Rosmarinzweig 15 bis 30 Minuten mitköcheln lassen. Die Suppe mit Salz und Pfeffer abschmecken, nach Belieben noch etwas Olivenöl unterrühren.

Das Basilikum waschen und grob hacken, Basilikum und den Parmesan über die Suppe streuen und servieren.

KLEINE GERICHTE

Seite 99–116

Viele der hier versammelten »Kleinen Gerichte« sind in größerer Menge durchaus ein Hauptgericht und in geringerer Menge eine geradezu klassische Vorspeise.
Ich nenne sie »Kleine Gerichte«, weil sie nicht unter die klassischen Hauptgerichte mit Fleisch und Fisch passen, weil sie aber auch im Vergleich mit den klassischen Vorspeisen in der Regel aufwändiger, ungewöhnlicher und manchmal auch exotischer sind.
Es lohnt sich, auch die neuen Geschmacksrichtungen dieses Kapitels auszuprobieren und mal etwas zu riskieren.
Die Vegetarier werden an diesem Kapitel ihre Freude haben, da sich viele der hier vorgeschlagenen Gerichte als Hauptspeisen eignen, bei denen man weder Fleisch noch Fisch vermisst.

SANDWICH VOM JUNGSCHWEINRÜCKEN

Zutaten

1 TL ganzer Kümmel
4 EL Pflanzenöl
2 Knoblauchzehen
2 EL Dijon-Senf
Salz, Pfeffer
500 g Schweinerücken, aus dem Halsbereich
1 kleine Zwiebel
1 EL Butter
1 Zweig Rosmarin
½ Becher Joghurt
½ Becher Crème fraîche
1 Bund Rucola
1 Ciabatta-Brot (250 g)

Für die Marinade den Kümmel mit 1 EL Öl auf einem Brett fein hacken. 1 Knoblauchzehe schälen, ebenfalls fein hacken, mit dem Kümmel, 1 EL Senf und 2 EL Öl verrühren und mit Salz und Pfeffer würzen. Das Fleisch von allen Seiten mit der Marinade bestreichen und 2 Stunden im Kühlschrank marinieren lassen.

Den Backofen auf 150 °C vorheizen. Zwiebel und restliche Knoblauchzehe schälen und in Würfel schneiden. Mit Butter und dem restlichen Öl in einer Pfanne glasig andünsten. Rosmarin und das marinierte Fleisch dazugeben, von beiden Seiten anbraten und im Backofen etwa 20 Minuten rosa garen.

Das gegarte Fleisch aus der Pfanne nehmen, mit einem scharfen Messer in Form schneiden. Den Bratensaft aufbewahren. Die Fleischreste mit der gedünsteten Zwiebel fein hacken und mit Joghurt, Crème fraîche, dem Bratensaft und dem restlichen Senf verrühren und abschmecken. Rucola waschen, trockentupfen, 50 g Rucola fein hacken und unter die Joghurtcreme rühren.

Das Ciabatta-Brot kurz im Ofen aufbacken, in 4 Stücke teilen und der Länge nach aufschneiden. Mit der Rucola-Joghurt-Creme bestreichen und mit dem restlichen Rucola belegen. Das Fleisch dünn aufschneiden und auf dem Rucola anrichten. Mit Salz und Pfeffer bestreuen und servieren.

SAFRAN-TOAST

Zutaten für 6 Personen

1 Baguette
3 Eier
200 ml Milch
1 Döschen Safranfäden
Öl zum Braten
etwa 200 g Tomaten-Chutney
etwa 150 g Crème fraîche
8 Kumquats (Zwergorangen), frisch oder aus der Dose (oder unbehandelte Orangenschale)

Das Brot in fingerdicke Scheiben schneiden, nebeneinander auf einer großen Platte auslegen und über Nacht in der Küche oder etwa 30 Minuten bei mäßiger Hitze (100 °C) im leicht geöffneten Backofen trocknen lassen.

In einer Schüssel die Eier mit Milch und den Safranfäden gut verrühren, 30 Minuten ziehen lassen. Brotscheiben damit beträufeln, einziehen lassen, dann die Baguettescheiben auf ein Kuchengitter setzen und abtropfen lassen. In einer Pfanne in heißem Öl bei mittlerer Hitze etwa 3 Minuten auf jeder Seite ausbacken.

Die fertigen Brotscheiben mit Tomaten-Chutney und glattgerührter Crème fraîche betupfen. Die Kumquats in Scheiben schneiden, die Kerne mit einem spitzen Messer entfernen, die Brotscheiben damit garnieren. Ganz frisch servieren.

AUSTERNPILZE IN DER KÄSE-EI-HÜLLE MIT KRÄUTERSAUCE UND BUTTERKARTOFFELN

Zutaten

16 mittlere Austernpilze
Salz, Pfeffer
2 Zweige Thymian
1 Zweig Rosmarin
8 EL Olivenöl
5 Knoblauchzehen
2 kleine Zwiebeln
5 EL Butter
2 TL Mehl
80 ml trockener Weißwein
300 ml Gemüsesud
300 g Sahne
Saft von 1 Zitrone
6 mittlere Kartoffeln
3 Eier
80 g Paniermehl
40 g Parmesan
Pflanzenöl zum Ausbacken
100 g gemischte frische Kräuter der Saison

Die Pilze putzen, in eine Schüssel geben, mit Salz und Pfeffer würzen, mit den Thymian- und Rosmarinzweigen, dem Olivenöl und 4 geschälten Knoblauchzehen bedecken. 1 Stunde marinieren. Für die Sauce die Zwiebeln und 1 Knoblauchzehe schälen, in feine Würfel schneiden und in 2 EL Butter leicht anschwitzen und mit dem Mehl bestäuben. Den Weißwein und den Gemüsesud zugeben und auf die Hälfte einkochen lassen. Die Sahne zugeben und ebenfalls etwas einkochen lassen. Alles mit Salz, Pfeffer und etwas Zitronensaft abschmecken.

Die Kartoffeln waschen, schälen, längs halbieren und in leicht gesalzenem Wasser weich kochen.
Die Austernpilze aus der Marinade nehmen und leicht trockentupfen. Die Eier aufschlagen. Den Parmesan reiben. Die Austernpilze durch die Eier ziehen, kurz im Paniermehl, das mit Parmesan vermengt ist, wenden und in reichlich Öl ausbacken. Herausnehmen und auf Küchenkrepp abtropfen lassen.

Die Kartoffeln abgießen und mit 3 EL Butter vorsichtig durchschwenken. Kurz vor dem Servieren die gewaschenen, grob geschnittenen Kräuter in die Sauce geben und mit dem Stabmixer nicht zu fein pürieren. Austernpilze, Butterkartoffeln und Sauce auf Tellern anrichten.

GEFÜLLTE KOHLRABI-SCHNITZEL MIT KARTOFFEL-AVOCADO-SALAT

Zutaten

2 Kohlrabi (à 300 g)
Mehl und Semmelbrösel zum Panieren
2 Eier
fest kochende Kartoffeln (gleiches Gewicht wie die Avocados)
2 große reife Avocados
3 Kästchen Kresse
Olivenöl
Saft von 1–2 Zitronen
100 g Raclettekäse in Scheiben
Salz, Pfeffer
Butter zum Braten

Den Kohlrabi schälen, in halbzentimeterdicke Scheiben schneiden und in Salzwasser nicht zu weich dünsten. Kalt abschrecken und mit Küchenkrepp trockentupfen. Mehl, verquirlte Eier und Semmelbröseln auf jeweils 1 Teller vorbereiten.

Die Kartoffeln in kräftig gesalzenem Wasser in der Schale kochen. Abkühlen lassen und schälen, dann in mundgerechte Würfel schneiden. Avocadofleisch in vergleichbar große Stücke schneiden.

Kresse abschneiden und – bis auf eine kleine Menge – mit den Kartoffeln, Avocado, Olivenöl, Zitronensaft, Salz und Pfeffer vorsichtig vermischen.

Zwischen 2 Kohlrabischeiben jeweils 1 Scheibe Raclettekäse geben, mit Salz und Pfeffer würzen. Jedes Kohlrabi-Käse-Paket zuerst in Mehl, dann in Ei, anschließend in den Semmelbröseln panieren. In einer Pfanne etwas Butter schmelzen und die Kohlrabi-Käse-Pakete goldbraun braten.

Den Salat mit der restlichen Kresse garnieren und zu den gefüllten Kohlrabischnitzeln servieren.

KOHLRABI-GRÜNKERN-PFLANZERL AUF KRÄUTERSAUCE

Zutaten

600 g Kohlrabi, ohne Grün
320 g Grünkernflocken (im Reformhaus erhältlich)
2 EL Butter
80 g geschälte Schalotten
300 ml Milch
1 TL Zucker
100 g Sahne
Salz, weißer Pfeffer
Muskatnuss
1 Becher Sauerrahm (200 g)
1 Bund Schnittlauch
½ Bund glatte Petersilie
1 fein gehackte Knoblauchzehe
2 Eier
2 EL Speisequark, 20 %
2 EL Weizenmehl Type 550 (25 g)
Sonnenblumenöl und Butter

Die Kohlrabi schälen und mit Hilfe einer Küchenreibe in grobe Raspel hobeln. Die Grünkernflocken in einer Pfanne ohne Fett kurz rösten. 1 EL Butter in einem Topf erhitzen, klein geschnittene Schalottenwürfel glasig dünsten, geröstete Grünkernflocken zugeben und mit 100 ml Milch ablöschen. Die Milch vollständig einkochen lassen, wieder 100 ml Milch angießen und den Vorgang nochmals wiederholen (die Garzeit beträgt ca. 15 Minuten). Den trockenen Grünkernbrei in eine Schüssel umfüllen und etwas abkühlen lassen. In der Zwischenzeit den Zucker in einem Topf mit einigen Spritzern Wasser leicht karamellisieren lassen. Kohlrabi und 1 EL Butter zugeben, kurz durchschwenken und mit Sahne aufgießen. Bei geringer Temperatur so lange kochen lassen, bis die Sahne vollständig verkocht ist. Kohlrabigemüse mit Salz, Pfeffer und etwas Muskatnuss würzen.

Für die Sauce den Sauerrahm, den klein geschnittenen Schnittlauch, die fein gehackte Petersilie und die Knoblauchzehe vermischen, mit Salz und Pfeffer würzen. Eier, Quark, Kohlrabigemüse und Weizenmehl zu der Grünkernmasse geben, gut miteinander vermengen und mit Salz und Pfeffer würzen. Die Grünkernmasse mit einem Esslöffel abstechen und in einer Pfanne mit heißem Öl und Butter von beiden Seiten etwa 4 Minuten goldbraun braten.

TIPP: Die Grünkernpflanzerl sind mit verschiedenen Gemüsen und Blattsalaten kombinierbar. Falls Pflanzerl übrig bleiben sollten, kann man diese wunderbar kalt essen. Wenn Sie keine fertigen Flocken bekommen, lassen Sie sich im Reformhaus oder Bioladen ganze Körner grob schroten.

GEMÜSETATAR MIT KARTOFFELRÖSTI

Zutaten

Je 50 g Karotte, Gurke ohne Kerne, gelbe Paprika, Stangensellerie und Fenchel
Salz
1 Frühlingszwiebel
½ Knoblauchzehe
Pfeffer
3 EL Mayonnaise
1 TL körniger Senf
1 TL mittelscharfer Senf
1 TL gehackte Kapern
etwas Estragon
etwas Petersilie
etwas Zitronensaft
500 g fest kochende Kartoffeln
4 EL Butterschmalz

Für das Tatar das Gemüse putzen und in feine Würfel schneiden. Den Fenchel und die Karotten kurz in Salzwasser blanchieren und kalt abschrecken. Mit dem rohen Gemüse, der klein gewürfelten Frühlingszwiebel und dem fein gehackten Knoblauch vermischen und mit Salz und Pfeffer sehr mild abschmecken.

Für die Sauce Mayonnaise, Senf, Kapern und Kräuter vermengen und mit Salz, Pfeffer und Zitronensaft abschmecken. Die Kartoffeln schälen und fein reiben. Mit Salz und Pfeffer würzen und in einer heißen Pfanne mit etwas Butterschmalz kleine, dünne Rösti ausbacken.

Die Gemüse mit der Senfmayonnaise abbinden, nochmals abschmecken und auf den Rösti anrichten. Anstatt der Rösti passen auch sehr gut in Tempurateig ausgebackene Zucchiniblüten dazu.

TIPP: Dadurch, dass nicht alle Gemüse gekocht werden, erhält das Tatar einen leichten Biss und wirkt dadurch frischer.

RAHMSPINAT MIT SPIEGELEI UND WEISSEN TRÜFFELN

Zutaten

250 g Tiefkühl-Blattspinat
1 Schalotte
1 Knoblauchzehe
4 EL Butter (80 g)
250 ml Crème double
Salz, Pfeffer
Muskatnuss
1 kleiner weißer Trüffel
die Putzabfälle vom Trüffel
200 ml Gemüsesud
1 EL geschlagene Sahne
2 EL Trüffelöl
4 Eier

Den Spinat auftauen lassen, gut auspressen und grob hacken. Die Schalotte und die Knoblauchzehe schälen, in feine Würfel schneiden und in 2 EL Butter in einem Topf anschwitzen. Den Spinat dazugeben und mit 100 ml Crème double einmal aufkochen, mit Salz, Pfeffer und Muskat würzen. Die restliche Butter in einer Pfanne bräunen, zum Spinat geben und alles mit dem Stabmixer pürieren.

Den Trüffel putzen und mit den Trüffelabschnitten zur Seite stellen. Für die Sauce den Gemüsesud mit 150 ml Crème double in einen Topf geben und kurz aufkochen, mit Salz und Pfeffer würzen. Die Trüffelabschnitte zugeben und zu einer cremigen Sauce einkochen lassen. Durch ein feines Sieb streichen. Die geschlagene Sahne und das Trüffelöl unterheben.

Die Eier in einer Pfanne zu Spiegeleiern braten, mit dem Cremespinat und der Sauce auf Tellern anrichten. Mit dem frisch gehobelten weißen Trüffel servieren.

TIPP: Dieses Rezept ist wunderbar, um bei seinem Chef oder der Geliebten bzw. dem Geliebten Eindruck zu machen – es ist nicht nur schweinelecker, sondern auch sauteuer.

VEGETARISCHE KOHLROULADE

Zutaten ❧

125 g Langkorn-Reis
Salz
4–6 schöne große Weiß- oder Spitzkohlblatter
3–4 Frühlingszwiebeln (Lauchzwiebeln)
1 Knoblauchzehe
5 EL Pinienkerne
3–4 EL Olivenöl
2 EL Tomatenmark
3–4 EL gehackte Petersilie
½ TL Kreuzkümmelsamen
1 Msp. Zimtpulver
¼ l Gemüsebrühe (aus Instant-Pulver)

Den Reis in Salzwasser bissfest kochen, abgießen und abtropfen lassen. Die Kohlblätter in sprudelnd kochendem Salzwasser etwa 2 Minuten überbrühen, bis sie weich sind. In ein Sieb gießen und abtropfen lassen. Die Frühlingszwiebeln waschen, putzen, den weißen und hellgrünen Teil in feine Ringe schneiden. Die Knoblauchzehe pellen.

In einer kleinen Pfanne die Pinienkerne ohne Öl hellbraun anrösten. Die Pinienkerne aus der Pfanne nehmen, das Olivenöl erhitzen und die Frühlingszwiebeln darin andünsten.

Den Knoblauch dazupressen. Tomatenmark, gehackte Petersilie, Pinienkerne, Reis und die Gewürze zugeben und alles vermischen. Die Pfanne vom Herd nehmen und etwas abkühlen lassen.

Von den Kohlblättern die Mittelrippen flach schneiden, jeweils etwas von der Füllung auf ein Kohlblatt geben. Die Seiten einschlagen und das Kohlblatt aufrollen. Die Rouladen mit der Naht nach unten in eine Kasserolle legen. Die Brühe angießen, erhitzen und zugedeckt hei schwacher Hitze 20 bis 25 Minuten garen. Dazu passt gut eine Tomatensauce.

GEBRATENER SPARGEL IN TAMARINDENSAUCE MIT KIRSCHTOMATEN UND FRÜHLINGSZWIEBELN

Zutaten ❧

1 kg grüner Spargel
200 ml Gemüsesud
1 Bund Frühlingszwiebeln
200 g Kirschtomaten
4 EL Tamarindenpaste (80 g), (in Asialäden erhältlich)
¼ l lauwarmes Wasser
2 EL brauner Zucker
2 EL Sojasauce
2 EL Pflanzenöl

Den Spargel waschen, die harten Enden abschneiden und im Gemüsesud 10 bis 20 Minuten kochen. Den Spargel der Länge nach halbieren und schräg in grobe Stücke scheiden.

Die Frühlingszwiebeln von Wurzeln und grobem Grün befreien und in Scheiben schneiden. Die Kirschtomaten waschen, den grünen Strunk entfernen und nach Geschmack halbieren oder vierteln.

Die Tamarindenpaste in lauwarmem Wasser auflösen und bei geringer Temperatur 10 Minuten köcheln lassen. Den braunen Zucker zugeben, mit Sojasauce würzen und durch ein feines Sieb passieren. Das Pflanzenöl in einem Wok oder einer versiegelten Pfanne erhitzen, Spargel 5 Minuten anbraten, Frühlingszwiebeln zugeben, kurz mitbraten und mit dem abgegossenen Spargelsud ablöschen. Die Flüssigkeit vollständig einkochen lassen, Kirschtomaten unterheben. Tamarindensauce zugeben, kurz aufkochen lassen und am besten mit Basmatireis servieren.

MANGOLD-SESAM-BURGER

Zutaten ❧

100 g Schalotten
60 g Shiitake-Pilze
1 EL Sonnenblumenöl
1 Mangoldblatt mit Stiel
2 Stängel Koriander
Salz, Pfeffer
1 Prise Cayennepfeffer
Zucker
40 g Schafskäse
3 EL Mehl
2 Eier
200 g Sesamkörner
100 ml Sesamöl
1 Salatgurke
125 g Joghurt
1 TL Curry
2 cl Weißweinessig
1 kleiner Bund Brunnenkresse

Schalotten und Pilze in Würfel schneiden. Die Schalotten in Sonnenblumenöl anschwitzen und die Pilze zugeben. Das Mangoldblatt waschen, vom Stiel trennen, blanchieren und trockentupfen. Den Stiel klein schneiden und zu den Pilzen geben. Fein geschnittenen Koriander zugeben und mit Salz, Pfeffer, Cayennepfeffer und Zucker abschmecken. Den gewürfelten Käse zugeben, alles gut vermischen und in das Mangoldblatt einschlagen. In Mehl, Eiern und Sesamkörnern panie-ren und bei sanfter Hitze in Sesamöl goldgelb backen. Die Salatgurke schälen, halbieren, entkernen und in Würfel schneiden. In ein Sieb geben, kräftig einsalzen und das Gurkenwasser abtropfen lassen. Den Joghurt mit Curry und Weißweinessig vermischen, die Gurkenwürfel unterheben und mit Salz und Pfeffer abschmecken. Die Burger auf dem Gurken-Curry-Salat mit Joghurt anrichten und mit Brunnenkresse garnieren.

MANGOLD MIT GRAUPEN UND TOMATEN

Zutaten ❧

100 g Graupen (Rollgerste)
1 Staude Mangold
2 Schalotten
6 kleine Champignons
1 Frühlingszwiebel
2 EL Olivenöl
5 EL Parmesan
2 EL Butter
Salz, Pfeffer
Muskatnuss
1 Knoblauchzehe
125 g Tomaten, aus der Dose
Zucker
1 Zweig Thymian
Semmelbröseln
Petersilie

Den Backofen auf 180 °C (160 °C Heißluft) vorheizen. Die Gerste waschen, in sprudelndem Wasser ca. 40 Minuten kochen und in einem Sieb abgießen. Den Mangold vom Strunk befreien und waschen. Die Stiele ausschneiden und in feine Würfel schneiden. 1 Schalotte schälen und würfeln, die Champignonköpfe putzen und vierteln. Die Frühlingszwiebel putzen und in feine Ringe schneiden und mit den Schalottenwürfeln, den Mangoldwürfeln und den Champignonköpfen in etwas Olivenöl anbraten. Die Gerste dazugeben und unter ständigem Rühren die Flüssigkeit einkochen lassen. Zum Schluss 2 EL Parmesan sowie 2 EL Butter zugeben, alles mit Salz, Pfeffer und Muskatnuss abschmecken und erkalten lassen. Mangoldblätter in gesalzenem Wasser kurz blanchieren und in kaltem Wasser abschrecken, danach auf Küchenkrepp legen und trockentupfen.

Für die Sauce 1 Schalotte und die Knoblauchzehe schälen, fein schneiden und in etwas Olivenöl anbraten. Die Tomaten zerkleinern und mit dem Saft zugeben. Mit Salz, Pfeffer, Zucker und einem Thymianzweig würzen. Die Gerstenmasse auf die Mangoldblätter verteilen und einwickeln. Tomatensauce in eine feuerfeste Form geben und die Mangoldrollen darauf setzen. Mit etwas Olivenöl beträufeln und mit 3 EL Parmesan sowie den Semmelbröseln bestreuen. Im vorgeheizten Backofen etwa 25 Minuten lang schmoren. Vor dem Servieren mit der gehackten Petersilie bestreuen.

PANIERTE ZUCCHINISCHEIBEN

Zutaten

3 Zucchini, 750 g
Salz, Pfeffer
4 Schalotten
1 Knoblauchzehe
1 Bund Thymian
3 Zweige Rosmarin
500 g Tomaten
200 g Semmelbrösel
2 Eier
4 EL Olivenöl
4 EL gehackte schwarze Oliven

Die Zucchini waschen und in 1 cm dicke Scheiben schneiden, mit Salz und Pfeffer würzen. Schalotten und Knoblauch schälen und fein hacken. Thymian und Rosmarin waschen, trockentupfen, Blättchen und Nadeln abzupfen und beides getrennt hacken. Die Tomaten mit kochendem Wasser überbrühen, häuten, den Stielansatz entfernen und das Fruchtfleisch würfeln. Die Semmelbrösel mit dem Thymian vermischen.

Die Eier verquirlen. In einer Pfanne 2 EL Olivenöl erhitzen. Die Zucchinischeiben in Ei und Semmelbrösel panieren und in der Pfanne goldgelb ausbacken. Die Schalotten im restlichen Olivenöl in einer Pfanne glasig andünsten und den Knoblauch dazugeben. Die Tomaten hinzufügen und etwa 5 Minuten einkochen lassen. Die Oliven untermischen und mit Rosmarin, Salz und Pfeffer abschmecken. Die ausgebackenen Zucchinischeiben mit der Tomaten-Oliven-Mischung auf Tellern anrichten.

PANIERTER CHICORÉE MIT TOMATENSALAT

Zutaten

4 mittelgroße Chicorée
1 Zitrone
etwas Mehl
3 Eier
5 EL Milch
150 ml Wasser
150 ml Milch
1 Lorbeerblatt
5 Pimentkörner
Salz, Pfeffer
50 g Semmelbröseln
50 g geriebener Käse, am besten Parmesan
Butterschmalz zum Braten

Den Chicorée längs halbieren und den Strunk herausschneiden. Die Zitrone in Schnitze teilen. Das Mehl auf einem Teller bereitstellen. Die Eier mit 5 EL Milch verquirlen.

Wasser und Milch in eine Pfanne geben, Lorbeer und Pimentkörner dazugeben und mit Salz und Pfeffer würzen. Den Chicorée in die kalte Flüssigkeit legen, diese zum Kochen bringen und 2 bis 3 Minuten kochen lassen, sodass der Chicorée darin weich wird. Dann auf Küchenkrepp abtropfen lassen und flach drücken.

Die Brösel und den geriebenen Käse auf einem Teller mischen. Das Butterschmalz erhitzen, den Chicorée in Mehl wenden, durch die Eiermilch ziehen und dann in der Brösel-Käse-Mischung wälzen. In heißem Butterschmalz golden ausbacken, dabei einmal wenden. Vor dem Servieren mit Zitronensaft beträufeln.

TIPP: Dazu schmeckt ganz lecker ein Salat von gehäuteten Tomaten, dünnen roten Zwiebelringen und Kapern, mit einer einfachen Vinaigrette angemacht.

PANIERTE GEMÜSESCHNITZEL MIT LIMETTENBUTTER

Zutaten

1 Bund Basilikum
150 g feines Paniermehl
2 Eier
2 Auberginen
2 Zucchini
2 Süßkartoffeln
½ l Milch
Butterschmalz zum Braten
Butter für Limettenbutter
½ Bund Minze
1 Bund Zitronenmelisse
Salz, Pfeffer
Saft von 1 Limette

Die Basilikumblätter sehr fein hacken und mit dem Paniermehl vermischen. Die Eier in einem tiefen Teller verquirlen. Gemüse putzen, die Süßkartoffeln schälen. Das Gemüse in etwa ½ cm dicke Scheiben schneiden. Die Scheiben möglichst gleich dick schneiden – nur die Süßkartoffelscheiben etwas dünner schneiden.

Die Gemüsescheiben in einen Topf mit ½ Liter kalter Milch und ½ Liter kaltem Wasser legen, zum Kochen bringen und 2 Minuten köcheln lassen. Alles herausnehmen – zuletzt die Süßkartoffeln und auf einem Küchenkrepp abtropfen lassen. Das Butterschmalz in der Pfanne erhitzen. Die Gemüsescheiben zuerst durch das Ei ziehen, dann im Paniermehl wenden und im heißen Fett von beiden Seiten goldbraun braten. Die Butter für die Limettenbutter schmelzen, klein gehackte Minze- und Zitronenmelisse-Blätter unterrühren. Mit Salz, Pfeffer und Limettensaft abschmecken und die Gemüseschnitzel damit beträufeln.

TIPP: Schmeckt besonders gut mit Fenchel-Paprika-Ratatouille orientalisch.

ÜBERBACKENER CHICORÉE

Zutaten

4 Stauden Chicorée
Saft von ½ Zitrone
4 EL Butter
Salz
1 gehäufter EL Mehl
150 g Sahne
50 g geriebener Gruyère
Pfeffer, Muskatnuss
8 Scheiben gekochter Schinken

Den Backofengrill auf höchster Stufe vorheizen. Chicorée putzen und falls nötig von den äußeren Blättern befreien, aber nur wenn diese unansehnlich sind. Chicorée halbieren und den Strunk herausschneiden. In einem großen Topf etwas Wasser und den Zitronensaft, 2 EL Butter und Salz aufkochen. Ein Metallsieb in den Topf stellen, die Chicoréehälften hineinlegen und zugedeckt etwa 10 Minuten weich dämpfen. ⅛ l Kochfond abmessen. In einem Topf 2 EL Butter schmelzen lassen, das Mehl hineinstreuen und kurz anrösten, mit dem Chicorée-Kochfond glatt rühren. Die Sahne dazugeben, alles einmal aufkochen lassen und den Käse einrühren. Mit Salz, Pfeffer und frisch geriebener Mutskatnuss abschmecken. Den Schinken in einer Pfanne von beiden Seiten anbraten, herausnehmen und den Chicorée damit umwickeln. In eine feuerfeste Form legen, mit der Käsesauce übergießen und im Backofen etwa 5 Minuten goldbraun gratinieren.

GEFÜLLTE TOMATEN

Zutaten ❧

12 mittelgroße Tomaten
Salz
Pfeffer
1 Stange Staudensellerie (50 g)
2–3 Frühlingszwiebeln (150 g)
1 Knoblauchzehe
6 EL Olivenöl
200 g Reisnudeln
ca. 500 ml Gemüsesud
200 g Champignons
1 mittelgroße Zucchini (150 g)
1 Bund Petersilie
100 g Schafskäse (Feta)
2 geh. EL Semmelbrösel (40 g)
2 EL gehackte Kräuter (Thymian, Koriander, Basilikum)

Den Backofen auf 200 °C (Heißluft 180 °C) vorheizen. Die Tomaten waschen, einen Deckel abschneiden und das Innere mit einem Löffel herausholen. Die Tomaten umdrehen, abtropfen lassen und in eine Auflaufform stellen; salzen und pfeffern.

Den Staudensellerie putzen, waschen und in feine Würfel schneiden. Die Frühlingszwiebeln waschen, putzen und klein schneiden. Den Knoblauch schälen und fein hacken. Beides in einem Topf mit 2 EL Olivenöl glasig andünsten. Reisnudeln und Staudensellerie zugeben, von dem Gemüsesud nach und nach so viel auffüllen, um die Reisnudeln »al dente« zu kochen.

Die Champignons und Zucchini waschen, in kleine Stücke schneiden und in 4 EL Olivenöl anschwitzen, salzen und pfeffern. Die Petersilie waschen, die Blättchen abzupfen und mit den angeschwitzten Champignons und Zucchini unter die Reisnudeln mischen. Den Feta-Käse würfeln und zufügen, mit Salz und Pfeffer abschmecken. Die Füllung in die Tomaten einfüllen und im vorgeheizten Backofen 40 bis 50 Minuten backen.

Die Tomaten etwa 5 Minuten vor Ende der Backzeit mit Semmelbröseln und gehackten Kräutern bestreuen und im Backofen bis zum Ende der Backzeit leicht gratinieren.

TIPP: Bei größeren Tomaten die Füllung verdoppeln.

BROKKOLI-FLAN MIT BUTTER UND PARMESAN

Zutaten ❧

2 Brokkoli (etwa 1 kg)
2 Eier
80 g Sahne
Salz
weißer Pfeffer
Muskatnuss
Butter zum Ausbuttern der Förmchen
frischer Parmesan

Den Backofen auf 200 °C (Heißluft 180 °C) vorheizen. Den Brokkoli waschen und die Röschen vom Strunk lösen. Den Strunk schälen, klein schneiden und in gesalzenem Wasser weich kochen.

Die Röschen ebenfalls in gesalzenem Wasser ziemlich weich kochen. Strunk und Röschen herausnehmen und abtropfen lassen. Alle Strünke und einen Teil der Röschen auf 760 g abwiegen und zusammen mit den Eiern und der Sahne in einer Küchenmaschine pürieren. Mit Salz, Pfeffer und Muskatnuss abschmecken.

Die Masse in 6 kleine, ausgebutterte Auflaufförmchen füllen. 1 Blatt Papier (Zeitung) zu mehreren Lagen falten und an den Seiten einreißen. Den Boden eines Bräters oder einer feuerfesten Form damit bedecken und mit kochendem Wasser auffüllen. Die Förmchen in das Wasser stellen – es soll nicht höher sein als ein Viertel der Höhe der Förmchen. Das Wasser auf dem Herd zum Kochen bringen. Danach den Bräter bzw. die feuerfeste Form in den vorgeheizten Backofen stellen und die Flans im Wasserbad etwa 30 Minuten lang garen lassen.

Die restlichen Brokkoli-Röschen in etwas Butter kurz anbraten. Die fertigen Brokkoli-Flans auf einen tiefen, heißen Teller stürzen, die Brokkoli-Röschen außen herum legen und über alles frischen Parmesan hobeln oder in Butter geschmolzene Semmelbröseln streuen.

ORIENTALISCHER SPINATSTRUDEL MIT ROSINEN UND PINIENKERNEN

Zutaten

1 kg frischer Spinat oder 600 g Tiefkühlspinat
150 g Schalotten
2 Knoblauchzehen
2 EL Butter
Salz
Pfeffer
Muskatnuss
50 g Sultaninen
3 EL Apfelsaft
1 Beutel Pinienkerne (60 g)
200 g Feta-Käse (griechischer Schafskäse)
1 Msp. gemahlene Nelken
1 Msp. gemahlener Zimt
1 Msp. gemahlener Piment (Nelkenpfeffer)
1 Msp. gemahlener Koriander
½ TL gemahlener Kreuzkümmel (Cumin)
1 Ei
100 g Sahne
1 Msp. gemahlener Ingwer
zerlassene Butter
100 g tiefgekühlter Strudel- oder Filoteigblätter
Sesam

Den Backofen auf 200 °C (180 °C Heißluft) vorheizen. Den Spinat putzen, gründlich waschen und abtropfen lassen; tiefgefrorenen Spinat auftauen. Schalotten und Knoblauch schälen, in kleine Würfel schneiden und in 2 EL leicht gebräunter Butter glasig anschwitzen. Den Spinat zugeben und zugedeckt 5 Minuten bei geringer Hitze unter gelegentlichem Rühren garen. Ohne Deckel so lange weitergaren, bis die Flüssigkeit vollständig verkocht ist. Mit Salz, Pfeffer und Muskatnuss würzen. Die Sultaninen in Apfelsaft 15 Minuten einweichen. Die Pinienkerne in einer Pfanne ohne Fett goldbraun rösten und mit den Sultaninen in einer Küchenmaschine zerkleinern. Feta-Käse klein würfeln und mit der Rosinen-Pinien-Masse unter den leicht abgekühlten Spinat mengen. Mit sämtlichen Gewürzen pikant abschmecken. Ei und Sahne miteinander verrühren und mit Salz, Pfeffer, Muskatnuss und Ingwer würzen.

Die Backform mit etwas zerlassener Butter einstreichen. Den Strudelteig in 4 gleich große Rechtecke teilen, dünn mit zerlassener Butter bestreichen und auf ein Küchentuch legen. Die Spinatmasse vierteln und jeweils im unteren Drittel des Teigblattes verteilen. Mit Hilfe des Küchentuches aufrollen, Enden nach unten schlagen und in die gebutterte Backform legen. Die restlichen Strudel füllen und in die gebutterte Backform legen. Die Strudel mit zerlassener Butter bestreichen, je nach Geschmack mit Sesam bestreuen und mit der Eier-Sahne-Mischung übergießen. Im vorgeheizten Backofen 30 bis 35 Minuten goldbraun backen.

LAUCHTORTE

Zutaten für 6–8 Personen

3–4 Scheiben Blätterteig (tiefgekühlt, 250 g)
2–3 Stangen Lauch (je nach Größe, eher 3)
200 g roher geräucherter Speck in dünnen Scheiben
3 EL Butter
Mehl zum Ausrollen
2 Eier
1 Becher Sahne (250 g)
Salz, Pfeffer, Muskatnuss

Blätterteigscheiben zum Auftauen nebeneinander auslegen. Die Lauchstangen der Länge nach halbieren und gründlich unter fließendem Wasser waschen, das Weiße und Hellgrüne in dünne Streifen schneiden, die Speckscheiben ebenfalls. In einer Pfanne den Speck auslassen, 2 EL Butter dazugeben und die Lauchstreifen 8 bis 10 Minuten unter Rühren garen, dann abkühlen lassen.

Den Backofen auf 200 °C vorheizen. Eine flache Auflaufform von etwa 30 cm Durchmesser dünn mit 1 EL Butter ausstreichen. Blätterteigscheiben auf einer bemehlten Fläche mit dem Nudelholz 3 mm dünn ausrollen, die Form damit bis zum Rand auslegen, den überstehenden Teig abschneiden. Die Eier mit der Sahne verquirlen und mit Salz, Pfeffer und etwas frisch geriebener Muskatnuss würzen.

Die Speck-Lauch-Mischung auf dem Teig verteilen und mit der Eiersahne übergießen. Im heißen Backofen auf der mittleren Schiene etwa 30 Minuten backen, bis der Blätterteigrand schön aufgegangen ist.

GEBRATENER TOFU MIT GEMÜSE UND ERDNUSS-SAUCE

Zutaten

100 g ungesalzene Erdnüsse
1 EL brauner Zucker
½ EL rote Currypaste (in Asialäden erhältlich)
400 ml Kokosmilch
150 ml Wasser
5 EL Sojasauce
2 Zitronenblätter oder 1 kleines Bund Zitronenmelisse
400 g Chinakohl
2 Karotten (200 g)
1 Brokkoli (200 g)
100 g Zuckerschoten
400 g Tofu
5 EL Pflanzenöl

Die Erdnüsse in einer Pfanne ohne Fett goldbraun rösten, etwas abkühlen lassen und in der Küchenmaschine grob mahlen. Braunen Zucker mit der Currypaste erhitzen, mit etwas Kokosmilch ablöschen, gut miteinander verrühren, Erdnüsse zugeben und mit der restlichen Kokosmilch aufgießen. Die Erdnuss-Sauce 20 Minuten bei mittlerer Hitze sämig einkochen, dabei immer wieder mit einem Kochlöffel umrühren. Die Erdnuss-Sauce mit 2 EL Sojasauce würzen. Zitronenblätter in hauchdünne Streifen schneiden, die Blätter der Zitronenmelisse klein hacken.

Den Chinakohl halbieren, vom Strunk befreien und in breite Streifen schneiden. Die Karotten schälen, halbieren und schräg in dünne Scheiben schneiden. Die Röschen vom Brokkoli abschneiden und je nach Größe halbieren oder vierteln. Brokkolistrunk mit einem Sparschäler schälen, vierteln und ebenfalls in dünne Scheiben schneiden (der Strunk schmeckt besonders aromatisch). Die Zuckerschoten putzen und schräg halbieren.

Den Tofu in Würfel schneiden und in 3 EL heißem Pflanzenöl von allen Seiten goldbraun braten; auf Küchenkrepp entfetten lassen. Restliches Öl erhitzen und nacheinander Karotten, Brokkoli, Zuckerschoten und zum Schluss die Chinakohlstreifen anbraten. Das Wasser zugeben und 8 bis 10 Minuten garen. Das Gemüse mit restlicher Sojasauce würzen und den Tofu unterheben.

Die Erdnuss-Sauce mit Zitronenblättern oder Zitronenmelisse verfeinern, mit dem Gemüse und am besten mit Duftreis servieren.

GEBACKENE FRÜHLINGS-ROLLE MIT PIKANTEM GURKEN-CHILI-DIP

Zutaten für 8 große Rollen

200 g rote Paprika
300 g Chinakohl
100 g Karotten
100 g Shiitake-Pilze
2 Frühlingszwiebeln
1 Knoblauchzehe
200 g Sojasprossen
80 g Glasnudeln
2 EL Keimöl
1–2 EL helle Sojasauce
2 EL frisch gepresster Limettensaft
10 g frisch geriebener Ingwer
1 Bund Koriander
8 Frühlingsrollenblätter
(25 x 25 cm – im Asiageschäft erhältlich)
1 Eiweiß
Öl zum Ausbacken
160 g Salatgurke
10 EL süß-saure Chilisauce (im Asiageschäft erhältlich)

Paprika waschen, halbieren, entkernen und in kleine Würfel schneiden. Chinakohl vierteln, vom groben Strunk befreien und in feine Streifen schneiden. Karotten schälen und ebenfalls in Streifen schneiden. Shiitake-Pilze klein würfeln. Die Frühlingszwiebeln putzen, das dunkle Grün entfernen und klein schneiden. Die Knoblauchzehe schälen und fein würfeln. Die Sojasprossen putzen, mit kaltem Wasser abbrausen und über einem Sieb abtropfen lassen.

Die Glasnudeln mit kochendem Wasser überbrühen und 15 Minuten quellen lassen. In ein Sieb schütten, gut abtropfen lassen und mit einer Küchenschere in 5 cm lange Stücke schneiden.

Keimöl im Wok oder einer beschichteten großen Pfanne erhitzen, das Gemüse unter ständigem Rühren nacheinander scharf anbraten, etwas abkühlen lassen und unter die Glasnudeln heben. Den Glasnudelsalat mit Sojasauce, Limettensaft und Ingwer würzen, mit grob gehackten Korianderblättern verfeinern und etwa 20 Minuten ziehen lassen. Über einem Sieb abtropfen lassen.

Die Ränder der Frühlingsrollenblätter dünn mit Eiweiß bestreichen (Backpinsel). ⅛ des Glasnudelsalates auf dem unteren Drittel des Teigblattes verteilen. Die Ränder einschlagen, nochmals mit Eiweiß einstreichen und aufrollen. Die restlichen Frühlingsrollenblätter gleichfalls füllen, mit Klarsichtfolie abdecken und 20 Minuten kühl stellen. In eine Pfanne 1 cm hoch Öl einfüllen, erhitzen und die Frühlingsrollen darin von allen Seiten goldgelb ausbacken. Die Salatgurke waschen, schälen, halbieren, mit einem Esslöffel entkernen und in kleine Würfel schneiden. Die Chilisauce mit den Gurkenwürfeln vermengen.

MARINIERTE FORELLEN MIT ROTWEINZWIEBELN

Zutaten ✸

2 Zwiebeln
1 Knoblauchzehe
3 Champignons
2 EL Öl
Salz
Pfeffer
2 EL Zucker
1 Stängel Petersilie
1 Zweig Thymian
1 Stängel Dill
1 Lorbeerblatt
15 Pfefferkörner
5 Wacholderbeeren
½ Chilischote
¼ l Rotwein
100 ml Rotweinessig
4 Forellenfilets. bereits entgrätet und ohne Haut

Zwiebeln und Knoblauchzehe schälen, Champignons kurz abbrausen, trockentupfen und alles in feine Scheiben schneiden. Das Öl in einem Topf erhitzen und Zwiebeln, Knoblauch und Champignons darin bei mittlerer Hitze andünsten. Mit Salz, Pfeffer und Zucker würzen.

Petersilie, Thymian und Dill waschen und trockentupfen. Die Kräuter und Gewürze dazugeben und mit Rotwein, Rotweinessig und 200 ml Wasser ablöschen. Einmal kurz aufkochen lassen und zum Abkühlen beiseite stellen.

In der Zwischenzeit die Forellen mit Salz und Pfeffer würzen, in eine Form mit einem höheren Rand legen. Die lauwarme Marinade über die Forellen gießen und die Forellen mindestens 4 Stunden, am besten über Nacht, im Kühlschrank ziehen lassen. Die Forellen aus der Marinade nehmen, abtropfen lassen und mit Vollkornbrot servieren.

FEINE BLUTWURST MIT BRATKARTOFFELN

Zutaten

2 Zwiebeln
750 g fest kochende Kartoffeln
1 Bund glatte Petersilie
4 EL Butterschmalz
400 g Blutwurst
3 EL Mehl
Salz
Pfeffer
getrockneter Majoran
2 Msp. Paprikapulver

Den Backofen auf 90 °C vorheizen. Zwiebeln schälen, 1 Zwiebel in dünne Ringe, die andere in feine Würfel schneiden. Die Kartoffeln waschen, mit der Schale in reichlich Wasser garen, abgießen, pellen und in Scheiben schneiden. Die Petersilie waschen, trockentupfen, die Blätter von den Stielen zupfen und hacken.

Die Kartoffelscheiben in einer großen Pfanne mit 1 EL Butterschmalz und den Zwiebelwürfeln nach und nach knusprig braten, immer wieder etwas Butterschmalz in die Pfanne geben. Fertige Bratkartoffeln in einer Schüssel im Backofen warm halten.

Die Blutwürste in dicke Scheiben schneiden und in 2 EL Mehl wenden. Die Blutwurst in der gleichen Pfanne von beiden Seiten anbraten. Die Bratkartoffeln zu der Blutwurst zurück in die Pfanne geben und alles gut vermischen und knusprig braten. Mit Salz, Pfeffer und 2 Prisen getrocknetem Majoran abschmecken und mit Petersilie bestreuen. Das restliche Mehl mit dem Paprikapulver gut vermischen. Die Zwiebelringe darin wenden und in einer Pfanne mit 1 EL Butterschmalz bei mittlerer Hitze kross braten. Auf Küchenkrepp abtropfen lassen, die Zwiebelringe über die Blutwurst-Kartoffel-Pfanne streuen und servieren.

GEFLÜGELLEBER »CONSTANTIN«

Zutaten

Für die Polenta:
200 ml Milch
50 g Butter
Salz
80 g Polenta
1 EL Mascarpone

Für die Geflügelleber:
250 g Geflügelleber
3 EL Öl
2 Schalotten
2 EL Butter
1 EL Pflaumenmus
3 EL Balsamico-Essig
Salz
Pfeffer
getrockneter Majoran

Für die Polenta 200 ml Wasser, Milch, Butter und Salz in einem Topf zum Kochen bringen. Polenta einrühren und 1 ½ Stunden leise köcheln, am besten nur quellen lassen, nicht mehr umrühren. Die Polenta wird ein wenig am Topf ansetzen, das gehört zu einer guten Polenta dazu. Unter die fertige Polenta 1 EL Mascarpone rühren.

In der Zwischenzeit die Geflügelleber in walnussgroße Stücke schneiden. Das Öl erhitzen, die Leber darin scharf anbraten, herausnehmen und beiseite stellen. Die Schalotten schälen und in kleine Würfel schneiden, in einer Pfanne mit der Butter glasig dünsten, Pflaumenmus einrühren und mit Balsamico-Essig ablöschen. 200 ml Wasser dazugießen und etwas einkochen lassen. Mit Salz, Pfeffer und etwas Majoran abschmecken. Die Leber in die Sauce geben und kurz durchschwenken. Polenta auf Tellern anrichten und die Leber darüber geben.

SAURE ODER BLAUE ZIPFEL

Zutaten

Für den Wurzelsud:
1 Zwiebel
2 Möhren
1 dicke Scheibe Selleriewurzel
1 Stange Lauch, davon zunächst den grünen Teil
1 Lorbeerblatt
2 Gewürznelken
15 Pfefferkörner

Für die Zipfel:
pro Person 4–6 Nürnberger Bratwürstchen
das Weiße der Lauchstange, in feine Ringe geschnitten
1 Möhre, geputzt und in feine Streifen geteilt
1 Zwiebel, in sehr feine Ringe geschnitten
2 EL Essig
frischer Meerrettich zum Servieren

Für den Wurzelsud Zwiebel, Möhren, Sellerie und grünen Teil vom Lauch waschen, schälen und so weiter, in grobe Stücke teilen und zusammen mit Lorbeerblatt, Nelken und Pfefferkörnern in einem Topf mit 1 l Wasser langsam aufkochen und ohne Deckel etwa ½ Stunde sieden lassen. Danach die Gemüse entfernen.

Den Wurzelsud erneut aufkochen, die zweiten Gemüsesorten und den Essig dazugeben und garen, aber das Gemüse soll noch Biss behalten. Zum Schluss die Nürnberger Bratwürstchen in dem Sud erhitzen – nicht kochen – durch den Essig laufen sie etwas bläulich an. Mit dem Gemüse und etwas Sud in tiefen Tellern servieren, dazu gibt es frischen, grob geriebenen Meerrettich und Bauernbrot.

EINGELEGTER FETA

Zutaten ❧ ✱

400 g Feta (griechischer Schafskäse)
4–8 Knoblauchzehen
1 EL getrockneter Thymian
gut ½ l gutes Olivenöl

Den Käse in 2 bis 3 cm dicke Scheiben, diese in Würfel schneiden. Knoblauchzehen (Anzahl nach Geschmack) schälen, halbieren und mit den Käsewürfeln in ein großes Schraubglas schichten, jede Lage mit Thymian würzen. Das Glas mit Olivenöl auffüllen und in den Kühlschrank stellen. Mindestens 3 Tage durchziehen lassen.

TIPP: Schmeckt herrlich auf geröstetem Bauernbrot oder Pita (Fladenbrot).

KÄSEKNÖDEL IM WIRSINGBLATT MIT KRESSE

Zutaten ❧

5–8 große Wirsingblätter
150 g klein geschnittenes altbackenes Weißbrot
100 ml Milch
1 Stange Lauch
2–3 mittelgroße Zwiebeln (160 g)
4 EL Butter (80 g)
Salz
Pfeffer
2 Eier
70 g Gorgonzola
30 g Schmelzkäse (oder Scheibletten)
200 ml Gemüsesud
3 EL geriebener Parmesan
1 Kästchen Gartenkresse

Die Wirsingblätter in Salzwasser blanchieren und mit kaltem Wasser abschrecken. Zum Abtrocknen auf ein Küchentuch legen. Das Weißbrot in kleine Würfel schneiden, mit der kalten Milch übergießen. Den Lauch waschen und klein schneiden. Die Zwiebeln schälen und etwa 40 g in Würfel und 120 g in Scheiben schneiden. Zwiebelwürfel und Lauch in 2 EL Butter leicht anschwitzen, mit Salz und Pfeffer abschmecken und zu dem eingeweichten Brot geben. 1 Ei aufschlagen und unterrühren. Aus dem anderen Ei ein nicht zu festes Rührei (mit Salz und Pfeffer abschmecken) herstellen und zugeben. Den Käse sehr klein schneiden und ebenfalls zugeben. Alles zu einer Knödelmasse mischen und mit Salz und Pfeffer abschmecken.

Die Wirsingblätter auf ein Brett legen, die Hauptrippe mit einem scharfen Messer herausschneiden. Jedes Wirsingblatt in eine mittelgroße Schöpfkelle geben und die Knödelmasse hineindrücken. Das Blatt oben übereinander schlagen, so dass keine Knödelmasse mehr zu sehen ist. Den Knödel in die Hand nehmen und eventuelle Feuchtigkeit leicht ausdrücken.

Die Zwiebelscheiben in der restlichen Butter anschwitzen. Mit dem Gemüsesud aufgießen, die Wirsingbällchen einlegen und alles abgedeckt auf kleiner Flamme 15 Minuten sanft kochen lassen. Die Wirsingbällchen mit der Schaumkelle herausnehmen, mit geriebenem Parmesan bestreuen und im Ofen kurz gratinieren. Die Gartenkresse waschen, abschneiden und die fertigen Knödel damit bestreuen.

KRETISCHES OMELETT

Zutaten

3 mittelgroße Zwiebeln
2–3 Zucchini, je nach Größe, ca. 350 g
2 Knoblauchzehen
4 Eier
Salz
Pfeffer
4 EL Olivenöl
1 frischer Zweig Rosmarin

Die Zwiebeln pellen und in dünne Ringe schneiden, die Zucchini waschen und in feine Scheiben teilen, die Knoblauchzehen schälen und fein hacken. Eier verquirlen und mit Salz und Pfeffer würzen. Olivenöl in einer Pfanne (zu der es einen Deckel gibt) erhitzen und die Zwiebelringe andünsten, die Zucchinischeiben zugeben und unter Wenden leicht braun braten. Schließlich den Knoblauch und die zerkleinerten Rosmarinnadeln unterrühren. Die Eier darüber gießen, den Deckel auflegen und das Omelett in etwa 5 Minuten stocken lassen.

OMELETTE MIT BRUNNENKRESSE

Zutaten

40 g gekochter Schinken
60 g Brunnenkresse
3 Eier
Mineralwasser
25 g geriebener Parmesan
Salz
Pfeffer
1 EL Butter

Den gekochten Schinken in Würfel schneiden. Die Brunnenkresse waschen, trockentupfen, die dicken Stiele entfernen und die Blätter grob hacken. Die Eier in einer Schüssel mit einem Schuss Mineralwasser, Parmesan, Brunnenkresse, Salz und Pfeffer gründlich verquirlen. Die Butter in einer Pfanne erhitzen, die Schinkenwürfel hineingeben und die Eiermischung dazugießen. Den Deckel auflegen und das Omelette etwas 6 Minuten garen. Mit dem Pfannenwender das Omelette zur Hälfte zusammenklappen und anrichten.

CALZONE MIT STEINPILZEN UND RUCOLA

Zutaten

25 g Hefe
500 g Mehl
30 ml Olivenöl
25 g Honig
25 g Salz
250 ml Wasser
100 g geputzte Steinpilze
1 Knoblauchzehe
1 EL Olivenöl
250 g Frühlingslauch
60 g getrocknete Tomatenfilets
30 g gehackte Oliven
75 g Mozzarella
15 g grob gehackter Rucola
5 g Basilikum
Salz, Pfeffer

Die Hefe in etwas warmem Wasser auflösen und mit etwas Mehl vermischen. Mit den übrigen Zutaten etwa 5 Minuten durchkneten. 2 Stunden ruhen lassen.

Die Steinpilze in 1 cm dicke Stücke schneiden und kurz mit dem Knoblauch in Olivenöl ansautieren. Den Frühlingslauch in Röllchen schneiden und zugeben. Die Tomatenfilets klein schneiden und alle Zutaten miteinander vermengen. Salzen und pfeffern.

Den Teig auf 3 mm ausrollen. Kreise mit einem Durchmesser von etwa 20 cm ausschneiden. Die Fülle jeweils in die Mitte geben und den Teig zu einem Halbmond zusammenklappen. Die Ränder zusammendrücken. Im Ofen bei 240 °C Ober- und Unterhitze auf der unteren Schiene 12 Minuten backen.

TIPP: Den Teig kann man auch ohne Belag backen und so den Brotkorb bereichern.

GEMÜSE

Seite 117–140

Gemüse waren früher nur Ergänzungen zu Fleisch und Fisch. Sie waren beliebt, aber nicht geliebt. Die Feldfrüchte wurden einfach in Salzwasser gekocht und meistens auch noch zu lang. Heute wissen wir, dass man aus Gemüse die köstlichsten Gerichte zubereiten kann, wenn man sich etwas Mühe macht und ein gutes Rezept hat. Allein die vielen verschiedenen Rezepte für Wirsing zeigen, was aus einem Gemüse werden kann, das man nur als verkochten Brei und als Quelle eines penetranten Geruchs in der ganzen Wohnung kannte. Viele der leichten kleinen Gemüsegerichte sind als Vorspeise eine Alternative zu Salat oder Suppe. Der »Salat von Gemüse aus dem Ofen« ist ein gutes Beispiel dafür: Die meisten Gemüsegerichte sind sowohl als Beilage zu Fleisch und Fisch als auch als eigene Hauptgerichte mit Kartoffeln, Pasta, Reis oder Brot geeignet. Ein so außergewöhnliches Gericht wie ein »Orientalisches Fenchel-Paprika-Ratatouille« zu kochen, ist mit Zeitaufwand und viel Arbeit verbunden. Aber die Begeisterung derer, die man bekocht hat, beschert ein Erfolgserlebnis, das alle Mühe wettmacht.

GEGRILLTE AUBERGINEN MIT MINZE UND BALSAMICO

Zutaten

2 große Auberginen
Salz, Pfeffer
3 EL Olivenöl
3 mittelgroße Zwiebeln
1 große Dose gewürfelte Tomaten
2 Handvoll frische, gehackte Minze
2 EL Balsamico-Essig
8 gehackte Anchovis-Filets

Die Auberginen putzen, d.h. die Enden abschneiden, und längs in etwa ½ cm dünne Scheiben schneiden. Etwa 2 Minuten in kochendem Salzwasser blanchieren und auf Küchenpapier abtropfen lassen. In einer mit 1 EL Olivenöl bestrichenen Grillpfanne mit Deckel grillen, dabei alle zwei Minuten nachsehen, damit die Scheiben nicht anbrennen. Sie sind gar, wenn sie außen bräunlich und innen weich sind. Auf eine große Platte legen, auf beiden Seiten salzen und pfeffern und in eine große Schüssel geben. Die Zwiebeln schälen und in dünne Scheiben schneiden.

2 EL Olivenöl in einer Pfanne erhitzen und die Zwiebelscheiben etwa 3 Minuten darin andünsten. Die Tomaten zugeben, etwa 1 Minute köcheln lassen, salzen und pfeffern.

Die Tomaten-Zwiebel-Mischung über die Auberginen geben. Die Minze hinzufügen und mit dem Balsamico-Essig beträufeln. Sehr vorsichtig miteinander vermengen, um die Auberginenscheiben nicht zu zerstören. 15 Minuten ruhen lassen und bei Zimmertemperatur innerhalb der nächsten drei Stunden servieren. Kurz vor dem Anrichten mit den gehackten Anchovis garnieren.

GRIECHISCHER LAUCH

Zutaten

5–6 Stangen Lauch
2 Lorbeerblätter
20 Pfefferkörner
½ l Weißwein (trocken)
½ l Wasser
¾ l Olivenöl
Salz

Von den Lauchstangen Wurzelansatz und grüne Blätter entfernen, weißen und hellgrünen Teil in 4–5 cm lange Stücke teilen, sehr gründlich waschen. In einem Topf die restlichen Zutaten verrühren, aufkochen lassen und nach Geschmack salzen. Die Lauchstücke 15 bis 20 Minuten (je nach Dicke) in diesem Sud garen. Vorsicht: Die Stücke sollen sich nicht auseinander lösen! In der Marinade abkühlen lassen.

ARTISCHOCKEN

Zutaten

4 große Artischocken, rund und fest
1 große Zitrone, unbehandelt
250 g Tomaten
3 Schalotten
1–2 Knoblauchzehen
5 EL Crème fraîche
Salz, Pfeffer, Cayennepfeffer

Von den Artischocken den Stiel abbrechen. Mit einer Küchenschere die oberen Drittel der einzelnen Blätter gleichmäßig abschneiden, mit einem scharfen Messer dann die innere Blütenspitze. Auf diesen Anschnitt jeder Artischocke eine dicke Zitronenscheibe binden.

In einem großen Topf reichlich Salzwasser aufkochen und den Rest der Zitrone (1 bis 2 EL Saft für die Sauce auspressen) zugeben. Die Artischocken im sprudelnd kochenden Wasser 25 bis 35 Minuten garen, herausheben und zum Abtropfen mit der Zitronenscheibe nach unten auf einen Teller legen.

Für die Sauce die Tomaten kurz mit kochendem Wasser überbrühen, häuten, halbieren und die Kerne entfernen. Das Fruchtfleisch grob zerschneiden. Die Schalotten pellen und in Stücke schneiden, ebenso die Knoblauchzehen. Alles in einem Mixer pürieren und mit Crème fraîche, dem Zitronensaft, Salz, Pfeffer und etwas Cayennepfeffer abschmecken.

Die Sauce zu den lauwarmen Artischocken servieren. Die einzelnen Blätter werden mit den Händen von der Artischocke abgezogen, in die Sauce getaucht und das fleischige untere Blattende mit den Zähnen »ausgezutzelt«. So arbeitet man sich Blatt für Blatt zum Inneren vor. Sind alle Blätter abgelöst, hat man den Fruchtboden mit dem Heu darauf vor sich. Das Heu muss mit einem Löffel sorgfältig entfernt werden, dann kann man den Artischockenboden mit Sauce genießen.

KARAMELLISIERTER CHICORÉE MIT EGERLINGEN

Zutaten

2 mittelgroße Karotten (120 g)
1 dicke Stange Staudensellerie (100 g)
3 EL Butter
2 EL Wasser
2 Chicorée, à 200 g
6 EL Pflanzenöl
1 TL Puderzucker
Salz, Pfeffer
2 Spritzer Zitronensaft
150 g Egerlinge (braune Champignons)
1 EL weißer Portwein
4–5 EL Gemüsesud
etwas Petersilie

Die Karotten schälen, längs halbieren und quer in dünne Scheiben schneiden. Den Staudensellerie putzen, waschen und in Scheibchen schneiden. In einem Topf 1 EL Butter zerlassen. Karotten, Sellerie und Wasser zugeben, leicht salzen und pfeffern, etwa 15 Minuten dünsten.

Vom Chicorée die Enden abschneiden, sodass man ihn in Einzelblätter teilen kann. Den festen Innenteil herausnehmen und entsorgen. Die Blätter waschen und gut abtropfen lassen.

In einer Pfanne 2 EL Butter und 3 EL Pflanzenöl heiß werden lassen und den Puderzucker einstreuen. Die Chicoréeblätter zugeben, mit Salz und Pfeffer abschmecken und mit dem Zitronensaft beträufeln. Das gedünstete Gemüse zugeben und bei mittlerer Hitze 10 Minuten karamellisieren lassen. Wenn nötig, etwas Gemüsesud zugeben.

In einer zweiten Pfanne 3 EL Pflanzenöl heiß werden lassen, die Pilze hineingeben und auf hoher Flamme kurz schmoren. Mit Salz und Pfeffer abschmecken, aus der Pfanne heben, zum Chicorée geben und alles gut durchschwenken. Portwein und Gemüsesud in die Pfanne zu dem Öl, in dem die Pilze geschmort wurden, geben und einmal aufkochen. Die Petersilie hacken und darüber streuen. Das Gemüse auf vorgewärmten Tellern anrichten, die Sauce darüber geben. Dazu kann man Kartoffel-Sellerie-Püree reichen.

TIPP: Etwas Trüffel, über den Chicorée gehobelt, adelt dieses Gericht und gibt ihm eine ganz besonders exquisite Note.

KOCHSALAT MIT ERBSEN

Zutaten

1 Kopf Römischer Salat (Romana-Salat)
1 mittelgroße milde weiße Zwiebel (oder das Weiße von 5 Frühlingszwiebeln)
1 Knoblauchzehe
2 EL Olivenöl

100 g tiefgekühlte Erbsen
1–2 EL grob gehackte Petersilie
etwas Mehl zum Bestäuben
50 ml Gemüsesud
½ TL Instant-Gemüsebrühe
Salz, Pfeffer
Muskatnuss

Den Römischen Salat waschen und putzen. Die Blätter an den Stielen herunterschneiden (etwa 300 g Blätter und 100 g Stiele). Die Stiele in Stücke schneiden, die Blätter in Stücke zupfen.

Die Zwiebel und den Knoblauch schälen und fein hacken. Das Öl erhitzen und Zwiebeln und Knoblauch darin glasig dünsten. Die Salatstiele, etwas später die Salatblätter und zuletzt die grünen, unaufgetauten Erbsen hineingeben. Die Petersilie grob hacken, leicht mit Mehl bestäuben und ebenfalls zugeben. Mit dem Gemüsesud aufgießen. Die Instant-Gemüsebrühe zugeben, alles sanft kochen lassen, bis es weich ist, und mit Salz, Pfeffer und Muskatnuss abschmecken.

TIPP: Dieses »Salatgemüse« schmeckt wunderbar zu Rösti oder Bratkartoffeln. Die gleichen Zutaten (oder Reste) ergeben – mit Gemüsesud und Sahne aufgefüllt und püriert – eine köstliche Suppe.

BLATTSPINAT

Zutaten

1 kg Blattspinat, am liebsten Wurzelspinat, auch Veroneser genannt
Salz
3–5 EL Olivenöl
sehr fein gehackte Knoblauchzehen nach Geschmack
Pfeffer

In sehr viel Wasser den Spinat mehrmals gründlich waschen, verlesen und beim Veroneser Spinat die Wurzeln mit den dicken Stängeln abschneiden. In einem großen Topf Wasser sprudelnd aufkochen, salzen und den Spinat darin zusammenfallen lassen, einmal aufkochen und abgießen.

Im Sieb gut abtropfen lassen und sehr fest ausdrücken. In einem flachen Topf das Olivenöl erhitzen, den Knoblauch ganz kurz andünsten, die Spinatblätter zugeben und unter Rühren fertig dünsten. Mit Salz und Pfeffer abschmecken.

SPINATSOUFFLÉ

Zutaten

400 ml Milch
50 g Speisestärke
200 g tiefgekühlter Blattspinat
2 EL Butter (50 g)
Salz, Cayennepfeffer
Muskatnuss
4 Eier
weiche Butter zum Ausfetten der Formen
Parmesan zum Bestreuen

Die angegebene Menge reicht für 8 Souffléförmchen von 7,5 cm Höhe oder für 1 feuerfeste Form von 8 cm Höhe und 16 cm Durchmesser.

Von der kalten Milch 3 EL abnehmen und mit der Speisestärke glatt rühren. Die restliche Milch in einem Topf zum Kochen bringen. Die Speisestärke unter ständigem Rühren in die kochende Milch geben. Gut durchkochen lassen und in ein flaches Gefäß zum Auskühlen geben. Mit Klarsichtfolie abdecken.

Den Spinat leicht antauen lassen, mit der Hand auspressen und klein schneiden. Mit der leicht gebräunten Butter mischen und in einer Küchenmaschine fein mixen. Mit Salz, Cayennepfeffer und etwas Muskat abschmecken. Die Eier trennen. Den Speisestärkepudding durch ein Sieb streichen, mit dem Spinat und den Eigelben verrühren und nochmals abschmecken.

Das Eiweiß mit 1 Prise Salz zu nicht zu steifem Schnee schlagen (am besten mit der Hand) und vorsichtig (erst ein Drittel, dann den Rest) unter die Spinatmasse heben. Die Masse drei Viertel hoch in die gut mit Butter ausgefetteten Förmchen geben. Den Backofen auf 220 °C (Heißluft 200 °C) vorheizen. 1 Blatt Zeitungspapier passend für den Boden eines Bräters oder einer großen feuerfesten Form zusammenfalten und an den Seiten einreißen. In den Bräter geben. Kochendes Wasser einfüllen und die Förmchen oder Form einstellen. Das Wasser sollte nicht höher als ein Viertel der Höhe der Förmchen oder der Form sein.

Das Wasser auf der Herdplatte zum Kochen bringen. Dann den Bräter mit den Förmchen auf die unterste Schiene des Backofens stellen und etwa 20 Minuten backen. Wenn das Soufflé fest ist, den Parmesan drüber streuen. Wird es zu dunkel, die Oberfläche mit Alufolie abdecken.

TIPP: Man kann alles für dieses Soufflé vorbereiten, bis zu dem Zeitpunkt, wo das Eiweiß untergezogen wird.

MÖHREN MIT KÜMMEL

Zutaten

500 g Möhren (Karotten, gelbe Rüben)
25 g Butter
1 EL Pflanzenöl
½ TL Kümmel
Salz, Pfeffer

Die Möhren waschen, mit dem Sparschäler schälen und in dünne Scheiben schneiden. In kochendem Wasser halbgar kochen (das dauert höchstens 5 Minuten), abgießen und abtropfen lassen.

Butter, Pflanzenöl und Kümmel in einem Topf erhitzen, die Möhrenscheiben dazugeben und zugedeckt ohne Flüssigkeit gar dünsten. Mit Salz und Pfeffer würzen.

WEISSER SPARGEL MIT BROKKOLI-MOUSSE

Zutaten

1 kg weißer Spargel
½ TL Zucker
etwas Zitronensaft
5 EL Butter (100 g)
500 g Brokkoli
120 g Sahne
Salz, Pfeffer
Muskatnuss
2 hart gekochte Eier
30 g frisch geriebene Semmelbröseln

Den Spargel schälen und die holzigen Endstücke abschneiden. In einem großen Topf Wasser mit Salz, Zucker, Zitronensaft, 1 EL Butter aufsetzen und den Spargel darin in etwa 10 bis 15 Minuten gar kochen. Herausnehmen und abtropfen lassen.

Den Brokkoli waschen, Röschen vom Stiel tren-nen. Die Stiele schälen und sehr klein schneiden, zusammen mit den Röschen in Salzwasser etwa 5 Minuten kochen. Dann herausnehmen und in kaltem Wasser abschrecken und abtropfen lassen.

Den Brokkoli mit 2 EL Butter anschwitzen und mit Salz, Pfeffer und Muskatnuss würzen. Die Sahne fast vollständig angießen und alles weich dünsten. Mit dem Stabmixer pürieren und den Rest der Sahne zufügen.

Die Eier pellen, Eiweiß und Eigelb separat klein würfeln. 1 bis 2 EL Butter mit den Bröseln in einer Pfanne goldbraun anrösten und über den mit der Brokkoli-Mousse angerichteten Spargel geben. Mit den Eiwürfeln bestreuen.

GEMÜSE AUF ASIATISCHE ART

Zutaten

150 g Möhren
150 g Zucchini
150 g grüne Paprikaschote
100 g Champignons
150 g Zwiebeln
3 EL Sesamöl oder mildes Pflanzenöl zum Braten
Sojasauce
Sesamsamen
Salz, Pfeffer
ein Schuss Reiswein oder Weißwein
Honig und Zitronensaft nach Geschmack

Die Möhren, Zucchini und die Paprikaschote putzen, waschen, Möhren schälen. Die Champignons möglichst nur trocken, zum Beispiel mit einem Kuchenpinsel, säubern. Sind sie sehr sandig, ganz kurz in Wasser schwenken. Die Zwiebeln schälen.

Die Möhren und Zucchini in feine Stifte schneiden, die Zwiebeln in dünne Scheiben, die grüne Paprikaschote in schmale Streifen.

Die Champignons feinblättrig aufschneiden. Möglichst in einem Wok, sonst in einer großen, hohen Pfanne das Sesam- oder Pflanzenöl (oder auch ein Gemisch aus beiden) erhitzen und das Gemüse unter ständigem Rühren braten, bis es gar ist, aber noch Biss hat – das dauert nur wenige Minuten.

Mit einem guten Schuss Sojasauce, Sesamsamen, Salz und Pfeffer würzen und mit wenig Reiswein oder etwas mehr Weißwein ablöschen, nach Geschmack mit Honig und Zitronensaft süß-säuerlich abschmecken. Eine pikante Beilage zu Fisch oder Geflügel.

GEMÜSEPFANNE MIT PFIFFERLINGEN

Zutaten

300 g Pfifferlinge
3–4 Tomaten, am besten Strauch- oder Gärtnertomaten
5 kleine Zwiebeln oder Schalotten
je 1 rote und grüne Paprikaschote
2–3 dicke Gärtnergurken (keine Salatgurken), etwa 1 kg
4–5 EL Olivenöl
etwas gekörnte Gemüsebrühe
1 Bund Petersilie

Die Pfifferlinge reinigen, am besten nicht waschen. Die Tomaten in kochendem Wasser kurz überbrühen, pellen und in Viertel teilen, dabei die Strünke entfernen. Die Zwiebeln in grobe Stücke schneiden. Paprikaschoten waschen, halbieren und die Kerne und Trennwände entfernen, die Schoten in Streifen schneiden. Die Gurken schälen, an beiden Enden ein kleines Stück abschneiden und prüfen, ob sie bitter sind, wenn nicht: halbieren und entkernen (das geht mit einem Teelöffel am einfachsten).

Die Gurkenhälften in 3 cm breite Streifen schneiden. In einer großen Pfanne (mit passendem Deckel) das Öl erhitzen, zuerst die Zwiebeln und die Paprikastreifen etwa 5 Minuten andünsten.

Die Gurkenstücke zugeben und 6 bis 7 Minuten unter Rühren dünsten lassen, danach die Pilze untermischen. Leicht salzen und pfeffern und, wenn das Gemüse Saft gezogen hat, etwas gekörnte Brühe unterrühren. Die Tomatenstücke dazugeben und den Deckel auflegen.

Weitere 10 Minuten bei kleiner Hitze köcheln lassen. Mit viel gehackter Petersilie bestreut servieren. Dazu passt Curry-Reis.

GEMÜSEPAELLA

Zutaten ❧

4 mittelgroße Tomaten (270 g)
1 große rote Paprikaschote
6 Spargelstangen, weiß oder grün
2 Knoblauchzehen
3 Stangen Staudensellerie
2 Frühlingszwiebeln
6 Kopfsalatblätter
4 Shiitake-Pilze
40 g grüne Bohnen
100 g tiefgekühlte Erbsen
70 ml Olivenöl
6 Safranfäden
1 gehackte Chilischote
150 g spanischer Paellareis
500–800 ml Gemüsesud, je nach Reisqualität
Salz, Pfeffer
1 EL gehackte Petersilie

Die Tomaten kurz mit kochendem Wasser überbrühen, schälen und vierteln. Die Paprikaschote entkernen, weißen Spargel und Knoblauch schälen, Staudensellerie, Frühlingszwiebeln und Kopfsalatblätter waschen. Alles in kleine Stücke schneiden. Die Shiitake-Pilze putzen und vierteln. Bohnen und gefrorene Erbsen zusammen in Salzwasser 2 Minuten kochen.

Die Shiitake-Pilze in Olivenöl anbraten. Paprika, Staudensellerie, Frühlingszwiebeln sowie Safran, die gehackte Chilischote und Knoblauch zufügen und leicht dünsten. Dann die Tomaten und die Hälfte vom Gemüsesud dazugeben und den Paellareis einstreuen. Die Spargelstücke zugeben und mit Salz und Pfeffer würzen. Auf kleiner Flamme garen, bis der Reis weich ist. Dabei immer wieder etwas Gemüsesud nachgießen.

Gegen Ende der Garzeit die vorgekochten Bohnen und Erbsen sowie die Salatblätter auf der Paella verteilen, mit frisch geschnittener Petersilie bestreuen und gleich servieren.

GEMÜSERAGOUT

Zutaten ❧

1 Zwiebel
1 Karotte
2 Stangen Staudensellerie
3 EL Butter
Salz, Pfeffer
1 TL Zucker
2 EL Essig, möglichst Sherryessig
½ Becher Sahne (100 g)
1 Stängel Estragon

Zwiebel und Karotte schälen, Sellerie putzen und waschen und alles in feine Würfel schneiden. Die Zwiebel in einem Topf mit 3 EL Butter glasig dünsten, mit Salz und Pfeffer würzen. Karotten- und Selleriewürfel dazugeben, nochmals mit Salz, Pfeffer und Zucker würzen, eventuell etwas Wasser dazugeben und das Gemüse etwa 10 Minuten langsam weich dünsten. Mit Essig ablöschen und kurz aufkochen, die Sahne dazugießen und nochmals aufkochen. Estragon waschen, trockentupfen, die Blätter von den Stielen zupfen und fein hacken und über das fertige Gemüseragout streuen.

ZUCCHINI MIT TOMATEN GESCHMORT

Zutaten ❧

750 g Zucchini
500 g Tomaten (auch aus der Dose)
2 Schalotten
1 Bund Dill
3 EL Olivenöl
Salz, Pfeffer

Die Zucchini waschen und abtrocknen, die Stielenden entfernen, die Früchte der Länge nach halbieren, wenn sie größer sind, vierteln. Lange Zucchini auch noch quer halbieren.

Die Tomaten mit kochendem Wasser überbrühen, häuten und vierteln, Tomaten aus der Dose zerdrücken.

Die Schalotten pellen und klein würfeln. Dill waschen, trocknen und fein schneiden.

Das Olivenöl bei mittlerer Hitze in einem breiten Topf erhitzen, die Schalottenwürfel darin glasig dünsten. Tomaten, gehackten Dill, Salz und Pfeffer zugeben und zugedeckt 10 Minuten köcheln lassen. Die Zucchini zugeben und sachte mit einem Holzlöffel umrühren. 20 Minuten bei kleiner Hitze schmoren, bis die Zucchini weich sind und die Sauce dick gekocht ist. Während des Schmorens nicht durchrühren, sondern den Topf nur gelegentlich etwas schütteln. Nach Belieben heiß oder kalt servieren.

CURRY-GEMÜSE

Zutaten

100 g frische kleine Maiskölbchen (oder eine Dose à 400 g)
Salz
250 g Möhren
1 Bund dünne Frühlingszwiebeln (Lauchzwiebeln)
100 g frische Bohnenkeime
2 Knoblauchzehen
1 walnussgroßes Stück frischer Ingwer
5 frische Zitronenblätter
1 TL Currypaste
2 EL Fischsauce
2 EL Sojasauce
200 ml Kokosmilch
2 TL Zucker
3 EL Öl zum Braten

Die Maiskölbchen waschen und in leicht gesalzenem Wasser zugedeckt etwa 7 Minuten vorkochen, gut abtropfen lassen und halbieren (Maiskölbchen aus der Dose nur abtropfen lassen).

Die Möhren putzen, schälen und in streichholzfeine Stifte schneiden. Die Frühlingszwiebeln putzen, waschen und in maiskölbchenlange Stücke schneiden. Die Bohnenkeime heiß überbrausen und abtropfen lassen. Knoblauchzehen und Ingwer schälen, fein hacken. Die Zitronenblätter waschen und in hauchfeine Streifen schneiden.

Die Currypaste mit Fischsauce, Sojasauce, Kokosmilch und Zucker verrühren. In einem Wok oder einer tiefen Pfanne das Öl erhitzen. Gehackten Knoblauch und Ingwer kurz anbraten, dann die Möhrenstreifen und den Mais zugeben, unter ständigem Rühren und Wenden 2 Minuten braten.

Die Frühlingszwiebeln und Bohnenkeime zugeben und weitere 2 Minuten unter Rühren braten. Mit der Currysauce übergießen und noch etwa 3 Minuten garen. Mit den Zitronenblattstreifen bestreuen und servieren.

AUBERGINENCURRY

Zutaten

1 große Zwiebel
2 EL Butter
2 EL geriebener frischer Ingwer
2 EL gehackter Knoblauch
3 EL Kümmel
½ TL Koriander
½ TL Kardamon
½ TL Kurkuma (Tumeric)
¼ TL Nelken
½ TL Cayennepfeffer
2 Tomaten
200 ml Wasser
1 EL brauner Zucker
1 große Aubergine (450 g)
Salz, Pfeffer, Pflanzenöl zum Braten
300 g Spinat (200 g geputzt oder 200 g Tiefkühl-Blattspinat)
1 Bund frischer Koriander

Die Zwiebel schälen, in Würfel schneiden und in Butter goldgelb anschwitzen. Den frischen Ingwer mit dem gehackten Knoblauch zu den Zwiebeln geben und anbraten. Kümmel, Koriander, Kardamon, Kurkuma und Nelken in Öl leicht anrös-ten, dann mit einem großen, scharfen Messer klein hacken und mit dem Cayennepfeffer zu den Zwiebeln in die Pfanne geben. Die Tomaten waschen, den Strunk entfernen und in Würfel schneiden. Mit dem Wasser und dem braunen Zucker zu den Gewürzen geben. Einmal kurz aufkochen, 1 Stunde kalt stellen.

Die Auberginen waschen, den Stielansatz abschneiden und der Länge nach in 1 cm dicke Scheiben schneiden. Die einzelnen Scheiben nochmals halbieren und beide Seiten mit Salz und Pfeffer würzen. In einer Pfanne mit Pflanzenöl von beiden Seiten goldbraun anbraten und zur Seite stellen.

Den Spinat gründlich waschen oder auftauen lassen und in Streifen schneiden. Die erkaltete Tomaten-Gewürzmasse nochmals aufkochen, die Spinatstreifen und die Auberginen unterrühren und einige Minuten sanft kochen lassen. Den Koriander waschen und klein schneiden. Das Auberginencurry auf Teller anrichten und mit Koriander bestreuen.

BLUMENKOHL-BROKKOLI-CURRY MIT ZITRONENBLÄTTERN

Zutaten

500 g Blumenkohl
500 g Brokkoli
1 gestrichener EL rote Currypaste (in Asialäden erhältlich)
2 EL brauner Zucker
400 ml Kokosmilch (1 Dose)
200 ml Wasser
3 EL Sojasauce (in Asialäden erhältlich)
2 Zitronenblätter (in Asialäden erhältlich) oder ½ Bund Zitronenmelisse

Röschen von Blumenkohl und Brokkoli abschneiden und je nach Größe halbieren oder vierteln. Brokkolistrunk mit einem Sparschäler schälen, vierteln und in dünne Scheiben schneiden.

Die Currypaste mit braunem Zucker erhitzen, ein Viertel der Kokosmilch angießen und mit einem Schneebesen glatt rühren. Restliche Kokosmilch mit Wasser vermengen, mit dem Gemüse zur Currysauce geben und abgedeckt etwa 20 Minuten bei geringer Temperatur köcheln lassen, dabei immer wieder umrühren.

Das Gemüsecurry mit Sojasauce würzen, die Zitronenblätter in hauchdünne Streifen schneiden und kurz vor dem Servieren unter das Curry geben und mit gekochtem Duftreis servieren.

TIPP: Wer es gerne noch exotischer möchte, nimmt die Blätter von ½ Bund Thaibasilikum und hebt sie zum Schluss unter das Curry.

RATATOUILLE IM RÖMERTOPF

Zutaten für 4–6 Personen

250 g durchwachsener Speck
5 mittelgroße Zwiebeln
500 g Zucchini
500 g Salatgurke
500 g Tomaten
500 g Paprikaschoten
500 g Auberginen
etwas Öl, Salz, Pfeffer
2–4 Knoblauchzehen
Rosenpaprika
gekörnte Gemüsebrühe
1 TL Zucker

Einen großen Tontopf nach Vorschrift wässern. Den Speck würfeln, die Zwiebeln pellen und grob zerschneiden. Die Zucchini waschen und grob würfeln.

Salatgurke waschen, eventuell streifig schälen, grob würfeln. Die Tomaten mit kochendem Wasser überbrühen, häuten, die grünen Strünke ausschneiden, das Fruchtfleisch fein würfeln. Die Paprikaschoten waschen, halbieren, Stielansätze, Kerne und helle Trennwände entfernen, grob würfeln. Die Auberginen waschen, stachelige Stielansätze entfernen, die Früchte grob würfeln.

Die Speckwürfelchen in einer Pfanne mit etwas Öl unter Rühren anbraten, bis sich das Fett vom fleischigen Teil getrennt hat. Die zerschnittenen Zwiebeln in diesem würzigen Speckfett dünsten, bis sie glasig sind.

Speck-Zwiebeln auf dem Boden des Römertopfs als »Bett« ausbreiten, darauf die verschiedenen Gemüsesorten in einzelnen Lagen schichten. Jede Lage mit Salz und Pfeffer würzen.

Knoblauch schälen, durch eine Presse auf die oberste Schicht drücken, mit Rosenpaprika, gekörnter Brühe und Zucker bestreuen. Den Deckel auflegen.

In den kalten Backofen schieben, auf 200 °C schalten und 40 bis 50 Minuten garen, das Gemüse soll dann noch Biss haben. Vor dem Servieren vorsichtig umrühren.

FENCHEL-PAPRIKA RATATOUILLE ORIENTALISCH

Zutaten

1 mittelgroße weiße Zwiebel (150 g)
1 Fenchel (300 g)
1 rote Paprikaschote (150 g)
1 gelbe Paprikaschote (150 g)
1 grüne Paprikaschote (150 g)
300 g feste, reife Tomaten
3 Knoblauchzehen
1 Aubergine (ca. 250 g)
1 TL Korianderkörner
½ TL Kümmel
1 TL Fenchelsamen
9 EL Olivenöl
1 TL gemahlenes Kurkuma (Gelbwurz)
Salz, Pfeffer
Currypulver
2 Lorbeerblätter
½ Bund Koriander

Die Zwiebel schälen. Den Fenchel und die Paprikaschoten putzen, waschen und trockentupfen. Alles in kleine Würfel schneiden. Die Tomaten mit kochendem Wasser überbrühen, kalt abschrecken, häuten und klein schneiden. Wer es ganz fein liebt, kann die Kerne entfernen. In jedem Fall den ablaufenden Saft auffangen. Die Knoblauchzehen schälen und sehr fein hacken. Die Aubergine von Blüten- und Stängelansatz befreien, waschen, abtrocknen und mit 1 cm großen Zwischenräumen der Länge nach schälen. Anschließend ebenfalls in kleine Würfel schneiden. Die Korianderkörner mit Kümmel und Fenchelsamen in 1 EL Olivenöl unter Rühren erhitzen, bis die Mischung duftet. Herausnehmen, abkühlen lassen und mit einem scharfen Messer auf einem Brett zerkleinern. Mit dem Knoblauch und dem Kurkumapulver zu einer Würzpaste vermengen.

4 EL Olivenöl in einem Topf erwärmen und die Würzpaste einrühren. Die Zwiebeln darin glasig werden lassen. Erst dann die Fenchel- und Paprikawürfel zufügen und alles sanft kurz anschwitzen. 4 EL Öl in einer versiegelten Pfanne erhitzen und die Auberginenwürfel darin braten, bis sie leicht gebräunt sind. Mit Salz, Pfeffer und einem Hauch Curry abschmecken. Auf einer dicken Lage Küchenkrepp abfetten lassen. Auberginen, Tomaten, Lorbeerblätter mit den Fenchel- und Paprikawürfeln und dem durchgesiebten Tomatensaft in einen Topf geben. Salzen, pfeffern und zugedeckt etwa 15 Minuten schmoren. Bei Bedarf etwas Gemüsesud oder Wasser zugeben. Das Gemüse sollte noch etwas Biss haben. Den Koriander abspülen, trockentupfen und grob hacken. Die Lorbeerblätter aus dem Gemüse nehmen. Mit Salz und Pfeffer abschmecken.

TIPP: Eine außergewöhnliche Geschmackssensation, die als Vorspeise genauso überzeugt wie als Hauptgericht, zum Beispiel mit pochierten Eiern oder den panierten Gemüseschnitzeln. Das Gemüse schmeckt am besten, wenn es kalt geworden ist, wieder aufgewärmt und lauwarm mit eiskalter Crème fraîche serviert wird.

ORIENTALISCHE ZUCCHINI

Zutaten

500 g Zucchini
1 große Gemüsezwiebel
50 g Rosinen
50 g Pinienkerne
4 EL Olivenöl
Salz, Pfeffer

Die Zucchini waschen, halbieren und in ca. 1 cm dicke Scheiben schneiden. Zwiebel schälen und in dünne Ringe schneiden. Die Rosinen in warmem Wasser einweichen und die Pinienkerne ohne Fett in einer Pfanne anrösten. Olivenöl in einer Pfanne erhitzen und die Zwiebelringe darin goldbraun rösten. Anschließend herausnehmen und die Zucchinischeiben in der Pfanne braun anbraten. Pinienkerne und Rosinen zusammen mit den Zwiebelringen zugeben und mit Salz und Pfeffer abschmecken.

ZUCCHINI UND TOMATEN GEBACKEN

Zutaten

2 Zwiebeln
2–3 Knoblauchzehen
3 größere Tomaten
5–6 kleine Zucchini
3 Zweige Thymian
Salz, Pfeffer
1 Lorbeerblatt
6 EL Olivenöl

Den Backofen auf 200 °C vorheizen. Zwiebeln und Knoblauch schälen und fein würfeln. Tomaten und Zucchini waschen, die Tomaten in Scheiben schneiden, Stielansatz entfernen, die Zucchini längs einschneiden, so dass sie Fächer bilden. Thymian waschen, trockentupfen und die Blätter von den Stielen zupfen. Die Tomatenscheiben pfeffern, salzen und mit Thymianblättchen bestreuen. Die Zucchinifächer mit den Tomaten füllen und in eine feuerfeste Form legen. Das Lorbeerblatt zerdrücken, darüber streuen und alles mit Olivenöl beträufeln. Im Backofen etwa 30 Minuten garen.

AUBERGINEN-RÖLLCHEN

Zutaten

2–3 große Auberginen
1 Knoblauchzehe
50 g Rosinen
50 g Pinienkerne
1 unbehandelte Zitrone
50 g Feta-Käse
300 g Mozzarella
2 EL Olivenöl
25 g geriebener Parmesan
2 EL gehackte Petersilie
3 EL gehackte Minze
400 g passierte Tomaten
evtl. Salz, Pfeffer

Backofen auf 190 °C vorheizen. Auberginen waschen und der Länge nach in ca. 5 mm dicke Scheiben schneiden. Knoblauch schälen und fein würfeln. Rosinen und Pinienkerne hacken. Die Zitrone gründlich abwaschen und Zesten abziehen. Feta-Käse mit einer Gabel zerkrümeln. Für die Füllung 100 g Mozzarella fein würfeln. Restlichen Mozzarella für den Belag in dünne Scheiben schneiden. Eine Grillpfanne mit etwas Öl ausstreichen und die Auberginenscheiben darin von beiden Seiten weich garen. Zwischendurch so wenden, dass ein Gittermuster entsteht.

Für die Füllung Feta, Parmesan und gewürfelten Mozzarella in eine Schüssel geben. Pinienkerne, Rosinen, Knoblauch, Zitronenzesten, Petersilie und 2 EL Minze zugeben und alles vermischen. 1 TL Füllung auf je eine Auberginenscheibe geben und fest zusammenrollen.

Eine Auflaufform mit Öl einfetten und die Röll-chen hineinlegen. Tomaten darübergießen und Mozzarella-Scheiben darauf verteilen. Mit etwas Olivenöl besprenkeln, eventuell salzen und pfeffern und etwa 30 Minuten backen. Aus dem Ofen nehmen und etwas abkühlen lassen. Auf Tellern anrichten und mit der restlichen Minze bestreuen.

GESCHMORTER FENCHEL

Zutaten

1 kg Fenchel
5–6 Knoblauchzehen
5–6 EL Olivenöl
Salz, Pfeffer
Gemüsebrühe oder Wasser

Den Fenchel waschen und vierteln, den harten Strunk am Wurzelansatz wegschneiden. Den Knoblauch pellen, ganz lassen.

In einer Pfanne das Olivenöl erhitzen, die Fenchelstücke bei mittlerer Hitze unter Wenden leicht anbräunen, dabei salzen und pfeffern.

Knoblauchzehen zugeben und hellbraun braten, dabei das Wenden nicht vergessen. So viel Brühe oder Wasser angießen, dass der Fenchel zu 1/3 bedeckt ist. Die Hitze vermindern und den Fenchel leise simmern lassen, bis er sehr weich ist – eventuell Flüssigkeit nachgießen, am Schluss soll aber die ganze Brühe eingekocht sein. Warm zu geschmortem Fleisch oder Geflügel servieren.

TOSKANISCHER WIRSING

Zutaten

1 Wirsingkohl
1 große Zwiebel
1 Knoblauchzehe
6 geschälte Tomaten (aus der Dose)
2–3 EL Olivenöl
125 ml Hühnerbrühe (oder Gemüsebrühe)
1–2 EL Weißweinessig
1 TL getrockneter Thymian
Salz, Pfeffer
50 g Butter
80–100 g Pecorino oder Parmesan am Stück

Vom Wirsing die äußeren, dunkelgrünen Blätter ablösen (für ein anderes Gericht verwenden), den Kohl achteln und den Strunk herausschneiden. Die Kohlachtel in etwa 1/2 cm schmale Streifen schneiden. Die Wirsingstreifen in ein Sieb geben und gründlich waschen, gut abtropfen lassen. Die Zwiebel und den Knoblauch pellen, die Zwiebel halbieren und in Streifen schneiden. Die Tomaten in grobe Stücke schneiden.

In einem Bräter das Olivenöl erhitzen. Die Zwiebelstreifen hellbraun anschmoren. Die Kohlstreifen unterrühren und den Knoblauch durch die Presse dazudrücken. Die Tomatenstücke zugeben und die Brühe angießen. Essig und Thymian zugeben, salzen und pfeffern. Einmal aufkochen, dann den Deckel auflegen und das Gemüse bei kleiner Hitze garen.

Kurz vor dem Servieren die Butter untermischen. Den Käse frisch reiben und über das Wirsinggemüse streuen.

GRAMMELKRAUT

Zutaten

2 Zwiebeln
100 g durchwachsener Speck (süddeutsch »Wammerl«)
etwas Schweineschmalz
500 g Sauerkraut (Dose oder frisch vom Fass)
Salz, Pfeffer
1 TL Kümmel
¼ l Fleischbrühe
1 kleine fest kochende Kartoffel
100 g grüner (frischer) Speck

Die Zwiebeln pellen und fein würfeln. Den durchwachsenen Speck in feine Streifen schneiden. In einem Topf etwas Schmalz zerlassen und die Speckstreifen anbraten. Die Zwiebeln zugeben, glasig dünsten.

Das Sauerkraut zugeben und mit Salz, Pfeffer und Kümmel würzen. Mit der Fleischbrühe aufgießen und 10 Minuten köcheln lassen.

Die Kartoffel schälen und auf einer feinen Rohkostreibe zum Kraut hobeln, untermischen. Weitere 10 Minuten unter gelegentlichem Rühren köcheln lassen. Den grünen Speck in Würfelchen schneiden und in eine kleine Pfanne geben. Bei mittlerer Hitze braten, bis die Speckwürfel knusprig und gebräunt sind. Diese Grieben (»Grammeln«) über das fertiggekochte Kraut geben.

WEINKRAUT

Zutaten

2 kleine Zwiebeln
1 Knoblauchzehe
1 Apfel
2 EL Butterschmalz
4 EL Zucker
1 Dose Sauerkraut (850 g)
Salz, Pfeffer
15 Wacholderbeeren
20 Pfefferkörner
4 Nelken
1 Lorbeerblatt
100 ml Weißwein
40 g geräucherter Bauchspeck
1 EL Butter
2 EL Mehl
150 g kernlose weiße Trauben

Zwiebeln und Knoblauch schälen und in feine Ringe schneiden. Den Apfel schälen, halbieren, entkernen und in Stücke schneiden. Butterschmalz in eine Pfanne geben und 3 EL Zucker mit 3 EL Wasser darin karamellisieren lassen, die Hälfte der Zwiebeln, die Knoblauchzehe und die Apfelstücke dazugeben und schmoren. Das Sauerkraut in ein Sieb geben, waschen und zu dem Apfel in die Pfanne geben, mit Salz und Pfeffer würzen. Einen Teefilter mit den Gewürzen füllen und in das Sauerkraut geben, so kann man die Gewürze leichter wieder entfernen. Weißwein und 200 ml Wasser dazugießen und zugedeckt 45 Minuten leise köcheln lassen.

Den Speck in Würfel schneiden und mit den restlichen Zwiebeln und 1 EL Butter glasig andünsten, das Mehl dazugeben und leicht rösten. Die Gewürze aus dem Kraut entfernen und das Kraut untermischen. Die Trauben waschen und mit 1 EL Zucker mischen, in einer Pfanne leicht andünsten, 1 EL Wasser dazugeben und kurz durchschwenken, unter das Kraut mischen und servieren.

FEINES LINSENGEMÜSE

Zutaten ❧ ✸

400 g kleine Linsen
1 Bund Suppengemüse
1 Bund Frühlingszwiebeln
2 Schalotten
1 EL Zucker
25 g Butter
1–2 EL Essig, möglichst Himbeeressig

Die Linsen waschen und über Nacht in viel Wasser einweichen. Am nächsten Tag im Einweichwasser gar kochen, aber so, dass sie noch etwas Biss haben. Je nach Größe und Alter der Linsen dauert das 30–45 Minuten.

Abgießen und abtropfen lassen. Das Suppengemüse, die Frühlingszwiebeln und Schalotten putzen und in sehr feine Scheiben beziehungsweise Würfel schneiden.

In einem Topf bei geringer Hitze den Zucker schmelzen, aber nicht braun werden lassen, dann die Butter dazugeben und die Gemüsewürfel unter Rühren darin gar dünsten. Mit dem Essig ablöschen, die Linsen unterheben und kurz durchziehen lassen. Mit Salz und Pfeffer würzen und anrichten.

Eine kleine Portion davon serviere ich gern als Vorspeise, zum Beispiel mit einem Stückchen Süßwasser-Fischfilet, in heißer Butter kurz gebraten, obendrauf.

LINSEN AUF INDISCHE ART

Zutaten ❧ ✸

400 g Linsen (möglichst kleine)
2 Zwiebeln
3–5 cm frischer Ingwer
3 EL Pflanzenöl
1 TL gemahlene Korianderkörner
1 TL gemahlener Kümmel
½ TL gemahlener Kardamom
½ TL Kurkumapulver
(oder statt der diversen Gewürze ein gutes Currypulver, zum Beispiel Madras-Curry)
Salz

Die Linsen waschen und über Nacht in kaltem Wasser einweichen. Am nächsten Tag die Linsen in ein Sieb gießen und abtropfen lassen. Die Zwiebeln schälen und fein würfeln. Ingwerwurzel schälen und in sehr feine Scheiben schneiden.

In einem Topf das Öl erhitzen, die Zwiebelwürfel glasig dünsten, dann die Ingwerscheibchen dazurühren und mit den Gewürzen (oder der Currymischung) bestreuen. Ganz kurz andünsten, dann die Linsen dazugeben. Mit frischem Wasser auffüllen und bei kleiner Hitze zugedeckt köcheln lassen, bis die Linsen gar sind, aber noch etwas Biss haben (dauert ab 30 Minuten). Dabei öfter umrühren und eventuell Wasser nachgießen. Zuletzt mit Salz abschmecken. Sehr gut zu gebratenen Hähnchenschenkeln.

PAPRIKA-LINSEN-GEMÜSE

Zutaten ❧ ✱

100 g gelbe Linsen
1 kleine gelbe Paprikaschote (100 g)
1 kleine grüne Paprikaschote (100 g)
1 kleine rote Paprikaschote (100 g)
1 Zwiebel
1 Knoblauchzehe
2 EL Olivenöl
1 EL Tomatenmark
1 EL Balsamico-Essig
200 ml Gemüsesud
400 ml Tomatensaft
1 getrocknete Chilischote
1 Lorbeerblatt
1 ½ EL fein gehackte frische Rosmarinnadeln oder getrockneter Rosmarin
1 EL frischer oder getrockneter Oregano
Salz
Pfeffer

Die Linsen wenn nötig (je nach Sorte) über Nacht in einer Schüssel mit reichlich Wasser einweichen. Die Paprikaschoten putzen und klein würfeln. Zwiebeln und Knoblauch schälen und fein würfeln. Die Linsen in einem Sieb mit kaltem Wasser abspülen und abtropfen lassen. 2 EL Öl im Topf erhitzen und darin Zwiebeln, Knoblauch und etwa zwei Drittel der Paprikawürfel kurz andünsten. Tomatenmark zugeben und kurz anschwitzen. Mit dem Essig löschen und die Linsen unterrühren. Gemüsesud und Tomatensaft angießen. Chili und Lorbeerblatt zufügen. Aufkochen lassen und dann zugedeckt bei kleiner Hitze sanft kochen. Nach 15 Minuten Rosmarin, Oregano und restliche Paprika zugeben und so lange einkochen, bis alles dickflüssig ist.

TIPP: Dazu passen besonders gut Rosmarinkartoffeln: Die Kartoffeln waschen und in zentimetergroße Würfel schneiden. Fein gehackte Rosmarinnadeln darüber streuen. In Olivenöl langsam goldbraun braten. Mit Salz und Pfeffer abschmecken. Statt der Kartoffelwürfel kann man dieses kräftige Gemüsegericht auch mit einem Klacks Crème fraîche abwandeln. Dazu Crème fraîche mit Orangensaft verrühren. 1 Bund rundblättrigen Rucola hacken und in die Crème fraîche rühren. Ein paar Rucolablättchen zurückbehalten. Die Gemüse auf Teller füllen, etwas Orangen-Crème-fraîche in die Mitte geben und darauf noch ein paar Rucolablättchen streuen.

ROTWEIN-LINSEN-GEMÜSE

Zutaten ❧ ✱

250 g braune Linsen
6 Schalotten
1 große Karotte
1 Stück Knollensellerie (100 g)
1 TL Ingwer (3 cm)
1–2 Knoblauchzehen
3 EL Olivenöl
½ EL Tomatenmark
1 EL Currypulver
2 Lorbeerblätter
200 ml kräftiger Rotwein
100 ml roter Portwein
½ l Gemüsesud
1 Bouquet garni (Lauch, Thymianzweig und glatte Petersilie mit Küchengarn zusammengebunden)
Salz
weißer Pfeffer
Balsamico-Essig

Die Linsen wenn nötig einweichen. Länge der Einweichzeit der Anweisung auf dem Paket entnehmen. Schalotten, Karotte, Sellerie, Ingwer und Knoblauch schälen. Die Schalotten in Scheiben schneiden. Karotte und Sellerie fein würfeln, Knoblauch und Ingwer fein hacken. Alles in 3 EL Olivenöl kurz andünsten. Tomatenmark und Currypulver unterrühren und die Lorbeerblätter zufügen. Mit Rotwein und Portwein ablöschen und mit dem Gemüsesud aufgießen. Das Bouquet garni einlegen. Die Linsen etwa 45 Minuten bei geschlossenem Deckel darin weich kochen. Bouquet garni und Lorbeerblätter entfernen. Die Linsen noch einmal mit Salz, Pfeffer und Balsamico-Essig abschmecken.

TIPP: Dazu passen die Auberginengnocchi besonders gut.

BOHNEN-CURRY-GEMÜSE

Zutaten

300 g Zwiebeln
1 Knoblauchzehe
400 g Tomaten
400 g breite Bohnen
3 EL Olivenöl
1 EL Butter
1 TL Currypulver
1 EL Ahornsirup
100 ml Wasser
1 Becher Sahne (200 g)
Salz
2 EL Sauerrahm
2 EL frisch gehackter Dill (½ Bund)

Die Zwiebeln und den Knoblauch schälen, Zwiebeln in Streifen, Knoblauch in kleine Würfel schneiden. Die Tomaten waschen, vom grünen Strunk befreien, kreuzförmig einschneiden und in kochendem Wasser kurz überbrühen, enthäuten und in kleine Stücke schneiden und den Saft auffangen.

Die Bohnen putzen und in grobe Stücke schneiden, 3 EL Olivenöl und 1 EL Butter erhitzen, Zwiebeln und Knoblauch glasig anbraten, Bohnen zugeben, kurz durchschwenken und mit Currypulver bestäuben, Ahornsirup zugeben und mit Wasser ablöschen. Die Flüssigkeit einkochen lassen, Tomaten zugeben und abgedeckt etwa 20 Minuten weich kochen, dabei immer wieder rühren. Die Sahne angießen, nochmals aufkochen, leicht salzen und kurz vor dem Servieren mit Sauerrahm und Dill verfeinern.

TIPP: Dazu passen besonders gut die gebratenen Hirseplätzchen.

WEISSE BOHNEN MIT TOMATEN

Zutaten *

250 g getrocknete kleine weiße Bohnenkerne (Flageolet- oder Canellini-Bohnen)
3 mittelgroße Zwiebeln
1 Knoblauchzehe
Salz
4 EL Olivenöl
1 TL fein gehackte frische Rosmarinnadeln
1 TL getrockneter Thymian
2 Lorbeerblätter
1 große Dose geschälte Tomaten (Pelati, 800 g)
Pfeffer

Die Bohnenkerne über Nacht in reichlich kaltem Wasser einweichen. Die Zwiebeln pellen. Eine Zwiebel halbieren, die übrigen zwei fein würfeln. Den Knoblauch pellen und fein hacken. Von den eingeweichten Bohnen das Wasser abgießen. Die Bohnen mit der halbierten Zwiebel in einen Topf geben und gut mit Wasser bedecken. 1 TL Salz dazustreuen und aufkochen. Den Schaum abschöpfen, den Deckel auflegen und die Bohnen bei schwacher Hitze in etwa 45 Minuten garen.

In der Zwischenzeit das Olivenöl in einer Pfanne erhitzen, die beiden gewürfelten Zwiebeln glasig dünsten. Den gehackten Knoblauch, Rosmarin, Thymian, Lorbeer und die Tomaten zugeben, die Tomaten in der Pfanne grob zerteilen. Alles bei schwacher Hitze ohne Deckel etwa 20 Minuten leise köcheln lassen.

Wenn die Bohnen gar sind, in ein Sieb abgießen und gut abtropfen lassen. Mit der Tomatensauce vermischen und mit Salz und Pfeffer abschmecken.

PAPRIZIERTES BOHNENGULASCH

Zutaten

60 g weiße Bohnenkerne
30 g Saubohnen
50 g schwarze Bohnenkerne
1 l Gemüsefond
1 Lorbeerblatt
2 Zwiebeln
35 g breite Bohnen
30 g Kenia-Bohnen
Salz
1 mittelgroße Kartoffel
1 rote Paprikaschote
2 EL Olivenöl
1 TL Tomatenmark
8 g Paprikapulver
1 unbehandelte Zitrone (Schale und Saft)
1 Knoblauchzehe
Kümmel
etwas Bohnenkraut
100 g Sauerrahm
1 Zweig Majoran
Pfeffer

Die Bohnenkerne über Nacht in Wasser einweichen. Das Wasser abgießen und die Bohnen in dem Gemüsefond mit Lorbeer und 1 Zwiebel weich kochen. Passieren und den Fond für das Gulasch aufheben.

Die grünen Bohnen (breite und Kenia-Bohnen) in Streifen schneiden und in leicht gesalzenem Wasser blanchieren. Die Kartoffel in feine Würfel schneiden. Die Paprikaschote entkernen, schälen und ebenfalls in Würfel schneiden.

Eine gewürfelte Zwiebel in Olivenöl anbraten. Das Tomatenmark, die Kartoffel- und die Paprikawürfel dazugeben. Mit Paprikapulver bestreuen und mit dem Bohnenfond 12 bis 20 Minuten kochen lassen. Die Bohnen zugeben. Zitronenschale mit Knoblauch, Kümmel und Bohnenkraut fein hacken und ebenfalls zu dem Gulasch geben.

Den Sauerrahm mit Zitronensaft und gehacktem Majoran glatt rühren, mit Salz und Pfeffer abschmecken und auf dem Gulasch anrichten.

GORGONZOLA-BOHNEN MIT AUBERGINEN

Zutaten

250 g kleine getrocknete weiße Bohnen
1 kleine Aubergine
1 kleines Bund Salbei
1–2 Zweige Rosmarin
150 g Gorgonzola
8 EL Olivenöl
Salz
Pfeffer
Mehl

Die Bohnen über Nacht in reichlich Wasser einweichen. Die Aubergine waschen. Die Kräuter waschen, trockentupfen, Blättchen und Nadeln abzupfen und fein hacken. Die Bohnen in einem Topf mit Salzwasser etwa 50 Minuten bissfest garen, abgießen und noch heiß mit dem Gorgonzola vermischen, so dass der Käse vollständig schmilzt. Die Kräuter und 4 EL Olivenöl unterrühren und mit Salz und Pfeffer abschmecken.

Die Aubergine längs in dünne Scheiben schneiden, salzen, pfeffern und in Mehl wenden. In einer Pfanne das restliche Öl erhitzen und die Auberginenscheiben von beiden Seiten goldgelb ausbacken. Die Gorgonzola-Bohnen auf den Auberginenscheiben anrichten und mit frisch gemahlenem Pfeffer bestreuen.

BOHNEN-FETA-TOPF

Zutaten

600 g Tomaten
600 g grüne Bohnen
300 g Zwiebeln
2–3 Knoblauchzehen
½ Bund Minze
150 g Feta (griechischer Schafskäse)
50 g Pinienkerne
2 EL Olivenöl
200 ml Gemüsebrühe
1 TL Zucker
2 EL Tomatenmark
Salz, Pfeffer

Die Tomaten mit kochendem Wasser überbrühen, häuten, entkernen und in Würfel schneiden, dabei den Tomatensaft auffangen. Bohnen putzen, waschen und in mundgerechte Stücke teilen. Zwiebeln und Knoblauch schälen und würfeln. Die Minze waschen und trockentupfen, die Blätter abzupfen und fein hacken. Den Feta grob würfeln.

Pinienkerne in einer Pfanne trocken anrösten. In einem Topf das Öl erhitzen und die Zwiebeln glasig darin anschwitzen, den Knoblauch zugeben und kurz mit anbraten. Bohnen, Brühe und Tomatensaft dazugeben, Zucker untermischen und 15 Minuten mit Deckel köcheln lassen. Die Tomatenwürfel untermischen, nach 10 Minuten den Feta und das Tomatenmark unterrühren und so lange garen, bis der Käse gerade angeschmolzen ist und die Sauce sämig wird. Mit Salz und Pfeffer abschmecken. Den Bohnen-Feta-Topf auf Teller verteilen und mit der Minze und den Pinienkernen bestreut servieren.

TIPP: Alternativ kann man bei diesem Gericht selbstverständlich auch Dosentomaten verwenden.

ROTWEIN-SCHALOTTEN UND -PILZE

Zutaten

15 Schalotten (möglichst gleich große mit 2 cm Durchmesser)
125 g kleine Engerlinge (braune Champignons), so groß wie die Schalotten
125 g kleine Shiitake-Pilze
25 g Butter
⅛ l Fleischbrühe (Instant)
⅛ l kräftiger Rotwein
2 Zweige frischer Thymian
Salz, Pfeffer

Die Schalotten pellen. Die Pilze trocken (mit einem Pinsel) säubern. Bei Shiitake-Pilzen die Stiele abschneiden. In einer Pfanne die Butter erhitzen. Die Schalotten und die Pilze unter Rühren 4 bis 5 Minuten anbraten. Die Brühe und den Wein angießen, Thymianzweige dazulegen. Bei mittlerer Hitze offen etwa 15 Minuten köcheln lassen. Mit Salz und Pfeffer würzen. Warm als Beilage zu Geflügel oder Wild servieren.

MAROKKANISCHE ZWIEBELN

Zutaten ❧

3–4 große Zwiebeln
3 EL Olivenöl
Salz
2 EL Tomatenmark
3 EL Sultaninen (Rosinen)
etwas Rotwein
Pfeffer

Die Zwiebeln pellen und in Scheiben schneiden – das geht am schnellsten mit einem scharfen Gurkenhobel.

In einer Pfanne das Olivenöl erhitzen, die Zwiebelscheiben zugeben, salzen und bei schwacher Hitze dünsten, dabei ab und zu umrühren. Wenn die Zwiebeln weich sind, Tomatenmark, Rosinen und einen Schuss Rotwein unterrühren. Noch 5 Minuten köcheln lassen, dabei rühren, damit nichts anbrennt. Mit Salz, Pfeffer abschmecken. Warm oder kalt – zum Beispiel zu gebratenem Fischfilet – servieren.

SÜSSE ZWIEBELN

Zutaten ❧

30 kleine Zwiebeln (oder Schalotten)
1–1 ½ EL Zucker (am besten Puderzucker)
2 EL Olivenöl (oder Pflanzenöl)
Salz

Die Zwiebeln pellen und in eine Kasserolle geben. Zucker, Olivenöl und 2 bis 3 EL Wasser zugeben, salzen und bei starker Hitze etwa 10 Minuten garen, bis die Flüssigkeit fast verkocht ist, dabei öfter umrühren und bei Bedarf etwas Wasser nachgießen. Schmecken wunderbar zu gebratenem oder gedünstetem Fisch.

INDISCHE PILZPFANNE

Zutaten ❧

200 g kleine Champignons
200 g Shiitake-Pilze
1 dünne Lauchstange
1 kleine grüne Paprikaschote
1 rote Paprikaschote
1 kleine grüne Peperoni (Chilischote)
1 mittelgroße Tomate
1 Knoblauchzehe
1 Bund Koriander nach Geschmack
2 TL Korianderkörner
4 EL Pflanzenöl zum Braten
½ TL Kreuzkümmel (Cumin)
¼ Becher Joghurt
¼ TL Kurkumapulver
2 Msp. Chilipulver
Salz

Die Pilze trocken (mit einem Pinsel) putzen, die Stielenden abschneiden, die Pilze halbieren. Den Lauch putzen, gründlich waschen und den weißen und hellgrünen Teil in 3 mm dünne Scheiben schneiden.

Die Paprikaschoten waschen, putzen und entkernen, die Schoten in ½ cm breite Streifen schneiden. Peperoni entkernen und fein hacken. Die Tomate überbrühen, häuten und würfeln. Den Knoblauch pellen und mit Presse bereitlegen. Den Koriander waschen, trocknen und einen Teil der Blätter fein hacken. Die Korianderkörner im Mörser zerstoßen.

In einem Wok oder einer Pfanne das Öl erhitzen, Korianderkörner und Kreuzkümmel kurz anrösten. Die Pilze, Paprikastreifen, Lauch und den Joghurt untermischen, den Knoblauch dazupressen und 2 bis 3 Minuten kräftig kochen lassen.

Unter Rühren Kurkuma, Chilipulver und Salz, Tomatenwürfel und gehackte Peperoni zugeben, bei mittlerer Hitze 10 Minuten kochen, dabei soll viel Pilzflüssigkeit verdampfen. Zum Servieren die gehackten Korianderblätter unterrühren und die Pilzpfanne mit ganzen Blättchen garnieren. Mit Pita-Brot oder Reis auftragen.

GESCHMORTE FRÜHLINGSZWIEBELN UND AUSTERNPILZE

Zutaten

4–5 Bund Frühlingszwiebeln
500 g Austernpilze
6–8 EL Olivenöl
Salz
Pfeffer
4–5 EL weißer Balsamico-Essig oder Weißweinessig

Die Frühlingszwiebeln waschen und putzen und in etwa 3 cm lange Stücke schneiden. Wenn die Köpfe sehr dick sind, vorher halbieren oder vierteln. Die Austernpilze putzen (nicht waschen) und in mundgerechte Stücke schneiden.

Das Olivenöl in einer Pfanne erhitzen: Zuerst die Frühlingszwiebeln und dann die Austernpilze darin scharf anbraten, damit beide leicht bräunen. Danach die Hitze reduzieren und alles in etwa 5 bis 7 Minuten bissfest garen. Mit Salz und Pfeffer abschmecken und mit dem Essig ablöschen.

TIPP: Schmeckt lauwarm am besten, kann aber auch warm oder kalt gegessen werden.

WIRSINGPFANNKUCHEN

Zutaten

1 kleiner Wirsing
Salz
1 Bund glatte Petersilie
4 gestrichene EL Mehl
1 Ei
⅛ l Milch
Cayennepfeffer
1 Knoblauchzehe
Muskatnuss
150 g geräucherter Bauchspeck
Öl zum Braten

Vom Wirsing die äußeren Blätter ablösen und den Strunk entfernen. Den Wirsing in einzelne Blätter teilen, die Blätter waschen und in grobe Streifen schneiden. Wirsing in sprudelndem Salzwasser etwa 4 bis 6 Minuten blanchieren. Die Dauer hängt davon ab, ob der Wirsing jung und damit feiner ist, oder alt und fester, die Wirsingstreifen müssen auf jeden Fall ganz weich sein. Wirsing abgießen und in einem Sieb abtropfen lassen.

Die Petersilie waschen, trockentupfen und grob hacken. Aus Mehl, Ei und Milch einen dünnen Teig rühren, mit Salz, Cayennepfeffer und einer zerdrückten Knoblauchzehe würzen. Die gehackte Petersilie und etwas frisch geriebene Muskatnuss dazugeben und alles zusammen schaumig aufschlagen. Die abgetropften Wirsingstreifen unter den Teig mischen. Den Bauchspeck in Würfel schneiden. In einer Pfanne mit etwas Pflanzenöl auslassen und den Wirsingteig in kleinen Portionen wie Pfannkuchen (jeweils 3 bis 4 Stück) in der Speck-Pfanne braten, nach dem Braten auf Küchenkrepp kurz abtropfen lassen.

MAISPLÄTZCHEN

Zutaten

1 Ei mittlerer Größe
80 g Mehl Type 405
30 g Maismehl
150 ml Milch
Salz
Pfeffer
Muskatnuss
½ Dose Maiskörner (etwa 150 g)
2 EL Butter
3 EL Pflanzenöl

Das Ei trennen, das Mehl mit dem Maismehl vermischen, mit Milch und Eigelb zu einem glatten Teig verrühren und diesen 15 Minuten quellen lassen. Mit Salz, Pfeffer und Muskatnuss abschmecken. Die Maiskörner einrühren.

Das Eiweiß zu steifem Schnee schlagen und unter den Teig heben. In einer Pfanne etwas Butter und Pflanzenöl erhitzen, mit einem Esslöffel etwas Teig portionsweise zugeben und die kleinen Plätzchen von beiden Seiten etwa 2 Minuten bei geringer Temperatur goldbraun braten. Auf Küchenkrepp entfetten lassen.

GEMÜSETEMPURA MIT SCHALOTTENSAUCE

Zutaten

50 g Shiitake-Pilze
2 Karotten (150 g)
1 kleiner Blumenkohl (150 g)
1 kleiner Brokkoli (150 g)
½ rote Paprikaschote
½ gelbe Paprikaschote
1 Päckchen Baby-Maiskolben
Salz
4 Schalotten
1 Knoblauchzehe
2 EL Erdnussöl
¼ l weißer Portwein
Weißweinessig
Sojasauce
Zucker
100 g Tempuramehl (in Asialäden erhältlich)
150 ml eiskaltes Wasser
2 EL Pflanzenöl
Öl zum Frittieren

Die Shiitake-Pilze putzen und je nach Größe halbieren. Karotten schälen, der Länge nach vierteln und in mundgerechte Stücke schneiden. Die Röschen von Blumenkohl und Brokkoli abtrennen. Paprika waschen, entkernen und der Länge nach in Streifen schneiden. Vom Baby-Mais den Strunk entfernen und halbieren. Blumenkohl, Brokkoli, Karotten und Baby-Mais in kochendem Salzwasser etwa 4 Minuten bissfest garen, in eiskaltem Wasser abschrecken und in einem Sieb gut abtropfen lassen.

Für die Sauce die Schalotten und Knoblauchzehe schälen und in kleine Würfel schneiden. Das Erdnussöl erhitzen, Zwiebel- und Knoblauchwürfel zugeben und glasig dünsten. Mit Portwein ablöschen und etwa 10 Minuten bei geringer Temperatur sämig einkochen lassen. Mit 2 EL Essig, 2 EL Sojasauce und 1 Prise Zucker würzen.

Das Tempuramehl mit eiskaltem Wasser zu einem glatten Teig verrühren. 1 TL Essig, 1 EL Sojasauce und 2 EL Öl unterrühren. Den Tempurateig etwa 20 Minuten quellen lassen. Das Öl in einem Topf oder einer Fritteuse erhitzen, das Gemüse mit Hilfe einer Gabel durch den Teig ziehen, etwas abtropfen lassen und in heißem Fett nacheinander goldbraun frittieren. Das Gemüse auf Küchenkrepp entfetten und mit der leicht abgekühlten Schalottensauce servieren.

TIPP: Als weiteres Gemüse eignen sich außerdem Champignons, Austernpilze, Süßkartoffeln, Kürbis und Zwiebeln. Viel Arbeit, aber der Aufwand lohnt sich!

SALAT VON GEMÜSE AUS DEM OFEN

Zutaten

500 g fest kochende Kartoffeln
500 g Süßkartoffeln
3 Rübchen
4 rote Zwiebeln
8 kleine Tomaten
5 Zweige Rosmarin
5 Zweige Thymian
½ TL getrockneter Oregano
2 EL getrockneter Thymian
2 EL getrockneter Rosmarin
8 Knoblauchzehen
5 EL Olivenöl
Salz
Pfeffer

Für das Dressing:
2 TL Rotweinessig
6 EL Olivenöl
2 EL kleine Kapern
1 EL Dijon-Senf
Salz
Pfeffer

Den Backofen auf 180 °C vorheizen. Kartoffeln, Süßkartoffeln sowie Rübchen schälen, waschen und alles in gleich große Stücke schneiden. Zwiebeln schälen und je nach Größe halbieren oder vierteln. Tomaten und Kräuterzweige waschen und trockentupfen. Die Knoblauchzehen nicht pellen, sondern nur leicht andrücken.

Die Gemüse und die Knoblauchzehen auf ein Backblech legen, mit Oregano, Thymian und Rosmarin bestreuen, die Kräuterzweige darüber legen und das Öl darüber verteilen, salzen und pfeffern. 1 Stunde im Backofen rösten, dann die Tomaten dazugeben und weitere 15 Minuten garen.

Aus Essig, Öl, Senf, Kapern, Salz und Pfeffer eine Vinaigrette anrühren. Das Gemüse auf Tellern verteilen, den Knoblauch aus der Schale drücken und alles mit dem Dressing beträufeln.

Dazu passen Lammkoteletts, die man z. B. in einer Marinade aus Olivenöl, Knoblauch und Ros-marin einige Zeit ziehen lässt und dann in einer trockenen Grillpfanne von beiden Seiten scharf anbrät.

RATATOUILLE À LA NIÇOISE

Zutaten

500 g Tomaten
500 g Auberginen
200 g Zwiebeln
5 EL Olivenöl
1 Lorbeerblatt
getrockneter Thymian
getrockneter Majoran
Salz
schwarzer Pfeffer

Die Tomaten mit kochendem Wasser überbrühen, Haut abziehen und die grünen Strünke am Stielansatz entfernen, das Fruchtfleisch würfeln. Die Auberginen mit einem scharfen Messer schälen, ebenfalls würfeln.

Die Zwiebeln pellen, sehr fein hacken und in dem Olivenöl goldgelb schmoren. Die Gemüsewürfel, das Lorbeerblatt sowie Thymian und Majoran nach Geschmack zugeben. Mit Salz und schwarzem Pfeffer würzen und alles zugedeckt etwa 1 Stunde auf kleinster Stufe köcheln lassen. Das Gemüse sollte dann recht weich sein.

Ratatouille serviere ich meinen Gästen gerne zu Lammkoteletts.

GESCHMORTER FRISÉE-SALAT

Zutaten

Als Beilage für 4 Personen:
1–2 Köpfe Frisée, je nach Größe
1 Bund Frühlingszwiebeln
1 Knoblauchzehe
75 g Butter
Salz
Pfeffer
Muskatnuss

Den Salat verlesen, den Strunk abschneiden, die Blätter etwas kleiner schneiden. Die Frühlingszwiebeln waschen und das Weiße und Hellgrüne in Ringe schneiden. Knoblauch schälen und hacken. In einem großen Topf reichlich Wasser aufkochen, den Frisée 2–3 Minuten überbrühen, dann abgießen, mit kaltem Wasser abschrecken und sorgfältig abtropfen lassen (eventuell in der Salatschleuder trocknen). Im Topf die Butter schmelzen lassen, die Frühlingszwiebeln und den gehackten Knoblauch andünsten, die Frisée-Stücke dazugeben und auf kleiner Stufe zugedeckt etwa 20 Minuten schmoren. Mit Salz, Pfeffer und frisch geriebener Muskatnuss abschmecken.

SAUERKRAUT

Zutaten

500 g Sauerkraut (frisch oder Dose)
2 Zwiebeln
½ Knoblauchzehe
¼ Apfel
etwas Butter zum Anschwitzen
2 EL Zucker
150 ml Weißwein
250 ml Gemüsesud
Salz
Pfeffer
1 Bund Petersilie
1 Lorbeerblatt
2 Nelken
6 Wacholderbeeren

Das Sauerkraut wässern. Die Zwiebeln schälen und in Scheiben schneiden. Knoblauchzehe und Apfel ebenfalls. Zwiebeln, Knoblauch und Apfel in Butter glasig anschwitzen. Zucker zugeben und leicht karamellisieren lassen.

Das Sauerkraut abschütten, auspressen und zu der Zwiebelmischung geben. Mit Weißwein und Gemüsesud aufgießen, mit Salz und Pfeffer abschmecken. Kräuter und Gewürze im Ganzen zugeben. Alles 1 bis 1 ½ Stunden (je nach Kraut) zugedeckt sanft kochen. Nach dem Kochen Petersilienstängel, Lorbeerblatt, Nelken und Wacholderbeeren entfernen.

AUFLÄUFE & GRATINS

Seite 141–150

»Auflauf« ist ein Wort, das man heute nicht mehr sehr oft hört. Es erinnert zusammen mit Eintopf an die Küche der Großmutter. Vermutlich haben unsere Großmütter Aufläufe gemacht, damit sie übriggebliebene Reste nicht wegwerfen müssen. Heute landen diese schnell im Abfall, hoffentlich wenigstens in der Bio-Tonne. Wenn wir heute planen, einen Auflauf zu machen, dann hat das meistens andere Gründe als Resteverwertung. Ich mache Aufläufe gerne, wenn ich mehrere Gäste erwarte. Ich kann dann am späten Nachmittag den Auflauf so vorbereiten, dass ich ihn beim Eintreffen der Gäste nur noch ins heiße Backrohr stelle und garen lasse. Mein Lieblingsauflauf ist die Moussaka »light«. Hier wird auf die ölgetränkten Auberginenscheiben und die schwere Béchamel-Sauce verzichtet. So kann ich etwas essen, was mich an viele schöne Abende in Griechenland erinnert, ohne diese typisch griechische schwere Sättigung. Gratins sind im Gegensatz zu den Aufläufen keine Hauptspeisen, sondern angenehme, originelle Beilagen.

MOUSSAKA »LIGHT«

Zutaten

3 mittelgroße Auberginen
4 mittelgroße Eier
Salz, Pfeffer
6 große Tomaten oder 1 große Dose geschälte Tomaten
1 Zwiebel
2 Knoblauchzehen
1–2 Bund Petersilie
Olivenöl zum Braten und für die Form
1 kg Rinderhackfleisch
60 g Semmelbrösel
70 g frisch geriebener Kefalotiri (griechischer Hartkäse) oder Parmesan
40–50 g Butter zum Belegen

Die Auberginen waschen, die Haut etwa zur Hälfte streifenartig abschälen. Die Auberginen in 5 mm dicke Scheiben schneiden. Unter fließendem Wasser abspülen und mit Küchenkrepp trockentupfen.

Die Eier in einem Krug mit Salz und Pfeffer verkleppern. Falls frische Tomaten verwendet werden, kurz mit kochendem Wasser überbrühen, häuten und grob zerteilen. Dosentomaten in einem Sieb abtropfen lassen, grob zerschneiden.

Zwiebel und die Knoblauchzehen pellen, die Zwiebel fein hacken, die Knoblauchzehen halbieren. Die Petersilie waschen und fein hacken.

In einer Pfanne etwas Öl erhitzen und die Zwiebelwürfel glasig dünsten. Dann das Hackfleisch dazugeben und unter Rühren braten, bis es krümelig und nicht mehr rot ist. Die Tomatenstücke, Knoblauch, gehackte Petersilie zugeben und etwa 15 Minuten offen köcheln lassen, bis die Sauce sehr dick eingekocht ist (das dauert bei frischen Tomaten etwas länger). Die Sauce mit Salz und Pfeffer würzen.

Den Backofen auf 175 °C vorheizen. Eine möglichst rechteckige Auflaufform (etwa 22 x 30 cm groß) mit Öl ausstreichen, den Boden mit Auberginenscheiben auslegen, salzen und pfeffern. Die Hälfte der Hackfleischsauce darauf verteilen, mit Auberginenscheiben abdecken, würzen und wieder Hackfleischsauce einfüllen.

Auf die oberste Schicht die Hälfte der Semmelbrösel und die halbe Käsemenge streuen, die Eier darüber gießen, mit den restlichen Bröseln und dem Käse bestreuen. Mit den Butterflöckchen belegen.

Die Form in den Ofen schieben und die Moussaka in etwa 1 Stunde schön braun backen. Falls die Oberfläche vorzeitig zu dunkel werden droht, die Form locker mit Alufolie abdecken. In der Form in Stücke teilen und servieren.

GEBACKENER BLUMENKOHL

Zutaten

1 EL Butter
1 EL Mehl
1 mittelgroßer Blumenkohl (1 kg)
Salz, Zucker
1 kleines Stück unbehandelte Zitronenschale
etwas Butter für die Form
1 Scheibe Toast oder Semmelbrösel
50 g Sahne
3 Eigelbe
100 g geriebener Parmesan
weißer Pfeffer
Butterflocken, nach Belieben

In einem Topf 1 EL Butter schmelzen lassen, das Mehl einrühren und vom Herd nehmen. Den Blumenkohl von den äußeren Blättern befreien, den groben Strunk gerade abschneiden.

In einem Topf reichlich Wasser aufkochen, mit Salz und Zucker kräftig würzen. Die Zitronenschale für das Aroma dazugeben. Den Blumenkohl im Ganzen in das kochende Wasser legen und zugedeckt etwa 5 Minuten garen. Herausnehmen und beiseite stellen. ½ l Blumenkohlwasser abnehmen und nach und nach in die Mehlschwitze rühren, bei geringer Hitze etwa 20 Minuten köcheln lassen.

Den Backofen auf 200 °C vorheizen. Eine feuerfeste, rechteckige Form (30 x 18 cm) mit Butter einfetten. Den Blumenkohl in 3 cm dicke Scheiben schneiden und dachziegelartig in die Form setzen. Das Toastbrot entrinden und in der Küchenmaschine fein zerreiben.

Sahne und Eigelbe mit dem Schneebesen gründlich verrühren, 2 kleine Schöpfer Blumenkohlsauce zu der Ei-Sahne-Mischung geben und unterrühren. Die Temperatur auf kleinste Stufe stellen. Die Ei-Sahne-Mischung so lange in die Mehlschwitze rühren, bis sie schön cremig ist. Zum Schluss den Parmesan unterheben und die Sauce mit weißem Pfeffer würzen.

Die cremige Sauce über den Blumenkohl gießen, mit geriebenem Toast oder Semmelbröseln bestreuen und mit Butterflocken belegen. Im vorgeheizten Backofen etwa 35 Minuten goldbraun überbacken. Den Blumenkohl aus dem Ofen nehmen und servieren.

Mehlschwitze ohne Klümpchen zuzubereiten ist ganz einfach. Ist die Mehlbutter kalt, muss die Flüssigkeit heiß sein. Ist die Mehlbutter heiß, muss demzufolge die Flüssigkeit kalt sein.

FENCHEL-SCHINKEN-NUDELAUFLAUF

Zutaten

750 g Fenchel
1 Zitrone
Salz
250 g Bandnudeln
250 g gekochter Schinken, in Scheiben
200 g geriebener Gruyère
2 Eier
1 Becher Sahne
weißer Pfeffer
Butter zum Einfetten der Auflaufform

Den Fenchel waschen, die grünen Stiele und den Wurzelansatz abschneiden, die zarten grünen Blättchen zur Seite legen. Die Knollen vom Grün zum Wurzelansatz halbieren und den festen Strunk keilförmig herausschneiden. Knollen in Salzwasser mit einigen Zitronenscheiben 10 bis 15 Minuten zugedeckt garen, sie sollen nur halbgar sein.

Inzwischen die Nudeln in reichlich sprudelnd kochendem Salzwasser »al dente«, also noch mit Biss, kochen.

Schinken in Streifen schneiden, den Backofen auf 180 °C anheizen. Eine Auflaufform mit Butter ausstreichen und abgetropfte Nudeln, in Scheiben geschnittenen Fenchel, Schinkenstreifen und geriebenen Käse schichtweise einfüllen, die letzte Schicht soll Käse sein.

Die Eier mit der Sahne verquirlen und mit Salz und Pfeffer würzen. Das Fenchelgrün fein hacken, untermischen und die Eiersahne über den Auflauf gießen. Im heißen Ofen auf der mittleren Schiene etwa 30 Minuten überbacken. Dazu schmeckt ein herzhaft angemachter grüner Salat.

TIPP: Eine leckere Abwandlung ist Fenchel mit Mornaysauce überbacken: 4 große Fenchel (etwa 1 kg) durch den Strunk vierteln, den harten Strunk ausschneiden. In wenig Salzwasser mit etwas Zitronensaft 10 Minuten dünsten. Für die Sauce 2 EL Mehl in 2 EL Butter aufschäumen lassen, ½ l Milch angießen und 5 Minuten kochen lassen. Den Topf vom Herd nehmen, 150 g geriebenen Gruyerèkäse, dann 1 Eigelb untermischen. Mit Salz, Pfeffer, Muskat und dem gehackten Fenchelgrün würzen. Die Fenchelstücke gut abgetropft in eine gebutterte Form legen, 150 g gewürfelten gekochten Schinken dazwischenstreuen, mit der Sauce übergießen. Mit Semmelbröseln bestreuen und mit Butterflöckchen belegen. Im heißen Ofen bei 220 °C etwa 25 Minuten backen, bis die Brösel gut gebräunt sind. Dazu reicht man Petersilienkartoffeln.

WIRSING-AUFLAUF

Zutaten

1 Wirsingkohlkopf
2–3 Schalotten mittlerer Größe
25 g Butter
1 Glas Weißwein
200 g Frühstücksspeck in Scheiben (Bacon)
2 Eier
Salz, Pfeffer
etwas frischer oder getrockneter Thymian
500 g Rinderhackfleisch
1 ½ Becher Sahne
Muskatnuss

Vom Wirsing den Strunk keilförmig ausschneiden, den Kopf in einzelne Blätter zerlegen, gründlich waschen. In einem großen Topf reichlich Wasser aufkochen, salzen und die Kohlblätter 4–5 Minuten sprudelnd kochen lassen, dann abgießen und abtropfen lassen.

Die Schalotten fein hacken und in einer kleinen Pfanne in Butter andünsten, dann einen Schluck von dem Weißwein dazugießen und köcheln lassen, bis die Flüssigkeit verdampft ist. Vom Herd nehmen.

Den Backofen auf 180 °C vorheizen. Den Boden einer größeren feuerfesten Glas- oder Keramikform mit der Hälfte von den Frühstücksspeckscheiben auslegen, die gut abgetropften Kohlblätter bis zu einem Drittel der Formhöhe einfüllen.

Die gedünsteten Schalotten zusammen mit den Eiern, Salz, Pfeffer und Thymian unters Hackfleisch kneten, daraus einen flachen Fladen formen und in die Form auf den Kohl legen. Darüber die restlichen Wirsingblätter verteilen. Die Sahne mit etwas Salz, Pfeffer und frisch geriebener Muskatnuss würzen, gut verrühren und über den Auflauf gießen. Großzügig mit den restlichen Baconscheiben belegen und auf der mittleren Schiene in den heißen Ofen schieben. Backzeit: etwa 45 Minuten. Mit einem Messer in Stücke (wie eine Torte) aufschneiden.

LAUCHGRATIN

Zutaten

750 g Lauch
25 g Butter
⅛ l Sahne
2 Eigelbe
Salz, Pfeffer
Muskatnuss

Den Lauch putzen, die dunkelgrünen Blätter abschneiden, die helleren Abschnitte oben einschneiden, gründlich waschen und dabei den Sand zwischen den Blättern entfernen. Die Stangen in dünne Scheiben schneiden.

Den Backofen auf 190 °C vorheizen. In einem flachen Topf die Butter schmelzen lassen und den Lauch kurz darin andünsten. Dann die Lauchscheiben in eine feuerfeste Form füllen. Die Sahne mit Eigelben, Salz, Pfeffer und geriebener Muskatnuss verquirlen, über den Lauch gießen. Im heißen Ofen 20 bis 30 Minuten überbacken. Passt zu Fisch, Geflügel und Fleisch mit wenig Sauce.

GEMÜSE-BÄCKEROFEN

Zutaten

750 g fest kochende Kartoffeln
300 g Möhren
3 Zwiebeln
3 Knoblauchzehen
1 Stange Lauch
3 Zweige Majoran
50 g Butter
2 Lorbeerblätter
Salz, Pfeffer
¼ l Fleischbrühe
⅛ l trockener Weißwein

Die Kartoffeln waschen, schälen und in halbzentimeterdicke Scheiben schneiden. Die Möhren waschen, schälen und ebenfalls in Scheiben schneiden.

Zwiebeln und Knoblauchzehen pellen. Die Zwiebeln durch den Wurzelansatz halbieren und längs in Streifen schneiden. Die Knoblauchzehen fein hacken.

Von der Lauchstange den dunkelgrünen Teil abschneiden, den helleren Teil längs aufschlitzen und unter fließendem Wasser gründlich waschen, bis auch das letzte Sandkörnchen im Inneren ausgespült ist. Die Lauchstange in fingerbreite Streifen schneiden. Majoranzweige waschen, die Blättchen abzupfen.

Eine Auflaufform (zu der es einen Deckel gibt) mit etwas Butter ausstreichen. Lagenweise Kartoffel- und Möhrenscheiben, Zwiebelstreifen und Lauch einschichten, dazwischen die Majoranblättchen streuen und die Lorbeerblätter, jede Lage mit Salz und Pfeffer würzen. Die oberste Schicht soll aus Kartoffelscheiben bestehen.

Die Fleischbrühe mit dem Weißwein aufkochen und über den Auflauf gießen. Die restliche Butter in kleinen Flöckchen draufsetzen und die Form abdecken.

Haben Sie keinen Deckel dazu oder schließt er nicht ganz dicht, so decken Sie die Form mit Alufolie ab und drücken sie gut am Rand fest. Der Auflauf kommt jetzt auf der unteren Schiene in den Backofen, der Regler wird auf 175 °C geschaltet. Bei dieser Temperatur etwa 2 ½ Stunden backen, in der letzten Viertelstunde den Deckel oder die Alufolie abnehmen, damit die Oberfläche noch etwas nachbräunen kann.

In der Form servieren. Dazu passen zum Beispiel Lammkoteletts, ein Lammrücken oder Entenbrustfilets.

ÜBERBACKENES GEMÜSE

Zutaten

1 kleine rote Paprikaschote
1 kleine grüne Paprikaschote
2 kleine Auberginen
3 reife Tomaten
100 g Feta
1 Bund Petersilie
1 Knoblauchzehe
6 EL Olivenöl
1 Scheibe Weißbrot, vom Vortag
Salz, Pfeffer
1 EL getrockneter Rosmarin
1 Zweig Rosmarin

Den Backofen auf 200 °C vorheizen. Die Paprikaschoten waschen, in breite Streifen schneiden, dabei Kerne und weiße Innenhäute entfernen. Die Auberginen waschen und in 1 cm dicke Scheiben schneiden. Die Tomaten waschen, halbieren und die Stielansätze herausschneiden. Den Feta würfeln. Die Petersilie waschen, trockentupfen und fein hacken. Den Knoblauch schälen.

Eine feuerfeste Form mit Olivenöl ausstreichen und das Gemüse hineinlegen. Das Weißbrot fein reiben. Brotkrümel und Petersilie vermischen und den Knoblauch dazupressen, mit Salz und Pfeffer würzen. Die Brotmasse auf dem Gemüse verteilen und die Fetawürfel darüber geben, mit Rosmarin bestreuen und den Rosmarinzweig obenauf legen, das Ganze mit 4 bis 5 EL Olivenöl beträufeln und im Backofen 30 Minuten garen.

SAUERKRAUTAUFLAUF

Zutaten

5 mittelgroße Kartoffeln
200 ml Milch
100 ml Wasser
3 Zwiebeln
1 Knoblauchzehe
3 EL Butter (60 g)
½ Apfel
300 g gekochtes Sauerkraut

Salz, Pfeffer
Muskatnuss
1 Becher Sahne (200 g)
3 EL saure Sahne
2 Eier
2 EL Pommery-Senf (oder scharfer Senf)
etwas Schnittlauch (feine Ringe)

Den Backofen auf 200 °C (Heißluft 180 °C) vorheizen. Die Kartoffeln waschen, schälen und in Scheiben schneiden. Mit 100 ml Milch, 100 ml Wasser und etwas Salz bissfest kochen und abschütten. Die Zwiebeln schälen und mit dem Knoblauch in feine Scheiben schneiden, beides in der Butter glasig dünsten.

Den Apfel würfeln. Das Sauerkraut abgetropft in eine gefettete feuerfeste Auflaufform geben. Die gekochten Kartoffelscheiben mit den Zwiebeln und Äpfeln vermischen, mit Salz, Pfeffer und Muskatnuss abschmecken und über das Sauerkraut geben. Die Sahne, restliche Milch, saure Sahne, Eier und Pommery-Senf verrühren, salzen und pfeffern und über den Auflauf gießen. Den Sauerkrautauflauf im vorgeheizten Backofen etwa 40 Minuten backen. Vor dem Servieren den Sauerkrautauflauf mit feinen Schnittlauchringen überstreuen.

TIPP: Man kann den Sauerkrautauflauf verfeinern, wenn man in Scheiben geschnittenen, geräucherten Mozzarella (Scarmorza) zwischen die Kartoffeln und das Sauerkraut gibt.

FENCHELAUFLAUF

Zutaten

4 Fenchel (etwa 1,2 kg)
8 EL Olivenöl
150 ml Gemüsesud
2 Kugeln Mozzarella (je 125 g)
150 g Hartkäse (Parmesan, Greyerzer oder alter Gouda)
1 große Dose geschälte Tomaten (800 g Füllgewicht)
8 Basilikumblätter
Salz, Pfeffer
2 TL getrockneter Oregano
2 TL getrockneter Thymian
Butter für die Form

Den Fenchel waschen, putzen, die Stängel abschneiden, das Fenchelgrün fein hacken und zur Seite legen. Die Knolle der Länge nach in fingerdicke Scheiben schneiden. Den Backofen auf 200 °C (Heißluft 180 °C) vorheizen.

Das Olivenöl in einer großen Pfanne bei mittlerer Hitze heiß werden lassen, die Fenchelscheiben mit dem Gemüsesud hineingeben und weich garen. Wenn die Pfanne klein ist, sollte man die Fenchelmasse teilen und die beiden Hälften nacheinander garen. Den Mozzarella in Scheiben schneiden, den Hartkäse reiben. Die Tomaten mit Saft in einer Pfanne bei starker Hitze einkochen, die Früchte dabei zerdrücken. Die Basilikumblätter abbrausen und fein hacken.

Eine breite Auflaufform einfetten und die Hälfte der Fenchelscheiben hineinlegen. Die Hälfte der Mozzarellascheiben darüber verteilen, mit wenig Salz, Pfeffer und gehacktem Fenchelgrün und den Kräutern würzen. Ein Drittel vom geriebenen Käse darüber streuen. Die übrigen Fenchelscheiben darauf legen, den restlichen Mozzarella, Kräuter und wieder ein Drittel vom Käse darauf verteilen.

Die Tomatensauce mit wenig Salz und Pfeffer abschmecken und über den Auflauf gießen. Die Oberfläche mit dem restlichen Käse bestreuen. Im Backofen (Mitte) 25 Minuten überbacken, bis der Käse gebräunt ist. Heiß servieren.

AUBERGINEN-GRIESS-AUFLAUF

Zutaten

4 Auberginen (etwa 600 g)
3 Knoblauchzehen
6 EL Olivenöl
Rosmarin
Thymian
½ Bund Basilikum
60 g Oliven mit Stein
Salz, Pfeffer
300 ml Milch
2 EL Butter (30 g)
70 g Grieß
2 Eigelbe
50 g frischen festen Ziegenkäse (z. B. St. Maure)
20 g Parmesan
Muskatnuss

Für die Menge der Zutaten ist eine Auflaufform von 24 x 14 cm ausreichend. Den Backofen auf 200 °C (Heißluft 180 °C) vorheizen. Die Auberginen der Länge nach halbieren, das Fruchtfleisch leicht einritzen und salzen. Die Auberginen mit dem Fruchtfleisch nach unten für 15 Minuten auf Küchenkrepp legen. Danach die Auberginen mit dem Fruchtfleich nach unten, zusammen mit 2 in der Schale angedrückten Knoblauchzehen, auf ein heißes, mit Olivenöl gefettetes Backblech legen. Mit Rosmarin und Thymian überstreuen und die Auberginen im vorgeheizten Backofen etwa 60 Minuten backen. Sobald die Auberginen weich sind, aus dem Ofen nehmen.

Mit einem Löffel das Fruchtfleisch herauslösen und in eine Schüssel geben. Die Knoblauchzehe schälen und fein würfeln. Das Basilikum waschen, die Blätter von den Stängeln zupfen, mit einem Küchenkrepp trockentupfen und fein schneiden. Die Oliven entkernen und fein hacken. Alle Zutaten vermischen und mit Salz und Pfeffer abschmecken. Milch und Butter zum Kochen bringen, den Grieß hinzufügen und unter ständigem Rühren zu einem dicken Brei kochen. Mit Salz, Pfeffer, Muskatnuss abschmecken und 1 Eigelb unterrühren. Den Brei in eine mit Butter ausgefettete Auflaufform geben, flach andrücken und erkalten lassen. Dann aus der Auflaufform stürzen.

Das Auberginenpüree in die Auflaufform einfüllen. Den Ziegenkäse in Scheiben schneiden, zufügen und mit dem gestürzten Grießauflauf abdecken. Mit Eigelb bestreichen und mit Parmesan bestreuen. Den Grießauflauf im vorgeheizten Backofen etwa 20 bis 25 Minuten überbacken.

NUDELAUFLAUF MIT LAUCH UND SHIITAKE-PILZEN

Zutaten

250 g Penne
Salz
2 Stangen Lauch (600 g)
5 EL Butter
2 EL Mehl
½ l Milch
½ Zwiebel
2 Nelken
1 Lorbeerblatt
1 Becher Sahne (200 g)
Pfeffer
Muskatnuss
1 Becher saure Sahne (150 g)
1 Becher Crème fraîche (150 g)

4 Eier
200 g frische Shiitake-Pilze
50 g geriebener Gruyère-Käse
70 g geriebener Parmesan
2 EL Semmelbrösel

Den Backofen auf 180 °C vorheizen. Die Penne etwa 3 Minuten in reichlich Salzwasser kochen. Den Lauch vom groben Grün befreien, waschen, der Länge nach halbieren und in 2 cm große Stücke schneiden. Lauch in kochendem Salzwasser etwa 2 Minuten garen, in ein Sieb gießen, eventuell kalt abschrecken und gut abtropfen lassen.

In einem Topf 3 EL Butter schmelzen lassen, das Mehl einrühren und hell rösten. Nach und nach die Milch dazugießen und unter ständigem Röhren zum Kochen bringen, dabei glatt rühren. Die Zwiebel mit den Nelken spicken und mit dem Lorbeerblatt dazugeben. 15 Minuten leise köcheln lassen. Die Sahne unterrühren, aufkochen lassen und mit Salz, Pfeffer und frisch geriebener Muskatnuss abschmecken. Die Sauce durch ein feines Sieb streichen, saure Sahne und Crème fraîche einrühren, abkühlen lassen und erst dann die Eier unterschlagen.

Die Shiitake-Pilze putzen, die Stiele entfernen und die Pilze in 1 cm dicke Scheiben schneiden. In einer Pfanne mit 1 EL Butter etwa 4 Minuten anbraten, den Lauch dazugeben, kurz durchschwenken und mit Salz, Pfeffer und frisch geriebener Muskatnuss würzen.

Den geriebenen Käse mischen. Eine feuerfeste Form (30 cm x 20 cm x 7 cm) mit 1 EL Butter einfetten, mit Semmelbröseln und etwas Käse ausstreuen. Nudeln, Gemüse, Sauce und die Hälfte des Käses vermischen, nochmals kräftig abschmecken, gleichmäßig in der Form verteilen und mit dem restlichen Käse bestreuen.

Den Auflauf mit Alufolie abdecken und 1 Stunde im vorgeheizten Ofen backen, nach 30 Minuten die Folie entfernen und für die letzten 10 Minuten die Temperatur auf 210 °C erhöhen.

DEFTIGES KARTOFFEL-GRATIN

Zutaten

½ kg fest kochende Kartoffeln (z. B. Sieglinde)
Salz
½ TL Kümmel
100 g rohgeräucherter Speck in dünnen Scheiben
2–3 Schalotten
ca. 50 g Butter
1 Becher Sahne
Pfeffer
Muskatnuss

Die gut gewaschenen, ungeschälten Kartoffeln in gesalzenem Wasser mit etwa ½ TL Kümmel fast gar kochen, das dauert je nach Größe 15 bis 20 Minuten, mit einer Messerspitze prüfen, ob sie noch einen leichten Widerstand bieten.

Dann die Kartoffeln abgießen, etwas abkühlen lassen, pellen und in dünne Scheiben schneiden. Den Speck fein würfeln, ebenso die geschälten Schalotten.

Die Speckwürfel in einer kleinen Pfanne bei mäßiger Hitze auslassen, etwas von der Butter zugeben und die Schalottenwürfel darin glasig dünsten. Nun den Backofen auf 200 °C anheizen.

Eine feuerfeste Glas- oder Auflaufform leicht mit etwas Butter ausstreichen und die Hälfte der Kartoffelscheiben ringförmig von außen nach innen auf dem Boden einschichten. Die Speck-Schalottenmischung darauf verteilen und die restlichen Kartoffelscheiben ebenso gleichmäßig darüber auslegen.

Die Sahne mit Salz, Pfeffer und etwas frisch geriebener Muskatnuss würzen und über die Kartoffeln gießen. Die Form auf mittlerer Schiene in den heißen Ofen schieben und etwa ½ Stunde überbacken, bis die Spitzen schön gebräunt sind.

MAKKARONI-PILZ-AUFLAUF

Zutaten ❧

½ Bund glatte Petersilie
400 g Pilze (vorzugsweise Steinpilze und Champignons)
2 Schalotten
1 Knoblauchzehe
2 EL Butter
Salz, Pfeffer
150 g Makkaroni
3 EL Olivenöl
2 Eiweiß
½ l Béchamelsauce
100 g fein geriebener würziger Hartkäse (Gruyère, Appenzeller)
2 EL Crème fraîche
Butter zum Ausfetten der Form

Den Backofen auf 200 °C (Heißluft 180 °C) vorheizen. Die Petersilie waschen, trockentupfen, Blätter vom Stiel zupfen und klein schneiden. Die Pilze putzen und grob zerkleinern. Die Schalotten und Knoblauchzehe schälen und in feine Würfel schneiden und in einer Pfanne mit 2 EL Butter glasig dünsten. Die Pilze dazugeben und anbraten, mit Salz und Pfeffer würzen. Die Petersilie mit den Pilzen in der Pfanne vermischen. Die gebratenen Pilze auf einem Sieb abtropfen lassen und zur Seite stellen.

Die Makkaroni in reichlich kochendes Salzwasser geben und »al dente« kochen. Abgießen und mit Olivenöl beträufeln. Das Eiweiß steif schlagen und unter die noch lauwarme Béchamelsauce heben. Die Auflaufform fetten, mit 50 g Käse ausstreuen, mit der Hälfte der Makkaroni bedecken, Crème fraîche darauf verteilen und mit einem Drittel der Béchamelsauce übergießen. Die Hälfte der Pilze darauf verteilen, mit den restlichen Makkaroni bedecken und mit etwas Béchamelsauce begießen. Die restlichen Pilze darauf verteilen, wieder mit Béchamel übergießen und dem Käse bestreuen. Im vorgeheizten Backofen 30 Minuten überbacken.

KARTOFFEL-SPINAT-AUFLAUF

Zutaten ❧

2 mittelgroße Karotten
4 große fest kochende Kartoffeln (400 g)
2 kleine Kohlrabi (etwa 300 g)
1 große Navette (weiße Rübchen) (150 g)
3 EL Butter (60 g)
1 TL Zucker
1 Zweig frischer Thymian
Salz, weißer Pfeffer
Muskatnuss
800 g Spinat (ergibt etwa 400 g geputzt) oder
Tiefkühl-Blattspinat (400 g)
2 Knoblauchzehen
3 Schalotten (80 g)
1 Becher Sahne (200 g)
3 Eigelbe
½ TL gemahlener Ingwer
etwas Butter für die Form
Cayennepfeffer
125 g Mozzarella, vorzugsweise aus Büffelmilch

Den Backofen auf 180 °C (Heißluft 160 °C) vorheizen. Gemüse und Kartoffeln waschen, schälen und mit Hilfe einer Küchenreibe in grobe Stifte raspeln. 1 EL Butter mit Zucker leicht karamellisieren, Gemüse, Kartoffeln und Thymianzweig zugeben und bei geringer Hitze 5 Minuten garen, dabei immer wieder umrühren; mit Salz, Pfeffer und frisch geriebener Muskatnuss würzen, dann zur Seite stellen.

Spinat von groben Stielen befreien, mehrmals gründlich waschen und in einem Sieb gut abtropfen lassen. Tiefgekühlten Spinat auftauen. Knoblauchzehen und Schalotten schälen, in feine Würfel schneiden und in der restlichen, leicht gebräunten Butter glasig anschwitzen. Blattspinat zugeben und ebenfalls 5 Minuten bei geschlossenem Deckel dünsten. Die letzten 2 Minuten offen garen, bis die austretende Flüssigkeit vollständig reduziert ist. Mit Salz, Pfeffer und frisch geriebener Muskatnuss würzen.

Spinat in die gebutterte Auflaufform geben und das Gemüse darauf verteilen. Sahne und Eigelbe miteinander vermengen, mit Ingwer, Salz und je nach Geschmack mit etwas Cayennepfeffer pikant würzen und über das Gemüse gießen. Mozzarella in dünne Scheiben schneiden und gleichmäßig darauf verteilen. Im vorgeheizten Backofen etwa 40 Minuten goldbraun backen.

TIPP: Mit frischem Spinat schmeckt's am besten.

GRATIN VON TOPINAMBUR, MAIS UND PFIFFERLINGEN

Zutaten

200 g Topinamburwürfel
200 g Zucchiniwürfel
200 g Pfifferlinge
30 ml Olivenöl
Salz, Pfeffer
75 g Maiskörner
½ TL Curry
2 Msp. Safranfäden
¼ Vanillestange
1 g Korianderkörner
60 ml Weißwein
3 Eigelbe
50 g Speisequark (40 %)
30 g Crème fraîche
30 g geschlagene Sahne
Cayennepfeffer
Zitronensaft

Die Topinamburwürfel blanchieren. Mit den Zucchiniwürfeln und den Pfifferlingen in Olivenöl scharf anbraten. Salzen und pfeffern. Die Maiskörner blanchieren und dazugeben. Curry, Safran, Vanille und Koriander in dem Weißwein aufkochen, etwa 10 Minuten ziehen lassen und passieren. Den Weißwein in einem kleinen Topf aufkochen, bis auf die Hälfte reduzieren und etwas abkühlen lassen. Die Weißweinreduktion mit den Eigelben über dem Wasserbad aufschlagen. Quark, Crème fraîche und Sahne unter die Masse heben und mit Cayennepfeffer, Salz und Zitronensaft abschmecken.

Das Gemüse auf 4 Teller verteilen und die Gratin-Masse darüber geben. Bei 160 °C (Umluft und Oberhitze) auf der mittleren Schiene 10 Minuten gratinieren.

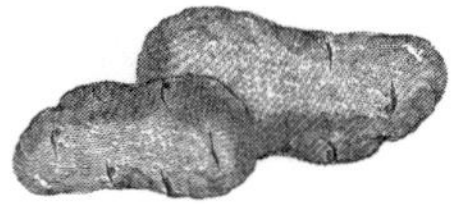

BEILAGEN

Seite 151–166

Als Beilage ist die Kartoffel bei uns in Deutschland immer noch der große Favorit. Außer in Bayern und im Schwabenland, wo Knödel oder Spätzle als Konkurrenz für die Kartoffel eine große Tradition haben, lieben die Deutschen Kartoffeln in jeder Form als Saucenträger. Man kennt die Salzkartoffeln, das Kartoffelpüree und die Bratkartoffeln. Und selbst bei diesen sehr beliebten Beilagen wissen die meisten wenig darüber, wie man sie richtig zubereitet und wie man sie variieren kann. Da können meine Rezepte helfen.

Aber auch andere Beilagen sind nicht zu verachten. Für ein Gericht mit viel Sauce ist ein Serviettenknödel eine geniale Beilage, weil er die Sauce aufsaugt wie keine andere Beilage. Für alle Knödel gilt: Wenn etwas übrigbleibt, kann man sie in Scheiben geschnitten mit Eiern, Kräutern oder Speck wunderbar in der Pfanne mit etwas Butter am nächsten Tag anschmoren. Ein kleines eigenständiges Gericht, das die Bayern »Knödelgröstl« nennen. Aber nicht immer dient die Beilage als Saucenträger. Gute krosse Bratkartoffeln oder ein Kartoffelstrudel sind wunderbare Beilagen für Gerichte ohne Sauce.

KNUSPRIGE BRATKARTOFFELN

Zutaten ❧

500 g mehlig kochende Kartoffeln
ganzer Kümmel
2 EL Butterschmalz
getrockneter Majoran, nach Geschmack
Salz, Pfeffer

Die Kartoffeln gründlich waschen und mit der Schale in einem Topf mit 2 Prisen Kümmel und Salz je nach Größe etwa 25 Minuten bissfest garen. Abgießen, pellen und auskühlen lassen. Die Kartoffeln in ½ cm dicke Scheiben schneiden. Das Butterschmalz in einer großen Pfanne erhitzen, die Kartoffelscheiben nebeneinander hineinlegen, leicht salzen und bei geringer Hitze von beiden Seiten insgesamt etwa 20 Minuten goldbraun braten. Zum Schluss je nach Geschmack mit Salz, Pfeffer und einer Prise Majoran würzen, auf Küchenkrepp abtropfen lassen und servieren.

Knusprige Bratkartoffeln erfordern einfach etwas Geduld. Wichtig dabei ist, dass man die Scheiben langsam ohne ständiges Rütteln der Pfanne auf jeder Seite goldbraun brät. Je öfter man die Kartoffeln wendet, desto mehr Fett benötigen sie. Erst wenn sich eine goldbraune, knusprige Schicht gebildet hat, dringt auch kein Fett mehr in die Kartoffeln ein.

ROSMARIN-KARTOFFELN

Zutaten ❧

1 kg sehr kleine, fest kochende Kartoffeln
3–4 EL Olivenöl
1–2 frische Zweige Rosmarin
Salz, Pfeffer

Die Kartoffeln unter fließendem Wasser gründlich säubern und abbürsten, in der Schale etwa 15 Minuten kochen, dann abgießen und ausdampfen lassen. Falls sie zu groß sind, vierteln.

In einer Pfanne das Olivenöl erhitzen und die Kartoffeln mit den Rosmarinnadeln darin bei kleiner bis mittlerer Hitze leicht anbräunen (nicht richtig rösten). Salzen und pfeffern – natürlich frisch der Mühle.

CONSTANTIN-KARTOFFELN

Zutaten ❧

500 g kleine, möglichst gleich große Kartoffeln (der Sorte »Ratte« oder »Bamberger Hörnchen«)
1 Bund Frühlingszwiebeln
1 EL Butter
1 Muskatnuss
1 Knoblauchzehe
1 Becher Sahne (200 g)
Salz, Pfeffer
1 Becher Crème fraîche oder griechischer Joghurt (10 %)

Die Kartoffeln gründlich waschen, eventuell unter fließendem Wasser abbürsten. Die Frühlingszwiebeln putzen und waschen. Das Weiße und Hellgrüne getrennt in dünne Ringe schneiden. Die Kartoffeln in der Schale kochen und nach der Garzeit abgießen. Im geschlossenen Topf, mit zwei Lagen Küchenkrepp unter dem Deckel, 15 Minuten ausdämpfen.

Die Butter in der Pfanne erhitzen und darin das Weiße der Frühlingszwiebeln andünsten. Je nach Geschmack die ganze oder einen Teil der Muskatnuss hineinreiben, die angeklopfte, ungeschälte Knoblauchzehe dazugeben und alles mit der Sahne löschen. Die Sauce kurz aufkochen lassen, die Knoblauchzehe entfernen, mit Salz und Pfeffer abschmecken. Die Kartoffeln halbieren und auf Tellern mit der warmen Sauce und 2 Klecksen kalter Crème fraîche oder Joghurt anrichten. Mit den hellgrünen Zwiebelringen bestreuen.

NEUE KARTOFFELN MIT MINZE

Zutaten

1 kg kleine neue Kartoffeln
Salz
1 Bund frische Minze
50 g Butter
Pfeffer

Kartoffeln gründlich säubern und mit der Bürste unter fließendem Wasser schrubben, da die Schale mitgegessen wird. In einen Topf geben, mit Wasser bedecken, salzen und zum Kochen bringen. Kurz heftig aufkochen lassen, dann die Hitze herunterschalten und zugedeckt gut 15 Minuten garen (mit einem kleinen, spitzen Meser einstechen, ob die Kartoffeln im Kern noch fest sind). Die Minze waschen, trockenschleudern und fein hacken.

Kartoffeln in ein Sieb schütten, den Topf innen säubern und abtrocknen, die Butter darin schmelzen, dann die Kartoffeln wieder in den Topf geben und in der Butter schwenken, salzen und pfeffern. Die gehackte Minze darüber streuen. Mit einem Holzlöffel vorsichtig untermischen und einige Minuten ziehen lassen.

STAMPFKARTOFFELN MIT LÖWENZAHN

Zutaten

750 g mehlig kochende Kartoffeln
½ l Fleischbrühe
250 g Löwenzahn (ganz zarter, junger)
2 EL Pflanzenöl
2 EL Essig
1 Zwiebel
Muskatnuss
Salz, Pfeffer

Kartoffeln waschen, schälen und in Stücke schneiden. In Salzwasser 25 Minuten garen, abgießen. Mit Fleischbrühe grob zerstampfen. Löwenzahn waschen, abtropfen lassen und in Streifen schneiden. Aus Öl, Essig, fein gehackter Zwiebel, Salz, Pfeffer und Muskat eine Salatsauce rühren, mit dem Löwenzahn unter die Kartoffeln heben und lauwarm servieren.

KARTOFFEL-SELLERIE-PÜREE

Zutaten

300 g Kartoffeln
400 g Sellerieknolle
1 geh. EL Butter (30 g)
125 ml Milch
Salz, Pfeffer
Muskatnuss

Die Kartoffeln und die Sellerieknolle waschen, schälen und in etwa 1,5 cm große Würfel schneiden. In einen Topf mit Dämpfeinsatz etwas Wasser geben, die Kartoffel- und Selleriewürfel hineingeben, in den Topf stellen und zugedeckt aufkochen. In 12 bis 15 Minuten weich dämpfen. Das Gemüse in eine Schüssel füllen und mit dem Kartoffelstampfer zerdrücken. Mit einem Schneebesen Butter und Milch unterschlagen, mit Salz, Pfeffer und Muskat abschmecken.

GEBACKENES KARTOFFELPÜREE

Zutaten

600 g mehlig kochende Kartoffeln
125 ml Milch
5 EL Butter (100 g)
Salz
Cayennepfeffer
Muskatnuss
25 g Greyerzer (Appenzeller oder Bergkäse)
35 g Parmesan
80 g Crème fraîche
Mehl zum Bestäuben der Form
3 Eiweiß

Den Backofen auf 200 °C (Heißluft 180 °C) vorheizen. Die Kartoffeln waschen und schälen. In Salzwasser kochen und abgießen. Die Milch lauwarm erwärmen und die Kartoffeln mit einer Kartoffelpresse pressen. Die kalte Butter und die lauwarme Milch zu der Kartoffelmasse geben und verrühren. Mit Salz, Cayennepfeffer und Muskatnuss abschmecken.

Greyerzer und Parmesan reiben, 1 EL Parmesan zur Seite stellen, den Rest mit der Crème fraîche unter die Kartoffelmasse rühren. Eine Auflaufform mit Butter fetten und mit Mehl bestäuben. Das Eiweiß mit 1 Prise Salz steif schlagen. Erst ein Drittel des Eiweißes unter die Kartoffelmasse heben, dann langsam den Rest.

Die Masse in die Auflaufform füllen und im vorgeheizten Backofen 35 Minuten backen. 10 Minuten vor Ende der Backzeit den restlichen Parmesan über das Kartoffelpüree streuen.

KARTOFFELRÖSTI

Zutaten

große, mehlig kochende Kartoffeln, à 300 g pro Person
Salz
Butter
Olivenöl

Die Kartoffeln waschen, schälen und grob reiben. In ein Tuch packen, die Flüssigkeit herausdrücken und die Masse mit Salz bestreuen. Butter und Öl in einer versiegelten Pfanne hellbraun aufschäumen lassen. Die Kartoffelstreifen mit Hilfe einer Gabel fest an den Pfannenboden drücken – die Masse sollte nicht höher als 2 cm sein. In etwa 5 Minuten langsam goldgelb bis hellbraun werden lassen, mit Hilfe eines leicht geölten Tellers wenden und die andere Seite ebenfalls 5 Minuten bräunen.

KARTOFFELNOCKEN

Zutaten

1 kg mehlig kochende Kartoffeln
7 EL Speisestärke
5 Eigelbe von mittelgroßen Eiern
Salz, Pfeffer
Muskatnuss

Die Kartoffeln in der Schale kochen, abgießen und im vorgeheizten Backofen bei 180 °C (Heißluft 160 °C) 5 Minuten trocknen (falls vergessen wurde, den Backofen vorzuheizen, die Kartoffeln einfach 10 Minuten im leeren Topf trocknen).

2 EL Speisestärke in etwas Wasser auflösen und in 4 l Wasser zum Kochen bringen. Die Kartoffeln noch heiß pellen und stampfen. Die Eigelbe und 5 EL Speisestärke vermischen und glatt rühren. Dann mit den Kartoffeln vermengen, mit Salz, Pfeffer und

Muskatnuss würzen und am besten mit den Händen zu einem Teig verkneten.

Die Masse sofort mit Hilfe von zwei Esslöffeln zu Nocken abstechen und auf ein bemehltes Brett legen. Wenn alle abgestochen sind, zusammen vorsichtig ins kochende Wasser legen. Einmal aufkochen lassen und dann auf kleinster Flamme 10 Minuten ziehen lassen. Mit der Schaumkelle die fertigen Nocken herausnehmen und servieren.

TIPP: Passt zu allen Gemüsegerichten.

KARTOFFEL-ZWIEBEL-OMELETTE

Zutaten

Olivenöl zum Braten
2 größere gewürfelte Zwiebeln (etwa 100 g)
1 Lorbeerblatt
Salz, Pfeffer
2 EL Butter
4 gewürfelte Kartoffeln (etwa 350 g)
3 Knoblauchzehen
1 Zweig Majoran
6 Eier
50 g Sahne
Cayennepfeffer
100 g geriebener junger Gouda

Das Öl erhitzen, die Zwiebelwürfel mit dem Lorbeerblatt hellbraun braten, salzen und pfeffern. Aus der Pfanne nehmen und auf Küchenkrepp entfetten lassen. In reichlich Öl mit 1 EL Butter die Kartoffeln mit den in der Schale angedrückten Knoblauchzehen und dem Majoranzweig goldgelb braten. Herausnehmen und auf Küchenkrepp entfetten.

Eier, Sahne, Salz und Cayennepfeffer in einer Schüssel verquirlen; die Zwiebeln und Kartoffeln zugeben.

In einer versiegelten Pfanne 1 EL Butter und 2 EL Öl erhitzen und darin die Masse zum Stocken bringen. Mit dem Käse bestreuen und die Pfanne kurz unter den stark erhitzten Grill stellen, sodass der Käse schmilzt. Bei Pfannen mit empfindlichem Stiel kann man die Backofentür offen lassen.

KARTOFFELSTRUDEL

Zutaten

1 Packung tiefgekühlter Blätterteig, 450 g
1 Zwiebel
50 g geräucherter Bauchspeck
500 g fest kochende Kartoffeln
1 EL Butter
Salz, Pfeffer
Muskatnuss
2 Zweige Majoran
½ Bund glatte Petersilie
2 Eigelbe
1 Ei
3 EL Crème fraîche (60 g)
1 EL Milch
etwas Butter für das Backblech

Den Blätterteig am besten über Nacht im Kühlschrank langsam auftauen lassen. Die Zwiebel schälen und in 1 cm große Würfel schneiden. Den Bauchspeck in ½ cm große Würfel schneiden. Die Kartoffeln schälen, waschen und in 1 cm große Würfel schneiden.

Den Backofen auf 220 °C vorheizen. In einem Topf die Butter erhitzen und die Zwiebel darin 3 Minuten glasig dünsten. Die Speckwürfel dazugeben und weitere 3 Minuten braten. Die Kartoffelwürfel hinzufügen, kurz unterrühren, zudecken und bei geringer Temperatur 15 Minuten garen. Dabei gelegentlich umrühren. Die Kartoffeln mit Salz, Pfeffer und frisch geriebener Muskatnuss kräftig würzen, in eine Schüssel füllen und auskühlen lassen.

Die Kräuter waschen, trockentupfen, abzupfen und fein hacken. Die Kartoffeln mit 1 Eigelb, 1 Ei, Crème fraîche und den Kräutern verrühren und nochmals abschmecken.

Den Blätterteig auf einem Küchentuch ausbreiten. Die einzelnen Platten zu einem Rechteck auslegen, die Enden der einzelnen Platten gut aneinander drücken und mit dem Nudelholz glatt rollen. Die lange Seite sollte quer vor dem Körper liegen. 1 Eigelb mit der Milch verrühren und den Blätterteig damit dünn einpinseln. Die Kartoffelmasse auf dem unteren Drittel der Teigplatte verteilen. Den Strudel mit Hilfe des Küchentuchs aufrollen und die Enden gut verschließen.

Ein Backblech mit Butter einfetten, mit einigen Spritzern Wasser beträufeln und den Strudel darauf setzen. Die Oberfläche mit Eigelb bepinseln und mit dem Messer rautenförmig einritzen. Im Backofen etwa 30 Minuten goldbraun backen. Dabei nach 15 Minuten die Temperatur auf 200 °C herunterschalten. Den Strudel aus dem Ofen nehmen, 5 Minuten ruhen lassen und servieren.

KARTOFFELFLADEN MIT RUCOLA-FRISCHKÄSE

Zutaten für 1 Blech

500 g Mehl Type 405
150 g Kartoffelpüreepulver
1 TL Salz
2 mittelgroße Kartoffeln (200 g)
Olivenöl
1 Zweig Rosmarin
1 Würfel Hefe (42 g)
½ l Wasser
grobes Meersalz
100 g Rucola
125 g Quark, 20 %
100 g Frischkäse, vorzugsweise Ziegenfrischkäse
50 g Sahne
1 TL geriebener Meerrettich (frisch oder aus dem Glas)
Salz
Pfeffer
Mehl für die Arbeitsfläche

Das Mehl mit dem Püreepulver und dem Salz mischen. Die Kartoffeln schälen, würfeln und mit Küchenkrepp trockentupfen. In einer Pfanne mit etwa 1 EL Öl und dem Rosmarinzweig bei geringer Temperatur etwa 15 Minuten kross braten. Auf Küchenkrepp abfetten lassen.

Die zerbröckelte Hefe in handwarmem Wasser auflösen und das Gemisch langsam zu den anderen Teigzutaten gießen. Mit den Knethaken eines Handrührgerätes 5 Minuten zu einem glatten Teig schlagen. Die abgekühlten Kartoffelwürfel unterarbeiten. Den Teig mit bemehlten Händen noch einmal von Hand durchkneten, zu einer Kugel formen und in eine bemehlte Schüssel geben. Abdecken und an einem warmen Ort etwa 20 Minuten gehen lassen, bis der Teig sein Volumen fast verdoppelt hat.

Die Teigkugel nochmals durchkneten und auf einem geölten und bemehlten Blech zu einem fingerdicken Fladen ausrollen. Mit dem Finger auf der gesamten Fläche kleine Mulden eindrücken. Weitere 20 Minuten gehen lassen und im vorgeheizten Backofen bei 200 °C (180 °C Heißluft) 30 bis 35 Minuten goldbraun backen. Aus dem Ofen nehmen, mit etwas Olivenöl beträufeln und je nach Geschmack mit grobem Meersalz bestreuen.

Die Rucola waschen und fein hacken. Quark, Frischkäse, Sahne, Meerrettich, Salz und Pfeffer mischen und die Rucola unterrühren.

SÜSSKARTOFFELPUFFER MIT MANGO-SENF-CREME

Zutaten

1 Knoblauchzehe
3 Frühlingszwiebeln
2–3 Süßkartoffeln (600 g)
50 g Rundkornreis (Milchreis, Risotto-Reis)
1 mittelgroße Zwiebel
2 Eigelb
3 EL Mehl
Pulver von Piment (Nelkenpfeffer),
Kreuzkümmel (Cumin)
Ingwer
Kurkuma
Cayennepfeffer
Salz
Pfeffer
1 Mango
150 g Crème fraîche
2 EL körniger Senf (Rotisseur-Senf oder Dijon-Senf à l'ancienne)
Sonnenblumenöl zum Braten

Die Knoblauchzehe schälen, die Frühlingszwiebeln putzen und waschen, den weißen und hellgrünen Teil in feine Ringe schneiden.

Die Süßkartoffeln schälen. 400 g in Salzwasser 25 Minuten kochen, abgießen und 5 Minuten im Topf auf kleiner Flamme trocknen. Abkühlen lassen und grob reiben. 200 g roh fein reiben, salzen, etwas ruhen lassen. Während die roh geriebenen Süßkartoffeln ruhen, den Reis 15 bis 20 Minuten weich kochen. Die »ausgeruhten« Süßkartoffeln durch ein Sieb pressen, sodass eine nicht zu feuchte, aber auch nicht ganz trockene Masse entsteht. Die gekochten und die rohen Kartoffeln mit dem Reis, der fein gewürfelten Zwiebel, den Eigelben und dem Mehl vermischen. Mit Piment, Cayennepfeffer, Pfeffer und Salz würzen. Vorsicht beim Salzen: Die Süßkartoffeln sind schon salzig.

Die Mango schälen, klein schneiden und mit dem Stabmixer pürieren. Crème fraîche, durchgepressten Knoblauch, Senf und Frühlingszwiebeln untermischen. Mit Ingwer, Kurkuma, Piment, Kreuzkümmel, Cayennepfeffer, Salz und Pfeffer abschmecken.

In der Pfanne das Öl erhitzen und je 1 EL von der Masse hineingeben, etwas flach streichen und bei mittlerer Hitze etwa 5 Minuten braten, dabei einmal wenden. Auf Küchenkrepp abtropfen lassen und mit der Mango-Senf-Creme servieren.

KARTOFFELRAVIOLI AUF EGERLINGEN

Zutaten

250 g mehlig kochende Kartoffeln
100 g fest kochende Kartoffeln
ca. 10 EL Pflanzenöl
1 Zwiebel (40 g)
40 g Raclettekäse (oder Appenzeller)
40 g Ricotta
Salz
Pfeffer
Muskatnuss
½ Bund Rucola
25–30 Wan-Tan-Blätter (in Asialäden erhältlich)
150 g Egerlinge
1 Frühlingszwiebel
½ Knoblauchzehe
Mehl für die Arbeitsfläche
1 Eiweiß zum Bestreichen

Die mehlig kochenden Kartoffeln waschen, schälen und in Salzwasser kochen, danach ausdampfen lassen. Die fest kochenden Kartoffeln waschen, schälen und in sehr kleine Würfel schneiden; mit Küchenkrepp trockenreiben. In einer Pfanne in 3 bis 4 EL heißem Öl frittieren, mit einer Schaumkelle herausheben und auf Küchenkrepp abtropfen lassen. Die ausgedampften, erkalteten Kartoffeln zerstampfen oder mit der Kartoffelpresse zerdrücken.

Die Zwiebel schälen und in kleine Würfel schneiden. In 2 bis 3 EL Öl anschwitzen. Raclettekäse und Ricotta würfeln und mit den frittierten Kartoffelwürfeln mischen. Die gestampften Kartoffeln und die angeschwitzten Zwiebeln zufügen. Diese Masse mit Salz, Pfeffer und Muskatnuss würzen und die Rucola (gewaschen und in feine Streifen geschnitten) zufügen.

Auf je 1 Wan-Tan-Blatt 1 TL der Füllmasse setzen, die Ränder dünn mit Eiweiß befeuchten (Backpinsel), das Blatt zuklappen und fest andrücken, sodass dreieckige Ravioli entstehen. Die gefüllten und geschlossenen Wan-Tan-Blätter auf einer mehligen Arbeitsplatte auslegen.

Die Egerlinge putzen und je nach Größe vierteln oder halbieren. Frühlingszwiebel und Knoblauch putzen und in feine Ringe schneiden. Egerlinge, Frühlingszwiebel und Knoblauch in 3 bis 4 EL Öl leicht dünsten. Mit Salz und Pfeffer würzen. Die Kartoffelravioli in reichlich Salzwasser 2 Minuten kochen, mit 4 EL Abkochwasser zu den Egerlingen geben und servieren.

KARTOFFEL-SPARGEL-RAVIOLI MIT MINZE

Zutaten

150 g mehlig kochende Kartoffeln
500 g grüner Spargel
1 Bund Minze
1 Knoblauchzehe
2–3 EL Olivenöl
Salz, Pfeffer
20 Wan-Tan-Blätter
2 EL Butter (50 g)
2 geh. EL Mascarpone
75 g Parmesan

Die Kartoffeln waschen und schälen, in Salzwasser garen und abgießen. Den Spargel waschen, harte Enden abschneiden, Spitzen abschneiden und beiseite legen. Die Stangen in dünne Scheiben schneiden. Die Minzeblättchen waschen und fein hacken. Den Knoblauch schälen und fein hacken.

Das Olivenöl in der Pfanne erhitzen, darin Spargelscheiben und Knoblauch zugedeckt mit 2 bis 3 EL Flüssigkeit (Gemüsesud oder Wasser) weich garen. Währenddessen die Kartoffeln noch heiß zu Brei stampfen. Den weichen Spargel, Knoblauch und die Hälfte der Minze zum Kartoffelbrei geben, nochmals stampfen und gut verrühren. Mit Salz und Pfeffer abschmecken.

Auf je 1 Wan-Tan-Blatt 1 TL der Masse setzen, die Ränder mit Wasser befeuchten (Backpinsel), das Blatt zuklappen, sodass dreieckige Ravioli entstehen. Die Ränder mit einer Gabel zusammendrücken. Salzwasser zum Kochen bringen, zuerst die Spargelspitzen, nach 2 Minuten die Ravioli hineingeben und etwa 2 bis 3 Minuten kochen.

Butter und Mascarpone schmelzen. Die Ravioli und Spargelspitzen darin wälzen und mit der anderen Hälfte der Minze, dem geriebenen Parmesan und dem grob gemahlenen Pfeffer bestreut servieren.

KARTOFFELNUDELN MIT KOHLRABI UND ERBSEN

Zutaten

125 g gekochte und passierte Kartoffeln
250 g Mehl
Salz
50 ml Wasser
2 Kohlrabi
2 Schalotten
Olivenöl zum Braten
8 Shiitake-Pilze
Muskatnuss

100 ml Mineralwasser
100 g tiefgekühlte Erbsen
Salz, Pfeffer
1 Bund Schnittlauch, in Röllchen geschnitten
Grieß für die Arbeitsplatte
2 EL Butter (40 g)

Die passierten Kartoffeln mit dem Mehl mischen und mit Salz würzen. Mit dem Handrührgerät (Knethaken) unter Zugabe von Wasser zu einem festen Teig verarbeiten 30 Minuten in Klarsichtfolie im Kühlschrank ruhen lassen.

Den Kohlrabi und die Schalotten schälen und in kleine Würfel schneiden. In einer Pfanne Öl erhitzen und die Schalotten darin anschwitzen, dann den Kohlrabi dazugeben, mit Salz, Pfeffer und frisch geriebener Muskatnuss würzen und dem Mineralwasser übergießen. Abgedeckt in 5 Minuten »al dente« garen. Die gefrorenen Erbsen zu dem Kohlrabi in die Pfanne geben.

Die Shiitake-Pilze schneiden und in etwas heißem Öl in einer Pfanne anbraten, mit Salz und Pfeffer würzen. Vom gekühlten Teig erbsengroße Stückchen abreißen und zwischen den bemehlten Handflächen zu dünnen Nudeln rollen und auf eine mit Grieß bestreute Arbeitsfläche geben.

Die Kartoffelnudeln in reichlich kochendes Salzwasser geben und 5 Minuten kochen. Mit der Schaumkelle herausnehmen und direkt mit dem Kohlrabigemüse mischen. Die gebratenen Shiitake-Pilze dazugeben, mit Schnittlauch und der Butter durchschwenken und servieren.

SCHUPFNUDELN

Zutaten

500 g mehlig kochende Kartoffeln
3 Eigelbe
50 g Speisestärke
25 g Grieß
25 g Mehl
Salz, Pfeffer
Pflanzenöl

Die Kartoffeln in der Schale kochen und gut ausdämpfen lassen, pellen, noch warm durch die Kartoffelpresse drücken und mit den restlichen Zutaten schnell zu einem glatten Teig verarbeiten. Den Teig auf einer bemehlten Arbeitsfläche zu Würsten rollen und mit einem Messer in etwa 4 cm lange Stücke schneiden. Diese Stücke mit bemehlten Händen zu Schupf- oder Fingernudeln formen.

Die fertigen Schupfnudeln in reichlich Salzwasser kochen, bis sie an die Oberfläche steigen. Mit der Schaumkelle herausnehmen und auf einem geölten Teller abkühlen lassen.

In einer versiegelten Pfanne langsam mit etwas Pflanzenöl goldgelb backen.

KÄSESPÄTZLE MIT GESCHMOLZENEN ZWIEBELN

Zutaten

8 Eier mittlerer Größe
400 g Mehl
Salz
Muskatnuss
4–5 Zwiebeln (500 g)
4 EL Pflanzenöl
3 EL Butter (60 g)

150 g Emmentaler
100 g Appenzeller
Pfeffer
1 Bund Schnittlauch

Die Eier mit dem Mehl in einer Schüssel vermischen, mit Salz und Muskatnuss würzen und so lange schlagen, bis der Teig Blasen wirft.

Die Zwiebeln schälen, in Ringe schneiden und mit dem Pflanzenöl und 2 EL Butter in einem Topf goldbraun andünsten und zur Seite stellen. Den Käse fein reiben. Eine Auflaufform mit Butter ausfetten und mit einem Viertel der Zwiebeln und des Käses ausstreuen und bereithalten.

Den Backofen auf 180 °C (Heißluft 160 °C) vorheizen. Reichlich Salzwasser zum Kochen bringen. Mit Hilfe einer Spätzlepresse oder einer flotten Lotte ein Drittel des Teiges in das kochende Wasser drücken. Die Spätzle 1 Minute aufkochen lassen und mit der Schaumkelle in die bereits vorbereitete Auflaufform geben. Erneut mit Zwiebeln und Käse bestreuen und Pfeffer würzen. Diesen Vorgang zweimal wiederholen und mit Zwiebeln und Käse abschließen.

Die Auflaufform im vorgeheizten Backofen 15 Minuten überbacken. Den Schnittlauch in feine Röllchen schneiden und die fertigen Käsespätzle damit garnieren.

KNÖDEL AUS GEKOCHTEN KARTOFFELN

Zutaten

300 g mehlig kochende Kartoffeln
50 g Mehl
30 g Speisestärke
Salz, Pfeffer
Muskatnuss
1–2 Eigelbe, je nach Größe
1 Eiweiß

Die Kartoffeln waschen, schälen und im Topf mit Salzwasser kochen. Abgießen und ausdämpfen lassen. Die Kartoffeln mit einer Kartoffelpresse in eine Schüssel drücken oder mit dem Kartoffelstampfer stampfen, mit Mehl und Speisestärke mischen und mit Salz, Pfeffer, Muskatnuss würzen. Eigelb zugeben und schnell zu einem Teig verarbeiten. Das Eiweiß nicht zu steif (wichtig!) aufschlagen und unter die Kartoffelmasse ziehen. Die Kartoffelmasse mit gut bemehlten Händen zu mittelgroßen Klößen formen und diese in reichlich kochendem Salzwasser einmal aufkochen lassen; dann 10 Minuten ziehen lassen.

TIPP: Die Kartoffelknödel können zusätzlich gefüllt werden. Dazu 100 g Schwarzbrot, ½ Zwiebel und 40 g Appenzeller in kleine Würfel schneiden. Die Schwarzbrotwürfel im Ofen toasten. Zwiebel in Butter glasig dünsten, den Appenzeller zufügen und vermischen.

KARTOFFELKLÖSSCHEN

Zutaten

1 kg mehlig kochende Kartoffeln
1 kleine Zwiebel
1 EL Butter
2 EL Milch
etwa 100 g Mehl
1 Ei, Salz

Kartoffeln als Pellkartoffeln kochen, abgießen und ganz auskühlen lassen. Pellen und ganz fein zerstampfen. Die Zwiebel sehr fein würfeln, in Butter andünsten und mit Milch, Mehl, Ei und Salz unter das Kartoffelpüree kneten, eventuell mehr Mehl nehmen, der Teig darf nicht kleben.

Mit nassen Händen kleine Knödel formen und in reichlich siedendem Wasser gut 10 Minuten ziehen lassen.

Abgetropft nach Belieben noch mit gebräunter Butter übergießen. Zu Fleischgerichten mit viel Sauce.

SERVIETTENKNÖDEL

Zutaten

4 frische Semmeln
½ l Milch
1 ganzes Ei
1 Eigelb
50 g Butter
Salz
etwa 100 g Mehl

Die Semmeln würfeln – etwa zur Größe einer Daumenkuppe. Mit Milch, ganzem Ei und Eigelb vermischen.

Die Butter bei milder Hitze schmelzen lassen und unter die Semmelmasse rühren, leicht salzen. Die Masse etwa 15 Minuten ruhen lassen. Nach der Ruhezeit die Knödelmasse erneut gut durchmischen und das Mehl unterkneten.

Es muss ein Knödelteig entstehen, dessen Konsistenz in der Mitte zwischen flüssig und fest liegt. Für den Anfänger empfiehlt es sich, etwas mehr Mehl zu nehmen. Der Knödel wird dann nicht ganz so locker, wie er sein soll, kann aber als gelungen anerkannt werden. Mit zunehmender Erfahrung traut man sich dann, immer weniger Mehl zu nehmen. Einfach ausprobieren!

Ein sauberes Küchenhandtuch oder eine große Serviette (daher kommt der Name) nass machen und die Knödelmasse darin zu einer Rolle formen. An beiden Enden mit einem längeren Faden zubinden.

In einem großen, möglichst länglichen Topf dreiviertel hoch Wasser zum Kochen bringen, salzen. Quer über den Topf einen langen Kochlöffel legen und die Knödelrolle mit den Bindfäden so darin befestigen, dass sie frei im Kochwasser hängt. 30 Minuten sprudelnd kochen, dann das Paket aus dem Topf nehmen, Faden lösen, die Rolle auswickeln und auf eine vorgewärmte Platte legen. Die Enden eines festen, dünnen Zwirnsfadens von etwa 30 cm Länge um die Zeigefinger jeder Hand wickeln und damit den Knödel in Scheiben schneiden, auf keinen Fall mit einem Messer, sonst klatschen die Scheiben zusammen. Vorsichtig mit einem Tortenheber servieren.

SEMMELKNÖDEL

Zutaten

Für 4–6 Personen:
10 altbackene Brötchen
Salz, Pfeffer
Muskatnuss
⅜ l Milch
100 g durchwachsener Speck
1 mittelgroße Zwiebel
4 Eier
25 g Butter
4 EL fein gehackte Petersilie

Die Brötchen in sehr dünne Scheiben schneiden (die Bayern können das Knödelbrot praktischerweise schon fertig geschnitten kaufen), in einer Schüssel mit Salz, Pfeffer und etwas geriebener Muskatnuss vermischen.

Die Milch erwärmen und darüber gießen. Mit einem großen Teller beschweren und 30 Minuten ziehen lassen. Inzwischen den Speck und die geschälte Zwiebel fein würfeln. Die Speckwürfel in einer kleinen Pfanne auslassen, die Zwiebelwürfel darin glasig dünsten, dann etwas abkühlen lassen und mit den Eiern unter den Teig mischen.

Die Butter in einem Pfännchen schmelzen und zusammen mit der Petersilie unter den Teig kneten.

Mit angefeuchteten Händen nicht zu große Knödel aus dem Teig formen. Einen großen Topf mit Wasser aufkochen, Salz dazustreuen und in dem leise simmernden Wasser die Knödel etwa 20 Minuten ziehen lassen.

Mit einem Schaumlöffel vorsichtig aus dem Wasser heben, abtropfen lassen und zu Gerichten mit viel Sauce servieren.

LAUCH-SEMMELKNÖDEL

Zutaten

150 g altbackene Brötchen
100 ml lauwarme Milch
1 Stange Lauch (150 g)
2 EL Butter (50 g)
Salz, Pfeffer
Muskatnuss
2 Eier mittlerer Größe
30 g Semmelbröseln
1 Bund glatte Petersilie
Pflanzenöl zum Braten

Die Brötchen in Würfel schneiden und mit der lauwarmen Milch übergießen. Den Knödelteig etwas andrücken und 15 Minuten quellen lassen.

Den Lauch von Wurzel und grobem Grün befreien und gründlich waschen und in dünne Streifen schneiden. Die Butter erhitzen, Lauch zugeben, 10 Minuten bei geringer Temperatur dünsten und mit Salz, Pfeffer und Muskatnuss abschmecken.

Die Eier mit einem Schneebesen kurz aufschlagen und mit den abgekühlten Lauchstreifen und den Semmelbröseln unter die Knödelmasse geben. Die Petersilie waschen, Blätter abzupfen, grob hacken und ebenfalls unterheben. Die Masse in gleich große Knödel formen und etwas flach drücken. In einer Pfanne mit Pflanzenöl langsam 5 Minuten goldbraun braten und anrichten.

BREZENKNÖDEL MIT SCHALOTTEN UND PETERSILIE

Zutaten

4 trockene Brezeln, vom Vortag
¼ l Milch
Salz, Pfeffer
Muskatnuss
2 Schalotten
1 EL Butter
1 Bund glatte Petersilie
3 Eier

Die dicken Stücke der Brezeln zuerst der Länge nach halbieren. Die Brezeln in ½ cm dicke Scheiben schneiden. Die Milch erhitzen, mit Salz, Pfeffer und frisch geriebener Muskatnuss würzen, gleichmäßig über die Brezeln gießen und 10 Minuten quellen lassen. In der Zwischenzeit die Schalotten schälen und in feine Würfel schneiden. In einer Pfanne mit 1 EL Butter die Schalotten etwa 5 Minuten bei geringer Temperatur glasig dünsten.

Die Petersilie waschen, trockentupfen, von den Stielen zupfen und nicht zu fein hacken. Die Eier trennen. Eigelbe, Schalotten und Petersilie unter die Brezeln heben. Das Eiweiß mit dem Handrührgerät leicht anschlagen und vorsichtig unter die Knödelmasse heben. Die Masse falls nötig nochmals mit Pfeffer und Muskatnuss abschmecken. Da die Brezeln schon gesalzen sind, nicht zu kräftig salzen.

Je 2 lange Stücke (etwa 40 cm lang) Alu- und Klarsichtfolie zurechtschneiden. Die Klarsichtfolien jeweils auf die Alufolien legen. Die Hälfte der Knödelmasse auf das untere Drittel einer Lage verteilen und zusammenrollen. Die Enden dabei fest eindrehen. Durch den Druck verbindet sich der Inhalt. Die Rolle ist etwa 16 cm lang und hat einen Durchmesser von 6 cm. Die zweite Rolle auf die gleiche Weise fertig stellen. Die beiden Rollen in kochendem Wasser etwa 20 Minuten garen. Das Wasser sollte dabei leicht sprudeln. Den Topf vom Herd nehmen und weitere 20 Minuten ziehen lassen.

Die Knödelrollen aus den Folien nehmen, in etwa 1 cm dicke Scheiben schneiden und servieren.

Besonders lecker schmecken die Knödel auch gebraten. Dafür 2 EL Butter in einer Pfanne erhitzen und die Knödel darin von beiden Seiten insgesamt 4 Minuten goldbraun braten.

TIPP: Aus übrig gebliebenen Brezenknödeln lässt sich hervorragend ein Knödelgröstl machen: 2 Frühlingszwiebeln putzen, waschen und in feine Ringe schneiden. In einer Pfanne mit 1 EL Butter andünsten. 100 g gekochten Schinken in Würfel schneiden, zu den Zwiebeln geben und kurz anbraten. Brezenknödel in dünne Scheiben schneiden, dazugeben und leicht anbräunen. 3 Eier leicht verquirlen, unter die Brezenknödel mischen und stocken lassen. 1 Bund Schnittlauch waschen, trockentupfen und in Röllchen schneiden. Das Knödelgröstl damit bestreuen.

PILZ-POLENTA

Zutaten

20 g getrocknete Steinpilze
75 g Champignons
1 kleine Zwiebel (oder Schalotte)
2 EL Pflanzenöl
1 l Hühnerbrühe (möglichst selbstgekochte)
Salz
250 g Polenta (Maisgrieß)
80 g frisch geriebener Parmesan
1 TL frischer Oregano

Die Steinpilze in heißem Wasser etwa 30 Minuten einweichen. Dann die Pilze ausdrücken und grob hacken. Die Champignons trocken säubern, Stielenden abschneiden und die Champignonköpfe vierteln. Die Zwiebel pellen und fein hacken.

In einer großen, hohen Pfanne das Öl erhitzen und die Zwiebelwürfel andünsten. Wenn sie hellgelb sind, die Champignons zugeben und unter Rühren weiterdünsten. Dann die Steinpilze zugeben, die Hühnerbrühe angießen und mit etwa 1 TL Salz würzen. Die Hitze erhöhen und die Brühe einmal aufkochen lassen, dann die Hitze wieder reduzieren.

Sobald die Brühe nur noch köchelt, den Polentagrieß unter ständigem Rühren mit einem Holzlöffel (immer in der gleichen Richtung) einrieseln lassen, bis der Grieß ohne Klümpchen mit der Brühe vermischt ist.

Die Hitze soweit reduzieren, dass der Brei nur noch ab und zu blubbert. Die Polenta etwa 30 Minuten garen, dabei alle zwei Minuten mit dem Holzlöffel umrühren, bis sich der Brei vom Pfannenrand löst.

Den geriebenen Parmesan kräftig unterrühren und die Polenta mit Oregano und Salz abschmecken.

GEMÜSEPOLENTA

Zutaten

2 Möhren
1 Staudensellerie
150 g tiefgekühlten oder 250 g frischen Spinat
2 Zwiebeln
2 Knoblauchzehen
1 Bund Petersilie
1 Bund Basilikum
1 Zweig frischer Rosmarin oder 1 TL getrockneter Rosmarin
3–4 EL Olivenöl
1 l Wasser
250 g Polenta (feiner Maisgrieß)
Salz
Pfeffer
40 g geriebener Parmesan
Kastenform, mit etwas Öl ausgepinselt

Die Möhren putzen und in zentimetergroße Würfel schneiden. Den Staudensellerie putzen, die holzigen Fasern entfernen und in zentimetergroße Scheiben schneiden. Den frischen Spinat verlesen, gründlich waschen und grob zerteilen, tiefgekühlten Spinat auftauen lassen. Zwiebeln und Knoblauch schälen und grob zerteilen. Petersilie und Basilikum waschen, trocknen, die Blätter vom Stiel entfernen und hacken. Rosmarin waschen und die Nadeln grob hacken.

In einem großen Topf das Olivenöl erhitzen. Darin zuerst die Zwiebeln, dann den Knoblauch andünsten. Die Möhren und den Sellerie zugeben, 10 Minuten unter Rühren andünsten. Rosmarin, Basilikum und Petersilie zugeben, anschließend den Spinat. Noch einmal 5 Minuten dünsten. Das Wasser angießen und die Polenta langsam unterrühren. Mit Salz, Pfeffer und Parmesan abschmecken und zugedeckt auf kleiner Flamme 5 bis 10 Minuten garen, dabei ab und zu umrühren. Es soll ein steifer Brei entstehen. Die Polentamasse in die geölte Form füllen, glatt streichen und nach etwa 20 Minuten auf eine Platte stürzen. Zum Servieren in 2 cm dicke Scheiben schneiden und in Olivenöl kurz anbraten, damit sie warm werden.

TIPP: Man kann die Polentascheiben auch in einer Panade aus Ei, Sahne und geriebenem Parmesan wenden und in Butter und Öl auf kleiner Flamme ausbraten.

GEBRATENE HIRSEPLÄTZCHEN

Zutaten

100 g Hirse (ganzes Korn)
½ l Wasser
50 g Hirseflocken (Reformhaus)
2 Eier
100 g Mascarpone
10 große Blätter frische Minze
2 Msp. gemahlener Kardamon
Salz
Pfeffer
Cayennepfeffer nach Belieben
3 EL Pflanzenöl
1 EL Butter

Die Hirse unter lauwarmem fließenden Wasser gründlich waschen (nur so können die Bitterstoffe der Hirse herausgelöst werden). In einem Topf 2 Minuten ohne Fett rösten und mit einem Viertel der Wassermenge ablöschen, Flüssigkeit vollständig einkochen lassen und den Vorgang dreimal wiederholen. Anschließend die Hirse bei geringer Temperatur in 20 Minuten weich kochen, bis die gesamte Flüssigkeit verkocht ist. Die trockene Hirsemasse in eine Schüssel umfüllen und 10 Minuten quellen lassen.

Die Hirse mit Hirseflocken, Eiern, Mascarpone und klein geschnittenen Minzblättern vermengen und mit Kardamon, Salz und Pfeffer würzen. Die Hirsemasse mit einem Löffel abstechen, in eine Pfanne mit 3 EL heißem Pflanzenöl und 1 EL Butter geben, etwas flach drücken, in Form bringen und von beiden Seiten 3 Minuten goldbraun braten.

BUCHWEIZENPLÄTZCHEN AUF ROTER BETE MIT FRISCHEM INGWER UND KOKOSSAUCE

Zutaten

80 g Buchweizengrütze (Reformhaus)
300 ml Gemüsefond
1 Bund Frühlingszwiebeln (120 g)
2 Knoblauchzehen
4 EL Pflanzenöl
150 g Speisequark, 20 %
2 Eier mittlerer Größe
1 EL gehackte Korianderblätter (Blätter von einem halben Bund)
Salz
Pfeffer
1 Msp. gemahlener Koriander
Muskatnuss
330 g eingelegte Rote-Bete-Kugeln (aus dem Glas, Nettogewicht 220 g)
Rote-Bete-Saft aus dem Glas
1 walnussgroßes Stück frischer Ingwer
1 Dose Kokosmilch (400 ml) (in Asialäden erhältlich)
1 Spritzer Limettensaft
2 EL Butter

Die Buchweizengrütze in einem Topf ohne Fett kurz rösten und mit 100 ml Gemüsefond ablöschen. Flüssigkeit bei geringer Temperatur vollständig einkochen lassen. Den Vorgang zweimal wiederholen. Sobald die gesamte Flüssigkeit aufgesogen ist, die trockene Buchweizenmasse in eine Schüssel umfüllen und 15 Minuten quellen lassen.

Die Frühlingszwiebeln von Wurzeln und grobem Grün befreien und in dünne Ringe schneiden. 1 geschälte Knoblauchzehe ebenfalls klein schneiden, 1 EL Pflanzenöl erhitzen und die Frühlingszwiebeln und den Knoblauch 2 Minuten unter ständigem Wenden braten und unter die Buchweizenmasse geben. Quark und Eier zugeben, mit grob gehackten Korianderblättern, Salz, Pfeffer, gemahlenem Koriander und etwas Muskatnuss würzen. Die Rote Bete in mundgerechte Stücke schneiden und mit dem Saft aus dem Glas erhitzen. Für die Sauce den Ingwer und 1 Knoblauchzehe schälen und in kleine Würfel schneiden bzw. fein hacken. Die Kokosmilch erhitzen und bei geringer Temperatur etwa 5 Minuten sämig einkochen. Mit Ingwer, Limettensaft, fein gehacktem Knoblauch und Salz abschmecken.

Buchweizenmasse mit einem Esslöffel abstechen und in einer Pfanne mit 3 EL heißem Öl und 2 EL Butter von beiden Seiten 3 Minuten goldbraun braten. Die Plätzchen auf einem Küchenpapier abtropfen lassen und mit dem Rote-Bete-Gemüse und der Kokossauce servieren.

ROGGEN-APFEL-KÜCHERL MIT GESCHMORTEM WURZELGEMÜSE UND MEERRETTICHSCHMAND

Zutaten

160 g Roggen (ganzes Korn)
700 l Wasser
2 säuerliche Äpfel, z. B. Boskop (450 g)
4 EL Butter
1 Bund Frühlingszwiebeln
250 g Petersilienwurzel (wahlweise Knollensellerie)
300 g Karotten
1 EL Puderzucker
1 Zweig frischer Thymian
1 Lorbeerblatt
3 Knoblauchzehen
Salz
Pfeffer
Muskatnuss
200 g Schmand oder Sauerrahm
1 EL frisch geriebener Meerrettich (oder aus dem Glas)
1 Spritzer Zitronensaft

1 TL fein gehackter Dill
100 g Speisequark, 20 %
2 Eier mittlerer Größe
2 EL Weizenmehl Type 550 (25 g)
3 EL Pflanzenöl

Den Roggen in einem Topf etwa 2 Minuten ohne Fett rösten, dann 200 ml Wasser angießen. Den Vorgang noch zweimal wiederholen und die Roggenkörner bei geringer Temperatur in etwa 45 Minuten weich kochen. Die Flüssigkeit sollte dabei vollständig verkocht sein.

Die Äpfel waschen, schälen, vierteln, vom Kerngehäuse befreien und in kleine Würfel schneiden. 2 EL Butter erhitzen und die Apfelwürfel 5 Minuten weich dünsten. Das Grün der Frühlingszwiebeln entfernen und das Weiße der Länge nach halbieren. Petersilienwurzeln und Karotten schälen und in grobe Stücke schneiden. 2 EL Butter erhitzen, Puderzucker darin leicht karamellisieren lassen, Thymian, Lorbeerblatt und die in der Schale leicht angedrückten Knoblauchzehen kurz braten. Gemüse und Frühlingszwiebeln zugeben und etwa 2 Minuten bei geringer Temperatur glasieren. Die restlichen 100 ml Wasser angießen und abgedeckt etwa 35 Minuten weich schmoren.

Wenn Flüssigkeit fehlt, Wasser nachgießen. Mit Salz, Pfeffer und Muskatnuss würzen. Den Schmand mit dem Meerrettich, Zitronensaft und Dill verrühren und mit Salz und Pfeffer würzen. Den abgekühlten Roggen mit den gedünsteten Apfelwürfeln, Quark, Eiern und Mehl zu einer homogenen Masse vermengen und mit Salz würzen. Roggenmasse mit einem Esslöffel abstechen, in eine Pfanne mit heißem Öl und restlicher Butter geben, etwas flach drücken, in Form bringen und von beiden Seiten 3 Minuten goldbraun braten.

Die Roggenkücherl portionsweise auf dem geschmorten Wurzelgemüse auf Tellern anrichten und mit Meerrettichschmand servieren.

QUARKNOCKEN

Zutaten

2 EL Butter
½ Bund glatte Petersilie
2 Eier
¼ l Milch
25 g Speisequark
1 EL Crème fraîche
Salz
Muskatnuss
400 g Toastbrot
Butter zum Braten

Die Butter in einem kleinen Topf schmelzen lassen. Die Petersilie waschen, trockentupfen und die Blätter fein hacken. Die Eier trennen. Eigelbe mit Milch, Quark, Crème fraîche, geschmolzener Butter und Petersilie glatt rühren, mit Salz und frisch geriebener Muskatnuss würzig abschmecken.

Das Toastbrot entrinden und in feine Würfel schneiden, unter die Quarkmasse mischen und 20 Minuten ziehen lassen. Das Eiweiß mit 1 Prise Salz zu steifem Schnee schlagen und vorsichtig unter die Quarkmasse heben.

Einen Topf mit Salzwasser zum Kochen bringen, mit einem Esslöffel aus der Masse Nocken abstechen und in das Wasser geben. Einmal aufkochen lassen und bei geringer Hitze 15 Minuten ziehen lassen. Die Nocken mit einem Schaumlöffel herausnehmen, erkalten lassen.

Die Quarknocken in einer Pfanne mit etwas Butter von beiden Seiten goldbraun braten und servieren.

PASTA & RISOTTI

Seite 167–194

Schon lange hat die Pasta unsere Küchen erobert. Das deutsche Wort Teigwaren klingt nüchtern und langweilig. Unter Pasta verstehen wir in erster Linie Spaghetti, die, mit den verschiedenen Saucen verfeinert, für viele ein Standardessen geworden sind. Alles, was ich zu oft esse, habe ich irgendwann über – außer Spaghetti! Wenn ich wenig Zeit habe oder für mich allein koche, mache ich mir Spaghetti mit Salbeibutter. Die Spaghetti müssen »al dente« sein, die frischen Salbeiblätter müssen bei geringer Hitze in Butter kross gebraten werden und der Pfeffer muss frisch gemahlen sein. Der Parmesan oben drauf muss natürlich auch frisch gerieben sein. Das ist für mich ein Gourmet-Essen. Nicht so oft, aber genauso gerne, esse ich Risotto in den verschiedensten Variationen. Ich habe lange gebraucht, bis mir klar wurde, dass ein guter Risotto nur mit selbstgemachtem Fond gelingen kann. Die Reiskörner saugen sich während des Kochens mit der Flüssigkeit voll und nehmen ihren Geschmack an. Nur so wird es zu einem Risotto, zu dem man »Sie« sagen muss, wie meine Mutter gesagt hätte.

NUDELTEIG

Zutaten

3 EL Olivenöl
Salz
180 g Eigelb (etwa 8 Eier)
210 g Mehl Type 405
125 g Grieß

Öl, Salz und die gut verquirlten Eigelbe zusammen mit Mehl und Grieß mit bemehlten Händen zu einem gleichmäßigen Teig verkneten. Wenn nötig, noch etwas Mehl zugeben. Den fertigen Teig in Klarsichtfolie einpacken und mindestens 2 Stunden im Kühlschrank ruhen lassen. Mit einer Nudelmaschine oder von Hand verarbeiten. Für Ravioli muss der Teig sehr dünn sein, was ohne Maschine nicht ganz einfach zu erreichen ist.

PASTA KOCHEN

Zutaten

350 g Pasta (Spaghetti, Maccheroni, Penne, Tagliatelle etc.)
Salz

Ehe Sie die Nudeln kochen, sollte die Sauce (von einer ganz schnellen einmal abgesehen) schon fertig sein, denn Pasta muss »aus dem Topf heraus« serviert werden. Damit Nudeln nicht zusammenkleben, ist es wichtig, einen großen Topf zu nehmen. Darin mindestens 3, besser 5 l Wasser aufkochen.

Erst wenn es kocht, 2 bis 3 EL Salz zugeben und die Nudeln locker einstreuen. Spaghetti werden nicht kleiner gebrochen, sondern ins kochende Wasser gehalten und mit ihnen umgerührt, bis die eingetauchten Enden so weich geworden sind, dass auch der Rest ganz im Topf Platz hat. Das Wasser muss nun wieder aufkochen, dabei rühren, sonst setzen die Nudeln am Boden an.

Nun ohne Deckel unter gelegentlichem Rühren gar, aber nicht weich kochen, das Wasser soll immer leise sprudeln. Kurz vor Ende der auf der Packung angegebenen Garzeit eine Nudel probieren – schmeckt sie noch nach Mehl, weiterkochen und jede halbe Minute erneut probieren. Haben sie genau den richtigen Biss (sind also »al dente«), in ein Nudelsieb abgießen, kurz abtropfen lassen und sofort auf vorgewärmte Teller verteilen. Mit der Sauce übergießen und servieren.

PASTA À LA SCOTT

Zutaten

2–3 Frühlingszwiebeln
150 g Champignons
3 EL Olivenöl
1 Knoblauchzehe
1–2 EL Pesto Genovese, selbst gemacht oder aus dem Glas
200 g Tomatenwürfel (fertig aus der Packung)
50 g passiertes Tomatenpüree (gibt's ebenso aus der Packung)
50 g Pinienkerne
½ Becher Crème fraîche
Salz, Pfeffer, eventuell Zucker

Frühlingszwiebeln waschen, putzen und klein schneiden. Die Champignons putzen, säubern und blättrig schnippeln. Die Frühlingszwiebeln im Öl andünsten, dann die Pilze mitbraten. Geschälten, durch die Presse gedrückten Knoblauch, Pesto, Tomatenwürfel und -Püree zugeben.

Pinienkerne in einer Pfanne ohne Öl hellbraun anrösten und unterrühren. Auf kleiner Stufe köcheln lassen, bis die Champignons gar sind (das kann sehr kurz sein, man isst Champignons ja auch roh), die Crème fraîche unterrühren und mit Salz, Pfeffer und eventuell einer Prise Zucker abschmecken.

Passt besonders zu Fettuccini (Bandnudeln), geht aber auch zu anderen Pastasorten.

PASTA À LA SOPHIA

Zutaten

5–8 Sardellenfilets, in Öl eingelegt
5 EL zimmerwarme Butter
2 EL Zitronensaft
grob gemahlenen Pfeffer
2 Knoblauchzehen
300 g Tomaten, frisch oder aus der Dose
2 EL gehackte glatte Petersilie
2 EL Olivenöl
1 Lorbeerblatt
Salz
500 g Penne

Die Sardellen wässern, dann abtropfen lassen, mit einer Gabel zerdrücken und unter die zimmerwarme Butter mischen. Zitronensaft und grob gemahlenen Pfeffer dazu geben. Die Masse zu einer Kugel formen und im Kühlschrank fest werden lassen. Den Knoblauch schälen und zerdrücken. Frische Tomaten überbrühen, abziehen, den Stielansatz entfernen und das Fruchtfleisch zerdrücken. Die Petersilie waschen, trockentupfen und hacken.

In einer Pfanne das Olivenöl erhitzen und den Knoblauch darin andünsten. Tomaten und Lorbeerblatt dazugeben, mit Salz und Pfeffer würzen und 10 bis12 Minuten köcheln. Vom Herd nehmen und die Petersilie unterrühren.

Penne »al dente« kochen. Die Sardellen-Butter in die Servierschüssel geben und die heißen Nudeln darüber geben, gründlich vermengen. Die Penne mit einem großen Klecks Tomatensauce sofort servieren.

PASTA MIT FRISCHEN KRÄUTERN

Zutaten

1 unbehandelte Orange
1 Knoblauchzehe
25 g Haselnüsse
8–10 EL gemischte Kräuter, z. B. Basilikum, Minze, Dill, Kerbel, Petersilie, Schnittlauch
75 g Parmesan
350 g Spaghetti
3 EL Butter
4 EL Olivenöl
Salz, Pfeffer

Die Orange abwaschen, die Hälfte der Schale als Zesten abziehen und fein hacken. Den Knoblauch schälen und sehr fein würfeln. In einer Pfanne die Haselnüsse ohne Fett anrösten und grob hacken. Die Kräuter waschen, trockentupfen und hacken. Den Parmesan reiben.

In einem Topf die Spaghetti »al dente« kochen. In einer großen Pfanne die Butter schmelzen und den Knoblauch anschwitzen. Haselnüsse, Orangenzesten, Olivenöl, Salz, Pfeffer und etwas Nudelwasser unterrühren. Die Spaghetti abgießen, in die Pfanne geben und gut mit den übrigen Zutaten vermengen. Parmesan und die frischen Kräuter unterheben.

PASTA MIT GEBRATENEN LAMMFILETS UND SPINAT

Zutaten

500 g Spinat
6 Lammfilets (ca. 500 g)
8 Zweige Thymian
1 unbehandelte Zitrone
2 Knoblauchzehen

100 g Schalotten
3 EL Olivenöl
Salz, Pfeffer
80 g Butter
Muskatnuss
100 ml Lammfond
100 g salziger Ricotta (ersatzweise junger Pecorino)
300 g Pasta (z. B. Gnocchi, Linguine, Mezze Penne)

Spinat putzen, waschen, abtropfen lassen und trocken schleudern. Wenn nötig, Haut und Sehnen von den Lammfilets entfernen. Die Thymianblätter abzupfen und grob hacken. Die Zitronenschale fein abreiben. Den Knoblauch pellen und durchpressen, die Schalotten pellen und fein würfeln.

Das Öl in der Pfanne erhitzen und die Lammfilets bei mittlerer Hitze 4 bis 5 Minuten darin braten, salzen und pfeffern. Den Knoblauch und die Hälfte des Thymians zugeben, weitere 30 Sekunden braten und beiseite stellen. Die Butter in einem großen Topf schmelzen lassen und die Schalotten darin bei mittlerer Hitze dünsten. Den Spinat dazugeben, mit Salz, Pfeffer und Muskat würzen und 2 Minuten unter Rühren garen. Den Lammfond zugießen und 1 bis 2 Minuten offen weitergaren. Zudecken und beiseite stellen. Den Ricotta grob raspeln, und die Nudeln nach Packungsanweisung kochen. Die Lammfilets schräg aufschneiden und zusammen mit den Nudeln, der Hälfte der Zitronenschale, dem restlichen Thymian und dem Spinat kurz erwärmen. Restliche Zitronenschale und die Hälfte des Ricottas unterheben. Auf vorgewärmten Tellern anrichten und die andere Hälfte Ricotta dazu servieren.

PASTA MIT GRÜNEM GEMÜSE

Zutaten

1 Schalotte
125 g dünne grüne Bohnen
250 g grüner Spargel
75 g Baby-Spinat
2 Frühlingszwiebeln
4 Stängel Basilikum
1 EL Butter
¼ l Hühnerbrühe
125 g Erbsen (frisch oder TK)
Salz, Pfeffer
400 g Penne
100 g Parmesan

Schalotte schälen und fein würfeln. Bohnen waschen und halbieren. Vom Spargel die harten Enden entfernen und die Stangen in 3 bis 4 cm lange Stücke schneiden. Spinat verlesen, waschen und trockenschleudern. Frühlingszwiebeln putzen und in 1 cm lange Stücke teilen. Basilikum in Streifen schneiden.

Der Pastatopf mit kochendem Salzwasser steht auf dem Herd. Die Butter in einer großen Pfanne schmelzen und die Schalotte darin glasig schwitzen. Spargelstücke (ohne die Köpfe) dazugeben und kurz anbraten. Die Brühe angießen und zum Kochen bringen. Spargelköpfe, Bohnen, Erbsen und Frühlingszwiebeln zugeben und mit Deckel köcheln, bis das Gemüse gar ist. Den Spinat unterheben, zusammenfallen lassen und alles mit Salz und Pfeffer abschmecken. Die Penne al dente kochen und mit dem Gemüse vermengen. Auf Teller verteilen und mit Basilikum und, nach Geschmack, mit frisch geriebenem Parmesan bestreut servieren.

PASTA MIT MANDELPESTO

Zutaten

1 Msp. Safranfäden
9 EL Rosenwasser
1 Bund Petersilie
1 kleine Knoblauchzehe
50 g Haselnusskerne
50 g geschälte Mandeln
12 EL Olivenöl
1 Msp. Zimtpulver
Salz, weißer Pfeffer
400 g Pasta (schmale Bandnudeln, Spaghetti oder Spaghettini)

Die Safranfäden in das Rosenwasser rühren und 1 Stunde ziehen lassen. Die Petersilie waschen und die Blätter grob hacken. Den Knoblauch pellen und in Stücke schneiden. Die Nüsse und die Mandeln in einer trockenen Pfanne leicht anrösten, dann abkühlen lassen und im Mixer mit 3 bis 4 EL Olivenöl zerkleinern. Petersilie und Knoblauch zugeben und zerkleinern, dann nach und nach das restliche Öl und zuletzt das Safran-Rosenwasser zufließen lassen und zu einer samtigen Sauce mixen. Mit Salz und reichlich Pfeffer abschmecken.

Nudeln »al dente« kochen und sehr heiß mit dem Mandelpesto übergießen.

PASTA MIT MANGOLD

Zutaten

1 kg Mangold
2–3 Knoblauchzehen
Salz
200 ml bestes Olivenöl, extra nativ
Pfeffer
400 g Pasta (zum Beispiel Fusilli – »Korkenziehernudeln«)
3–4 EL frisch geriebener Parmesan

Den Mangold waschen, putzen und die Blätter von den Stielen trennen. Die Knoblauchzehen pellen.

Reichlich Wasser zum Blanchieren aufsetzen, leicht salzen. Die Mangoldblätter und 1 bis 2 Knoblauchzehen im kochenden Wasser aufwallen lassen, dann in ein Sieb gießen und gut abtropfen lassen oder in einer Salatschleuder trocknen.

Die abgetropften Mangoldblätter mit dem blanchierten Knoblauch in der Küchenmaschine oder im Mixer zu einem ziemlich groben Püree hacken, dabei in den letzten Sekunden ein Drittel des Olivenöls mitmixen. Die rohe Knoblauchzehe mit etwas Salz zerdrücken und zusammen mit einem weiteren Drittel des Öls unter das Püree rühren. Mit Salz und Pfeffer abschmecken. Die Pasta in reichlich Salzwasser »al dente« kochen, in ein Sieb gießen und gut abtropfen lassen. Heiß mit dem grünen Püree vermischen, dann das übrige Olivenöl untermischen und mit dem Parmesan bestreuen. Gleich servieren.

PASTA MIT MUSCHELN, GARNELEN UND AVOCADOSAUCE

Zutaten

2–3 Knoblauchzehen
1 reife Avocado
3 EL Zitronensaft
1 TL körniger oder Dijon-Senf
150 g Sahne oder Crème fraîche
Meersalz
Pfeffer
200 g vorgekochte Krabben oder Garnelen
200 g vorgekochte Muscheln
400 g Pasta (Tagliatelle oder Spaghetti)

Die Knoblauchzehen pellen und klein schneiden. Die Avocado schälen und vierteln. An einem Viertel den Kern der Avocado lassen und das Fruchtfleisch mit etwas Zitronensaft beträufeln (Avocadokern und Zitronensaft verhindern, dass sich das Avocadofleisch braun färbt). Den übrigen Zitronensaft mit dem Senf verrühren.

Drei Viertel der Avocado klein schneiden, den gehackten Knoblauch dazugeben und mit einer Gabel zerdrücken. Die Zitronen-Senf-Mischung zum Avocadomus rühren, die Sahne oder die Crème fraîche untermischen und mit Salz und Pfeffer abschmecken. Die Krabben und die Muscheln in die Sauce geben. Den Topf mit der Sauce auf ein leise köchelndes Wasserbad setzen und langsam erhitzen. Inzwischen die Pasta in reichlich Salzwasser »al dente« kochen. Wenn die Pasta gar ist, in ein Sieb abgießen, abtropfen lassen und mit der Sauce vermischen. Auf vorgewärmte Teller verteilen.

Das letzte Viertel der Avocado in Scheiben schneiden und die Pasta damit garnieren. Gleich servieren.

PASTA MIT ROHEM THUNFISCH UND KAPERN

Zutaten

300 g Spaghettini
150 ml bestes Olivenöl
2 kleine rote Zwiebeln (fein gewürfelt)
geriebene Schale und Saft von 1 Zitrone
1 Glas Kapern (35 g)
5 EL gehackte glatte Petersilie
Salz, Pfeffer
300 g frisches Thunfischfilet

Spaghettini al dente kochen. Währenddessen in einer Pfanne mit 2 EL Olivenöl die Zwiebelwürfel anbraten und zur Seite stellen. In einer großen Schüssel das restliche Olivenöl mit Zitronensaft und -schale vermischen, die Kapern und die gehackte Petersilie dazugeben und mit Salz und Pfeffer abschmecken. Die angebratenen Zwiebelwürfel und den klein gewürfelten Thunfisch ebenfalls in die Schüssel geben. Ziehen lassen, bis die Spaghettini »al dente« gekocht sind. Die Pasta abgießen und die heißen Spaghettini direkt in die Schüssel zur Thunfisch-Sauce geben. Die heiße Pasta lässt die Thunfischwürfel gar ziehen. Alles gut vermengen und sofort servieren.

PASTA MIT TOMATEN UND INGWER

Zutaten

2 Zwiebeln
2 Knoblauchzehen
1 walnussgroßes Stück Ingwer
3–4 Tomaten
½ Bund Petersilie
50 g Butter
1 TL Zucker
Salz, Pfeffer
500 g Spaghetti

Zwiebeln und Knoblauch schälen und in feine Würfel schneiden. Ingwer schälen und sehr fein hacken. Die Tomaten brühen, abziehen, Stielansatz entfernen und das Fruchtfleisch würfeln. Die Petersilie waschen, trockentupfen und fein hacken. In einer Pfanne die Butter schmelzen und bei mittlerer Hitze darin Zwiebeln, Knoblauch und Ingwer anschwitzen. Die Tomaten und den Zucker zugeben und etwa 15 Minuten mit Deckel köcheln lassen. Die Sauce mit Salz und Pfeffer abschmecken und mit Petersilie bestreuen. Die Spaghetti in Salzwasser »al dente« kochen, abgießen und mit der Sauce vermischen.

PASTA MIT TOMATEN UND STEINPILZEN

Zutaten

20 g getrocknete Steinpilze
1–3 Knoblauchzehen
3 Zweige frischer Thymian
½ Bund glatte Petersilie
1 getrockneter Peperoncino (Chilischote)
4 EL Olivenöl zum Braten
¼ l Gemüsebrühe
2 EL Zitronensaft
1 große Dose geschälte Tomaten
Salz
400 g Conchiglie (muschelförmige Nudeln) oder andere Pasta
½ Becher Sahne
etwa 100 g Parmesan
Pfeffer
extrafeines Olivenöl zum Beträufeln

Die Steinpilze in lauwarmem Wasser einweichen. Den Knoblauch pellen und fein hacken. Die Kräuter waschen, die Thymianblättchen abzupfen, die Petersilie fein hacken. Den Peperoncino zerkleinern. Die Steinpilze kurz abspülen, um Sandreste zu entfernen.

In einer Pfanne das Olivenöl zum Braten erhitzen. Den Knoblauch, Thymian, Petersilie und die Chilischote darin andünsten. Die Steinpilze zugeben und unter Rühren 2 bis 3 Minuten anschmoren. Die Brühe aufgießen und 5 Minuten offen kochen. Den Zitronensaft und die grob zerteilten Tomaten zugeben und die Sauce etwa 20 Minuten leise köcheln lassen, bis sie dickflüssig wird.

Reichlich Salzwasser für die Nudeln aufsetzen, die Pasta nach Packungsangabe »al dente« garen. Den Parmesan in feine Späne hobeln.

Die Sahne zur Tomatensauce gießen, bei starker Hitze schnell etwas einkochen, mit Salz und Pfeffer würzen und vom Herd nehmen.

Die bissfest gekochten Nudeln abgießen und mit der Sauce vermischen. Auf Teller verteilen, mit den Parmesanspänen bestreuen und ein wenig sehr feines Olivenöl darüber träufeln.

ZUCCHINI-PASTA MIT MANDELN

Zutaten

400 g schmale Zucchini
2 Knoblauchzehen
1 Bund Basilikum
1 kleiner Zweig Rosmarin
350 g Tagliatelle
6 EL Olivenöl
60 g geschälte und halbierte Mandeln
2 EL Zitronensaft
2 EL Crème fraîche
Salz, Pfeffer
40 g Parmesan

Die Zucchini waschen, der Länge nach mit einem Sparschäler zuerst schälen und dann weiter längs dünne Scheiben abziehen. Wenn die Zucchini sehr groß sind, die dünnen Scheiben halbieren. Den Knoblauch schälen und in dünne Scheiben schneiden. Basilikum in Streifen schneiden. Rosmarinnadeln abzupfen und fein hacken.

Nudeln in der Mitte durchbrechen und in reichlich Salzwasser »al dente« garen. 1 Minute vor Ende der Garzeit die Zucchini-Scheiben zu den Nudeln geben. Nudeln und Zucchini abgießen und abtropfen lassen.

In einer Pfanne das Olivenöl erhitzen und Knoblauch, Rosmarin und Mandeln darin anbraten. Nudeln und Zucchini zugeben. Basilikum, Zitronensaft und Crème fraîche zufügen und alles gut vermischen. Mit Salz und Pfeffer abschmecken und kurz erwärmen.

Die Zucchini-Pasta auf Tellern anrichten, mit etwas Olivenöl beträufeln und Parmesan in dünnen Spänen darüber hobeln.

SPAGHETTI AL BURRO CON SALVIA

Zutaten

100 g Butter (oder mehr)
1 Zweig frischer Salbei (oder 1 TL getrockneter)
Parmesan
Salz
Pfeffer

Sie können gleich die Spaghetti nach Grundrezept aufsetzen. Die Butter in einem Pfännchen sachte erhitzen und die Salbeiblätter kurz aufbrutzeln lassen. Die »al dente« gekochten und abgegossenen Spaghetti zurück in den Topf geben, mit Salbeibutter übergießen und gut umrühren. Mit reichlich geriebenem Parmesan, Salz und Pfeffer – natürlich aus der Mühle – servieren.

SPAGHETTI ALLA PUTTANESCA

Zutaten

100 g schwarze Oliven
100 g Sardellenfilets (Anchovis)
50 g Kapern
3–5 Knoblauchzehen
1 kleiner Peperoncino (getrocknete Chilischote)
3 EL Olivenöl
750 g geschälte Tomaten, nicht ausgedrückt
(wenn aus Dose oder Packung: mit dem Tomatensaft)
2 EL Tomatenmark
Salz

Die Oliven entkernen und fein hacken. Sardellenfilets probieren: Wenn sie sehr salzig sind, unter fließendem Wasser abspülen. In Streifchen schneiden. Die Kapern zerdrücken oder fein hacken. Knoblauchzehen (Menge nach Belieben) schälen und fein hacken, zusammen mit dem Peperoncino im heißen Olivenöl leicht anrösten. Oliven und Sardellen einrühren und kurz andünsten.

Dann die Tomaten und das Tomatenmark zugeben, unter Rühren bei mittlerer Hitze ohne Deckel schmoren, bis die Sauce dunkel geworden ist. Vorsichtig mit Salz abschmecken.

Auf nach dem Grundrezept bissfest gekochten Spaghetti servieren. Esse ich auf jeden Fall ohne Parmesan.

SPAGHETTI MIT FALSCHEN TRÜFFELN

Zutaten

150 g Champignons oder braune Egerlinge
Salz
400 g Spaghetti
40 g Butter
grob gemahlener schwarzer Pfeffer
Parmesan

Die Pilze nicht waschen, sondern trocken mit einer Bürste säubern, die Stielenden abschneiden.

Reichlich Salzwasser für die Nudeln aufsetzen. Die Butter in einer Kasserolle erhitzen. Die Pilze mit einem Gurken- oder Trüffelhobel in feine Scheiben hobeln. Ganz kurz in der Butter schwenken – sie sollen nur heiß und halbgar werden.

Inzwischen die Spaghetti »al dente« kochen, abgießen und mit den Pilzen vermischen. Mit Salz und grobem Pfeffer würzen und mit Parmesan bestreut servieren.

SPAGHETTI MIT HUMMERKRABBEN

Zutaten

4–8 rohe Riesengarnelen (Hummerkrabben)
2 große reife Tomaten
2 Schalotten
2 Knoblauchzehen
Salz
400 g Spaghetti
100 g Butter
Pfeffer
50 g Hummer- oder Krebsbutter
Basilikumblätter
Parmesan

Basilikumblätter und frisch geriebener Parmesan nach Geschmack Die Tomaten in kochendem Wasser kurz überbrühen, herausheben. Die Riesengarnelen aus der Schale lösen, jeweils die Rückenseite einschneiden und den dunkleren Darm entfernen. Das Garnelenfleisch kurz kalt abspülen, trocknen und in Stücke schneiden. Die Tomaten häuten und entkernen, das Fruchtfleisch klein würfeln. Die Schalotten und Knoblauchzehen pellen, die Schalotten fein würfeln. Reichlich Salzwasser für die Pasta aufsetzen.

In einer Kasserolle die Butter zerlassen und die Schalotten darin glasig dünsten. Die Tomaten zugeben, den Knoblauch durch die Presse dazudrücken, mit Salz und Pfeffer würzen. Nach fünf Minuten die Garnelenstücke dazugeben und in der Sauce garen. Aber Vorsicht – nicht zu lange garen, sonst werden sie hart!

Inzwischen die Spaghetti bissfest kochen, gut abtropfen lassen. Die Hummerbutter in einer großen Pfanne zerlassen und die Spaghetti darin warm schwenken.

Die Spaghetti auf Tellern anrichten, die Sauce darüber geben und mit in Streifen geschnittenen Basilikumblättchen und Parmesan bestreut servieren.

SPAGHETTI MIT KÜRBISKERN-MINZPESTO

Zutaten

30 Blätter frische Minze
1 kleines Bund glatte Petersilie
15 geschälte Mandeln
30 g Kürbiskerne
1 kleine Knoblauchzehe
1 unbehandelte Zitrone
50 g Parmesan
175 ml Olivenöl
Salz, Pfeffer
Spaghetti

Die Minze und Petersilie waschen, trocknen und die Blätter vom Stiel zupfen. In einer Pfanne zuerst die Mandeln allein und dann mit den Kürbiskernen trocken anrösten. Abkühlen lassen. Kräuter, Knoblauch, 1 EL geriebene Zitronenschale, Kürbiskerne, Mandeln und zerkleinerten Parmesan in einem Mixer mit der Hälfte des Olivenöls pürieren. Nach und nach unter weiterem Rühren im Mixer das restliche Olivenöl zugeben, sodass das Pesto eine sämige Konsistenz bekommt. Wenn nötig, die Masse gelegentlich von den Seiten nach unten schieben. Mit Salz und Pfeffer abschmecken. Mit den »al dente« gekochten Spaghetti servieren.

SPAGHETTI MIT ROTEN ZWIEBELN, GETROCKNETEN TOMATEN, BALSAMICO-ESSIG UND BASILIKUM

Zutaten

500 g Spaghetti
Salz
1 rote Zwiebel
etwas Olivenöl
300 g getrocknete Tomaten, in Öl eingelegt
2 EL Balsamico-Essig
schwarzer Pfeffer
1 Bund Basilikum
40 g Parmesan

Während die Spaghetti in leicht gesalzenem Wasser kochen, bis sie »al dente« sind, die getrockneten Tomaten in Streifen schneiden. Zwiebel schälen, fein hacken und in etwas Olivenöl glasig braten. Getrocknete Tomaten und Balsamico-Essig hinzugeben und mit den fertigen Spaghetti vermischen. Mit Salz und Pfeffer würzen und grob gezupftes Basilikum hinzugeben. Mit geriebenem Parmesan servieren.

SPAGHETTI MIT SPINAT UND OLIVEN

Zutaten

75 g Spinatblätter ohne grobe Stiele
100–160 g große grüne Oliven mit Stein
1 mittelgroße Schalotte
1 unbehandelte Orange
6 EL Olivenöl
Salz, Pfeffer
400 g Spaghetti
nach Geschmack: etwa 100 g Pecorino-Käse am Stück

Die Spinatblätter verlesen und mehrmals gründlich waschen. Kurz mit kochendem Wasser überbrühen, kalt abschrecken und abtropfen lassen. Die Oliven entsteinen und dabei grob zerkleinern. Die Schalotte pellen und vierteln. Die Orange mit heißem Wasser abwaschen und etwa 1 TL Schale mit einem Zestenreißer abziehen. Die Oliven- und Schalottenstücke mit der Orangenschale und dem Spinat im Mixer zu einem groben Püree zerkleinern, dann langsam bei laufendem Mixer das Öl dazugießen. Mit Salz und Pfeffer abschmecken. Die Spaghetti in reichlich kochendem Salzwasser »al dente« garen, abgießen und kurz abtropfen lassen, dann mit der Olivensauce vermischen. Nach Belieben mit gehobeltem Pecorino bestreut servieren.

SPAGHETTI VONGOLE

Zutaten

1 kg Vongole (Herzmuscheln)
8 EL Olivenöl extra nativ
2 Knoblauchzehen
Salz, Pfeffer
400 g Spaghetti
4 EL gehackte glatte Petersilie

Die Muscheln unter fließendem Wasser sehr gründlich schrubben, bereits geöffnete Muscheln aussortieren. In einer großen Pfanne (mit Deckel) 2 EL Öl erhitzen, die Muscheln zugedeckt unter Rütteln 2 bis 3 Minuten dünsten, bis alle geöffnet sind. Muscheln herausheben und den Kochsud durch einen Kaffeefilter gießen. Spaghetti in Salzwasser »al dente« garen.

Die Muscheln auslösen. Den Knoblauch fein würfeln. Das übrige Öl in der Pfanne erhitzen, den Knoblauch glasig dünsten, Muschelsud aufgießen, etwas einkochen, salzen und pfeffern. Die Muscheln und die Nudeln unterheben, mit Petersilie bestreut servieren.

SPAGHETTINI MIT ESTRAGONPESTO

Zutaten

200 g Kirschtomaten
2 Bund Estragon
1 Knoblauchzehe
40 g Parmesan
2–3 EL Pinienkerne
2 EL Dijon-Senf
100 ml Olivenöl
Spaghettini

Die Tomaten waschen, halbieren und zur Seite stellen. Zur Verfeinerung kann man die Tomaten vor dem Halbieren auch häuten. Den Estragon waschen, trockenschütteln, die Blättchen von den Stielen zupfen. Den Knoblauch abziehen. Den Parmesan in kleinen Stücken zusammen mit den restlichen Zutaten (außer Tomaten) in der Küchenmaschine zu einem Pesto mixen. Dabei langsam das Öl einfließen lassen. »Al dente« gekochte Spaghettini mit dem Pesto und den Tomaten servieren.

SPAGHETTINI MIT SEPIA

Zutaten

5–6 Sepia-Tuben, ca. 10–12 cm, küchenfertig geputzt
1 mittelgroße Zwiebel
2 Knoblauchzehen
10 Blätter Basilikum
5–6 EL Olivenöl
1/8 l Weißwein
1 Dose gewürfelte Tomaten, 250 g
Salz, Pfeffer
Cayennepfeffer
500 g Spaghettini

Die Sepia-Tuben unter fließendem kalten Wasser abspülen, trockentupfen und in 5 mm breite Streifen schneiden. Zwiebel und Knoblauch schälen und fein würfeln. Basilikumblättchen waschen, trockentupfen und in feine Streifen schneiden.

Olivenöl in einer Pfanne erhitzen und Zwiebel und Knoblauch darin glasig schwitzen. Die Sepiastreifen zugeben und unter Rühren ca. 3 bis 4 Minuten braten. Mit Weißwein ablöschen und etwa 5 Minuten einkochen lassen. Tomatenwürfel und Basilikumstreifen zugeben und etwa 6 bis 7 Minuten garen. Mit Salz, Pfeffer und Cayennepfeffer herzhaft abschmecken. Spaghettini in reichlich Salzwasser »al dente« garen, abgießen und in der Pfanne mit der Sepia-Sauce mischen.

SPAGHETTINI MIT WEIN-PAPRIKA-SAUCE

Zutaten

3 große rote Paprikaschoten
1/2 l Chardonnay (Weißwein)
Salz
400 g Spaghettini
1/2 Becher Sahne
20 frische Basilikumblätter
Pfeffer
Parmesan

Den Backofen auf 250 °C (oder, wenn vorhanden, den Elektro-Grill auf höchster Stufe) vorheizen. Die Paprikaschoten halbieren und putzen. Mit der Schnittfläche nach unten auf ein Backblech legen und im Ofen oder unter dem Grill so lange rösten, bis die Haut ganz dunkel verbrannt ist und kräftig Blasen wirft. Die Schoten herausnehmen, mit einem feuchten Tuch bedeckt etwa 10 Minuten ruhen lassen. Dann mit einem spitzen Messer soviel Haut wie möglich abziehen.

Inzwischen den Wein in einem Topf ohne Deckel bei starker Hitze auf die Hälfte der Menge einkochen lassen. Reichlich Salzwasser für die Pasta aufsetzen. Die gehäuteten Paprikaschoten in Stücke schneiden und im Mixer fein pürieren, dann zu dem Wein rühren. Die Sahne zugießen und kurz aufkochen lassen. Die Spaghettini im sprudelnd kochenden Wasser »al dente« kochen (Achtung: Garzeit ist kürzer als bei Spaghetti). Die Basilikumblättchen in Streifen schneiden. Die Sauce mit Salz und Pfeffer würzen. Die Spaghettini abgießen, kurz abtropfen lassen und auf Tellern anrichten. Die Sauce darüber verteilen und mit den Basilikumstreifen bestreuen. Frisch geriebenen Parmesan darüber geben und gleich servieren.

TAGLIATELLE MIT CHICORÉE UND RADICCHIO

Zutaten

100 g geräucherter Speck (in 1 mm dünnen Scheiben)
2 kleine rote Zwiebeln
1–2 Knoblauchzehen
300 g Chicorée
300 g Radicchio di Treviso (das ist die längliche Sorte)
2 EL Olivenöl
50 g Butter
1 TL frische Thymianblättchen
1 getrockneter Peperoncino (Chilischote)
75 ml Weißwein
100 ml Hühnerbrühe
400 g Tagliatelle (Eier-Bandnudeln)
Salz
Pfeffer
etwa 100 g Parmesan

Die Speckscheiben in streichholzgroße Stifte schneiden. Die Zwiebeln pellen und in Scheiben schneiden, den Knoblauch fein würfeln.

Den Chicorée und den Radicchio längs halbieren, jeweils den bitteren Strunk herausschneiden, die Hälften in feine Streifen schneiden.

In einer Pfanne 1 EL Öl und die Butter erhitzen, den Speck auslassen. Die Thymianblättchen und die Zwiebeln zugeben, leicht anbräunen. Den Knoblauch und noch 1 EL Öl zugeben, den Peperoncino darüber bröseln, umrühren. Den Radicchio und den Chicorée unter Rühren 2 bis 3 Minuten darin dünsten. Den Wein und die Brühe angießen und aufkochen lassen, dann 20 Minuten bei kleiner Hitze offen simmern lassen, sodass die Flüssigkeit etwas einkocht. Inzwischen die Nudeln in reichlich Salzwasser »al dente« kochen. Den Parmesan reiben und die Hälfte unter die Sauce mischen, mit Salz und Pfeffer abschmecken.

Die Nudeln abgießen und gut abtropfen lassen, mit der Sauce vermischen, nochmals abschmecken und mit dem übrigen Parmesan bestreut heiß servieren.

FETTUCCINE ALL'ALFREDO

Zutaten

350 g Fettuccine (Bandnudeln)
100 g frisch geriebener Parmesan (oder mehr)
120 g Butter
Salz
Pfeffer

Fettuccine kochen, das Wasser bis auf einen kleinen Rest abgießen, damit sie nicht zusammenkleben. In eine vorgewärmte Schüssel füllen, Parmesan unterrühren, dann die Butter in Flöckchen. Salzen und auf vorgewärmten Tellern mit frisch und recht grob gemahlenem Pfeffer servieren.

LINGUINE MIT GORGONZOLA

Zutaten

150 ml Milch
150 g Gorgonzola
1 Becher Crème fraîche
1 Stange Staudensellerie
1 EL Butter
2 EL gehackte Walnüsse
150 g Sahne
250 g Linguine
Salz
Pfeffer
1 Bund Schnittlauch

Die Milch in einem Topf zum Kochen bringen, Gorgonzola und Crème fraîche unter Rühren darin auflösen und auf die Hälfte einkochen lassen.

Den Staudensellerie putzen und in feine Streifen schneiden. In einem Topf die Butter schmelzen und den Staudensellerie darin andünsten, die gehackten Walnüsse dazugeben und mit der Sahne ablöschen. Kurz aufkochen lassen und in die Gorgonzolasauce geben. Die Linguine in reichlich Salzwasser »al dente« kochen, abschütten, in die Gorgonzolasauce geben, gut mischen und nach Geschmack mit Salz und Pfeffer würzen. Den Schnittlauch waschen und in Röllchen schneiden, über die fertigen Linguine streuen und servieren.

BANDNUDELN MIT LACHS

Zutaten

250 g Lachsfilet
2 Schalotten
1 Knoblauchzehe
Salz
400 g Bandnudeln
3 EL Olivenöl
1 Becher Sahne
Pfeffer
1–2 EL fein gehackte Petersilie

Das Lachsfilet mit Küchenkrepp trocknen und in 2 cm große Würfel schneiden. Schalotten und den Knoblauch pellen. Die Schalotten fein würfeln, die Knoblauchzehe nur längs halbieren. Reichlich Salzwasser für die Nudeln aufsetzen.

In einer Pfanne das Olivenöl erhitzen, die Schalottenwürfel und die Knoblauchstücke glasig dünsten. Die Lachswürfel dazugeben und unter Rühren kurz anbraten. Die Sahne dazugießen und schnell bei starker Hitze etwas einkochen lassen.

Inzwischen die Bandnudeln nach Packungsangabe und Bissprobe »al dente« kochen. Die Knoblauchstücke aus der Sahnesauce fischen (und wegwerfen). Die Sauce mit Salz und Pfeffer würzen.

Die gekochten Nudeln abgießen, kurz abtropfen lassen und mit der Sauce vermischen. Mit gehackter Petersilie bestreut servieren.

PENNE ALL'ARRABIATA

Zutaten

100 g durchwachsener Speck
1 Zwiebel
1 EL Olivenöl
2 Knoblauchzehen
2 Chili (Peperoncini)
500 g geschälte Tomaten (frisch oder aus der Dose)
½ Bund Basilikum
geriebener Pecorino
350 g Penne

Den Speck und die geschälte Zwiebel fein würfeln. Die Speckwürfel im Olivenöl bei mäßiger Hitze auslassen, die Zwiebelwürfel, geschälte, durch die Presse gedrückte Knoblauchzehen und die Chilischoten (nicht zerbröselt, aber ohne die extrem scharfen Kerne) andünsten.

Die Tomaten (mit ihrem Saft) zugeben und bei mittlerer Hitze etwa 10 Minuten ohne Deckel einkochen lassen. Die Chilischoten wieder herausfischen. Mag man die Sauce sehr scharf, gibt man gleich nur eine halbe oder ganze Schote feingeschnitten dazu und lässt sie die ganze Zeit mitschmoren.

Das Basilikum waschen, trockenschleudern und die Blättchen abzupfen, fein schneiden und unter die Sauce rühren. Der Pecorino kann entweder zur Hälfte unter die Sauce gemischt und zur Hälfte auf die Nudeln mit Sauce gestreut werden, ich streue aber am liebsten den ganzen Käse zum Schluss über die Penne (wie immer »al dente« gekocht).

PENNE AUF KALABRISCHE ART

Zutaten

750 g reife Tomaten
2 rote Zwiebeln
2–3 Knoblauchzehen
150 g gekochter Schinken
Salz
3 EL Schweine- oder Butterschmalz
Pfeffer
1–2 Peperoncini (Chilischoten)
je 3 Zweige frischer Thymian und Basilikum
400 g Penne
75 g frisch geriebener Parmesan

Die Tomaten kurz mit kochendem Wasser überbrühen, häuten und entkernen. Die Tomaten in grobe Stücke schneiden. Die Zwiebeln und Knoblauchzehen pellen, die Zwiebeln in feine Streifen schneiden, den Knoblauch hacken. Den gekochten Schinken (ohne Schwarte) in feine Streifen schneiden. Im großen Nudeltopf reichlich Salzwasser aufsetzen.

In einer großen, hohen Pfanne das Schmalz zerlassen und die Zwiebeln und den Knoblauch leicht anbraten. Die Tomatenstücke zugeben, mit Salz, Pfeffer und zerbröselten Peperoncini würzen.

Die Kräuter waschen, Blättchen abzupfen und hacken, unter die Tomatensauce rühren und offen 20 Minuten leise köcheln lassen, bis die Sauce dick ist.

Die Penne im Salzwasser »al dente« kochen. Dann in ein Sieb abgießen und abtropfen lassen.

Die Nudeln in die Pfanne geben und mit der Sauce, den Schinkenstreifen und der Hälfte vom Parmesan vermischen. Auf Teller verteilen und mit dem restlichen Käse bestreut servieren.

PENNE »CARBONARA« – VEGETARISCH

Zutaten

500 g grüner Spargel
1 Bund Basilikum
Salz
3 Eigelbe
100 g Sahne
100 g frischer geriebener Parmesan (eventuell mehr)
Pfeffer
400 g Penne (kurze Röhrennudeln)
1–2 EL Olivenöl

Den Spargel waschen und die harten Enden abschneiden. Die Stangen schräg in etwa 3 cm breite Stücke schneiden, dabei die Köpfe beiseite legen. Das Basilikum waschen, trocknen und die Blätter in Streifen schneiden.

Salzwasser aufsetzen und die Spargelstücke 2 bis 3 Minuten (je nach Dicke) blanchieren, die Köpfe erst zuletzt ganz kurz mitgaren. Den Spargel abgießen und mit kaltem Wasser abschrecken. In einem Schüsselchen die Eigelbe mit der Sahne und Parmesan verquirlen, mit Salz und Pfeffer würzen.

Die Nudeln in reichlich Salzwasser »al dente« kochen. In einer Pfanne das Olivenöl erhitzen, die Spargelstücke kurz darin anbraten, dann das Basilikum zugeben.

Eine große Schüssel mit kochendheißem Wasser füllen. Wenn die Penne bissfest gekocht sind, das Wasser aus der Schüssel gießen und die kurz abgetropften Penne darin heiß mit dem Basilikum-Spargel vermischen und schnell die Eiersahne unterheben – die Hitze von den Nudeln und der Schüssel genügt, damit sie stockt. Sofort servieren und nach Belieben noch weiteren Käse darüber streuen.

PENNE MIT FENCHEL-ORANGEN-SAUCE

Zutaten

1 große Dose geschälte Tomaten
500 g Fenchel
3–4 Knoblauchzehen
2 kleine Zwiebeln
1 unbehandelte Orange
5 EL Olivenöl
½ TL Herbes de Provence (oder eine andere Kräutermischung, z. B. Fines Herbes)
je ½ Bund Basilikum und Petersilie
15 grüne Oliven
15 schwarze Oliven
3 TL Kapern
Salz
Pfeffer
1 TL gemörserte Fenchelsamen
etwas Pernod
500 g Penne

Wasser für die Pasta aufsetzen. Die Tomaten in einem Sieb abtropfen lassen, dabei den Saft auffangen. Es wird nur der Saft der halben Dose gebraucht. Den Fenchel waschen, putzen, teilen, den Strunk herausschneiden und entsorgen. Den Fenchel in kleine Würfel schneiden. Knoblauch und Zwiebeln schälen und in feine Scheiben schneiden. Die Orange gründlich mit heißem Wasser abwaschen, ein daumengroßes Stück Schale abschneiden sowie mehrere Zesten mit dem Zestenreißer abziehen und klein hacken.

Das Olivenöl in der Pfanne erhitzen, darin zuerst Zwiebeln, dann Knoblauch und dann Fenchel und Herbes de Provence andünsten. Unter gelegentlichem Rühren etwa 10 Minuten schmoren, bis das Gemüse goldbraun und »al dente« ist. Notfalls Öl oder etwas Flüssigkeit (Gemüsesud/Wasser) nachgießen. Basilikum und Petersilienblätter vom Stiel zupfen, Oliven entsteinen und alles zusammen mit den Kapern und ein wenig Olivenöl in den Mixer geben. Beim Mixen langsam noch weiteres Olivenöl einlaufen lassen, bis die Masse sämig ist.

Die Tomaten mit der Hälfte des Saftes, dem Saft einer ½ Orange und dem Stück Orangenschale in die Pfanne zum Fenchel geben. Ohne Deckel weiterschmoren, bis die Sauce sämig eingekocht ist. Die Orangenschale aus der Pfanne nehmen. Die Sauce mit Salz und Pfeffer, Fenchelsamen und einem Schuss Pernod abschmecken. Die Nudeln garen, kurz vor dem Servieren die Orangenzesten in die Sauce rühren. Nudeln mit der Sauce mischen und mit der grünen Kräutermischung auf Tellern anrichten.

PENNE MIT GRÜNEM SPARGEL UND THUNFISCH

Zutaten

1 Dose Thunfisch in Öl, 175 g
1 Bund grüner Spargel, dünne Stangen (oder Thai-Spargel)
1 kleine rote Chilischote (oder 1 kleine rote Paprikaschote)

3 EL Olivenöl
1 Knoblauchzehe
⅛ l Gemüsebrühe
200 g Sahne
400 g Penne
Salz
Pfeffer

Den Thunfisch über einem Sieb abtropfen lassen. Spargel waschen, die harten Enden entfernen, Stangen in 3 cm lange Stücke schneiden. Chili waschen, entkernen und in feine Streifen schneiden. In der Pfanne das Öl erhitzen. Knoblauchzehe in der Schale andrücken, in der Pfanne anbraten und herausnehmen. Spargelstücke anbraten, mit der Gemüsebrühe ablöschen und bei kleiner Flamme köcheln lassen, bis der Spargel bissfest gegart ist. Den abgetropften Thunfisch dazugeben, mit 2 Gabeln zerpflücken und weiter köcheln lassen. Sahne angießen und alles gut verrühren. Die Nudeln in reichlich Salzwasser »al dente« kochen, abgießen und auf Teller verteilen. Die Spargel-Thunfisch-Sauce mit Chili, Salz und Pfeffer abschmecken und über die Nudeln geben.

PENNE MIT KARTOFFELN UND SPINAT

Zutaten

3 Tomaten
200 g fest kochende Kartoffeln
4 Frühlingszwiebeln
1 Stange Staudensellerie
300 g frischer Blattspinat oder 200 g Tiefkühl-Blattspinat
1 Bund Basilikum
2 EL Olivenöl
3 EL Butter
2 fein geschnittene Knoblauchzehen
250 g Penne
Salz
Pfeffer
600–800 ml Gemüsesud
100 g Parmesan

Die Tomaten waschen, vierteln und in Würfel schneiden. Die Kartoffeln waschen, schälen und in Scheiben schneiden. Die Frühlingszwiebeln und den Staudensellerie putzen und in Streifen schneiden. Den Spinat putzen, gründlich waschen und grob zerkleinern oder auftauen und zerkleinern, auf einem Sieb abtropfen lassen. Das Basilikum waschen, abzupfen und klein schneiden.

Das Olivenöl und die Butter in einem Topf schmelzen, die Frühlingszwiebeln und Kartoffelscheiben hineingeben und leicht anschwitzen. Die Tomaten, den Knoblauch und die ungekochten Penne in die Pfanne geben. Mit Salz und Pfeffer würzen. Mit Gemüsesud nach und nach in kleinen Mengen auffüllen und immer wieder einkochen lassen, bis die Penne »al dente« sind. Dauert etwa 15 Minuten. Kurz vor Ende der Garzeit den Spinat, das Basilikum und den Parmesan unterheben und mit Salz und Pfeffer abschmecken.

PENNE MIT RADICCHIO UND PANCETTA

Zutaten

4 Schalotten
2 Knoblauchzehen
150 g Pancetta (italienischer Bauchspeck), sehr dünn geschnitten
1 rote Chilischote
½ Bund Petersilie
2 Radicchio
1 unbehandelte Zitrone
400 g Penne
1 EL Olivenöl
1 TL Puderzucker
1 Glas Weißwein, 100 ml

150 ml Gemüsebrühe
100 g Sahne
100 g Crème fraîche
Salz
Pfeffer
Parmesan

Schalotten und Knoblauch schälen und fein hacken. Pancetta in dünne Streifen schneiden. Die Chili entkernen und hacken. Die Petersilie waschen, trockentupfen und fein hacken. Den Radicchio vierteln, den Strunk und die dicken weißen Blattrippen herausschneiden und nur die roten Blätter in dünne Streifen schneiden. Die Zitrone gründlich waschen, 2 TL Zesten abziehen und fein hacken, Saft auspressen. Die Penne »al dente« kochen.

In einer Pfanne das Öl erhitzen, bei kleiner Hitze Schalotten und Knoblauch anschwitzen, mit Puderzucker bestäuben und herausnehmen. Bei starker Hitze in der Pfanne Pancetta, Chilischote und Radicchio anrösten und Schalotten und Knoblauch wieder dazugeben. Wein und Brühe angießen und etwas einkochen lassen. Die Sahne dazugeben und einige Minuten köcheln lassen. Crème fraîche, Zitronensaft und Zesten untermischen und mit Salz und Pfeffer abschmecken. Die Penne mit der Sauce mischen und mit Petersilie sowie gehobeltem Parmesan bestreuen.

PENNE MIT WEISSEN BOHNEN UND TOMATEN

Zutaten

200 g getrocknete weiße Bohnenkerne
3 Zwiebeln
1 TL frische Rosmarinnadeln
1 Knoblauchzehe
Salz
4 EL Olivenöl
1 TL Thymian
2 Lorbeerblätter
1 Dose geschälte Tomaten, 850 g
250 g Penne
Pfeffer
geriebener Parmesan

Die Bohnenkerne über Nacht in reichlich Wasser einweichen, abgießen und gut abtropfen lassen. Die Zwiebeln schälen, eine halbieren, die restlichen in feine Würfel schneiden. Die Rosmarinnadeln fein hacken. Den Knoblauch schälen. In einem Topf Bohnen, Zwiebelhälften und 1 TL Salz in 1½ l Wasser 50 Minuten köcheln lassen.

In einer Pfanne das Öl erhitzen und die Zwiebelwürfel glasig andünsten. Rosmarin, Thymian, Lorbeerblätter und die Tomaten dazugeben, dabei die Tomaten grob zerteilen. Die Knoblauchzehe hineinpressen und alles bei schwacher Hitze 20 Minuten köcheln lassen, dann die Bohnen untermischen und mit Salz und Pfeffer abschmecken. Die Nudeln in reichlich Salzwasser »al dente« kochen, abgießen und gut abtropfen lassen. Die Penne auf Teller verteilen und die Tomaten-Bohnen-Sauce darüber geben. Nach Geschmack mit Parmesan bestreuen.

KRAUTFLECKERL MIT FARFALLE

Zutaten

1 kleiner Kopf Weißkraut (1 kg)
2 Zwiebeln (100 g)
2 Knoblauchzehen
2 EL Öl
2 EL Zucker
1 EL mildes Paprikapulver
3 EL Weißweinessig
½ EL Kümmel
Salz

Pfeffer
100 ml Wasser
300 g Farfalle
2 EL Butter (50 g)
½ Bund glatte Petersilie

Vom Weißkraut die äußeren Blätter entfernen, den Kopf achteln, den Strunk herausschneiden und das Kraut in breite Streifen schneiden, waschen und in einem Sieb abtropfen lassen. Die Zwiebeln und den Knoblauch schälen und fein schneiden, in einem Topf mit 2 EL Öl anschwitzen. Den Zucker und das Paprikapulver dazugeben, anbraten und mit Essig ablöschen. Das Kraut untermischen und mit Salz, Pfeffer und Kümmel, der kurz in Öl angeröstet und mit einem großen scharfen Messer gehackt wurde, würzen. Das Wasser angießen und zugedeckt 40 Minuten leicht köcheln lassen, bis das Kraut weich ist.

Die Farfalle in reichlich Salzwasser kochen. Das gekochte Kraut und die Farfalle in einer Pfanne mit Butter schwenken, mit Salz und Pfeffer abschmecken, mit der fein gehackten Petersilie bestreuen und servieren.

RAVIOLI ASIATISCH

Zutaten

3 mehlig kochende Kartoffeln (150 g)
160 g Shiitake-Pilze
9 EL Pflanzenöl
Salz
Pfeffer
1 TL gemahlener Koriander
6 Frühlingszwiebeln
1 Bund frischer Koriander
1 Packung tiefgekühlter Wan-Tan-Teigblätter (in Asialäden erhältlich)
1 Eiweiß
50 g Zuckerschoten
1 rote Paprikaschote (100 g)
50 g Sojasprossen
2 Knoblauchzehen
1–2 EL frischer Ingwer
1 EL Portwein
1 EL Sojasauce
1 TL Honig
Saft von ½ Limette
1 kleine fein gehackte Chilischote
1 EL Sesamöl

Für die Wan-Tan-Füllung die Kartoffeln waschen und schälen. In Salzwasser kochen, abgießen und ausdämpfen lassen. Von den Shiitake-Pilzen 4 Stück zur Seite legen. Die anderen putzen, in feine Würfel schneiden und in 3 EL Pflanzenöl scharf anbraten, mit Salz, Pfeffer und Koriander würzen. 2 Frühlingszwiebeln putzen und waschen, den frischen Koriander waschen, trockentupfen und beides fein schneiden. Die Kartoffeln zerstampfen, mit den Pilzen, Frühlingszwiebeln und dem frischen Koriander mischen und mit Salz und Pfeffer abschmecken.

25 bis 30 Wan-Tan-Blätter auftauen. In die Mitte von jedem Blatt etwa ½ EL der Füllung geben. Mit dem Eiweiß die Kanten dünn bestreichen (Backpinsel) und die untere Teigkante darüber schlagen und leicht andrücken. Zuckerschoten, 4 Frühlingszwiebeln und die beiseite gelegten Pilze putzen und in feine Streifen schneiden. Die Paprikaschote waschen, halbieren, den Strunk und die Kerne entfernen und ebenfalls in Streifen schneiden. Wer es ganz fein mag, kann die Paprikaschote mit dem Sparschäler schälen. Die Sojasprossen kurz abspülen und trockentupfen. Das Gemüse in einer heißen Pfanne mit 3 EL Pflanzenöl scharf anbraten, 1 gehackte Knoblauchzehe und 1 EL fein gehackten Ingwer dazugeben, mit Salz und Pfeffer würzen und warmhalten.

Für die Marinade Portwein, Sojasauce, Honig, Limettensaft, 1 gehackte Knoblauchzehe, 1 EL gehackten Ingwer und die gehackte Chilischote mit einem Schneebesen gut vermischen. 3 EL Pflanzenöl und 1 EL Sesamöl zum Schluss unterrühren. Eventuell mit etwas Salz nachwürzen. Die Wan Tans in reichlich kochendem Salzwasser 2 Minuten kochen. Mit der Schaumkelle herausnehmen. Wan Tans, Gemüse und Marinade auf Tellern anrichten und servieren.

GEMÜSELASAGNE

Zutaten

1 große rote Paprikaschote (250 g)
1 große gelbe Paprikaschote (250 g)
½ Fenchel (230 g)
1 Stange Staudensellerie (100 g)
1 mittelgroße Zucchini (220 g)
¼ Blumenkohl (100 g)
1 Mangoldblatt mit Stiel (100 g)
2 geschälte Knoblauchzehen
1 große geschälte Zwiebel (150 g)
2 EL Olivenöl
2 Zweige frischer Thymian
6 Salbeiblätter
Salz
Pfeffer
160 g Mascarpone
8 Basilikumblätter
etwas Butter zum Fetten für die Form
½ Packung Lasagneblätter (16 Blatt)
250 g klein gewürfelter Mozzarella
80 g fein geriebener Parmesan
¾ l Tomatensauce
½ l Béchamelsauce

Den Backofen auf 200 °C (Heißluft 180 °C) vorheizen. Für die Gemüsebolognese das Gemüse waschen und mit Küchenkrepp trockentupfen. Paprikaschote halbieren und entkernen. Wer es ganz fein mag, kann die Paprikaschote vorher mit einem Sparschäler schälen. Den Fenchel halbieren, groben Strunk entfernen, Staudensellerie von groben Fäden befreien, Zucchinienden und die Röschen vom Blumenkohl abschneiden.

Gemüse, Mangold mit Stielen, Knoblauch und Zwiebeln in sehr feine Würfel schneiden. Olivenöl erhitzen, Zwiebeln und Knoblauch glasig dünsten, 1 Thymianzweig, die ganzen Salbeiblätter und das restliche Gemüse kurz mitbraten. 4 EL Wasser angießen und bei geringer Temperatur weich dünsten. Das kann je nach Größe der Gemüsewürfel 6 bis 10 Minuten dauern.

Gemüse mit Salz und Pfeffer würzen, Kräuter entfernen und auskühlen lassen. Mascarpone unter das erkaltete Gemüse heben und mit klein geschnittenen Basilikumblättern verfeinern. Tomatensauce und Béchamelsauce nach Rezept zubereiten.

Gebutterte Auflaufform (20 x 35 cm) mit etwas Tomatensauce und Béchamelsauce begießen, mit 4 Lasagneblättern auslegen, mit etwas Gemüsebolognese bedecken und mit einem Viertel der Käsemenge (Parmesan und Mozzarella) bestreuen. Diesen Vorgang dreimal wiederholen und mit Käse abschließen. Die Gemüselasagne im vorgeheizten Backofen 35 bis 40 Minuten backen.

GNOCCHI

Zutaten

500–600 g mehlig kochende Kartoffeln
Salz
80 g Grieß
60 g Speisestärke
2 Eigelbe
Muskatnuss

Die Kartoffeln waschen, schälen und in Salzwasser weich kochen. Abgießen und ausdämpfen lassen. 500 g abwiegen und durch die Kartoffelpresse drücken oder mit dem Kartoffelstampfer zerstampfen. Die durchgepressten Kartoffeln im Kühlschrank abkühlen lassen.

Die abgekühlte Kartoffelmasse mit dem Grieß, der Speisestärke und den Eigelben vermischen, mit

Salz und geriebener Muskatnuss abschmecken und auf einer bemehlten Arbeitsfläche schnell zu einem glatten Teig verarbeiten.

Den fertigen Teig auf 1 cm Höhe flach drücken und in fingerdicke Streifen (Röllchen oder Würste) schneiden. Davon haselnussgroße Stücke abschneiden und diese zu Gnocchi formen.

Fertige Gnocchi nach und nach in reichlich kochendes Salzwasser geben und 4 bis 5 Minuten ziehen lassen. Ab und zu vorsichtig umrühren, damit sie nicht aneinander kleben. Mit der Schaumkelle herausnehmen, abtropfen lassen, auf einen geölten Teller geben und abkühlen lassen.

TIPP: Die Gnocchi können auch in einer Pfanne mit ein wenig neutralem Pflanzenöl bei kleiner Hitze leicht goldgelb gebräunt werden.

GRÜNE GNOCCHI

Zutaten

300 g Tiefkühl-Blattspinat
frische Salbeiblätter
etwa 50 g Butter
200 g Ricotta (italienischer Frischkäse, er darf aber nicht trocken und krümelig sein)
3 Eigelbe
Salz, Pfeffer
Muskatnuss
150 g Parmesankäse
75–100 g Mehl

Den Spinat auftauen lassen, hacken und in einem Tuch gut ausdrücken. Die Salbeiblätter trocken abreiben. In einem Topf ein wenig von der Butter zerlassen, den Spinat darin andünsten, dann abkühlen lassen.

Den Ricotta in eine Schüssel geben und mit den Eigelben verrühren, salzen und pfeffern. Etwas Muskatnuss und den Parmesankäse dazureiben, dann das Mehl und zuletzt den Spinat untermischen. Die Masse muss recht fest sein, sonst zerfallen die Gnocchi beim Garen. Eventuell noch esslöffelweise mehr Mehl zugeben.

Aus der Masse mit zwei Teelöffeln etwa 2 cm große Gnocchi (ovale Klößchen) formen und auf ein bemehltes Brett legen.

Reichlich Salzwasser zum Kochen bringen. Die Gnocchi portionsweise einlegen und garen, bis sie an die Oberfläche steigen. Mit einem Schaumlöffel herausheben und abtropfen lassen.

Die übrige Butter mit den Salbeiblättern aufschäumen lassen. Die Gnocchi auf Teller verteilen und mit der heißen Salbeibutter übergießen.

GNOCCHI À LA FRANCA

Zutaten

1 kg mehlig kochende Kartoffeln
1 Ei
1 Msp. Backpulver
150–250 g Mehl
Salz

Die Kartoffeln – es muss eine mehlig kochende Sorte sein, bei uns leider immer seltener erhältlich – in der Schale garen, pellen und zu einem sehr glatten Brei zerstampfen oder durch die Kartoffelpresse drücken. Der Kartoffelbrei darf keine Klumpen oder sichtbare Kartoffelstückchen mehr enthalten.

Ein großes Brett ganz dick mit Mehl bestreuen, darauf den Kartoffelbrei setzen. Einen Krater in der Mitte eindrücken und das Ei mit dem Backpulver hineingeben. Den Kartoffelteig mit dick gemehlten Händen vorsichtig durchkneten.

Der Trick dabei ist, die Hände und das Brett immer wieder zu mehlen, sodass auf diese Weise zwar Mehl unter den Teig gemischt wird, aber nur so viel, dass er gerade nicht mehr klebt.

Dann zerteilen und zu etwa 2 cm dicken Rollen formen. Die Rollen in kleine, etwa 3 cm lange Stücke schneiden und wieder in Mehl wenden. Je weniger Mehl man insgesamt für den Teig verwendet, desto lockerer und feiner werden nachher die Gnocchi.

Wer will, drückt mit einer Gabel noch ein Muster in die Oberfläche der kissenähnlichen Teigstücke, das macht beim Essen die Gnocchi noch saucenaufnahmewilliger. Italienische Hausfrauen lassen aus dem gleichen Grund die Gnocchi auch leicht über ein Reibeisen rollen. Ich tue all das nie.

In einem großen Topf reichlich Salzwasser aufkochen. Wenn es ganz wild kocht (Franca sagt: »vivace«), dann jeweils nur so viele Gnocchi hineinwerfen, dass das Wasser nicht zu kochen aufhört. Die Gnocchi sinken zuerst auf den Boden (auch deshalb dürfen nicht zu viele auf einmal in den Topf) und sind fertig, wenn sie nach oben kommen.

Die Gnocchi können – wie Pasta – mit den verschiedensten Saucen gegessen werden. Mir schmecken sie am besten mit Butter und Salbei oder mit der fixen Tomatensauce. Viele lieben sie auch mit Pesto Genovese.

OLIVEN-GNOCCHI

Zutaten

500 g mehlig kochende Kartoffeln
80 g Grieß
40 g Speisestärke
2 Eigelbe
je 40 g schwarze und grüne Oliven
Salz, Pfeffer
Muskatnuss
2 EL Olivenöl

Die Kartoffeln waschen, als Pellkartoffeln garen, abgießen, gut abkühlen lassen, pellen und durch eine Kartoffelpresse drücken oder mit dem Kartoffelstampfer zerstampfen. Grieß, Speisestärke, Eigelbe dazugeben. Die Oliven entsteinen, hacken und ebenfalls dazugeben. Die Masse mit Salz, Pfeffer und Muskatnuss abschmecken und auf einer bemehlten Arbeitsfläche schnell zu einem gleichmäßigen Teig verarbeiten.

Den Teig auf ein bemehltes Brett geben und in Würste von 1 cm Durchmesser formen. Von diesen Würsten etwa haselnussgroße Stücke abschneiden und die Gnocchi formen. Die Gnocchi nach und nach in reichlich kochendes, gesalzenes Wasser geben, kurz aufkochen lassen und 4 bis 5 Minuten leise ziehen lassen. Mit einer Schaumkelle aus dem Wasser nehmen, abtropfen lassen und auf eine geölte Platte geben. Mit etwas Olivenöl beträufeln.

AUBERGINENGNOCCHI

Zutaten

500 g Auberginen
5 EL Balsamico-Essig
4 EL Olivenöl
Salz, weißer Pfeffer
5 große Basilikumblätter
1 mehlig kochende Kartoffel (90 g)
1 Eigelb
35 g Kartoffel- oder Speisestärke
75 g Mehl

Den Backofen auf 220 °C (Heißluft 200 °C) vorheizen. Die Auberginen vom Stängelansatz befreien, waschen und das Fruchtfleisch in grobe Stücke schneiden. In eine feuerfeste Form legen, mit Essig und Öl beträufeln und mit Salz und Pfeffer kräftig würzen. Die Form mit Alufolie überziehen und die Auberginen im vorgeheizten Backofen etwa 1 Stunde schmoren, bis sie ganz weich sind.

Die Kartoffel in der Schale kochen. Auberginen etwas abkühlen lassen, in ein Küchentuch geben und sehr kräftig ausdrücken. Die Masse sehr fein hacken und in eine Schüssel geben. Die gepellte Kartoffel durch die Kartoffelpresse drücken oder mit dem Stampfer zu Brei stampfen und zugeben. Eigelb, Stärke und Mehl unterkneten. Die klein gehackten Basilikumblätter untermischen. Den Teig mit Salz abschmecken.

Den Teig auf eine bemehlte Arbeitsplatte geben, flach drücken und zu etwa 1 cm dicken Würsten formen. Von diesen Würsten haselnussgroße Stücke schneiden und zu Gnocchi formen. Nach und nach in reichlich kochendes Salzwasser geben und etwa 4 bis 5 Minuten ziehen lassen. Mit einer Schaumkelle herausnehmen, gut abtropfen lassen und zum Beispiel zu dem Rotwein-Linsen-Gemüse servieren.

RISOTTO-GRUNDREZEPT

Zutaten

1 ½ l Geflügelfond, am besten selbst gekocht, aber es geht auch mit Fertigfond aus dem Glas oder Hühnerbrühe
1 kleine Zwiebel
1 EL Olivenöl
250 g italienischer Rundkorn-Reis (Avorio oder andere), zur Not kann man auch unseren, eigentlich für Milchreis gedachten Rundkornreis nehmen
45 g Butter
reichlich Parmesan (meine Idealmenge sind 80 g), auf jeden Fall frisch gerieben
Salz, Pfeffer

Wie bei allen puren Gerichten, ohne viel Gewürz oder sonstigen Geschmackszutaten, hängt die Qualität dieses Risottos ganz von der Güte der Grundprodukte ab. Dies gilt für den Reis, die Butter und den Parmesan ebenso wie für den Fond. Aber mir schmeckt ein Risotto auch mit einfachen, wenn auch nicht schlechten Zutaten.

Den Fond (es darf kein konzentrierter sein) erhitzen und am Sieden halten. Die Zwiebel pellen, sehr fein hacken. Das Olivenöl in einem großen Topf (3 Liter) mit schwerem Boden erhitzen und die Zwiebelwürfel darin glasig dünsten. Den trockenen Reis (vorher nicht waschen) einstreuen und mit einem Holzlöffel rühren, bis er glasig aussieht und ganz leicht angeröstet ist. Die Hitze nun etwas höher stellen.

Etwa 125 ml siedend heißen Fond angießen. Unter ständigem Weiterrühren kochen, bis der Reis den Fond ganz aufgesogen hat. Dann wieder 125 ml heißen Fond zugießen und unter geduldigem Rühren kochen, bis wieder alle Flüssigkeit aufgenommen ist. Dies Ritual so lange wiederholen (dauert etwa 30 Minuten), bis der Reis cremig und weich, jedoch nicht zu Mus verkocht ist. Er muss noch körnig sein. Wichtig ist, dass er ständig »rührend« kocht und nicht am Boden ansetzt. Hat der Reis nach 30 Minuten immer noch einen harten Kern, der Fond ist aber aufgebraucht, so kann man stattdessen heißes Wasser (in kleinen Mengen) nehmen, bis der Reis gar ist.

Nun den Topf vom Herd nehmen und die Butter sowie den geriebenen Parmesan unter kräftigem Rühren mit dem Reis vermischen. Dabei muss man, sagt Herr Cipriani aus Venedig, so richtig ins Schwitzen kommen, weil man heftig, ja leidenschaftlich, rühren muss. Der Grund dafür: Die Reisstärke ist beim Kochen auf den Topfboden gesunken und soll jetzt durch das Rühren wieder unter alle Reiskörner gemengt werden. Das sollte etwa 2 Minuten dauern. Dabei notfalls noch einige Löffel Fond oder Wasser zugeben, wenn der Risotto noch nicht die gewünschte cremige Konsistenz hat.

Bei Herrn Cipriani heißt das: Der Risotto muss »all'onda« sein, das heißt, flüssig wie eine Welle. Das zu erzielen, ohne dass der Reis zu einem Mus verkocht und jedes einzelne Korn, wenn auch weich, so doch noch als Korn spürbar bleibt – das ist die große Kunst des Risotto-Kochens. Nicht das Handtuch werfen, wenn es nicht gleich und immer gelingt, erst Übung macht hier den Meister.

Zuletzt den Risotto noch mit Salz und Pfeffer abschmecken und sofort servieren. Für Parmesan-

Süchtige kann noch mehr geriebener Parmesan zum Aufstreuen bei Tisch bereitgehalten werden.

RISOTTO MILANESE

Zutaten

Zutaten des Grundrezepts
½ TL Safranfäden (oder ⅛ TL Safranpulver)
125 ml Kalbsfond
evtl. 1 Bund Suppengemüse

Die Safranfäden oder das Pulver im erhitzten Kalbsfond auflösen, Farbe und Aroma entwickeln sich erst in der Hitze.

Wenn man mag, das Suppengemüse waschen, putzen und sehr klein würfeln, mit der fein gehackten Zwiebel andünsten. Weiter wie im Grundrezept, nach 15 Minuten wird der Safran-Kalbsfond angegossen, sonst bleibt die Zubereitung gleich.

RISOTTO MIT RADICCHIO

Zutaten

Zutaten des Grundrezepts
3–4 ganz kleine Köpfe Radicchio
1 Zwiebel
2 EL Olivenöl
⅛ l trockener Weißwein
Salz
Pfeffer

Radicchio waschen und vierteln, den weißen Strunk entfernen, die Viertel grob zerschneiden. Die Zwiebel fein würfeln und in Olivenöl glasig dünsten, den Radicchio zugeben und 4 bis 5 Minuten dünsten, bis er knapp davor ist, weich zu werden. Mit Wein ablöschen, salzen, pfeffern und den Sud bei starker Hitze 2 bis 3 Minuten einkochen, vom Herd nehmen.

Risotto nach dem Grundrezept zubereiten, allerdings den geschmorten Radicchio beim ersten Angießen der Brühe mit unter die Reiskörner mischen.

Variante

Auf die gleiche Weise kann man Risotto mit frischen oder getrockneten Steinpilzen bereiten. Die Trockenpilze müssen vorher 2 Stunden in lauwarmem Wasser eingeweicht werden, dabei ab und zu rühren, damit der Sand rausgeht. Das Einweichwasser nehme ich – im Gegensatz zu den meisten Rezeptempfehlungen – nicht. Frische Pilze werden geputzt und nur im Notfall gewaschen (sie saugen sonst Wasser auf) und in feine Scheiben geschnitten. Weiter geht es wie beim Radicchio. Eventuell kann man noch eine geschälte, aber nicht zerteilte Knoblauchzehe mitdünsten, dann wieder herausnehmen.

RISOTTO MIT ROTER BETE

Zutaten

500 g Rote Bete
4 Schalotten
1 Bund Schnittlauch
1 l Hühnerbrühe
10 EL Olivenöl
5 EL Balsamico-Essig
Salz, Pfeffer
200 g Risottoreis
80–100 g geriebener Parmesan

Den Backofen auf 200 °C vorheizen. Die Rote Bete waschen, schälen und vierteln. Die Schalotten schälen, drei grob zerteilen und eine fein würfeln. Den Schnittlauch waschen und in Röllchen schneiden. Die Hühnerbrühe in einem Topf erwärmen.

Rote Bete und grob zerteilte Schalotten auf ein Backblech legen, mit 8 EL Olivenöl und dem Balsamico-Essig übergießen und mit Salz und Pfeffer vermischen. Im Backofen 45 bis 60 Minuten garen. 1/3 der gerösteten Rote Bete in kleine Würfel schneiden, den Rest mit Schalotten, der Flüssigkeit vom Blech und etwas Hühnerbrühe im Mixer pürieren.

In einem Topf 2 EL Öl erhitzen, die gewürfelte Schalotte darin anschwitzen. Den Reis dazugeben und unter Rühren glasig dünsten. Nach und nach die Brühe angießen, immer wieder einkochen lassen und rühren. Wenn der Reis bissfest gegart ist, Rote-Bete-Püree und -Würfel unterrühren. Den Parmesan unterheben und den Risotto cremig rühren, eventuell noch etwas Brühe dazugeben. Mit Salz und Pfeffer abschmecken und mit reichlich Schnittlauch bestreuen.

RISOTTO MIT GRÜNEM SPARGEL

Zutaten

1 Bund grüner Spargel
800 ml Gemüsesud
2 Zwiebeln (100 g)
5 EL Butter (100 g)
300 g Risotto-Reis
100 ml Weißwein
25 g Parmesan

Grünen Spargel muss man nicht schälen; wer es aber besonders fein haben will, kann es tun. Den Spargel dritteln, Köpfe und Mittelstücke beiseite legen. Die Endstücke mit dem Gemüsesud aufkochen, ziehen lassen, bis sie weich sind und aus dem Sud nehmen.

Die Zwiebeln schälen, fein würfeln und mit 1 EL Butter anschwitzen, den Reis zugeben und leicht anrösten. Die Mittelstücke des Spargels klein schneiden, zufügen, mit Weißwein ablöschen und die Hitze etwas höher stellen.

Wenn der Reis den Wein ganz aufgesogen hat, etwa 125 ml heißen Gemüsesud zum Reis geben. Je nach Topf (ob versiegelt oder nicht) ab und zu oder ständig rühren. Wenn der Sud aufgesogen ist, wieder etwa 125 ml heißen Sud zufügen.

Diesen Vorgang wiederholen, bis der Sud aufgebraucht ist. Der Reis sollte dann »al dente« sein. Notfalls noch zusätzlich Flüssigkeit zufügen. Dauert etwa 20 bis 30 Minuten, je nach Reissorte.

Die Spargelspitzen kurz in kochendes Wasser geben und kalt abschrecken. Spargelspitzen, restliche Butter und geriebenen Parmesan unter den Risotto heben.

ROTWEIN-RISOTTO

Zutaten

1–1,5 l Hühnerbrühe
1–2 mittelgroße Zwiebeln (am besten rote)
70 g Butter
300 g Risotto-Reis
400 ml Rotwein (zum Beispiel ein italienischer Amarone di Valpolicella)
120 g frisch geriebener Parmesan
Salz
grob gemahlener Pfeffer

Die Hühnerbrühe in einem Topf erhitzen. Die Zwiebeln pellen und fein würfeln. In einem schweren Topf 20 g Butter zerlassen und die Zwiebeln bei kleiner Hitze in 15 bis 20 Minuten hellbraun schmoren.

Den Risotto-Reis einstreuen und 1 Minute rühren, bis die Körner von der Butter überzogen sind. Die Hitze erhöhen und knapp 1/3 des Weines angießen. So lange unter Rühren kochen, bis der Wein fast zu Sirup eingekocht ist. Nun nach und nach von der heißen Hühnerbrühe angießen, dabei ständig rühren und immer nur soviel Brühe zugeben, wie der Reis aufnehmen kann.

Wenn der Reis fast gar ist und alle Brühe aufgenommen hat, nach und nach den restlichen Wein angießen – dabei soll der Reis die Farbe des Weines annehmen.

Dann den Topf vom Herd nehmen und die Hälfte vom Parmesan und die restliche Butter kräftig unterrühren. Den Risotto mit Salz und Pfeffer abschmecken. Servieren und mit dem übrigen Käse bestreuen.

SIZILIANISCHES RISOTTO

Zutaten

1 mittelgroße Zwiebel
2–3 Knoblauchzehen
125 g schwarze Oliven
1–2 EL Kapern
6 reife Tomaten (einfacher: 1 große Dose geschälte Tomaten)
1 unbehandelte Zitrone
Salz
6 EL Olivenöl
400 g Risotto-Reis
1 ½ Gläser Weißwein
¼ TL getrockneter Oregano
1–2 Peperoncini (getrocknete Chilischoten)
Pfeffer

Die Zwiebel und die Knoblauchzehen pellen und in feine Würfel schneiden. Das Olivenfleisch vom Kern schneiden und mit den Kapern grob hacken. Frische Tomaten werden kurz überbrüht, gehäutet und entkernt, Tomaten aus der Dose nur abtropfen lassen. In Stücke schneiden.

Zitrone heiß waschen, trocknen und mit einem Zestenreißer die Schale rundum hauchdünn abziehen. In einem Topf etwa 1 ½ l Salzwasser erhitzen und leise köcheln lassen. In einem schweren Topf die Hälfte vom Olivenöl erhitzen, die Zwiebel- und Knoblauchwürfel bei mäßiger Hitze weich dünsten.

Den Risotto-Reis einstreuen und unter Rühren so lange leicht anrösten, bis die Körner glasig aussehen. Den Weißwein angießen und den Reis unter Rühren quellen lassen, bis der Wein aufgesogen ist. Dann mit einer Schöpfkelle jeweils etwas heißes Wasser zum Reis geben, unter Rühren aufnehmen lassen, erst dann wieder Wasser zugeben und dabei ständig rühren. Nach etwa 20 Minuten sollte der Risotto cremig, aber noch mit Biss sein.

Jetzt die Oliven, Kapern, Tomatenstücke, die Zitronenzesten, den Oregano und die zerbröselten Peperoncini untermischen und noch – weiter rührend – 8 bis 10 Minuten garen. Zum Schluss das restliche Olivenöl unterrühren und den Risotto mit Salz und Pfeffer abschmecken.

KRÄUTER-RISOTTO MIT LANGUSTINEN

Zutaten

Zutaten des Grundrezepts
400 g rohe, ausgelöste Langustinenschwänze
⅛ l Weißwein
3–4 EL gehackte Kräuter (Petersilie, Kerbel, Estragon, Schnittlauch, Basilikum, Koriander, Liebstöckel – was frisch da ist)

Risotto nach Grundrezept zubereiten – aber Zwiebel nicht in Öl, sondern in 1 EL Butter andünsten, den angebratenen Reis erst mit Weißwein ablöschen, wenn dieser aufgesogen ist, weiter mit Fond aufgießen. Zum Schluss keinen Parmesan, sondern noch gut 1 EL frische Butter einrühren und die gehackten Kräuter untermischen.

Die Langustinenschwänze längs halbieren, den dunkleren Darm auf der Rückenseite entfernen. In einer Pfanne in der restlichen Butter bei guter Hitze auf jeder Seite ganz kurz, etwa 1 bis 2 Minuten, braten. Auf dem fertigen Risotto anrichten.

PAPRIKA-KRÄUTER-RISOTTO

Zutaten

3 Schalotten
2 Knoblauchzehen
3 rote Paprikaschoten
1 Bund Minze
1 Bund glatte Petersilie
1 unbehandelte Zitrone
1 ½ l Hühnerfond (möglichst selbst gemacht)
1 Zweig Rosmarin
Salz, Pfeffer
4 EL Olivenöl
250 g Risottoreis
½ TL gemahlenen Koriander
2 TL Fenchelsamen
125 ml Weißwein
1 EL Butter
150 g geriebener Parmesan
Cayennepfeffer

Schalotten und Knoblauch schälen und fein hacken. Die Paprikaschote waschen, putzen, entkernen und fein würfeln. Die Kräuter waschen und jeweils 2 EL Minze- und Petersilienblätter fein hacken. Die Zitrone gründlich waschen und 2 TL Zesten abziehen.
Von einer halben Zitrone den Saft auspressen. Die Hühnerbrühe erhitzen, Petersilien- und Minzestängel sowie den Rosmarinzweig hinzufügen. In einem Topf die Paprikawürfel in 5 TL Wasser und 5 TL Hühnerbrühe zugedeckt 20 Minuten garen, gelegentlich umrühren. Mit dem Stabmixer pürieren und mit Salz und Pfeffer abschmecken.

Rosmarin, Minze und Petersilienstängel mit dem Schaumlöffel aus der Brühe nehmen. In einem Topf das Öl erhitzen, Schalotten und Knoblauch anschwitzen. Reis, Koriander und Fenchelsamen untermischen. Unter Rühren den Reis glasig werden lassen. Wein und Zesten einrühren und einkochen lassen. Nach und nach Brühe angießen und immer wieder einkochen lassen, dabei ständig rühren.

Wenn der Reis bissfest gegart ist, mit Salz, Pfeffer und Cayennepfeffer abschmecken. Den Topf vom Herd nehmen, Paprikapüree, Butter, 2 EL Zitronensaft, je die Hälfte Minze und Petersilie sowie den Parmesan untermischen. Den Risotto mit den restlichen Kräutern bestreuen.

LEMON-HERB-RISOTTO

Zutaten

3 gelbe Paprikaschoten
1 ½ l Hühnerbrühe (am besten selbst gemacht)
Salz, Pfeffer
6 Stängel Minze
6 Stängel glatte Petersilie
1 Zweig Rosmarin
150 g gehackte Schalotten
150 g fein gewürfelter Fenchel
3 gehackte Knoblauchzehen
4 EL Olivenöl
250 g Risotto-Reis
½ TL gemahlener Koriander
125 ml trockener Weißwein
2 TL fein geriebene Zitronenzesten
3 TL ungesalzene Butter
100 g geriebener Parmesan,
plus nach Geschmack bei Tisch
2 TL frischer Zitronensaft
2 TL gehackte Minze
2 TL gehackte Petersilie

Die Paprikaschoten putzen, in kleine Würfel schneiden und in 6 TL Wasser und 4 TL Brühe in einem Steiltopf mit Deckel bei kleiner Hitze etwa 20 Minuten köcheln lassen, ab und zu umrühren. Pürieren und mit Salz und Pfeffer abschmecken. Die restliche Brühe in einem größeren Topf zum Kochen bringen und die

Minze, Petersilie und Rosmarin dazugeben. Die Hitze reduzieren, und die Brühe weiter köcheln lassen.

In einem gusseisernen Topf bei mittlerer Hitze Schalotten, Fenchel und Knoblauch in dem Olivenöl schmoren. Wenn die Fenchelwürfel weich sind, den Reis und den gemahlenen Koriander untermischen. Unter ständigem Rühren (mit einem Holzlöffel) schmoren lassen, bis die Reiskörner glasig werden. Den Wein und die Zitronenzesten unterrühren und die Flüssigkeit einköcheln lassen. Mit einem Schaumlöffel den Rosmarin aus der Brühe entfernen. Nach und nach die Brühe portionsweise in den Risotto rühren, dabei die Flüssigkeit immer wieder einkochen lassen, bis der Reis »al dente« ist. Mit Salz und Pfeffer abschmecken und vom Herd nehmen. Das Paprikapüree, die Butter, den geriebenen Parmesan, den Zitronensaft und jeweils 1 TL gehackte Minze und Petersilie in den Risotto rühren. Nochmals mit Salz und Pfeffer abschmecken. Auf Tellern anrichten und mit dem Rest der gehackten Kräuter bestreuen. Nach Geschmack kann geriebener Parmesan noch dazu gereicht werden.

GRAUPENRISOTTO MIT ERBSEN

Zutaten

150 g Rollgerste (Graupen)
350 g tiefgekühlte Erbsen
2 EL Sahne
Salz, weißer Pfeffer
Muskatnuss
1–2 Schalotten
2 EL Butter
100 ml trockener Weißwein
200 ml Gemüsesud
2 geh. EL frisch geriebenen Parmesankäse
½ Bund Kerbel oder Petersilie

Die Graupen 1 Stunde in warmem Wasser einweichen. 150 g Erbsen 3 Minuten in Salzwasser kochen, abschrecken und mit 2 EL Sahne pürieren. Mit Salz, Pfeffer und Muskatnuss abschmecken und durch ein Sieb streichen.

Die Graupen gründlich abtropfen lassen. Die Schalotten schälen, sehr klein würfeln und in 1 EL Butter glasig braten. Die Graupen zugeben, kurz andünsten, mit Salz, Pfeffer und Muskatnuss abschmecken. Mit Wein ablöschen. Wenn der Wein eingekocht ist, die Hälfte des Gemüsesuds dazugeben und langsam unter gelegentlichem Rühren einkochen lassen. Wenn alles eingekocht ist, die zweite Hälfte des Gemüsesuds dazugeben und ebenfalls unter gelegentlichem Rühren einkochen lassen.

200 g Erbsen unaufgetaut in reichlich kochendes Salzwasser geben. Sobald sie alle oben schwimmen, abgießen und abtropfen lassen. Den Risotto vom Herd nehmen, 1 EL Butter, Parmesan, Kerbel, Erbsenpüree und Erbsen untermischen. Eventuell noch einmal mit Pfeffer und Salz abschmecken.

REIS-PILAF

Zutaten

1 mittelgroße Zwiebel
1 großes Bund Minze
40 g Rosinen
50 g Pinienkerne
200 g Tomaten
3 EL Olivenöl
200 g Parboiled-Langkornreis
10 Safranfäden
400 ml Gemüsebrühe
Salz
150 g griechischer Joghurt, 10 % Fett
Zitronensaft nach Geschmack
2 TL Tamarindenpaste

Die Zwiebel schälen und in feine Würfel schneiden. Die Minze waschen, trockentupfen, einige Blättchen zur Seite legen, den Rest fein hacken. Die Rosinen ebenfalls fein hacken. Die Pinienkerne in einer Pfanne ohne Fett anrösten. Die Tomaten brühen, abziehen, Stielansatz entfernen und das Fruchtfleisch fein würfeln.

In einem Topf 1 EL Olivenöl erhitzen und die Zwiebelwürfel glasig andünsten. Reis, Rosinen und Safran dazugeben und unter Rühren anschwitzen. Nach 3 Minuten die Gemüsebrühe angießen, mit Salz abschmecken, einmal aufkochen lassen, 15 Minuten mit Deckel und dann weitere 5 Minuten ohne Deckel garen.

Den Joghurt mit einer Prise Salz und Zitronensaft nach Geschmack würzen. Den fertigen Reis mit einer Gabel auflockern und kurz vor dem Servieren Pinienkerne, Tomatenwürfel, Minze, Tamarindenpaste und das restliche Olivenöl unterheben. Den Reis-Pilaf auf Teller geben, mit Minze bestreuen und mit einem Klecks Joghurt anrichten.

RISOTTO MIT FENCHEL UND WODKA

Zutaten

1 l Geflügelfond
3 Fenchel mit Grün
2 Knoblauchzehen
1 getrockneter Peperoncino
1 TL Fenchelsamen
Salz
Saft von 1 Zitrone
250 ml Wodka
1 rote Zwiebel
100 g Butter
300 g Risotto-Reis
100 g Parmesan
Pfeffer

Den Geflügelfond in einem Topf erhitzen. Den Fenchel waschen, das Grün klein schneiden. Die Knollen putzen, teilen, den Strunk entfernen und anschließend den Fenchel in kleine Würfel schneiden. Knoblauch schälen und zusammen mit dem Peperoncino, den Fenchelsamen und 1 TL Salz in einen Mörser geben und zerstoßen. Zitronensaft und Wodka mit Fenchelgrün mischen. Die rote Zwiebel schälen und fein würfeln. In einem schweren Topf die Hälfte der Butter zerlassen und die Zwiebelwürfel darin anschwitzen. Die Gewürze aus dem Mörser sowie Fenchel und Reis zugeben und alles leicht anrösten. Die Hitze erhöhen, etwas Geflügelfond angießen und unter ständigem Rühren einkochen lassen. Nun nach und nach mit dem heißen Geflügelfond aufgießen, dabei ständig rühren und immer nur so viel zugeben, wie der Reis aufnehmen kann.

Wenn der Reis fast gar und die gesamte Brühe aufgenommen ist, das Wodkagemisch sowie den Fond in kleinen Portionen unterrühren. Dann den Topf vom Herd nehmen und die Hälfte vom Parmesan sowie die restliche Butter kräftig unter den Risotto mischen. Mit Salz und Pfeffer würzig abschmecken. Sofort servieren und zum Essen mit dem übrigen Käse bestreuen.

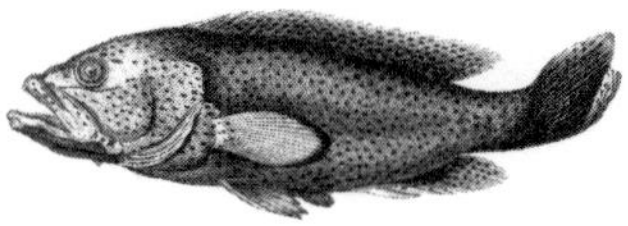

FISCH & MEERESFRÜCHTE

Seite 195–226

Fisch wird immer beliebter.
Fischgerichte sind leicht, bekömmlich und die Zubereitung von Fisch ist in der Regel einfacher als die von Fleisch. Das wissen die Profis, aber die meisten Amateure haben noch immer ein unentspanntes Verhältnis zu Fisch in der Küche. Hier sollen meine Rezepte helfen und Mut machen. Bei Fisch und bei Meeresfrüchten muss sehr aufmerksam auf die Herkunft geachtet werden. Besonders bei Lachs und Hummerkrabben (auch Shrimps genannt). Inzwischen gibt es diese köstlichen Tiere auch mit gesunder Herkunft. Es lohnt sich, beim Kauf darauf zu achten. Teure Fischsorten haben einen intensiven Eigengeschmack, der einen großen Genuss garantiert. Einfache Fische müssen durch Kräuter, Gewürze und andere Zutaten ergänzt werden, um zur Hochform zu gelangen. Dem preiswerten Seelachs wird durch Bacon und viel Estragon zu einem Gericht von hoher Qualität verholfen.

FISCHFILET À LA PUTTANESCA

Zutaten

4 Fischfilets (zum Beispiel Rotbarsch) à 150–180 g
20 schwarze Oliven
1 kleine, milde Pfefferschote (Chilischote)
4 mittelgroße Tomaten
6 Frühlingszwiebeln (Lauchzwiebeln)
1–2 Knoblauchzehen
1 Bund Basilikum (ersatzweise Petersilie)
5–6 EL Olivenöl
Salz, Pfeffer
etwas getrockneter Thymian
2–3 TL Kapern

Das Fischfilet mit Küchenkrepp trocknen, bis zur Verwendung in den Kühlschrank stellen. Das Olivenfleisch in Stücken vom Kern schneiden. Die Pfefferschote waschen, entkernen und fein hacken.

Die Tomaten kurz überbrühen, häuten und in etwa 1 cm dicke Scheiben schneiden. Die Frühlingszwiebeln waschen, putzen und den hellen Teil in 1 cm lange Stücke schneiden. Den Knoblauch pellen und längs halbieren. Das Basilikum waschen, trocknen und die Blätter grob hacken.

Den Backofen auf 200 °C vorheizen. Eine feuerfeste Form (zu der es einen Deckel gibt) mit etwas Olivenöl ausstreichen. Die Fischfilets leicht salzen und pfeffern, nebeneinander in die Form legen. Jedes Filet mit einer Prise Thymian bestreuen und die Kapern, Olivenstücke, Frühlingszwiebeln und Pfefferschote auf den Filets verteilen.

Die Knoblauchhälften zwischen die Filets legen. Die Hälfte vom Basilikum über die Filets streuen, etwas Öl darüber träufeln und die Tomatenscheiben darauf verteilen. Etwas salzen, pfeffern und das übrige Basilikum darüber streuen. Mit dem restlichen Olivenöl beträufeln, den Deckel auflegen und die Form auf mittlerer Höhe in den Ofen schieben. Etwa 30 Minuten garen.

Zum Servieren den Knoblauch zwischen den Filets herausfischen und entsorgen. Die Filets vorsichtig mit einem Pfannenheber so aus der Form auf die Teller heben, dass die einzelnen Fischstücke mit dem Gemüse darauf eine Einheit bilden.

FISCH AUS DEM OFEN MIT SALSA VERDE

Zutaten

2 kleine Fische à 500 g (z. B. Dorade, Red Snapper, Seebarsch, Seewolf)
2 Knoblauchzehen
4 EL gehackte Petersilie
2 Scheiben Zitrone
Salz, Pfeffer
6 EL Olivenöl
Weißwein
100 g entsteinte grüne Oliven
1 EL Kapern
2 TL getrockneter Oregano
3 EL Weißweinessig

Salsa verde:
1 Bund Petersilie
1 kleine Knoblauchzehe
2 EL Kapern
7 grüne Oliven, ohne Stein
80 ml Olivenöl
1 EL Balsamico-Essig
Salz, Pfeffer

Den Backofen auf 180 °C vorheizen. Den Fisch innen und außen säubern, Brustflossen entfernen, die Rückenflosse für die Garprobe dranlassen. Von beiden Seiten jeweils dreimal kurz einschneiden. Knoblauch schälen, klein hacken, mit der Petersilie mischen und in die Einschnitte drücken. Innen mit Salz und Pfeffer würzen und die Zitronenscheiben hineinlegen.

3 EL Olivenöl in eine Auflaufform geben und den Fisch hineinlegen. Den Fisch mit etwas Weißwein und restlichem Olivenöl beträufeln, Oliven und Kapern darauf verteilen. Mit Oregano bestreuen. Den Fisch im Ofen 30 bis 35 Minuten garen. Nach 10 Minuten den Fisch mit Essig beträufeln. Nach 30 Minuten die Garprobe machen: Lässt sich die Rückenflosse leicht herausziehen, ist der Fisch gar.

Für die Salsa verde die Petersilie waschen, trockentupfen und die Stiele entfernen. Mit den restlichen Zutaten zusammen im Mixer pürieren. Den gegarten Fisch tranchieren und mit der Salsa verde anrichten.

FISCH IM EIGENEN SAFT

Zutaten

4 Fischfilets, z. B. Rotbarsch, zu je 150–200 g
Saft von ½ Zitrone
Salz, Pfeffer
1 Stange Lauch
2 Möhren
1 Stückchen Sellerieknolle zu etwa 75 g
1 Bund Petersilie
3–4 Tomaten
75 g Butter
Salz, Pfeffer

Fischfilet mit Küchenkrepp trocknen, mit etwas Zitronensaft beträufeln, salzen und pfeffern. Zur Seite stellen. Lauch, Möhren und Sellerie putzen, waschen, wo nötig schälen, in feine Streifen schneiden. Petersilie waschen, trocknen und fein hacken. Tomaten mit kochendem Wasser überbrühen, häuten und vierteln. Den Boden einer feuerfesten Glasform (mit Deckel) mit einem Drittel der Butter dick ausstreichen, die Gemüsestreifen und die Tomaten darüber verteilen, den gewürzten Fisch darauflegen. Die restliche Butter in Spänen auf den Fischfilets verteilen, mit viel gehackter Petersilie bestreuen, den Deckel drauflegen. Bei kleiner Hitze langsam erhitzen, der Fisch benötigt etwa die gleiche Zeit zum Garen wie kleine Kartoffeln, die sehr gut dazu schmecken, also 20 bis 25 Minuten.

FISCH IN DER SALZKRUSTE

Zutaten

1 ganzer Meeresfisch zu 1–1,5 kg (zum Beispiel Dorade, Loup de mer oder Red Snapper)
1 Handvoll gemischte frische Kräuter (Dill, glatte Petersilie, Kerbel, Fenchelgrün, Rosmarin)
4 Eier
2 kg grobes Meersalz

Für die Buttersauce:
1 Schalotte
1 EL Weißweinessig
4 EL Weißwein
2 EL kleine Kapern
80 g Butterstückchen (eiskalt)
Salz, weißer Pfeffer

Den Fisch eventuell ausnehmen, die Kiemen mit einer Schere herausschneiden. Schuppen ist nicht nötig. Den Fisch unter fließendem Wasser waschen und sorgfältig mit Küchenkrepp trocknen. Die Kräuter waschen und trocknen, in die Bauchhöhle des Fisches füllen.

Die Eier trennen und die Eiweiße zu Schnee schlagen. Den Eischnee in einer Schüssel mit dem groben Salz vermischen, sodass eine formbare Masse entsteht. Bei Bedarf etwas Wasser dazugeben.

Den Backofen auf 230 °C vorheizen. Die Hälfte der Salzmischung auf eine Form oder ein tiefes Backblech schichten, den Fisch darauf legen und gleichmäßig mit dem restlichen Salz bedecken, die Masse dabei gut andrücken. Den eingepackten Fisch in den Ofen schieben und etwa 45 Minuten backen. Kurz vor Ende der Backzeit die Buttersauce bereiten:

Die Schalotte pellen und sehr fein würfeln. In eine kleine Pfanne geben, Essig und Weißwein zugießen und offen dünsten, bis die Flüssigkeit fast verdunstet ist.

Den Fisch aus dem Ofen nehmen und noch etwa 5 Minuten ruhen lassen. Bei kleinster Hitze die Butter mit einem Schneebesen nach und nach unter die eingekochten Schalotten schlagen, bis eine sämige Sauce entstanden ist. Die Kapern untermischen und mit Salz und Pfeffer abschmecken.

Die Salzkruste vom Fisch an der Seite rundum aufschneiden (notfalls mit einem Hammer aufklopfen) und den Deckel abheben. Alle Salzkörner vom Fisch abstreifen, die Haut abziehen und den Fisch auf Teller portionieren. Mit der Buttersauce übergießen und servieren.

FISCH IN FOLIE – EXOTISCH

Zutaten

4 Fischfilets mit festem Fleisch (Seelachs, Rotbarsch, Schellfisch, Heilbutt oder Stör), jedes etwa 200 g schwer und 2 cm dick
1 Bund frischer Koriander oder 50 g frische Ingwerwurzel oder 2 EL rosa Pfefferkörner
50 g weiche Butter
Salz, Pfeffer
1–2 EL Zitronensaft

Fischfilets mit Küchenkrepp trocknen. Jedes Filet für sich auf ein ausreichend großes Stück gebutterte Alufolie legen, jedes mit weiterer Butter bestreichen.

Die Filets salzen, pfeffern, mit Zitronensaft beträufeln und mit reichlich kleingehacktem Koriandergrün, fein geraspeltem oder geschnittenem Ingwer oder recht sparsam mit ganzen rosa Pfefferkörnern (werden so genannt, obwohl sie eigentlich kein Pfeffer sind) bestreuen.

Die langen Seiten der Folie darüber zusammenfassen und einige Male umschlagen, fest zusammendrücken. Die Schmalseiten ebenfalls fest zusammenkniffen und nach oben biegen. In einem breiten Topf etwa 3 cm hoch Wasser aufkochen, die Pakete hineinlegen und den Topf schließen. Bei niedriger Hitze etwa 12 Minuten garen. Wenn der Fisch dicker oder größer ist, entsprechend länger.

Im Zweifelsfall nach 10 Minuten ein Paket öffnen, probieren und gegebenenfalls wieder (verschlossen) in den Topf zurückgeben, noch einige Minuten garen. In der Folie servieren. Dazu passen kleine Kartoffeln und ein Möhrengemüse.

FISCH MIT KNOBLAUCH-PETERSILIEN-BUTTER UND TOMATENSAUCE

Zutaten

500 g Zanderfilet, möglichst gleichmäßig dicke Stücke
1 Bund glatte Petersilie
100 g Butter
5–6 große Knoblauchzehen
2–3 Fleischtomaten
2–3 Schalotten
2 EL Olivenöl
1 Zweig frischer Rosmarin
Salz, weißer Pfeffer, Cayennepfeffer

Das Fischfilet in etwa 100 g-Portionen teilen, mit Küchenkrepp gut trocknen. Bis zur Verwendung kühl stellen. Die Petersilie waschen, trocknen und sehr fein hacken. Die Butter zimmerwarm werden lassen.

Die Knoblauchzehen ungeschält mit Wasser bedecken und 6 bis 7 Minuten kochen. Die Knoblauchzehen aus dem Wasser nehmen und pellen. Die Zehen in frisches Wasser geben und weiterkochen, bis die Zehen ganz weich sind, dabei mehrmals das Wasser wechseln. Die weichen Knoblauchzehen mit einer Gabel zerdrücken und mit der Butter und der Petersilie zu einer Paste vermischen.

Für die Tomatensauce die Tomaten kurz überbrühen, häuten und in kleine Würfel schneiden. Die Schalotten pellen und fein hacken. In einem Topf das Olivenöl erhitzen und die Schalotten andünsten. Die Tomatenwürfel und den Rosmarinzweig zugeben und die Sauce leise einkochen lassen.

Die Zanderfilets leicht salzen und pfeffern, auf beiden Seiten mit der Buttermischung bestreichen.

Eine Pfanne erhitzen. Die gebutterten Filets in der Pfanne auf jeder Seite etwa 2 Minuten braten.Die Tomatensauce mit Salz und Cayennepfeffer abschmecken und zu den Zanderfilets servieren.

FISCH MIT SPECK AUS DEM OFEN

Zutaten

1 kg Kabeljau (Mittelstück, etwa gleich dick)
etwas Zitronensaft
1 Bund Petersilie
3 große fest kochende Kartoffeln
3 mittelgroße Zwiebeln
50 g Butter
Salz, weißer Pfeffer
125 g durchwachsener Speck (in dünnen Scheiben)
1 Glas Riesling (Weißwein)

Den Backofen auf 220 °C vorheizen. Den Fisch waschen und trockentupfen, mit etwas Zitronensaft säuern. Die Petersilie waschen, trocknen und in den Fischbauch legen. Die Kartoffeln und die Zwiebeln schälen und mit dem Gurkenhobel in dünne Scheiben hobeln.

Einen Bräter auf dem Herd erhitzen, die Butter darin schmelzen lassen. Die Kartoffel- und Zwiebelscheiben in der Butter wenden, salzen und pfeffern. Den Fisch salzen und mit dem Rücken nach oben auf das Kartoffel-Zwiebel-Bett setzen. Gleichmäßig mit den Speckscheiben belegen. Die Hälfte vom Riesling angießen und den Bräter in den Ofen schieben. Etwa 30 Minuten garen, dann den restlichen Wein nachgießen und den Fisch – je nach Dicke – noch 15 bis 20 Minuten garen.

Zum Servieren die Speckscheiben und die Fischhaut entfernen. Den Fisch in Stücke zerteilen und mit dem Kartoffel-Zwiebel-Gemüse auf Tellern anrichten.

FISCH MIT VANILLEBUTTER

Zutaten

100 g Butter
1 Schalotte
1 Tomate
4 Stängel Kerbel
½ Zitrone
2 Vanilleschoten
100 ml trockener Wermut
4 EL Weißweinessig
300 ml Fischfond
Salz, Pfeffer
4 Wolfsbarschfilets, mit Haut und geschuppt, oder andere ähnliche Fischfilets (z. B. Zander)
1–2 EL Butterschmalz

Die Butter in kleine Stückchen schneiden und ins Tiefkühlfach legen. Die Schalotte schälen. Die Tomate mit kochendem Wasser überbrühen, häuten, Stielansatz entfernen und entkernen. Das Fruchtfleisch in Würfel schneiden. Den Kerbel waschen, trockentupfen und grob hacken. Die Zitrone auspressen. Die Vanilleschoten der Länge nach halbieren und das Mark mit einem kleinen Messer herauskratzen.

Wermut und Essig mit dem Vanillemark in einer Pfanne erhitzen, die Schalotte durch eine Knoblauchpresse dazudrücken, aufkochen und rasch auf etwa 2 Esslöffel einkochen lassen. Fischfond dazugießen und auf etwa 6 Esslöffel reduzieren. Kerbel und Tomatenwürfel hinzufügen und mit Salz und Pfeffer abschmecken. Beiseite stellen und die kalte Butter einrühren, damit die Sauce fester wird. Auf kleiner Flamme warmhalten.

Die Fischfilets mit Zitronensaft leicht säuern, salzen und pfeffern. Butterschmalz erhitzen und die Filets auf der Hautseite knusprig braten, wenden und schnell fertig garen. Den Fisch mit der Vanillebutter auf Tellern servieren.

FISCH IM WIRSINGBLATT

Zutaten

500 g Fischfilet, z. B. Rotbarsch oder feiner: Steinbutt
4–6 EL Sojasauce
4 EL Sherry, trocken
1 Msp. Cayennepfeffer
1 EL gehackte Petersilie
Salz
1 Stange Lauch
1 schöner, großer Wirsing
50 g Butter
¼ l Fischfond (aus dem Glas)
weißer Pfeffer

Das Fischfilet in 2 bis 3 cm große Würfel schneiden und in einer Schüssel mit Sojasauce, Sherry, Cayennepfeffer und fein gehackter Petersilie vermischen. In einem großen Topf reichlich Wasser zum Kochen bringen und dann leicht salzen.

Von der Lauchstange 2 bis 3 lange Blätter ablösen und waschen. Vom Wirsing das äußere Grobe entfernen, dann vorsichtig 8 schöne Blätter abschneiden und waschen.

Die Lauch- und Kohlblätter 3 bis 4 Minuten in das kochende Wasser geben (blanchieren), herausnehmen und sofort in kaltem Wasser abschrecken. Lauchblätter der Länge nach in 6 bis 8 mm breite Streifen teilen, von den Wirsingblättern vorsichtig, ohne sie zu verletzen, die dicke Mittelrippe flachschneiden. Auf je 1 Kohlblatt ein Achtel der Fischwürfel setzen, ein längliches Päckchen formen und mit einem Lauchstreifen verschnüren.

Die Butter in einer großen Pfanne (mit passendem Deckel) heiß werden lassen und die Fisch-Kohlpäckchen auf beiden Seiten leicht Farbe annehmen lassen. Den Fischfond dazugießen, mit etwas Salz und weißem Pfeffer würzen und mit aufgelegtem Deckel 18 bis 20 Minuten bei mittlerer Hitze garen. In tiefe Teller verteilen und die Päckchen mit der Sauce übergießen, gleich servieren.

FEINES FISCHRAGOUT

Zutaten

2 kleinere Möhren
1 kleine Stange Lauch
2 Stängel Bleichsellerie
75 g Butter
1 Glas Fischfond, 400 ml
4–6 Safranfäden
400 g Lachsfilet
400 g Seeteufel-Filet (Lotte) oder ein anderes festfleischiges weißes Filet
8 Hummerkrabbenschwänze (Riesengarnelen)
Salz, weißer Pfeffer
1 Becher Sahne (200 g)
1 Msp. Cayennepfeffer

Möhren, Lauch und Bleichsellerie putzen und waschen, die Möhren schälen, alles in sehr kleine Würfel schneiden. In einem flachen Topf die Hälfte der Butter erhitzen und die Gemüsewürfel darin leicht anrösten.

Den Fischfond und Safranfäden dazugeben, ohne Deckel 20 Minuten leise köcheln lassen. Während dieser Zeit die Fischfilets in 3 cm große Würfel schneiden, die Hummerkrabbenschwänze von der Bauchseite her aus der Schale brechen, am Rücken vorsichtig aufschneiden und den dunkleren Darm entfernen, kurz unter fließendem Wasser waschen. Die Fischstücke salzen, pfeffern und in einer Pfanne mit der restlichen erhitzten Butter kurz angaren, die Hummerkrabben rötlich werden lassen, die Pfanne zur Seite stellen.

Die Sahne zum eingekochten Fisch-Gemüsefond gießen und unter häufigem Rühren noch etwa 15 Minuten weiter einkochen lassen, bis die Sauce sämig ist.

Hummerkrabben in 2 bis 3 cm große Stücke teilen. Die eingekochte Sauce mit Salz, Cayenne- und weißem Pfeffer abschmecken und die Fisch- und Hummerkrabbenstücke vorsichtig unterheben, kurz heiß werden lassen, die Sauce darf aber dabei nicht mehr kochen. Dazu passen Basmatireis oder Tagliatelle und als Gemüsebeilage Blattspinat.

FISCH MIT SAFRANFENCHEL

Zutaten

500 g Fenchel
1 Karotte
2 Zwiebeln
2 Knoblauchzehen
5–10 Safranfäden
100 ml Weißwein
2 TL Thymianblättchen
5 EL Olivenöl
300 ml Hühnerbrühe
Salz, Pfeffer
1 TL Honig
1–2 EL Butter
4 Fischfilets, mit Haut z. B. vom Saibling oder Zander
Mehl

Fenchel putzen, halbieren, den harten Strunk herausschneiden und die Hälften in 3 Stücke teilen. Fenchelgrün fein hacken. Karotte, Zwiebeln und Knoblauch schälen. Die Karotte in Scheiben, die Zwiebeln und den Knoblauch in kleine Würfel schneiden. Die Safranfäden in wenig Weißwein einweichen. Thymian waschen, trockentupfen und Blättchen abzupfen.

In einer Pfanne 4 EL Olivenöl erhitzen. Zwiebeln, Karotte und Knoblauch anschwitzen. Fenchelstücke, Thymian und Lorbeerblatt zugeben, Brühe und Safranfäden in Wein angießen. Mit Salz und Pfeffer würzen und zum Kochen bringen. Bei kleiner Hitze mit Deckel etwa 15 Minuten köcheln lassen, bis der Fenchel gar ist. Fenchel herausnehmen, Honig und restlichen Wein dazugeben und die Flüssigkeit bei großer Hitze auf die Hälfte einkochen lassen. Mit Salz und Pfeffer abschmecken und den Fenchel darin erwärmen.

Butter und 1 EL Olivenöl in einer Pfanne erhitzen. Fischfilets salzen, pfeffern und mit Mehl bestäuben. Filets auf der Hautseite knusprig braten, wenden und fertig garen. Mit Safranfenchel anrichten und mit Fenchelgrün bestreuen.

GEDÄMPFTER FISCH AUF GEMÜSEBETT

Zutaten

1 mittelgroße Fenchel
1 Stange Lauch
1 Karotte
1 walnussgroßes Stück Ingwer
5 EL Sojasauce
3 EL helles Sesamöl
1 EL dunkles Sesamöl
500 g Viktoriabarsch (oder ein anderer fest kochender Fisch)
2 EL Zitronensaft
Salz
weißer Pfeffer
1 Limette in Scheiben
Schnittlauchröllchen

Fenchel putzen und in dünne Streifen schneiden. Lauch putzen, das Grün in 5 bis 6 cm große Stücke teilen und danach in schmale Streifen schneiden. Die Karotte schälen, in 5 bis 6 cm lange Stücke schneiden und dann längs in dünne Stäbchen. Den Ingwer schälen und reiben. Eine Marinade aus Sojasauce und Sesamöl zubereiten und das Gemüse darin etwa 30 Minuten marinieren. Das Gemüse über einem Sieb abgießen, Marinade auffangen, den Ingwer einrühren und beiseite stellen. Das abgetropfte Gemüse in einem Dämpfeinsatz verteilen.

Den Fisch abspülen, trockentupfen und in rechteckige Stücke schneiden. Mit Zitronensaft beträufeln und mit Salz und Pfeffer würzen. Anschließend auf das Gemüse geben und mit Limettenscheiben belegen. So viel Wasser in einen Topf füllen, dass der Boden ca. 3 cm bedeckt ist. Den Dämpfeinsatz in den Topf stellen, dabei darauf achten, dass er das Wasser nicht berührt. Den Deckel auflegen, das Wasser bei großer Hitze zum Kochen bringen und Gemüse mit Fisch 7 bis 10 Minuten dämpfen. Dabei den Deckel nicht abnehmen.

Gegarten Fisch mit Gemüse auf Tellern anrichten, mit der Marinade beträufeln und mit Schnittlauchröllchen garnieren.

GEGRILLTER FISCH MIT RUCOLA-BOHNEN

Zutaten

500 g grüne Bohnen
2 Knoblauchzehen
80 g Rucola
60 g getrocknete Tomaten, eingelegt im Glas
3 frische Tomaten
4 Steinbeißerfilets à 125 g
1 Zitrone
Salz, Pfeffer
2 TL grobkörniger Senf
8 EL Olivenöl
1 EL Balsamico-Essig
2 EL Kapern
Parmesan

Backofengrill vorheizen. Die Bohnen putzen und waschen. Knoblauch schälen, eine Zehe fein hacken. Rucola putzen, waschen, trockenschleudern und grob hacken. Die getrockneten Tomaten hacken, frische Tomaten waschen, halbieren, Stielansatz entfernen, entkernen und das Fruchtfleisch in Würfel schneiden. Die Bohnen in einem Topf in reichlich Salzwasser knackig garen, abgießen und kalt abschrecken.

Fischfilets mit Zitronensaft beträufeln und salzen. Senf, 3 EL Olivenöl, Balsamico-Essig, Kapern und ⅓ der getrockneten Tomaten gut vermischen. Knoblauchzehe dazu pressen, alles nochmal gut verrühren und die Masse auf die Fischfilets streichen. Ein Backblech mit 1 EL Olivenöl einfetten und Fischfilets auf der mittleren Schiene des Backofens 10 Minuten grillen.

In einer großen Pfanne 4 EL Olivenöl erhitzen, gehackten Knoblauch und die restlichen getrockneten Tomaten kurz darin andünsten. Bohnen zugeben, erhitzen und mit Salz und Pfeffer abschmecken. Tomatenwürfel und Rucola unter die Bohnen mischen und mit dem Fisch auf Tellern anrichten. Nach Geschmack etwas Parmesan über die Bohnen hobeln.

ZITRONEN-SALSA ZU FISCHFILET

Zutaten

2 Zitronen
2 EL kleine Kapern
3 EL fein gehackte Petersilie
1 EL Zucker
Salz, Pfeffer
2 EL Pflanzenöl
4 Fischfilets mit Haut (z. B. Snapper, à ca. 180 g)

Die Zitronen schälen und die Filets herauslösen. Zitronenfilets, Kapern, Petersilie, Zucker und Pfeffer vermengen und vorsichtig salzen. In einer Pfanne das Öl erhitzen und die gepfefferten und gesalzenen Fischfilets erst auf der Haut knusprig braten, dann wenden und fertig garen. Mit der Zitronen-Salsa auf Tellern anrichten.

LACHS MIT ROTWEINBUTTER

Zutaten

Für die Marinade:
2 TL Fenchelsamen
3 Zweige Thymian
4 Lorbeerblätter
4 EL Zitronensaft
8 EL Olivenöl

Für die Rotweinbutter:
120 g weiche Butter
60 g weiche gesalzene Butter
2 EL gehackte glatte Petersilie
2 EL Zitronensaft
Cayennepfeffer
2 Schalotten
1 EL Butter
200 ml Rotwein
2 cl Portwein

Für den Lachs:
4 Scheiben Lachs à 100 g, mit Haut
500 g Spinat
Salz
1 EL Butter
1 Zweig Thymian
1 Knoblauchzehe
Pfeffer
Muskatnuss

Fenchelsamen im Mörser zerstoßen. Thymianzweige waschen und trockentupfen. Fenchelsamen, Thymianzweige und Lorbeerblätter mit 4 EL Zitronensaft und 4 EL Olivenöl in einer Schüssel verrühren und den Lachs darin 30 Minuten marinieren.

In der Zwischenzeit für die Rotweinbutter die Butter mit einem Handrührgerät schaumig aufschlagen (mindestens 5 Minuten), mit der gehackten Petersilie und Zitronensaft gut vermischen. Mit Cayennepfeffer würzen.

Schalotten schälen und in feine Würfel schneiden. In einer Pfanne mit 1 EL Butter glasig andünsten. Mit Rotwein und Portwein ablöschen, einkochen lassen und abkühlen lassen.

Den Spinat gut putzen und waschen. In kochendem Salzwasser blanchieren, das dauert nicht lange, etwa 2 bis 3 Minuten. Herausnehmen, eiskalt abschrecken und vorsichtig ausdrücken.

In einer Pfanne 1 EL Butter schmelzen lassen und den Spinat langsam erwärmen. Den Thymianzweig waschen und trockentupfen. Die Knoblauchzehe mit Schale leicht andrücken und zusammen mit dem Thymianzweig zum Spinat geben, mitdünsten und wieder herausnehmen. Spinat mit Salz, Pfeffer und frisch geriebener Muskatnuss abschmecken. Die erkalteten Rotweinschalotten mit der Kräuterbutter gut verrühren und beiseite stellen.

Den Lachs aus der Marinade nehmen und mit Küchenkrepp leicht abtupfen. Mit Salz und Pfeffer würzen. Den Lachs in einer Pfanne mit dem restlichen Olivenöl bei starker Hitze von beiden Seiten jeweils 3 Minuten braten. Die Hitze reduzieren und den Lachs nur noch ziehen lassen, dabei immer wieder mit dem Bratensaft übergießen. So bleibt der Lachs schön saftig.

Die Lachsscheiben herausnehmen und mit Küchenkrepp abtupfen. Lachs und Spinat auf Tellern anrichten und mit der Rotwein-Schalotten-Butter servieren.

ZANDERFILET AUF SAHNEKRAUT

Zutaten

1 kg mildes Sauerkraut
125 g Butter
12 (oder mehr) Wacholderbeeren
2 Lorbeerblätter
⅛ l Weißwein
⅛ l Geflügelfond
1 Becher Sahne
1 EL Honig
250 g mittelgroße kernlose Weintrauben (weiß)
Salz, Pfeffer
4 Zanderfilets à 150–200 g
Butter zum Braten
Mehl zum Bestäuben

Das Sauerkraut in ein Sieb geben und unter fließendem Wasser waschen. Gut abtropfen lassen. In einem Topf die Butter erhitzen, bei starker Hitze das Kraut hineingeben. Die Wacholderbeeren im Mörser zerdrücken und mit den Lorbeerblättern zugeben. Den Wein und den Fond angießen, die Hitze reduzieren und das Kraut etwa 1 Stunde zugedeckt köcheln lassen. Dabei gelegentlich umrühren und bei Bedarf Flüssigkeit nachgießen.

Wenn das Sauerkraut gar ist, die Sahne und den Honig zugeben und gut untermischen. Nach Geschmack (und Größe der Trauben) die Weintrauben ganz oder halbiert untermischen, mit Salz und Pfeffer abschmecken.

Die Zanderfilets mit Küchenkrepp trocknen, salzen und pfeffern. Die Butter zum Braten in einer Pfanne aufschäumen lassen. Die Filets mit etwas Mehl bestäuben und in der heißen Butter pro Seite 2 bis 3 Minuten braten.

Das Sahnekraut auf Tellern anrichten und jeweils ein Zanderfilet darauf legen.

ZANDERFILET MIT SELLERIESAUCE

Zutaten

3 Stangen Staudensellerie
1 Zwiebel
1 Knoblauchzehe
4 Zanderfilets à 200 g
3 EL Butter
100 ml Geflügelfond
150 ml Weißwein
½ Becher Sahne (100 g)
½ Bund Dill
Salz, Pfeffer
2 EL Mehl
2 EL Pflanzenöl
2 TL Dijon-Senf
Zucker

Sellerie putzen, waschen und in feine Würfel schneiden. Zwiebel und Knoblauch schälen und ebenfalls in kleine Würfel schneiden. Die Zanderfilets in etwa 6 bis 7 cm große Stücke schneiden. Zwiebel und Knoblauch in einer Pfanne mit 1 EL Butter glasig dünsten, Selleriewürfel dazugeben und 5 Minuten garen. Je 100 ml Geflügelfond und Weißwein dazugießen und weitere 5 Minuten bei geringer Hitze köcheln lassen. Die Sahne leicht anschlagen, Dill waschen, trockentupfen und fein hacken.

Den Fisch mit Salz und Pfeffer würzen und in etwa 2 EL Mehl wenden. In einer Pfanne mit der restlichen Butter und 2 EL Öl von beiden Seiten insgesamt 6 bis 8 Minuten, je nach Dicke, goldbraun braten. Herausnehmen, auf Küchenkrepp abtropfen lassen.

Senf und restlichen Weißwein in die Selleriesauce rühren, mit Salz, Pfeffer und 1 Prise Zucker abschmecken. Sahne und Dill unterheben und mit den Fischfilets servieren.

ZANDERFILET MIT ROTER BETE AUS DEM OFEN

Zutaten

500 g Rote Bete, kleine Knollen
10 Knoblauchzehen
1 Bund frischer Majoran
Salz, Pfeffer
8 EL Balsamico-Essig
8 EL Olivenöl
300 g Zanderfilet, mit Haut
1 EL Butterschmalz
etwas Mehl

Den Backofen auf 200 °C vorheizen. Die Rote Bete mit einer Bürste unter fließendem Wasser gründlich säubern und halbieren. Die Knoblauchzehen in der Schale andrücken. Den Majoran waschen, trockentupfen und die Blättchen abzupfen. Eine feuerfeste Form mit einem großen Stück Alufolie auslegen, Rote Bete und Knoblauch hineingeben, mit Majoranblättchen bestreuen und gut salzen und pfeffern. Balsamico-Essig und Olivenöl verrühren, darüber gießen und das Folienpäckchen dicht verschließen. Im Backofen 1 Stunde garen.

Den Fisch in Portionsstücke teilen, leicht salzen und pfeffern und in etwas Mehl wenden. In einer Pfanne das Butterschmalz erhitzen und die Fischfilets auf der Hautseite anbraten, wenden und fertig garen, sodass die Hautseite schön knusprig ist.

Das Folienpäckchen öffnen. Den Knoblauch mit einer Gabel aus der Schale drücken und zusammen mit Rote Bete, etwas von der Garflüssigkeit und den Zanderfilets anrichten.

GEBRATENER ZANDER AUF GEMÜSE

Zutaten

2 fest kochende mittelgroße Kartoffeln
1 mittelgroßer Kohlrabi
2 Frühlingszwiebeln
140 g zimmerwarme Butter
Salz, Pfeffer
150 ml Fischfond oder Wasser
½ Bund Brunnenkresse oder 1 Kästchen Gartenkresse
4 Zanderfilets à 140 g, mit Haut, küchenfertig
Zitronensaft
2 EL Pflanzenöl
Muskatnuss

Kartoffeln und Kohlrabi putzen, schälen und in feine Würfel schneiden. Die Frühlingszwiebeln putzen, grobes Grün entfernen und in feine Ringe schneiden.

Die Frühlingszwiebeln in einer Pfanne mit 1 EL Butter glasig andünsten. Die Kartoffeln dazugeben, mit Salz und Pfeffer würzen. Den Fischfond dazugießen, die Kartoffeln bissfest garen und beiseite stellen.

Den Kohlrabi in 1 EL Butter andünsten, mit Salz und Pfeffer würzen und ebenfalls bissfest garen. Die Kartoffeln zum Kohlrabi geben und einmal aufkochen lassen, beiseite stellen.

Die Brunnenkresse waschen, trockentupfen und verlesen. Klein schneiden und mit der restlichen Butter vermischen.

Den Zander mit Salz, Pfeffer und Zitronensaft würzen. Den Fisch mit der Hautseite zuerst im Öl braten. Wenden und die andere Seite ebenfalls braten.

Die Kressebutter unter das Kartoffel-Kohlrabi-Gemüse rühren, mit Salz, Pfeffer, frisch geriebener Muskatnuss abschmecken und das Gemüse mit dem Zander auf Tellern anrichten.

KABELJAU MIT SENFSAUCE

Zutaten

1 mittelgroße Zwiebel
1 Knoblauchzehe
2 mittelgroße Karotten
1 kleiner Knollensellerie
1 mittelgroße Stange Lauch
1 EL Öl
1 EL Butter
Salz
Cayennepfeffer
Zucker
Weißweinessig
150 ml Weißwein
50 ml trockener Wermut
4 Wacholderbeeren
14 Pfefferkörner
1 Nelke
1 EL Senfkörner
600 g Kabeljaufilet, in daumendicke Scheiben geschnitten
Pfeffer
Saft von ½ Zitrone
1 EL süßer Senf
1 EL mittelscharfer Senf
1 EL grober scharfer Senf (Pommery-Senf)
½ Becher geschlagene Sahne (100 g)

Zwiebel und Knoblauch schälen und in feine Scheiben schneiden. Karotten, Sellerie und Lauch putzen, waschen, schälen und ebenfalls in feine Scheiben schneiden. Alles in einer Pfanne in Öl und Butter langsam glasig dünsten, mit Salz, Cayennepfeffer und Zucker würzen.

Mit 1 Spritzer Weißweinessig, Weißwein und Wermut ablöschen. Wacholderbeeren, Pfefferkörner, Nelke und Senfkörner in einen Teefilter füllen, dazugeben und um die Hälfte einkochen lassen. 400 ml Wasser dazugießen und nochmals um die Hälfte einkochen lassen. Gemüsesud vom Herd nehmen und beiseite stellen. Den Backofen auf 150 °C vorheizen. Den Kabeljau von beiden Seiten mit Salz, Pfeffer und Zitronensaft würzen und auf das Gemüse legen. Mit Backpapier abdecken und 5 Minuten in den Backofen geben. Herausnehmen, den Fisch auf einen Teller legen und weitere 5 Minuten im Ofen garen.

In der Zwischenzeit den Gemüsesud durch ein Sieb gießen, das Gemüse beiseite stellen und den Teefilter mit den Gewürzen entfernen. Den Sud um die Hälfte einkochen lassen. Senf und Sahne einrühren, eventuell mit Salz, Pfeffer und Zitronensaft abschmecken und einmal kurz aufkochen lassen.

Die Kabeljaufilets auf dem Gemüse anrichten und mit der Senfsauce servieren.

KABELJAUFILET IM SENF-EI-MANTEL

Zutaten

500 g Kabeljau- oder anderes Fischfilet
Salz, weißer Pfeffer
Zitronensaft
2 TL Senfpulver
2 Eier
2 EL Milch
1 EL Sahne
2–3 EL Mehl
Butterschmalz zum Braten
Mehl zum Wenden

Die Fischfilets mit Küchenkrepp trocknen, salzen und pfeffern, mit Zitronensaft beträufeln. Beiseite stellen.

Das Senfpulver mit den Eiern, Milch, Sahne, Mehl, Salz und Pfeffer im Mixer oder in einer Rührschüssel mit dem Schneebesen zu einem glatten Teig vermischen, etwas quellen lassen.

In einer Pfanne nicht zu wenig Butterschmalz erhitzen. Die Fischfilets in Mehl wenden, dann durch den Teig ziehen und im heißen Schmalz auf beiden Seiten schön knusprig braten.

KABELJAU MIT KARTOFFELN UND TOMATEN

Zutaten

400 g fest kochende kleine Kartoffeln
Salz
200 g Kirschtomaten
1 Knoblauchzehe
2 Frühlingszwiebeln
2 EL Öl
Pfeffer
je 1 TL schwarze, rosa und grüne Pfefferkörner
1 TL Korianderkörner
500 g Kabeljaufilet
2 Stängel Estragon

Die Kartoffeln mit Schale in Salzwasser nicht zu weich kochen, abgießen, pellen und in Spalten schneiden. Die Kirschtomaten überbrühen, mit kaltem Wasser abschrecken und die Haut abziehen. Knoblauch schälen und fein hacken. Frühlingszwiebeln putzen, grobes Grün entfernen und in feine Ringe schneiden.

Die Kartoffeln in einer Pfanne mit dem Öl langsam goldgelb braten, Kirschtomaten, Knoblauch und Frühlingszwiebeln dazugeben, mit Salz und Pfeffer abschmecken, kurz schmoren, herausnehmen und beiseite stellen.

Pfeffer- und Korianderkörner in einem Mörser grob zerstoßen. Den Kabeljau in etwa 4 cm große Stücke schneiden, mit Salz und der Gewürzmischung würzen, in der gleichen Pfanne von beiden Seiten anbraten. Die Kartoffeln zurück zum Fisch geben, durchschwenken. Estragon waschen, trockentupfen, fein hacken, über die Fischpfanne streuen und servieren.

WEISSE BOHNEN MIT KABELJAU

Zutaten

500 g getrocknete weiße Bohnen
2 Zwiebeln
2 Knoblauchzehen
1 Bund glatte Petersilie
1 Zweig Thymian
2 Tomaten
150 g Räucherspeck
Olivenöl
1 l Hühnerbrühe
¼ l Wasser
1 Lorbeerblatt
Salz
Pfeffer
750 g Kabeljaufilet

Die Bohnenkerne in reichlich Wasser über Nacht einweichen. Zwiebeln und Knoblauch schälen und in feine Würfel schneiden. Die Kräuter waschen, trockentupfen und die Petersilie zupfen und hacken. Tomaten überbrühen, Haut abziehen, Stielansätze entfernen und das Fruchtfleisch grob zerteilen. Den Räucherspeck würfeln. In einem Topf etwas Olivenöl erhitzen und den Speck darin auslassen, Zwiebeln, Knoblauch und Bohnen kurz anschwitzen. Hühnerbrühe und Wasser angießen, Thymianzweig und Lorbeerblatt hinzufügen und die Tomaten untermischen. Das Ganze mit Deckel etwa 1 Stunde bei geringer Hitze garen. Die Bohnen mit einem Schaumlöffel herausnehmen und beiseite stellen. Die Kräuter entfernen und die Garflüssigkeit bei großer Hitze zu sirupartiger Konsistenz einkochen lassen. Die Bohnen wieder zurück in den Topf geben, vom Herd nehmen, mit Salz und Pfeffer abschmecken und warm stellen.

Die Fischfilets abspülen, trockentupfen und in Stücke teilen. In einer Pfanne etwas Olivenöl erhitzen und die Fischfilets von allen Seiten braten, mit Salz und Pfeffer würzen. Die Bohnen auf Tellern anrichten, die Fischfilets darauf legen und mit Petersilie bestreuen.

SEETEUFEL AUF CURRYWIRSING

Zutaten

1 kleiner Wirsing, ca. 300 g, ohne dicke Außenblätter
300 g Seeteufel (Lotte), ohne Gräten und Haut
50 g Butter
1 TL scharfes Currypulver
1 TL mildes Currypulver
Salz
Pfeffer

Den Wirsing vierteln, die harten Strünke herausschneiden, den Wirsing in 1 cm große Streifen schneiden, waschen und trockenschleudern (muss nicht handtuchtrocken sein). Seeteufel in 2 cm dicke Medaillons schneiden.

Die Butter in einem Topf schmelzen lassen und den Wirsing darin etwa 10 Minuten schmoren, dabei ab und zu umrühren. Sollte er zu schnell trocken werden, etwas Wasser dazugießen.

Currypulver vermischen, dazugeben und zugedeckt weitere 3 bis 4 Minuten schmoren. Die Fischmedaillons salzen und pfeffern, auf das Gemüse legen und je nach Dicke der Medaillons auf jeder Seite 2 bis 4 Minuten zugedeckt garen. Mit Pfeffer und Salz abschmecken und servieren.

SCHELLFISCH MIT ESTRAGONSAUCE

Zutaten

4 etwa gleich große Scheiben Schellfisch, 3 cm dick
Salz, Pfeffer
50 g Butter
3–4 Zweige frischer Estragon
½ Becher Sahne (100 g)
etwas abgeriebene Zitronenschale

Den Backofen auf 200 °C vorheizen. Die Fischscheiben mit Küchenkrepp trocknen, auf beiden Seiten salzen und pfeffern. Eine feuerfeste Form, in der die Fischscheiben nebeneinander gerade Platz haben, mit der Hälfte der Butter ausstreichen.

Die Fischscheiben in die Form legen. Den Estragon waschen und trockentupfen, etwa 2 TL Estragonblättchen abzupfen und über den Fisch streuen. Die restliche Butter in kleinen Flöckchen auf dem Fisch verteilen.

Die Sahne mit etwas geriebener Zitronenschale verrühren und zwischen die Fischscheiben gießen. Die Form in den Ofen stellen und den Fisch 20 Minuten garen, bis das Fischfleisch fest ist.

Die übrigen Estragonblättchen fein hacken. Die Fischscheiben aus der Form auf einen Teller heben und im abgeschalteten Ofen bei geöffneter Ofentür warmstellen. Die Sauce in der Form mit einem Schneebesen glatt rühren und 1 bis 2 TL Estragon zugeben, mit Salz und Pfeffer abschmecken. Die Sauce über die Fischscheiben gießen und sofort servieren.

SCHELLFISCH MIT SENFBUTTER

Zutaten

2 küchenfertige Schellfische à ca. 500 g (Angelschellfisch)
2 Bund Suppengemüse
1 Zwiebel
2 Gewürznelken
1 Lorbeerblatt
Salz
125 g Butter
1 EL Dijon-Senf
1 EL grober Rotisseur-Senf
weißer Pfeffer

Die Fische kann am besten der Händler küchenfertig vorbereiten, also schuppen, ausnehmen und die Flossen entfernen lassen. Das Suppengemüse waschen und putzen, die Zwiebel pellen und mit den Nelken spicken. In einem großen Topf einen Sud aus Wasser mit den Gemüsen, der Zwiebel und dem Lorbeerblatt 30 Minuten kochen, mit Salz würzen.

Die Fische hineinlegen und, ohne dass der Sud kocht, langsam in etwa 15 Minuten gar ziehen lassen. In einem Töpfchen die Butter schmelzen lassen und die beiden Senfsorten unterrühren, nach Bedarf leicht salzen und pfeffern. Die Fische filetieren und auf vorgewärmten Tellern mit der Senfbutter anrichten.

Dazu passen kleine Pellkartoffeln und ein grüner Salat mit Kräutern.

SEETEUFEL MIT SPINAT IM NETZ

Zutaten ✱

4 Stücke Schweinenetz ohne dicke Fettadern,
jeweils etwa 10 x 10 cm groß (beim Metzger vorbestellen)
250 g Spinat,
Salz
2 Tomaten
2–3 Schalotten
65 g Butter
1 kleiner Zweig Estragon
400 g Seeteufelfilet ohne Haut und Gräte (möglichst in einem gleichmäßigen Stück)
etwas Zitronensaft
2 EL Crème fraîche
weißer Pfeffer
Cayennepfeffer
½ Glas Weißwein

Das Schweinenetz vorsichtig mehrmals waschen, unter 3- bis 4maligem Wasserwechsel einen Tag wässern. Zur Zubereitung den Spinat verlesen und gründlich waschen, kurz in Salzwasser überbrühen, abgießen und kalt abschrecken. Gut ausdrücken und grob hacken. Die Tomaten überbrühen, häuten und entkernen. Das Fruchtfleisch grob würfeln.
Die Schalotten schälen und sehr fein hacken. 50 g Butter in Stücke teilen und sehr kalt stellen. Estragon waschen, die Blättchen fein hacken.

Den Backofen auf 220 °C vorheizen. Die Schweinenetze auf einem etwas angefeuchteten Brett auslegen. Fischfilet in 4 gleich große Scheiben schneiden und mit etwas Zitronensaft beträufeln.

Den Spinat mit den Tomatenstücken und Crème fraîche vermischen, mit Salz, Pfeffer und einer Prise Cayennepfeffer würzen. Jeweils eine Fischscheibe leicht salzen und mittig auf ein Stück Schweinenetz legen. ¼ der Spinatmischung darauf setzen und das Netz darüber falten. In einer ofenfesten Pfanne 15 g Butter zerlassen. Die Fischpäckchen hineinsetzen und im heißen Ofen etwa 20 Minuten garen.

Für die Sauce die Schalotten mit Wein dünsten, bis die Flüssigkeit fast verdampft ist. Den Topf vom Herd nehmen und die kalten Butterstücke mit dem Schneebesen unterschlagen. Mit Salz, Pfeffer und Cayennepfeffer würzen, mit Estragon bestreuen.

Die gegarten Fischpäckchen eventuell unterm Grill leicht anbräunen, auf Tellern anrichten und mit der Sauce umgießen.

SEETEUFEL MIT FRÜHLINGSZWIEBELN

Zutaten

600 g Seeteufelfilet (Lotte) ohne Haut und Gräte
10 Frühlingszwiebeln (Lauchzwiebeln)
½ Bund glatte Petersilie
1 EL Olivenöl
25 g Butter
⅛ l Vermouth (z. B. französischer Noilly Prat)
10 Safranfäden
Salz
Cayennepfeffer

Das Fischfilet mit Küchenkrepp trocknen und eventuell vorhandene Häutchen entfernen. Das Filet in 2,5 cm dicke Medaillons schneiden. Die Lauchzwiebeln waschen, putzen, den weißen bis hellgrünen Teil in dünne Scheiben schneiden. Die Petersilie waschen, trocknen und fein hacken. In einer Pfanne das Öl erhitzen, dann die Butter zugeben und aufschäumen lassen. Die Fischscheiben ganz kurz darin anbraten, wieder herausheben. Die Frühlingszwiebelscheiben in der Pfanne kurz andünsten, dann den Vermouth angießen und die Safranfäden unterrühren. Die Mischung bei starker Hitze auf etwa ⅓ der Menge einkochen. Mit Salz und Cayennepfeffer abschmecken.

Die Seeteufelstücke und die gehackte Petersilie in die Pfanne geben und in der Sauce in 3 bis 5 Minuten fertig garen. Mit der Sauce auf Teller verteilen und servieren.

SEETEUFEL IN TEMPURATEIG MIT THUNFISCHSAUCE

Zutaten

Für den Fisch:
400 g Seeteufel, küchenfertig, ohne Mittelknorpel
Salz, Pfeffer
1 Stange Lauch
2 EL Olivenöl
Zitronensaft
1 l Pflanzenöl, zum Ausbacken

Für den Tempurateig:
150 g Mehl
100 ml Mineralwasser
75 ml Weißwein
1 TL Pflanzenöl
20 g zerhacktes Eis
Salz
Cayennepfeffer

Für die Thunfischsauce:
20 Thymianblätter
1 Ei
50 g Thunfisch, aus der Dose
1 Sardellenfilet
10 Kapern
100 ml Olivenöl
Salz, Pfeffer
Zitronensaft

Den Seeteufel in 2 cm große Medaillons schneiden, mit Salz und Pfeffer würzen und beiseite stellen.

Den Lauch putzen, waschen, halbieren, das dunkle Grün entfernen und den Lauch in 5 cm lange, dünne Streifen schneiden. In kochendem Salzwasser blanchieren, herausnehmen und gut abtropfen lassen. Den Lauch mit Olivenöl und 1 Spritzer Zitronensaft marinieren.

Für den Tempurateig Mehl, Mineralwasser, Weißwein, Öl, Eis, Salz und Cayennepfeffer zu einem glatten Teig rühren. Das gehackte Eis ist sehr wichtig, da es dem Teig die Bindung gibt.

Das Pflanzenöl zum Ausbacken in einer Pfanne erhitzen, die Seeteufelmedaillons durch den Tempurateig ziehen und im heißen Fett goldgelb ausbacken. Herausnehmen und auf Küchenkrepp abtropfen lassen.

Für die Thunfischsauce die Thymianblätter waschen und trockentupfen. Mit Ei, Thunfisch, Sardellenfilet und Kapern in ein hohes Gefäß geben und mit einem Pürierstab aufschlagen. Das Olivenöl langsam einfließen lassen und nochmals aufmixen. Mit Salz, Pfeffer und 1 Spritzer Zitronensaft abschmecken.

Den marinierten Lauch auf Tellern anrichten, mit der Thunfischsauce beträufeln und den Fisch darauf setzen.

SEETEUFEL MIT PAPAYA-SALSA

Zutaten

1 Papaya
2 EL helles Sesamöl
4 EL Pflanzenöl
2 EL helle Sojasauce
7 EL Limettensaft
1 rote Peperoni
2 Frühlingszwiebeln
Salz
Pfeffer
1 Prise Zucker
1 Knoblauchzehe
1 walnussgroßes Stück Ingwer
500 g Seeteufel

Die Papaya halbieren, mit einem Esslöffel die Kerne entfernen, das Fruchtfleisch aus der Schale lösen und sehr klein würfeln.

Ein Dressing aus Sesamöl, 2 EL Pflanzenöl, Sojasauce und 6 EL Limettensaft rühren. Peperoni und Frühlingszwiebeln in feine Ringe schneiden und mit Papaya zum Dressing geben. Mit Salz, Pfeffer und Zucker abschmecken. Knoblauch und Ingwer schälen und fein würfeln. Seeteufel in ca. 3 cm dicke Scheiben schneiden. In einer Pfanne das restliche Pflanzenöl erhitzen und die Fischscheiben anbraten. Nach etwa 3 Minuten wenden und Knoblauch, Ingwer, Salz und Pfeffer darauf geben. Den Fisch mit dem restlichen Limettensaft beträufeln und unter mehrmaligem Wenden garen. Den Seeteufel auf Tellern anrichten und die Papaya-Salsa dazu reichen.

SEETEUFEL MIT TOMATEN-SALSA

Zutaten

5 reife Tomaten
2 Schalotten
1 Knoblauchzehe
½ Salatgurke
4 Anchovis-Filets
1 getrocknete Peperoncini
5 EL Kapern
3 EL gehackte Petersilie
2–3 EL Balsamico-Essig
8–10 EL Olivenöl
Salz
Pfeffer
500 g Seeteufel (Lotte)

Die Tomaten brühen, abziehen, Stielansatz entfernen, entkernen und das Fruchtfleisch in kleine Würfel schneiden. Schalotten und Knoblauch schälen und fein hacken. Die Salatgurke schälen, entkernen und fein würfeln. Anchovis, Peperoncini und Kapern fein hacken.

Alle Zutaten mit der Petersilie in einer Schüssel gut vermischen, Balsamico-Essig und 6 bis 8 EL Olivenöl zugießen und mit Salz und Pfeffer abschmecken. Die Lotte in ca. 3 cm dicke Scheiben schneiden. In einer Pfanne das restliche Olivenöl stark erhitzen und die Fischscheiben von beiden Seiten garen.
Mit Salz und Pfeffer würzen, Fisch auf Teller verteilen und mit der Sauce umgießen.

SALTIMBOCCA VOM SEETEUFEL

Zutaten

300 g Seeteufel-Filet
1 Schalotte
6 Salbeiblätter
Butterflocken zum Montieren
Zitronensaft
Pfeffer
6 Scheiben Parmaschinken, dünn geschnitten
2 EL Butter
1 EL Olivenöl
100 ml Weißwein
Salz
Cayennepfeffer

Backofen auf 80 °C vorheizen. Fischfilet in sechs etwa daumengroße Stücke teilen. Schalotten schälen und sehr fein würfeln. Die Salbeiblätter waschen und trockentupfen. Butterflocken ins Eisfach stellen. Den Fisch mit Zitronensaft säuern und leicht pfeffern. Die Stücke mit je einem Salbeiblatt belegen und in je eine Scheibe Parmaschinken wickeln. Butter mit Olivenöl in einer Pfanne erhitzen und die Saltimbocca-Päckchen unter Wenden bei mittlerer Hitze braten, dann herausnehmen und im Backofen warm stellen. Schalottenwürfel in der Pfanne glasig andünsten, mit dem Weißwein ablöschen und einkochen lassen. Sauce mit Salz, Pfeffer und nach Geschmack mit Cayennepfeffer abschmecken, dann die kalten Butterflöckchen einrühren, damit die Sauce sämig wird. Saltimbocca aus dem Ofen nehmen, auf Tellern mit der Sauce anrichten. Dazu passt Blattspinat.

WELS IN PROSCIUTTO MIT KRÄUTERLINSEN

Zutaten

4 Welsfilets ohne Haut à ca. 200 g
1 Bund glatte Petersilie
1 Bund Basilikum
1 Bund Minze
1 Bund Thymian
150 g Blattspinat
1 unbehandelte Zitrone
250 g Puy-Linsen
8 Scheiben Prosciutto, sehr dünn geschnitten
Olivenöl
200 ml griechischer Joghurt (10 % Fett)
Salz
Pfeffer

Backofen auf 220 °C vorheizen. Mit einer Pinzette eventuell die Gräten aus dem Wels entfernen. Kräuter waschen, trockentupfen und die Blätter fein hacken. Spinat verlesen, mehrfach gründlich waschen, trockenschleudern und grob hacken. Einige Zesten von der Zitronenschale abziehen, dann die Zitrone auspressen. Die Linsen in einem Topf mit Wasser zum Kochen bringen und bei kleiner Flamme ca. 25 bis 30 Minuten garen, bis sie weich sind. Welsfilets leicht pfeffern, mit den Zitronenzesten und Thymianblättchen bestreuen und in je 2 Scheiben Schinken einrollen, sodass nicht das ganze Filet bedeckt ist. In eine Pfanne geben, mit etwas Öl beträufeln und ca. 10 Minuten im Ofen garen, bis der Schinken goldbraun ist.

Die Linsen abgießen, wenig Wasser auffangen und beides wieder in den Topf geben. Mit Salz, Pfeffer und Zitronensaft abschmecken und 5 bis 6 EL Olivenöl zugießen. Kräuter und Spinat zugeben und bei starker Hitze zusammenfallen lassen. Joghurt mit etwas Salz und Pfeffer abschmecken. Den Wels mit den Linsen anrichten und etwas Joghurt über die Linsen geben.

ROTBARBEN AUS DEM BACKOFEN

Zutaten

4 große Rotbarben, etwa 20 cm lang (oder 8 kleine)
2 Knoblauchzehen
1 Bund frischer Rosmarin
6–7 EL Olivenöl
getrockneter Oregano
Salz
Pfeffer
Zitronenachtel zum Garnieren

Den Backofen auf 180 °C vorheizen. Die geschuppten Rotbarben innen und außen gründlich waschen und mit Küchenkrepp trocknen. Die Flossen abschneiden. Die Knoblauchzehen pellen und fein hacken. Den Rosmarin waschen und trocknen.

In einem ofenfesten länglichen Bräter Olivenöl erhitzen und den Knoblauch darin glasig werden lassen. 2 gute Prisen Oregano dazugeben. Die Fische innen und außen leicht salzen und pfeffern. Pro Fisch einen kleinen Rosmarinzweig durch das heiße Knoblauchöl ziehen und in die Bauchhöhle stopfen. Die Fische in die Form legen, das würzige Öl darüber löffeln und den Bräter in den Ofen schieben. Die Fische 25 bis 30 Minuten garen, dabei öfter mit dem Würzöl bestreichen. Mit Zitronenachteln garnieren und sehr heiß servieren.

SAIBLINGSFILET IN FOLIE

Zutaten

1 Karotte
1 kleiner Knollensellerie
1 Stange Lauch
Salz
4 Saiblingsfilets à 140 g
Pfeffer
Zitronensaft
2 EL gemischte Kräuter (Estragon, Dill, Petersilie, evtl. Kresse)
möglichst frischer Meerrettich oder Meerrettich aus dem Glas
50 ml Weißwein
3 EL Butter

Den Backofen auf 150 °C vorheizen. Karotte, Sellerie und Lauch putzen, schälen, waschen und in sehr feine Streifen schneiden. In kochendem Salzwasser bissfest garen, das dauert nicht lange, und kalt abschrecken.

Die Saiblingsfilets mit Salz, Pfeffer und etwas Zitronensaft würzen. 4 Blatt Alufolie nebeneinander ausbreiten, das Gemüse auf der Alufolie verteilen, jeweils einen Saibling auf das Gemüse setzen, mit Kräutern bestreuen und etwas frischen Meerrettich darüber hobeln oder Meerrettich aus dem Glas in sehr kleinen Mengen darauf verteilen. Den Weißwein dazugießen und die Butter in Flöckchen darauf setzen. Die Päckchen gut verschließen und im Backofen 7 bis 10 Minuten garen.

Die Fische aus der Folie nehmen und sofort servieren. Oder in der Folie servieren und die Päckchen bei Tisch öffnen.

THUNFISCH-GULASCH

Zutaten

1 große Zwiebel
4 Knoblauchzehen
1 grüne Paprikaschote
500 g Fleischtomaten
1 rote Chilischote
400 g Kartoffeln
500 g dicke Scheiben Thunfisch
1 Zitrone
Salz
Pfeffer
2 EL Olivenöl
2 TL mildes Paprikapulver
250 ml trockener Weißwein

Zwiebel und Knoblauch schälen und in Würfel schneiden. Die Paprikaschote waschen, vierteln, entkernen und in Streifen schneiden. Die Tomaten brühen, häuten, Stielansatz entfernen und das Fruchtfleisch würfeln. Die Chilischote entkernen und in dünne Streifen schneiden. Die Kartoffeln schälen, waschen und würfeln. Den Thunfisch in 2 cm große Würfel teilen. Die Zitrone auspressen. Die Thunfischwürfel mit Zitronensaft, Salz und Pfeffer in einer Schüssel etwa 30 Minuten marinieren.

In einer großen Pfanne das Olivenöl erhitzen und die Zwiebelwürfel glasig andünsten, Knoblauch und Paprikastreifen dazugeben und bei schwacher Hitze ca. 5 Minuten dünsten. Tomaten, Chili, Salz, Pfeffer und das Paprikapulver hineingeben und 10 Minuten bei kleiner Flamme garen. Kartoffeln und Wein zufügen und zugedeckt 10 Minuten weitergaren. Den Thunfisch unterrühren und 5 Minuten gar ziehen lassen.

THUNFISCH MIT LORBEER

Zutaten

4 Scheiben frischer Thunfisch, ca. 3 cm dick, 200–250 g pro Scheibe
3 EL Zitronensaft
Salz
Pfeffer
6 EL Olivenöl
20 Lorbeerblätter
20 g Butter

Thunfischscheiben kurz waschen, mit Küchenkrepp trocknen. 2 EL Zitronensaft mit Salz, Pfeffer und 4 EL Olivenöl verrühren. Den Thunfisch zusammen mit den halbierten Lorbeerblättern und dem Zitronenöl vorsichtig in einen Gefrierbeutel legen, gut verschließen und mindestens 4 Stunden im Kühlschrank unter gelegentlichem Wenden ziehen lassen. 2 EL Olivenöl mit der Butter in einer großen Pfanne erhitzen. Die Thunfischschnitten aus der Marinade heben und von den Lorbeerblättern befreien, in der Pfanne auf jeder Seite etwa 5 Minuten braten. Der Fisch muss gerade durch sein, darf aber nicht austrocknen.

Anschließend salzen und leicht pfeffern. Aus der Pfanne auf eine vorgewärmte Platte heben. Bratensatz vom Pfannenboden mit der Marinade (aber ohne die Lorbeerblätter) lösen, aufkochen und über den Fisch gießen. Eventuell mit frischen Lorbeerblättern garnieren.

THUNFISCH MIT TOMATENSAUCE

Zutaten

2 etwa 3 cm dicke Scheiben frischer Thunfisch à 400–450 g
2 EL fein gehackte frische Minze
1 EL fein gehackter Koriander
Salz, Pfeffer
5 Knoblauchzehen
1 kg reife Tomaten
½ Bund frische Minze
6 EL Olivenöl
1–2 getrocknete Chilischoten
1 Zimtstange (5–6 cm lang)
½ TL getrockneter Oregano
1 EL Korianderkörner
1 frische rote Chilischote
150 ml Weißwein

Die Thunfischscheiben häuten, kurz abspülen und mit Küchenkrepp trocknen. Eventuell dunkle Stellen wegschneiden. Die gehackte Minze und den Koriander mit etwas Salz und Pfeffer im Mörser zerstampfen. 3 Knoblauchzehen pellen und mit der Presse dazudrücken. Zu einer Paste verrühren. Mit einem spitzen Messer Schlitze in das Fischfleisch schneiden und die Paste hineindrücken. Beiseite stellen.

Für die Sauce die Tomaten kurz überbrühen, häuten und entkernen, in Stücke schneiden. Die Minze waschen, die Blätter hacken. Die restlichen Knoblauchzehen pellen und fein würfeln. In einem Topf 3 EL Olivenöl erhitzen. Den Knoblauch, die zerbröselten, getrockneten Chilischoten, die Zimtstange, Oregano und die Korianderkörner anrösten, bis der Knoblauch goldgelb ist. Die Minze, Tomatenstücke und die frische Chilischote zugeben und bei starker Hitze 5 bis 10 Minuten kochen lassen. Mit Salz und Pfeffer würzen.

Den Backofen auf 220 °C vorheizen. In einem Bräter das restliche Olivenöl stark erhitzen. Die Thunfischscheiben auf jeder Seite 1 Minute anbraten, aus dem Bräter heben, salzen und pfeffern.

Das Öl aus dem Bräter mit Küchenkrepp auswischen. Den Weißwein in den Bräter gießen und 4 bis 5 Minuten einkochen lassen. Die Thunfischscheiben wieder in den Bräter legen, die Tomatensauce darüber gießen. Den Bräter in den Ofen schieben und den Thunfisch 10 Minuten darin garen. Am besten in der Form servieren.

GESCHMORTER THUNFISCH

Zutaten

500 g große Tomaten
10 schwarze Oliven
1 Zwiebel
2 Knoblauchzehen
1 EL Kapern
1 Bund Basilikum
5 Stängel Minze
6 EL Olivenöl
4 Scheiben Thunfisch à 180 g
Salz, Pfeffer
125 ml Weißwein

Den Backofen auf 175 °C vorheizen. Die Tomaten brühen, abziehen, Stielansatz entfernen, entkernen und das Fruchtfleisch klein schneiden. Die Oliven vom Stein schneiden und hacken. Zwiebel und Knoblauch schälen und fein würfeln. Die Kapern fein hacken. Basilikum und Minze waschen, trockentupfen und die Blätter in Streifen schneiden.

Eine feuerfeste Form mit 4 EL Olivenöl ausstreichen, den Thunfisch von beiden Seiten salzen und pfeffern und in die Form legen. Tomaten, Zwiebeln, Knoblauch, Oliven, Kapern und Kräuter auf dem Fisch verteilen und das restliche Olivenöl darüber träufeln. Den Wein angießen und im Backofen auf mittlerer Schiene 18 bis 20 Minuten garen. Eventuell noch einmal mit Salz und Pfeffer abschmecken.

THUNFISCH IN SESAMKRUSTE

Zutaten

2 unbehandelte Limetten
1 große grüne Chilischote
5 EL schwarze Sesamkörner
2 Avocados, ca. 250 g
100 g Sauerrahm
Salz, Pfeffer
3–4 Esslöffel Wasabi, japanische Meerrettich-Paste
4 Thunfischfilets
3 EL Erdnussöl

Die Limetten gründlich mit heißem Wasser abwaschen, von der Schale Zesten reißen und fein hacken, dann 4 EL Saft auspressen. Die Chili längs halbieren, entkernen und fein hacken. Sesam auf einem flachen Teller verteilen.

Die Avocados halbieren und die Steine entfernen. Das Fruchtfleisch mit einem Löffel aus den Schalen heben, mit einer Gabel zerdrücken, sofort mit Limettensaft vermischen und dann durch ein Sieb streichen. Mit dem Sauerrahm und den Zesten (bis auf einen kleinen Rest) vermengen. Mit Salz, Pfeffer und Wasabi abschmecken und mit dem größten Teil der fein gehackten Chili verrühren. Restliche Zesten und Chili darüber streuen.

Die Thunfisch-Stücke von allen Seiten fest in die Sesamkörner drücken, sodass eine Kruste entsteht. Öl stark erhitzen und den Fisch von beiden Seiten je ca. 1 Minute braten, innen soll er noch roh sein. Mit dem Avocado-Wasabi angerichtet servieren.

THUNFISCH – ITALIENISCH

Zutaten

2 mittelgroße Zwiebeln
½ Bund glatte Petersilie
1 unbehandelte Zitrone
3 EL Olivenöl
½ TL Salz
125 ml Wasser
1 TL Zucker
1 EL fein gehackte Rosmarinnadeln
50 g Rosinen
400 g Tomatenwürfel
1 Msp. Cayennepfeffer
4 Thunfisch-Scheiben, à ca. 180 g
Salz, Pfeffer

Die Zwiebeln schälen, halbieren und in dünne Scheiben schneiden. Petersilie waschen, trockentupfen und fein hacken. Die Zitrone gründlich mit heißem Wasser abwaschen und von der Schale Zesten reißen, dann den Saft auspressen.

In einer Pfanne 2 EL Olivenöl erhitzen und die Zwiebeln mit einem ½ TL Salz ca. 5 Minuten andünsten, aber nicht bräunen. Wasser und Zucker zugeben, mit Deckel weitere 10 Min. köcheln, bis die Zwiebeln sehr weich sind. Den Deckel abnehmen und unter Rühren die Zwiebeln karamellisieren. Rosmarin, Rosinen, Tomaten sowie Zesten und Zitronensaft zugeben und alles etwas einköcheln lassen. Die Petersilie unterrühren und mit Cayennepfeffer abschmecken.

Eine Grillpfanne mit dem restlichen Olivenöl erhitzen, die Thunfischscheiben salzen und pfeffern und in der Pfanne garen, bis sie gerade durch sind, das sind max. 1 Minute auf jeder Seite. Den Thunfisch auf Tellern anrichten und mit der süß-sauren Sauce servieren.

THUNFISCH MIT SOJASAUCE UND HONIG

Zutaten

1 Ingwerwurzel, 5–6 cm lang
2 Frühlingszwiebeln
4 Scheiben Thunfisch à ca. 180 g
2 EL Honig (z. B. Akazienhonig)
4 EL Balsamico-Essig
8 EL Sojasauce
6 EL helles Sesamöl oder Pflanzenöl
1 TL Chilipaste
1 TL gemahlener Koriander
Salz

Ingwer schälen und reiben. Frühlingszwiebeln putzen, waschen und fein hacken. Thunfischscheiben mit den gehackten Frühlingszwiebeln und dem Ingwer bestreuen.

Aus Honig, Balsamico-Essig, Sojasauce, Sesamöl, Chilipaste und dem gemahlenen Koriander eine Marinade rühren und über den Fisch gießen. Zugedeckt etwa 1 bis 2 Stunden marinieren.

Eine Grillpfanne erhitzen. Den Fisch aus der Marinade nehmen und etwas abtropfen lassen. Den Thunfisch in die sehr heiße Pfanne geben und von beiden Seiten kurz scharf anbraten. Der Fisch bleibt innen roh.

Den Thunfisch aus der Pfanne nehmen und warmstellen. Die Marinade in die heiße Pfanne gießen, etwas reduzieren lassen und eventuell mit 1 Prise Salz abschmecken. Thunfischscheiben auf Tellern anrichten. Mit der Honigsauce übergießen.

GEDÄMPFTER HEILBUTT MIT BRUNNENKRESSE

Zutaten für 2 Personen

2 etwa 1 cm dicke Scheiben vom weißen Heilbutt
1 Bund Brunnenkresse
2 Frühlingszwiebeln (Lauchzwiebeln)
1 kleine mittelscharfe rote Peperoni (Chilischote)
1 unbehandelte Limette
Vermouth
Salz
Pfeffer

Die Fischscheiben mit Küchenkrepp trocknen, beiseite stellen. Die Brunnenkresse verlesen, dicke Stiele entfernen. Blätter waschen und trocknen. Die Frühlingszwiebeln waschen und putzen, den weißen und hellgrünen Teil schräg in Streifen schneiden. Die Peperoni halbieren, entkernen und in feine Streifen schneiden.

Die Limette heiß waschen, mit dem Zestenreißer dünne Späne von der Schale ziehen. Die Limette in Scheiben schneiden.

Einen Topf (mit Dämpfeinsatz) etwa 2 bis 3 cm hoch mit einer Mischung aus halb Vermouth, halb Wasser füllen. Ein paar Limettenscheiben und 1 TL Salz zugeben, zugedeckt aufkochen.

Die Brunnenkresse auf dem Dämpfeinsatz verteilen. Die Fischscheiben großzügig salzen und pfeffern und auf die Kresse legen. Limettenspäne, Frühlingszwiebel- und die Peperonistreifen darüber streuen. Den Einsatz in den Topf heben und sofort den Deckel auflegen. Den Fisch 10 bis 12 Minuten dämpfen (dickere Fischscheiben brauchen länger!), dabei den Deckel nicht abheben.

Nach dem Dämpfen den Fisch samt der Brunnenkresse mit einem Schaumlöffel auf vorgewärmte Teller heben und servieren.

GEBRATENES HEILBUTTFILET MIT ROTE-BETE-SAUCE

Zutaten

5 ½ EL kalte Butter
100 g rote Zwiebeln
1 EL Himbeeressig
100 ml Rote-Bete-Saft, aus dem Reformhaus
1 Msp. Zucker
Salz
Pfeffer
Zitronensaft
800 g Heilbuttfilet, mit Haut
Mehl

2 ½ EL Butter in kleinen Flocken ins Eisfach legen. Die Zwiebeln schälen und in Streifen schneiden. In einen Topf mit 1 EL Butter geben und andünsten, mit Himbeeressig ablöschen und kurz einkochen lassen, mit dem Rote-Bete-Saft aufgießen. Den Zucker dazugeben und etwa 15 Minuten köcheln lassen. Mit Salz, Pfeffer und 1 Spritzer Zitronensaft abschmecken.

Das Heilbuttfilet in 4 gleich große Stücke teilen, mit Salz und Pfeffer würzen. Die Heilbuttfilets auf der Hautseite leicht einschneiden und diese leicht mit Mehl bestäuben. In einer Pfanne mit 2 EL Butter zuerst auf der Hautseite goldgelb braten, immer wieder mit Butter übergießen, wenden und fertig braten. Vor dem Servieren die kalte Butter in die Sauce rühren, mit dem Heilbutt anrichten und servieren.

SCHWERTFISCH MIT BALSAMICO-TRAUBEN-SAUCE

Zutaten

4 Schalotten
500 g blaue Trauben
4 EL Butter
120 ml Balsamico-Essig
500 ml Hühnerbrühe
Salz
Pfeffer
Cayennepfeffer
4 Scheiben Schwertfisch à 175 g
2 EL Olivenöl

Die Schalotten schälen und in feine Würfel schneiden. Die Trauben waschen, halbieren und gegebenenfalls entkernen. In einem Topf 2 EL Butter erhitzen, die Schalotten darin goldgelb rösten. Mit Balsamico-Esssig und Hühnerbrühe ablöschen, die Trauben dazugeben und kurz aufkochen. Die Hitze reduzieren und 2 Minuten köcheln lassen. Die Trauben mit einer Schaumkelle herausnehmen und in eine Schüssel geben. Flüssigkeit auf die Hälfte einkochen und mit Salz, Pfeffer und Cayennepfeffer abschmecken. Die restliche Butter unterrühren, die Trauben zurück in den Topf geben und alles leicht auskühlen lassen. Den Fisch auf beiden Seiten mit Olivenöl einpinseln, salzen und pfeffern. In einer Grillpfanne bei mittlerer Hitze unter mehrmaligem Wenden 8 bis 10 Minuten braten und mit der Balsamico-Trauben-Sauce anrichten.

GEGRILLTER SCHWERTFISCH

Zutaten pro Person

1 große oder 2 kleine Schwertfischscheiben, ca. 2 cm dick
2 EL Olivenöl
2 EL Zitronensaft
Salz
Pfeffer

Die Schwertfischscheiben mit wenig Olivenöl bestreichen und in mittelheißer Grillpfanne, über Holzkohle oder in einer Pfanne von beiden Seiten wie ein Schnitzel sehr kurz, etwa 3 Minuten pro Seite, braten. Der Fisch soll leicht gebräunt sein, darf aber nicht austrocknen.

Etwas trocken ist Schwertfisch immer. Deshalb serviert man ihn in Griechenland so:

Nach dem Grillen salzen, leicht pfeffern und mit einer Mischung aus gleichen Teilen Olivenöl und Zitronensaft übergießen. Dann schmeckt er sehr herzhaft, fast wie Fleisch. Dazu passen Spinat und Kartoffeln, zum Beispiel unsere Rosmarinkartoffeln.

STEINBEISSER MIT FENCHEL

Zutaten

700 g Steinbeißerfilet
2 mittelgroße Zwiebeln
1 Knoblauchzehe
300 g Fenchel
1 EL Butter
150 g Sahne
Salz
Pfeffer
Zitronensaft

Die Steinbeißerfilets in 8 Medaillons portionieren. Zwiebeln und Knoblauch schälen, Fenchel waschen und den Strunk herausschneiden. Alles in sehr feine Ringe schneiden. Das Gemüse in einem Topf mit der Butter langsam bei kleiner Hitze glasig dünsten. Die Sahne einrühren und etwa 10 Minuten leicht köcheln lassen. Den Backofen auf 180 °C vorheizen.

Die Sauce mit dem Pürierstab aufschlagen, vollständig durch ein feines Sieb streichen, damit der ganze Geschmack in die Sauce kommt. Die Medaillons mit Salz, Pfeffer und Zitronensaft würzen, in die Sauce legen und etwa 5 Minuten im Backofen garen. Die Zeit richtet sich ein wenig nach der Dicke der Medaillons.

Die Steinbeißermedaillons auf Tellern anrichten, die Sauce eventuell noch einmal mit dem Pürierstab aufschlagen und über die Medaillons geben.

WOLFSBARSCH IN PFEFFER-ZITRUS-SAUCE

Zutaten

500 g Wolfsbarschfilet, ohne Gräten und Haut
1 unbehandelte Limette
1 unbehandelte Zitrone
1 unbehandelte Orange
1 Bund Thymian
2–3 EL Olivenöl
Salz
Pfeffer
1–2 EL Honig (z. B. Akazienhonig)

Den Fisch in kleine Medaillons schneiden. Limette, Zitrone und Orange gründlich abwaschen. Von Orange und Limette die Schale abreiben. Alle Früchte auspressen und den Saft auffangen.

Die Thymianblättchen von den Zweigen zupfen. Den Zitrussaft mit Olivenöl, Salz, Pfeffer und der abgeriebenen Schale verrühren. Die Fischmedaillons darin etwa 1 Stunde ziehen lassen. Dabei ab und zu wenden. Den Fisch auf Küchenkrepp abtropfen lassen, mit Thymian bestreuen, leicht salzen und pfeffern. Etwas Olivenöl in der Pfanne erhitzen und den Fisch von beiden Seiten anbraten. Die Medaillons aus der Pfanne nehmen und warmstellen.

Die Marinade in die Pfanne gießen, etwas reduzieren lassen, den Honig dazugeben und alles kurz aufkochen. Die Fischmedaillons zurück in die Pfanne geben und kurz in der Sauce ziehen lassen. Fisch auf Tellern anrichten und mit der Sauce übergießen.

FORELLE BLAU

Zutaten

250 g Zwiebeln
1 Bund Suppengemüse
1 Knoblauchzehe
4 Wacholderbeeren
½ l Weißwein
½ TL Anissamen
2 Lorbeerblätter
5 Nelken
2 TL Senfkörner
12 schwarze Pfefferkörner
3 TL Meersalz
1 TL Zucker
4 Stängel Dill
4 Stängel glatte Petersilie
4 fangfrische Forellen à 300 g, küchenfertig
Saft von ½ Zitrone
8 EL Weißweinessig
2 EL Butter

Für den Sud die Zwiebeln schälen und in dünne Ringe schneiden. Das Suppengemüse putzen, waschen und schälen. Den Knoblauch in der Schale andrücken und die Wacholderbeeren im Mörser leicht andrücken. In einem ovalen Topf 2 l Wasser mit Zwiebeln, Suppengemüse, Weißwein, Anis, Lorbeerblättern, Nelken, Senfkörnern, Knoblauch, Wacholderbeeren und Pfefferkörnern aufkochen und bei mittlerer Hitze 20 Minuten köcheln lassen. Mit 2 TL Meersalz und 1 TL Zucker würzen. Dill und Petersilie waschen, trockentupfen und abzupfen. Aus den Stängeln ein Kräutersträußchen binden und mit in den Sud legen. Die Forellen waschen, trockentupfen, nur innen mit restlichem Meersalz und dem Zitronensaft würzen und die Bauchhöhlen mit den abgezupften Kräutern füllen.

Etwa 6 EL Weißweinessig in den Sud geben, die Forellen mit restlichem Essig beträufeln, in den Topf legen und etwa 7 Minuten darin ziehen lassen.

Die Butter in einem Topf schmelzen lassen. Die Forellen vorsichtig aus dem Sud heben und mit der zerlassenen Butter servieren. Dabei kann man auch die gegarten Zwiebeln und etwas von der Flüssigkeit mit anrichten. Der Fisch ist gar, wenn sich die Rückenflosse leicht herausziehen lässt.

MIESMUSCHELN

Zutaten

2 kg Miesmuscheln
2–3 Zwiebeln
1 Bund Suppengemüse
2 EL Pflanzenöl
100 ml trockener Weißwein
1 Lorbeerblatt
Salz, weißer Pfeffer

Die Muscheln mit einer Bürste sehr gründlich schrubben, die außen hängenden Bärte entfernen. Sollten Muscheln darunter sein, die sich dabei nicht schließen: weg damit!, sie sind verdorben.

Die Zwiebeln pellen und in feine Ringe schneiden, das Suppengemüse putzen und fein schneiden. Im größten Topf Öl erhitzen, Suppengemüse und die Zwiebeln glasig dünsten. Mit Wein ablöschen und die Muscheln mit dem Lorbeerblatt in den Topf geben. Sofort mit dem Deckel verschließen und bei starker Hitze 5 bis 10 Minuten kochen, bis sich alle Muscheln geöffnet haben. Dabei den Topf ab und zu kräftig rütteln. Mit etwas Salz und viel weißem Pfeffer würzen.

Geschlossene Muscheln aussortieren (können verdorben sein). Die geöffneten mit Sud in einer Terrine servieren, dazu gibt's Schwarzbrot oder Pumpernickel und Butter.

TINTENFISCHPFANNE

Zutaten

50 g kleine tiefgekühlte Tintenfisch-Tuben (Kalamari)
1 Stange Lauch
1 kleine rote Paprikaschote
1 kleine gelbe Paprikaschote
150 g Sojasprossen
1 Knoblauchzehe
3 Stängel Basilikum (wenn möglich Thai-Basilikum)
4 EL Pflanzenöl
2 getrocknete Chilischoten
2–3 EL Sojasauce (nach Geschmack Fischsauce)
4–5 EL Limettensaft
Pfeffer

Die Tintenfische auftauen, trockentupfen und in 3 bis 5 cm breite Ringe schneiden. Das Weiße und Hellgrüne vom Lauch waschen und längs in dünne Streifen schneiden. Die Paprikaschoten waschen, vierteln, Kerne und Rippen entfernen und in feine Streifen schneiden. Die Sojasprossen in einem Sieb mit kochendem Wasser überbrühen. Den Knoblauch schälen und fein hacken. Basilikum waschen, trockentupfen und die Blätter abzupfen und kleinschneiden.

In einer Pfanne oder einem Wok das Öl sehr stark erhitzen und die Tintenfische scharf anbraten. Hitze etwas reduzieren und Lauch, Paprika, Knoblauch und Chili dazugeben, 2 bis 3 Minuten unter Rühren braten. Mit Soja- oder Fischsauce und Limettensaft ablöschen, Sprossen und Basilikum untermischen und mit Pfeffer abschmecken.

OKTOPUS IN WEIN GESCHMORT

Zutaten ✸

1 kg küchenfertiger Oktopus
2–3 Zwiebeln
3–5 Knoblauchzehen
2–3 Tomaten (ersatzweise abgetropfte aus der Dose)
6–7 EL Olivenöl
2 Lorbeerblätter
¼ l Wein (rot oder weiß)
Salz
viel Pfeffer
1–2 EL Balsamico-Essig

Oktopus waschen, die Körperhöhle gut ausspülen. Die Mundöffnung, die zwischen den Fangarmen auf der Unterseite zu sehen ist, ausschneiden. Oktopus in 3 bis 5 cm breite Stücke schneiden.

Die Zwiebeln pellen, halbieren und in Streifen schneiden. Den Knoblauch pellen und fein hacken. Frische Tomaten überbrühen, häuten und entkernen, in Stücke schneiden (Dosentomaten nur zerteilen). In einer breiten Kasserolle das Olivenöl erhitzen. Die Oktopusstücke anbraten. Sobald sie rotbraun sind, Zwiebeln, Knoblauch und Lorbeer zugeben, 10 bis 15 Minuten dünsten.

Die Tomaten zugeben und den Wein unterrühren. Zugedeckt bei schwacher Hitze etwa 1 Stunde schmoren. Mit Salz, viel Pfeffer und dem Essig pikant abschmecken.

Auch als Vorspeise: Über Nacht durchziehen lassen und kalt servieren.

CALAMARI IN TOMATENSAUCE

Zutaten

800 g kleine Tintenfische
500 g reife Tomaten (oder 1 Dose geschälte Tomaten)
2 Zwiebeln
2 Knoblauchzehen
50 g schwarze, entsteinte Oliven
1 Bund Petersilie
6 EL Olivenöl
Salz
⅛ l Weißwein
1 Peperoncino (getrocknete Chilischote, ersatzweise Cayennepfeffer)
Pfeffer

Die Tintenfische unter fließendem Wasser waschen. Dann die dünne Haut vom tubenförmigen Tintenfischkörper abziehen. Falls die Tintenfische noch nicht ausgenommen sind, das Innere mit den Fangarmen aus dem Körper herausziehen. Die Innereien abschneiden und wegwerfen.

Aus den Köpfen die harten Beißwerkzeuge (auf der Unterseite der Fangarme zu finden) entfernen. Die Körper innen gründlich waschen, das Fischbein entfernen. Körper und Köpfe mit Küchenpapier sorgfältig abtrocknen und in Streifen schneiden. Frische Tomaten kurz mit kochendem Wasser überbrühen, häuten, die Kerne ausdrücken und das Fruchtfleisch würfeln (die Tomaten aus der Dose nur abtropfen lassen und in grobe Stücke schneiden).

Die Zwiebeln und den Knoblauch pellen und fein hacken. Die Oliven in feine Streifen schneiden, die Petersilie waschen, trocknen und die Blättchen fein hacken.

In einem breiten Topf das Olivenöl erhitzen. Die Tintenfischstreifen unter ständigem Umwenden kurz und scharf anbraten. Salzen und die Zwiebeln zugeben, unter Rühren glasig dünsten. Den gehackten Knoblauch, die Tomatenstücke und den Wein zugeben, den Peperoncino dazubröseln und alles aufkochen lassen. Zugedeckt etwa 15 Minuten bei schwacher Hitze köcheln lassen. Wenn die Calamari weich sind, die Oliven unterrühren und die Sauce ohne Deckel noch 5 Minuten einkochen lassen. Mit Salz und Pfeffer abschmecken und mit Petersilie bestreut servieren.

GARNELEN MIT ASIATISCHER SESAM-SAUCE

Zutaten

1 walnussgroßes Stück Ingwer
2 Frühlingszwiebeln
2 Knoblauchzehen
3 EL dunkles Sesamöl
3 EL Sojasauce
1 ½ EL brauner Zucker
1 ½ EL Sesamkörner
1 EL süße Chili-Sauce (Asialaden)
125 ml Reiswein oder trockener Sherry
½ TL 5-Gewürze-Pulver (Asialaden)
750 g große Garnelen, geschält und entdarmt
2–3 EL Pflanzenöl

Ingwer schälen und in Scheiben schneiden. Frühlingszwiebeln putzen, das Grün für die Dekoration in dünne Ringe schneiden, das Weiße halbieren. Knoblauch andrücken. 3 EL Sesamöl, Soja-Sauce, Zucker, Sesamkörner, Chili-Sauce, den Sherry (oder Reiswein) und 5-Gewürze-Pulver in einer großen Schüssel zu einer Marinade verrühren. Knoblauch, Ingwer sowie, das Weiße der Frühlingszwiebel zugeben und die Garnelen darin zugedeckt ca. 1 Stunde marinieren. Anschließend das Pflanzenöl in einer Pfanne erhitzen, die Garnelen aus der Marinade heben und 5 Minuten anbraten. Die Marinade durch ein Sieb passieren und zu den Garnelen in die Pfanne geben. Bei mittlerer Hitze zu einer sirupartigen Konsistenz einkochen. Die Garnelen mit etwas Sauce und dem Grün der Frühlingszwiebeln bestreut anrichten. Dazu passen entweder Baguette, ein grüner Salat oder Basmati-Reis.

HUMMERKRABBEN IN MORCHELRAHM

Zutaten

25 g getrocknete Spitzmorcheln
8–12 rohe Hummerkrabben (Riesengarnelen, King Prawns), je nach Größe
Salz, weißer Pfeffer
1 Schalotte
100 g Butter
¼ l süße Sahne
50 ml (1 Glas) Champagner oder Sekt oder leichter Weißwein
1 Knoblauchzehe
2 EL gehackte glatte Petersilie

Die Morcheln kalt abbrausen und in ⅛ l lauwarmem Wasser 20 Minuten einweichen, dabei ab und zu im Wasser schwenken, damit der Sand ausgespült wird. Von den Hummerkrabben den Kopfteil abdrehen, den Panzer auf der Bauchseite mit den Daumen aufbrechen und abschälen. Auf der Rückenseite einschneiden, den dunklen Darm mit spitzem Messer entfernen, kurz unter fließendem Wasser abspülen. Aufschneiden, sodass sie flach aufliegen, mit Küchenkrepp trocknen. Salzen und pfeffern. Eingeweichte Morcheln aus dem Wasser nehmen und ausdrücken.

Die Schalotte schälen und sehr fein hacken, in etwas heißer Butter glasig dünsten. Die Morcheln dazugeben und mit etwas Morchelsud ablöschen (vorsichtig vom Bodensatz abgießen), einkochen lassen. Sahne und Champagner aufgießen und leise köcheln lassen, bis die Morcheln gar sind. In einer zweiten Pfanne die Garnelen in der restlichen Butter kurz anbraten, geschälte Knoblauchzehe durch eine Presse dazudrücken. Nur wenige Minuten garen. Hummerkrabben mit der Sahnesauce servieren und mit Petersilie garnieren.

HUMMERKRABBEN MIT TOMATEN

Zutaten

12 Hummerkrabbenschwänze (Jumbo-Garnelen) oder Shrimps, ungeschält
2–3 Tomaten
1 Bund Frühlingszwiebeln
3 EL Olivenöl
evtl. 2–3 gehackte Knoblauchzehen
60 ml trockener Vermouth (oder trockener Weißwein)
Salz
1 Msp. Cayennepfeffer
1 Bund Petersilie

Hummerkrabbenschwänze mit einem scharfen Messer der Länge nach durch den Panzer halbieren, den dunkleren Darm auf der Rückenseite entfernen, kurz unter fließendem Wasser abspülen. Die Tomaten mit kochendem Wasser überbrühen, enthäuten, halbieren und die Kerne entfernen. Tomatenfleisch in kleine Würfel schneiden. Die Frühlingszwiebeln waschen und den weißen Teil davon in zentimeterdicke Scheiben schneiden. Den Backofen auf 200 °C anheizen. In einem flachen, ofenfesten Bräter das Öl stark erhitzen und die Garnelenhälften sehr kurz, nur 3 bis 4 Minuten, auf beiden Seiten anrösten, herausnehmen.

Die Tomatenwürfel mit Zwiebelringen, gehacktem Knoblauch nach Belieben, in der Pfanne unter Rühren andünsten, mit Vermouth oder Wein ablöschen und die Flüssigkeit etwas einkochen lassen. Mit Salz und Cayennepfeffer würzen, in ein Schüsselchen geben. Die Hummerkrabbenhälften mit der Fleischseite nach oben in die Pfanne legen, die Tomaten-Zwiebel-Mischung darüber verteilen und im Backofen 10 Minuten garen. Derweilen die Petersilie waschen, trocknen und fein hacken. Über die Hummerkrabben streuen. Mit knusprigem Baguette servieren und einen trockenen, frischen Weißwein dazu trinken.

SHRIMPS MIT INGWER

Zutaten

500 g mittelgroße Shrimps, ungeschält, ohne Kopf (möglichst rohe)
1 große grüne Paprikaschote
3–4 cm frische Ingwerwurzel
2 Knoblauchzehen
3 EL neutrales Öl (am besten Erdnussöl)
1 EL Sherry
Salz

Für die Sauce:
3 EL Ketchup
1 TL Zucker
2 TL Sherry
1 TL Speisestärke
1 EL leichte Sojasauce
1 Tasse Hühnerbrühe

Die Shrimps schälen, den Darm auf der Rückenseite mit einem spitzen Messer herausholen, kurz fließendes Wasser drüberlaufen lassen, soweit anschneiden, dass man sie flach aufdrücken kann. Mit Küchenkrepp gründlich abtrocknen.

Die Paprikaschote waschen, halbieren, Strunk, Kerne und helle Trennwände entfernen. Die Schotenhälften längs in Streifen, diese quer in kleine Würfel schneiden. Die Ingwerwurzel schälen und raspeln oder sehr fein hacken. Knoblauchzehen schälen und fein hacken.

Die Sauce zubereiten: Den Ketchup mit Zucker, Sherry, Speisestärke, Sojasauce und Hühnerbrühe glattrühren. Eine Pfanne oder, noch besser, einen Wok erhitzen. 1 EL Öl hineingeben, umschwenken und heiß werden lassen.

Die Paprikawürfel 1 Minute darin unter Rühren dünsten, herausnehmen und beiseite stellen. 2 EL Öl in die Pfanne (den Wok) geben und den Knoblauch leicht anbräunen. Herausnehmen und zu den Paprikawürfeln geben. Jetzt die Shrimps mit dem Ingwer so lange im Öl unter Wenden braten, bis die Shrimps leicht bräunen und gar sind, bereits gekochte nur kurz erhitzen. Das geht recht schnell.

Den Sherry und etwas Salz zugeben und noch ½ Minute umrühren. Die Sauce darübergießen und so lange in der heißen Pfanne (oder dem Wok) rühren, bis sie gebunden ist. Paprika und Knoblauch dazu, salzen und alles gut mischen. Zu Basmati-Reis servieren.

SEELACHS MIT BACON UND ESTRAGON

Zutaten

1 unbehandelte Zitrone
2–3 Zweige Estragon
1 Schalotte
4 Seelachsfilets à 100 g
Salz, Pfeffer
4 sehr dünne Scheiben Bacon
2 EL Olivenöl
125 ml Weißwein
100 g Sahne

Die Zitrone gründlich waschen, einen Teil der Schale abreiben und Saft auspressen. Estragon waschen, trockentupfen, die Blättchen abzupfen und hacken. Schalotten schälen und sehr fein würfeln.

Fischfilets mit Zitronensaft beträufeln, mit Pfeffer würzen und mit einem Teil der Estragonblätter bestreuen. Jedes Filet in eine Scheibe Bacon einrollen. Das Olivenöl in einer Pfanne erhitzen. Fischröllchen von allen Seiten 6 bis 7 Minuten garen, herausnehmen und warmstellen.

Schalottenwürfel in der Pfanne glasig anschwitzen, Wein und Zitronensaft angießen und stark einkochen lassen. Sahne zugeben und weiterköcheln, bis die Sauce eine sämige Konsistenz hat. Restliche Estragonblättchen und abgeriebene Zitronenschale nach Geschmack hineinstreuen und mit Salz und Pfeffer abschmecken. Die Fischröllchen in die Sauce geben.

GEFLÜGEL

Seite 227–254

Geflügel war lange Zeit fast nur in sehr schlechter Qualität zu haben. Massentierhaltung und unverantwortliche Fütterung haben nicht nur unsere Gesundheit, sondern auch unseren Geschmack attackiert. Je weniger Gewürze, Kräuter und andere Zutaten ein Geflügelrezept vorsieht, umso wichtiger ist der Eigengeschmack des Fleisches. Ein puristisches »Toskanisches Platthuhn« schmeckt mit einem billigen Hähnchen nicht gut. Inzwischen gibt es allerdings auch im Supermarkt Huhn in guter Qualität.
Wenn die Verpackung das Gut nennt, von dem das Geflügel stammt, kann man sich in der Regel darauf verlassen. Am besten sind natürlich immer noch die freilaufenden »Mistkratzer«.
Ich kaufe sie auf dem Wochenmarkt oder bei meinem Fachgeschäft für Wild und Geflügel. Wenn man kein gutes Geflügel findet oder sich leisten will, empfiehlt es sich, Rezepte wie das »Indische Huhn« nachzukochen, bei denen der Geschmack des Gerichtes nicht so sehr vom Fleisch kommt, sondern von kräftigen Gewürzen, Kräutern oder Zutaten wie Mango-Chutney.

HUHN ODER KANINCHEN IN KORIANDERSAUCE

Zutaten für 2 Personen

2 Zwiebeln
1 Bund frischer Koriander
50 g Butter
etwas neutrales Pflanzenöl
250 g Kaninchen- oder Hähnchenbrustfilets
Salz, Pfeffer
3/8 l herber Weißwein
1/8 l süße Sahne
Salz, Pfeffer

Die Zwiebeln schälen und klein würfeln. Koriander waschen, trockenschleudern und fein hacken. Die Zwiebelwürfel in einem Bräter mit Butter und ein wenig neutralem Öl glasig dünsten. Die Kaninchen- oder Hähnchenfilets waschen, gut mit Küchenkrepp trocknen.

Die Zwiebeln aus dem Bräter nehmen und die Filets in der verbliebenen Butter (notfalls noch etwas Butter zugeben) ringsum goldgelb anbraten. Salzen und pfeffern. Den Weißwein, die angeschmorten Zwiebeln und die Hälfte des Korianders dazugeben. Deckel auflegen und 30 bis 45 Minuten schmoren. Die Zeit hängt davon ab, ob man Huhn (kürzer) oder Kaninchen (etwas länger) hat, wie groß die Filets sind und so weiter. Daher muss von Zeit zu Zeit durch leichten Druck aufs Fleisch probiert werden, ob es fest und gar ist.

Ist es soweit, das Fleisch herausnehmen, die Sahne und den restlichen Koriander in die Sauce rühren und kurz aufwallen lassen. Die Filets auf einer Platte anrichten und mit der Sauce übergießen.

HUHN MIT BROKKOLI AUS DEM WOK

Zutaten

4 Hähnchenbrustfilets
1 Knoblauchzehe
3 EL Sojasauce
3 EL Sake (Reiswein, ersatzweise trockener Sherry)
500 g Brokkoli
1 TL Korianderkörner
4 EL Pflanzenöl zum Braten
4 EL dunkles Sesamöl (aus geröstetem Sesam)
Salz, Pfeffer

Die Hähnchenbrustfilets mit Küchenkrepp trocknen und quer in sehr dünne Scheiben schneiden. Für die Marinade die Knoblauchzehe pellen. Die Sojasauce in einer Schüssel mit Sake vermischen, den Knoblauch dazupressen und die Hähnchenscheiben darin wenden. Im Kühlschrank 1 bis 2 Stunden marinieren.

Den Brokkoli waschen, die Stiele in sehr dünne Scheiben schneiden (dabei eventuell holzige Stellen entfernen).

Die Köpfe in kleine Röschen teilen. Die Korianderkörner im Mörser zerreiben.

In einem Wok erst das Pflanzenöl erhitzen, dann das Sesamöl zugießen und unter Rühren die Brokkolistängelscheiben 4 bis 5 Minuten anbraten. Die Röschen zugeben und alles noch 3 bis 4 Minuten braten.

Das Hühnerfleisch samt Marinade untermischen und ebenfalls 3 bis 5 Minuten (je nach Dicke der Scheiben) unter Rühren braten. Die gemörserten Korianderkörner untermischen, mit Salz und Pfeffer abschmecken. Gleich mit Reis servieren.

HÜHNCHEN MIT CRANBERRIES

Zutaten

170 g frische Cranberries
100 g Zucker
125 ml Wasser
1 Brathähnchen 1,5 kg
1 großer Apfel
2 Zwiebeln
16 Schalotten
1 Zitrone
2 TL grober Senf
2 TL Ahornsirup
2 TL Ingwerpulver
1 Prise Piment
1 TL Thymian
Salz, Pfeffer
frische Kräuter zum Füllen: z. B. Petersilie, Oregano, Thymian, Rosmarin
2 EL Pflanzenöl
375 ml Hühnerbrühe
250 ml frisch gepresster Orangensaft

Den Backofen auf 220 °C vorheizen. Die Cranberries mit Zucker und Wasser einkochen, bis die Beeren aufplatzen, in ein Marmeladenglas füllen und beiseite stellen. Das Hähnchen waschen und trockentupfen. Den Apfel schälen, entkernen und würfeln. Zwiebeln und Schalotten schälen, die Zwiebeln in kleine Würfel schneiden.

Die Zitrone halbieren und das Hühnchen innen und außen damit beträufeln. Senf, Ahornsirup, Ingwer, Piment, Thymian, Salz und Pfeffer vermischen und das Huhn mit dieser Mischung einreiben.

Die Kräuter in die Bauchhöhle des Hähnchens geben und das Geflügel mit der Brust nach unten in den Bräter legen. Schalotten und Äpfel darum verteilen, mit dem Öl beträufeln und 30 Minuten im Backofen braten.

In einem Topf Hühnerbrühe, Orangensaft, Zwiebeln und einige Löffel der Cranberry-Marmelade etwa 20 Minuten einkochen.

Das Hähnchen aus dem Ofen nehmen und 1 Tasse der reduzierten Brühe angießen. Die Hitze im Backofen auf 200 °C reduzieren und das Huhn weitere 30 Minuten braten; falls die Haut zu dunkel wird, mit Backpapier abdecken. Immer wieder mit der Orangensaft-Cranberry-Brühe übergießen.

Zum Schluss die Beine ablösen, neben das Hähnchen legen und alles weitere 10 Minuten im Ofen garen. Das Hähnchen mit der Cranberry-Apfel-Sauce auf Tellern anrichten.

HUHN MIT GRÜNEM SPARGEL UND ZUCKERSCHOTEN

Zutaten

500 g Hähnchenbrustfilets
4 EL Sojasauce
8 EL trockener Sherry
Salz, Pfeffer
Zucker
250 g grüner Spargel
250 g Zuckerschoten
8 EL neutrales Öl
½ TL Koriandérkörner

Die Hähnchenfilets waschen, gut trocknen und in Streifen schneiden. Sojasauce mit Sherry, Salz, Pfeffer und ein wenig Zucker verrühren und die Fleischstreifen darin mehrere Stunden marinieren, also in der Würze liegen lassen und dabei gelegentlich wenden.

Spargel waschen und die unteren Enden abschneiden, soweit sie holzig sind. Die zarten Köpfe abschneiden und zur Seite legen, die Stangen in Stücke teilen. Zuckerschoten waschen und von Enden und Fäden befreien. Die Spargelstücke (ohne die Köpfe) in 5 EL Öl etwa 10 Minuten dünsten, dann die Köpfe und nach 2 Minuten die Zuckerschoten dazugeben. Weiter 3 bis 4 Minuten dünsten. Aus der Pfanne nehmen und warmstellen. Pfanne mit Küchenkrepp säubern und 3 EL frisches Öl stark erhitzen.

Die Hühnerstücke mit der Marinade dazugeben und 4 bis 5 Minuten dünsten, das Gemüse dazugeben und zugedeckt weitere 5 Minuten auf ganz kleiner Flamme ziehen lassen. Mit zerstoßenen Korianderkörnern und, wenn nötig, noch mit etwas Salz und Pfeffer würzen.

HUHN MIT ZWIEBELN IN WEINSAUCE

Zutaten

1 kg Hähnchenbrüste
Salz, Pfeffer
etwas Mehl
5 EL Olivenöl
¼ l Weißwein
2 zerdrückte Knoblauchzehen
1 TL getrockneter Thymian
2 EL fein gehackte Petersilie
20 sehr kleine Zwiebeln

Hähnchenbrüste waschen und trockentupfen, salzen und pfeffern, dann in Mehl wenden, das überschüssige Mehl abschütteln. In einer Kasserolle das Olivenöl erhitzen und die Brüstchen darin goldgelb braten, mit dem Wein den Bratensatz löschen und Knoblauch, Thymian und Petersilie dazugeben.

Den Deckel auflegen und etwa 15 Minuten köcheln lassen. Inzwischen die kleinen Zwiebeln pellen, aber ganz lassen. Nach den 15 Minuten die Zwiebeln zum Fleisch geben und weitere 15 Minuten simmern lassen. Probieren, ob Fleisch und Zwiebeln gar sind; wenn nur eines davon fertig ist, herausnehmen und das andere allein fertig garen. Zuletzt alles wieder zusammenführen, abschmecken und erhitzen. Schön heiß servieren.

LINSENCURRY MIT HUHN

Zutaten

500 g Hähnchenbrustfilet
¼ l Hühnerbrühe (selbst gekocht oder Instant)
250 g Zwiebeln
1 Knoblauchzehe
1 Bund Frühlingszwiebeln (Lauchzwiebeln)
1 große Dose Linsen (mit Suppengrün)
6–8 EL Sonnenblumenöl
1 TL mildes Currypulver
1 TL scharfes Currypulver
Salz
3 TL Mango-Chutney
2–3 EL Sweet-Chili-Sauce

Das Hähnchenfilet mit Küchenkrepp trocknen und in 1,5 cm große Würfel schneiden. Die Hühnerbrühe heiß bereitstellen. Die Zwiebeln und den Knoblauch pellen, fein hacken. Die Frühlingszwiebeln waschen, putzen und in 1 cm breite Stücke schneiden. Die Linsen in ein Sieb gießen und abtropfen lassen.

In einem breiten Topf das Öl erhitzen und die Fleischwürfel unter gelegentlichem Rühren anbraten. Zwiebeln und Knoblauch zugeben. Mit beiden Currysorten bestäuben und kurz andünsten.

Die Brühe angießen und die Linsen unterrühren. Mit Salz, Mango-Chutney und Chilisauce würzen. Zugedeckt bei schwacher Hitze etwa 25 Minuten köcheln lassen.

Die Frühlingszwiebeln unterrühren und alles noch 5 Minuten garen. Mit körnig gekochtem Reis servieren.

CHINESISCHE HÜHNERPFANNE

Zutaten

500 g Hähnchenbrustfilet
6–7 cm Ingwerwurzel
1 unbehandelte Limette
3 Knoblauchzehen
5–6 EL Sojasauce
10 Tropfen Tabascosauce
250 g Möhren
1 Bund Frühlingszwiebeln (Lauchzwiebeln)
2 rote Paprikaschoten
10 EL Pflanzenöl zum Braten
100 ml trockener Sherry
Salz

Die Hähnchenbrustfilets mit Küchenkrepp trocknen und in sehr dünne Scheiben schneiden. In eine Schüssel geben. Den Ingwer schälen und fein zum Fleisch reiben.

Die Limette heiß waschen und die Schale abraspeln, die Limette auspressen. Die Knoblauchzehen pellen, zum Fleisch pressen. Die Filetstreifen noch mit Limettensaft und -schale, Soja- und Tabascosauce vermischen, im Kühlschrank etwa 1 Stunde ziehen lassen.

Die Möhren, Frühlingszwiebeln und die Paprikaschoten waschen und putzen. Die Möhren schälen und in dünne Scheiben schneiden. Von den Frühlingszwiebeln den weißen und hellgrünen Teil in feine Scheibchen schneiden. Die Paprikaschoten halbieren und entkernen, in dünne Streifen schneiden.

In einer Pfanne die Hälfte vom Öl erhitzen. Möhren und Paprikastreifen darin unter ständigem Rühren 7 bis 8 Minuten braten. Die Frühlingszwiebeln zugeben und weitere 3 Minuten braten.

In einer zweiten Pfanne das übrige Öl sehr heiß werden lassen. Das Hähnchenfleisch mit der Marinade unter heftigem Rühren 3 bis 4 Minuten garen. Das gegarte Gemüse zu dem Fleisch geben und vermischen, Sherry zugießen und noch einmal aufkochen lassen. Mit Salz abschmecken und sofort servieren.

GROSSMUTTERS HUHN

Zutaten

1 großes Huhn, ca. 1,5 kg
500 g kleine Kartoffeln
8 mittelgroße Schalotten
150 g durchwachsener Speck
½ TL weißer Pfeffer
2 TL Salz
1 TL gemahlener Kümmel
4 Salbeiblätter
30 g Butter
¼ l Hühnerbrühe
1 Bund gehackte glatte Petersilie

Backofen auf 220 °C vorheizen. Das Huhn innen und außen waschen und trockentupfen. Kartoffeln und Schalotten schälen, Kartoffeln halbieren und Schalotten würfeln. Pfeffer, Salz und Kümmel mischen und damit das Huhn innen und außen einreiben. Die Schenkel und Flügel fest an den Körper binden und je 2 Salbeiblättchen in die Schenkelbeugen legen.

In einer Pfanne die Speckwürfel auslassen und danach die Butter darin schmelzen. Das Huhn in einen Bräter legen und Butter sowie Speck darüber gießen. Im Backofen auf mittlerer Schiene etwa 20 Minuten braten.

Kartoffeln und Schalotten zugeben und etwas Brühe angießen. Weitere 40 Minuten braten, dabei alle 10 Minuten mit etwas Brühe begießen. Das Huhn aus dem Bräter nehmen, tranchieren und mit der Petersilie bestreuen. Zusammen mit den Kartoffeln und Zwiebeln auf Tellern anrichten.

INDISCHES HUHN NACH MONTY PYTHON

Zutaten

3 doppelte Hähnchenbrustfilets
2 mittelgroße Zwiebeln
1 Knoblauchzehe
¼ TL Djahé (gemahlener Ingwer)
¼ TL Laos (gemahlener Galgant)
¼ TL mittelscharfes Paprikapulver
½ EL gutes Curry-Pulver
⅛ TL Cayennepfeffer
1 EL Mehl
3 EL Butter
½ l Hühnerbrühe oder Fond (selbstgekocht oder aus dem Glas)
1–3 EL Mango-Chutney (nach Geschmack)
1 TL Zucker
1 Becher Crème fraîche (150 g)
Saft von einer ½ Zitrone
Basmati-Reis

Die Hähnchenbrüste in etwa 2 cm dicke Streifen schneiden. Die Zwiebeln und den Knoblauch pellen und fein hacken. Auf einem Teller die Gewürze – Ingwer, Laos, Paprikapulver, Curry und Cayennepfeffer – gut mit dem Mehl vermischen.

In einer Pfanne, zu der es einen Deckel gibt, die Zwiebeln und den Knoblauch in 2 EL Butter glasig anschwitzen. Die Hühnerstreifen in der vorbereiteten Gewürzmischung wenden und portionsweise nacheinander in der Pfanne anbraten, die fertig gebratenen herausheben, eventuell noch Butter in die Pfanne geben. Wenn alle Fleischstreifen angebraten sind, wieder alle in die Pfanne geben und das Mango-Chutney dazurühren. Mit einem Viertel der Hühnerbrühe ablöschen, dabei mit dem Kochlöffel den Bodensatz aufrühren.

Den Deckel auf die Pfanne legen und etwa 10 Minuten bei kleiner Hitze köcheln lassen. Danach die restliche Brühe und die Crème fraîche unterrühren, wieder 10 Minuten garen, mit Salz, Zucker und Zitronensaft abschmecken und ohne Deckel so lange köcheln, bis die Sauce schön gebunden ist. Dazu gibt es Basmati-Reis.

PROVENZALISCHES HUHN

Wird auch »Das schnellste Huhn der Welt« genannt!

Zutaten

2–3 Knoblauchzehen
3 doppelte Hähnchenbrüste, entbeint; oder 6 Hühnerschenkel
75 g Butter
Salz
1 Msp. Cayennepfeffer
3–4 TL edelsüßes Paprikapulver
1 große Dose geschälte Tomaten
⅛ l trockener Vermouth (Noilly Prat zum Beispiel)
½ TL getrockneter Thymian
1 Becher Sahne
1 Becher Crème fraîche

Die Knoblauchzehen pellen und grob hacken. Die Hähnchenbrüste (oder Hühnerschenkel) mit Küchenkrepp trocknen und halbieren.

In einer großen Pfanne, zu der es einen Deckel gibt, die Butter erhitzen und das Fleisch bei starker Hitze kurz und scharf anbraten, dann die Temperatur verringern, mit Salz, dem Cayennepfeffer und Paprikapulver würzen.

Die Tomaten, Knoblauch und den Vermouth dazugeben, zugedeckt etwa 20 Minuten (Hühnerschenkel 30 Minuten) schmoren lassen, den Deckel abnehmen, nach Geschmack ½ TL Thymian (oder mehr), die Sahne und Crème fraîche unterrühren und alles etwas einköcheln lassen. Vielleicht noch mit Salz abschmecken. Dazu: frisches Weißbrot oder körniger Reis.

PAPRIKAHUHN

Zutaten

2 mittelgroße Zwiebeln
1 Knoblauchzehe
1 EL Butter
1 Huhn, ca. 1,2 kg, vom Metzger zerteilt
Salz, Pfeffer
2 EL Mehl
2 EL Pflanzenöl
2 EL edelsüßes Paprikapulver
50 ml Weißwein
3 EL passierte Tomaten
400 ml Geflügelfond
50 g Sahne
1 Becher saure Sahne (150 g)
abgeriebene Schale von ½ unbehandelten Zitrone

Zwiebeln und Knoblauch schälen, in feine Würfel schneiden und mit der Butter in einem Bräter glasig andünsten. Herausnehmen und beiseite stellen. Das Huhn salzen und pfeffern, mit Mehl bestäuben. Im Bräter mit dem Öl nicht zu heiß anbraten, Zwiebeln und Knoblauch wieder dazugeben, mit Paprikapulver bestäuben und leicht anrösten.

Mit Weißwein ablöschen, etwas einkochen lassen und die passierten Tomaten dazugeben, nochmals einkochen lassen. Geflügelfond dazugießen. Zugedeckt etwa 30 Minuten leicht köcheln lassen, bis das Fleisch weich ist.

Das Huhn aus dem Bräter nehmen. Sahne, saure Sahne und abgeriebene Zitronenschale in die Sauce geben, verrühren und etwas einkochen lassen. Das Huhn wieder zurück in die Sauce geben, kurz ziehen lassen und servieren.

FRIKASSEE VOM HUHN

Zutaten

250 g frische Perlzwiebeln oder dicke Frühlingszwiebeln
Salz
2 EL Zucker
Essig
150 g Champignons
1 Karotte
½ Stange Lauch
2 Stängel glatte Petersilie
600 ml Geflügelfond
1 Lorbeerblatt
500 g Hähnchenfleisch, von Brust und Keule
Pfeffer
2 EL Butter
1 EL Mehl
1 Becher Sahne (200 g)
Worcestersauce
Zitronensaft
Cayennepfeffer

Die Perlzwiebeln schälen und in kochendem Salzwasser blanchieren, dann sind sie nicht mehr so scharf. Bei dicken Frühlingszwiebeln ist das nicht nötig. Frühlingszwiebeln putzen, das Grün entfernen und nur die Knollen verwenden. 2 EL Zucker in einer Pfanne hell karamellisieren lassen, mit 1 Spritzer Essig ablöschen. 4 EL Wasser dazugießen, die Perlzwiebeln oder Frühlingszwiebeln im Ganzen hinzufügen und etwa 20 Minuten bei geringer Hitze weich garen.

Die Champignons putzen, kurz abbrausen, trockentupfen, die Stiele entfernen und die Champignons halbieren. Karotte schälen, Lauch putzen und mit Petersilienstängeln zu einem Kräutersträußchen binden. Den Geflügelfond aufkochen und das Kräutersträußchen und das Lorbeerblatt hineinlegen.

Das Fleisch mit Salz und Pfeffer würzen und zuerst das Keulenfleisch mit den Champignons in den Fond geben. Nach 10 Minuten das Brustfleisch dazugeben, aufkochen, vom Herd nehmen und weitere 10 Minuten ziehen lassen. Durch ein Sieb gießen, den Fond auffangen und Fleisch und Champignons beiseite stellen. Das Fleisch in mundgerechte Stücke schneiden.

In einer Pfanne die Butter schmelzen lassen und das Mehl glatt einrühren. Kurz anbräunen und den Geflügelfond dazugießen, etwa 5 Minuten gut durchkochen lassen. Die Sahne dazugeben, nochmals aufkochen und mit je 1 Spritzer Worcestersauce und Zitronensaft, Salz und Cayennepfeffer abschmecken. Fleisch, Zwiebeln und Champignons darunter ziehen und servieren.

HÄHNCHEN-LAUCH-ZWETSCHGEN-PFANNE

Zutaten ✱

250 g Zwetschgen, frisch oder aus dem Glas
2 Hähnchenbrustfilets à 200 g
1 unbehandelte Zitrone
1 Stange Lauch
1 Knoblauchzehe
1 walnussgroßes Stück Ingwer
100 g Sojasprossen
100 g getrocknete Aprikosen
1 EL Korianderkörner
3–4 EL Sojasauce
½ TL Speisestärke
1–2 EL Pflanzenöl
1 TL scharfer Curry
¼ l Gemüsebrühe
Pfeffer
1 TL brauner Zucker
Schnittlauchröllchen

Falls frische Zwetschgen verwendet werden: waschen, halbieren und entsteinen, falls aus dem Glas: in einem Sieb abtropfen lassen. Hähnchenbrustfilets in 2 cm große Würfel schneiden. Die Zitrone gut abwaschen, die Schale abreiben und die Zitrone auspressen. Vom Lauch das Weiße und Hellgrüne gründlich waschen und schräg in dünne Ringe schneiden. Knoblauch und Ingwer schälen und fein würfeln. Die Sprossen waschen und in kochendem Salzwasser kurz blanchieren, mit kaltem Wasser abschrecken und gut abtropfen lassen. Die Aprikosen in etwas warmem Wasser einweichen und in feine Streifen schneiden. Den Koriander im Mörser zerstoßen.

Das Hähnchenfleisch in einer Schüssel mit Zitronenschale, -saft, Sojasauce und Speisestärke vermischen und mindestens 3 bis 4 Stunden marinieren. Das Fleisch in ein Sieb geben und die Marinade auffangen. In einer Pfanne das Öl stark erhitzen und das Hähnchenfleisch 2 Minuten scharf anbraten. Ingwer und Knoblauch hinzufügen und umrühren. Lauch und Aprikosen in die Pfanne geben, mit Curry und Koriander bestreuen und unter Rühren kurz braten. Gemüsebrühe und Marinade angießen und aufkochen, die Hitze reduzieren und Zwetschgen dazugeben. Weitere 2 Minuten garen, mit Sojasauce, Pfeffer und Zucker abschmecken, die Sprossen zugeben und 5 Minuten mit Deckel ziehen lassen. Mit Schnittlauchröllchen bestreuen.

HÄHNCHENFILET MIT FENCHEL UND KARDAMOM

Zutaten

2 Hähnchenbrustfilets à 200 g
2–3 EL Currypulver
8–9 EL Pflanzenöl
2 Knoblauchzehen
3–4 Schalotten
1 mittelscharfe rote Chilischote
5 Kardamomkapseln
1 TL Fenchelsamen
Salz
200 g Sahne
gehackte Petersilie oder Koriander

Die Hähnchenbrustfilets der Länge nach in etwa 1 cm dicke Streifen schneiden, mit Curry und 2 bis 3 EL Öl vermengen und 2 Stunden ziehen lassen. Knoblauch und Schalotten schälen und in feine Würfel schneiden. Die Chili halbieren, entkernen und in feine Streifen schneiden. Die Kardamomkapseln öffnen und die Körner zusammen mit den Fenchelsamen im Mörser fein zerstoßen. In einer Pfanne 2 bis 3 EL Öl erhitzen und die leicht gesalzenen Hähnchenstreifen unter Rühren 10 Minuten scharf anbraten, herausnehmen und warmstellen.

Wieder 2 bis 3 EL Öl erhitzen und darin Knoblauch und Schalotten anschwitzen. Fenchelsamen und Kardamom kurz mitrösten, mit der Sahne ablöschen und aufkochen lassen. Das Hähnchenfleisch in die Sauce legen und für weitere 10 Minuten köcheln lassen. Mit Salz abschmecken und die Chilistreifen untermischen. Nach Geschmack mit Petersilie oder Koriander bestreuen.

HÄHNCHENFILET MIT GURKENSAUCE

Zutaten

500 g Hähnchenbrustfilet
4 Knoblauchzehen
1 kleine rote Paprikaschote
2 Salatgurken
1 Schalotte
2 walnussgroße Stücke Ingwer
1 rote Chilischote
6 EL Olivenöl
8 EL Gemüsebrühe
1 EL Reisessig
Salz, Pfeffer

Die Hähnchenbrustfilets waschen, trockentupfen und in 1 bis 2 cm dünne Streifen schneiden. Die Knoblauchzehen schälen, zwei Zehen fein würfeln, die beiden anderen grob hacken. Die Paprikaschote waschen, vierteln, entkernen und in feine Streifen schneiden. Die Salatgurken schälen, eine in dünne Scheiben schneiden und die andere halbieren, entkernen und fein würfeln. Die Schalotte schälen und grob hacken. Den Ingwer schälen und fein reiben. Die Chilischote halbieren und die Kerne entfernen.

Im Mixer Schalotte, grob gehackten Knoblauch, die Hälfte vom Ingwer und Chilischote mit 3 EL Olivenöl, 3 EL Gemüsebrühe und Reisessig zerkleinern. Mit den Gurkenwürfeln verrühren und mit Salz und Pfeffer abschmecken.

In einer Pfanne 3 EL Olivenöl erhitzen und die Hähnchenfiletstreifen 5 Minuten knusprig braten, salzen, pfeffern und herausnehmen. Paprikastreifen, restlichen Ingwer und die Knoblauchwürfel kurz in der Pfanne anbraten. Das Fleisch wieder zurück in die Pfanne geben, restliche Gemüsebrühe angießen und alles noch einmal 3 Minuten garen.

Das Hähnchenfleisch mit den Gurkenscheiben und der Sauce anrichten.

HÄHNCHENFILET MIT KRÄUTERSAUCE

Zutaten

4 dicke Hähnchenbrustfilets
2 Schalotten
150 ml trockener Weißwein
3 EL trockener Vermout
1 Stängel Liebstöckel
Salz
Pfeffer
2 EL Pinienkerne
3 gehäufte EL gehackte Kräuter nach Marktangebot (Petersilie, Dill, Estragon, Thymian, Majoran, Bohnenkraut, Kerbel, Koriander)

Die Hähnchenbrustfilets schön zurechtschneiden, waschen und mit Küchenkrepp trocknen. Die Schalotten pellen, hacken und mit Weißwein, Vermouth und Liebstöckel 15 Minuten kochen, durch ein Sieb in eine Pfanne gießen. Den Backofen auf 75 °C anheizen.

Die Brustfilets salzen, pfeffern und in dem Weinsud etwa 10 Minuten zugedeckt garen, nach der halben Garzeit die Filets umdrehen.

Inzwischen die Pinienkerne in einer trockenen Pfanne leicht anrösten, im Mörser fein zerstampfen. Die garen Filets auf einer Platte zugedeckt im Ofen warm halten, den Sud durch ein Sieb gießen und mit den zerstampften Pinienkernen und den Kräutern verrühren, noch einmal aufkochen und nachwürzen.

Die Hähnchenbrustfilets anrichten und mit der Sauce übergossen servieren. Dazu passen zarte, im Ganzen gegarte Möhren, in Butter geschwenkt.

HÄHNCHENBRUST MIT APRIKOSENSAUCE

Zutaten ✱

2 Hähnchenbrustfilets à 200 g
1 walnussgroßes Stück Ingwer
1 Knoblauchzehe
1 Frühlingszwiebel
1 Stange Zitronengras
3 EL helles Sesamöl
6 EL helle Sojasauce
3 EL Pflanzenöl
½ TL Sambal Oelek
2 EL Limettensaft
2 EL Aprikosenkonfitüre

Das Hähnchenfleisch in 2 cm große Würfel schneiden. Ingwer und Knoblauch schälen und fein hacken, Frühlingszwiebel in dünne Ringe schneiden. Das Zitronengras in 1 cm lange Stücke teilen. Die Hälfte vom Ingwer mit Knoblauch, Zitronengras, Sesamöl und 3 EL Sojasauce verrühren und darin die Hähnchenwürfel mindestens 3 Stunden, besser über Nacht, marinieren. Anschließend das Hähnchenfleisch aus der Marinade nehmen und trockentupfen. Die Marinade durch ein Sieb gießen und auffangen.
In einer Pfanne das Öl erhitzen und das Hähnchenfleisch unter Wenden garen, zum Schluss etwas Marinade darüber träufeln.

Für die Aprikosensauce den restlichen Ingwer, Sambal Oelek, 3 EL Sojasauce, Limettensaft und Aprikosenkonfitüre verrühren und die Zwiebelringe untermischen. Das Hähnchenfleisch mit der Aprikosensauce anrichten.

HÄHNCHENBRUST MIT PISTAZIENSAUCE

Zutaten

4 Hähnchenbrustfilets
Salz
Pfeffer
2 EL Olivenöl
1 EL Butter

Für die Sauce:
1 Knoblauchzehe
½ Bund Petersilie
1 Bund Minze
1 unbehandelte Zitrone
1 unbehandelte Orange
5 EL Olivenöl
150 g ungesalzene Pistazienkerne
2 EL Rosenwasser

Die Hähnchenbrust waschen und trockentupfen, salzen und pfeffern.

Für die Sauce den Knoblauch schälen und die Kräuter waschen. Trockentupfen, die Blättchen abzupfen und grob hacken. Zitrone und Orange gründlich mit heißem Wasser abwaschen, jeweils von der Schale die Zesten abreißen oder aber die Schalen abreiben. Beide Früchte auspressen, dabei den Saft auffangen. In einer Pfanne erst das Olivenöl, dann die Butter erhitzen und die Hähnchenfilets unter mehrmaligen Wenden goldgelb braten. In einem Mixer die Pistazien mit dem Rosenwasser und den restlichen Zutaten zu einer Sauce mischen. Mit Salz und Pfeffer abschmecken und zur Hähnchenbrust anrichten.

HÄHNCHENBRUST MIT OLIVEN, CHILI UND HONIG

Zutaten

1 unbehandelte Zitrone
150 g schwarze Oliven
1 getrocknete Chilischote (Peperoncino)
5–6 Knoblauchzehen
3–4 EL Olivenöl
4 Hähnchenbrustfilets
4–5 EL Honig (z. B. Akazienhonig)
Salz
Pfeffer
1 Lorbeerblatt, Weißwein

Die Zitrone gründlich abwaschen und in 6 Spalten schneiden. Die Oliven vom Stein schneiden. Chili im Mörser zerstoßen oder auf einem Brett mit wenig Öl zerdrücken. Knoblauchzehen nicht schälen, sondern nur leicht andrücken.

In einem Bräter das Öl erhitzen und die Hähnchenfilets kräftig darin anbraten, dabei öfter wenden. Die Hitze etwas reduzieren, Chili mit Honig vermischen, mit den Zitronenspalten zum Huhn geben, salzen und pfeffern. Die Knoblauchzehen sowie das Lorbeerblatt dazugeben und unter ständigem Rühren bei mittlerer Hitze etwa 10 Minuten schmoren, dabei ab und zu wenden. Dicke Hähnchenbrüste mit Haut brauchen länger als dünne Filets. In diesem Fall bei geringer Hitze fertig braten, damit die Sauce nicht zu dunkel wird.

Das Fleisch herausnehmen und warmstellen. Die Oliven in den Bräter geben und die Sauce mit 1 Schuss Weißwein ablöschen, etwas einkochen lassen und über die Hähnchenfilets geben.

HÄHNCHENBRUST MIT LAUCH UND SHIITAKE-PILZEN

Zutaten

2 Hähnchenbrustfilets à 200 g
25 g getrocknete Shiitake-Pilze
2 Stangen Lauch
50 g geräucherter durchwachsener Speck
1 EL dunkles Sesamöl
1 EL Pflanzenöl
2 EL Sojasauce
2–3 EL trockener Sherry
Pfeffer

Die Hähnchenbrustfilets in etwa 1,5 cm große Würfel schneiden. Die Pilze in lauwarmem Wasser einweichen, den harten Stiel abschneiden und die Köpfe vierteln. Vom Lauch das Weiße und Hellgrüne gründlich waschen und schräg in dünne Ringe schneiden. Den Speck würfeln.

Sesam- und Pflanzenöl in einer Pfanne oder einem Wok erhitzen. Lauch und Pilze 4 bis 5 Minuten andünsten. Den Speck und dann das Hähnchenfleisch zugeben und scharf anbraten. Mit Sojasauce und Sherry ablöschen, Hitze reduzieren und unter gelegentlichem Rühren fertig garen. Mit Pfeffer und eventuell etwas Sojasauce abschmecken.

HÄHNCHENBRUST MIT LIMETTEN MARINIERT

Zutaten

4 Hähnchenbrustfilets (etwa 600 g)
2–3 Stängel Minze
1–2 Limetten (für 4 EL Saft)
1 TL gemahlener Kreuzkümmel
½ TL gemahlener Koriander
¼ TL Kurkumapulver
125 ml Hühnerbrühe (evtl. aus 2 TL Instant-Brühpulver)
3 EL Olivenöl oder Sonnenblumenöl
¼ TL Speisestärke
Salz

Die Hähnchenbrustfilets mit Küchenkrepp trocknen und in 2 cm große Würfel schneiden. Die Minze waschen, trocknen und fein hacken. Die Limetten auspressen. Den Limettensaft mit Minze, Gewürzen und Hühnerbrühe verrühren, die Hähnchenwürfel untermischen und 4 bis 6 Stunden im Kühlschrank marinieren.

Die Fleischwürfel aus der Marinade heben und gut abtropfen lassen. In einer Pfanne das Öl erhitzen und die Fleischwürfel 12 bis 15 Minuten bei mittlerer Hitze unter gelegentlichem Rühren sachte braten. Die Marinade zugießen und aufkochen lassen.

Die Speisestärke mit etwas kaltem Wasser anrühren und unter die Sauce rühren. Noch etwas einkochen lassen, bis die Sauce gebunden ist. Mit Salz abschmecken.

HÄHNCHENBRUST MIT MANDEL-ORANGEN-SAUCE

Zutaten für 2 Personen

2 unbehandelte Orangen
1 Knoblauchzehe
1 mittelgroße Zwiebel
1 Scheibe Toastbrot
3 EL gehackte Mandeln
½ TL Kreuzkümmelsamen
¼ TL Salz
¼ TL Zucker
¼ TL Cayennepfeffer
6 EL Olivenöl
¼ l Hühnerbrühe
1 EL Butter
Salz, Pfeffer
2 Hähnchenbrustfilets à ca. 180 g

Die Orangen gründlich mit heißem Wasser abwaschen, von einer die Schale in Zesten reißen, beide Früchte auspressen. Knoblauch schälen und grob hacken. Zwiebel ebenfalls schälen und sehr fein würfeln.

Das Toastbrot ohne Rinde im Toaster goldbraun rösten. Die Mandeln in den Blitzhacker geben und das Toastbrot dazubröseln. Knoblauch, Kreuzkümmel, Salz, Zucker und Cayennepfeffer zugeben und alles zusammen fein hacken. 4 bis 5 EL Orangensaft unterrühren. In einer Pfanne 2 EL Olivenöl erhitzen und die Zwiebelwürfel darin goldgelb anrösten. Mit dem restlichen Orangensaft und der Brühe ablöschen und bei starker Hitze 3 Minuten einkochen. Die Mandelmischung sowie die Zesten unterrühren und bei mittlerer Hitze weitere 3 bis 4 Minuten köcheln lassen. In einer zweiten Pfanne das restliche Olivenöl erhitzen, Butter dazugeben und die mit Pfeffer und Salz gewürzten Hühnerbrustfilets darin gar braten. Aus der Pfanne nehmen, in Scheiben schneiden und mit der Mandel-Orangen-Sauce anrichten.

TIPP: Die Sauce schmeckt auch sehr gut zu Schweinefilet.

MIT SPINAT GEFÜLLTE HÄHNCHENBRUST

Zutaten

4 Hähnchenbrustfilets, mit Haut
300 g frischer Spinat
1 Bund Estragon
Salz, Pfeffer
Muskatnuss
1 Knoblauchzehe
100 ml Cognac
2–3 EL Olivenöl
zimmerwarme Butter
½ Becher Sahne (100 g)
evtl. Geflügelfond

Den Backofengrill auf 200 °C vorheizen. Von den Hähnchenbrustfilets die Haut nur so weit ablösen, dass auf jeder Brustseite eine Tasche entsteht. Spinat und Estragon putzen, waschen und den Estragon trockentupfen. Den Spinat in Salzwasser blanchieren, in kaltem Wasser abschrecken, abtropfen lassen und ausdrücken. Mit Salz, Pfeffer und frisch geriebener Muskatnuss würzen. Die Knoblauchzehe schälen und dazupressen.

Die Hähnchenbrustfilets salzen, pfeffern und mit Cognac beträufeln, auch unter der Haut. Den Spinat gleichmäßig in den Hauttaschen verteilen. Die gefüllten Hähnchenbrustfilets in einen mit Olivenöl eingefetteten Bräter legen, mit Butter bestreichen und reichlich Estragonblätter auf der Brust verteilen.

Je nach Dicke der Hähnchenbrüste etwa 30 Minuten unter dem Grill bräunen. Das Fleisch herausnehmen. Den Bratensaft mit ein wenig Cognac ablösen und mit Sahne und Estragonblättern einkochen lassen. Eventuell mit etwas Geflügelfond, Pfeffer und Salz abschmecken. Die gefüllten Hähnchenbrustfilets auf Tellern anrichten, mit grob gemahlenem Pfeffer bestreuen und mit der Sauce servieren.

HÄHNCHENFILET MIT QUITTEN-ORANGEN-SAUCE

Zutaten

2 EL eisgekühlte Butter
2 unbehandelte Orangen
1 unbehandelte Limette
3 EL Quittengelee
2 TL grober Senf
1–2 TL Rotweinessig
Honig
4 Hähnchenbrustfilets, mit Haut
Salz, Pfeffer
1 EL Sonnenblumenöl
2 EL Butter

Die Butter in Stückchen teilen und auf einem Teller ins Tiefkühlfach stellen, sie soll eiskalt sein. Orangen und Limette mit heißem Wasser gründlich abwaschen, mit einem Zestenreißer oder einem kleinen Messer Streifen abziehen, klein schneiden oder die Schale abreiben. Die Früchte auspressen.

In einer großen Pfanne das Quittengelee bei mittlerer Hitze schmelzen lassen, Saft und Schale der Zitrusfrüchte dazugeben und aufkochen. Senf, Essig und etwas Honig einrühren und bei mittlerer Hitze einkochen lassen. Die Hähnchenbrustfilets salzen und pfeffern. In einer Pfanne zuerst das Öl, dann die Butter erhitzen und die Hähnchenbrüste darin zuerst auf der Hautseite braten. Wenden und auf der anderen Seite braten. Die Länge des Garens hängt von der Dicke der Brustfilets ab. Bei dicken Hähnchenbrüsten mit Haut dauert es auf jeden Fall länger.

Wenn die Sauce eingekocht und damit eingedickt ist, eventuell noch mit Salz, Honig und Essig abschmecken, vom Herd nehmen und die eiskalte Butter einrühren. Die Hähnchenbrustfilets aufschneiden und mit der Sauce servieren.

TIPP: Das Einkochen der Sauce dauert in der Regel so lange wie das Garen der Hähnchenbrustfilets.

HÄHNCHENFILET MIT SALBEI UND PARMASCHINKEN

Zutaten

1 Bund Salbei
4 Hähnchenbrustfilets, ohne Haut
Pfeffer
4 Scheiben Parmaschinken, hauchdünn geschnitten
4 EL Olivenöl
2–3 EL Butter
5 EL Marsala

Vom Salbei schöne mittelgroße Blätter abzupfen. Hähnchenbrustfilets pfeffern, mit Salbeiblättern belegen und mit jeweils 1 Scheibe Schinken umwickeln. Das Olivenöl in der Pfanne erhitzen, das Fleisch unter gelegentlichem Wenden scharf anbraten, dann die Butter dazugeben und weiterbraten, bis das Fleisch gar, aber nicht trocken ist, das geht sehr schnell. Das Fleisch herausnehmen und warmstellen.

Marsala in die Pfanne geben, eventuell noch etwas Butter dazugeben. Den Bratensatz damit ablösen und über das Hähnchenfleisch gießen.

TIPP: Dieser italienische Klassiker heißt Saltimbocca und wird in Italien mit Kalbfleisch zubereitet. Wenn kein Marsala im Hause ist, kann auch heller Portwein oder Weißwein verwendet werden.

MEDAILLONS AUS HÜHNERFILET MIT WASSERKASTANIEN UND KAISERSCHOTEN

Zutaten

500 g Hähnchenbrustfilets (müssen aber frische sein)
1 Frühlingszwiebel
12 Wasserkastanien (aus der Dose, etwa 70 g)
1 EL Speisestärke
1 TL leichte Sojasauce
1 zerdrückte Knoblauchzehe
½ TL Sherry
1 TL Zucker
Salz, Pfeffer
300 g Kaiserschoten (Zuckererbsen)
1 rote Paprikaschote
4 EL neutrales Pflanzenöl (Erdnussöl)

Für die Sauce:
2 TL Speisestärke
1 TL Zucker
1 Tasse Hühnerbrühe
1 TL Essig
1 TL Sesamöl (kann auch durch neutrales Öl ersetzt werden)
2 TL leichte Sojasauce
Salz

Die Hühnerfilets waschen, mit Küchenkrepp trocknen. Die Frühlingszwiebel putzen und gründlich waschen. Die Wasserkastanien gut abtropfen lassen. Diese drei Zutaten so fein wie möglich klein schneiden und hacken, dass man sie später formen kann, das Hähnchenfilet eventuell im Blitzhacker zerkleinern.

Speisestärke, Sojasauce, zerdrückten Knoblauch, Sherry und Zucker verrühren und unter die Fleischmasse mengen, gründlich verkneten, mit Salz und Pfeffer nachwürzen.

Den Fleischteig etwas quellen lassen, dann zu kleinen Medaillons formen. Mit leicht eingeöltem Handballen flachdrücken. Die Kaiserschoten putzen (Enden abschneiden und eventuell die Fäden abziehen). Die rote Paprikaschote waschen, putzen, halbieren, Kerne und helle Trennhäute entfernen. Paprikahälften in kleine Würfel schneiden.

Die Sauce aus den Zutaten anrühren. Eine beschichtete Pfanne oder den Wok erhitzen. 1 EL Öl heiß werden lassen und die Kaiserschoten 1 ½ Minuten braten. Mit Salz und 1 Prise Zucker würzen, herausnehmen und zur Seite stellen. Wieder 1 EL Öl erhitzen und die Paprikawürfel 1 Minute lang dünsten. Herausnehmen. Nun wieder 2 EL Öl erhitzen und bei mittlerer Hitze die Medaillons auf jeder Seite in etwa 5 Minuten braun werden lassen. Nicht zu viele Medaillons auf einmal in die Pfanne geben! Das Fleisch muss durchbraten können.

Zuletzt alle fertigen Medaillons wieder in die Pfanne oder den Wok geben. Die Sauce noch einmal durchmischen, über die Medaillons gießen und rühren, bis alles gebunden ist.

Das Gemüse zugeben und notfalls nochmals salzen. Alles vorsichtig durchrühren und zu feinem Reis, zum Beispiel Basmati, servieren.

HÄHNCHENSCHENKEL MIT SHERRY-MORCHEL-SAUCE

Zutaten

20 g getrocknete Spitzmorcheln
50 g braune Champignons
50 g Austernpilze
50 g frische Shiitake-Pilze
70 g Speck
1 EL Pflanzenöl
1 EL Butter
8 Hähnchenunterschenkel
Salz, Pfeffer
300 ml trockener Sherry
300 g Sahne

Die Morcheln gründlich mit Wasser abspülen, in einer Schüssel mit 300 ml kaltem Wasser etwa ½ Stunde einweichen, herausnehmen und das Einweichwasser durch einen Kaffeefilter abgießen und auffangen. Champignons, Austernpilze und Shiitake putzen und in Scheiben schneiden. Den Speck würfeln. Öl in einer Pfanne heiß werden lassen und den Speck darin auslassen. Die Butter aufschäumen und die gepfefferten Hähnchenschenkel scharf anbraten, bis sie leicht gebräunt sind. Die Morcheln dazugeben und 2 bis 3 Minuten unter Rühren anschwitzen, den Sherry angießen und einmal aufkochen. Die Hitze reduzieren und die Flüssigkeit auf die Hälfte einkochen lassen. Etwa die Hälfte des Morchel-Einweichwassers und die Sahne angießen und 25 Minuten köcheln, bis die Sauce eindickt und cremig ist. Prüfen, ob die Schenkel gar sind, gegebenenfalls weiter köcheln und nach Bedarf das restliche Morchel-Wasser dazugießen. Die Pilze zugeben, weitere 5 Minuten köcheln und mit Salz und Pfeffer abschmecken.

ORIENTALISCHE HÄHNCHENSCHENKEL

Zutaten ✸

Gewürzmischung:
1 Zimtstange
1 TL Sesamkörner
1 TL Ingwerpulver
1 TL schwarze Pfefferkörner
1 TL Fenchelsamen
1 TL Korianderkörner
8 Nelken
8 Pimentkörner
8 Kardamomkapseln, daraus die Samen
½ TL Kreuzkümmel
½ TL zerstoßene Peperoncini
1 Prise Macispulver (Muskatblüte)
8 Hähnchenunterkeulen
Salz, Pfeffer
1 große Zwiebel
2–3 Knoblauchzehen
½ Bund Petersilie oder Koriander
3 EL Olivenöl
500 ml Hühnerbrühe
75 g helle Rosinen
½–1 TL Harissa
1 TL abgeriebene Orangenschale

Harissa:
2 EL Paprikapulver
2 Msp. Chilipulver
1 ½ TL Salz
¾ TL gemahlenen Kreuzkümmel
1 EL weißen Balsamico-Essig
3 EL Olivenöl
½ TL Knoblauchpulver

Alle 12 Gewürze in einem Mörser zu feinem Pulver mahlen. Es können auch fertig gemahlene Gewürze verwendet werden. Die Hähnchenunterkeulen mit Salz und Pfeffer einreiben. Zwiebel und Knoblauch schälen und in feine Würfel schneiden. Petersilie oder Koriandergrün waschen, trockentupfen und fein hacken.

Das Öl in einem Bräter erhitzen, die Hähnchenkeulen unter Wenden goldbraun braten und herausnehmen. Zwiebel, ⅔ Petersilie oder Koriandergrün, Knoblauch und 1 EL der Gewürzmischung unter Rühren anschwitzen, bis die Zwiebel weich ist. Mit Hühnerbrühe ablöschen, die Schenkel wieder dazugeben und weitere 15 Minuten mit Deckel garen. Rosinen, ½ bis 1 TL Harissa sowie Orangenschale untermischen und weitere 5 Minuten köcheln lassen. Die Hähnchenkeulen mit der Sauce auf Tellern anrichten und mit restlicher Petersilie oder Koriandergrün bestreuen.

Für das Harissa alle Zutaten in einer Schüssel vermischen und zu einer glatten Sauce verrühren. 24 Stunden kalt stellen. Die Sauce hält sich, kühl gelagert, mehrere Monate.

ZITRONENHÄHNCHEN MIT ROSA PFEFFER

Zutaten

4 Hähnchenkeulen à 250 g
700 g fest kochende Kartoffeln
Salz
2 TL Zitronenzesten
4 Zweige Estragon
2 TL rosa Pfefferbeeren
4 Msp. edelsüßes Paprikapulver
4 Schalotten
2 Knoblauchzehen
1 Zweig Rosmarin
4 EL Olivenöl
Salz, Pfeffer

Die Hähnchenkeulen mit Wasser abbrausen, trockentupfen und im Gelenk durchtrennen. Die Kartoffeln gründlich waschen, je nach Größe der Länge nach halbieren oder vierteln. In kochendem Salzwasser etwa 3 Minuten vorkochen. Die Zitronenzesten fein hacken. Estragon waschen, trockentupfen und 1 Zweig fein hacken. Im Mörser mit den Zitronenzesten, rosa Pfefferbeeren, Salz und Paprikapulver gut vermischen. Die Schalotten schälen und halbieren. Den Knoblauch in der Schale andrücken. Den Rosmarinzweig waschen und trockentupfen. Den Backofen auf 200 °C vorheizen. Die Hähnchenkeulen mit dem Gewürzsalz gut einreiben und 15 Minuten ziehen lassen. Kartoffeln, Schalotten, Knoblauch und den Rosmarinzweig in einen Bräter geben, die Hähnchenteile darauf legen, mit 4 EL Öl beträufeln und das Ganze im Backofen etwa 1 Stunde garen. Dabei das Fleisch immer wieder wenden und mit Bratensaft übergießen.

5 Minuten vor Ende der Garzeit die Hähnchenteile mit der Hautseite nach oben legen, den Backofen auf höchste Grillstufe schalten und das Fleisch goldbraun grillen. Herausnehmen, mit klein gezupften Estragonblättern bestreuen und servieren.

ENTENBRUST IN HONIG-ESSIG

Zutaten

4 kleine Entenbrüste
1 mittelgroße Zwiebel
¼ l Weißwein
4 EL Weißweinessig
2 EL Honig
Salz, weißer Pfeffer

Die Entenbrüste mit Küchenkrepp trocknen. Die Zwiebel pellen und fein hacken. In einer Pfanne die Zwiebelwürfel mit Wein, Essig und Honig etwa 10 Minuten unter Rühren bei Mittelhitze köcheln lassen.

Gleichzeitig eine zweite (beschichtete) Pfanne erhitzen. Die Entenbrüste darin mit der Fettseite nach unten bei mittlerer Hitze etwa 4 Minuten braten, dann wenden und weitere 4 Minuten braten. Salzen und pfeffern.

Den Bratensaft von der Entenbrust zur Honig-Essig-Sauce gießen, Sauce mit Salz und Pfeffer abschmecken. Die Entenbrüste in Scheiben schneiden und mit der Sauce übergossen servieren.

Dieses Rezept habe ich von Wolf Uecker. Danke!

ENTENBRUST MIT PORTWEINSAUCE

Zutaten

2 dicke Entenbrüste mit Haut
75 g Butter
2 Schalotten
125 ml Rotwein, 125 ml Portwein
125 ml Hühnerbrühe
75 ml Crème de Cassis
Salz, Pfeffer

Einen Bräter (oder eine hitzefeste Pfanne) in den Backofen stellen und auf 200 °C vorheizen. Die Entenbrüste mit Küchenkrepp gut trocknen. Die Butter in kleine Würfel teilen und kaltstellen. Die Schalotten pellen und sehr fein hacken.

Die Fetthaut der Entenbrüste (nicht bis ins Fleisch!) mit scharfem Messer einschneiden. Das Fleisch mit der Fettseite nach unten in den heißen Bräter (die Pfanne) legen, im Ofen 5 bis 6 Minuten braten. Dann wenden und mit der Hautseite nach oben weitere 8 bis 10 Minuten braten – das Fleisch ist dann zum Schluss rosa, soll es durchgebraten sein, 5 bis 6 Minuten länger im Ofen lassen.

Die Entenbrüste aus dem Ofen nehmen, in Alufolie wickeln und etwa 5 Minuten nachziehen lassen.

Das Fett abgießen, im Bräter die Schalotten mit Rotwein, Portwein, Brühe und Crème de Cassis bei starker Hitze auf ⅔ der Menge einkochen, salzen und pfeffern. Den Bräter vom Herd nehmen und die Butterstückchen mit einem Schneebesen rasch einschlagen. Die Brüste quer in dünne Scheiben schneiden und mit der Sauce beträufelt servieren.

ENTENBRUST-FILETS MIT PREISELBEERSAHNE

Zutaten

2 Entenbrustfilets
2 Schalotten
25 g Butter
1 TL Pflanzenöl
¼ l Rotwein
2 EL Preiselbeeren aus dem Glas
3 EL Crème fraîche
Salz
getrockneter Thymian nach Geschmack
Pfeffer

Die Entenbrustfilets waschen und mit Küchenkrepp gut abtrocknen. Die Schalotten schälen und fein hacken, in Butter und Öl glasig dünsten, mit dem Rotwein ablöschen, die Preiselbeeren und Crème fraîche dazugeben, etwas einkochen lassen und mit Salz und Thymian abschmecken.

In einer schweren Pfanne die Entenbrüste zuerst mit der Fettseite einlegen und etwa 6 Minuten scharf anbraten, dann salzen und pfeffern, die Hitze reduzieren und das Fleisch von der anderen Seite ebenfalls 6 Minuten braten. Kein Fett zugeben, es wird genug austreten! Das Fleisch etwas ruhen lassen, dann in dickere Scheiben schneiden und mit der Sauce servieren. Bei der angegebenen Bratzeit wird das Entenbrustfilet noch schön rosa und saftig sein; wer es lieber etwas durchgebratener haben möchte, verlängert die Bratzeit entsprechend.

ENTENBRUST MIT WURZELGEMÜSE

Zutaten

2–3 Karotten
¼ Knollensellerie
4 rote Zwiebeln
2–3 Pastinaken
2–3 Petersilienwurzeln
1 Teltower Rübchen
2 Zweige Rosmarin
1 Bund glatte Petersilie
4 Entenbrustfilets à 150 g
6 EL Olivenöl
2 EL Tomatenmark
3 Lorbeerblätter
300 ml Rotwein
300 ml Hühnerbrühe
Salz, Pfeffer

Das Gemüse schälen und in ca. 2 cm große Würfel schneiden. Rosmarin und Petersilie waschen, trockentupfen und fein hacken. Die Entenbrustfilets auf der Hautseite mehrfach schräg einschneiden.

In einem Bräter das Öl erhitzen und die Gemüsewürfel darin scharf anbraten. Karotten möglichst zuerst hineingeben, da sie am längsten garen. Rosmarin, Tomatenmark und Lorbeerblätter zufügen und mit dem Rotwein ablöschen. Die Hühnerbrühe angießen, mit Salz und Pfeffer abschmecken und etwa 15 Minuten köcheln lassen.

Die Filets ohne zusätzliches Fett in einer heißen Pfanne auf der Hautseite 4 Minuten braten, wenden und weitere 3 bis 4 Minuten braten. Das Fleisch aus der Pfanne nehmen und in Alufolie gewickelt etwa 5 Minuten ruhen lassen. Entenbrust in Scheiben schneiden und im Bräter auf dem Wurzelgemüse weiter gar ziehen lassen. Mit Salz und Pfeffer abschmecken und mit Petersilie bestreuen. Für dieses Rezept eignet sich jede Art von Wurzelgemüse, je nach Saison.

ENTENBRUST MIT ZUCKERSCHOTEN

Zutaten

2 dicke Entenbrustfilets mit Haut (und Fett)
400 g Zuckerschoten (Mange Tout, Kaiserschoten)
4–5 EL Sojasauce
Pfeffer
eventuell Salz

Mit einem scharfen Messer die fette Haut von den Entenbrüsten lösen und in grobe Stücke zerteilen. Die Zuckerschoten waschen, trocknen und mit dem Daumennagel die beiden Enden abzwicken, eventuell vorhandene Fäden entfernen. Das Entenbrustfleisch in etwa 5 mm dicke Scheiben schneiden.

In einer schweren Pfanne die Entenhautstücke bei niedriger Temperatur langsam auslassen, die Hautstücke herausfischen und wegwerfen.

In dem Fett die Fleischscheiben schnell anbraten; das dauert nur 1 bis 2 Minuten.
Herausnehmen und warmstellen. In dem Fett, das in der Pfanne verbleibt, die Zuckerschoten unter Rühren knackig garen, dann die Fleischscheiben dazugeben, kurz erhitzen und mit Sojasauce und Pfeffer würzen, eventuell ganz, ganz wenig salzen (das hängt von der Sojasauce ab).

Ganz heiß servieren. Dazu gibt es Reis, nach Belieben mit einem guten Stück Butter angereichert.

PFANNENGERÜHRTE ENTENBRUST

Zutaten

2 Entenbrustfilets
3–4 Schalotten
1 walnussgroßes Stück Ingwer
1 unbehandelte Orange
1 Frühlingszwiebel
1 milde rote Chilischote
2 EL helles Sesamöl
2 EL Pflanzenöl
1 Msp. Zimt
75 ml Hühnerbrühe
1 EL Honig
2–3 EL Sake (japanischer Reiswein)
2 EL Sojasauce
Pfeffer

Die Entenbrust waschen, trockentupfen und quer in 1 cm dicke Scheiben schneiden. Die Schalotten schälen und fein würfeln. Den Ingwer schälen und reiben.
Die Orange gründlich waschen, 1 EL Schale abreiben oder Zesten abziehen und den Saft auspressen. Das Weiße und Hellgrüne der Frühlingszwiebel in dünne Ringe schneiden. Die Chilischote waschen, halbieren, entkernen und in dünne Streifen schneiden. In einer Pfanne oder einem Wok die Öle stark erhitzen.
Die Entenstücke 3 bis 4 Minuten unter Rühren anbraten. Schalotten und Ingwer hinzufügen und weitere 2 Minuten braten. Zimt, Orangenschale, -saft, Hühnerbrühe, Honig, Sake, Sojasauce und Chilischote dazugeben und bei großer Hitze unter Rühren fertig garen. Mit Sojasauce und Pfeffer abschmecken. Die Entenbrust mit Zwiebelringen bestreuen. Dazu passt Basmati-Reis.

ENTENRAGOUT ZU PASTA

Zutaten

1 Entenbrustfilet, ca. 400 g
1 Zucchini
1 rote Paprikaschote
1 rote Peperoni
1 Knoblauchzehe
2 EL Minze
1 TL brauner Zucker
Salz, Pfeffer
50 ml Rotwein
1 Dose geschälte Tomaten, 850 ml
400 g Pasta, z. B. Penne
Parmesan

Von der Entenbrust die Fettseite entfernen und das Fett in kleine Stücke schneiden. Die Entenbrustfilets in dünne Scheiben schneiden. Zucchini und Paprikaschote putzen, waschen und würfeln. Die Peperoni längs halbieren, entkernen und quer in dünne Streifen schneiden. Den Knoblauch schälen, die Minze fein hacken.

In einer Pfanne bei mittlerer Hitze das Entenfett auslassen, Hautstücke herausnehmen. In dem ausgelassenen Fett die Filetstreifen kurz anbraten, den Knoblauch hineinpressen und die Peperonistreifen und die Hälfte der Minze dazugeben. Das Entenfleisch aus der Pfanne nehmen und zur Seite stellen. In der noch heißen Pfanne die Gemüsewürfel kurz anbraten, mit Zucker, Salz und Pfeffer würzen. Mit Rotwein und Dosentomaten ablöschen und 10 Minuten einkochen lassen. Das Entenfleisch in die Sauce geben und kurz aufkochen lassen. Die restliche Minze über das Entenragout streuen und noch mal mit Salz und Pfeffer abschmecken. Die Pasta »al dente« kochen und mit dem Entenragout anrichten. Mit Parmesan bestreuen.

ENTENBRUST À L'ORANGE

Zutaten

2 dicke Entenbrüste mit Haut
3 unbehandelte Orangen
Pflanzenöl zum Braten
200 ml Orangenlikör (Grand Marnier)
Salz, Pfeffer
1 Becher Sahne (200 g)
1 TL Fleischbrühenpulver (oder ½ Brühwürfel)
1 EL Balsamico

Die Entenbrüste kurz waschen, mit Küchenkrepp trockentupfen. Mit einem scharfen Messer die Fetthaut rautenförmig einritzen (dabei aber nicht bis ins Fleisch schneiden).

Eine unbehandelte Orange heiß waschen, trocknen und etwa 1 bis 2 EL Schale so dünn abschälen, dass nichts von der weißen, bitteren Innenhaut daran hängt. Die Schale in feine Streifen schneiden, beiseite stellen.

Zwei Orangen auspressen, die dritte Orange mit einem scharfen Messer bis ins Fruchtfleisch schälen und die Filets mit einem Messer aus den hellen Trennhäuten schneiden. Dabei den Saft auffangen und zu dem ausgepressten Saft geben.

Eine Pfanne mit ein wenig Öl stark erhitzen. Die Entenbrüste mit der Fettschicht nach unten in die Pfanne legen, 8 Minuten braten. Dann wenden und mit Grand Marnier übergießen (Vorsicht, dass keine offene Flamme in der Nähe ist!) und noch weitere 5 Minuten braten.

Die Entenbrüste aus der Pfanne nehmen, salzen und pfeffern, in Alufolie wickeln und beiseite legen.

Den Bratensatz mit dem Orangensaft ablöschen. Die Sahne angießen, Brühepulver und Balsamico-Essig zugeben und etwa 5 Minuten einköcheln lassen.

Die Orangenfilets und die Schalenstreifen in die Sauce geben, mit Salz und Pfeffer abschmecken.

Die Entenbrüste aus der Folie nehmen, den ausgetretenen Fleischsaft in die Sauce gießen. Das Fleisch von der Fettschicht weg in Scheiben schneiden (dabei am besten mit einem Kochlöffel halten, damit das Fleisch nicht beschädigt wird).

Die Entenbrustscheiben in die Sauce geben, kurz erwärmen (falls die Entenbrust noch zu rosa ist, noch einen Moment länger in der Sauce lassen) und servieren.

ENTE MIT SAUERKIRSCHSAUCE

Zutaten

2 Entenbrustfilets mit Haut
25 g Butter
1 Glas Sauerkirschen (Schattenmorellen)
eventuell ein wenig Öl
2 EL Rotweinessig
1 EL brauner Zucker
5 EL Rotwein
1–2 EL Kirschwasser
Salz, Pfeffer

Die Entenbrustfilets mit Küchenkrepp trocknen, die Haut mit einem scharfen Messer rautenförmig einschneiden. Beiseite stellen. Die Butter in kleine Stücke schneiden und sehr kaltstellen. Die Sauerkirschen in ein Sieb abgießen und dabei den Saft auffangen.

Eine Pfanne erhitzen (eventuell ein wenig Öl hineingeben) und die Entenbrüste mit der Hautseite nach unten etwa 8 Minuten braten. Dann wenden und auf der Fleischseite weitere 8 Minuten braten. Das Fleisch herausnehmen, in Alufolie wickeln und nachziehen lassen. Den Bratfond in der Pfanne mit dem Essig ablöschen und etwas einkochen lassen. Den Zucker darüber streuen, Wein und Kirschwasser angießen und 2 bis 3 Minuten köcheln lassen.

Die Hälfte von dem aufgefangenen Kirschsaft zugießen und etwas einkochen lassen. Die Kirschen einrühren, die Sauce mit den kalten Butterflöckchen binden (rasch mit dem Schneebesen einrühren) und mit Salz und Pfeffer abschmecken. Die Entenbrust aus der Folie nehmen und in Scheiben schneiden. Auf Tellern anrichten und mit der Sauce überziehen. Dazu schmecken zum Beispiel kleine Rösti.

ENTENBRATEN KLASSISCH

Zutaten

1 küchenfertige Ente von gut 2,5 kg
Salz, schwarzer Pfeffer
100 g durchwachsener Speck
2 EL Butter
1 Zwiebel
2 säuerliche Äpfel
1 EL Zitronensaft
4 EL Semmelbrösel
1 TL Majoran
2 Möhren
etwa 75 g Sellerieknolle
½ Lauchstange
Bier oder Salzwasser zum Bestreichen
100 g Crème fraîche

Die Ente waschen, innen und außen mit Küchenkrepp trocknen, salzen und pfeffern. Den durchwachsenen Speck fein würfeln und in einer Pfanne mit wenig Butter glasig braten und auslassen. Die Zwiebel pellen, fein würfeln und zum Speck geben, leicht anbräunen. Die Äpfel schälen, vierteln, das Kerngehäuse ausschneiden. Die Apfelviertel in feine Scheiben schneiden. Gleich mit dem Zitronensaft beträufeln, damit sie nicht braun anlaufen. Den Backofen auf 220 °C anheizen.

Apfelscheibchen mit Speck und Zwiebeln, Semmelbröseln und Majoran vermischen und in die Bauchhöhle der Ente füllen. Die Körperöffnungen mit Zahnstochern oder Küchengarn verschließen und den Vogel auf einen Bratrost legen, die Brust zeigt nach oben.

Auf der unteren Schiene in den Ofen schieben und die Fettpfanne, mit etwa ½ l Wasser gefüllt, darunter platzieren. 40 Minuten braten.

Dann die Ofentemperatur auf 180 °C zurückschalten, wieder Wasser in die Fettpfanne gießen, damit es die Ente immer schön feucht hat. Wiederum 45 Minuten braten. Die Möhren und den Sellerie waschen, schälen und in Stücke schneiden. Die Lauchstange putzen, waschen und in Scheiben schneiden. Nach der zweiten dreiviertel Stunde in die Fettpfanne streuen, die Ente umdrehen und noch etwa 1 Stunde braten. Dabei ab und zu nachsehen, ob Wasser in die Fettpfanne nachgegossen werden muss.

So etwa 15 Minuten vor Ende der Bratzeit die Haut der Ente mit Bier oder mit starkem Salzwasser bepinseln, damit sie knusprig wird.

Ist die Ente zur Zufriedenheit gebräunt, den Ofen ausschalten und die Fettpfanne herausziehen (die Ente bleibt noch im Ofen). Bratsatz und Gemüse mit Wasser loskochen und durch ein Sieb in einen Topf streichen, das ausgebratene Fett mit einem Löffel von der Oberfläche schöpfen. Die Sauce mit der Crème fraîche abrunden und mit Salz und Pfeffer nachwürzen. Extra zur Ente servieren. Dazu passen kleine Kartoffelklößchen oder Semmelknödel.

ENTENKEULEN MIT FENCHEL-ORANGEN-GEMÜSE

Zutaten

3 unbehandelte Orangen
6–8 Zweige Thymian
4 Schalotten
2 Knoblauchzehen
1 Fenchel
1 Zitrone
4 Entenkeulen
Salz, Pfeffer
2 EL Honig
1 EL Butter
300 ml Weißwein
500 ml Hühnerbrühe

Den Backofen auf 220 °C vorheizen. Eine Orange gründlich waschen, Zesten abziehen, die Orange schälen und filetieren. 1 ½ Orangen auspressen. Thymian waschen, trockentupfen und die Blättchen von den Stielen streifen. Die Schalotten schälen und in feine Würfel schneiden, den Knoblauch in der Schale andrücken. Den Fenchel putzen und vierteln, den harten Strunk herausschneiden und die Viertel fein hacken. Die Zitrone auspressen.

Die Entenkeulen salzen. Saft einer halben Orange, Honig und 2 TL Thymianblätter verrühren und die Keulen mit dieser Mischung bepinseln. In einen Bräter legen und im Backofen, je nach Größe der Keulen, mindestens 45 Minuten garen. Eventuell den Deckel auflegen, damit die Keulen nicht zu dunkel werden.

In einer Pfanne die Butter erhitzen, Schalotten, Knoblauch, Fenchel, Orangenzesten und restliche Thymianblättchen andünsten. Mit Wein und Brühe ablöschen, aufkochen und auf die Hälfte einkochen lassen. Mit restlichem Orangensaft, Zitronensaft, Salz und Pfeffer abschmecken, die Orangenfilets untermischen und warm werden lassen. Die Entenkeulen mit dem Fenchel-Orangen-Gemüse anrichten.

ENTENKEULEN MIT WEISSEN BOHNEN UND ÄPFELN

Zutaten

4 Entenkeulen
2 Zwiebeln
3 Äpfel, z. B. Boskop
10 Salbeiblätter
2 kleine Dosen weiße Bohnen à 425 g
2 EL Gänseschmalz
Salz
Pfeffer
¼ l Hühnerbrühe
100 ml Weißwein
gehackte Petersilie

Die Entenkeulen waschen und trockentupfen. Die Zwiebeln schälen, halbieren und in dünne Scheiben schneiden. Die Äpfel schälen, vierteln, das Kerngehäuse herausschneiden und würfeln. Den Salbei waschen, trockentupfen und in schmale Streifen schneiden. Die Bohnen in einem Sieb abtropfen lassen.

In einem Bräter das Gänseschmalz erhitzen. Die Entenkeulen salzen und pfeffern und unter Wenden scharf anbraten, herausnehmen und zur Seite stellen. Die Hitze reduzieren, Zwiebelscheiben und ⅔ der Apfelwürfel anschwitzen, die Keulen wieder zurück in den Bräter geben, die Hühnerbrühe angießen und etwa 1 Stunde schmoren lassen. Bohnen, restliche Apfelwürfel und Salbei zu den Keulen geben, den Wein angießen und mit Deckel weitere 30 Minuten köcheln lassen. Falls der Eintopf zu flüssig ist, den Deckel abnehmen. Mit Pfeffer und Salz abschmecken und mit der gehackten Petersilie bestreuen.

WILDENTENBRUST AUF WEIN-SAUERKRAUT MIT TRAUBEN

Zutaten

4 Wildentenbrüste ohne Haut
Salz
Pfeffer
1 EL Pflanzenöl
50 g Butter
3 Schalotten
10 Wacholderbeeren
½ Lorbeerblatt
500 g Sauerkraut
⅛ l Weißwein
250 g Weintrauben, vorzugsweise Muskateller

Die Entenbrüste waschen und trockentupfen, salzen und pfeffern. In einer Pfanne zuerst das Öl, dann die Butter erhitzen und die Wildentenbrüstchen darin schnell auf beiden Seiten anbraten, herausnehmen. Die Schalotten pellen und fein würfeln, in dem Bratfett glasig dünsten und den Pfanneninhalt in einen Topf füllen. Die Wacholderbeeren leicht andrücken, mit dem halben Lorbeerblatt in den Topf geben.

Das Sauerkraut mit zwei Gabeln auflockern und mit dem Wein zugeben. Mit Salz sparsam abschmecken. Bei kleiner Hitze etwas köcheln lassen, dann die Entenbrüstchen darauflegen und den Topf zudecken. 30 bis 40 Minuten ganz leise vor sich hin simmern lassen.

Inzwischen die Trauben waschen, halbieren und die Kernchen mit einem spitzen Messer entfernen. Die Traubenhälften unter das Sauerkraut mischen und noch 4 bis 5 Minuten erhitzen.

Das Lorbeerblatt entfernen und das Fleisch auf dem Kraut anrichten. Dazu reicht man feines Kartoffel-Püree.

WILDENTE MIT KARAMELLISIERTEM SAUERKRAUT

Zutaten

350 g Sauerkraut
2 Wildenten, küchenfertig
Salz
Pfeffer
4 große Scheiben fetter Speck
2–3 Schalotten
1 EL Butter
1 EL Schmalz
20 Wacholderbeeren
50 ml Weißwein
50 ml Apfelsaft
2 EL Honig

Den Backofen auf 200 °C vorheizen. Sauerkraut abtropfen lassen und ausdrücken. Die Enten innen und außen salzen und pfeffern, mit der Brust nach oben in den Bräter legen und mit den Speckscheiben belegen. Die Enten im Backofen 35 Minuten garen. Den Speck abnehmen und die Enten weitere 20 Minuten ohne Deckel bräunen.

Die Schalotten schälen und in einem Topf mit Butter und Schmalz andünsten. Das Sauerkraut und die zerdrückten Wacholderbeeren dazugeben, Wein und Apfelsaft angießen und mit Deckel leicht köcheln, bis der Wein verdampft ist. Den Honig untermischen und bei großer Hitze karamellisieren, bis das Kraut goldbraun ist, dabei immer wieder rühren. Mit Salz und Pfeffer abschmecken und mit den Enten anrichten.

WEIHNACHTSENTE »MAX«

Zutaten

1 deutsche Bauernente, ca. 2,5 kg
2 EL Entenfett
3 Zwiebeln
5 Schalotten
1 Apfel (z. B. Braeburn)
1 EL Butter
Salz
2–3 Stängel getrockneter Beifuß
(alternativ getrockneter Majoran oder Thymian)
4–6 Stängel glatte Petersilie
1–2 Lorbeerblätter
500 g Entenklein
1 Bund Suppengemüse
Pfeffer
1 TL Stärke, nach Belieben

Den Backofen auf 220 °C vorheizen. Mit einem kleinen Hackbeil den Hals und die Flügel der Ente entfernen und in kleine Stücke hacken. In einem Bräter mit dem Entenfett kurz anbraten und mit etwas Wasser ablöschen.

1 ungeschälte Zwiebel in 2 cm dicke Scheiben schneiden und mit den ungeschälten Schalotten beiseite stellen. 1 weitere Zwiebel schälen und vierteln. Den Apfel schälen, entkernen, vierteln und in einer Pfanne mit 1 EL Butter andünsten.

Die Ente von innen und außen salzen. Mit Zwiebel- und Apfelstücken, Beifuß, Petersilie und Lorbeerblättern füllen und mit Küchengarn zunähen. Die Ente auf der Keulenseite auf das Geflügelklein legen. Den Backofen auf 180 °C herunterschalten und die Ente 2 Stunden garen. Nach 30 Minuten auf die andere Keulenseite drehen und die ungeschälten Schalotten und Zwiebelscheiben dazugeben.
Nach 1 Stunde die Brustseite nach oben drehen. Die Ente während der gesamten Garzeit immer wieder mit Bratenfett übergießen.

Für die Sauce das Entenklein in einem Topf anbraten. Das Suppengemüse putzen, waschen und in grobe Stücke schneiden. Die restliche Zwiebel schälen und in Würfel schneiden. Suppengemüse und Zwiebel zum Entenklein geben und mit 1 l Wasser ablöschen. Etwa 1 Stunde köcheln lassen und durch ein Sieb gießen.

Die Ente aus dem Bräter nehmen und bei 80 °C im Backofen warmhalten. Den Bratenfond durch ein mit Küchenkrepp ausgelegtes Sieb gießen, damit er entfettet wird. Den Entenfond in den Bräter zurückgeben und kurz aufkochen lassen, damit sich der Bratensatz lösen kann. Die Sauce sämig einkochen lassen und je nach Bedarf mit 1 in Wasser aufgelösten TL Stärke binden.

Die Ente vor dem Servieren unter dem Grill 5 bis 8 Minuten kross bräunen. Die Ente mit der Sauce servieren.

WACHTELN MIT TRAUBEN

Zutaten

50 g Frühstücksspeck (Bacon)
2 Scheiben Toastbrot
6 EL Butter
100 g kernlose weiße Trauben
1 Zweig Rosmarin
8 Wachteln, küchenfertig
Salz, Pfeffer
25 Wacholderbeeren
1 EL Öl
1 kleines Schnapsglas Madeira (2 cl)
100 ml Geflügelfond

Den Backofen auf 180 °C vorheizen. Den Frühstücksspeck in feine Würfel schneiden und kurz in kochendem Wasser blanchieren, dann ist er nicht mehr so salzig. Das Toastbrot entrinden, in Würfel schneiden und in 4 EL Butter in einer Pfanne zu Croûtons braten. Herausnehmen und auf Küchenkrepp abtropfen lassen.

Die Trauben waschen und halbieren. Den Rosmarinzweig waschen und trockentupfen. Die Wachteln mit Salz und Pfeffer würzen und mit jeweils 2 Wacholderbeeren und einem kleinen Stück Rosmarinzweig füllen. Die restlichen Wacholderbeeren in einem Mörser zerstoßen.

Die Wachteln in einer Pfanne mit der restlichen Butter und dem Öl von beiden Seiten anbraten. Alle Wachteln auf die Keulenseite legen und 10 Minuten im Backofen braten, die Wachteln umdrehen und weitere 10 Minuten fertig garen. Wachteln herausnehmen und warmstellen.

Die Hälfte des Fettes aus der Pfanne abgießen, mit Madeira ablöschen und fast vollständig einkochen lassen. Den Geflügelfond dazugießen, sämig einkochen lassen. Speck, Trauben und gestoßene Wacholderbeeren in die Pfanne geben und kurz durchschwenken. Die Wachteln auf Tellern anrichten, mit der Sauce übergießen und mit den Croûtons bestreuen.

MIT WIRSING GEFÜLLTE TÄUBCHEN

Zutaten

4 Täubchen, küchenfertig
Salz, Pfeffer
1 kleiner Wirsingkohl
50 g durchwachsener Speck
2 kleine Schalotten
100 g Butter
Muskatnuss
1 Ei

Die Täubchen innen und außen waschen und sorgfältig trockentupfen, überall leicht salzen und pfeffern.

Die Wirsingblätter vom Strunk einzeln ablösen, die dicken Blattrippen entfernen. Die Blätter gut waschen und in kochendem Salzwasser 3 bis 4 Minuten abkochen, herausheben, kalt abschrecken und abtropfen lassen. Die blanchierten Kohlblätter in Streifen schneiden. Den Speck und die gepellten Schalotten sehr fein würfeln. Speckwürfel in einer kleinen Pfanne auslassen, 20 g von der Butter dazugeben und die Schalotten darin glasig dünsten. Die Wirsingstreifen mit den Schalotten und dem Speck vermischen, mit Pfeffer, Muskatnuss und wenig Salz abschmecken. Diese Mischung abkühlen lassen und das Ei unterrühren.

Den Backofen auf 200 °C vorheizen. Die Täubchen mit der Wirsingmasse locker füllen und die Körperöffnungen mit Küchengarn zunähen.

Die Täubchen in der restlichen Butter bei mittlerer Hitze auf dem Herd ringsrum kräftig anbraten, dann in den Ofen schieben und weitere 25 Minuten unter häufigem Begießen mit dem Bratfett fertig garen. Dazu feinen Butterreis oder Kartoffelpüree servieren.

TOSKANISCHES PLATT-HUHN

Zutaten für 2–3 Personen, eher für 2

1 frisches Hähnchen von etwa 1 kg
Salz, Pfeffer
frische Zweige Rosmarin
4 EL Olivenöl
Saft von einer Zitrone
1 Glas trockener Weißwein
20 g Butter
1 Ziegelstein in Alufolie

Da dieses Huhn fast ohne alle geschmacklichen Zutaten gebraten wird, kommt es – ähnlich wie beim Bläh- oder Zitronen-Huhn – ganz und gar auf die Qualität des Geflügels an. Ich glaube nicht, dass dieses Rezept mit einem billigen Supermarkt-Huhn funktioniert.

Ich habe es oft zubereitet und es hat jedes Mal phantastisch geschmeckt – aber ich habe immer ein ausgesuchtes Freilandhuhn bei meinem Geflügelhändler (deutlich teurer als das Gefängnis-Huhn aus dem Supermarkt) gekauft.

Als wichtigste Vorbereitung muss man sich einen Ziegelstein oder einen anderen sehr schweren Gegenstand besorgen. Aus hygienischen Gründen sollte man den Stein, oder was man zum Beschweren nimmt, in Alufolie packen. Den Backofen auf 200 °C vorheizen.

Den Rückenknochen des Hähnchens mit der Geflügelschere der Länge nach durchtrennen, das Geflügel waschen, trocknen, innen und außen mit Salz und Pfeffer einreiben und dann mit der aufgeschnittenen Seite nach unten auf die Arbeitsfläche legen und mit flachen Händen von oben fest draufdrücken, bis es platt ist. Kleine Schlitze in die Haut auf Keulen und Brust machen und mehrere kleine Rosmarinzweige hineinstecken.

Hähnchen mit den Knochen nach unten in einen leicht geölten Bräter setzen und mit dem präparierten Stein beschweren. Im heißen Ofen auf der mittleren Leiste etwa 60 Minuten braten. Inzwischen Zitronensaft mit dem restlichen Olivenöl vermischen und das Huhn nach 30 Minuten damit einpinseln. Das gare Geflügel aus dem Bräter nehmen und warmstellen (in Alufolie wickeln und in den ausgeschalteten Ofen schieben).

Den Bratensatz vom Boden des Bräters mit Wein lösen und eventuell mit kleinen Flöckchen Butter anreichern, das heißt, die möglichst sehr kalte Butter nach und nach mit dem Schneebesen unter den Bratfond quirlen, der dadurch leicht gebunden wird. Darauf kann man aber auch verzichten, wenn man an die Linie denkt. Zuletzt die Sauce mit Salz und Pfeffer abschmecken und zum Huhn servieren.

ZITRONEN-HUHN

Zutaten

1 schönes Huhn (Kapaun, Poularde) von 1750 g
mit möglichst unverletzter Haut
2 kleine unbehandelte Zitronen oder Limetten
Salz
Pfeffer

Das Huhn innen und außen waschen und zum Abtropfen für mindestens 15 Minuten in Teddystellung auf ein Abtropfgitter setzen. Dann mit Küchenkrepp nachtrocknen und innen großzügig pfeffern und nicht ganz so großzügig salzen. Den Backofen auf 190 °C vorheizen.

Die beiden Zitronen gut waschen, trocknen und mit der flachen Hand etwa eine Minute kräftig auf dem Tisch rollen, bis sie weich sind. Mit einer Kuchengabel je 20 mal einstechen, so dass nun jede 60 kleine Löcher hat. Möglichst wenig Saft austropfen lassen. Überflüssiges Fett (vor allem den Bürzel) vom Huhn entfernen, die Zitronen in die Bauchhöhle stecken, dann das Geflügel an Vorder- und Hinterseite mit Dressier- oder Rouladennadeln zustecken oder zunähen. Keine Hohlraumversiegelung machen, alles soll eher locker sein. Die Flügel mit Küchengarn an den Körper binden.

In einen ungefetteten flachen Bräter legen, und zwar mit dem Bauch nach unten. In dieser Position auf mittlerer Einschubleiste ohne Deckel in den heißen Ofen schieben und 30 Minuten braten. Dann umdrehen und 25 Minuten weiter braten.

Nun den Backofen auf 200 °C schalten, das Huhn aber nicht mehr wenden, weitere 25 Minuten zu Ende braten, bis die Haut schön braun ist. Und vielleicht aufgeblasen.

Zum Servieren die Nadeln oder das Garn entfernen und die Zitronen entsorgen.

Dazu passen Rosmarin-Kartoffeln und Brot.

FLEISCH

Seite 255–278

Nicht erst seit den verschiedenen Skandalen wissen wir, dass Fleisch nicht immer ein gesundes Nahrungsmittel ist. Rinder und Schweine werden in großen Massen aufgezogen und ohne Rücksicht auf die natürlichen Qualitäten verarbeitet. Der einzige Vorteil dieser vielen Produkte ist der niedrige Preis. Leider orientieren sich noch zu viele Verbraucher daran. Gute Qualität kann nicht billig sein. Da es sich längst herumgesprochen hat, dass es viel gesünder ist, weniger Fleisch zu essen, kann man durch gebremsten Konsum die höheren Preise für wirklich gutes Fleisch ausgleichen. Inzwischen ist es auch wieder leichter, Qualität zu finden. Vor allem beim »Metzger meines Vertrauens«, der auch in der Fleischabteilung eines großen Kaufhauses stehen kann. Besonders beim Schweinefleisch, das ich wegen Qualitätsmängeln lange Zeit von meiner Speisekarte gestrichen hatte, ist ein positiver Wandel zu verzeichnen. Es lohnt sich, nach gutem Fleisch Ausschau zu halten – für die Gesundheit und den guten Geschmack.

WIENER SCHNITZELCHEN MIT KARTOFFELSALAT

Zutaten

500 g fest kochende Kartoffeln (möglichst »speckige« wie Bamberger Hörnle oder Brätlinge)
Salz
nach Belieben Kümmel
1 Tasse Rinderbrühe (Instant oder selbst gekocht)
1–2 EL Sherryessig
3 EL Pflanzenöl
Pfeffer
1 Bund Schnittlauch
600 g Kalbsfilet am Stück
2 Eigelbe
1 EL Mehl
50 g Paniermehl (Semmelbrösel)
Schweineschmalz zum Braten
1 Zitrone

Die Kartoffeln waschen und in Salzwasser (eventuell mit Kümmel) garen. Die gekochten Kartoffeln abgießen. Die Rinderbrühe in einem kleinen Topf erwärmen. Aus der warmen Brühe mit Essig und Öl eine Marinade rühren, mit Salz und Pfeffer kräftig abschmecken.

Die warmen Kartoffeln pellen und in dünne Scheiben schneiden. Mit der Marinade vermischen und einige Zeit durchziehen lassen.

Kurz vorm Servieren den Kartoffelsalat nochmals gut abschmecken. Den Schnittlauch waschen, in feine Röllchen schneiden und über den Salat streuen.

Das Kalbsfilet sorgfältig enthäuten und in 5 bis 6 mm dünne, runde Schnitzelchen schneiden. Zwischen Klarsichtfolie legen und mit dem Handballen kräftig flachdrücken (oder mit der flachen Seite des Fleischklopfers vorsichtig bearbeiten).

Die Eigelbe in einen tiefen Teller geben und mit einer Gabel verschlagen. Je einen flachen Teller mit dem Mehl und mit dem Paniermehl bereitstellen. Einen Teller dick mit Küchenkrepp (zum Abtropfen) auslegen.

In einer großen Pfanne reichlich Schweineschmalz stark erhitzen. Die Schnitzelchen salzen und pfeffern, dann schnell erst in Mehl, dann in den Eigelben und schließlich im Paniermehl wenden. In das Schweineschmalz geben und in 2 bis 3 Minuten knusprig ausbacken.

Die gebratenen Schnitzelchen aus dem Fett heben, auf dem Küchenkrepp abtropfen lassen. Mit etwas Zitronensaft beträufeln und heiß mit dem Kartoffelsalat servieren.

KALBSSCHNITZEL MIT KAPERN-SARDELLEN-BUTTER

Zutaten

12 dünne Kalbsschnitzel à 40 g, am besten Kalbsfilet
Salz, Pfeffer
Mehl zum Bestäuben
5 EL weiche Butter
1 kleine Knoblauchzehe
2 Sardellenfilets, in Öl
1 TL Kapern
½ Bund glatte Petersilie
1 TL Orangenzesten
2 Karotten
1 Kohlrabi
Weißwein
100 ml Kalbsfond

Einen Gefrierbeutel aufschneiden, die Kalbsschnitzel zwischen die beiden Folien legen und die Schnitzel mit dem Boden einer Bratpfanne flach klopfen. Mit Salz und Pfeffer würzen und mit etwas Mehl bestäuben.

4 EL weiche Butter mit dem Handrührgerät schaumig aufschlagen. Den Knoblauch schälen und fein hacken. Die Sardellen mit kaltem Wasser abbrausen und mit den Kapern fein hacken. Die Petersilie waschen, trockentupfen und mit den Orangenzesten ebenfalls fein hacken. Sardellen, Kapern, Petersilie und Orangenzesten mit der Butter gut verrühren, mit Salz und Pfeffer würzen. Karotten und Kohlrabi schälen, in dünne Scheiben schneiden und die Scheiben in dünne Streifen schneiden. Karotten und Kohlrabi in einem Topf mit 1 EL Butter für etwa 5 Minuten dünsten, mit Salz und Pfeffer abschmecken. Die Kalbsfilets in einer Pfanne mit 2 EL Sardellenbutter von beiden Seiten kurz braten und herausnehmen. Mit 1 Schuss Weißwein ablöschen, den Kalbsfond dazugießen und sämig einkochen lassen. Die restliche Sardellenbutter in die Sauce rühren, Filets dazugeben, kurz durchschwenken und mit dem Gemüse und Baguette servieren.

Die Kapern-Sardellen-Butter schmeckt auch gut zu Rind- oder Lammfleisch.

GESCHMORTE BEINSCHEIBEN MIT GETROCKNETEN TOMATEN UND GREMOLATA

Zutaten

1/8 l Weißweinessig
50 g getrocknete Tomaten
3 Knoblauchzehen
12 kleine Zwiebeln
1 unbehandelte Zitrone
1,5 kg Kalbshaxe, vom Metzger in ca. 3 cm dicke Scheiben geschnitten
etwas Mehl
Salz, Pfeffer
3 EL Olivenöl
2 Lorbeerblätter
2 Zweige Thymian
1/8 l Weißwein
1/8 l Fleischbrühe
1/2 Bund Petersilie

Backofen auf 200 °C vorheizen. Essig mit Wasser auf 1 Liter auffüllen, darin die getrockneten Tomaten mindestens 3 Stunden wässern. Anschließend abspülen und in dünne Streifen schneiden. Knoblauch schälen, zwei Knoblauchzehen grob, eine sehr fein hacken. Zwiebeln schälen, Zitrone gründlich abwaschen und Zesten abziehen. Die Haxenscheiben in Mehl wenden, etwas abklopfen, salzen und pfeffern. In einem Bräter das Öl erhitzen und das Fleisch von beiden Seiten scharf anbraten. Zwiebeln und den grob gehackten Knoblauch, Tomaten, Lorbeerblätter und Thymian zugeben. Weißwein und Brühe angießen. Den Deckel auflegen und ca. 2 Stunden im Backofen schmoren, nach ca. 1 1/2 Stunden eventuell etwas Wein oder Wasser nachgießen.

Für die Gremolata die Petersilie sehr fein hacken und mit den Zitronenzesten und dem fein gehackten Knoblauch vermischen. Die Kalbshaxe mit der Sauce anrichten und mit Gremolata bestreuen.

KALBSLEBER MIT MELONENSAUCE

Zutaten

Für die Sauce:
2 kleine rote Zwiebeln
60 g Honigmelone
2 EL Pflanzenöl
2 EL Balsamico-Essig
4 EL Madeira
200 ml Kalbsfond
Salz, Pfeffer

Für die Leber:
2 kleine rote Zwiebeln
400 g Kalbsleber
100 g Honigmelone
3 Minzeblätter
2 EL Öl
Salz
Pfeffer
1 EL kalte Butter

Für die Sauce die Zwiebeln schälen und in feine Würfel schneiden. Die Honigmelone aus der Schale lösen, Kerne mit einem Löffel herauskratzen und Melone in kleine Würfel schneiden. In einer Pfanne das Pflanzenöl erhitzen, Zwiebeln und Honigmelone darin andünsten, mit Balsamico-Essig, Madeira und Kalbsfond ablöschen. Mit Salz und Pfeffer würzen und 20 Minuten leise köcheln lassen. Durch ein Sieb streichen und beiseite stellen.

Für die Leber die Zwiebeln schälen und in feine Streifen schneiden. Die Kalbsleber in Streifen schneiden. Melone aus der Schale lösen, entkernen und ebenfalls in Streifen schneiden. Die Minzeblätter waschen und sehr fein hacken.

Die Zwiebelstreifen in einer Pfanne in 1 EL Öl weich dünsten, herausnehmen und beiseite stellen. Die Pfanne kurz mit einem Küchenkrepp auswischen, d. h. alle Bratenreste entfernen. Das restliche Öl in der Pfanne sehr stark erhitzen. Die ungesalzenen Kalbsleberstreifen im heißen Öl schwenken und mit Salz und Pfeffer würzen.

Die Sauce und Melonenstreifen dazugeben, vorsichtig durchschwenken und mit der kalten Butter binden. Die Leber auf Tellern mit den Minzeblättern und den Zwiebeln anrichten.

KALBSRAHMGULASCH

Zutaten

300 g frische Perlzwiebeln oder große Frühlingszwiebeln
Salz
600 g Kalbfleisch, aus dem Nacken
Pfeffer
2 EL Butterschmalz
1 EL Paprikapulver
1 EL Ketchup
1 EL Tomatenmark
5 EL Weißwein
¼ l Kalbsfond
1 Bouquet garni, aus 1 Karotte, 1 Stange Lauch, 1 Stück Staudensellerie, 1 Stängel Petersilie 1 Lorbeerblatt
½ Becher Sahne (100 g)
1 Becher saure Sahne (200 g)
1 TL Stärke
1 kleine Knoblauchzehe
1 Msp. abgeriebene unbehandelte Zitronenschale

Die Perlzwiebeln schälen und in kochendem Salzwasser blanchieren, dabei verlieren sie etwas von ihrer Schärfe. Bei den Frühlingszwiebeln ist das nicht nötig. Frühlingszwiebeln putzen, waschen und nur die Knollen verwenden.

Das Kalbfleisch in 3 cm große Würfel schneiden und mit Salz und Pfeffer würzen. Fleisch und Zwiebeln in einem Topf mit dem Butterschmalz langsam anbraten. Paprikapulver, Ketchup und Tomatenmark dazugeben und leicht anrösten. Mit Weißwein ablöschen und den Kalbsfond dazugießen.
Für das Bouquet garni die Zutaten waschen, trockentupfen und zu einem Kräutersträußchen binden. Mit dem Lorbeerblatt zum Fleisch geben. Zugedeckt etwa 1 ½ bis 2 Stunden leise köcheln lassen. Das Fleisch muss ganz weich sein, soll aber nicht zerfallen.

Kräuterstrauß und Lorbeerblatt entfernen. Sahne, saure Sahne und Stärke glatt rühren und in das Gulasch rühren. Knoblauch schälen und sehr fein hacken und mit der abgeriebenen Zitronenschale zum Gulasch geben und unterrühren. Eventuell mit etwas Salz abschmecken.

WIENER SCHNITZEL

Zutaten

4 Kalbsschnitzel à 150 g
Salz
Pfeffer
Mehl zum Panieren
2 Eier
2 EL Sahne
Semmelbrösel zum Panieren
Butterschmalz
Schweineschmalz

Die Schnitzel zwischen einen aufgeschnittenen Gefrierbeutel legen und mit dem Boden einer Bratpfanne flach klopfen. Das Fleisch salzen und pfeffern.

Das Mehl in einen Teller geben. Die Eier mit der Sahne verquirlen, die Semmelbrösel in einen weiteren Teller geben. Die Kalbsschnitzel erst im Mehl wenden, überschüssiges Mehl etwas abklopfen, dann durch die verquirlten Eier ziehen und zum Schluss in den Semmelbröseln wenden. Das Fleisch sollte vollständig davon überzogen sein.

Das Butterschmalz und Schweineschmalz in einer Pfanne sehr heiß werden lassen. Die Schnitzel von beiden Seiten darin braten. Wenn die Panade goldgelb ist, ist auch das Fleisch gar. Aus diesem Grund wird das Fleisch vorher dünn geklopft.

TIPP: Das Fleisch sollte erst kurz vor dem Braten durch die Panade gezogen werden. Die Qualität der Semmelbrösel ist für den Geschmack des Wiener Schnitzels sehr wichtig. Selbst geriebene Semmelbrösel aus altbackenem Weißbrot sind besser als die fertig gekauften. Das Schnitzelfleisch sollte aus dem Kalbsrücken oder aus der Kalbsoberschale sein. Sehr beliebt sind Wiener Schnitzel aus Schweinefleisch vom Nacken statt aus Kalbfleisch. Und dürfen dann eigentlich nur Schnitzel »Wiener Art« genannt werden.

KALBSRÜCKEN MIT PILZRAGOUT

Zutaten

100 g Shiitake-Pilze
150 g Pfifferlinge
150 g Champignons
4 Frühlingszwiebeln, mit dicker Knolle
4 Knoblauchzehen
1 Bund glatte Petersilie
1 kg Kalbsrücken, küchenfertig
Salz
Pfeffer
4 EL Butter
4 EL Öl
3 Schalotten
150 ml Kalbsfond

Die Pilze putzen, kurz abbrausen und trockentupfen. Die Stiele der Shiitake-Pilze abschneiden und aufbewahren. Die Pilze grob zerkleinern und beiseite stellen. Von den Frühlingszwiebeln das Grün entfernen, die Knollen putzen und vierteln. Knoblauchzehen in der Schale halbieren. Den Backofen auf 150 °C vorheizen.

Die Petersilie waschen, trockentupfen und sehr fein hacken. Den Kalbsrücken mit Salz und Pfeffer würzen. In einer Pfanne 3 EL Butter und 3 EL Öl erhitzen und den Kalbsrücken vorsichtig hellbraun anbraten, herausnehmen und beiseite stellen. Frühlingszwiebeln, Knoblauch und die Shiitake-Stiele in der Pfanne leicht anbraten. Den Kalbsrücken zurück in die Pfanne geben und im Backofen unter mehrmaligem Begießen mit dem Bratensaft etwa 20 bis 30 Minuten rosa garen.

In der Zwischenzeit die Schalotten schälen, in sehr feine Würfel schneiden und in der restlichen Butter und dem restlichen Öl glasig andünsten. Die Pilze dazugeben, mit Salz und Pfeffer würzen und 5 Minuten garen.

Kalbsrücken und Frühlingszwiebeln aus der Pfanne nehmen und warmstellen. Knoblauch und Shiitake-Stiele aus dem Bratensaft entfernen. Kalbsfond dazugießen und kurz aufkochen, damit sich der Bratensatz lösen kann. Pilze und Petersilie dazugeben, nochmals kurz aufkochen und mit Salz und Pfeffer abschmecken.

Den Kalbsrücken aufschneiden und mit dem Pilzragout und den Frühlingszwiebeln auf Tellern anrichten.

TIPP: Wer die Sauce etwas dickflüssiger mag, kann ½ TL Stärke in 1 EL Wasser auflösen und in den Kalbsfond geben und einkochen lassen.

GANZE KALBSHAXE MIT SPARGEL-ERBSEN-GEMÜSE

Zutaten

1 TL edelsüßes Paprikapulver
Salz
1,6 kg Kalbshaxe, am Knochen
Pfeffer
8 Schalotten
2 Stangen Staudensellerie
2 Zweige Thymian
1 Zweig Rosmarin
1 Knoblauchzehe
1 Bund grüner Spargel
2 EL Butter
Cayennepfeffer
Muskatnuss
150 g tiefgekühlte Erbsen
1 EL Mineralwasser
½ Bund Kerbel

Den Backofen auf 150 °C vorheizen. Paprikapulver und Salz mischen und die Kalbshaxe damit einreiben, mit Pfeffer würzen und in einen Bräter geben. 6 Schalotten schälen, halbieren und zum Fleisch geben. Den Sellerie putzen, waschen und grob zerteilen. Die Kräuter waschen und trockentupfen. Die Knoblauchzehe in der Schale andrücken und mit Selleriestücken, Thymian- und Rosmarinzweigen ebenfalls zur Haxe geben. ¼ l Wasser dazugießen und die Haxe 2 ½ bis 3 Stunden im Backofen garen, dabei immer wieder wenden und mit dem Bratensaft übergießen.

In der Zwischenzeit den Spargel putzen, falls nötig im unteren Drittel schälen und die Enden abschneiden. Spargel in feine Stücke schneiden, die Köpfe dabei ganz lassen. Die restlichen 2 Schalotten schälen und in feine Würfel schneiden.

In einer Pfanne mit 2 EL Butter glasig andünsten, die Spargelstücke (nicht die Köpfe) dazugeben, mit Salz, Cayennepfeffer und frisch geriebener Muskatnuss würzen und langsam sehr weich dünsten. Das dauert etwa 10 Minuten, in den letzten 3 Minuten Spargelköpfe und Erbsen dazugeben. Die Flüssigkeit mit 1 EL Mineralwasser verdünnen und alles fertig dünsten. Den Kerbel waschen, trockentupfen und zum Gemüse geben.

Die Kalbshaxe aus dem Backofen nehmen, vom Knochen lösen und in Scheiben schneiden. Den Bratensaft durch ein Sieb streichen und über das Fleisch gießen. Mit dem Gemüse servieren.

GEKOCHTER KALBSTAFELSPITZ MIT SEMMELMEERRETTICH

Zutaten

Für den Tafelspitz:
1 kg Kalbstafelspitz
2 mittelgroße Karotten
¼ Knollensellerie

½ Stange Lauch
1 Zwiebel
1 Lorbeerblatt
5 Pfefferkörner
2 Nelken
3 Stängel glatte Petersilie

Für den Semmelmeerrettich:
100 g Weißbrot
2 EL Butter
Salz
Pfeffer
1 Bund Schnittlauch
1 EL Meerrettich, aus dem Glas
1 TL Senf
Zucker
2 EL saure Sahne

Den Tafelspitz in einem Topf mit 3 l kaltem Wasser aufkochen und etwa 2 ½ Stunden bei geringer Hitze köcheln lassen. Dabei den Schaum immer wieder abschöpfen.

Karotten, Sellerie und Lauch schälen oder putzen, waschen und in grobe Stücke schneiden. Die Zwiebel mit der Schale halbieren.

Karotten, Sellerie, Zwiebel, Lorbeerblatt, Pfefferkörner und Nelken nach etwa 1 Stunde zum Fleisch geben. Petersilie waschen, trockentupfen und mit dem Lauch nach etwa 2 Stunden zum Tafelspitz geben. Für den Semmelmeerrettich das Weißbrot in etwa 1 cm große Würfel schneiden und in einer Pfanne mit 2 EL Butter goldbraun rösten. Von der Tafelspitzbrühe 200 ml abnehmen und über die Weißbrotwürfel gießen. Mit Salz und Pfeffer würzen und 5 Minuten ziehen lassen.

Den Schnittlauch waschen, trockentupfen und in feine Röllchen schneiden. Mit Meerrettich, Senf, 1 Prise Zucker, saurer Sahne und den Weißbrotwürfeln gut verrühren. Das Fleisch aus der Brühe heben und in Scheiben schneiden. Die Brühe durch ein Sieb gießen. Jeweils 1 Scheibe Tafelspitz in tiefen Tellern verteilen, mit etwas Brühe begießen und mit dem Semmelmeerrettich servieren.

TIPP: Wer möchte, kann das Gemüse auch in kleine Würfel schneiden und dazu servieren.

TAFELSPITZ MIT APFELKREN

Zutaten

1 kg Tafelspitz (das ist ein besonders zartfaseriges Stück Rindfleisch, oft nur durch Vorbestellung beim Metzger zu bekommen)
1 ½–2 l Fleischbrühe, möglichst selbst gekocht oder Instant-Brühe
2 Möhren
1 Scheibe Sellerieknolle
2–3 Zwiebeln
2 säuerliche Äpfel
etwas Zitronensaft
10 cm frische Meerrettichwurzel (Kren)
Salz

Den Tafelspitz mit Küchenkrepp trocknen. In einem großen Topf die Fleischbrühe aufkochen, das Fleischstück in die sprudelnd kochende Brühe legen und die Hitze zurückschalten.

Wenn sich der Schaum an der Oberfläche gefestigt hat, mit einem Löffel abheben und erst jetzt den Deckel auflegen. Bei schwacher Hitze den Tafelspitz langsam gar ziehen lassen, das dauert etwa 2 Stunden.

Etwa ½ Stunde vor Ende der Garzeit das Gemüse (Möhren, Sellerieknolle und Zwiebeln) putzen, grob zerteilen und zugeben. Die Äpfel schälen und auf einer Rohkostreibe raffeln, mit etwas Zitronensaft vermischen, damit sie nicht braun anlaufen.

Den Meerrettich schälen und auf einer sehr feinen Reibe in dünne Späne reißen, dann mit den geriebenen Äpfeln vermischen. Mit wenig Salz würzen.

Das Fleisch quer zur Faser in nicht zu dicke Scheiben schneiden, auf Tellern mit jeweils etwas Brühe und Gemüse anrichten. Dazu gibt es den Apfelkren und Bouillonkartoffeln oder, wie im Hotel Sacher in Wien, Röstkartoffeln.

KALBSGESCHNETZELTES, KLASSISCH

Zutaten

500 g Kalbsschnitzel-Fleisch
300 g Champignons oder braune Egerlinge
3–4 fein gewürfelte Schalotten
1 EL Pflanzenöl
50 g Butter
Salz, Pfeffer
⅛ l Weißwein, natürlich trocken!
⅛ l Kalbsfond oder Brühe
1 Becher Sahne (200 g)
2 EL gehackte Petersilie

Das Kalbfleisch mit Küchenkrepp trocknen und, sofern es noch nicht als Schnitzel geschnitten ist, in 1 cm dicke Scheiben schneiden, diese in gleichstarke Streifen.

Die Pilze gründlich putzen, möglichst nicht waschen, und blättrig schneiden. Die Schalotten pellen und fein würfeln.

In einer Pfanne Öl und Butter erhitzen, die Kalbfleischstreifen bei starker Hitze unter Rühren schnell rundum anbraten, das dauert etwa 4 bis 5 Minuten, dann aus der Pfanne heben und warmstellen. Im verbliebenen Fett die Schalottenwürfel glasig dünsten, dann die Champignonscheiben dazugeben und schnell bei großer Hitze etwas bräunen. Mit Pfeffer und Salz würzen und aus der Pfanne heben.

Den Satz in der Pfanne mit Wein und Kalbsfond oder Brühe loskochen und etwas einkochen lassen, die Sahne dazugießen und weiterkochen, bis die Sauce gebunden ist. Champignons und Kalbfleischstreifen in der Sauce nur noch einmal erhitzen, nicht mehr kochen lassen, und nochmals mit etwas Salz und Pfeffer abschmecken. Mit gehackter Petersilie anrichten.

KALBSNIEREN IN SENFSAUCE

Zutaten für 2 Personen

1 kleinere Kalbsniere
Essig
4–5 Schalotten
2 Zweige Estragon
50 g Butter
1 TL Dijon-Senf
4 EL Cognac
1 Becher Crème fraîche
Salz, Pfeffer

Die Kalbsniere halbieren, die Röhren und das Fett herausschneiden, in eine Schüssel mit Essigwasser legen und mindestens 1 Stunde wässern, dabei das Wasser öfter wechseln.

Die Schalotten pellen und in feine Scheiben schneiden. Den Estragon waschen, die Blätter abzupfen und in feine Streifen schneiden.

Die gewässerte Niere in etwa 1,5 cm dicke Scheibchen schneiden, in einer Pfanne in heißer Butter bei starker Hitze schnell anbraten, so etwa 3 bis 4 Minuten, dann herausnehmen und warmstellen.

Die Schalotten in der Pfanne glasig dünsten, den Senf und den Cognac dazurühren, kurz aufköcheln lassen, die Crème fraîche zugeben und die Sauce etwas einköcheln lassen. Mit Salz und Pfeffer abschmecken und die Nierenstücke und den Estragon in der Sauce kurz aufkochen. Zum Beispiel mit Kartoffelpüree servieren.

KALBSKOTELETTS PIZZAIOLA

Zutaten

3 Tomaten
1 Knoblauchzehe
4 Kalbskoteletts à 200 g
Salz
Pfeffer
3 EL Olivenöl
100 ml Wein, weiß oder rot
½ TL getrockneter Oregano
1–2 EL frische Oreganoblättchen

Die Tomaten überbrühen, abziehen, Stielansatz entfernen, entkernen und das Fruchtfleisch in Würfel schneiden. Die Knoblauchzehe schälen. Die Koteletts salzen, pfeffern und am Fettrand einschneiden. In einer Pfanne das Öl erhitzen und die Koteletts von beiden Seiten je 4 Minuten scharf anbraten. Das Fleisch aus der Pfanne nehmen und warm stellen. Die Tomaten in die Pfanne geben, den Knoblauch dazupressen und kurz andünsten. Den Wein angießen und getrockneten Oregano dazugeben. Die Sauce 5 bis 6 Minuten köcheln lassen und mit Salz und Pfeffer abschmecken. Die Koteletts zurück in die Sauce geben und bei kleiner Hitze auf jeder Seite 10 Minuten schmoren. Auf Teller geben und mit den frischen Oreganoblättchen bestreuen.

RINDERGULASCH

Zutaten

1 kg Rindfleisch, gut durchwachsen
Salz, Pfeffer
2 EL edelsüßes Paprikapulver, am besten ungarisches
½ EL Mehl
750 g Zwiebeln
3 Knoblauchzehen
4 EL Schweineschmalz
1 EL Tomatenmark
1 EL Essig, möglichst Obstessig
1 Bouquet garni, aus Karotte, Lauch, Petersilie, Knollensellerie
1 Lorbeerblatt
1 kleines Stück unbehandelte Zitronenschale
½ TL ganzer Kümmel
Pflanzenöl
getrockneter Majoran

Den Backofen auf 180 °C vorheizen. Das Fleisch in 3 cm große Würfel schneiden und mit Salz, Pfeffer und 1 EL Paprikapulver würzen und leicht mit Mehl bestäuben.

Zwiebeln und Knoblauch schälen und in feine Würfel schneiden. Die Würfel von 1 Knoblauchzehe beiseite stellen. Die restlichen Knoblauchwürfel mit den Zwiebeln in 4 EL Schweineschmalz glasig andünsten. Das Fleisch dazugeben und langsam anbraten. Tomatenmark und restliches Paprikapulver hineingeben und leicht anrösten. Mit Essig ablöschen und 100 ml Wasser dazugießen. Etwa 2 ½ Stunden zugedeckt im Backofen garen, bis das Fleisch ganz weich ist.

Für das Bouquet garni das Gemüse waschen, trockentupfen und zu einem Kräuterstrauß binden und mit dem Lorbeerblatt nach etwa 1 ½ Stunden zum Fleisch geben.

Während der Garzeit das Gulasch immer wieder umrühren und je nach Bedarf immer wieder mit etwas Wasser begießen. Aus dem Ofen nehmen, Kräuterstrauß und Lorbeerblatt entfernen.

Die restlichen Knoblauchwürfel mit Zitronenschale, Kümmel und ein wenig Öl ganz fein hacken, 1 Prise Majoran einrühren.

Das Gulasch mit Salz, Pfeffer und der Knoblauch-Gewürzmischung abschmecken.

GULASCH NACH MAMA BIOLEK

Zutaten

800 g Rindfleisch (man kann auch halb Rind und halb Schwein nehmen) in Würfeln
150 g durchwachsener geräucherter Speck
600 g Zwiebeln
2 Petersilienwurzeln
Öl zum Braten
Salz
1 Brühwürfel
Paprika, Gulaschgewürz
Majoran
Cayennepfeffer (sehr scharf, sparsam anwenden)
Kümmel
1 TL Speisestärke

Das Rindfleisch mit Küchenkrepp gut trocknen. Den geräucherten Speck fein würfeln, ebenso die gepellten Zwiebeln und die geschälten Petersilienwurzeln.
In einer großen Kasserolle oder einem feuerfesten Bräter Öl erhitzen und Zwiebeln und Speck darin unter ständigem Rühren glasig bis goldgelb braten.
Die Fleischwürfel in einer anderen Pfanne in Öl anbraten, bis sich die Poren geschlossen haben und das Fleisch von allen Seiten gebräunt ist. Fleisch zu den Zwiebeln geben, salzen und soviel Wasser dazugeben, dass das Fleisch gerade bedeckt ist. ½ Brühwürfel, die gewürfelten Petersilienwurzeln und Gewürze (Menge nach Geschmack) dazugeben und 10 Minuten dünsten.
Dann 1 l Wasser und die andere Hälfte des Brühwürfels dazugeben und so lange auf kleiner Stufe zugedeckt schmoren lassen, bis das Fleisch weich ist (das dauert 1½ bis 2 Stunden). Speisestärke mit 1 EL Wasser anrühren, unter das Gulasch mischen und aufkochen, bis die Sauce gebunden ist. Endgültig abschmecken und servieren. Schmeckt aber am nächsten Tag noch besser. Dazu passen alle Arten von Knödeln.

POCHIERTES RINDERFILET

Zutaten

Für die Schnittlauchsauce:
1 Ei
1 Bund Schnittlauch
3 Scheiben Toastbrot
50 g Sahne
1 Eigelb
5 EL Öl
2 EL saure Sahne
Salz, Pfeffer
Zitronensaft

Für den Apfel-Meerrettich:
1 Apfel
1 EL Zucker
5 EL Weißwein
1 EL Meerrettich, aus dem Glas

Für das Rinderfilet:
1 Karotte
1 kleiner Knollensellerie (150 g)
1 Stange Lauch
Salz
800 g Rinderfilet
½ l kräftige Rinderbrühe
1 EL Butter
Pfeffer

Für die Schnittlauchsauce das Ei hart kochen. Schnittlauch waschen, trockentupfen und in feine Ringe schneiden. Die Toastbrotscheiben entrinden und in Würfel schneiden. Die Sahne aufkochen und die Würfel von 2 Scheiben Toastbrot dazugeben. Das gekochte Ei schälen, mit Eigelb und Sahne-Toast-Mischung in ein hohes Gefäß geben und mit dem Pürierstab aufschlagen. Langsam das Öl einfließen lassen und aufmixen. Saure Sahne und Schnittlauch unterziehen. Mit Salz, Pfeffer und 1 Spritzer Zitronensaft abschmecken.

Für den Apfel-Meerrettich den Apfel schälen, vierteln, entkernen und in grobe Stücke zerteilen. In einem Topf mit Zucker und Weißwein weich dünsten. Die restlichen Brotwürfel zugeben und mit einem Pürierstab aufschlagen, Meerrettich darunter ziehen.

Für das Rinderfilet Karotte und Sellerie putzen, schälen und in feine Streifen schneiden. Lauch putzen, waschen, halbieren und ebenfalls in Streifen schneiden. In kochendem Salzwasser nicht zu knackig blanchieren, etwa 3 Minuten. Das Rinderfilet in etwa 1 cm dicke Scheiben schneiden. Die Rinderbrühe aufkochen, vom Herd nehmen und die Filetscheiben 4 Minuten in der Suppe ziehen lassen. Das Gemüse in einer Pfanne mit der Butter heiß schwenken, mit Salz und Pfeffer würzen, auf vorgewärmte Suppenteller verteilen. Die Rinderfiletscheiben hineinlegen und mit der kochend heißen Suppe übergießen. Schnittlauchsauce und Apfel-Meerrettich zu dem Rinderfilet servieren.

RINDERROULADEN MIT WIRSINGFÜLLUNG

Zutaten

4 Rinderrouladen
Salz, Pfeffer
4 TL scharfer Senf
2 Zwiebeln
3 Schalotten
1 Knoblauchzehe
1 Karotte
1 Stück Knollensellerie
½ Wirsing (400 g)
7 EL Butter
1 dicke Scheibe dunkles Bauernbrot oder Weißbrot
Muskatnuss
80 g geräucherte Hartwurst (z. B. Cabanossi oder Landjäger)
2 EL Pflanzenöl
1 EL Tomatenmark
850 ml Geflügelfond oder Wasser
1 Bouquet garni, aus 1 Stängel Petersilie, 1 Zweig Thymian, 1 Zweig Rosmarin und 1 Lauchblatt

Die Rouladen auf einem Brett ausbreiten, mit Salz und Pfeffer würzen und jede Roulade mit 1 TL Senf bestreichen. Zwiebeln, Schalotten und Knoblauch schälen. 1 Zwiebel halbieren und in dünne Streifen schneiden, die restliche Zwiebel und die Schalotten in grobe Stücke schneiden. Knoblauch in feine Würfel hacken. Karotte und Sellerie schälen und in 6 cm lange und 1 cm dicke Stifte schneiden. Den Wirsing putzen, vom Strunk befreien, waschen, gut trockentupfen und in dünne Streifen schneiden.

In einem Topf 1 EL Butter schmelzen lassen, Zwiebelstreifen und Knoblauch 10 Minuten bei geringer Hitze darin glasig dünsten. Wirsing dazugeben und unterrühren. 100 ml Wasser dazugießen und zugedeckt 15 Minuten schmoren. 4 EL Butter in kleine Würfel schneiden und kaltstellen. Den Backofen auf 180 °C vorheizen. Vom Brot die Rinde entfernen und das Brot in etwa 6 cm lange und 2 cm dicke Stücke schneiden. In einer Pfanne 1 EL Butter erhitzen, das Brot darin goldbraun von allen Seiten etwa 5 Minuten braten und aus der Pfanne nehmen. Das Wirsinggemüse mit Salz, Pfeffer und frisch geriebener Muskatnuss würzen, in eine Schüssel füllen und abkühlen lassen. Die Wurst enthäuten, der Länge nach vierteln, in Würfel schneiden und unter das Gemüse heben. Das Gemüse gleichmäßig auf den Rouladen verteilen, mit dem Brot belegen, die Seiten einschlagen und die Rouladen fest aufrollen. Mit Küchengarn umwickeln, die Enden verschließen, die Rouladen mit Salz und Pfeffer würzen.

In einem großen Bräter 2 EL Öl und 1 EL Butter erhitzen und die Rouladen von allen Seiten insgesamt etwa 10 Minuten anbraten. Tomatenmark, Zwiebelwürfel und Schalotten dazugeben, weitere 10 Minuten braten, mit 100 ml Fond ablöschen und vollständig einkochen lassen. ¼ l Fond dazugießen und zugedeckt im Ofen 1 ½ Stunden garen. Die Rouladen immer wieder wenden und den restlichen Fond nach und nach dazugießen. Für das Bouquet garni die Zutaten waschen, trockentupfen und zu einem Strauß binden. Nach 45 Minuten mit Karotte und Sellerie dazugeben. Die Rouladen aus dem Ofen nehmen. Die kalten Butterwürfel in der Sauce schwenken, eventuell mit Salz und Pfeffer würzen. Durch den Senf und die Wurst wird die Sauce schon sehr würzig, deshalb vorher probieren. Rouladen mit dem Schmorgemüse servieren.

MIT GEMÜSE GEFÜLLTE RINDSROULADEN

Zutaten

4 Rindsrouladen à 150 g
1 große Möhre
1 Scheibe Sellerieknolle, ½ cm dick
1 Bund Frühlingszwiebeln
1 Bund Petersilie
Salz
Pfeffer
4 TL grober Rotisseur-Senf
8 dünne Scheiben Räucherspeck
5–6 Zwiebeln
4 EL Pflanzenöl
⅜ l Fleischbrühe
1 EL Tomatenmark
1 Lorbeerblatt

Rouladen ausbreiten und mit Küchenkrepp trocknen. Die Möhre und den Sellerie schälen und in etwa 3 cm lange, dünne Stifte schneiden, die Frühlingszwiebeln waschen, das Weiße bis Hellgrüne ebenfalls in 3 cm lange Stücke teilen. Petersilie waschen, trocknen. Die Rouladen salzen, pfeffern und mit jeweils 1 TL Senf bestreichen, dann je 2 Scheiben vom Speck und anteilig Karotten- und Selleriestiften sowie Stücken von den Frühlingszwiebeln und einem Zweig Petersilie belegen. Rouladen zusammenrollen und mit Zahnstochern oder Küchengarn fixieren. Die Zwiebeln pellen und in grobe Stücke schneiden. In einem Schmortopf oder Bräter das Öl stark erhitzen und die Rouladen ringsum scharf anbraten, dann herausnehmen und die Zwiebelstücke anbraten, mit der Fleischbrühe ablöschen und die Rouladen wieder in den Topf geben. Das Tomatenmark einrühren, mit Salz und Pfeffer würzen und das Lorbeerblatt zugeben. Deckel drauf und bei kleiner Hitze 30 bis 40 Minuten schmoren, dann ohne Deckel noch eine weitere Stunde bei mäßiger Hitze, dabei ab und zu die Rouladen umdrehen. Nur wenn notwendig, noch Wasser zugießen. Die Zwiebeln geben der Sauce die sämige Bindung.

RINDERFILET MIT SENF UND ZWIEBELN

Zutaten

4 Rinderfilets à 180 g
2 EL scharfer Löwensenf
2 EL schwarze und rosa Pfefferkörner
10 dicke Frühlingszwiebeln
3 EL Butter, 2 EL Öl
Salz
Pfeffer

Die Filets jeweils mit etwas Senf bestreichen. In einem Mörser die Pfefferkörner zerstoßen und die Rinderfilets damit bestreuen.

Frühlingszwiebeln putzen, das grobe Grün entfernen, waschen und in Spalten schneiden. In einem Topf mit 2 EL Butter und 1 EL Öl sehr weich dünsten und mit Salz und Pfeffer würzen.

Die Rinderfilets in einer Pfanne mit 1 EL Butter und 1 EL Öl nicht zu scharf anbraten und langsam rosa braten, dabei immer wieder mit dem Bratensaft übergießen.

Die fertigen Filets auf Tellern anrichten, nochmals dünn mit Senf bestreichen und mit den gedünsteten Zwiebeln bedecken.

LUNGENBRATEN NACH MAMA BIOLEK

Zutaten

1 kg Rinderfilet
je 150 g Möhren, Sellerieknolle, Petersilienwurzel, Lauch und Zwiebel
200 g Speck
neutrales Öl zum Braten
1 TL Pfefferkörner
5 Wacholderbeeren
2 Lorbeerblätter
½ TL Thymian
eventuell Rotwein zum Angießen
1–2 Becher saure Sahne oder Crème fraîche
Salz
Pfeffer
Zitronensaft
evtl. Zucker

Vom Rinderfilet eventuell die letzten Häutchen entfernen, das Fleisch mit Küchenkrepp gut trocknen. Das Gemüse waschen, putzen und so weiter und in kleine Stücke schneiden.

Den Speck würfeln und in einem passenden Bräter in etwas Öl anbraten. In diesem Fett das Gemüse mit Pfefferkörnern, den zerdrückten Wacholderbeeren, Lorbeerblättern und Thymian anrösten. Das Gemüse zur Seite schieben und das Fleisch im Fett von allen Seiten kurz anbraten. Das Gemüse auf dem Boden verteilen und Wasser (oder Rotwein) angießen. Das Fleisch soll nicht mit Flüssigkeit bedeckt sein, aber etwa zur Hälfte darin liegen. Daher einen nicht zu großen Bräter verwenden.

Sachte schmoren, dabei öfter begießen und zwischendurch einmal wenden.

Nach 30 Minuten probieren, ob das Fleisch gar ist. Die Garzeit richtet sich danach, ob man das Filet innen noch rosa oder ganz durch haben will, dann braucht es einige Minuten länger. Wenn es fertig ist, das Fleisch herausnehmen und in Alufolie wickeln, im Ofen bei 75 °C warmhalten. Die Flüssigkeit notfalls etwas einkochen lassen, dann durch ein Haarsieb streichen (es geht auch mit dem Mixer, nur wird die Sauce nicht so fein). Nun mit glattgerührter saurer Sahne oder Crème fraîche binden und mit Salz, Zitronensaft, gemahlenem Pfeffer und eventuell etwas Zucker abschmecken. Falls die Sauce zu flüssig ist, kann man sie mit in kaltem Wasser angerührter Speisestärke andicken.

BOEUF STROGANOFF

Zutaten

500 g Rinderfilet
3 Schalotten
3–4 Tomaten, je nach Größe
250 g Champignons
2–3 Gewürzgurken
30 g Butter
2 TL Pflanzenöl
¼ l saure Sahne oder Crème fraîche
1 TL Senf
Salz
Pfeffer
Saft einer ½ Zitrone

Rinderfilet in fingerdicke Scheiben, diese in nicht zu feine Streifen schneiden. Die Schalotten pellen und sehr fein hacken. Die Tomaten mit kochendem Wasser überbrühen, schälen und das Fruchtfleisch würfeln. Die Champignons putzen, aber möglichst nicht waschen, in feine Blättchen schneiden. Gewürzgurken schälen und fein würfeln.

In einer Pfanne die Hälfte der Butter und 1 TL Öl erhitzen und die Filetstreifen rundum schnell scharf anbraten. Das Fleisch aus der Pfanne heben und abtropfen lassen, den Saft auffangen und zurück in die Pfanne geben, das Fleisch zur Seite stellen. In einer zweiten Pfanne restliche Butter und Öl erhitzen und die Schalottenwürfel glasig dünsten, dann die Champignons dazugeben und kurz anbraten. In der Pfanne mit dem Fleischsaft die Sahne oder Crème fraîche mit Senf, Pfeffer, Salz und dem Zitronensaft abschmecken und erhitzen. Die gedünsteten Schalotten, die Champignons, Tomaten- und Gurkenwürfel kurz darin aufkochen, die Pfanne vom Herd nehmen und das Fleisch dazurühren. Kurz ziehen lassen.

HOCHRIPPE IN DER SALZKRUSTE

Zutaten

2 Zweige Rosmarin
4 Zweige Thymian
2 EL Dijon-Senf
2 EL körniger Senf
1 EL gestoßene schwarze Pfefferkörner
1 kg Hochrippe vom Rind, ohne Knochen, gut abgehangen
2 EL Öl
3 kg Meersalz
6 Eiweiß
100 g Mehl
6 Scheiben grüner Bauchspeck (beim Metzger vorbestellen)

Den Backofen auf 220 °C vorheizen. 1 Rosmarinzweig und 2 Thymianzweige waschen, trockentupfen, abzupfen und fein hacken. Mit Senf und den gestoßenen Pfefferkörnern mischen und die Hochrippe damit einreiben. Die Hochrippe in einer Pfanne im heißen Öl rasch von allen Seiten anbraten, herausnehmen und abkühlen lassen.

Das Meersalz mit Eiweiß und Mehl vermischen. Das Fleisch mit dem Speck umwickeln. Ein Backblech mit Backpapier auslegen und ein Drittel der Salzmasse in der Mitte darauf verteilen. 1 Rosmarinzweig und 2 Thymianzweige waschen, trockentupfen, darauf legen und das Fleisch darauf setzen. Das Fleisch mit dem restlichen Salz vollständig bedecken.

Im Backofen 20 Minuten backen, dann weitere 40 Minuten bei 160 °C fertig garen. Aus dem Ofen nehmen und die Kruste aufklopfen und entfernen. Das Fleisch 5 Minuten ziehen lassen, den Speck entfernen und das Fleisch sofort servieren.

LEBERKNÖDEL AUF SAUERKRAUT

Zutaten

Für das Sauerkraut:
1 Dose Sauerkraut (850 g)
3 Schalotten
1 Apfel (z. B. Braeburn)
2 TL Zucker
100 ml Apfelsaft
2 Lorbeerblätter
5 Wacholderbeeren
3 Nelken
8 Pfefferkörner
¼ l Prosecco oder Sekt
¼ l Rinderbrühe
2 EL kalte Butter

Für die Leberknödel:
1 altbackenes Brötchen
1 Schalotte
4 EL weiche Butter
100 ml Milch

1 Bund glatte Petersilie
300 g Rinderleber (durchgedreht wie Hackfleisch)
5 EL Semmelbrösel
1 Ei
getrockneter Majoran
gemahlener Kümmel
Salz, Pfeffer
Muskatnuss

Den Backofen auf 160 °C vorheizen. Das Sauerkraut in ein Sieb gießen, gut waschen und abtropfen lassen. Die Schalotten schälen und in Streifen schneiden. Den Apfel schälen, entkernen und in Würfel schneiden.

In einer großen Pfanne 2 TL Zucker und 2 EL Wasser karamellisieren lassen. Schalotten und Apfel dazugeben und andünsten. Das Sauerkraut hinzufügen, mit Apfelsaft ablöschen und etwas einkochen lassen. Einen Teefilter mit den Gewürzen füllen, zubinden und in das Sauerkraut geben (so lassen sich die Gewürze zum Schluss ganz einfach wieder entfernen). 150 ml Prosecco dazugießen und einkochen lassen. Zugedeckt im Backofen etwa 1 ½ Stunden schmoren lassen. Die Brühe erhitzen und immer wieder etwas davon dazugießen.

In der Zwischenzeit für die Leberknödel das Brötchen in dünne Scheiben schneiden und in eine Schüssel geben. Die Schalotte schälen und in feine Würfel schneiden. Schalotte in einem Topf mit 1 EL Butter glasig andünsten. Die Schalotte zum Brötchen geben. Die Milch erwärmen und zum Brötchen gießen.

Petersilie waschen, trockentupfen und fein hacken. Die restliche Butter mit einem Handrührgerät schaumig aufschlagen, das dauert etwa 10 Minuten. Die Butter mit der Leber, Semmelbröseln, Ei, Petersilie, 2 Prisen Majoran, 1 Prise Kümmel und der Brötchenmasse gut vermischen. Mit Salz, Pfeffer und frisch geriebener Muskatnuss abschmecken. Die Fleischmasse 30 Minuten im Kühlschrank kaltstellen.

In einem großen Topf reichlich Salzwasser zum Kochen bringen. Aus der Lebermasse 8 Knödel formen und vorsichtig in das kochende Wasser legen. Die Knödel bei geringer Hitze 10 Minuten köcheln lassen, wenn sie nach oben gestiegen sind, herausnehmen, beiseite stellen und weitere 10 Minuten ziehen lassen.

Das fertige Sauerkraut aus dem Backofen nehmen. Den restlichen Prosecco dazugießen, nochmals aufkochen. Die kalte Butter in Würfel schneiden und in das Sauerkraut rühren. Mit Salz, Pfeffer und Zucker abschmecken und mit den Leberknödeln servieren.

KÖNIGSBERGER KLOPSE

Zutaten

Für die Klopse:
50 g Maccheroni
Salz
1 Zwiebel
1 Knoblauchzehe
1 EL Butter
1 EL gehackte glatte Petersilie
2 Sardellenfilets
500 g gemischtes Hackfleisch
1 Ei
2 EL frisch geriebenes Weißbrot
Pfeffer
Cayennepfeffer

Für die Sauce:
100 g Champignons
1 Schalotte
1 EL Butter
50 ml Weißwein
¼ l Rinderbrühe
1 EL Kapern
1 TL Senf
Salz
Cayennepfeffer
½ Becher Sahne (100 g)

Die Maccheroni in Salzwasser sehr weich kochen, abschrecken und abtropfen lassen. Zwiebel und Knoblauch schälen, in feine Würfel schneiden und in der Butter glasig dünsten. Die Sardellenfilets ebenfalls fein hacken.

Das Hackfleisch mit Sardellenfilets, Ei, Petersilie und geriebenen Weißbrot vermischen, mit Salz, Pfeffer und Cayennepfeffer abschmecken. Maccheroni, Zwiebel und Knoblauch durch eine Kartoffelpresse drücken und ebenfalls gründlich mit dem Hackfleisch vermischen. Für die Sauce die Champignons kalt abbrausen, trockentupfen und in Würfel schneiden. Die Schalotte schälen und in feine Würfel schneiden. Champignons und Schalotte in der Butter glasig dünsten und mit Weißwein ablöschen, fast vollständig einkochen lassen. Mit der Rinderbrühe aufgießen, erhitzen und mit Kapern, Senf, Salz und Cayennepfeffer abschmecken. Die Sahne schlagen und kurz vor dem Servieren unter die Sauce ziehen.

Aus der Hackfleischmasse mit feuchten Händen Klopse formen und in kochendes Salzwasser geben, etwa 5 Minuten ziehen lassen. Die Königsberger Klopse mit der Sauce auf Tellern anrichten und servieren. Durch die Maccheroni werden die Klopse sehr luftig, verlieren aber nicht an Eigengeschmack.

SCHWEINEFILET IN PARMESANHÜLLE

Zutaten

500 g Schweinefilet
4 Eier
300 g geriebener Parmesan
1 Zweig Rosmarin
Salz
Pfeffer
2 EL Mehl
6 EL Öl

Die Schweinefilets in 1 cm dicke Scheiben schneiden und zwischen 2 Lagen Klarsichtfolie oder einem aufgeschnittenen Gefrierbeutel mit dem Boden einer Pfanne flach klopfen.

Die Eier mit dem geriebenen Parmesan mischen. Rosmarin waschen, trockentupfen, die Nadeln abzupfen und fein hacken. Die Schweinefilets mit Salz und Pfeffer würzen, mit Rosmarin bestreuen, von beiden Seiten im Mehl wenden und durch die Ei-Parmesan-Masse ziehen.

In einer Pfanne das Öl erhitzen und die Schweinefilets darin von beiden Seiten goldbraun braten.

SCHWEINEBRATEN »LIGHT«

Zutaten

1 kg Kotelettstück vom Schwein ohne Knochen (auch Lende genannt)
5–6 mittelgroße Zwiebeln
1–3 Knoblauchzehen
1 Brühwürfel
5 EL Pflanzenöl zum Braten
Salz
Pfeffer
getrockneter Rosmarin und/oder Oregano

Das Fleisch mit Küchenkrepp gut trocknen. Die Zwiebeln und den Knoblauch pellen, grob hacken. Den Brühwürfel in etwa ½ l warmem Wasser auflösen.

In einem Schmortopf das Öl stark erhitzen. Das Fleisch salzen und pfeffern, rundum braun anbraten. Die Hitze etwas reduzieren, gehackte Zwiebeln und Knoblauch zum Fleisch geben und andünsten. Etwa die Hälfte der Brühe angießen, mit Rosmarin und/oder Oregano würzen. Zugedeckt bei schwächster Hitze etwa 1 ½ Stunden schmoren lassen, dabei ab und zu nachsehen, ob Brühe nachgegossen werden muss.

Zum Schluss sollte das Fleisch gar und zart sein, die Zwiebeln sind zu einer sämigen Sauce verkocht. Mit Salz und Pfeffer abschmecken. Das Fleisch dünn aufschneiden, mit der Sauce servieren.

SCHWEINEFILET MIT ÄPFELN

Zutaten

1 Schweinefilet, ca. 700 g
Salz
Pfeffer
1 TL grob gehackte Rosmarinnadeln
2 EL Pflanzenöl
2 Zwiebeln
2 große säuerliche Äpfel (z. B. Boskop)
¼ l Sahne
4 EL Calvados

Das Fleisch abwaschen, mit Küchenkrepp trocknen und mit Salz und Rosmarin einreiben. In einer Pfanne das Öl erhitzen und das Filet ringsum scharf anbraten. Hitze zurückschalten, das Fleisch 10 bis 15 Minuten weiterbraten, bis es fast gar ist. Schweinefilet in Alufolie wickeln, im Ofen bei 75 °C warmhalten.

Die Zwiebeln pellen und in dünne Ringe schneiden, von den Äpfeln das Kerngehäuse ausstechen, Äpfel in nicht zu schmale Spalten teilen. Äpfel und Zwiebelringe in der Pfanne im verbliebenen Öl unter vorsichtigem Wenden etwa 15 Minuten garen. Das Filet salzen, wieder in die Pfanne legen, mit dem Calvados übergießen und mit langem Streichholz flambieren. Die Flamme mit der Sahne löschen, umrühren und einmal aufkochen lassen, mit Salz und Pfeffer würzen.

SCHWEINEFILET MIT MANGOLD UND PAPRIKA

Zutaten

500 g Schweinefilet
1 TL 5-Gewürze-Pulver (in Asia Läden)
400 g Mangold
1 rote Paprikaschote
1–2 Schalotten
2 EL Sesamöl
3 EL Pflanzenöl
75 ml Hühnerbrühe
3 EL Sherry oder Reisessig
4 EL Sojasauce
Pfeffer

Das Schweinefilet häuten und in 0,5 cm dünne Scheiben schneiden. Die Filetscheiben in einer Schüssel mit dem 5-Gewürze-Pulver vermengen und 30 Minuten ziehen lassen. Den Mangold putzen, waschen und quer in 2 cm breite Streifen schneiden. Die Paprikaschote waschen, vierteln, entkernen und in schmale Streifen schneiden. Die Schalotten schälen, halbieren und in dünne Ringe schneiden.

In einer Pfanne Sesam- und Pflanzenöl erhitzen und die Schalotten glasig andünsten. Das Filet dazugeben und unter Rühren etwa 3 bis 4 Minuten braten. Mangold und Paprika dazugeben, die Hühnerbrühe angießen und mit Sherry oder Reisessig und Sojasauce würzen. Bei mittlerer Hitze etwa 15 Minuten garen, bei Bedarf noch etwas Brühe angießen. Mit Sojasauce und Pfeffer abschmecken.

SCHWEINELENDCHEN MIT HEIDELBEER-SALSA

Zutaten

500 g Schweinelende
1 rote Chilischote
1 unbehandelte Limone
1 walnussgroßes Stück Ingwer
250 g frische oder tiefgekühlte Heidelbeeren
2–3 EL Olivenöl
Salz
Pfeffer
Butterschmalz zum Braten

Von der Schweinelende die Häute entfernen. Die Chilischote halbieren, entkernen und fein hacken. Die Limone gut waschen, Zesten abziehen und Saft auspressen. Den Ingwer schälen und reiben. Die Heidelbeeren waschen und gut abtropfen lassen.

Mit dem Mixer die Hälfte der Heidelbeeren pürieren. Die restlichen Heidelbeeren mit Limonenzesten, -saft, Ingwer und Chili in eine Schüssel geben, vermischen und 1 Stunde ziehen lassen. Vor dem Servieren unter Rühren langsam Olivenöl und Heidelbeerpüree untermischen und mit Salz und Pfeffer abschmecken.

In einer Pfanne Butterschmalz erhitzen, das Fleisch mit Salz und Pfeffer einreiben und von allen Seiten anbraten, bei kleiner Hitze fertig garen. In Alufolie wickeln, 5 Minuten ruhen lassen, in Scheiben schneiden und mit der Heidelbeer-Salsa servieren.

SCHWEINEMEDAILLONS MIT FENCHEL

Zutaten

500 g Schweinefilet (möglichst gleichmäßig dickes Stück)
2–3 Fenchel (je nach Größe)
etwa 30 g frischer Ingwer
nach Belieben 1 Knoblauchzehe
Salz
Pfeffer
5 EL Pflanzenöl zum Braten
3 EL Honig
6–7 EL Calvados

Das Filet mit Küchenkrepp trocknen, eventuell anhängende Häute entfernen. Den Fenchel putzen, halbieren und den Strunk keilförmig herausschneiden. Die Hälften waschen und in ½ cm dünne Scheiben schneiden. Den Ingwer schälen und auf einer Reibe fein raspeln. Nach Belieben den Knoblauch pellen.

Den Backofen auf 200 °C vorheizen. Das Fleisch mit Salz und Pfeffer einreiben. In einem Bräter 2 EL von dem Öl erhitzen. und das Schweinefilet rundum 8 bis 10 Minuten anbraten. Nach Belieben in den letzten Minuten den Knoblauch dazupressen.

Das Fleisch aus dem Bräter heben, die Fenchelscheiben hineingeben, mit 2 EL Öl besprenkeln und leicht salzen. Das Fleisch wieder auf die Fenchelscheiben legen und den Bräter in den Ofen schieben, 25 Minuten garen. Inzwischen in einem Töpfchen 1 EL Öl erhitzen und den Ingwer unter Rühren 2 bis 3 Minuten andünsten. Den Honig dazugeben und schmelzen lassen. Den Calvados angießen (Vorsicht, dass keine offene Flamme in der Nähe ist!) und bei schwacher Hitze auf die Hälfte der Menge einkochen lassen. Eventuell mit etwas Salz würzen.

Den Bräter aus dem Ofen nehmen, das Fleisch in Scheiben aufschneiden und auf dem Fenchel anrichten. Mit der würzigen Sauce überziehen und servieren.

ÜBERBACKENE SCHWEINEMEDAILLONS

Zutaten

150 g Gruyère-Käse
1 Ei
2 EL Crème fraîche
1 Zweig Rosmarin
8 Schweinemedaillons à 70 g, vom Filet
Salz
Pfeffer
2 EL Butter
1 EL Öl
4 Scheiben gekochter Schinken

Den Käse fein reiben und mit dem Ei und der Crème fraîche verrühren. Rosmarin waschen, trockentupfen, die Nadeln abzupfen und sehr fein hacken, beiseite stellen.

Den Backofengrill auf höchste Stufe vorheizen. Die Medaillons mit Salz und Pfeffer würzen, mit dem gehackten Rosmarin von beiden Seiten bestreuen. Die Medaillons in einer Pfanne mit Butter und Öl kurz von beiden Seiten hellbraun anbraten, herausnehmen und beiseite stellen. Die Schinkenscheiben halbieren und ebenfalls kurz anbraten.

Medaillons mit Schinken belegen, die Käsemasse darüber verteilen und im Backofen 5 Minuten überbacken.

SCHWEINEGULASCH MIT ORANGEN UND KARDAMOM

Zutaten

500 g Schweinefleisch, vom Nacken oder Kamm
10 kleine Schalotten
4 Knoblauchzehen
1 unbehandelte Orange
½ TL Kardamomsamen
½ TL Fenchelsamen
2 EL Olivenöl
Salz
Pfeffer
2 Lorbeerblätter
75 ml Sherry
4 EL Sojasauce
200 ml Gemüsebrühe
Cayennepfeffer

Das Schweinefleisch in Würfel schneiden. Schalotten und Knoblauch schälen, Knoblauch fein würfeln, Schalotten ganz lassen. Die Orange gut waschen, beide Enden abschneiden, halbieren, in dünne Scheiben teilen und daraus kleine Stücke mit Schale schneiden. Kardamom- und Fenchelsamen im Mörser zerstoßen.

In einem Bräter das Olivenöl erhitzen, das Fleisch scharf anbraten, salzen, pfeffern und die zerstoßenen Samen dazugeben. Das Fleisch herausnehmen und zur Seite stellen. Schalotten und Orangenstücke im Bräter scharf anbraten, das Fleisch wieder zurückgeben, Knoblauch und Lorbeerblätter zufügen. Mit Sherry und Sojasauce ablöschen, die Brühe angießen und mit Deckel etwa 30 Minuten schmoren lassen. Mit Salz, Pfeffer und Cayennepfeffer abschmecken.

SCHWEIN MIT INGWER UND STERNANIS

Zutaten

10 getrocknete Shiitake-Pilze
800 g Schweinefleisch, vom Nacken oder Kamm
1 walnussgroßes Stück Ingwer
4 Schalotten
4 Knoblauchzehen
4 Frühlingszwiebeln
4 EL Pflanzenöl
2 EL brauner Zucker
125 ml Sojasauce
125 ml Reiswein
4 Stücke Sternanis
3 Zimtstangen
Salz
1 EL Sesamöl

Die Shiitake-Pilze in heißem Wasser quellen lassen, abgießen und die Stiele herausschneiden. Schweinefleisch in 2 cm große Würfel schneiden. Den Ingwer schälen und reiben. Schalotten und Knoblauch schälen und in dünne Scheiben schneiden. Die Frühlingszwiebeln putzen, das Weiße und Hellgrüne in dünne Ringe schneiden.

In einer tiefen Pfanne Pflanzenöl erhitzen. Das Fleisch von beiden Seiten scharf anbraten, herausnehmen und zur Seite stellen. Zucker in der Pfanne unter Rühren schmelzen, Sojasauce und Reiswein angießen und den Bratensatz loskochen. Fleisch, Ingwer, Knoblauch, Schalotten, Pilze, Sternanis und Zimtstangen in die Pfanne geben und so viel Wasser angießen, dass alle Zutaten bedeckt sind. Mit Deckel 1 Stunde schmoren, bis das Fleisch weich und die Flüssigkeit eingekocht ist. Eventuell ohne Deckel noch etwas weiterköcheln. Mit Salz abschmecken, mit Sesamöl beträufeln und mit Frühlingszwiebeln bestreuen.

GESPICKTER SCHWEINEBRATEN

Zutaten

1,5 kg Schweinebauch, mit Knochen und Schwarte
2 Knoblauchzehen
5 Salbeiblätter
2 Zweige Thymian
400 g Zwiebeln
3 EL Butter
2 Stangen Lauch
Salz
Pfeffer
Muskatnuss
Bier
1 Msp. ganzer Kümmel

Die Schweinebauchschwarte in kochendem Salzwasser 3 Minuten blanchieren, dafür den Boden eines Bräters mit Wasser füllen, zum Kochen bringen und den Schweinebauch mit der Schwartenseite nach unten hineinlegen.

Den Knoblauch schälen und in Spalten schneiden. Die Schwarte rautenförmig einritzen, aber nur in das Fett, nicht in das Fleisch schneiden. Die Zwischenräume mit den Knoblauchspalten spicken. Salbei und Thymian waschen, trockentupfen, Salbei in grobe Stücke zupfen, Thymian hacken, auf dem Schweinebauch gut verteilen und mit Salz würzen. In Klarsichtfolie wickeln und über Nacht durchziehen lassen.

Den Backofen auf 170 °C vorheizen. Die Zwiebeln schälen und in dicke Ringe schneiden, im Bräter mit 2 EL Butter auf beiden Seiten glasig andünsten. Das Fleisch mit der Schwarte nach unten auf die Zwiebeln setzen, etwas Wasser dazugießen und im Backofen 2 Stunden garen, dabei immer wieder mit Bratensaft übergießen. Nach 1 ½ Stunden den Schweinebauch wenden und die Temperatur auf 190 °C erhöhen. Für die letzten 20 Minuten den Backofen auf höchste Grillstufe schalten.

In der Zwischenzeit den Lauch putzen, waschen und in grobe Stücke schneiden. In kochendem Salzwasser blanchieren und eventuell in eiskaltem Wasser abschrecken. Den Lauch in einer Pfanne mit 1 EL Butter anbraten, mit Salz, Pfeffer und frisch geriebener Muskatnuss würzen und zugedeckt etwa 8 bis 10 Minuten weich schmoren.

Den fertigen Schweinebauch herausnehmen. Die Sauce durch ein Sieb streichen oder mit dem Schmorgemüse etwas einkochen lassen und mit 1 Schuss Bier, Salz, Pfeffer und Kümmel abschmecken. Den Schweinebauch in Scheiben schneiden, auf Tellern anrichten und mit der Sauce servieren.

KASSELER MIT SAUREN SPECKBOHNEN

Zutaten

300 g breite Bohnen
500 g frische oder tiefgekühlte Saubohnen
2 Frühlingszwiebeln
50 g geräucherter Bauchspeck
½ Bund Dill
4 Scheiben Kassler
2 EL Butter
Salz
Pfeffer
2 EL saure Sahne
1 EL Crème double

Den Backofen auf 100 °C vorheizen. Die Bohnen putzen, waschen und in Rauten schneiden. Die Saubohnen aus der Schale brechen, in kochendem Salzwasser je nach Größe etwa 3 Minuten garen und eventuell in eiskaltem Wasser abschrecken. Die äußere Haut und den kleinen weißen Keimling entfernen. Die Frühlingszwiebeln putzen, das grobe Grün entfernen und die Frühlingszwiebeln in feine Ringe schneiden. Den Bauchspeck in sehr feine Würfel schneiden. Den Dill waschen, trockentupfen und von den Stielen zupfen, die Dillstängel nicht wegwerfen. Das Kassler in einer leicht gefetteten, feuerfesten Form im Backofen 10 Minuten erwärmen. Die breiten Bohnen mit den Dillstängeln in ausreichend Salzwasser etwa 4 Minuten kochen, kalt abschrecken und die Dillstängel entfernen. Wenn der Speck sehr salzig ist, ist es sinnvoll, diesen erst kurz zu blanchieren. Speck mit Frühlingszwiebeln und Butter in einer Pfanne glasig andünsten. Bohnen und Saubohnen dazugeben und mit Salz und Pfeffer gut würzen. Saure Sahne und Crème double untermischen, mit Dill bestreuen und einmal aufkochen lassen. Kassler mit den Bohnen auf Tellern servieren.

BRATWURST MIT BOHNEN UND ROTWEIN

Zutaten

200 g Kenia-Bohnen
200 g kleine weiße Bohnen
2 Zweige Thymian
1 Zweig Rosmarin
1 Stängel Bohnenkraut
1 EL gehackte glatte Petersilie
1 EL gehacktes Basilikum
3 Stangen Staudensellerie
1 Zwiebel
1 Knoblauchzehe
2 EL Olivenöl
4–6 frische Bratwürste
2 EL Tomatenmark
150 ml Rotwein
¼ l Gemüsebrühe
Salz
1 Msp. Cayennepfeffer
½ TL Zucker

Die Kenia-Bohnen waschen, evtl. Stielansätze entfernen und halbieren. Weiße Bohnen in ein Sieb geben und gründlich abspülen. Die Kräuter waschen und trockentupfen, die Blätter abzupfen und bis auf den Thymian alles fein hacken. Sellerie putzen und in dünne Scheiben schneiden, Zwiebel und Knoblauch schälen und fein würfeln.

Die Kenia-Bohnen in sprudelnd kochendem Salzwasser kurz bissfest garen, dann abgießen. In der Pfanne das Öl erhitzen und die Würste ringsum scharf anbraten, aber nicht durchbraten. Anschließend herausnehmen und beiseite stellen. Dann Zwiebeln, Knoblauch, Sellerie sowie Thymian, Rosmarin und Bohnenkraut hinzufügen und unter ständigem Rühren andünsten. Das Tomatenmark hinzufügen und mit anrösten. Rotwein angießen und auf ²/₃ einkochen lassen. Brühe zugießen, aufkochen und bei kleiner Hitze etwas köcheln lassen. Die Würste in dicke Scheiben schneiden und wieder in die Pfanne geben. Nach etwa 1 Minute die Bohnen hinzufügen.
Mit Salz, Cayennepfeffer und Zucker abschmecken und ca. 5 Minuten köcheln lassen.

Die Bratwurst mit Bohnen und Rotwein auf Tellern verteilen und mit gehackter Petersilie und Basilikum bestreut servieren.

FRIKADELLEN

Zutaten

⅛ l Milch
125 g Sahne
Muskatnuss
Salz
Pfeffer
100 g Semmeln, vom Vortag, mit Rinde
2 mittelgroße Zwiebeln
1 Knoblauchzehe
3 EL Butter
1 Stängel Liebstöckel
2 Stängel glatte Petersilie
100 g fetter, gekochter Schinken
1 TL getrockneter Majoran
150 g gehacktes Kalbfleisch, aus der Schulter
250 g gehacktes Schweinefleisch, aus dem Nacken
1 TL Dijon-Senf
2 Eier
2 EL Öl

Milch und Sahne in einen Topf geben und lauwarm erhitzen, mit frisch geriebener Muskatnuss, Salz und Pfeffer abschmecken. Die Semmeln in dünne Scheiben schneiden, in eine Schüssel geben und mit der lauwarmen Milch-Sahne-Mischung übergießen und gut einweichen lassen. Zwiebeln und Knoblauch schälen, in feine Würfel schneiden und in 1 EL Butter glasig dünsten. Liebstöckel und Petersilie waschen, trockentupfen, fein schneiden und zu den Zwiebeln geben. Schinken in kleine Würfel schneiden und mit dem getrockneten Majoran ebenfalls zu den Zwiebeln geben. Mit Salz und Pfeffer würzen und gut verrühren.

Das Hackfleisch in eine Schüssel geben, salzen und pfeffern, Senf, Eier und die Zwiebel-Schinken-Masse dazugeben. Die eingeweichten Semmeln sehr gut ausdrücken und hinzufügen. Mit einem Kochlöffel alles gut vermischen.

Von der Fleischmasse mit einem Esslöffel kleine Portionen abnehmen und mit feuchten Händen zu gleichmäßigen Frikadellen formen. Das Öl und die restliche Butter erhitzen und die Frikadellen darin von beiden Seiten goldbraun braten und servieren.

FLEISCHLAIBERL

Zutaten

1–2 altbackene Brötchen
500 g mageres Rinderhackfleisch
2 Eier
1 mittelgroße Zwiebel, gerieben oder sehr fein gehackt

100 g durchwachsener Speck, durch den Fleischwolf gedreht oder sehr fein geschnitten
1 zerdrückte Knoblauchzehe
Petersilie
Majoran
gemahlener Piment
Salz
Pfeffer
3–4 EL Pflanzenöl

Die trockenen Brötchen in kaltem Wasser einweichen, bis sie ganz aufgequollen sind. Dann mit den Händen sehr fest ausdrücken.
Das Hackfleisch mit den ausgedrückten Brötchen, Eiern, Zwiebel, Speck, Knoblauch, den Kräutern und Gewürzen gut durchkneten, mit Pfeffer und Salz abschmecken. Zu etwa 8 Kugeln formen und diese zu flachen Laiberln (Frikadellen) drücken. In einer Pfanne (zu der es einen Deckel gibt) das Öl erhitzen und die Laiberln auf beiden Seiten anbraten, dann wenig Wasser zugießen.

Mit aufgelegtem Deckel bei sehr kleiner Hitze ganz langsam und lange garen. Gegen Ende den Deckel abnehmen, die Flüssigkeit soll dann verkocht sein und die Fleischlaiberln müssen von beiden Seiten braun und knusprig gebacken sein.

HACKBRATEN MIT SPECK UND KARTOFFELKRUSTE

Zutaten

400 g mehlig kochende Kartoffeln
Salz
300 ml Milch
½ Stange altbackenes Baguette (120 g)
4 EL kalte Butterwürfel
Pfeffer
Muskatnuss
2 Eigelbe
60 g geriebener Parmesan
2 Karotten
4 Stangen Staudensellerie
1 mittelgroße Zwiebel
2 Knoblauchzehen
1 Bund glatte Petersilie
600 g gemischtes Hackfleisch
2 Eier
3 EL mittelscharfer Senf
2 Msp. edelsüßes Paprikapulver
1 EL Pflanzenöl
100 g Frühstücksspeck (Bacon)
2 Schalotten
½ Becher Sahne (100 g)

Die Kartoffeln waschen und mit der Schale in Salzwasser etwa 30 Minuten weich kochen. 200 ml Milch lauwarm erhitzen. Das Baguette in dünne Scheiben schneiden, mit der Milch übergießen und 15 Minuten quellen lassen. Die Kartoffeln schälen und zweimal durch die Kartoffelpresse drücken. Restliche Milch mit 1 EL Butter erhitzen, mit Salz, Pfeffer und frisch geriebener Muskatnuss abschmecken und unter die Kartoffelmasse rühren. 1 EL sehr kalte Butter unter die Kartoffelmasse rühren. Die Eigelbe und den geriebenen Parmesan unterrühren und nochmals abschmecken. Karotten und Sellerie (Sellerieblätter aufbewahren) waschen, schälen und in kleine Würfel schneiden. Zwiebel und Knoblauch schälen und in Würfel schneiden. 2 EL Butter in einer großen Pfanne erhitzen, Zwiebel und Knoblauch darin 5 Minuten glasig dünsten, Karotten und Sellerie dazugeben und weitere 10 Minuten garen, leicht salzen, herausnehmen und auskühlen lassen. Die Petersilie waschen, trocken schütteln, abzupfen und grob hacken. Die Sellerieblätter ebenfalls grob hacken. Den Backofen auf 210 °C vorheizen. Das Hackfleisch mit dem eingeweichten Brot, Eiern und abgekühltem Gemüse gut vermengen, mit Salz, Pfeffer, 2 EL Senf und Paprikapulver kräftig abschmecken. Mit der Hälfte der Petersilie und den Sellerieblättern verfeinern.

Eine feuerfeste Form (20 x 30 cm) mit 1 EL Öl einfetten, die Speckscheiben quer nebeneinander hineinlegen. Die Hackmasse mit feuchten Händen zu einem länglichen Laib formen und in die Form legen. Die überstehenden Speckscheiben an den Fleischseiten hochklappen. Die Schalotten schälen, in grobe Würfel schneiden, in der Form verteilen und im Backofen auf der mittleren Schiene etwa 45 Minuten backen. Nach 15 Minuten auf 190 °C herunterschalten und 100 ml Wasser dazugießen. Nach 45 Minuten die Kartoffelmasse wellenartig auf dem Hackbraten verteilen. Etwa 100 ml Wasser dazugießen und unter dem Grill oder bei starker Oberhitze 10 Minuten goldbraun überbacken. Hackbraten herausnehmen und warmstellen. Die Sauce durch ein feines Sieb streichen, sämig einkochen lassen. Mit Salz, Pfeffer und 1 EL Senf abschmecken, Sahne dazugießen, kurz aufkochen, mit dem Pürierstab schaumig aufschlagen, mit der restlichen gehackten Petersilie verfeinern. Den Hackbraten in 2 cm dicke Scheiben schneiden und mit der schaumigen Senfsauce servieren.

SCHMORTOPF »MONT VENTOUX«

Zutaten

je 250 g zartes, mageres Rind-, Lamm- und Schweinefleisch
150 g gewürfelter geräucherter durchwachsener Speck
1 große gewürfelte Zwiebel
Öl zum Braten
je 1 Handvoll grüne und schwarze Oliven
5 Knoblauchzehen
Thymian
½ Tasse ungeschwefelte Korinthen
ca. ½ l Rotwein, vorzugsweise von der Rhône
Salz
1 geh. EL grüner Pfeffer
1 EL Cognac
¼ Becher Sahne

Alle Fleischsorten von Häuten befreien und würfeln. Den Speck und die gepellte Zwiebel würfeln. Backofen auf 200 °C vorheizen.

Das Fleisch in heißem Öl (am besten in einem gusseisernen Bräter mit Deckel) braten, bis alle Seiten gebräunt sind. Unter Rühren den Speck und die Zwiebelwürfel dazugeben und anbraten, bis sie glasig sind. Oliven und den Knoblauch (durch die Presse gedrückt oder als ganze Zehen, die man beim Essen notfalls an den Tellerrand legen kann), Thymian und Korinthen zum Fleisch geben und alles mit dem Rotwein ablöschen. Den Schmortopf zugedeckt in den vorgeheizten Backofen schieben.

Nach 30 Minuten probieren, ob das Fleisch gar ist. Wenn nicht, nochmals 10 Minuten oder kürzer oder länger im Ofen lassen. Wenn es fertig ist, aus dem Bräter nehmen und zur Seite stellen. Die Sauce nun auf dem Herd einkochen lassen, bis sie etwas gebunden ist, mit Salz, grünem Pfeffer und Cognac abschmecken, mit der Sahne verrühren. Das Fleisch wieder in die Sauce geben und 15 Minuten ziehen lassen. Die Sauce darf nicht mehr kochen, sonst wird das Fleisch zäh!

LAMM

Seite 279–290

Von dunklem Fleisch schmeckt mir – abgesehen von Wild – Lamm am besten. Es ist in der Regel auch nicht schwer, ein gutes Lammfleisch zu finden. Denn Lämmer ernähren sich meistens auf der Weide ohne Kraftfutter. Das allein garantiert allerdings noch nicht eine gute Qualität. Auch beim Lammfleisch empfiehlt es sich, beim Metzger seines Vertrauens einzukaufen. Fragen sie, ob das Fleisch abgehangen ist. Falls er dies nicht bestätigen kann, sollte man das Fleisch 24 Stunden in Olivenöl und etwas Rotwein im Kühlschrank marinieren. Bei den Rezepten bitte sehr sorgfältig auf die Garzeiten achten: Lammrücken und -kotelett sind sehr schnell gar, -keulen brauchen länger. Die genauen Zeiten sind davon abhänig, wie groß das Stück ist und ob es rosa bleiben oder lieber durchgegart sein soll.

LAMM IN FOLIE

Zutaten

4 doppelte, über zwei Rippen geschnittene Lammkoteletts
Salz, Pfeffer
8 Knoblauchzehen
1 TL getrocknete Minze
1 TL getrockneter Oregano
4 TL Zitronensaft
50 g Butter

Die Lammkoteletts kurz abspülen, trocknen und mit Salz und Pfeffer würzen. Den Backofen auf 220 °C vorheizen. Vier Stücke Alufolie in etwa 25 x 25 cm große Quadrate schneiden, jeweils ein Kotelett auf ein Folienstück legen. Die Knoblauchzehen pellen und längs vierteln, auf die Koteletts verteilen. Mit Minze, Oregano und Zitronensaft würzen, mit der Butter in Flöckchen belegen. Die Folie verschließen und die Päckchen auf ein Backblech legen. Im heißen Ofen etwa 50 Minuten garen.

Dazu passt gedünsteter Spinat, mit Zitronensaft und Olivenöl abgeschmeckt.

ZITRONENLAMM

Zutaten

500 g Lammschulter ohne Knochen
12 kleine Schalotten
1–2 Knoblauchzehen
1 Bund Minze
½ TL Kreuzkümmel (ganz)
Salz, Pfeffer
3 EL Pflanzenöl zum Braten
5 Lorbeerblätter
etwas körniges Brühepulver
1–2 Zitronen
½ Becher Crème fraîche

Von der Lammschulter größere Fettstücke und Häute entfernen, das Fleisch in 2 cm große Würfel schneiden.

Die Schalotten und Knoblauchzehen pellen. Die Minze waschen, trocknen und grob hacken. Das Fleisch mit Kreuzkümmel, Salz und Pfeffer würzen.

In einem Bräter das Öl erhitzen und die Fleischstücke scharf unter Wenden anbraten. Die unzerteilten Schalotten, die Lorbeerblätter und die Minze zugeben, den Knoblauch durch die Presse dazudrücken. Alles knapp mit Wasser bedecken und etwas Brühepulver dazustreuen. Den Deckel auflegen und das Fleisch insgesamt etwa 45 Minuten bei schwacher Hitze schmoren lassen.

Nach 30 Minuten die Zitronen mit einem scharfen Messer bis ins Fruchtfleisch schälen, sodass die hellen Häute vollständig entfernt werden. Die einzelnen Filets zwischen den Trennwänden mit dem Messer herauslösen und zum Fleisch geben. Den Saft aus den Häuten ebenfalls zum Fleisch ausdrücken. Das Lammfleisch am besten im Topf servieren, mit einem Klecks glattgerührter Crème fraîche garnieren.

LAMM-APRIKOSEN-SPIESSE

Zutaten ✸

600 g Lammschulter
1 Zwiebel
1 Knoblauchzehe
16–20 getrocknete Aprikosen (ungeschwefelt)
2 TL Pflanzenöl

1 TL Curry-Pulver
½ TL Kurkuma-Pulver
3 TL brauner Zucker
3 TL Aprikosen-Marmelade
250 ml weißer Balsamico-Essig
Cayennepfeffer
12 Scheiben durchwachsender Speck
2–3 EL Ingwer-Marmelade/Ginger-Preserve
1 EL Honig
Salz

Die Lammschulter von Fett und Häuten befreien und nicht zu dick in etwa aprikosengroße Stücke schneiden. Zwiebel und Knoblauch pellen und fein hacken. Die Aprikosen 12 bis 24 Stunden in Wasser legen.

Öl in der Pfanne erhitzen, Zwiebeln und Knoblauch darin anbraten und mit Curry und Kurkuma bestäuben. Zucker, Aprikosen-Marmelade und Balsamico-Essig einrühren und nach Gusto mit Cayennepfeffer würzen. 10 Minuten köcheln lassen. Die Marinade abkühlen lassen und die Lammstücke 12 bis 24 Stunden im Kühlschrank darin ziehen lassen, dabei ab und zu wenden. Die Aprikosen abtropfen lassen, je eine mit einer Scheibe Speck umhüllen und abwechselnd mit einem Stück Lamm mit etwas Abstand auf Spieße stecken.

Die Marinade mit der Ingwer-Marmelade und dem Honig im Topf aufköcheln lassen und mit Salz abschmecken. Die Grillpfanne erhitzen, mit etwas Öl ausstreichen und die Spieße unter Wenden vorsichtig – nicht zu heiß – garen.

Fleisch und Aprikosenpäckchen mit einer Gabel von den Spießen streifen und auf Tellern mit der Sauce servieren.

LAMMKOTELETTS MIT ORANGEN-THYMIAN-SAUCE

Zutaten ✱

4 große Lammkoteletts (vom Metzger so schneiden lassen, dass sie doppelt dick sind, aber jeweils nur eine Rippe in der Mitte haben)
1 Knoblauchzehe
4–5 EL Olivenöl
2 Schalotten
125 ml Rinderfond
125 ml Rotwein
1 Zweig Thymian
2–3 EL englische Orangenmarmelade
Salz, Pfeffer

Die Lammkoteletts kurz waschen und die Knochen blank schaben, das Fleisch gut trocknen. Die Knoblauchzehe pellen und halbieren, mit dem Fleisch und dem Öl in einen festen Gefrierbeutel geben und über Nacht im Kühlschrank marinieren.

Zur Zubereitung den Backofen auf 150 °C vorheizen. Die Schalotten pellen und sehr fein würfeln. Eine Pfanne trocken erhitzen und die marinierten Lammkoteletts auf beiden Seiten jeweils 2 Minuten anbraten. Aus der Pfanne in eine hitzefeste Schale heben, in den Ofen stellen und 10 bis 12 Minuten nachziehen lassen.

Die Schalotten in der Pfanne dünsten, bis sie glasig sind. Den Fond, den Rotwein und den Thymianzweig zugeben und aufkochen lassen. Die Orangenmarmelade einrühren und alles 5 Minuten köcheln lassen. Mit Salz und Pfeffer abschmecken.

Die Koteletts aus dem Backofen nehmen, leicht salzen und auf Tellern anrichten. Den Thymianzweig aus der Sauce entfernen, die Sauce über das Fleisch gießen und gleich servieren.

LAMMKOTELETTS MIT KRÄUTERSALAT

Zutaten ✱

Für die Lammkoteletts:
2 Knoblauchzehen
3 Zweige Thymian
3 Zweige Rosmarin
16 Lammkoteletts à 50 g
¼ l Öl
1 Frisée-Salat
1 Handvoll Kräuter nach Geschmack (z. B. Petersilie. Kerbel, Estragon etc.)
Öl zum Braten

Für die Vinaigrette:
3 EL Rotweinessig
3 EL Balsamico-Essig
5 EL Geflügelfond
1 TL Zucker
1 TL Senf
Salz, Pfeffer
5 EL Sonnenblumenöl

Die Knoblauchzehen in der Schale andrücken. Die Kräuterzweige waschen und trockentupfen. Knoblauch, 2 Thymian- und 2 Rosmarinzweige mit den Lammkoteletts und dem Öl in eine Schüssel geben und 2 Stunden, am besten über Nacht, marinieren lassen.

Den Frisée-Salat putzen, waschen, trockenschleudern, die grünen Blätter entfernen und die gelben Blätter in Stücke zupfen. Die frischen Kräuter waschen, trockentupfen, fein hacken und zum Frisée-Salat geben.

Für die Vinaigrette beide Essigsorten, Geflügelfond, Zucker, Senf, Salz und Pfeffer gut vermischen, Sonnenblumenöl einfließen lassen und aufschlagen.

Die Lammkoteletts aus der Marinade nehmen und abtupfen. Restlichen Thymian und Rosmarin fein hacken, die Lammkoteletts damit bestreuen, mit Salz und Pfeffer würzen und in einer Pfanne in Öl von beiden Seiten langsam rosa braten.

Kräutersalat mit der Vinaigrette mischen und die Lammkoteletts mit dem Kräutersalat auf Tellern anrichten und servieren.

LAMMKOTELETTS AUF GEMÜSE MIT MINZÖL

Zutaten

5–7 Tomaten
2 mittelgroße Auberginen
10 Knoblauchzehen
9 EL Olivenöl
Salz, Pfeffer
getrockneter Oregano
½ Bund Basilikum
2 Bund Minze
2–3 EL Rotweinessig
Zucker
4 große oder 8 kleine Lammkoteletts

Tomaten und Auberginen waschen, die Tomaten halbieren, den Stielansatz herausschneiden und die Auberginen quer in etwa 1 ½ cm dicke Scheiben teilen. Knoblauch in der Schale zerdrücken. Den Backofen auf 200 °C vorheizen.

Die Auberginenscheiben in der Pfanne in 2 EL Olivenöl von beiden Seiten leicht anbräunen, auf ein Backblech legen, Tomatenhälften und zerdrückten Knoblauch dazugeben, mit etwas Salz und Pfeffer sowie getrocknetem Oregano würzen. Das Basilikum waschen, trockentupfen und in Streifen schneiden. Darauf verteilen, mit etwas Olivenöl begießen.

Die Minzeblätter waschen, trockentupfen und mit dem Rotweinessig im Stabmixer pürieren, 6 EL Olivenöl dazugeben, mit Pfeffer, Salz und etwas Zucker abschmecken. Von diesem Minzöl etwas über das Gemüse auf dem Backblech träufeln und das Gemüse für etwa 30 Minuten im vorgeheizten Backofen backen.

Eine Pfanne mit wenig Olivenöl stark erhitzen, die Lammkoteletts von allen Seiten darin scharf anbraten, auf das Gemüse legen, salzen und pfeffern und je nach Wunsch, ob rosa oder durchgebraten, die letzten 10 bis 15 Minuten mit dem Gemüse garen. Das Lammfleisch 3 bis 5 Minuten ruhen lassen.

Das Gemüse auf Tellern anrichten, Lammkoteletts darauf legen und mit Minzöl beträufeln.

MARINIERTE LAMMKOTELETTS

Zutaten ✱

8 Lammkoteletts, doppelt dick – über zwei Rippen – geschnitten (beim Metzger vorbestellen)
2–3 Knoblauchzehen
5–6 EL Olivenöl
1 TL Herbes de Provence (Trockenkräutermischung)
1 Glas Rotwein
Salz, Pfeffer

Die Lammkoteletts mit Küchenkrepp abtrocknen. Knoblauchzehen pellen und grob zerteilen, aus Olivenöl, Knoblauch, Kräutern und Rotwein eine Marinade rühren und die Koteletts darin mindestens über Nacht in einer Schüssel, besser noch in einem entsprechend großen Gefrierbeutel ziehen lassen, dabei gelegentlich wenden.

Zum Braten die Lammkoteletts abtropfen lassen, mit Küchenkrepp abtupfen. Eine schwere, möglichst gusseiserne Pfanne erhitzen und die Koteletts ohne Zugabe von Öl ganz schnell auf beiden Seiten anbraten; dann, je nach gewünschtem Gargrad, in 6 bis 7 Minuten rosa braten oder noch 5 Minuten länger, dann sind sie durchgebraten, ganz nach Geschmack.

Nach dem Braten unbedingt noch 2 bis 3 Minuten ruhen lassen, erst dann salzen und pfeffern. Auf vorgewärmten Tellern servieren. Dazu gibt es bei mir Ratatouille.

LAMMSCHULTER MIT ZWIEBELN UND PAPRIKA GESCHMORT

Zutaten

1 entbeinte Lammschulter (etwa 600 g)
Salz, Pfeffer
getrockneter Thymian
3 mittelgroße Zwiebeln
1 gelbe Paprikaschote
1 rote Paprikaschote
4 EL Olivenöl
65 ml Weißwein
65 ml Brühe (Instant)

Die Lammschulter auf einem Brett ausbreiten und den Großteil des Fettes abschneiden. Salzen, pfeffern und mit etwas Thymian bestreuen. Mit Küchengarn zu einer Rolle binden.

Die Zwiebeln pellen und in grobe Würfel schneiden. Die Paprikaschoten waschen, halbieren, putzen und entkernen. Die Schoten ebenfalls in Würfel schneiden.

In einem Bräter das Olivenöl erhitzen. Die Lammschulter ringsum etwa 5 Minuten anbraten. Aus dem Bräter heben. Die Zwiebel- und die Paprikawürfel im verbliebenen Öl etwa 5 Minuten unter Rühren dünsten. Den Weißwein und die Brühe angießen, die Lammschulter auf das Gemüsebett setzen, den Deckel auflegen und etwa 1 Stunde bei schwacher Hitze schmoren lassen. Während der Garzeit zwei- bis dreimal das Fleisch wenden und bei Bedarf Wasser oder Brühe nachgießen.

Sollte am Ende der Schmorzeit zuviel Flüssigkeit im Topf sein, ohne Deckel etwas einkochen lassen. Das Gemüse soll zum Schluss zu einer sämigen Sauce zerkocht sein. Fleisch und Sauce mit Salz und Pfeffer würzen, vom Fleisch das Garn entfernen und die Schulter in 2 cm dicke Scheiben schneiden. Mit der Sauce überziehen und heiß servieren.

LAMMKEULE

Zutaten

1 Lammkeule, vom Metzger ausgelöst, ohne Knochen ca. 800 g
Salz, Pfeffer
½ TL Thymian
3–4 Knoblauchzehen
20 kleine Schalotten
5 EL Olivenöl
¼ l Fleischbrühe
1 EL Tomatenmark

Die Lammkeule mit einem Messer von Haut und gröberen Fett-Abschnitten befreien, auf einem Brett ausbreiten und mit Salz, Pfeffer und einer Prise Thymian würzen. 1 Knoblauchzehe schälen, in dünne Scheiben schneiden und auf dem Fleisch verteilen, dieses zusammenrollen und mit Küchengarn zusammenschnüren.

Auch außen salzen und pfeffern. Die Schalotten pellen, ganz lassen, die restlichen Knoblauchzehen pellen und grob hacken. Den Backofen auf 200 °C vorheizen. In einem gusseisernen Bräter auf dem Herd das Öl erhitzen, die Lammkeule von allen Seiten 5 bis 6 Minuten scharf anbraten. Jetzt die Schalotten und den Knoblauch dazu und noch 4 bis 5 Minuten braten. Mit der Fleischbrühe ablöschen, das Tomatenmark und den restlichen Thymian einrühren und den Bräter ohne Deckel in den heißen Ofen schieben.

Nach 30 Minuten einmal wenden. Nach 50 Minuten ist das Fleisch gar, aber noch rosa und schön saftig; je nach Geschmack länger braten, aber vor dem Aufschneiden unbedingt 10 Minuten im zugedeckten Bräter (natürlich nicht mehr im Backofen) ruhen lassen.

LAMMKEULE, GESPICKT MIT ANCHOVIS

Zutaten

1 Lammkeule (ca. 1,8 kg)
50 g Anchovis
2 Knoblauchzehen
1 Zitrone
1 Bund Rosmarin
50 g Butter
Pfeffer
½ l Weißwein

Den Backofen auf 220 °C vorheizen. Die Lammkeule säubern, Haut, Fett und Sehnen abschneiden. Anchovisfilets in drei Teile schneiden, Knoblauch grob hacken. Zitrone auspressen und den Saft auffangen. Mit einem spitzen Messer 12 kleine Taschen rundherum in die Keule einschneiden und mit je einem Stückchen Knoblauch, einem Stückchen Anchovis und einem kleinen Büschel Rosmarin spicken. Die restlichen Anchovis in einem kleinen Topf in der Butter schmelzen lassen.

Die gespickte Lammkeule in einen Bräter legen, die Hälfte der geschmolzenen Anchovisbutter über die Keule geben, dann wenden und die andere Seite mit dem Rest übergießen. Kräftig mit frisch gemahlenem Pfeffer würzen. Den Weißwein und den Zitronensaft angießen und die restlichen Rosmarinzweige dazulegen.

Den Bräter in den heißen Ofen geben. Nach 20 Minuten die Temperatur auf 180 °C reduzieren.

Die Keule ab und zu mit dem Wein-Saft-Sud begießen. Nach 75 Minuten sollte sie rosé gar sein. 10 Minuten in Alufolie verpackt ruhen lassen und mit der eingekochten Sauce servieren.

LAMMKEULE MIT GRÜNER SAUCE

Zutaten

1 Lammkeule mit Knochen
1–2 Bund Suppengrün (Lauch, Sellerie, Petersilie)
2 Zwiebeln
2 Karotten
2–3 Lorbeerblätter
2–3 Zweige Thymian
10 Pimentkörner
Salz, Pfeffer

Grüne Sauce:
2–3 Schalotten
1 EL Kapern
1 unbehandelte Zitrone
1 EL Dijon-Senf
½ Bund gehackte Petersilie
½ Bund gehackte Minze
5–6 EL Sonnenblumenöl
Salz, Pfeffer
1 Prise Zucker

Von der Lammkeule alles Fett und Häute entfernen. Suppengrün putzen, Zwiebeln schälen und alles grob zerteilen. Die Karotten schälen und in grobe Würfel schneiden. Lorbeerblätter, Thymian, Karotten, Zwiebeln, Pimentkörner und das Suppengrün in einen Bräter geben. Die Lammkeule darauf legen, mit Wasser bedecken und mit Salz und Pfeffer würzen. Mit Deckel einmal aufkochen lassen und bei kleiner Hitze rosa garen. Pro Kilogramm Fleisch rechnet man etwa 30 Minuten.

Für die Grüne Sauce Schalotten schälen und Kapern abspülen. Die Zitrone gut waschen, Zesten abziehen und ½ Zitrone auspressen. Schalotten, Kapern, Zitronenzesten, Senf, Petersilie und Minze in einem Mixer pürieren, dabei langsam das Sonnenblumenöl zugießen. Die Sauce in eine Schüssel geben und mit Zitronensaft, Salz, Pfeffer und Zucker abschmecken und kühl stellen.

Die Keule aus dem Sud nehmen, in Alufolie wickeln und 20 Minuten ruhen lassen. In Scheiben schneiden und mit der Grünen Sauce anrichten.

GEFÜLLTE LAMMKEULE

Zutaten

3 Scheiben Toastbrot
2 EL Butter
8 EL Öl
2 Zwiebeln
3 Knoblauchzehen
3 Zweige Thymian
2 Zweige Rosmarin
1 Bund glatte Petersilie
100 g Ziegenkäse
1 TL grober Senf
Salz, Pfeffer
1,2 kg Lammkeule, küchenfertig, ohne Knochen
1 kleine Karotte
2 Stangen Staudensellerie

Den Backofen auf 150 °C vorheizen. Für die Füllung das Toastbrot entrinden und in Würfel schneiden, in einer Pfanne mit der Butter und 3 EL Öl zu Croutons braten. Herausnehmen und auf Küchenkrepp abtropfen lassen.

1 Zwiebel und 1 Knoblauchzehe schälen, in sehr feine Würfel schneiden und in 2 EL Öl glasig andünsten. 1 Thymianzweig, 1 Rosmarinzweig und die Petersilie waschen, trockentupfen und sehr

fein hacken. Den Ziegenkäse ebenfalls in Würfel schneiden. Zwiebel, Knoblauch, Kräuter, Croûtons und Ziegenkäse mit Senf mischen und mit Salz und Pfeffer abschmecken.

Die Lammkeule damit füllen, mit Zahnstochern verschließen und das Fleisch mit Salz und Pfeffer würzen. Restliche Zwiebel, Karotte und Sellerie schälen oder putzen und waschen und in große Stücke teilen. Restlichen Knoblauch in der Schale andrücken. Die restlichen Kräuterzweige waschen und trockentupfen. Das Fleisch in einem Bräter mit 3 EL Öl vorsichtig anbraten. Gemüse, Thymian- und Rosmarinzweige hineinlegen und die Lammkeule im Backofen 45 bis 50 Minuten rosa braten.

Das Fleisch herausnehmen und 5 Minuten ziehen lassen, den Bratensatz mit etwas Wasser ablöschen, kurz aufkochen, durch ein Sieb streichen und mit Salz, Pfeffer abschmecken. Die gefüllte Lammkeule aufschneiden und mit der Sauce servieren.

IN ROTWEIN GESCHMORTE LAMMHAXEN

Zutaten

4 Lammhaxen (1,2 kg)
Salz
Pfeffer
8 Schalotten
2 mittelgroße Karotten
3 Stangen Staudensellerie
500 g mehlig kochende Kartoffeln
2 EL Pflanzenöl
2 EL Butter
1 EL Tomatenmark
½ l trockener Rotwein
1 Bouquet garni, aus 2 Zweigen Rosmarin, 4 Zweigen Thymian, 8 Stängeln Petersilie und 1 Lauchblatt
3 Knoblauchzehen
2 Lorbeerblätter
2 EL Olivenöl

Den Backofen auf 180 °C vorheizen. Die Lammhaxen falls nötig von Fett und Häuten befreien und mit Salz und Pfeffer gut einreiben. Die Schalotten schälen und in Spalten schneiden. Karotten und Sellerie schälen, waschen und in 3 cm lange Stifte schneiden. Die Kartoffeln schälen, waschen und in Spalten schneiden. Die Lammhaxen in einem Bräter mit 2 EL Öl und 2 EL Butter von allen Seiten etwa 8 bis 10 Minuten scharf anbraten. Die Schalotten dazugeben und anbraten. Das Tomatenmark einrühren und anrösten. Mit etwa 100 ml Rotwein ablöschen und vollständig einkochen lassen, diesen Vorgang zweimal wiederholen. Zugedeckt im Backofen etwa 2 Stunden weich schmoren. Restlichen Rotwein und 100 ml Wasser nach und nach dazugießen.

Für das Bouquet garni die Zutaten waschen, trockentupfen und zu einem Kräutersträußchen binden. Den Knoblauch in der Schale andrücken. Karotten, Sellerie, Knoblauch, Lorbeerblätter und das Kräutersträußchen nach etwa 45 Minuten zum Fleisch geben. Nach 1 ½ Stunden die Kartoffeln dazugeben.

Die fertigen Lammhaxen aus dem Backofen und der Sauce nehmen. Kräutersträußchen und Lorbeerblätter aus der Sauce entfernen. Die Sauce je nach Konsistenz noch etwas einkochen lassen. Zum Schluss 2 El Olivenöl einrühren und die Lammhaxen mit der Sauce servieren.

TIPP: Anstelle des Staudenselleries kann man auch 1 Knolle Fenchel in Streifen schneiden und mitschmoren.

LAMMRAGOUT MIT ZWEIERLEI BOHNEN

Zutaten

1 kg Lammgulasch, am besten aus der Schulter
1 TL Mehl
Salz, Pfeffer
4 mittelgroße Zwiebeln
2 Knoblauchzehen
2 mittelgroße Karotten
1 Bouquet garni, aus 4 Zweigen Thymian, 1 Zweig Rosmarin, 8 Stängeln Petersilie und 1 Lauchblatt
100 g Tomaten
2 EL Olivenöl
2 EL Butter
1 TL Tomatenmark
2 Lorbeerblätter
3 Nelken
200 g frische Feuerbohnen
5 Stängel Bohnenkraut
200 g Stangenbohnen
1 kleines Stück geräucherter Bauchspeck
Salz
Pfeffer

Den Backofen auf 160 °C vorheizen. Das Lammgulasch mit Mehl bestäuben und mit Salz und Pfeffer einreiben. 3 Zwiebeln und den Knoblauch schälen und in Würfel schneiden. Die Karotten schälen und in Würfel schneiden. Für das Bouquet garni die Zutaten waschen, trockentupfen und zu einem Kräutersträußchen binden. Die Tomaten waschen, vierteln und den Strunk entfernen.

Das Lammgulasch in einem Bräter mit 2 EL Olivenöl von allen Seiten gleichmäßig anbraten, herausnehmen und beiseite stellen. In dem gleichen Bräter 1 EL Butter schmelzen lassen. Zwiebeln und Knoblauch darin glasig dünsten. Das Tomatenmark einrühren und anrösten. Die Tomaten dazugeben und mit 200 ml Wasser ablöschen. Das Lammfleisch zurück in den Bräter geben und zugedeckt im Backofen etwa 1 ½ Stunden schmoren. Weitere 200 ml Wasser nach und nach dazugießen.

In der Zwischenzeit die Feuerbohnen aus der Schale brechen und in reichlich Wasser (ohne Salz) mit 2 Stängeln Bohnenkraut etwa 30 Minuten weich kochen. Herausnehmen, etwas auskühlen lassen und die Haut abziehen.

Die Stangenbohnen putzen, waschen und in 3 cm lange Stücke schneiden. In Salzwasser mit 3 Zweigen Bohnenkraut etwa 5 bis 8 Minuten blanchieren, herausnehmen und eiskalt abschrecken.

Das fertig gegarte Lammfleisch aus dem Bräter nehmen. Die Sauce durch ein Sieb streichen. Das Fleisch wieder in die Sauce zurückgeben und mit Salz und Pfeffer würzen. Den Bauchspeck in Würfel schneiden. Die restliche Zwiebel schälen und in Würfel schneiden. Zwiebel und Speck in einer Pfanne mit 1 EL Butter anbraten. Beide Bohnensorten dazugeben, kurz durchschwenken, mit Salz, und Pfeffer abschmecken und mit dem Lammragout mischen, kurz aufkochen lassen und servieren.

LAMMRÜCKEN

Zutaten

1 kg Lammrücken
Herbes de Provence (Trockenkräutermischung)
Salz
Pfeffer
5 Knoblauchzehen
50 g Butter

Den Lammrücken enthäuten, die auf der Unterseite liegenden kleinen Filets herausschneiden und beiseite legen. Den Backofen auf 200 °C vorheizen. Den Lammrücken mit den Kräutern, Salz und Pfeffer einreiben. Dann vorsichtig an 5 Stellen einstechen und die geschälten Knoblauchzehen hineinstecken.

In einen Bräter oder auf ein Backblech mit Rand legen, eine halbe Tasse Wasser zugießen und die Butter in Flocken auf dem Lammrücken verteilen.

In den heißen Backofen schieben und etwa 30 Minuten braten. Nach 15 Minuten die Filets dazulegen. Die Länge der Garzeit hängt davon ab, ob man das Fleisch rosa oder durch essen will. Ich finde, dass Lamm rosa am besten schmeckt. Wenn Sie es eher durchgebraten mögen, lassen Sie es noch 10 Minuten länger im Ofen (die Filets aber erst 15 Minuten vor Garzeitende zugeben).

SPINAT-LAMM-CURRY

Zutaten

500 g frischer oder tiefgekühlter Spinat
500 g Lammfleisch, Hüfte oder Schulter
2 mittelgroße Zwiebeln
2 Knoblauchzehen
1 walnussgroßes Stück Ingwer
4 EL Sonnenblumenöl
2 TL Korianderpulver
1 TL gemahlener Kreuzkümmel
½ TL Kurkuma
¼ TL Chilipulver
¼ TL Currypulver (Garam Marsala)
8 EL Joghurt, 10 %
100 ml Gemüsebrühe
Salz, Pfeffer

Tiefgekühlten Spinat auftauen lassen bzw. den frischen Spinat putzen, mehrmals gründlich waschen und grob hacken. Das Lammfleisch in 2 cm große Würfel schneiden. Zwiebeln, Knoblauch sowie Ingwer schälen und alles fein hacken.

In einem großen Topf das Öl erhitzen und die Fleischwürfel von allen Seiten kräftig anbraten. Zwiebeln, Ingwer und Knoblauch dazugeben und unter Rühren ebenfalls ca. 6 Minuten anbraten. Die Gewürze sowie 7 EL Joghurt untermischen und unter gelegentlichem Umrühren weitere 5 Minuten köcheln lassen. Spinat und Gemüsebrühe dazugeben und je nach Fleisch (Lamm-Schulter braucht etwas länger) ca. 50 bis 60 Minuten garen. Mit Salz und Pfeffer abschmecken und vor dem Servieren den restlichen Joghurt unterrühren.

TIPP: Statt Lammfleisch kann man für dieses Rezept auch Hähnchenbrust verwenden. Dann verringert sich die Garzeit etwa um 20 bis 30 Minuten.

MAROKKANISCHER LAMMTOPF

Zutaten

1,5 kg Lammschulter oder Lammkeule
1 Zwiebel
2 Knoblauchzehen
12 frische Datteln
10 getrocknete Feigen
½ TL Cayennepfeffer
2 TL Ingwerpulver
2 TL Korianderpulver
2 TL Anispulver
1 TL Pfeffer
½ TL Salz
1 EL Mehl
4–5 EL Olivenöl
500 ml Rinderbrühe
250 ml Rotwein
1 Zimtstange
20 entsteinte grüne Oliven
gehackte Petersilie oder Koriander

Das Fleisch von Häuten und Fett befreien und in 3 cm große Würfel schneiden. Zwiebel und Knoblauch schälen und fein würfeln. Die Datteln halbieren und den Kern entfernen. Die Feigen ja nach Größe halbieren oder vierteln. Alle Gewürze mit dem Mehl vermischen. Die Gewürzmischung mit den Händen gründlich in die Fleischwürfel einmassieren. In einem Bräter das Olivenöl erhitzen und die Lammwürfel bei mittlerer Hitze unter Rühren anbraten, die Zwiebelwürfel hinzufügen und glasig anschwitzen, dann den Knoblauch zugeben. Brühe und Wein angießen und die Zimtstange dazugeben. Bei kleiner Hitze mit Deckel etwa 1 Stunde garen, bis das Fleisch zart ist. Datteln, Feigen und Oliven untermischen, bei Bedarf noch etwas Wein oder Brühe angießen und weitere 15 bis 20 Minuten ohne Deckel köcheln. Wenn nötig mit Salz abschmecken, auf Tellern anrichten und nach Geschmack mit Petersilie oder Koriander bestreuen.

LAMM-MEDAILLONS MIT ROSINENSAUCE

Zutaten

75 g Rosinen
350 ml Rotwein
2 Schalotten
2 Knoblauchzehen
8 Zweige Thymian
2 Zweige Rosmarin
8 küchenfertig gehäutete Lamm-Medaillons à 80 g, aus dem Rücken
Pfeffer
8 Scheiben geräucherter Speck
4–5 EL Olivenöl
1 TL Tomatenmark
200 ml Lammfond
Salz

Den Backofen auf 160 °C vorheizen. Die Rosinen 15 Minuten in 100 ml Rotwein einweichen. Schalotten schälen und fein würfeln. Knoblauch in der Schale andrücken. Thymian und Rosmarin waschen, trockentupfen, Blättchen und Nadeln abzupfen und fein hacken. Das Fleisch pfeffern, in Thymian wenden und jedes Medaillon mit einer Scheibe Speck umwickeln. 3 EL Olivenöl in einer Pfanne erhitzen und das Fleisch scharf anbraten. Knoblauch und Rosmarin dazugeben, Medaillons wenden und weitere 2 Minuten braten.

Ein Backblech mit 2 EL Olivenöl einfetten, das Fleisch aus der Pfanne darauf legen und 10 bis 12 Minuten im Backofen garen. Die Schalotten in der Pfanne anbraten, Tomatenmark dazugeben und unter Rühren etwas anrösten. Die Rosinen abgießen, Rotwein dabei auffangen. Mit restlichem Rotwein und Lammfond ablöschen und 10 Minuten einkochen lassen. Die Rosinen grob hacken, in die Sauce geben und mit Salz und Pfeffer abschmecken. Das Fleisch aus dem Backofen nehmen, kurz ruhen lassen und mit der Sauce überziehen.

LAMM MIT HONIG

Zutaten

1 Lammkeule, ca. 1,5 bis 1,75 kg
1 große Zwiebel
2 Knoblauchzehen
3 grüne Paprikaschoten
1 unbehandelte Zitrone
5 EL Olivenöl
1 EL Paprikapulver
½ TL Safran
1 Prise Zimtpulver
Salz, Pfeffer
3 EL Cognac
100 ml Weißwein
3–4 EL Balsamico-Essig
85 g Honig

Die Lammkeule sorgfältig von Fett und Häuten befreien und in große Stücke zerteilen. Zwiebel schälen und in dünne Scheiben schneiden. Den Knoblauch ebenfalls schälen und fein hacken. Paprikaschoten waschen, vierteln, entkernen und in kleine Würfel schneiden. Die Zitrone gründlich mit heißem Wasser abwaschen, 1 Scheibe abschneiden und den Rest mitsamt der Schale klein schneiden.

In einem Bräter das Öl erhitzen, das Fleisch dazugeben und rundum scharf anbraten. Zwiebeln und Knoblauch hinzufügen und kurz andünsten. Die Paprikawürfel ebenfalls kurz mitbraten. Die Gewürze zugeben und alles einige Minuten schmoren lassen. Dann die klein geschnittene Zitrone unterrühren, den Cognac und den Wein angießen und alles zugedeckt ca. 1 Stunde schmoren lassen, bis das Fleisch ganz zart ist. Den Essig und den Honig unterrühren und weitere 10 Minuten ohne Deckel garen. Mit Salz und Pfeffer abschmecken und auf Tellern anrichten.

LAMMKOTELETTS MIT QUITTENGELEE-GLASUR

Zutaten

1 TL gehackter Knoblauch
1 EL Butter
125 ml fertiger Quittengelee
1 EL frisch gehackter Rosmarin oder 1 TL getrockneter Rosmarin
¼ TL Pfeffer
1 TL Salz, nach Geschmack
8 Lammkoteletts, ca. 2 ½ bis 3 cm dick

Den Backofengrill vorheizen.

Für die Quittengelee-Glasur in einem kleinen Topf den Knoblauch in der Butter bei mittlerer Hitze anschwitzen. Quittengelee, Rosmarin und Pfeffer dazugeben und alles gut miteinander verrühren. Unter Rühren so lange kochen, bis sich Gelee ganz aufgelöst hat. Vom Herd nehmen und beiseite stellen.

Die Lammkoteletts in eine feuerfeste Pfanne geben und großzügig die Hälfte der Glasur auf der einen Seite der Koteletts verteilen und diese dann für etwa 6 Minuten, unter den Grill geben.

Anschließend umdrehen und die restliche Glasur auf der anderen Seite der Koteletts verteilen. Noch einmal ca. 4 bis 5 Min. unter den Grill geben.

LAMMKEULE À LA ROSANA

Zutaten

1,5 kg Lammkeule (Hammelkeule)
5 Knoblauchzehen
Salz, Pfeffer
1 TL Herbes de Provence (Trockenkräutermischung)
10 Wacholderbeeren
5 EL Olivenöl
25 g Butter
4 cl Rotwein
2 EL Cognac
2 EL Tomatenmark
1 Brühwürfel

Den Backofen auf 250 °C vorheizen. Die Keule häuten und vom Fett befreien. Die Knoblauchzehen mit Salz zerdrücken. Das Fleisch mit Pfeffer, Herbes des Provence, dem Knoblauchsalz und zerdrückten Wacholderbeeren einreiben.

In einem Bräter Öl und Butter erhitzen und das Fleisch kurz, aber scharf auf allen Seiten anbraten. Den offenen Bräter in den heißen Backofen schieben, die Keule öfter begießen und nach etwa 30 Minuten die Ofentemperatur auf 180 °C herunterschalten. Als Gesamtgarzeit rechnet man 30 Minuten pro Kilo. Den Rotwein, Cognac, das Tomatenmark und den Brühwürfel verrühren und mit dieser Mischung die Keule 20 Minuten vor Ende der Garzeit einstreichen, das ergibt eine knusprige Kruste.

Vor dem Aufschneiden das Fleisch unbedingt noch 10 Minuten ruhen lassen, damit sich der Fleischsaft wieder gleichmäßig verteilen kann.

WILD

Seite 291–306

Man kann darüber verschiedener Meinung sein, ob das Kaninchen zum Wild gehört. Es ist sozusagen der domestizierte Hase: zahmes Wild. Das Kaninchenfleisch ist heller und schmeckt milder als das Hasenfleisch. Aber es ist wohl kein Zufall, dass es Rezepte gibt, die wahlweise für Hase oder Kaninchen gedacht sind. Die Verwandtschaft ist nicht zu leugnen. Von den Wildgerichten sind mir diejenigen am liebsten, die großzügig mit Wacholderbeeren gewürzt werden. Wild und Wacholder sind eine geniale Kombination. Dass die Sauce dann auch noch mit Gin gelöscht wird, ist mehr als konsequent. Zwar wird Gin aus Getreide destilliert, aber ab dem zweiten Durchgang kommt er mit Wacholderbeeren in Kontakt. Meine Lieblingsrezepte sind der Hasenrücken, das Hirschschnitzel mit Wacholderbeeren und der Rehrücken weihnachtlich, den es jedes Jahr am Heiligen Abend gibt. Leider ist es nicht immer leicht, an gutes Wildfleisch zu kommen. Notfalls ist auf tiefgefrorenes zurückgreifen, da sich dunkles Fleisch gut zum Einfrieren eignet. Aber nichts geht über frisches, gut abgehangenes Wildfleisch.

TOSCANA-KANINCHEN

Zutaten

1 Kaninchen, 1 kg
Salz
Pfeffer
2 grüne Paprikaschoten
5 Sardellenfilets
2–3 Knoblauchzehen
40 g durchwachsener Räucherspeck (z. B. Südtiroler)
4 EL Olivenöl
4 EL Weißweinessig
1 Zweig Rosmarin (oder 1 TL getrockneter)
¼ l Kalbsfond (aus dem Glas) oder Weißwein

Das Kaninchen in 8 bis 10 Teile zerlegen, waschen und mit Küchenkrepp gut trocknen. Die Stücke rundum mit Salz und Pfeffer würzen.

Die Paprikaschoten waschen, halbieren, Kerne und Trennhäute entfernen, das Fruchtfleisch in zentimeterbreite Streifen schneiden. Die Sardellenfilets mit Küchenkrepp trocknen und fein hacken.

Die Knoblauchzehen schälen und mit einer Messerklinge zerdrücken. Den Speck sehr klein würfeln und in einer großen, flachen Schmorpfanne in etwa 1 EL Olivenöl ausbraten, die Grieben herausheben und zur Seite stellen. Im Bratöl die Paprikastreifen schmoren, Knoblauch dazugeben, den Weißweinessig angießen und etwas einkochen. Die gehackten Sardellen einrühren, kurz aufkochen. Alles aus der Pfanne in ein Schüsselchen heben.

Das restliche Olivenöl in den Bräter geben und die Kaninchenteile rundum kräftig anbraten. Gehackten Rosmarin und den Fond zugeben und 45 Minuten sachte schmoren lassen.

Danach die Paprika-Sardellenmischung zum Fleisch geben und noch 15 Minuten schmoren lassen. Die Sauce sparsam mit Salz und Pfeffer abschmecken. Zuletzt die Speckwürfel aufstreuen und servieren.

KANINCHEN IN ESTRAGONSAUCE

Zutaten

4 Kaninchenkeulen à 200 g
2–3 mittelgroße Zwiebeln
1–2 Zweige Estragon (notfalls getrockneter)
50 g Butter
1 EL Pflanzenöl zum Braten
Salz
⅜ l Weißwein
¼ Becher Sahne
Pfeffer
Cayennepfeffer
nach Belieben etwas Cognac

Die Kaninchenkeulen waschen und mit Küchenkrepp gut trocknen. Die Zwiebeln pellen und fein würfeln. Frischen Estragon waschen, trocknen und etwa 2 bis 3 EL Blätter abzupfen.

In einem Bräter die Butter mit dem Öl erhitzen. Die Zwiebelwürfel darin glasig dünsten. Die Kaninchenkeulen salzen, die Zwiebelwürfel etwas zur Seite schieben und die Kaninchenkeulen im Bräter rundum anbraten.

Den Wein angießen und die Hälfte der Estragonblätter dazugeben. Den Deckel auflegen und bei schwacher Hitze etwa 45 Minuten schmoren lassen.

Die Keulen aus dem Bräter heben, die Sahne und den restlichen Estragon zur Bratensauce geben und kurz aufkochen lassen. Mit Salz, Pfeffer und Cayennepfeffer abschmecken. Nach Belieben noch kurz vorm Servieren einen guten Schuss Cognac dazugießen.

KANINCHEN IN SENFSAUCE

Zutaten

4 Kaninchenkeulen à 200 g
2 mittelgroße Zwiebeln
4 EL Sonnenblumenöl
Salz
Pfeffer
200 ml Weißwein
2–3 Zweige Thymian
1 Becher Crème fraîche
2–3 TL Dijon-Senf

Die Kaninchenkeulen waschen und mit Küchenkrepp trocknen. Die Zwiebeln pellen und fein würfeln.

In einem Bräter das Öl erhitzen. Die Keulen salzen und pfeffern, rundum im heißen Öl scharf anbraten. Die Hitze reduzieren, die Zwiebelwürfel zugeben und unter Rühren glasig dünsten.

Den Wein angießen, die gewaschenen Thymianzweige einlegen. Zugedeckt bei schwacher Hitze etwa 1 Stunde schmoren lassen, bis die Keulen gar sind – das Fleisch sollte sich sehr leicht vom Knochen lösen lassen. Zwischendurch nachschauen, ob etwas Flüssigkeit (Wasser und Wein) nachgegossen werden muss.

Wenn das Fleisch ganz weich ist, die Crème fraîche einrühren und bei mittlerer Hitze offen etwas einkochen lassen. Den Senf in die Sauce rühren, mit Salz und Pfeffer abschmecken.

KANINCHEN MIT OLIVEN UND ORANGEN

Zutaten

4 Kaninchenkeulen à 200 g
30 g Butter
1 EL Pflanzenöl zum Braten
Salz
Pfeffer
getrockneter Majoran
200 ml Fleischbrühe (Instant)
25 g grüne Oliven
2–4 Orangen
1 Becher saure Sahne
1 Becher Crème fraîche

Die Kaninchenkeulen waschen und gut trocknen. In einem Bräter die Butter mit dem Öl erhitzen. Die Kaninchenkeulen mit Salz, Pfeffer und Majoran würzen und anbraten, bis sie rundum leicht gebräunt sind. Die Brühe aufgießen, den Deckel auflegen und die Kaninchenkeulen bei schwacher Hitze 40 bis 50 Minuten schmoren lassen. Ab und zu mit dem Schmorfond übergießen.

Die Oliven in Scheiben schneiden. Die Orangen mit dem Messer so schälen, dass auch die weiße Haut vollständig entfernt wird. Die Orangen in Scheiben schneiden und mit den Olivenscheiben zum Fleisch geben, noch 5 Minuten schmoren lassen. Die Kaninchenkeulen herausheben, die saure Sahne und die Crème fraîche zugeben und unter Rühren einmal kräftig aufkochen lassen. Die Sauce abschmecken, die Kaninchenkeulen wieder einlegen und unter Wenden heiß werden lassen.

KANINCHEN MIT TOMATEN

Zutaten

2 mittelgroße Zwiebeln
1 mittelgroße Karotte
2 Stangen Staudensellerie
2 EL Butter
Salz
Pfeffer
4 Kaninchenkeulen à 200 g
2 EL Mehl

2 EL Öl
1 kleine Dose stückige Tomaten (440 g)
150 ml Geflügelfond
1 Bouquet garni, aus 4 Zweigen Thymian,
8 Stängeln Petersilie und 1 Lauchblatt
1 Lorbeerblatt
2 Knoblauchzehen
abgeriebene Schale von 1 unbehandelten Zitrone
1 Bund glatte Petersilie
1 Zweig Thymian
1 kleiner Zweig Rosmarin

Den Backofen auf 180 °C vorheizen. Zwiebeln und Karotte schälen, Sellerie putzen und waschen und alles in feine Würfel schneiden. Die Zwiebeln in einem Bräter mit der Butter glasig dünsten, Karotte und Sellerie dazugeben, mit Salz und Pfeffer würzen und beiseite stellen.

Jede Kaninchenkeule in drei Teile teilen. Mit einem scharfen Messer das Gelenk durchtrennen und das größere Stück einmal halbieren, dabei nicht den Knochen durchschneiden, da er sonst splittert. Die Kaninchenstücke mit Salz und Pfeffer würzen, in Mehl wenden und im heißen Öl von allen Seiten anbraten.

Kaninchenteile zum Gemüse geben, Dosentomaten und Geflügelfond dazugießen. Für das Bouquet garni die Zutaten waschen, trockentupfen und zu einem Kräutersträußchen binden. Mit dem Lorbeerblatt zum Kaninchenfleisch geben. Im Ofen 45 Minuten garen. Kräutersträußchen und Lorbeerblatt entfernen. Knoblauch schälen und mit der Zitronenschale fein hacken. Kräuter waschen, trockentupfen und ebenfalls fein hacken. Kaninchenfleisch mit Knoblauch, Zitronenschale und Kräutern bestreuen und servieren.

KANINCHEN PROVENZALISCH

Zutaten

1–2 Kaninchenrücken (je nach Größe; vom Händler die Rückenfilets auslösen lassen)
3–4 Fleischtomaten
100 g schwarze Oliven
2–3 Knoblauchzehen
25 kleine Zwiebeln oder Schalotten
4–5 EL Olivenöl
Salz, Pfeffer
¼ l Rotwein der Sorte, die später zum Essen getrunken wird
1 Glas Kalbsfond (400 ml)
1 EL Tomatenmark
¼ TL Thymian
1 Lorbeerblatt
100 g Crème fraîche

Das Kaninchenrückenfleisch mit Küchenkrepp abreiben und in 2 bis 3 cm dicke Scheiben schneiden. Die Fleischtomaten in kochendem Wasser kurz überbrühen, häuten, halbieren und die Kerne ausdrücken, das Fruchtfleisch würfeln. Die Oliven entsteinen und vierteln, die Knoblauchzehen pellen und fein hacken.

Die Zwiebeln oder Schalotten pellen, aber ganz lassen. In einem möglichst gusseisernen Bräter das Olivenöl stark erhitzen, die Kaninchenstücke darin scharf anbraten, herausnehmen, pfeffern und salzen.

Die Zwiebeln in den Bräter geben und andünsten, nach 4 bis 5 Minuten den Knoblauch dazustreuen und nach weiteren 3 Minuten die Tomatenwürfel. Mit Wein und Fond ablöschen und das Tomatenmark einrühren, Thymian, Lorbeerblatt und die Oliven dazugeben.

Alles aufkochen lassen und, ohne Deckel, etwa 30 Minuten köcheln lassen, dann das Kaninchenfleisch dazumischen und weitere 20 Minuten leise simmern lassen.

Jetzt die Crème fraîche unterrühren und nochmals etwa 15 Minuten köcheln, dann mit Salz und Pfeffer abschmecken.

KANINCHENRAGOUT

Zutaten

1 kg Kaninchenrücken
1 große Zwiebel
1 große Karotte
2 Stangen Staudensellerie
75 g Frühstücksspeck (Bacon)
5 EL Olivenöl
2 EL Tomatenmark
⅛ l Weißwein
¾ l Geflügelfond
1 EL frisch gehackter Salbei
1 Zimtstange
Salz, Pfeffer

Vom Kaninchenrücken das Fleisch auslösen und in gleich große Würfel schneiden. Die Knochen grob hacken, nicht wegwerfen. Zwiebel, Karotte und Sellerie schälen oder waschen und in kleine Würfel schneiden. Den Frühstücksspeck ebenfalls in feine Würfel schneiden. Die Gemüsewürfel in einem Bräter mit 5 EL Olivenöl etwa 5 Minuten glasig andünsten. Den Speck dazugeben und weitere 5 Minuten braten. Alles herausnehmen und beiseite stellen.

Fleisch und Knochen in den Bräter geben. Von allen Seiten 5 Minuten kräftig anbraten, dabei gelegentlich umrühren. Tomatenmark einrühren, anrösten lassen, mit Weißwein ablöschen. Gemüse und Speck zurück in den Bräter geben und Geflügelfond dazugießen. Salbei und Zimtstange dazugeben, mit Salz und Pfeffer würzen und aufkochen lassen. Bei geringer Hitze etwa 30 Minuten köcheln lassen. Eventuell noch etwas Fond dazugießen. Knochen entfernen, das Fleisch mit Salz und Pfeffer würzen und servieren.

KANINCHENLEBER MIT WEISSKRAUT

Zutaten für 2 Personen ✱

1 kleiner Weißkohl (etwa 500 g), im Sommer am besten »junges« Weißkraut
2–3 EL Sherryessig
3 EL Traubenkernöl
Salz, Pfeffer
eine Prise Zucker
1–2 Frühlingszwiebeln (Lauchzwiebeln)
250 g frische Kaninchenlebern
1–2 EL Pflanzenöl zum Braten
30 g Butter
etwas Mehl

Vom Weißkraut die äußeren Blätter entfernen, den Kohl vierteln, waschen und den harten Strunk ausschneiden. Die Kohlviertel in etwa 1 mm feine Streifen hobeln.

Aus dem Sherryessig, dem Traubenkernöl, Salz, Pfeffer und einer Prise Zucker eine Vinaigrette rühren. Unter das Kraut mischen und 5 bis 6 Stunden marinieren, dabei öfter durchmischen.

Kurz vorm Servieren die Frühlingszwiebeln waschen und putzen. Den weißen und hellgrünen Teil in dünne Scheiben schneiden und unter das marinierte Weißkraut mischen.

Die Kaninchenlebern putzen und mit Küchenkrepp trocknen. In einer Pfanne das Öl zum Braten erhitzen, die Butter zugeben und aufschäumen lassen. Die Lebern leicht mehlen und schnell in der Pfanne braten, so dass sie außen braun, innen aber gerade noch leicht rosa sind. Jetzt erst salzen und pfeffern. Die Lebern heiß auf mariniertem Weißkraut anrichten und gleich servieren.

BALSAMICO-HONIG-KANINCHEN

Zutaten ✸

Marinade:
1 Zwiebel
2 Knoblauchzehen
3 Zweige Thymian
½ Bund glatte Petersilie
3 Lorbeerblätter
1 TL Pfefferkörner
400 ml Weißwein, z. B. Chardonnay
Salz

4 Kaninchenkeulen
2 Stangen Sellerie
2 Karotten
1 Zwiebel
½ Bund gehackte Petersilie
Salz
Pfeffer
etwas Mehl zum Bestäuben
6 EL Olivenöl
1–2 EL Kapern
2 EL gehackte schwarze Oliven
2 EL Rosinen
2 EL Pinienkerne
4 EL weißer Balsamico-Essig
2 EL Honig

Zwiebel schälen und in Ringe schneiden. Knoblauch schälen und halbieren. Thymian und Petersilie waschen und grob hacken. Alles zusammen mit Lorbeerblättern, Pfefferkörnern und Weißwein aufkochen lassen. Mit Salz abschmecken und lauwarm abkühlen lassen.

Die Kaninchenkeulen waschen, trockentupfen und halbieren. Zusammen mit der Marinade in eine Schüssel geben und über Nacht darin ziehen lassen. Sellerie und Karotten putzen, schälen und in Scheiben schneiden. Die Zwiebel schälen und fein hacken. Die Kaninchenkeulen aus der Marinade nehmen. Die Marinade durchsieben und zur Seite stellen. Das Fleisch trockentupfen, mit Salz und Pfeffer würzen und leicht in Mehl wenden. Öl in einem Bräter erhitzen und das Fleisch von allen Seiten braun anbraten. Dann aus dem Bräter heben und Zwiebel, Sellerie und Karotten darin dünsten. Kapern, Oliven, Rosinen und Pinienkerne zugeben und das Fleisch wieder in den Bräter legen. Von der Marinade ¼ l zugießen. Mit Deckel bei kleiner Flamme ca. 30 Minuten schmoren, dann Essig und Honig einrühren und weitere 20 Minuten schmoren. Mit der Petersilie bestreuen.

MARINIERTES KANINCHEN MIT SALBEI

Zutaten ✸

1 rote Zwiebel
7 Knoblauchzehen
100 ml Weißwein
300 ml Wasser
3 Lorbeerblätter
4 Wacholderbeeren
20 bunte Pfefferkörner
Salz
4 Kaninchenkeulen
20 Salbeiblätter
Pfeffer
250 ml Olivenöl
1 Zitrone

Zwiebel und Knoblauch schälen, die Zwiebel vierteln. Den Wein zusammen mit Wasser, 2 der Knoblauchzehen, Zwiebeln, Lorbeer, Wacholderbeeren, Pfefferkörnern und Salz aufkochen. Die Kaninchenkeulen darin pochieren, bis sich das Fleisch nach etwa 1 Stunde leicht von den Knochen lösen lässt. Das

Fleisch auslösen und in eine kleine Schüssel schichten, dabei jede Schicht mit Salbeiblättern belegen, pfeffern, salzen und die ganzen Knoblauchzehen darüber verteilen. Zum Schluss das Olivenöl so darüber geben, dass alles gerade bedeckt ist. Mit Folie bedecken und über Nacht mit einem Teller beschwert im Kühlschrank marinieren. Vor dem Servieren mit frischem Pfeffer und etwas Zitronensaft abschmecken und mit frischen Zitronenschnitzen garnieren. Dazu passt Baguette oder getoastetes italienisches Weißbrot.

HASENFILET IM WIRSINGBLATT

Zutaten

2 Hasenrückenfilets (ausgelöster Rücken), eventuell tiefgekühlt
4 schöne große Wirsingblätter
Salz
Pfeffer
10 Wacholderbeeren
125 g Egerlinge (braune Champignons)
75 g Räucherspeck in dünnen Scheiben (ca. 1 mm dick)
1 EL Pflanzenöl zum Braten
30 g Butter
½ Becher Sahne oder 150 g Crème double
nach Belieben Cognac oder Gin

Die Hasenfilets (tiefgekühlte langsam im Kühlschrank auftauen lassen) waschen, trocknen und in vier gleich große Stücke teilen. Beiseite stellen. Die Wirsingblätter in sprudelnd kochendem Salzwasser 3 bis 4 Minuten überbrühen. Abtropfen lassen, die Mittelrippen flach schneiden. Die Wacholderbeeren im Mörser oder mit einem großen Messer zerdrücken.

Den Backofen auf 200 °C vorheizen. Die Pilze trocken säubern, putzen und fein hacken. Die Speckscheiben in feine Würfel schneiden.

Die Hasenfilets mit Salz, Pfeffer und Wacholderbeeren einreiben. In einer Pfanne Öl erhitzen, die Butter zugeben und die Filets rundum scharf anbraten, aus der Pfanne nehmen. Im verbliebenen Fett die Speckwürfel glasig braten, dann die Pilze zugeben und unter Rühren garen. Die Speck-Pilz-Mischung auf die Wirsingblätter verteilen und je ein Hasenfiletstück in die Mitte setzen. Die Blätter seitlich einschlagen, dann aufrollen. Die vier Pakete in einen Bräter setzen, in den sie gerade hineinpassen.

Die Sahne mit etwas Salz, Pfeffer und nach Geschmack etwas Cognac oder Gin verrühren. Über die Wirsingrollen gießen. Den Bräter in den Ofen schieben und die Hasenfilets etwa 15 Minuten braten, dann sind sie noch rosa. Wer sie durchgebraten mag, lässt sie 5 bis 7 Minuten länger im Ofen.

HASENRÜCKEN

Zutaten

2 ungespickte Hasenrücken
15–20 Wacholderbeeren
Salz
Pfeffer
3 EL Butter
150 g rohgeräucherter Speck in dünnen Scheiben
1 Becher Sahne (250 g)
1–2 EL Gin oder Cognac

Den Backofen auf 200 °C anheizen. Die Hasenrücken abwaschen und trockentupfen, mit einem spitzen Messer häuten und links und rechts des Rückenknochens 5 bis 7 mm einschneiden. Die Wacholderbeeren im Mörser zerdrücken (das geht auch mit der Klinge eines großen Messers) und mit Salz und Pfeffer mischen. In einer ofenfesten Pfanne die Butter auf dem Herd erhitzen, die Rücken mit der Wacholder-Pfeffer-Salz-Mischung einreiben und 3 bis 4 Minuten ringsum anbraten, mit den Speckscheiben belegen und in den heißen Backofen schieben. Nach 10 Minuten den Speck abnehmen, die Rücken mit der Bratbutter begießen und fertig braten, je nach Größe und Geschmack (rosa oder durch) noch 10 bis 15 Minuten. Das Fleisch aus der Pfanne nehmen und im abgeschalteten, etwas geöffneten Backofen warmstellen. Den Pfanneninhalt auf dem Herd mit der Sahne ablöschen und etwas einkochen lassen, mit Salz (Vorsicht: Der Speck ist bereits salzig) und Pfeffer abschmecken, mit einem Schuss Gin (Wacholder) oder Cognac abrunden. Die Rückenfilets vom Knochen lösen und kurz in der Sauce schwenken. Dazu passt junges Weißkraut, in Butter geschmort, oder alles, was ein Hase so zu sich nimmt: Karotten, Wirsing, Kohlrabi und so weiter.

HASE FLÄMISCH SÜSS-SAUER

geht auch mit Kaninchen

Zutaten

1,25 kg Hasenfleisch (wenn ausgelöst und ohne Knochen, dann entsprechend weniger)
5 Knoblauchzehen
1 EL frischer Rosmarin oder 1 TL getrockneter
1 sehr große Zwiebel
2 Möhren
6 Stangen Bleichsellerie
5 mittelgroße Tomaten
150 ml neutrales Öl
½ Bund fein gehacktes Basilikum
2–3 Lorbeerblätter
Salz, Pfeffer
1 Würfel Gemüsebouillon
1 Flasche Rotwein (0,75 l)
250–300 g Tomatenmark
500 g Rosinen, in 100 ml frisch gepresstem Orangensaft eingelegt
2 EL geriebene Orangenschale (unbehandelt)
2 gehäufte EL Kakaopulver (ungesüßt)
1 gehäufter EL Zucker
150 ml Apfelessig

Das Hasenfleisch waschen, mit Küchenkrepp trockentupfen. Die Knoblauchzehen pellen, 3 davon fein würfeln, 2 davon durch die Knoblauchpresse drücken. Den Rosmarin waschen, die Nadeln vom Stiel zupfen und fein hacken. Das Fleisch in einen Bräter legen, den gewürfelten Knoblauch und den Rosmarin dazugeben und etwa 2 cm hoch Wasser auffüllen. Aufkochen und so lange sieden lassen, bis das Wasser verdampft ist.

Inzwischen die Zwiebel pellen und fein würfeln. Möhren und Bleichsellerie waschen, Möhren schälen und fein würfeln. 2 Stangen Bleichsellerie würfeln, 4 Stangen sehr fein hacken (eventuell im Blitzhacker). Die Tomaten überbrühen, häuten und in grobe Würfel schneiden.

Öl in den Bräter zum Fleisch geben und die Zwiebeln, die Möhren, den ganzen Sellerie (den gewürfelten und den fein gehackten), den durchgepressten Knoblauch mit Basilikum, Lorbeerblättern, Pfeffer und Salz etwa 5 Minuten ohne Deckel schmoren. Gemüsebouillon in 300 ml heißem Wasser auflösen und zugießen. Bei kleiner Hitze ohne Deckel kochen lassen, bis die Flüssigkeit etwa auf die Hälfte eingekocht ist, während des Schmorens den Rotwein in drei Schüben seitlich zugießen.

Dann die frischen Tomatenwürfel und das Tomatenmark dazugeben und nochmals mit aufgelegtem Deckel etwa 10 Minuten auf kleiner Stufe kochen lassen. Den Orangensaft mit den Rosinen und die geriebene Orangenschale dazugeben. Den Kakao und den Zucker in etwas kaltem Wasser anrühren, mit dem Essig vermischen und das ganze erhitzen, aber nicht kochen lassen. Unter Fleisch und Gemüse mischen und nochmals 8 bis 10 Minuten auf kleiner Stufe garen. Das Fleisch zwischendurch probieren und herausnehmen, wenn es gar ist. Zum Aufwärmen kurz vorm Servieren dann wieder in die Sauce geben.

STIFATHO VON HASENKEULEN

Zutaten

4–6 Hasenkeulen (Hinterläufe), je nach Größe
Salz
3–5 Knoblauchzehen nach Geschmack
6 EL Olivenöl
1 Glas Kalbsfond, 400 ml
¼ l Rotwein, trocken natürlich
2 EL Tomatenmark
3 Lorbeerblätter
½ TL Thymian
3 Msp. Zimtpulver
1 EL Essig
500 g kleine Zwiebeln
Pfeffer

Die Hasenläufe abwaschen, putzen, mit Küchenkrepp abreiben, salzen. Die Knoblauchzehen pellen und fein hacken. In einem gusseisernen Bräter das Öl erhitzen und die Hasenläufe scharf von allen Seiten anbraten. Mit dem Fond und Rotwein löschen, dann Tomatenmark, Lorbeerblätter, Thymian, Zimt, Essig und den gehackten Knoblauch dazugeben. Zugedeckt etwa 1 Stunde bei schwacher Hitze schmoren lassen. In der Zwischenzeit die kleinen Zwiebeln pellen, aber ganz lassen. Die Keulen aus dem Bräter nehmen und mit einem Messer das Fleisch ablösen, in etwa 3 cm große Würfel schneiden und zusammen mit den Zwiebeln zurück in den Topf geben. Weitere 45 Minuten bei kleiner Hitze köcheln (mit Deckel), dann mit Salz und Pfeffer abschmecken. Das ist ein typisches griechisches Gericht, an das unbedingt Zimt gehört.

WILDHASENSPIESS AUF RADICCHIOSALAT

Zutaten

2 Wildhasenrücken, küchenfertig, vom Knochen gelöst
Salz, Pfeffer
12 Schalotten
7 EL Olivenöl
1 EL Zucker
8 Datteln
8 Scheiben Frühstücksspeck (Bacon)
4 Zweige Rosmarin
4 Zweige Thymian
5 EL Butter
100 ml Balsamico-Essig
1 EL Honig
2 Köpfe Radicchio

Den Wildhasenrücken in 12 gleich große Stücke teilen, mit Salz und Pfeffer würzen. Die Schalotten schälen, in 2 EL Öl andünsten, Zucker, 1 Prise Salz und 1 EL Wasser dazugeben und 10 Minuten sanft schmoren lassen. Die Datteln in Frühstücksspeck einwickeln. Abwechselnd Schalotten, Kaninchenmedaillons und Datteln auf 4 Schaschlikspieße stecken. Die Kräuter waschen und trockentupfen. In einer Pfanne 5 EL Butter und 5 EL Öl erhitzen, die Kräuterzweige einlegen und die Spieße ganz vorsichtig von allen Seiten 8 Minuten darin garen. Die Spieße sollen keine Farbe annehmen, nur leicht ziehen.

Die fertigen Spieße herausnehmen und warmhalten. Die Kräuterzweige entfernen, mit Balsamico-Essig und 100 ml Wasser ablöschen, den Honig dazugeben, mit Salz und Pfeffer würzen und einmal aufkochen.

Die Radicchioköpfe halbieren, den Strunk entfernen, Radicchio in große Stücke schneiden, waschen und trockenschleudern. Auf Tellern anrichten, jeweils mit einem Spieß belegen und mit der lauwarmen Honigvinaigrette beträufeln.

REHPFEFFER

Zutaten

1 kg Rehgulasch
Salz, Pfeffer
3 mittelgroße Zwiebeln
50 g geräucherter Bauchspeck
2 EL Pflanzenöl
4 EL Butter
1 TL Mehl
1 EL Tomatenmark
¼ l Portwein
400 ml Rotwein
1 Bouquet garni, aus 4 Zweigen Thymian,
8 Stängeln Petersilie und 1 Lauchblatt
2 Lorbeerblätter
10 Wacholderbeeren
1 Msp. gemahlenes Wildgewürz
1 TL Stärke
3 EL Preiselbeeren

Das Rehgulasch mit Salz und Pfeffer würzen. Die Zwiebeln schälen und in kleine Würfel schneiden. Den Bauchspeck ebenfalls in kleine Würfel schneiden. Das Rehgulasch in einem Bräter mit 2 EL Öl und 2 EL Butter von allen Seiten gut anbraten und mit etwa 1 TL Mehl bestäuben. Zwiebeln und Speck dazugeben und 5 Minuten anbraten. Das Tomatenmark einrühren und anrösten.

Mit 100 ml Portwein ablöschen, vollständig ein-kochen lassen und nochmals 100 ml Portwein dazugießen, erneut einkochen lassen. Zugedeckt etwa 2 Stunden bei geringer Hitze schmoren. Nach und nach etwas Rotwein und etwa 200 ml Wasser dazugießen.

Für das Bouquet garni die Zutaten waschen, trockentupfen und zu einem Kräutersträußchen binden. Nach 1 Stunde Garzeit das Kräutersträußchen, die Lorbeerblätter und Gewürze in das Rehgulasch geben. Die Stärke mit dem restlichen Portwein glatt rühren und in das fertige Rehgulasch rühren, weitere 5 Minuten köcheln lassen. Das Rehgulasch mit Salz und Pfeffer abschmecken und die Preiselbeeren untermischen. Restliche Butter in einer Pfanne aufschäumen lassen und über das Rehragout träufeln.

REHGULASCH MIT ROTKOHL

Zutaten

1 Rotkohl, 1 kg
100 g geräucherter Speck
1 rote Zwiebel
6–8 getrocknete Feigen
2 EL Schmalz
500 g Rehgulasch, aus der Keule
75 ml Portwein
500 ml Wildfond
½ TL gemahlener Kardamom
½ TL Zimt
1 Msp. Nelkenpulver
1–2 EL Balsamico-Essig
Salz, Pfeffer

Den Rotkohl putzen, waschen, vierteln, Strunk und äußere Blätter entfernen und die Viertel in feine Streifen schneiden. Den Speck würfeln. Die Zwiebel schälen und fein hacken. Die Feigen in Streifen schneiden.

In einem Bräter das Schmalz erhitzen, Speck und Gulasch kräftig anbraten. Zwiebel und Rotkohl dazugeben, 5 Minuten braten und mit Portwein und Wildfond ablöschen. Kardamom, Zimt und Nelkenpulver hinzufügen und mit Deckel bei kleiner Hitze 40 bis 50 Minuten schmoren. Die Feigen dazugeben und weitere 20 bis 30 Minuten köcheln. Mit Balsamico-Esssig, Salz und Pfeffer abschmecken.

REHRÜCKEN, WEIHNACHTLICH

Zutaten ✱

1,2 kg Rehrücken
½ l trockener Rotwein
15 zerdrückte Wacholderbeeren
20 Pfefferkörner
½ TL Thymian
2 Gewürznelken
2 Lorbeerblätter
2 EL Preiselbeeren aus dem Glas
1 Zimtstange, ca. 5–6 cm
1 Stück Ingwerwurzel, ca. 5 cm, in Scheiben geschnitten
2 EL Pflanzenöl
75 g geräucherter Speck
50 g Butter
Salz, Pfeffer
1 Becher Sahne (200 g)

Den Rehrücken enthäuten und am Rückenknochen entlang links und rechts mit einem Messer etwa ½ cm tief einschneiden. Für die Marinade Rotwein mit Wacholderbeeren, Pfefferkörnern, Thymian, Nelken, Lorbeerblättern, Preiselbeeren, durchgebrochener Zimtstange, Ingwerscheibchen und Pflanzenöl mischen. Den Rehrücken in einen Tiefkühlbeutel legen, die Marinade darübergießen und den Beutel dicht verschließen.

Mindestens über Nacht im Kühlschrank ziehen lassen, gelegentlich wenden.

Am nächsten Tag den Backofen auf 220 °C anheizen. Den Speck würfeln und in einem passend großen Bräter ausbraten. Den Rehrücken aus dem Beutel nehmen und trockentupfen, die Marinade durch ein Sieb in eine Schüssel gießen. Die Butter zum Speck geben und schmelzen lassen, den Rücken damit begießen, pfeffern und salzen und im Bräter in den heißen Backofen schieben. 35 bis 40 Minuten braten, dabei immer wieder mit dem Bratfett begießen. Das Fleisch aus dem Bräter nehmen und im abgeschalteten, etwas geöffneten Ofen warmstellen.

Die Pfanne auf den Herd setzen und etwa ¼ l von der Marinade schnell einkochen lassen, dann die Sahne zugießen und zu einer leicht gebundenen Sauce einkochen. Mit Salz und Pfeffer abschmecken und zum Rehrücken servieren.

REHSCHNITZEL IN WACHOLDERSAUCE

Zutaten

2–3 EL Butter
10–15 Wacholderbeeren
8 Rehschnitzel à 80 g, von der gehäuteten Keule
Salz, Pfeffer
2–3 EL Butterschmalz
Mehl zum Bestäuben
⅛ l Wildfond
125 g Sahne
1 EL Gin

Die Butter in Flöckchen auf einem Teller im Eisfach kaltstellen. Die Wacholderbeeren im Mörser zerdrücken oder mit der Klinge eines großen Messers auf einem Brett leicht andrücken. Die Rehschnitzel zwischen 2 Lagen eines aufgeschnittenen Gefrierbeutels legen und mit dem Boden einer Pfanne leicht flach klopfen, salzen und pfeffern.

In einer Pfanne das Butterschmalz erhitzen, die Schnitzel auf einer Seite dünn mit Mehl bestäuben, das überschüssige Mehl vorsichtig abklopfen und die Schnitzel zusammen mit den Wacholderbeeren mit der bemehlten Seite nach unten in die Pfanne legen. Scharf anbraten, wenden und fertig braten. Das geht bei dünn geklopften Schnitzeln sehr schnell. Aus der Pfanne heben und beiseite stellen.

Mit dem Wildfond den Bratensatz ablösen, Sahne und Gin hinzugeben und einkochen lassen. Die Pfanne vom Herd nehmen und die kalten Butterflöckchen in der Sauce auflösen. Mit Salz und Pfeffer abschmecken, die Schnitzel zurück in die Pfanne geben und kurz erwärmen. Die Rehschnitzel mit der Wacholdersauce auf Tellern anrichten.

REHKEULE

Zutaten

1,5 kg Rehkeule
neutrales Öl zum Braten
1 Stück Sellerieknolle
2 Möhren
½ Lauchstange
1 Zwiebel
1 Petersilienwurzel
4 EL Preiselbeeren
½–1 TL Thymian
5 zerdrückte Wacholderbeeren
je 1 TL Pimentkörner und Pfefferkörner
2 Gewürznelken
3 gehäutete Tomaten (aus der Dose)
½ l Rotwein
100 g ungeräucherter fetter Speck in dünnen Scheiben
200 g Crème fraîche
Saft von ½ Zitrone
Salz, Pfeffer
evtl. etwas Edelpilzkäse (Gorgonzola oder Bresse bleu)

Die Rehkeule waschen, trocknen und vorsichtig enthäuten. Das Suppengemüse putzen, waschen, schälen und in kleine Würfel schneiden. Die Keule in einem Bräter in heißem Öl auf allen Seiten anbraten. Herausnehmen, die Preiselbeeren in das Bratöl rühren und etwas karamellisieren lassen. Das Gemüse mit allen Gewürzen einrühren und andünsten. Die Tomaten dazugeben, mit Rotwein ablöschen. Fleisch darauflegen und mit den Speckscheiben abdecken. Entweder im Backofen (auf 180 °C vorgeheizt) ohne Deckel oder auf dem Herd mit Deckel schmoren lassen. Immer wieder begießen, vor allem, wenn der Braten im Ofen gart. Ist die Oberhitze zu groß und bräunt das Fleisch zu stark, die Keule mit Pergamentpapier abdecken (dieses natürlich beim Begießen abnehmen).

Die Rehkeule soll nicht rosa, sondern durchgebraten gegessen werden. Daher muss man mit 1 Stunde Garzeit rechnen. Mindestens!

Danach das Fleisch aus dem Bräter nehmen und warmstellen. Vorsicht: Im zu heißen Ofen würde es weitergaren und hart werden, also die Ofentür einen Spalt breit offen lassen (zum Beispiel einen Holzlöffel dazwischenklemmen).

Den Schmorfond durch ein Haarsieb streichen (im Mixer geht's auch, die Sauce wird aber nicht ganz so fein). Mit Crème fraîche, Zitronensaft, Salz, Pfeffer und nach Belieben auch mit dem Edelpilzkäse abschmecken. Vielleicht mit Zucker oder Preiselbeeren noch nachsüßen. Süße und Säure müssen sich die Balance halten. Es darf nicht süß-sauer schmecken. Das Fleisch aufschneiden, eventuell nochmals in der Sauce vorsichtig aufwärmen.

WILDFILET MIT BLAUBEER-SAUCE

Zutaten

25 g Butter
1 Knoblauchzehe
6 Zweige Thymian
Salz
6 EL Olivenöl
4 Hirschrücken-Filets, ca. 3 cm dick
10 Wacholderbeeren
2 EL Johannisbeer- oder Preiselbeergelee
200 g frische oder tiefgekühlte Blaubeeren
50 ml Rotwein
Pfeffer

Die Butter in Flöckchen auf einem Teller tiefkühlen. Den Knoblauch schälen. Thymian waschen, trockentupfen und die Blättchen abzupfen.

Das Fleisch salzen, Öl in der Pfanne erhitzen und das Fleisch darin von jeder Seite ca. 3 bis 4 Minuten scharf anbraten, dann in Alufolie wickeln und ruhen lassen. Wacholderbeeren erst im Mörser zerstoßen, dann mit etwas Olivenöl beträufelt klein hacken und in die noch heiße Pfanne geben. Das Gelee, die Blaubeeren und den Thymian dazu geben. Knoblauch in der Pfanne andrücken und in die Sauce rühren.

Den Rotwein angießen und ca. 6 bis 8 Minuten einkochen lassen. Anschließend mit Pfeffer würzen. Die Pfanne vom Herd nehmen und die Sauce mit der eiskalten Butter binden. Das Fleisch zurück in die Pfanne legen, kurz durchziehen lassen, nochmals mit Salz und Pfeffer abschmecken und sofort servieren.

HIRSCHSUGO ZU PASTA

Zutaten

500 g Hirschfleisch
2 Zwiebeln
1 Möhre
1 Bund Rucola
6 Tomaten
3 EL Olivenöl
1 EL Tomatenmark
200 ml Wild-Fond
150 ml Rotwein
etwas Muskat
¼ TL Nelkenpulver
1 TL getrockneter Thymian
Salz, Pfeffer
1 EL Orangenzesten
200 g Maronen (vakuumverpackt)
Saft 1 Orange
500 g Pasta (z. B. Tagliatelle oder Pappardelle)
50 g Parmesan

Das Hirschfleisch in mundgerechte Würfel schneiden. Zwiebeln und Möhre schälen und fein würfeln. Rucola verlesen, waschen und trocken schleudern. Tomaten überbrühen, häuten und klein schneiden. Fleisch in einem heißen Bräter in Olivenöl rundum scharf anbraten. Möhre, Zwiebeln und Tomatenmark dazu geben und kurz mitbraten. Fond und Rotwein angießen, die zerkleinerten Tomaten, die Gewürze und die Orangenzesten zugeben. Zugedeckt etwa 1 Stunde schmoren lassen. Die Maronen in kleine Würfel schneiden und 10 Minuten vor Ende der Garzeit mit in den Bräter geben. Mit Orangensaft, Salz und Pfeffer abschmecken.

Pasta »al dente« kochen und abgießen. Mit Rucolablättern vermischen, auf Tellern anrichten und Hirschsugo darüber verteilen. Mit geriebenem Parmesan bestreut servieren.

HIRSCHBRATEN MIT ROTKRAUT

Zutaten

Hirschbraten:
12 kleine Schalotten
3 Tomaten
1 kg ausgelöste Hirschkeule
Salz, Pfeffer
4 EL Pflanzenöl
2 Lorbeerblätter
300 ml Rotwein, z. B. Barolo
2 EL Crème Double

Rotkraut:
1 große Zwiebel
1 mürber Apfel
5 Pimentkörner
3–4 EL Schweineschmalz
1–2 Lorbeerblätter
1 Glas Rotkraut

etwas Rotwein, z. B. Barolo
Salz, Pfeffer
1 Prise Zucker
2–3 EL Preiselbeergelee
12 Maronen, vorgegart im Glas oder vakuumverpackt

Die Schalotten schälen. Die Tomaten überbrühen, abziehen, Stielansatz entfernen, entkernen und würfeln. Das Fleisch mit Salz und Pfeffer einreiben. Das Öl in einem Bräter erhitzen und die Hirschkeule von allen Seiten scharf anbraten. Schalotten, Tomaten, Lorbeerblätter und Wein dazugeben und mit Deckel bei kleinster Flamme 1 ½ bis 2 Stunden schmoren. Die letzten 20 Minuten den Deckel abnehmen und den Bratensaft einkochen. Braten herausnehmen und Bratensaft mit Crème Double binden. Die Sauce mit Salz und Pfeffer abschmecken und den Braten in Scheiben schneiden.

Die Zwiebel schälen und in feine Würfel schneiden. Den Apfel schälen und in kleine Stücke schneiden. Die Pimentkörner im Mörser zerdrücken. In einem Topf das Schmalz erhitzen und Zwiebel, Apfel, Piment und Lorbeerblätter andünsten. Das Kraut dazugeben und mit etwas Rotwein, Salz, Pfeffer, Zucker und Preiselbeergelee abschmecken. Mit Deckel mindestens 30 Minuten ziehen lassen. Maronen halbieren, auf das Rotkraut legen und mitziehen lassen. Das Rotkraut mit dem Hirschbraten servieren.

HIRSCHKALBSRÜCKEN MIT CHAMPIGNONS

Zutaten

1,5 kg Hirschkalbsrücken (mit Knochen)
Salz, Pfeffer
½ TL Pimentkörner
2 Zwiebeln
2 Möhren
2 Stangen Staudensellerie
2 EL Pflanzenöl zum Braten
1 Lorbeerblatt
100 g fetter Speck in dünnen Scheiben
¼ l kräftiger Rotwein
250 g Champignons
1 EL Butter
1 Becher Sahne (200 g)
Majoran
Thymian

Den Hirschkalbsrücken kurz abspülen, mit Küchenkrepp trocknen und anhängende Häute abziehen. Das Fleisch links und rechts entlang des Rückenknochens etwa 2 cm tief einschneiden. Mit Salz, Pfeffer und zerstoßenem Piment rundum einreiben.

Den Backofen auf 250 °C vorheizen. Zwiebeln und Möhren schälen, fein würfeln. Die Selleriestangen waschen und in kleine Stücke schneiden. Das Öl in einem flachen Bräter erhitzen, Gemüsewürfel darin anschmoren. Lorbeerblatt dazulegen und das Fleisch daraufsetzen, mit den Speckscheiben belegen.

In den heißen Ofen schieben, Temperatur auf 220 °C zurückschalten. 60 bis 70 Minuten braten.

Vom gebratenen Hirschrücken die Speckscheiben abnehmen und das Fleisch warmhalten. Den Bratensatz mit Rotwein aufgießen und etwas einkochen, durch ein feines Sieb streichen. Die Champignons putzen, säubern und blättrig schneiden, in Butter anbräunen. Den passierten Bratfond zugeben und um die Hälfte einkochen. Die Sahne einrühren und ebenfalls etwas einkochen, die Sauce mit Salz, Pfeffer, Majoran und Thymian abschmecken. Zum Braten servieren.

HIRSCHSAUERBRATEN

Zutaten ✱

Für die Marinade:
2 Zwiebeln
2 Knoblauchzehen
1 Karotte
2 Stangen Staudensellerie
1 Zweig Thymian
1 Flasche Rotwein (0,75 l)
100 ml Rotweinessig
1 EL weiße Pfefferkörner
1 EL Senfkörner
1 EL Wacholderbeeren
2 Lorbeerblätter
1 Nelke

Für den Braten:
1 kg ausgelöste Hirschkeule
Salz, Pfeffer
50 ml Pflanzenöl
1 EL Tomatenmark
2 EL Johannisbeergelee
1 EL Ahornsirup
2 EL Apfelmus
2 Scheiben Schwarzbrot
1 TL Stärke
40 ml Rotwein

Für die Marinade Zwiebeln und Knoblauch schälen und hacken. Karotte und Sellerie schälen, putzen, waschen und in Würfel schneiden. Den Thymian waschen und trockentupfen. Gemüse und Thymian mit dem Rotwein, Rotweinessig und den Gewürzen in einer Schüssel gut vermischen. Die Hirschkeule in ein großes Gefäß geben und mit der Marinade übergießen. Zugedeckt kühl stellen und 2 bis 3 Tage ziehen lassen.

Das Hirschfleisch mit der Marinade in ein Sieb gießen, den Sud auffangen und beiseite stellen. Gemüse und Gewürze aufheben. Das Fleisch mit Salz und Pfeffer würzen. Das Pflanzenöl in einem Bräter erhitzen und das Fleisch darin von allen Seiten dunkel anbraten. Gemüse und Gewürze der Marinade dazugeben und ebenfalls dunkel anbraten.

Tomatenmark, Johannisbeergelee, Ahornsirup und Apfelmus einrühren und dunkel anrösten. Den aufgefangenen Sud unter Rühren dazugießen. Das Schwarzbrot in kleine Stücke krümeln und hinzufügen. Alles einmal aufkochen lassen und bei geringer Hitze etwa 1 ½ bis 2 Stunden zugedeckt köcheln lassen.

Das Fleisch herausnehmen und warmstellen. Die Sauce noch etwas einkochen lassen, mit Salz und Pfeffer abschmecken. Die Stärke im Rotwein glatt rühren und zu der Sauce geben, kurz aufkochen lassen und durch ein Sieb streichen. Das Fleisch aufschneiden, in die Sauce geben und servieren.

WILDGULASCH MIT FEIGEN

Zutaten

1 kg Gulasch von Hirsch, Reh oder Wildschwein
5–6 kleine Zwiebeln, 250 g
2 Karotten
10 Wacholderbeeren
150 g getrocknete Feigen
2–3 EL Butterschmalz
Salz, Pfeffer
1 Lorbeerblatt
200 ml Rotwein
250 ml Fleischbrühe
2 TL Dijon-Senf
etwas Cognac nach Geschmack

Das Fleisch in daumengroße Stücke schneiden. Die Zwiebeln schälen und grob würfeln. Die Karotten schälen und fein würfeln. Die Wacholderbeeren im Mörser zerstoßen. Die Feigen, je nach Größe, vierteln oder halbieren.

In einem Bräter Butterschmalz erhitzen und das Fleisch unter gelegentlichem Rühren scharf anbraten. Zwiebeln und Karotten dazugeben und mitdünsten. Mit Salz, Pfeffer, Lorbeerblatt und Wacholderbeeren würzen. Wein und Brühe angießen, aufkochen lassen, Feigen zugeben und mit Deckel bei kleiner Hitze etwa 1 Stunde schmoren, den Senf einrühren und weitere 15 bis 20 Minuten ohne Deckel köcheln lassen. Mit Salz, Pfeffer und nach Geschmack mit etwas Cognac abschmecken.

FESTLICHER FASAN

Zutaten für 2 Personen

1 küchenfertiger, möglichst junger Fasan (etwa 600 g)
1 walnussgroßer schwarzer Trüffel
Salz, Pfeffer
3 EL Geflügelfond
2 EL Madeira
1 EL Cognac
50 g Räucherspeck in sehr dünnen Scheiben
3 EL Mehl
2 EL Sahne
nach Belieben: ein Stück kalte Butter

Vom Fasan eventuell restliche Federkiele und außensitzendes loses Fett entfernen. Den Fasan gründlich auswaschen und mit Küchenkrepp trockentupfen.

Den Trüffel gründlich abbürsten und in dünne Scheiben hobeln oder schneiden.

Die Brusthaut des Fasans etwas anheben und einige Trüffelscheiben darunter schieben. Die übrigen Trüffelscheiben in feine Streifen schneiden.

Den Backofen auf 220 °C vorheizen. Die Bauchhöhle des Fasans salzen und pfeffern. In eine ofenfeste Form mit Deckel den Geflügelfond, Madeira und Cognac gießen. Den Fasan mit der Brust nach oben hineinlegen und mit Speckscheiben und Trüffelstreifen gleichmäßig belegen.

Das Mehl mit ein wenig Wasser zu einem knetbaren Teig vermischen, zu dünnen Würstchen rollen und den Formrand damit gleichmäßig belegen. Den Deckel auflegen und den herausquellenden Teig mit feuchtem Finger glatt streichen. Der Deckel soll nun hermetisch schließen, damit später kein Dampf aus der Form austreten kann. Falls der Deckel ein Luftloch hat, muss auch dieses abgedichtet werden.

Die Form in den Ofen schieben und den Fasan 45 Minuten garen. Die Form herausnehmen und den Teigrand aufbrechen. Fasan herausnehmen und warmstellen.

Für die Sauce den Bratenfond in eine kleine Pfanne gießen und rasch etwas einkochen lassen. Die Sahne zugießen und aufkochen, mit Salz und Pfeffer abschmecken. Wer mag, kann die Sauce noch mit einem Stück kalter Butter binden, dabei darf die Sauce aber nicht mehr kochen.

Den Fasan halbieren, auf Tellern anrichten und mit der Sauce umgießen. Als Beilage passen Champagnerkraut, Kartoffel-Sellerie-Püree oder Maronen, halbiert und in Butter geschwenkt.

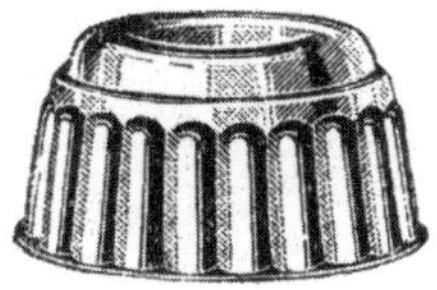

DESSERTS

Seite 307–340

Ein guter Nachtisch rundet jedes Essen ab und bietet zum Schluss noch einmal einen kleinen Hochgenuss. Wenn man tagsüber schon viel Süßes gegessen hat, dann ist der süße Nachtisch natürlich gefährlich für die Gesundheit und für die Figur. Falls bereits der Hauptgang mit viel Sahne zubereitet wurde, sollte als Abschluss vielleicht lieber ein Obstsalat oder etwas Käse gereicht werden. Ein Brie oder ein milder Ziegenkäse serviert mit Feigenmarmelade ist ein Kompromiss – eine Kombination aus Herzhaftem und Süßem. Was ich immer im Haus habe, sind Vanilleeis und tiefgefrorene Himbeeren. Auch wenn kein Nachtisch geplant war, kann ich auf die Schnelle etwas zaubern, was einfach, aber deswegen nicht weniger lecker ist. Ein sehr ungewöhnliches Dessert sind die Crêpes mit Auberginenkompott und Kardamon. Die Zubereitung verlangt Zeit, aber der Aufwand lohnt sich: Man wird mit einem großen Geschmackserlebnis belohnt.

VANILLESAUCE

Zutaten

400 ml Vollmilch
3 Eigelbe
2–3 EL Zucker
½ Vanilleschote

Von der Milch eine Tasse voll abnehmen. Mit den Eigelben und dem Zucker verrühren. Die restliche Milch in einen Topf gießen. Die Vanilleschote aufschlitzen und das Mark zur Milch schaben. Die Schote ebenfalls in die Milch geben. Einmal aufkochen lassen. Die Eigelbmilch mit dem Schneebesen einrühren und kräftig aufschlagen. Vom Herd nehmen und die Vanilleschote entfernen.

Etwas abkühlen oder ganz erkalten lassen, dabei am Anfang ab und zu umrühren, damit sich keine Haut bildet.

ZABAIONE

Zutaten

6 Eigelbe (von großen Eiern)
125 g Zucker
100 ml trockener Weißwein
100 ml Marsala

In einer Schlagschüssel die Eigelbe und den Zucker mit dem Schneebesen schaumig rühren, den Wein und den Marsala dazugießen und die Schüssel auf ein siedendes Wasserbad setzen. Unter ständigem Schlagen erhitzen, bis die Masse dicklich ist. Aufpassen, dass die Zabaione nicht zu heiß wird, sonst gerinnt sie zu Rührei. Sobald die Creme dick und schaumig ist, sofort in Dessertschalen füllen und servieren.

HALBGEFRORENES MIT KROKANT

Zutaten

500 g geschälte Haselnusskerne
4 EL Wasser
250 g Zucker
4 Eier
1 Prise Salz
1 Vanilleschote
200 g Sahne

Die Haselnüsse grob hacken. Ein Backblech mit Backpapier auslegen. In einer Pfanne die Nüsse ohne Fett kurz anrösten und herausnehmen. 4 EL Wasser und 200 g Zucker in die Pfanne geben und bei starker Hitze zu einem klaren Sirup kochen, dabei ständig rühren. Die Hitze reduzieren und die Masse weiter köcheln lassen, bis sie goldbraun wird. Die Nüsse dazugeben und unter Rühren karamellisieren. Die Nussmasse flach auf das Backblech streichen und auskühlen lassen.

Die Eier trennen und das Eiweiß mit einer Prise Salz steif schlagen, im Kühlschrank kaltstellen. Die Vanilleschote mit einem scharfen Messer der Länge nach aufschlitzen und das Mark herauskratzen, mit dem restlichen Zucker und den Eigelben in einer Schüssel schaumig rühren.

In einer zweiten Schüssel die Sahne steif schlagen. Die abgekühlte Nussmasse in ein Küchentuch wickeln und mit einem Nudelholz darüber rollen oder im Mixer grob zerkleinern. Schlagsahne, Nüsse und Eigelb-Mischung verrühren und den Eischnee nach und nach unterheben. Mit Folie abdecken und 1 ½ Stunden ins Tiefkühlfach stellen. Das Halbgefrorene in Scheiben schneiden und anrichten.

INGWERPARFAIT MIT FRÜCHTEMOUSSE

Zutaten ✱

Ingwerparfait:
25 g kandierter Ingwer
150 g Sahne
3 Eigelb
4 EL brauner Zucker
2 EL Limettensaft

Früchtemousse:
1–2 reife Mango
1 walnussgroßes Stück Ingwer
100 ml Wasser
4 EL brauner Zucker
5 EL Limettensaft
2 EL weißer Rum

Den Ingwer sehr fein hacken. Die Sahne steif schlagen. Eigelb, Zucker und Limettensaft in einer Metallschüssel verrühren und über dem heißen Wasserbad zu einer dicken Creme aufschlagen. Eine Kastenform mit einem großen Stück Klarsichtfolie auslegen.

Den Ingwer unter die Creme rühren und abkühlen lassen. Die Sahne nach und nach unter die Creme heben und die Masse in die Form füllen. Die Klarsichtfolie darüber schlagen und 3 bis 4 Stunden im Tiefkühlfach gefrieren.

Die Mango schälen und das Fruchtfleisch vom Kern schneiden. Den Ingwer schälen und fein reiben. In einem Topf Wasser, Zucker, Limettensaft und Mangostücke 5 Minuten köcheln, den Rum dazugießen und mit dem Stabmixer zu einer Sauce pürieren. Das Parfait mit Hilfe der Folie aus der Form heben und mit einem kalt abgespülten Messer in Scheiben schneiden. Die Sauce lauwarm neben dem Parfait anrichten.

VANILLEEIS MIT HEISSEN HIMBEEREN

Zutaten

1 Paket tiefgekühlte Himbeeren
1 Packung Vanilleeis
evtl. Zucker

Die unaufgetauten Himbeeren in eine Pfanne schütten, bei mittlerer Hitze auftauen und heiß werden lassen. Ganz nach Geschmack zuckern. Das Vanilleeis in Dessertschalen portionieren (am besten mit einem Eiskugelformer), mit den heißen Himbeeren übergießen und sofort servieren.

ZIMTPARFAIT

Zutaten

4 Eier
175 g Zucker
1 EL Zimtpulver
250 g gut gekühlte Sahne
4 Eiweiße
2 Gläschen Mokkalikör

Die Eier mit dem Zucker und Zimt über dem heißen Wasserbad bei kleiner Hitze in etwa 10 Minuten dickschaumig schlagen. Den Eierschaum abkühlen lassen.

Die Sahne und die Eiweiße getrennt steif schlagen. Wenn der Eierschaum abgekühlt ist, den Mokkalikör einrühren und den Schaum noch 3 Minuten schlagen. Die Schlagsahne und den Eischnee unterheben, die Masse in eine Kastenform oder eine Glasschüssel füllen und ins Tiefkühlfach stellen. 3 bis 4 Stunden gefrieren lassen, bis das Parfait fest, aber nicht zu hart ist. Zum Servieren aus der Form stürzen und in Scheiben schneiden.

HIMBEERAUFLÄUFCHEN

Zutaten

250 g Himbeeren (es dürfen auch tiefgekühlte sein)
1 Ei
2 Eigelbe
150 g Puderzucker
1 EL Mehl
250 g Crème double
1–2 EL Himbeergeist

Die Himbeeren verlesen, kurz waschen, abtropfen (oder auftauen) lassen. Backofen auf 200 °C vorheizen.

In einer Schüssel das Ei mit den Eigelben und dem Puderzucker verrühren. Das Mehl und die Crème double zugeben und glatt rühren.

Die Himbeeren in Portionsförmchen (flache Auflaufförmchen) verteilen und mit Himbeergeist beträufeln. Den Teig vorsichtig darüber gießen. Die Förmchen in den Ofen schieben und 20 bis 30 Minuten backen, bis der Teig goldbraun und fest ist. Heiß servieren.

KIRSCHAUFLAUF

Zutaten

1 großes Glas Sauerkirschen
3/8 l Milch (375 ml)
4 Eier
3 EL Zucker
1 EL Vanillezucker
3 EL Mehl
1–2 EL Kirschwasser
1 Prise Salz
Butter für die Backform
Puderzucker zum Bestäuben

Die Sauerkirschen in ein Sieb gießen und gut abtropfen lassen. Mit Küchenkrepp sehr gründlich trocknen.

Den Backofen auf 220 °C vorheizen. In einer Küchenmaschine oder mit einem Mixer die Milch mit Eiern, Zucker, Vanillezucker, Mehl, Kirschwasser und einer Prise Salz zu einem glatten Teig vermischen. Eine Auflaufform gut mit Butter ausstreichen.

Die Sauerkirschen in der Auflaufform verteilen. Den Teig darüber gießen. In den heißen Ofen schieben und etwa 25 Minuten backen. Dann den Auflauf mit Puderzucker bestäuben und noch etwa 15 Minuten backen, bis die Oberfläche gut gebräunt ist. Heiß oder lauwarm als Dessert oder nachmittags zum Kaffee servieren.

AUFLAUF MIT KIRSCHEN

Zutaten

1 Glas Schattenmorellen oder 400 g frische Sauerkirschen
250 g altbackene Brötchen
200 ml Milch
200 g zimmerwarme Butter
60 g Puderzucker
4 Eigelbe
1 Vanilleschote
100 g Quark
100 g saure Sahne
abgeriebene Schale von 1 unbehandelten Zitrone
40 g gehackte Walnüsse
1 Msp. Zimtpulver
2 Eiweiße
60 g Zucker
4 EL Semmelbrösel
2 EL Butterflocken
Butter und Zucker für die Form

Den Backofen auf 180 °C vorheizen. Die Kirschen in ein Sieb gießen und abtropfen lassen, frische Kirschen waschen, abtropfen lassen und entsteinen.

Die Brötchen in walnussgroße Würfel schneiden. Mit der kalten Milch übergießen und einweichen.

Butter und Puderzucker mit dem Handrührgerät weißschaumig aufschlagen (etwa 5 Minuten). Nach und nach die Eigelbe unter ständigem Rühren dazugeben.

Die Vanilleschote mit einem scharfen Messer halbieren und das Mark herauskratzen. Mit Quark, saurer Sahne, abgeriebener Zitronenschale, Walnüssen und Zimt unter die Eigelbmasse rühren. Eingeweichte Brötchen und Kirschen in die Quark-Ei-Masse geben und gut verrühren.

Das Eiweiß mit dem Zucker zu einem festen Schnee schlagen und vorsichtig unter die Brötchenmasse heben.

Eine feuerfeste Auflaufform mit Butter einfetten und mit Zucker ausstreuen. Die Kirschmasse einfüllen, mit Semmelbröseln bestreuen und mit einigen Butterflocken belegen. Etwa 20 bis 25 Minuten backen, mit Puderzucker bestreuen und servieren.

APFELSINEN-GRATIN

Zutaten

4–5 Orangen
4–5 EL Orangenlikör (Grand Marnier)
100 g gut gekühlte Sahne
2 Eier
25 g Zucker
50 g Puderzucker
50 g Magerquark

Die Orangen mit einem Messer so schälen, dass auch die weißen Häute entfernt werden. Über einer Schüssel die einzelnen Filets herausschneiden, dabei den Saft auffangen. Den Saft aus den Resten ebenfalls in die Schüssel pressen. Die Orangenfilets im Saft mit der Hälfte vom Orangenlikör ziehen lassen.

Den Backofen auf 220 °C vorheizen. Die Sahne mit dem übrigen Orangenlikör steif schlagen. Die Eier trennen. Die Eigelbe mit dem Zucker und Puderzucker schaumig rühren. Den Quark und die geschlagene Sahne untermischen. Die Eiweiße zu festem Schnee schlagen und unter die Quarkmischung heben. Die marinierten Orangenfilets auf ofenfeste Teller verteilen und die Schaummasse darüber verteilen. Im heißen Ofen goldgelb backen und heiß servieren.

APFEL-»BLATZ«-AUFLAUF MIT KARAMELLSAUCE

Zutaten

Für den Auflauf:
1 Hefezopf oder »Blatz« vom Vortag
2 säuerliche Äpfel (z. B. Boskop)
1 Vanilleschote
zimmerwarme Butter für die Förmchen und zum Belegen
brauner Zucker zum Aus- und Bestreuen
200 g Sahne
200 ml Milch
2 Eier
2 EL Puderzucker

Für die Karamellsauce:
50 g Butter
100 g brauner Zucker
½ Becher Sahne (etwa 100 g)

Den Hefezopf oder »Blatz« in dünne Scheiben schneiden. Die Äpfel schälen, vierteln und die Kerngehäuse ausschneiden. Die Apfelviertel in dünne Schnitze schneiden. Die Vanilleschote längs aufschlitzen und das Mark herauskratzen (aufheben!).

Portions-Auflaufförmchen gut mit weicher Butter ausstreichen. Mit braunem Zucker ausstreuen, überschüssigen Zucker aus den Förmchen schütten.

Die Förmchen mit Brotscheiben auskleiden, dann die Apfelschnitze und weiteres zerpflücktes Brot einfüllen, bis die Förmchen bis zum Rand gefüllt sind.

Im Mixer oder mit dem Handrührgerät die Sahne mit Milch, Eiern, Puderzucker und dem Vanillemark verquirlen. Die Mischung auf die Förmchen verteilen und etwa 30 Minuten einziehen lassen. Den Backofen auf 200 °C vorheizen. Die Aufläufe mit Butterflöckchen belegen und mit etwas braunem Zucker bestreuen. Die Förmchen in eine ofenfeste Pfanne stellen und seitlich soviel Wasser angießen, dass die Förmchen bis zur Hälfte im Wasser stehen. Im Ofen 30 bis 40 Minuten backen.

Für die Karamellsauce kurz vor Backzeitende die Butter in einer Pfanne schmelzen lassen. Den Zucker einstreuen und 2 EL Wasser zugeben. Bei kleiner Hitze unter Rühren zerlaufen lassen. Die Sahne aufgießen und noch 5 Minuten leise köcheln lassen. Die Brotaufläufe vorsichtig auf Teller stürzen und mit der Karamellsauce umgießen. Warm servieren.

TOPFENPALATSCHINKEN

Zutaten

Für den Teig:
75 g Butter
185 ml Milch
75 g Mehl
2 Eier
abgeriebene Schale von je ½ unbehandelten Zitrone und Orange
1 EL Vanillezucker
Salz
2–3 EL Pflanzenöl
Butterschmalz zum Ausbacken

Für die Füllung:
200 g Speisequark (20 % Fett)
60 g Zucker
2 Eigelbe
1 EL Vanillepuddingpulver
abgeriebene Schale von je 1 unbehandelten Zitrone und Orange
20 g flüssige Butter
160 g geschlagene Sahne
60 g Rosinen
Butter für die Form

Für den Guss:
¼ l Milch
60 g Crème fraîche
2 Eier
3 EL Vanillezucker

Für den Teig die Butter vorsichtig schmelzen lassen, den Schaum mit einem Löffel abnehmen und die Butter leicht bräunen. Ein Sieb mit Küchenkrepp auslegen, die Butter hineingießen und auffangen. Die so entstandene Nussbutter leicht abkühlen lassen.

Milch und Mehl miteinander verrühren, die Eier dazugeben und unterrühren. Orangen- und Zitronenschale, Vanillezucker und 1 Prise Salz untermischen. Die lauwarme Nussbutter und das Öl mit dem elektrischen Handrührgerät unterrühren. Den Teig 30 Minuten ruhen lassen und eventuell durch ein Sieb streichen.

Etwas Butterschmalz in einer Pfanne erhitzen, eine kleine Portion Teig hineingeben, hauchdünn verteilen und ausbacken. Den Teig auf diese Weise nacheinander zu Palatschinken backen. Die Palatschinken bis zur weiteren Verwendung zwischen Backpapier aufbewahren. Den Backofen auf 160 °C vorheizen.

Für die Füllung den Quark mit Zucker, Eigelben, Puddingpulver, Orangen- und Zitronenschale und der flüssigen Butter glatt rühren. Die geschlagene Sahne vorsichtig unterheben. Die Topfenmasse dünn auf die Palatschinken streichen und die Rosinen darüber streuen. Die Palatschinken zu Dreiecken falten, also zweimal zur Mitte hin einschlagen. Eine flache, feuerfeste Form mit Butter einfetten. Die Topfenpalatschinken dachziegelartig hineinschichten und 10 Minuten im Ofen backen.

Für den Guss die Milch mit der Crème fraîche, den Eiern und dem Vanillezucker gut verrühren und eventuell durch ein Sieb streichen. Die Topfenpalatschinken damit übergießen. Die Backofentemperatur auf 150 °C herunterschalten und die Palatschinken nochmals 10 bis 15 Minuten im Ofen backen, bis der Guss gestockt ist. Die Topfenpalatschinken portionsweise anrichten oder in der Form servieren.

ROHRNUDELN MIT ZWETSCHGEN

Zutaten

280 ml Milch
40 g Hefe
500 g Mehl
70 g Zucker
1 Päckchen Vanillezucker
60 g Quark (20 % Fett)
4 Eigelbe
100 g zimmerwarme Butter
Salz
etwas abgeriebene unbehandelte Zitronenschale
8 Pflaumen
4 EL Zwetschgenmarmelade
4 EL Zwetschgenwasser
etwas Butter und Zimtzucker für die Form

200 ml Milch lauwarm erwärmen und die Hefe darin auflösen. Mehl, Zucker, Vanillezucker, Quark, Eigelbe, Butter, 1 Prise Salz und abgeriebene Zitronenschale in eine Schüssel geben. Die Hefemilch dazugeben und mit den Knethaken des Handrührgeräts zu einem glatten Teig kneten. Mit einem Tuch abdecken und an einem warmen Ort etwa 40 Minuten gehen lassen, bis der Teig sein Volumen verdoppelt hat. In der Zwischenzeit die Pflaumen waschen, entsteinen und in haselnussgroße Würfel schneiden. Mit Marmelade und Zwetschgenwasser vermischen und beiseite stellen.

Den Teig aus der Schüssel nehmen, nochmals durchkneten und auf einem mit Mehl bestäubten Geschirrtuch zu einem Rechteck (50 x 30 cm) ausrollen. Die Pflaumenwürfel darauf verteilen und den Teig von der langen Seite her aufrollen. Den Backofen auf 190 °C vorheizen.

Eine feuerfeste Auflaufform einfetten und mit dem Zimtzucker ausstreuen. Die Teigrolle in etwa 8 bis 10 Stücke schneiden und mit der Füllung nach oben, nicht zu dicht nebeneinander in die Form setzen. Erneut 20 Minuten gehen lassen. Die restliche Milch vorsichtig dazugießen und die Hefenudeln 30 Minuten backen. Aus der Form stürzen und lauwarm mit Vanillesauce servieren.

MILLI-RAHMSTRUDEL

Zutaten für 6–8 Personen

125 g Butter
125 g Zucker
1 EL abgeriebene Schale von 1 unbehandelten Zitrone
1 Vanilleschote
5 Eier
400 g Quark (20 % Fett)
300 g saure Sahne
1 EL Mehl
60 g Rosinen (in Rum eingeweicht)
2 Pakete Strudelteig (4 Blatt)
Butter zum Bestreichen des Teiges und für die Backform
¼ l Milch
2 EL Crème fraîche
2 EL Vanillezucker
Puderzucker

Den Backofen auf 170 °C (Heißluft 150 °C) vorheizen. Die Butter mit 50 g Zucker, der abgeriebenen Zitronenschale und dem Vanillemark mit dem Handrührgerät

4 Minuten schaumig schlagen. 3 Eier trennen. Das Eiweiß zur Seite stellen und die Eigelbe nacheinander in die Butter-Zucker-Mischung rühren. Quark, saure Sahne, Mehl und die Rum-Rosinen unterheben. Die 3 Eiweiß mit 75 g Zucker mit dem Handrührgerät zu festem Eischnee schlagen. Erst ein Drittel Eischnee unter die Quarkmasse heben, dann vorsichtig den Rest.

Alle Strudelblätter ausbreiten und mit Butter bestreichen. Jedes Blatt mit je einem Viertel der Quarkmasse füllen und zu je einem Strudel rollen. Die Strudel nebeneinander in eine gefettete, feuerfeste Auflaufform legen.

Die Milch mit der Crème fraîche, dem Vanillezucker und den 2 Eiern verrühren und über die Strudel gießen. Die Strudel im vorgeheizten Backofen erst 15 Minuten, dann bei 150 °C (Heißluft 130 °C) weitere 45 Minuten backen. Mit Puderzucker bestreuen und warm servieren.

ÜBERBACKENES HIMBEER-KIRSCHRAGOUT

Zutaten

500 g Kirschen
7 EL Zucker (140 g)
50 ml Wasser
Saft von ½ Zitrone
Schale von 1 unbehandelten Orange
Schale von 1 unbehandelten Zitrone
1 Vanilleschote
3 EL Cassislikör (schwarzer Johannisbeerlikör)
1 Schälchen Himbeeren (150 g)
300 ml Milch
50 g Grieß
2 Eier mittlerer Größe
Puderzucker zum Bestäuben

Den Backofen auf 200 °C (Heißluft 180 °C) vorheizen. Die Kirschen waschen, vom Stiel befreien und entsteinen. 4 EL Zucker mit Wasser so lange kochen, bis er anfängt, sich bräunlich zu färben. Kirschen, Zitronensaft, Schale von ¼ Orange und ¼ Zitrone, ½ aufgeschlitzte Vanilleschote und Cassislikör zugeben und 5 Minuten auf kleiner Flamme sanft kochen lassen. Die Himbeeren in einer ovalen Auflaufform verteilen und mit den heißen Kirschen übergießen. Dabei die Vanilleschote sowie die Orangen- und Zitronenschalen herausnehmen.

1 EL Zucker mit Milch, Schale von ¼ Orange und ¼ Zitrone, ½ aufgeschlitzten Vanilleschote aufkochen, vom Herd nehmen und kurz ziehen lassen (so können sich die Aromen von Zitrusfrüchten und Vanilleschote voll entfalten). Durch ein Sieb abgießen. Die Milch nochmals aufkochen, Grieß einrühren und unter ständigem Rühren bei geringer Hitze 5 Minuten quellen lassen.

Den Grießbrei in eine Schüssel füllen, etwas abkühlen lassen. Eier aufschlagen und trennen. Die Eigelbe verquirlen und in den Brei einrühren. Das Eiweiß steif schlagen, dabei 2 EL Zucker nach und nach einrieseln lassen. Steif geschlagenes Eiweiß unter die Grießmasse heben und gebirgsartig auf den Kirschen verteilen. Das Kirschragout im vorgeheizten Backofen etwa 15 Minuten goldbraun backen, aus dem Ofen nehmen, mit Puderzucker bestäuben und sofort servieren.

TIPP: Dazu schmeckt Vanillesauce ganz lecker.

ZWETSCHGENRÖSTER MIT KARTOFFELSTREUSEL

Zutaten

500 g frische Zwetschgen (oder 1 Glas Zwetschgen)
160 g Zucker
3 EL und 100 g Butter
50 ml Portwein
Saft von ½ Orange
Saft von 1 Zitrone

1 EL Zwetschgenmus
1 Zimtstange
1 Pellkartoffel, bereits gekocht (125 g)
125 g Mehl
Salz
1 TL gemahlener Zimt
1 TL Backpulver
Fett für die Form

Den Backofen auf 200 °C (Heißluft 180 °C) vorheizen. Die frischen Zwetschgen waschen und entsteinen. Zwetschgen aus dem Glas in einem Sieb abtropfen lassen. 60 g Zucker in einer Pfanne mit 3 EL Butter hell karamellisieren. Mit Portwein, Orangen- und Zitronensaft ablöschen und einkochen lassen, bis fast keine Flüssigkeit mehr vorhanden ist. Dann das Zwetschgenmus, die Zimtstange und die Zwetschgen dazugeben, 15 Minuten sanft kochen lassen und zur Seite stellen.

Für die Streusel die Pellkartoffel pellen und zerstampfen. In einer Schüssel zum Kartoffelbrei 100 g Butter, das Mehl, 100 g Zucker, 1 Prise Salz, den Zimt sowie das Backpulver geben, gut vermischen und zu Streuseln verkneten.

Eine Auflaufform ausfetten und mit Mehl ausstauben. Die Zwetschgenröster in die Form geben und mit den Kartoffelstreuseln bestreuen. Im vorgeheizten Backofen 25 Minuten backen.

APFELMICHEL MIT VANILLESAUCE

Zutaten

200 g altbackene Brötchen
650 ml Milch
3 Eier mittlerer Größe
5 Eigelbe mittlerer Größe
8 EL Zucker (140 g)
2 säuerliche Äpfel (Boskop)
Mark von 2 Vanillestangen
50 g grob gehackte Walnüsse
abgeriebene Schale von 1 unbehandelten Zitrone
1 Msp. Zimt
3 EL Semmelbröseln
3 EL Butterflocken
200 g Sahne
1 TL Speisestärke

Den Backofen auf 200 °C vorheizen. Die Brötchen in Würfel schneiden, mit 150 ml der kalten Milch übergießen und 10 Minuten quellen lassen. Die Eier trennen. 3 Eigelbe mit 3 EL Zucker aufschlagen, bis sich der Zucker gelöst hat. Die Äpfel schälen, Kerngehäuse entfernen, achteln und in feine Scheiben schneiden. Das Vanillemark von 1 Stange, die grob gehackten Walnüsse, die abgeriebene Zitronenschale und 1 Messerspitze Zimt zu den Äpfeln geben und verrühren.

Die gequollenen Brötchen, die Eigelbmasse und die Äpfel gut miteinander vermischen. 3 EL Zucker zum Eiweiß geben und dieses steif schlagen. Vorsichtig unter die Brötchen-Äpfel-Masse heben. In eine gefettete Auflaufform geben und mit Semmelbröseln und Butterflocken bestreuen. Im vorgeheizten Backofen 35 Minuten backen.

Für die Vanillesauce die Sahne, 500 ml Milch und das Mark von 1 Vanilleschote in einem Topf zum Kochen bringen. 2 EL Zucker mit den Eigelben und der Speisestärke verrühren. In die kochende Milch-Sahne-Mischung gießen und einmal aufkochen lassen. Durch ein Sieb gießen und abkühlen lassen.

TIPP: Die Vanillesauce kann für viele Desserts verwendet werden.

GRANITÉ

Zutaten

2 Tassen Wasser
1 Tasse Zucker
½ Tasse frisch ausgepresster Zitronensaft
2–3 TL abgeriebene Zitronenschale

Das Wasser mit dem Zucker aufkochen und bei kleiner Hitze 5 Minuten köcheln lassen, bis sich der Zucker restlos aufgelöst hat. Abkühlen lassen und den Zitronensaft und die abgeriebene Schale zugeben. In eine Metallschale füllen und im Tiefkühlfach gefrieren lassen. Mit einem Messer oder festen Löffel dünne Späne vom Gefrorenen abziehen und in gekühlten Gläsern servieren. Nach Geschmack mit kleinen Minzeblättern garnieren.

SALZBURGER NOCKERL

Zutaten

6 Eier
gut ¼ l Milch
50 g Butter
2 gestrichene EL Vanillezucker
140 g Zucker
6 gestrichene EL Mehl
2 gestrichene EL Puderzucker

Den Backofen auf 230 °C vorheizen. Die Eier sehr sorgfältig in Eiweiße und Eigelbe trennen. In einer feuerfesten flachen Form die Milch mit der Butter und dem Vanillezucker aufkochen.

Inzwischen die 6 Eiweiße zu einem festen Schnee schlagen, dabei nach und nach die Hälfte des Zuckers zugeben. Zum Eischnee 2 Eigelbe und den restlichen Zucker geben, das Mehl darübersieben und alles vorsichtig unterheben.

Von dieser Masse setzt man mit einem großen Löffel Nocken (daher auch der Name) in die Form mit der kochenden Milch, bestäubt alles mit Puderzucker und schiebt es für 8 bis 10 Minuten in den heißen Ofen und backt die Nockerl goldgelb.

Vorsicht: Nockerl vertragen keine Zugluft, auch darf die Form nicht unsanft auf den Tisch gesetzt werden, sonst fällt alles zusammen!

TOPFENSOUFFLÉ

Zutaten

100 g Sahnequark
3 Eier
1 unbehandelte Zitrone
50 g Zucker
Butter und Zucker für die Soufflé-Förmchen

Backofen auf 180 °C vorheizen, die Saftpfanne oder ein Backblech auf der untersten Leiste einschieben. Den Quark durch ein Sieb streichen, die Eier in 2 Schüsseln trennen, eine mit 3 Eiweißen, die zweite mit 2 Eigelben (das dritte für Rührei oder Omeletts aufbewahren).

Von der Zitrone etwa 1 TL Schale fein abreiben. In einer Schüssel den Quark mit den 2 Eigelben, 40 g Zucker und der Zitronenschale vermischen und mit einem Rührgerät schaumig schlagen.

Die 3 Eiweiße mit dem restlichen Zucker zu festem Schnee schlagen und unter die Quarkmasse heben. 4 Soufflé-Förmchen (oder ofenfeste Tassen) mit Butter einfetten, dann mit etwas Zucker ausstreuen und die Masse einfüllen.

Die Formen auf das Backblech stellen und etwa 2 cm hoch heißes Wasser auf das Blech gießen, dabei aufpassen, dass kein Wasser auf die Eimasse kommt. Im Ofen 20 bis 25 Minuten backen, vorher die Ofentür nicht öffnen, sonst fallen die Soufflés zusammen! Sofort aus dem Ofen heraus mit etwas Zucker bestreuen und zu Zwetschgen- oder Kirschkompott reichen.

GRIESSSOUFFLÉ

Zutaten für 6–8 Personen

¼ l Milch
50 g Butter
50 g Grieß
½ Vanilleschote
4 Eigelbe
5 Eiweiße
70 g Zucker
Butter und Zucker für die Form
Puderzucker zum Bestreuen

In einem Topf die Milch, Butter und Grieß zusammen mit der längs aufgeschlitzten Vanilleschote unter Rühren aufkochen und den Grieß einige Minuten ausquellen lassen. Den Backofen auf 200 °C vorheizen. Die Grießmasse auf Handwärme abkühlen lassen, die Vanilleschote entfernen und die Eigelbe sowie ein Eiweiß einrühren. In einer Rührschüssel die restlichen 4 Eiweiße steif schlagen, dabei nach und nach den Zucker dazugeben. Eine Auflaufform ausbuttern und mit Zucker ausstreuen.

Den Eischnee locker unter die Grießmasse heben und in die Auflaufform füllen, sie sollte nicht mehr als zu drei viertel voll sein. Die Souffléform in einen größeren Topf stellen, der mit etwa 90 °C heißem Wasser aufgefüllt wird (natürlich nur so weit, dass kein Wasser in die Auflaufform fließen kann). Vorsichtig in den Backofen schieben und 40 Minuten backen. Vorm Servieren mit Puderzucker bestreuen. Dazu schmecken, je nach Jahreszeit, kurz geschmorte Zwetschgen oder Aprikosen, aber auch Tiefkühlobst wie Himbeeren oder Beerenmischung.

GRIESSFLAMMERI

Zutaten

½ l Milch
Salz
5 cm unbehandelte Zitronenschale
75 g Grieß
3 Eier
80 g Zucker
Zucker und gemahlener Zimt zum Bestreuen

Milch bei kleiner Hitze mit einer Prise Salz und der Zitronenschale zum Kochen bringen. Grieß in die Milch einlaufen lassen und einige Minuten ausquellen lassen, bis der Brei dick ist. Zitronenschale herausnehmen, den Grießbrei etwas abkühlen lassen.
Die Eier trennen, die 3 Eigelbe und die Hälfte des Zuckers mit dem Brei verrühren. Die Eiweiße mit dem restlichen Zucker zu steifem Schnee schlagen und vorsichtig unterheben.

Portionsförmchen mit kaltem Wasser ausspülen und den Flammeri einfüllen. Abkühlen lassen, dann im Kühlschrank aufheben.

Mit Zimtzucker bestreut servieren. Am besten schmeckt es allerdings mit Rhabarber- oder Zwetschgenkompott oder mit anderen Früchten, dann aber nicht mit Zimt bestreuen.

CRÈME BRÛLÉE

Zutaten für 6 Personen ✸

8 Eigelbe (von Eiern der Gewichtsklasse 3; falls die Eier kleiner sind, sollte man 9 oder sogar 10 nehmen)
65 g Zucker (wer es sehr süß liebt, nimmt mehr)
600 ml süße Sahne
1 Vanilleschote

Die Eigelbe mit 40 g Zucker verrühren, bis der Zucker aufgelöst ist. Die Vanilleschote längs aufschlitzen und die kleinen Kernchen mit einem Messer herausschaben. Die Sahne mit diesem Vanillemark unter ständigem Rühren erhitzen. Kurz vor dem Aufkochen vom Herd nehmen und die Eigelbe mit einem Schneebesen kräftig unterrühren.

Die Mischung im Wasserbad (der Topf wird in einen größeren Topf gehängt, in dem Wasser leise kocht) unter ständigem Rühren mit dem Schneebesen erhitzen, bis die Crème dickflüssig wird (beim Rühren den Topfboden und -rand besonders intensiv bearbeiten, sonst gibt es dort Rührei).

Die fertige Crème durch ein Haarsieb in eine ofenfeste flache Form gießen, auf Zimmertemperatur abkühlen lassen, dann mit Klarsichtfolie abdecken und (am besten über Nacht) im Kühlschrank durchkühlen lassen.

Mindestens 1 Stunde vorm Servieren den Grill anheizen. Den restlichen Zucker gleichmäßig auf die Crème streuen und die Form etwa 10 Minuten unter den heißen Grill schieben, bis der Zucker karamellisiert und zu einer festen Kruste geworden ist. Bis zum Servieren wieder kühlstellen.

CRÈME ANGLAISE

Zutaten

200 ml Sahne
200 ml Vollmilch
3 Eigelbe
1 Vanilleschote
2 EL Zucker

Die Sahne in einen kleinen Topf gießen, dazu die Hälfte der Milch rühren. Die Vanilleschote der Länge nach aufschlitzen, die Kernchen mit einem Messer ausschaben.

Vanillekernchen und die aufgeschlitzte Schote in die Sahne-Milch geben und langsam aufkochen.

Die Eigelbe mit der restlichen Milch verquirlen und zu der kochenden Sahne-Milch gießen. Mit einem Schneebesen kräftig aufschlagen und den Zucker unterrühren, fertig! Etwas abkühlen oder ganz erkalten lassen, nur zu Beginn noch ein- oder zweimal umrühren. Zu Beerenfrüchten, Kompotten oder Bratäpfeln servieren. Die Crème hält sich auch im Kühlschrank bis zum nächsten Tag.

DIPLOMATEN-CREME

Zutaten

½ l Milch
1 Eigelb
40 g Zucker
1 Päckchen Vanillepuddingpulver (für ½ l Milch, zum Kochen)
1 Vanilleschote
1 Becher gut gekühlte Sahne
1 Päckchen Löffelbiskuits
Aprikosen-(Marillen-)Schnaps
etwa 150 g Aprikosenkonfitüre

In einem Schüsselchen 4 EL von der Milch mit dem Eigelb, Zucker und Puddingpulver verquirlen. Die übrige Milch in einen Topf füllen. Die Vanilleschote längs aufschlitzen, die Kernchen in die Milch schaben, die Schote zugeben und die Milch bis zum Siedepunkt erhitzen.

Den Topf vom Herd nehmen und die angerührte Puddingmasse in die heiße Milch rühren, wieder auf den Herd setzen und unter ständigem Rühren kurz aufkochen lassen. Den fertigen Pudding abkühlen lassen, dabei ab und zu durchrühren. Wenn der Pudding kalt ist, die gut gekühlte Sahne steif schlagen und unterziehen.

Eine (möglichst rechteckige) Schüssel mit einer Schicht Löffelbiskuits auslegen, mit etwas Schnaps beträufeln und eine dünne Schicht Aprikosenkonfitüre darauf streichen. Eine Schicht Pudding darüber füllen.

Wieder Löffelbiskuits, Schnaps, Aprikosenkonfitüre und so weiter einschichten, den Abschluss sollte die Puddingcreme bilden. Den Nachtisch gut durchziehen lassen. In der Form servieren.

SCHOKOLADEN-VANILLE-RUM-CREME

Zutaten

1 Vanilleschote
450 g Sahne
200 ml Milch
4 Eigelbe
50 g Zucker
2 EL Vanillepudding
70 g Zartbitterschokolade
1 EL Orangenlikör
2 EL Rum
Schokospäne zum Bestreuen

Die Vanilleschote mit einem Messer der Länge nach halbieren und das Mark herauskratzen. In einem Topf Vanilleschote, Vanillemark, 200 g Sahne und 100 ml Milch aufkochen. Die restliche Milch mit Eigelben, Zucker und Puddingpulver glatt rühren. In die kochende Milchsahne einrühren und aufkochen lassen, beiseite stellen und die Vanilleschote entfernen.

Schokolade in Stücke schneiden. 4 EL heiße Puddingmasse abnehmen und die Schokolade darin schmelzen lassen. Orangenlikör darunter rühren und abkühlen lassen. Den Rum in die Vanillepuddingmasse einrühren und abkühlen lassen. Die restliche Sahne steif schlagen, ein Viertel der Sahne unter die Vanillemasse und den Rest unter die Schokoladenmasse heben. Schichtweise in 4 Gläsern verteilen und 2 Stunden in den Kühlschrank stellen. Vor dem Servieren nach Belieben mit Schokospänen bestreuen.

REISPUDDING MIT BEEREN

Zutaten

200 g Beerenmischung (tiefgekühlt)
¾ l Milch
100 g Milchreis
1 Prise Salz
etwas Zucker
4 EL Puderzucker
2 Eiweiße
½ TL sehr fein geriebene Zitronenschale
Butter für die Form

Die Beerenmischung ausgebreitet auftauen lassen. Die Milch erhitzen. Wenn sie kocht, den Milchreis mit einer Prise Salz einrühren und einmal aufkochen. Bei ganz schwacher Hitze ungefähr 1 Stunde ausquellen lassen. Mit Zucker nach Belieben abschmecken und etwas abkühlen lassen.

Den Backofen mit Grill (wenn nicht vorhanden, den Ofen auf höchster Stufe) vorheizen. Die aufgetauten Beeren mit 3 EL Puderzucker pürieren. Die Eiweiße steif schlagen, 1 EL Puderzucker und die geriebene Zitronenschale gründlich unterheben.

Eine große oder mehrere kleine ofenfeste Formen mit Butter ausstreichen. Abwechselnd Reis und Beerenpüree einschichten. Die Oberfläche mit der Eiweißmasse bedecken, unter den heißen Grill schieben, bis die Oberfläche leicht gebräunt ist. Sofort heiß servieren.

MANDELPUDDING

Zutaten

200 g ungeschälte Mandeln
¼ l Milch
¼ l Sahne
2 EL Amaretto (Mandellikör)
4 Eier
3 EL Zucker
Butter für die Puddingform

Mandeln mit kochendem Wasser übergießen, einige Minuten ziehen lassen, dann das Wasser abgießen und die Mandelkerne enthäuten. In einem Blitzhacker portionsweise pürieren, dabei mit etwas Wasser anfeuchten.

Das Mandelpüree in eine Schüssel geben, die Milch aufkochen und darüber gießen. 30 Minuten quellen lassen, dann in ein mit einem Tuch ausgelegtes Sieb gießen, das Tuch fest ausdrücken (die Milch natürlich auffangen).

Diese Mandelmilch mit Sahne und Likör verrühren und aufkochen. In einer Schüssel die Eier mit dem Zucker verrühren, bis sich der Zucker aufgelöst hat. Die kochende Milch-Sahnemischung unter ständigem Rühren langsam zugießen.

Eine Puddingform dick mit Butter ausstreichen, die Eiermischung einfüllen und den Deckel aufsetzen oder mit Alufolie verschließen. In einen Topf stellen, heißes Wasser bis 5 m unter den Puddingformrand einfüllen. Bei schwacher Hitze zugedeckt etwa 45 Minuten in diesem Wasserbad garen.

In der Form abkühlen lassen, dann stürzen (leichter geht das, wenn man die Form dann noch mal kurz in heißes Wasser hält).

SCHOKOLADEN-AMARETTO-DESSERT

Zutaten

100 g Amaretti-Kekse
etwas Pflanzenöl zum Einfetten
30 g gehackte Mandeln
450 g Zartbitter-Schokolade
5 EL Amaretto (Mandellikör)
5 EL Ahornsirup
500 g Crème double

Amaretti-Kekse mit einer Küchenmaschine oder in einem Plastikbeutel mit einem Nudelholz zerkrümeln. Den Boden einer Springform mit etwas Öl einfetten und die Kekskrümel darin verteilen. Die Mandeln ohne Fett in einer Pfanne anrösten. Schokolade grob zerkleinern und im Wasserbad zusammen mit dem Likör und dem Sirup schmelzen, dabei gelegentlich rühren.

Crème double steif schlagen und vorsichtig unter die Schokolade heben. Die Schokoladen-Mischung in die Form füllen. Die Form mit dem Boden vorsichtig aufstoßen, um Luftblasen zu vermeiden. Mit Frischhaltefolie abdecken und über Nacht im Kühlschrank durchkühlen lassen. Die Form öffnen und das Dessert mit einem Messer in Portionen teilen. Dazu passt leicht angeschlagene Sahne oder Vanillesauce.

STICKY-TOFFEE-PUDDING

Zutaten

3 Eier
Salz
100 g brauner Zucker
150 g getrocknete Feigen
50 g kandierte Ingwerstäbchen
50 g getrocknete Pflaumen
1 Vanilleschote
4 EL weiche Butter
3 EL Honig
100 g Mehl
1 Packung Vanilleeis

Den Backofen auf 150 °C vorheizen. Die Eier trennen, das Eiweiß mit einer Prise Salz und der Hälfte des Zuckers mit einem Handrührgerät zu festem Schnee schlagen. Feigen, Ingwerstäbchen und Pflaumen sehr klein schneiden. Die Vanilleschote mit einem scharfen Messer der Länge nach aufschlitzen und das Mark herauskratzen. Die Butter mit restlichem Zucker, Vanillemark und Eigelben schaumig rühren. Den Honig untermischen. Feigen, Pflaumen, Ingwer und Mehl sowie die Hälfte vom Eischnee gut vermengen, den restlichen Eischnee vorsichtig unterheben. Ofenfeste Förmchen mit Butter ausstreichen, mit braunem Zucker ausstreuen und bis knapp unter den Rand mit der Masse füllen. Im Backofen auf mittlerer Schiene etwa 55 Minuten backen. Mit einem Messer vorsichtig den Pudding vom Rand der Förmchen lösen, auf Teller stürzen und mit Vanilleeis anrichten.

MARONEN-SCHOKO-DESSERT

Zutaten ✸

300 g Bitterschokolade
300 g vorgegarte Maronen
200 g weiche Butter
200 g Puderzucker und etwas zum Bestäuben
Kakao zum Bestäuben
200 g Sahne

Die Schokolade in einem Wasserbad schmelzen. Die Maronen in einer Küchenmaschine sehr fein zerhacken. In einer Schüssel die Butter mit dem Puderzucker schaumig aufschlagen, geschmolzene Schokolade und Maronen unterrühren und die Masse in Dessertförmchen geben. Über Nacht im Kühlschrank fest werden lassen. Maronencreme mit etwas Puderzucker und Kakao bestäuben und mit geschlagener Sahne anrichten.

ZITRONENPUDDING

Zutaten

1 unbehandelte Zitrone
4 Eier
150 g Sahne
150 ml Milch
Butter für die Tassen
6 EL Mehl
125 g Zucker
½ TL Salz

Den Backofen auf 180 °C vorheizen. Die Zitrone gut waschen, die Schale abreiben und den Saft auspressen. Die Eier trennen und das Eiweiß steif schlagen. Sahne mit der Milch vermischen.

In einer Schüssel Mehl, Zucker und Salz vermischen. Langsam Eigelbe, Sahne-Milch, Zitronensaft und -schale zugeben und gut verrühren. Vorsichtig das Eiweiß nach und nach unterheben. Cappuccino-Tassen mit Butter einfetten und die Masse darin verteilen. Auf ein tiefes Backblech setzen und so viel heißes Wasser angießen, dass die Tassen halbhoch im Wasserbad stehen. Etwa 40 Minuten im Backofen stocken lassen, bis die Oberfläche goldbraun ist.

VANILLEPUDDING MIT PUNSCHSAUCE

Zutaten

1 unbehandelte Orange
1 unbehandelte Zitrone
300 ml Rotwein
2 Nelken
½ Zimtstange
2 EL schwarzes Johannisbeergelee
1 TL Speisestärke
2 cl Rum
1 Vanilleschote
1 Ei
150 g Sahne
350 ml Milch
1 Päckchen Vanillepudding
3 EL Zucker

Orange und Zitrone gut mit heißem Wasser abwaschen und jeweils die Hälfte der Schale abreiben. Für die Punschsauce 250 ml Rotwein, Orangen- und Zitronenschale, Nelken, Zimt und Johannisbeergelee 10 Minuten in einem Topf bei schwacher Hitze köcheln lassen, durch ein Sieb gießen und wieder zum Kochen bringen. Die Stärke im restlichen Rotwein auflösen und in den Rotweinsud einrühren. Einige Male aufkochen und den Rum zugeben.

Die Vanilleschote mit einem scharfen Messer längs halbieren und das Mark herauskratzen. Das Ei trennen und das Eiweiß steif schlagen. Die Hälfte der Sahne ebenfalls steif schlagen. Das Eigelb mit etwas Milch vermischen. Puddingpulver und 1 EL Zucker ebenfalls mit kalter Milch glatt rühren. In einem Topf restliche Milch und restliche Sahne mit Vanillemark, 2 EL Zucker und einer Prise Salz aufkochen. Das Puddingpulver in die heiße Milch einrühren, kurz aufkochen lassen und vom Herd nehmen. Das verrührte Eigelb unter den Pudding ziehen. Den Eischnee und die geschlagene Sahne nach und nach unterheben und den Pudding abkühlen lassen. Vanillepudding auf Dessertteller verteilen und die Punschsauce darüber gießen.

DER MOHR IM HEMD

Zutaten

125 g dunkle Schokoladenkuvertüre
125 g weiche Butter
40 g Zucker
3 zimmerwarme Eier
1 gehäufter EL Mehl
1 Msp. Backpulver (4 g)
Butter und Zucker für die Förmchen

Den Backofen auf 210 °C vorheizen. Die Kuvertüre im Wasserbad schmelzen lassen. Butter und Zucker schaumig aufschlagen, Eier und Kuvertüre darunter rühren. Das Mehl mit dem Backpulver mischen und in den Teig sieben, alles gut verrühren. 4 Soufflé-Förmchen mit Butter einfetten und mit Zucker ausstreuen. Den Teig nur zur Hälfte in die Förmchen füllen, da der Teig noch aufgeht. Im Backofen 14 Minuten backen. Aus den Förmchen stürzen und lauwarm servieren.

QUARKCREME MIT GEEISTER HIMBEERSAUCE

Zutaten

Für die Creme:
je 1 unbehandelte Zitrone und Orange
300 g Quark (20 % Fett)
3 Eiweiße
150 g Zucker
1 ½ Becher Sahne (300 g)

Für die Himbeersauce:
250 g frische oder tiefgekühlte Himbeeren
50 g Puderzucker
Zitronensaft
Saft von ½ Orange
2 cl Orangenlikör

Die Schalen von Zitrone und Orange abreiben. Die Früchte auspressen. Quark mit der Hälfte des Zitronen- und Orangensafts sowie der abgeriebenen Zitronen- und Orangenschale vermischen. Das Eiweiß zu steifem Schnee schlagen, dabei den Zucker langsam einrieseln lassen. Die Sahne nicht zu steif schlagen. Die Sahne portionsweise abwechselnd mit dem Eiweiß unter die Quarkmischung heben und kühl stellen. Die Himbeeren mit Puderzucker, 1 Spritzer Zitronensaft, dem Orangensaft und Orangenlikör in ein hohes Gefäß geben und mit dem Pürierstab aufschlagen. Eventuell durch ein Sieb streichen und kaltstellen. Aus der Quarkcreme mit einem Löffel Nocken ausstechen und auf der Himbeersauce servieren.

TIPP: Ein Sieb in einer Schüssel mit einem Küchenhandtuch auslegen und die Quarkcreme einfüllen. Über Nacht kühl stellen, so kann die Quarkcreme abtrocknen und man kann dann schöne Nocken ausstechen.

OBSTSALAT VON HIMBEEREN UND PFIRSICHEN

Zutaten

3–4 Pfirsiche, weißfleischig oder, wenn zu haben:
Weinberg-Pfirsiche, innen weiß-rosa
200 g Himbeeren
Grand Marnier oder ein anderer Orangen-Likör
eventuell Zucker

Die Pfirsiche, sie sollten reif sein und sehr schön duften, mit einem Messer vorsichtig schälen (eventuell vorher ganz kurz in kochendes Wasser halten), entsteinen und in mundgerechte Stücke schneiden. Himbeeren waschen, die Stiele entfernen, mit Küchenpapier trockentupfen. In einer Schüssel die Früchte vorsichtig vermischen, 30 Minuten in den Kühlschrank stellen. Kurz vor dem Servieren nach Geschmack mit dem Likör parfümieren. Nur wenn notwendig, sparsam zuckern.

ROTE GRÜTZE

Zutaten

80 g Zucker
100 ml Portwein
1 Vanilleschote
1 kleines Stück unbehandelte Orangenschale
1 dünne Scheibe geschälter Ingwer
¼ l Rotwein
¼ l Kirschsaft
2 EL Stärke
600 g tiefgekühlte Beerenmischung
1 EL Honig
2 EL Kirschwasser

In einem Topf den Zucker mit 80 ml Wasser verrühren, hell karamellisieren lassen und mit dem Portwein ablöschen. Die Vanilleschote mit einem scharfen Messer der Länge nach halbieren und das Mark herauskratzen. Orangenschale, Ingwer, Vanilleschote und Vanillemark in den Topf geben, Rotwein und 200 ml Kirschsaft dazugießen und 5 Minuten leise köcheln lassen.

Die Stärke mit dem restlichen Kirschsaft glatt rühren und in die Flüssigkeit einrühren. Weitere 8 Minuten bei kleiner Hite köcheln lassen. Vanilleschote, Ingwer und Orangenschale wieder entfernen. Die tiefgekühlten Früchte dazugeben, nochmals aufkochen lassen und die rote Grütze mit Honig und Kirschwasser verfeinern, abkühlen lassen und servieren.

SCHNELLE ROTE GRÜTZE

Zutaten

1 Paket tiefgekühlte Beerenmischung
3–4 EL Zucker
1 Päckchen Vanillepuddingpulver
eventuell kalte Sahne zum Servieren

Die Beerenmischung in einen Topf geben, mit dem Zucker bestreuen und bei schwacher Hitze auftauen lassen. Das Puddingpulver in 3 bis 4 EL heißem Wasser auflösen und zu der kochenden Beerenmischung rühren. So lange leise köcheln lassen, bis sich der Vanillegeschmack mit den Beeren verbunden hat. Kaltstellen.

Zum Servieren die Grütze in Schälchen füllen und mit wenig kalter, flüssiger Sahne übergießen. Oder Vanillesauce dazu reichen.

KOMPOTT VON WINTERLICHEN FRÜCHTEN

Zutaten

50 g getrocknete Aprikosen
50 g getrocknete Zwetschgen
50 g getrocknete Datteln
2 kleine Äpfel (250 g)
2 kleine Birnen (250 g)
2 EL Zucker
1 EL Butter
1 Vanilleschote
2 Nelken
200 ml lieblicher Weißwein
1 TL grüne Pfefferkörner

Aprikosen, Zwetschgen und Datteln halbieren. Äpfel und Birnen schälen, halbieren, entkernen und in Spalten schneiden. In einer Pfanne Zucker und Butter schmelzen lassen, Äpfel und Birnen dazugeben und 2 bis 3 Minuten darin glasieren.

Die Vanilleschote mit einem scharfen Messer der Länge nach halbieren und das Mark herauskratzen. Vanillemark mit Nelken, Aprikosen, Zwetschgen und Datteln in die Pfanne geben.

Mit Weißwein ablöschen und kurz aufkochen lassen. Den grünen Pfeffer in einem Mörser andrücken und in das Kompott rühren, abkühlen lassen und servieren.

RHABARBERKOMPOTT

Zutaten

500 g Rhabarber
100–200 g Zucker
1 Zimtstange
5 cm unbehandelte Zitronenschale

Von den Rhabarberstangen sehr sorgfältig die faserige Haut abziehen. Die Stangen in etwa 3 cm große Stücke schneiden. Sind die Häute nicht ganz entfernt worden, dann muss das jetzt für jedes Stück einzeln nachgeholt werden.

Die Rhabarberstücke in einer Schüssel mit etwa 100 g vom Zucker bestreuen und 2 bis 3 Stunden Saft ziehen lassen; dabei ab und zu umrühren. Mit Zitronenschale und Zimt im eigenen Saft, eventuell noch ganz wenig Wasser zugeben, auf kleinster Stufe garen. In wenigen Minuten ist das Kompott fertig. Der Rhabarber sollte durch sein, aber nicht zu weich. Man muss wirklich daneben stehen und immer wieder probieren. Nach Geschmack noch mehr Zucker zugeben. Zitronenschale und die Zimtstange entfernen und das Kompott abkühlen lassen.

TIPP: Ist eine sehr gute Ergänzung zum Grießsoufflé.

ZWETSCHGEN-KOMPOTT

Zutaten

500 g reife Zwetschgen
¼ l Rotwein
100 g Zucker
1 Zimtstange

Die Zwetschgen waschen, halbieren und entsteinen. In einem Topf den Rotwein mit Zucker und der Zimtstange langsam aufkochen und die Zwetschgen bei ganz kleiner Hitze 6 bis 8 Minuten darin ziehen lassen. Der Wein darf dabei nicht kochen, höchstens ganz leise simmern (man nennt das pochieren). Die Früchte sollen weich werden, dürfen aber nicht zerfallen. Wenn man das Kompott gerne etwas dicklicher haben will, nimmt man die Früchte aus dem Sud und kocht diesen bei starker Hitze ein.

APRIKOSENRAGOUT

Zutaten

1 kg Aprikosen
3 EL Butter (60 g)
5 EL Zucker (100 g)
1 Vanilleschote
1 kleines Stück Schale von 1 unbehandelten Orange
1 kleines Stück Schale von 1 unbehandelten Zitrone
3 EL Orangenlikör
¼ l trockener Weißwein

Die Aprikosen waschen, halbieren, entkernen und vierteln. Die Butter in einer Pfanne schmelzen, den Zucker dazugeben und leicht karamellisieren lassen. Die Vanilleschote der Länge nach halbieren und das Mark mit Hilfe eines Messerrückens herausschaben.

Aprikosen, Vanillemark, Orangen- und Zitronenschale in die Pfanne geben, 5 Minuten unter ständigem Rühren glasieren, mit Orangenlikör ablöschen, mit Weißwein aufgießen und 15 Minuten bei kleiner Hitze weich schmoren.

TIPP: Aprikosenragout passt gut zu Milli-Rahmstrudel, Karottenkuchen oder Hefetalern.

BEEREN MIT PORTWEIN-ZABAIONE

Zutaten

1 Paket Beerenmischung (tiefgekühlt, 300 g) oder frische Erdbeeren, Himbeeren, Heidelbeeren, Johannisbeeren
3 EL Zucker
1 unbehandelte Orange
2 EL Puderzucker
100 ml weißer Portwein
2 Eigelbe
nach Belieben frische Minze zum Garnieren

Die Beerenmischung ausbreiten, mit Zucker bestreuen und auftauen lassen.

Die Orange heiß waschen, die Schale abraspeln, den Saft auspressen und mit der Schale und Puderzucker in eine halbrunde Metallschüssel geben. Den Portwein und die Eigelbe unterrühren.

Die Schüssel auf ein leise köchelndes Wasserbad setzen und die Mischung mit dem Handrührgerät (Schneebesen) weißschaumig aufschlagen, bis sich das Volumen des Weinschaumes etwa verdoppelt hat und die Mischung dick und cremig geworden ist. In eine Schüssel mit Eiswasser stellen und weiterschlagen, bis die Creme etwas abgekühlt ist.

Die Beeren auf Dessertteller verteilen und die Portwein-Zabaione darüber gießen. Nach Belieben mit Minzeblättern garnieren.

PFIRSICH-ERDBEER-KOMPOTT

Zutaten

4 mittelgroße Pfirsiche
24 Erdbeeren
30 g Zucker
3 EL Pfirsichlikör
Saft von 4 Orangen
1 Zweig Thymian
1 EL Stärke

Die Pfirsiche kreuzweise einschneiden, überbrühen, kalt abschrecken, enthäuten, entsteinen und in Spalten schneiden. Die Erdbeeren waschen, das Grün entfernen, Erdbeeren halbieren und beiseite stellen.

In einer beschichteten Pfanne den Zucker karamellisieren lassen, mit Pfirsichlikör und Orangensaft ablöschen. Den Thymianzweig waschen, trockentupfen und dazugeben. Die Stärke mit 2 EL Wasser glatt rühren, in die Sauce geben und kurz aufkochen lassen. Die Sauce wird damit gebunden. Thymianzweig wieder entfernen. Die Pfirsichspalten in eine Schale geben, die heiße Sauce darüber gießen und vorsichtig vermischen. Die Erdbeeren erst 10 Minuten vor dem Verzehr unterheben, sonst werden sie matschig.

BIRNEN MIT SAURER SAHNE

Zutaten

4 Birnen, schön reif
1–2 Becher saure Sahne (oder Crème fraîche oder Joghurt oder alles zusammen)
Zitronensaft nach Geschmack
Zucker

Die Birnen schälen und auf einer Rohkostreibe reiben. Mit der sauren Sahne (oder Crème fraîche oder Joghurt oder einer Mischung aus allen dreien) vermischen. Mit Zucker und Zitronensaft abschmecken. Das Verhältnis von süß und sauer muss ausgewogen sein. Wenn die Birnencreme etwas fester sein soll, kann man in wenig heißem Wasser aufgelöste Gelatine unter die Sahne rühren (das mache ich aber nie). Auf jeden Fall kalt servieren.

IN RIESLING POCHIERTE BIRNEN

Zutaten

4–6 reife, aber nicht zu weiche Birnen (z. B. Williams)
1–2 Vanilleschoten
1 Flasche Riesling-Wein
250 g Zucker
Saft und Schale einer unbehandelten Zitrone
4 EL Honig
Schlagsahne zum Servieren

Die Birnen schälen, dabei den Stiel als Dekoration dranlassen. Die Vanilleschoten längs aufschlitzen.

In einen Topf, in dem später die Birnen gerade Platz haben, den Wein mit ¼ l Wasser, den Vanilleschoten, Zucker, Saft und Schale der Zitrone und dem Honig aufkochen. Die Temperatur zurückschalten und die Birnen in den Sud legen.

Die Birnen in der nur leise simmernden Flüssigkeit 8 bis 15 Minuten je nach Reife und Größe pochieren. Sie sollen noch ziemlich fest sein. In dem Weinsud abkühlen lassen.

Zum Servieren die Birnen aus dem Sud heben und längs halbieren (nach Belieben auch das Kerngehäuse entfernen und die Birnenhälften fächerartig aufschneiden). Auf Tellern anrichten und mit einem Klecks Schlagsahne garnieren.

BRATBIRNEN MIT WILLIAMSZABAIONE

Zutaten

3 EL Rosinen
3 EL Rum (40 % Vol.)
30 Amaretti (ital. Mandelkekse)
5 Birnen
100 g Marzipan
30 g gehackte Walnüsse
100 g Butter
100 ml Apfelsaft
1 Msp. Zimt
2 Eigelbe
1 EL Zucker
5 EL Birnenschnaps, am besten Williamsgeist

Rosinen hacken und im Rum einige Stunden einlegen. Den Backofen auf 180 °C vorheizen. Die Amaretti zerbröseln. Die Birnen waschen und trockentupfen. Von 4 Birnen das obere Drittel abschneiden, mit einem Teelöffel das Kerngehäuse entfernen und ein wenig Fruchtfleisch aushöhlen. Das Fruchtfleisch klein schneiden, mit Marzipan, gehackten Walnüssen, der Hälfte der eingeweichten Rosinen und der Hälfte der Amarettibrösel mischen. Die Birnen damit füllen.

Die restliche Birne schälen, halbieren, das Kerngehäuse entfernen und die Birne in Würfel schneiden. In einer feuerfesten Form die Butter schmelzen lassen, Birnenwürfel, restliche Rosinen, die Hälfte des Apfelsafts und den Zimt einrühren und kurz aufkochen lassen.

Die Birnen auf das Kompott stellen, mit restlichen Amarettibröseln bestreuen und im Backofen 20 Minuten garen. Ab und zu die Birnen mit Saft übergießen.

Für die Zabaione Eigelbe, Zucker, restlichen Apfelsaft und Birnenschnaps in eine Schüssel geben und mit einem elektrischen Handrührgerät schaumig rühren. Die fertig gegarten Birnen mit dem Kompott und der Zabaione auf Tellern anrichten und lauwarm servieren.

TIPP: Die klassische Zabaione wird im Wasserbad mit einem Schneebesen von Hand schaumig gerührt. So wird sie besonders locker. Die im Rezept empfohlene Zubereitungsweise funktioniert aber auch sehr gut.

GEDÜNSTETE ÄPFEL MIT WALNUSSSAUCE

Zutaten

100 g Walnusskerne
2 große säuerliche Äpfel (z. B. Boskop)
½ unbehandelte Zitrone
65 g Butter
5–6 EL Zucker
125 g Sahne
Zucker, Zimtpulver, ein Schuss Weißwein

Die Walnusskerne im Mörser zerstoßen (oder mit dem Blitzhacker zerkleinern). Die Äpfel waschen, die Kerngehäuse ausbohren. Die Äpfel nach Belieben schälen, mit etwas Zitronensaft einreiben. Beiseite stellen.

In einer Kasserolle 40 g Butter erhitzen, den Zucker einstreuen und hellbraun karamellisieren lassen, dabei mit einem Holzlöffel rühren. Die Kasserolle vom Herd nehmen und 2 EL Wasser zugießen. Die Nüsse einrühren und bei schwacher Hitze 5 Minuten köcheln lassen. Die Sahne zugießen und weiter leise kochen lassen, bis die Sauce sämig ist.

Inzwischen die Äpfel in etwa 1,5 mm dünne Ringe schneiden. Die übrige Butter (25 g) in einer großen Pfanne zerlassen, die Apfelringe einlegen, mit etwas Zucker und Zimtpulver bestreuen und leicht andünsten. Etwas Wein angießen und ein Stückchen Zitronenschale dazulegen. Zugedeckt bei kleiner Hitze weich, aber nicht matschig dünsten. Auf Dessertteller verteilen und mit Walnusssauce servieren.

LAUWARMES APFEL-RAGOUT

Zutaten

3–4 Äpfel zum Dünsten, z. B. Boskop
50 g getrocknete säuerliche Aprikosen
½ Tasse Walnusskerne
1 EL Zucker
2–3 EL Butter
gemahlener Zimt nach Geschmack

Die Äpfel schälen, vierteln, Kerngehäuse entfernen, die Apfelviertel in etwa 1,5 cm dicke Spalten schneiden. Die Aprikosen mit heißem Wasser überbrausen, trocknen und in dünne Stifte schneiden. Die Walnusskerne grob hacken.

In einer Pfanne den Zucker bei mittlerer Hitze leicht schmelzen, aber nicht bräunen lassen. Die Butter, die Aprikosenstifte und die Nüsse zugeben. Die Apfelspalten untermischen und unter vorsichtigem Rühren bei mittlerer Hitze dünsten, bis die Äpfel gar sind, aber noch etwas Biss haben. Nach Belieben mit gemahlenem Zimt bestreuen.

APFELRINGE IN BIERTEIG

Zutaten

5–6 säuerliche Äpfel (z. B. Boskop)
2–3 EL Zitronensaft
120 g Zucker
2–3 TL Rum
200 g Mehl
¼ l helles Bier
Salz
50 g Butter
2 Eier
Butterschmalz zum Ausbacken
Zucker und Zimt zum Bestreuen

Die Äpfel schälen und die Kerngehäuse ausstechen. Die Äpfel in 1 cm dicke Scheiben schneiden. Den Zitronensaft mit 20 g Zucker und dem Rum verrühren, über die Apfelscheiben gießen und 30 Minuten beiseite stellen.

Für den Bierteig das Mehl mit dem Bier, restlichem Zucker (100 g) und einer Prise Salz glatt rühren. 20 Minuten quellen lassen.

Die Butter zerlassen und wieder abkühlen lassen. Die Eier sorgfältig trennen, die Eigelbe und die Butter zum Teig rühren. Die Eiweiße zu Schnee schlagen und unter den Bierteig heben.

In einer Pfanne reichlich Butterschmalz stark erhitzen. Die Apfelscheiben abtropfen lassen, portionsweise durch den Bierteig ziehen und auf beiden Seiten goldbraun ausbacken. Die fertigen Ringe auf Küchenkrepp entfetten, anschließend in einer Zucker-Zimt-Mischung wenden. Heiß servieren.

ANANAS MIT SÜSS-SAURER SAHNE

Zutaten

1 vollreife Ananas
1 Becher Sahne
1 Becher saure Sahne
Zucker nach Belieben

Die Ananas schälen, die braunen »Augen« mit einem spitzen Messer entfernen. Ananas längs vierteln, den hölzernen Strunk in der Mitte entfernen und das Fruchtfleisch in mundgerechte Stücke schneiden.
Die Sahne steif schlagen und mit der sauren Sahne vermischen. Nach Belieben zuckern. Auf oder neben den Ananas-Stücken servieren.

HIMBEER-MOUSSE

Zutaten

500 g frische oder tiefgekühlte Himbeeren
Zucker nach Belieben
1 Becher Schlagsahne (200 g)
4–5 Eiweiß (je nach Größe der Eier)

Tiefgefrorene Früchte langsam auftauen lassen. Die aufgetauten oder frischen Himbeeren im Mixer pürieren und durch ein Haarsieb streichen, mit Zucker nach Geschmack süßen. Eiweiß und Sahne in zwei Schüsseln getrennt mit etwas Zucker steif schlagen. Fruchtmus, Eischnee und Schlagsahne ganz vorsichtig vermischen. Bis zum Servieren kühlen.

ERDBEEREN MIT CAYENNEPFEFFER

Zutaten

500 g Erdbeeren
1 unbehandelte Orange
150 g Zucker
3 EL Wasser
250 ml Orangensaft
5 EL Orangenlikör
1 Msp. Cayennepfeffer
2–3 EL gehackte Pistazien
Vanilleeis

Die Erdbeeren waschen, Stiele entfernen und die größeren Früchte halbieren. Die Orangen gut abwaschen und etwa 1 TL Schale abreiben. In einer Pfanne Zucker und Wasser karamellisieren lassen. Orangenschale, -saft und -likör hinzufügen. Wenn sich der Zucker gelöst hat, mit Cayennepfeffer würzen und die Erdbeeren 3 bis 5 Minuten in der Flüssigkeit dünsten. Die Früchte sollen nicht zu weich werden. Pistazien dazugeben, Erdbeeren in tiefe Teller oder Schälchen geben und mit Vanilleeis anrichten.

APRIKOSEN-APFEL-STREUSEL

Zutaten

5 säuerliche Äpfel (z. B. Braeburn)
3 EL Gelierzucker oder Zucker
1 Dose Aprikosen (500 g Abtropfgewicht)
5 EL kalte Butter
150 g Mehl
50 g gemahlene Mandeln
3 EL brauner Zucker
1 TL Zimtpulver
Butter und Zucker für die Form

Den Backofen auf 200 °C vorheizen. Die Äpfel schälen, vierteln, vom Kerngehäuse befreien und mit dem Gelierzucker vermischen. Die Aprikosen auf einem Sieb abtropfen lassen.

Die kalte Butter in Würfel schneiden und mit Mehl, gemahlenen Mandeln, braunem Zucker und Zimt in eine Schüssel geben. Zwischen den Händen zu Streuseln reiben. Eine rechteckige, feuerfeste Auflaufform einfetten und mit etwas Zucker ausstreuen. Mit der Hälfte der Äpfel den Boden belegen. Die abgetropften Aprikosen darauf geben, mit den restlichen Äpfeln abdecken und die Streusel darauf verteilen.

Den Aprikosen-Apfel-Streusel 30 Minuten im Backofen backen, die Hitze auf 150 °C reduzieren und weitere 30 Minuten fertig backen. Herausnehmen und noch lauwarm servieren.

TIPP: Etwas gesüßte und leicht geschlagene Sahne dazu reichen.

FEINER HEIDELBEER-KIRSCH-KUCHEN

Zutaten

Für den Mürbeteig:
3 EL kalte Butter (60 g)
2 EL Puderzucker (40 g)
1 Vanilleschote
1 Eigelb
125 g Mehl (Type 405)
Salz
Butter für die Form

Für die Füllung:
500 g frische Sauerkirschen oder aus dem Glas
250 Zucker
1 EL Kirschwasser
200 g Heidelbeeren
4 EL Amarettibrösel
4 Eier
200 ml Crème fraîche
200 ml Milch

Für den Mürbeteig die kalte Butter in eine Schüssel geben und mit dem Puderzucker verkneten. Die Vanilleschote mit einem scharfen Messer der Länge nach aufschneiden und das Mark herauskratzen. Vanillemark, Eigelb, Mehl und 1 Prise Salz zur Butter geben und rasch unterkneten. Den Teig in Klarsichtfolie wickeln und 2 Stunden im Kühlschrank ruhen lassen.

Den Backofen auf 180 °C vorheizen. Die Kirschen waschen, entsteinen. 1 EL Zucker mit dem Kirschwasser in eine Pfanne geben, schmelzen lassen und die Kirschen dazugeben. Unterrühren und 5 Minuten in den Backofen geben. Herausnehmen, durch ein Sieb abgießen und gut abtropfen lassen.

Eine Springform (28 cm Ø) mit Butter einfetten. Den Mürbeteig auf einer bemehlten Arbeitsfläche ausrollen und den Boden der Springform damit belegen. Mit einer Gabel mehrere Male einstechen. Im Backofen etwa 10 Minuten vorbacken.

Die Heidelbeeren waschen, trockentupfen und mit den Kirschen mischen. Amarettibrösel unter die Früchte mischen und auf dem vorgebackenen Mürbeteigboden verteilen.

Eier mit restlichem Zucker, Crème fraîche und Milch verrühren, durch ein Sieb streichen und die Hälfte der Masse über die Früchte gießen. Bei 160 °C im Backofen 15 Minuten stocken lassen, dann die restliche Sauce auf dem Kuchen verteilen und in weiteren 30 Minuten fertig backen. Abkühlen lassen und den Kuchen lauwarm servieren.

TARTE TATIN

Zutaten

200 g Mehl
140 g Butter
9 EL Zucker
2 EL Milch
2 EL neutrales Pflanzenöl
1 Eigelb
4–5 Äpfel
2–3 EL Zitronensaft

Das Mehl mit 100 g Butter, 2 EL Zucker, Milch, Öl und dem Eigelb schnell zu einem Mürbeteig verkneten, in Folie einschlagen und 1 Stunde im Kühlschrank ruhen lassen.

Die Äpfel schälen, Kerngehäuse entfernen und die Äpfel in grobe Schnitze schneiden. Mit dem Zitronensaft beträufeln und beiseite stellen.

Den Backofen auf 200 °C vorheizen. Den Boden einer flachen Kuchenform von etwa 20 cm Durchmesser mit 5 EL Zucker ausstreuen, die Form in den Ofen stellen und den Zucker hellbraun karamellisieren lassen. Die Form aus dem Ofen nehmen und die marinierten Apfelschnitze auf dem Karamell verteilen, noch 2 EL Zucker darüber streuen und die übrige Butter (40 g) in Flöckchen darauf geben. Den Mürbeteig aus der Folie nehmen und ein Stück in Größe der Form etwa 4 mm dünn ausrollen. Auf die Apfelfüllung legen. Den Ofen auf 220 °C schalten und die Tarte 20 bis 25 Minuten backen, bis die Teigoberfläche schön gebräunt ist. Die Tarte so auf eine Platte stürzen, dass die Äpfel nach oben kommen. Die Tarte Tatin warm servieren.

SCHOKOLADENTORTE

Zutaten für eine Backform von 20 x 24 cm

200 g Blockschokolade
100 g Butter
160 g Zucker
3 Eier
50 g Mehl
Puderzucker zum Bestreuen

Einen kleineren Topf in einen größeren mit kochendem Wasser stellen und über diesem Wasserbad die in Stücke gebrochene Schokolade mit 2 EL Wasser schmelzen lassen.

Butter und Zucker zugeben und zergehen lassen. Die Eier trennen; die 3 Eigelbe und das Mehl unter die Schokomasse rühren und gut vermischen. Die Eiweiße sehr steif schlagen und vorsichtig unterheben.

Eine flache Kuchenform mit Backpapier auslegen, die Masse einfüllen und in den kalten Backofen schieben. Den Regler jetzt erst auf 200 °C (Heißluft 180 °C) einschalten und die Torte 40 bis 50 Minuten backen. Jeder Ofen ist anders, deshalb lässt sich die Zeit nicht genau angeben. Es kann auch 60 Minuten dauern, bis die Torte fest ist. Mit einem Holzstäbchen immer wieder prüfen, ob noch flüssiger Teig beim Herausziehen daran hängen bleibt.

Die fertige Torte aus dem Ofen nehmen und am besten auf einem Gitter auskühlen lassen. Zum Servieren mit Puderzucker bestreuen und in Rechtecke schneiden.

TIPP: Schmeckt hervorragend mit der Vanillesauce.

APFELTARTE

Zutaten für 2 Formen von jeweils 25 cm Durchmesser

2 Scheiben Tiefkühl-Blätterteig
Mehl zum Ausrollen des Teiges
Butter zum Ausstreichen der Formen
3–4 säuerliche Äpfel (Boskop, Elstar)
etwa 75 g Zucker mit ½ TL Zimtpulver gemischt
Butterflöckchen zum Backen

Auf einem bemehlten großen Brett die Blätterteigscheiben dünn ausrollen, sodass jeweils eine Scheibe in eine Tarteform passt. Die Formen leicht mit etwas Butter ausstreichen, mit dem Blätterteig auslegen. Den überhängenden Teig wegschneiden.

Backofen auf 200 °C vorheizen. Die Äpfel schälen, die Kerngehäuse ausstechen, Äpfel vierteln und in etwa 1,5 cm dicke Spalten schneiden. Die Teigplatten schuppenartig mit den Apfelspalten belegen und nach Geschmack mit Zucker und Zimt bestreuen.

Einige Butterflöckchen auf die Äpfel geben, dann die Formen auf der 2. Schiene von oben in den Ofen schieben und etwa 25 Minuten backen. Lauwarm zum Tee servieren oder als leichtes Dessert nach einem Essen, vielleicht mit einer Kugel Walnusseis daneben.

PISTAZIENKUCHEN

Zutaten

2 unbehandelte Zitronen
150 g gehackte Pistazien
250 g Zucker
250 g weiche Butter
1 Vanilleschote
4 Eier
100 g gemahlene Mandeln
40 g Mehl
50 g Puderzucker
Butter zum Einfetten

Den Backofen auf 180 °C vorheizen. Die Zitronen gründlich mit heißem Wasser abwaschen, die Schalen abreiben und eine Zitrone auspressen. Eine Kastenform mit Butter einfetten.

120 g Pistazien im Mixer möglichst fein zermahlen. Zucker mit Butter schaumig aufschlagen und nacheinander die Eier zugeben. Die Vanilleschote mit einem scharfen Messer der Länge nach aufschlitzen und das Mark herauskratzen. Mandeln, Pistazien, Mehl, Vanillemark und die Hälfte der Zitronenschale untermischen und alles mit dem Handrührgerät gründlich verrühren. Den Teig in die Kastenform füllen und im Backofen 70 Minuten backen. Der Kuchen ist fertig, wenn beim Einstechen mit einem Holzstäbchen kein Teig kleben bleibt. Den Kuchen aus der Form stürzen und auskühlen lassen.

Für die Glasur Zitronensaft und Puderzucker kurz aufkochen und glatt rühren. Restliche Zitronenschale unter den Guss mischen, über den Kuchen gießen und mit gehackten Pistazien bestreuen.

SAFTIGER ORANGENKUCHEN

Zutaten

2 unbehandelte Orangen
1 Zitrone
5 EL Butter (110 g)
180 g Instant-Mehl
125 g Zucker
4 EL Milch
2 Eier
Butter zum Einfetten
75 g Puderzucker
200 g Sahne
etwas Orangenlikör, z. B. Grand Manier

Backofen auf 180 °C vorheizen. Eine Orange gut abwaschen, Zesten abziehen und fein hacken, beide Orangen und die Zitrone auspressen. Butter, Mehl, Zucker, Milch, Eier und Orangenzesten mit dem Handrührgerät zu einem glatten Teig schlagen. Eine Kastenform sehr gut mit Butter einfetten, den Teig hineinfüllen und 1 Stunde backen.

Für den Sirup Orangen- und Zitronensaft in einem Topf erwärmen und Puderzucker darin auflösen. Den fertigen Kuchen aus der Form nehmen, mit der Hälfte des Sirups begießen und auskühlen lassen. Den Kuchen aufschneiden und die einzelnen Scheiben mit dem restlichen Sirup beträufeln. Frische Schlagsahne halbsteif aufschlagen, mit Orangenlikör parfümieren und mit dem Kuchen anrichten.

KAROTTENKUCHEN

Zutaten

7 Eier mittlerer Größe
350 g Zucker
400 g Karotten
350 g fein gemahlene Mandeln
1 TL Backpulver
1 Prise Salz
2 unbehandelte Zitronen
Butter und Mehl für die Backform
Springform mit 26 cm Durchmesser

Den Backofen auf 200 °C vorheizen. Die Eier trennen und die Eigelbe mit 175 g Zucker mit dem Handrührgerät 10 Minuten schaumig schlagen.
Die Karotten schälen, fein raspeln und mit Mandeln, Backpulver und Salz mischen. Von beiden Zitronen die Schale abreiben und den Saft auspressen. Beides zu der Karotten-Mandel-Masse geben.

Das Eiweiß fast steif schlagen, den restlichen Zucker langsam einrieseln lassen und weiter schlagen bis das Eiweiß schnittfest ist. Die aufgeschlagenen Eigelbe mit der Karottenmasse vorsichtig mischen. Dann zuerst ein Drittel des Eischnees unter die Teigmasse heben, danach vorsichtig den Rest.

In die bereits gefettete und mit Mehl bestäubte Springform füllen und 50 bis 55 Minuten backen.

TIPP: Lecker schmeckt dazu die Vanillesauce oder auch das Aprikosenragout.

MAMAS NUSSFÜLLE FÜR OBLATEN ODER BISKUITBÖDEN

Zutaten

150 g Zucker
80 g Butter
100 g gemahlene Walnüsse
2 Eier

In einem kleinen Topf bei kleiner Hitze den Zucker schmelzen lassen, etwas Wasser und die Butter sowie die Walnüsse dazugeben und gut rühren, bis die Masse zu kochen beginnt. Dann den Topf vom Herd nehmen und die Eier dazurühren. Wieder auf kleiner Stufe erhitzen und kräftig durchrühren. Noch warm zwischen Oblaten oder Biskuitböden füllen.

LEBKUCHEN-SAUERKIRSCH-NACHTISCH

Zutaten

10–12 Elisen-Lebkuchen (ohne Glasur)
2 Gläser Sauerkirschen (Schattenmorellen)
2 Becher Sahne à 200 g
Zucker und Kirschwasser nach Geschmack

Die Lebkuchen, es dürfen auch etwas härtere sein, von der Oblate trennen und im Mixer zerbröseln.
Die Kirschen in ein Sieb geben, den Saft auffangen, etwas davon wird später benötigt. Die Sahne mit etwas Zucker steif schlagen.

In eine Glasschüssel eine Lage Lebkuchen-Brösel, eine Lage Kirschen mit etwas vom Saft und etwas mehr Kirschwasser, dann eine Schicht Schlagsahne füllen und so weiter, bis alles aufgebraucht ist.
Die letzte Schicht soll aus Schlagsahne bestehen.
Mindestens 1 Stunde kühlstellen.

MARILLEN-KNÖDEL

Zutaten

500 g Quark (vorzugsweise Magerquark, abgetropft)
200 g Mehl
2 Eier
10–12 Aprikosen (Marillen), reif, aber nicht zu weich
10–12 Stück Würfelzucker
Mehl zum Formen der Knödel
Butter
Zucker und gemahlener Zimt nach Geschmack

Aus dem Quark, Mehl und Eiern einen Teig rühren und etwa 20 Minuten quellen lassen. Falls er gar zu weich ist, noch 1 bis 2 EL Mehl zugeben.

Die Aprikosen waschen und trockenreiben, dann vorsichtig aufschneiden und die Kerne entnehmen; an deren Stelle jeweils ein Stück Würfelzucker einsetzen.

In einem großen Topf reichlich Wasser aufkochen und leicht salzen. Jede Aprikose mit dem Teig dünn ummanteln, ein Löffel und viel Mehl an den Händen hilft dabei.

Die Knödel in das Wasser legen, aber nicht zu viele auf einmal, sie kleben sonst aneinander. Jetzt dürfen sie nicht mehr kochen, sondern nur im heißen Wasser ziehen. Wenn die Knödel an die Oberfläche steigen, noch 7 Minuten garen, dann mit dem Schaumlöffel herausheben, aufschneiden und warm mit zerlassener Butter übergießen und mit Zucker und Zimt bestreuen.

POWIDLTASCHERLN

Zutaten

600 g mehlig kochende Kartoffeln
2 Vanilleschoten
100 g Instant-Mehl
60 g Hartweizengrieß
80 g Butter
1 Eigelb
Salz
3 EL Pflaumenmus
1 EL Rum
¼ TL Zimtpulver
1 ½ EL Semmelbrösel
Puderzucker
evtl. 1 Eiweiß
etwas Mehl

Die Kartoffeln waschen und in leicht gesalzenem Wasser gar kochen, pellen und dann durch die Püree-Presse drücken und abkühlen lassen. Die Vanilleschoten längs aufschlitzen und das Mark mit einem Messer herauskratzen. Die durchgedrückten Kartoffeln mit Mehl, Grieß, 40 g Butter, etwas Vanillemark und Eigelb sowie einer Prise Salz zu einem glatten Teig kneten. Ein großes Brett mit Mehl bestäuben und darauf den Teig ca. 3 bis 4 mm dick ausrollen (evtl. unter Klarsichtfolie). Das Pflaumenmus zusammen mit Zimt und Rum verrühren.

Mit einem Glas 8 cm große Kreise aus dem Teig ausstechen und jeweils in die Mitte einen kleinen TL der Pflaumenmus-Mischung setzen. Die Teigkreise zu Halbmonden zusammenklappen, mit einer Gabel die Ränder andrücken (damit sie besser zusammenkleben, vorher evtl. mit etwas Eiweiß bestreichen) und im siedenden Salzwasser 5 bis 8 Minuten garen. Wenn sie nach oben steigen, sind die Tascherln gar. Die restliche Butter in einem Pfännchen schmelzen und darin die Semmelbrösel leicht bräunen. Die fertig gegarten Tascherln auf Tellern anrichten, mit Butter-Brösel-Mischung übergießen und mit etwas Puderzucker bestäuben.

APFELPFANNKUCHEN

Zutaten

Für den Teig:
120 g Butter
250 g Mehl (Type 405)
3 Eier
2 Eigelb
100 g Zucker
½ l Milch
2 cl Rum
abgeriebene Schale von je ½ unbehandelten Zitrone und Orange

Für die Füllung:
4 mittelgroße Äpfel (z. B. Braeburn)
4 EL Zucker
3 EL Butter
1 großes Schnapsglas Calvados (4 cl)
4 EL brauner Zucker

Für den Pfannkuchenteig die Butter in einer Pfanne schmelzen lassen, mit den restlichen Teigzutaten in ein hohes Gefäß füllen und mit einem Pürierstab gut aufschlagen. Den Teig 2 Stunden ruhen lassen.

Den Backofengrill auf 250 °C vorheizen. Die Äpfel schälen, halbieren, entkernen und in Spalten schneiden. Den weißen Zucker in einer Pfanne mit 1 EL Butter karamellisieren lassen, die Apfelspalten dazugeben und mit Calvados ablöschen. Das Ganze etwa 3 Minuten leicht köcheln lassen, die Äpfel sollen noch Biss haben. Herausnehmen und abkühlen lassen.

Teig für einen dünnen Pfannkuchen in eine Pfanne mit etwas geschmolzener Butter einfließen lassen, backen und wenden. Ein Viertel der Apfelspalten auf dem Pfannkuchen verteilen, dünn mit flüssigem Teig bedecken und 3 Minuten in der Pfanne im Backofen fertig backen. Nach 1 Minute mit 1 EL braunem Zucker bestreuen und karamellisieren lassen. Mit dem restlichen Teig noch dreimal auf die gleiche Weise verfahren.

TIPP: Man kann den Pfannkuchen auch ganz natur lassen. Dafür die Pfannkuchen in einer Pfanne von beiden Seiten backen und mit Aprikosenmarmelade bestreichen, zusammenrollen und in Stücke schneiden. In einer Pfanne Aprikosenmarmelade, Aprikosenschnaps, je 1 Spritzer Zitronen- und Orangensaft aufkochen, Pfannkuchenstücke hineinlegen, durchschwenken und servieren.

PALATSCHINKEN

Zutaten

140 g Mehl
gut ¼ l Milch
2 Eier
1 Eigelb
Salz
Butter zum Braten
Aprikosenmarmelade zum Bestreichen
Puderzucker

Mehl mit einem Teil der Milch klümpchenfrei verquirlen, dann erst die Eier, das Eigelb und eine Prise Salz zugeben und zu einem glatten, dickflüssigen Teig verrühren. Nun noch so viel Milch zugeben, bis ein dünnflüssiger Teig entstanden ist. Mit mehr Eidottern oder Sahne statt Milch werden die Palatschinken zwar feiner, aber auch schwerer.

Den Teig etwa 30 Minuten ausquellen lassen. Für jeden Palatschinken (Pfannkuchen) in der Pfanne etwas Butter erhitzen, mit einer Schöpfkelle etwas Teig eingießen, rasch in der Pfanne verteilen und auf beiden Seiten braun werden lassen. Die fertigen Palatschinken aus der Pfanne nehmen, mit Aprikosenmarmelade dünn bestreichen, einrollen und im Ofen bei 75 °C warmhalten. Wenn alle fertig gebacken sind, mit Puderzucker bestreuen und servieren.

CRÊPES MIT AUBERGINENKOMPOTT UND KARDAMOM

Zutaten

Auberginenkompott:
500 g Auberginen
1 Zitrone

25 Kardamom-Kapseln (nach Intensität und Geschmack auch weniger)
100 ml Wasser
100 g Zucker
1 Prise Salz

Sauce:
150 g Butter
100 g Honig
400 ml Orangensaft
100 ml Zitronensaft

Crêpes-Teig:
3 Eier
100 g Zucker
125 g Mehl
200 ml Milch
1 Prise Salz
75 g Butter und etwas für die Pfanne

Die Auberginen schälen, klein schneiden und in einen Topf geben. Mit einem Liter Wasser und dem Saft der Zitrone 30 Minuten garen. Anschließend Auberginen über einem Sieb abgießen und im Mixer pürieren. Kardamomkapseln öffnen, Körner im Mörser zerdrücken und zu den Auberginen geben. In einem Topf 100 ml Wasser mit Zucker etwas einkochen lassen, zu den Auberginen gießen und mit Salz abschmecken.

Die Butter schmelzen und leicht bräunen, den Honig zufügen und etwas einkochen. Orangen- und Zitronensaft zugießen und einkochen lassen, bis alles die Konsistenz einer sämigen Dessertsauce hat. Die Eier mit dem Schneebesen aufschlagen, nacheinander Zucker, Mehl, Milch, Salz und geschmolzene Butter zugeben und gut verrühren. Eine Pfanne mit etwas Butter heiß werden lassen und dünne Crêpes ausbacken. Mit dem noch warmen Kompott füllen und mit der Sauce überziehen.

BÖHMISCHE LIWANZEN

Zutaten

Pflaumensauce:
5 EL Pflaumenmus
2 EL Zucker
Zimt
5 EL Sahne

1 unbehandelte Zitrone
150 ml Milch
10 g Trockenhefe
100 g Mehl
20 g Zucker
1 Prise Salz
1 Ei
20 g Butter
3 EL Sonnenblumenöl
Zucker und Zimt nach Geschmack

Für die Pflaumensauce Pflaumenmus, 2 EL Zucker, Zimt und Sahne verrühren und im Kühlschrank kaltstellen.

Die Zitrone gründlich mit heißem Wasser waschen, die Hälfte der Schale abreiben. In einem Topf die Milch lauwarm erhitzen. Trockenhefe und Mehl mischen, zusammen mit Zucker und lauwarmer Milch verrühren. Salz, Zitronenschale und das Ei zugeben und alles zu einem dickflüssigen Teig verrühren. Zugedeckt an einem warmen Ort 30 Minuten gehen lassen.

Eine Liwanzen- oder Eierpfanne heiß werden lassen und mit etwas Butter und Sonnenblumenöl ausstreichen. Mit einem Esslöffel den Teig in die Vertiefung geben, Oberfläche glattstreichen und 2 bis 3 Minuten backen, die Liwanzen wenden und die andere Seite fertig backen. Nach Geschmack Zucker und Zimt in einem Teller vermischen, Liwanzen darin wälzen und mit der Pflaumensauce servieren.

SAHNE-MILCHREIS MIT BEERENSAUCE

Zutaten

1 unbehandelte Limette
500 ml Milch
125 g Milchreis
200 g Sahne
60 g Zucker
1 Prise Zimt
250 g tiefgekühlte Beerenmischung
1 EL Wasser

Die Limette gut mit heißem Wasser abwaschen, Zesten abziehen und fein hacken. Die Limette auspressen. In einem Topf die Milch mit etwas mehr als der Hälfte der Limettenzesten zum Kochen bringen, den Milchreis einrieseln lassen und mit einem Schneebesen gut durchrühren.

Den Topf vom Herd nehmen und den Reis zugedeckt quellen und anschließend ohne Deckel abkühlen lassen. Die Sahne steif schlagen und unter den Milchreis heben, dann mit der Hälfte des Zuckers und dem Zimt abschmecken.

In einem Topf die Beeren mit dem restlichen Zucker und 1 EL Wasser kurz aufkochen, bis sie weich sind. Durch ein Sieb streichen, mit Limettensaft abschmecken und abkühlen lassen. Den Milchreis in Schälchen füllen, mit Beerensauce übergießen und mit Limettenzesten bestreuen.

GEBRATENE HEFETALER MIT PFLAUMENSAHNE

Zutaten

½ Würfel Hefe (21 g)
100 ml lauwarme Milch
150 g Mehl Type 405
1 Ei mittlerer Größe
1 Vanilleschote
4 EL Zucker
100 g Sahne
2 EL Pflaumenkonfitüre
Zimt
1 EL Pflanzenöl
3 EL Butter
¼ Schale von 1 unbehandelten Orange

Die zerbröselte Hefe in lauwarmer Milch auflösen und mit Mehl, Ei, Mark der Vanilleschote und 1 EL Zucker zu einem glatten Teig verrühren. An einem warmen Ort abgedeckt 20 Minuten gehen lassen. Sahne mit Pflaumenkonfitüre verrühren und mit 1 Messerspitze Zimt würzen.

Pflanzenöl mit der Butter in einer Pfanne erhitzen, die Orangenschale dazugeben. Mit einem Esslöffel etwas Teig abstechen und in der Pfanne von beiden Seiten goldbraun etwa 3 Minuten braten lassen. Auf Küchenkrepp entfetten lassen. 3 EL Zucker mit 1 TL Zimt vermischen, die Taler darin wälzen und mit der Pflaumensahne servieren.

EISKAFFEE MAL ETWAS ANDERS

Zutaten

3 Eigelbe
1 EL Zucker
3 EL Rum
2 EL löslicher Kaffee
Mark von ½ Vanilleschote
½ Zimtstange
Muskatnuss
100 g weiße Schokolade
1 Becher Sahne (200 g)
4 Kugeln Vanilleeis

Die Eigelbe mit dem Zucker in einer Schüssel mit dem Handrührgerät schaumig aufschlagen (mindestens 5 Minuten), bis die Masse weißlich ist.

Rum erwärmen und den Kaffee darin auflösen. Vanillemark mit Zimtstange und frisch geriebener Muskatnuss in den Kaffee geben, 10 Minuten ziehen lassen. Durch ein Sieb gießen. Die Schokolade grob zerteilen und in einer Schüssel im Wasserbad schmelzen lassen, mit dem aufgelösten Kaffee unter die Eimasse rühren und abkühlen lassen.

Die Sahne mit dem Handrührgerät nicht zu steif schlagen und unter die Kaffeemasse heben. Etwa 1 Stunde in den Kühlschrank stellen. Kurz vor dem Servieren je 1 Kugel Vanilleeis in ein hohes Glas geben und die Kaffeecreme gleichmäßig darauf verteilen.

RUMTOPF

Zutaten

500 g mittelgroße Erdbeeren
400 g rote Johannisbeeren
400 g Stachelbeeren
300 g Himbeeren
300 g Kirschen
300 g Zucker
½ l Rum (40 % Vol.)

Die Früchte putzen, Johannisbeeren von den Stielen zupfen und die Kirschen entkernen. Die Früchte waschen, gut abtropfen lassen und mit dem Zucker gründlich vermischen. Schichtweise in ein hohes Tongefäß füllen und mit Rum übergießen, abdecken und kühlstellen. Je länger der Rumtopf steht (auch über Monate), umso besser wird er.

JOGHURT TÜRKISCHE ART

Zutaten ✱

2 l H-Milch, vollfett
¼ l Sahne
1 Becher Vollmilch-Joghurt zu 150 g, nicht wärmebehandelt

In einem Topf die Milch aufkochen, wenn sie hochsteigt, die Sahne einrühren. Topf vom Herd nehmen und etwa 30 Minuten abkühlen lassen, bis die Milch lauwarm ist (am Topf fühlen), es bildet sich eine Haut. Jetzt den Joghurt löffelweise vorsichtig durch ein Loch in der Haut »einfächern«, also einen Löffel linksrum, einen Löffel rechtsrum, ohne die Haut auf der Milch zu zerreißen.

Topf fest zudecken und in viele Küchentücher und Decken wickeln, um die Wärme lange zu halten (Kochkisten-Effekt). 8–9 Stunden ruhen lassen, dann in den Kühlschrank stellen.

DIE WEINE MEINES LEBENS

Wie ich sie fand und sie lieben lernte

»Die Weine meines Lebens« erschließen sich für mich am besten durch meine Erinnerungen an die vielen wunderbaren Weinreisen, die mich fast durch die ganze Welt geführt haben. Ich habe im Laufe der Jahre in Frankreich, Österreich, in den USA, in Portugal, Südafrika, Italien, Spanien, Chile, Argentinien und natürlich in allen Weinregionen Deutschlands fast 100 Weingüter besucht.

All diese haben qualitativ hochwertige Weine produziert und mir hat es immer besonders viel Freude bereitet, vor Ort im Kontakt mit den Winzern, die Weine zu probieren. Durch dieses Ausprobieren hat sich mein Geschmack aber nicht verändert, sondern eher bestätigt. Ich muss betonen, dass ich häufig Weine gekostet habe, die nicht unbedingt nach meinem Geschmack waren, bei denen ich aber sofort merkte, dass sie sehr gut waren. Da war und ist allerdings mein persönlicher Geschmack kein objektives Qualitätsmerkmal, das ein Urteil über die Kunst des Winzers zulässt. Einen guten Wein kann man stets herausschmecken und wenn man dazu noch das jeweilige Gut besucht und die Umstände kennen gelernt hat, unter denen er produziert wurde, weiß man noch viel mehr, Wein und Winzerkunst zu schätzen. Mir war es immer ein spezielles Vergnügen, mit den Leuten zu sprechen, die den Wein auch selber produzieren. Überall auf unseren Weinreisen haben wir Leute kennen gelernt, die mit Wein zu tun gehabt oder Wein gar zu ihrer wahren Lebensaufgabe gemacht haben. Wir wurden auf den Reisen häufig zum Essen eingeladen und dabei habe ich eine ganz bestimmte Feststellung gemacht: Noch bei keinem weiteren Berufszweig habe ich so viele interessante, großzügige und liebenswürdige Menschen getroffen wie unter den Winzern. Ich glaube, dass sie eine andere Art des

Umgangs haben, weil Winzer in jahrhundertealter Tradition und ständiger Abhängigkeit von der Natur, dem Wetter und dem Boden gelernt haben, respektvoll mit den Dingen umzugehen. Ich denke, solch eine Haltung spiegelt sich auch im Geschmack wider. Menschen, die mit Wein zu tun haben, zeichnen sich darüber hinaus auch häufig durch einen feinen Sinn für gutes Essen und ein großes Faible für Gastfreundschaft aus.

Natürlich ist mein Blick ein sehr romantischer und idyllischer Blick auf die Winzer, natürlich ändern sich auch bei diesem Beruf die Gegebenheiten und grundsätzlichen Haltungen. Globale ökonomische Entwicklungen, chemische und technische Neuerungen haben die Weinkultur und damit die Menschen längst verändert. Ich bin sehr froh, dass ich dieses Ursprüngliche und Seriöse in der Weinwelt noch erfahren durfte. Wenn ich von meinen Weinerlebnissen berichte, dann erzähle ich von einem Ideal, das man hoffentlich noch lange finden kann.

Genauso wie beim Kochen bin ich auch im Umgang mit Wein ein Amateur – ein Liebhaber und kein professioneller Experte. Meine Kenntnisse, des in seinem Umfang so endlos umfangreich erscheinenden Themas Wein, beruhen einzig auf meinen eigenen Erfahrungen und sind deshalb rein subjektiv. Ich bin sehr froh, über die Jahrzehnte meinen eigenen Geschmack gefunden zu haben. Dass dieser besser oder schlechter, als die Vorlieben oder Abneigungen eines anderen wäre, möchte ich nicht behaupten. Ganz im Gegenteil, es liegt mir am Herzen, jeden Weininteressierten dazu zu ermuntern, selbst Erfahrungen zu machen und seine Lieblingsweine zu entdecken. Das geht nur auf eine einzige Art und Weise, nämlich durch Probieren. Man muss den Wein auf der eigenen Zunge gehabt haben, um ihn beurteilen zu können, man kann Geschmack nicht nachlesen oder einfach von anderen übernehmen.

Befreundete Weinkenner und -experten haben mir geholfen, bestimmte Weine kennen zu lernen und auszuprobieren. Dabei habe ich aber nie eine mir vorgestellte Meinung einfach übernommen. Von wenigen objektiven Kriterien bei der Weinverkostung, wie zum Beispiel Jahrgang, Lagerung und Präsentation, abgesehen, blieb es letztendlich bei jedem Wein immer bei der essentiellen Grundfrage: Schmeckt mir der Wein oder nicht? Bei der Beurteilung sollte man mehr als selbstbewusst sein und als oberste Instanz statt publizierter Expertenmeinungen und Bewertungsskalen nur seinen eigenen Geschmack gelten lassen. Für mich ist ein guter Wein einer, der mir Genuss bereitet.

Geschmack muss sich entwickeln. Wer anfängt, Weine bewusst zu trinken, auf die Traubensorte und auf das Herkunftsland zu achten und miteinander zu vergleichen, beginnt dabei, ein persönliches Wissen zu entwickeln und dadurch seinen Geschmack zu bilden.

Geschmack hat, nicht nur beim Wein, auch sehr viel mit Erinnern zu tun. Weinliebhaber, die in einer bestimmten Region leben, trinken häufig aus Gewohnheit fast nur den lokalen Wein, obwohl sie auch solche aus anderen Regionen kennen und schätzen lernen. Ich gehörte viele Jahre zu dieser Kategorie. Schon in der Jugend, die ich in Württemberg verbrachte, durfte ich das eine oder andere Glas mittrinken. Natürlich war damals der Geschmack ziemlich egal, es kam uns Jugendlichen zunächst nur auf die angenehme Wirkung des Weines an. Es wurde nicht viel abwechslungsreicher, als ich dann in Freiburg studierte, also mitten im badischen Weinland.

Meine Jahre beim ZDF, die ich in Mainz und Wiesbaden verbrachte, machten mich trotz der Nähe zu den besten Weinregionen nicht wirklich zum bewussteren Weintrinker. Durch erste Auslandsreisen und durch den Besuch italienischer

Restaurants in Deutschland lernte ich, dass man Weine nicht nur auf Partys, sondern auch zum Essen trinken kann. Zum Essen schmeckt nur trockener Wein, das merkte ich sehr rasch. So wurden der Edelzwicker (Verschnittwein aus dem Elsass) und später der Pinot Grigio zur »Einstiegsdroge« in eine neue Weinwelt für mich. Das war mein bescheidener Anfang zu einer neuen, bewussten Haltung zum Wein.

Als ich in den siebziger Jahren begann, vor der Kamera zu arbeiten, wurde mir durch neue Begegnungen und Einladungen klar, dass neben Edelzwicker, Pinot Grigio und Blanc de Blanc noch andere, wesentlich größere Genüsse auf mich warteten. Zu diesem Zeitpunkt fand ich auch schon einen Weinhändler meines Vertrauens, der mich umfassend beriet und mir noch unbekannte Weine vorstellte. Er half mir auch, die Weine für meine erste private Probe bei mir zu Hause am Küchentisch auszusuchen. Dies waren ein Riesling, ein weißer Burgunder, ein Sancerre, ein Pinot Grigio, also Grauburgunder, und ein Müller-Thurgau.

Der Händler gab mir den wichtigen Tipp, alle Traubensorten als sehr gute Qualitätsweine zu probieren. So kann man die verschiedenen Traubensorten nicht nur vergleichen, sondern auch herausfinden, ob man sie überhaupt mag. Wenn schon der erste ein Wein minderer Qualität ist, kann es passieren, dass man glaubt, diese Traubensorte nicht zu mögen. Dabei kann es nur an der schlechteren Qualität des Weins liegen. Darüber hinaus habe ich eine weitere Empfehlung zu schätzen gelernt. Wenn man eine Traubensorte durch einen guten, kostspieligen Wein als besonders wohlschmeckend kennen gelernt hat, kann man auch unter preiswerteren Weinen einen Wein finden, der diesem »Leitwein« möglichst nahe kommt.

Heute weiß ich nicht mehr, wie mir die Weine damals geschmeckt haben. Ich erinnere mich aber daran, dass meine erste eigene Weinprobe mein Verständnis von Wein erweiterte und Auslöser dafür war, mit großer Freude und Neugier weitere zu veranstalten und zu besuchen. Inzwischen habe ich viele Proben in jedem Umfang und in jeder Preisklasse mitgemacht. Als besonders interessant empfand ich vor allem diejenigen, die nicht nur jene aus verschiedenen Traubensorten nebeneinander stellten, sondern Weine verschiedener Preiskategorien oder aber aus verschiedenen Ländern und Kontinenten untereinander verglichen. Wenn man sich etwas besser auskennt und sich mit einer bestimmten Traube angefreundet hat, kann man sich noch intensiver damit beschäftigen und zum Beispiel direkt zu den Winzern fahren und herausfinden, wie ein Riesling im Rheingau im Vergleich zu einem aus Rheinhessen schmeckt.

Beim Wein war es bei mir so, dass sich mit der Zeit Veränderungen einstellten. Welchen Wein ich besonders mochte, veränderte sich über die Jahre. Dieses Changieren ist für mich beim Weingenuss das Spannende. Beim Essen ergeht es mir ähnlich, dort sind die Veränderungen aber bei weitem nicht so ausgeprägt. Mir fällt auf, dass ich heute beim Kochen viel häufiger internationale Zutaten oder Gewürze benutze. Ich koche nicht original chinesisch, aber ich benutze gerne Produkte, die in der chinesischen Küche ihr Zuhause haben. Ich koche nicht marokkanisch, mag aber Rezepte von Eintöpfen mit Datteln und Feigen besonders gern. Gleiches gilt für Kokosmilch und Zitronengras bei thailändisch angehauchten Rezepten. Genauso wie sich in meinem Alltag mein Kochverhalten verändert hat, hat sich auch mein persönlicher Weingeschmack verändert und weiterentwickelt. Das liegt vor allem an der Qualität des Produkts, das man heute fast überall bekommen kann und sicherlich auch, wie bei so vielen anderen Themen, an der Globalisierung. Es haben sich in den letzten Jahrzehnten weltweit völlig neue oder wiederentdeckte Weinwelten aufgetan.

Bei meinen Vorlieben für Wein finde ich es persönlich interessant, dass ich den hellsten unter den Roten, den Burgunder und das dunkelste Extrem, den Barolo, nicht gern mag. Man kann also nicht von mir behaupten, dass ich nur die leichten oder die schweren Weine mögen würde. So einfach lässt sich mein Geschmack nicht einteilen. Die Botschaft, die sich wiederum daraus ergibt, ist deshalb – wie eingangs erwähnt – ganz einfach: Man sollte versuchen, den ganz eigenen Geschmack zu finden. Für mich war das eine jahrzehntelange Entwicklungsphase. Ich habe sehr lange gebraucht, den meinen zu finden. Ich habe ihn gefunden, dann aber auch mal wieder korrigiert. Die Kategorien, die ich nicht mochte, habe ich nicht weiter vertieft. Die, die ich mochte, habe ich natürlich weiter probiert und neue Nuancen gefunden. Ich werde daher versuchen, die verschiedenen Weinsorten aus meiner Sicht zu beschreiben – sozusagen Wein, wie ihn mag.

DIE RIESLING-TRAUBE

Wenn ich von Riesling spreche, dann meinen ich deutschen Riesling. Es gibt kein Weinland der Welt, dessen Boden und Klima so ideal für diese Traubensorte sind. Daher wird der Riesling in anderen Ländern wenig oder gar nicht angebaut. In Deutschland – im Gegensatz zu Frankreich – wird oft die Traube auf dem Etikett genannt. So ist es einfach, einen deutschen Riesling zu finden. Ich habe immer wieder erlebt, dass Weine, auf deren Etikett zwar die Traubensorte, aber keine Region, keine Lage und kein Winzer angegeben waren – zum Beispiel »Rhein-Riesling« aus einer »Weinfabrik« –, sehr schlecht und manchmal sogar ungenießbar waren. Natürlich garantieren Region, Lage und Winzer keinesfalls, dass es sich um einen gut genießbaren Wein handelt. Aber die Wahrscheinlichkeit ist größer.

Der deutsche Riesling wird von Weinkennern in der ganzen Welt hoch geschätzt und die Riesling-Traube als einzige deutsche Traube zu den großen Klassikern gezählt. Teilt man die Traubensorten – wie es Joanna Simon in ihrem Weinbuch tut – in klassische, wichtige, andere verbreitete und weniger bekannte Sorten ein, dann tauchen außer dem Riesling in der ersten Kategorie alle anderen in Deutschland angebauten Weißweintrauben erst ab der dritten Kategorie auf. Das hat nicht mit den produzierten Mengen, sondern mit der Qualitätseinstufung durch die internationalen Fachleute zu tun. Wer vor 100 Jahren von deutschem Wein sprach, meinte Riesling. Er hat wahrscheinlich deswegen den deutschen Weingeschmack und die diesem Geschmack dienende deutsche Weinproduktion nachhaltig beeinflusst. Ich kenne keinen Wein, der einen so hohen Säureanteil in der Traube hat wie der Riesling.

Ein voll durchgegorener Riesling war lange Zeit dem deutschen Weintrinker zu sauer, nicht zuletzt deswegen, weil in vielen Gebieten Deutschlands traditionell Wein nicht in erster Linie zum Essen getrunken wurde. Man wollte – auch wenn man Riesling trank – einen im Munde angenehmen, schmeichelnden Wein. Das kann man seriös dadurch erreichen, dass man die Gärung an einem bestimmten Punkt stoppt. Man kann es unseriös durch die so genannte Nachzuckerung erreichen. Das war leider nach dem Krieg in Deutschland gang und gäbe. Und zwar nicht nur beim säurehaltigen Riesling, sondern bei allen deutschen Weinen, auch den roten. Diese »süße Brühe« hat das Image des deutschen Weines weltweit so nachhaltig beschädigt, dass es sich bis heute noch nicht vollständig davon erholt hat.

Aber es zeugt von großer Arroganz, wenn man dem deutschen Wein heute immer noch diesen Vorwurf macht.

Die Methoden der deutschen Weinherstellung sind durch das Gesetz geregelt und können – von einigen schwarzen Schafen abgesehen – als sehr seriös bezeichnet werden. Die Winzer sind verpflichtet, auf dem Etikett die Restsüße zu benennen. Dies geschieht durch die Bezeichnungen »trocken« oder »halbtrocken«, manchmal gibt es allerdings auch gar keine Bezeichnung.

Trocken bedeutet bis neun Gramm Restsüße pro Liter, halbtrocken bis 18 Gramm – wenn nichts dergleichen auf dem Etikett steht, handelt es sich um einen lieblichen oder süßen Wein. Diese letzteren Bezeichnungen sind bei den deutschen Spitzenwinzern verpönt. Sie suggerieren eine flache Süße, wie sie den gepanschten deutschen Nachkriegsweinen eigen war. Inzwischen gibt es jedoch milde Rieslinge von höchster Qualität, die sich mit höchsten Preisen bei Prämierungen, aber auch leider auf der Rechnung präsentieren. Sie sind einmalig in der Welt, weil sich in ihnen eine Balance aus der dem Riesling eigenen Säure mit der relativ hohen Restsüße zu einer Synthese vereint.

Der Alkoholgehalt hat viel damit zu tun, wie viel natürliche oder zugesetzte Süße zur Gärung kam und wann oder ob der Gärungsprozess unterbrochen wurde. Alkohol ist ja nichts anderes als vergorener Fruchtzucker. Je mehr davon vergärt, desto höher ist der Alkoholgehalt. Er wird in Prozenten des Gesamtvolumens ausgedrückt und steht in allen Weinländern auf dem Etikett. Die Begriffe »leichter Wein« oder »schwerer Wein« haben natürlich mit dem Alkoholgehalt zu tun. Ich selbst treffe diese Unterscheidung auch noch unter anderen Gesichtspunkten.

So ist der Riesling für mich ein leichter Wein, auch wenn er 12,5 % Alkohol hat, was allerdings eher selten ist. Er bekommt seine Leichtigkeit durch den Geschmack nach grünen Äpfeln, der ihm eigen ist. Dazu kommen der Duft und der Geschmack von Pfirsichen und Quitten, manchmal auch der von Blumen.

Bei mir ist er ideal als Einstieg in den Abend vor dem Essen als eine Art Aperitif, eine wunderbare Alternative zu Champagner oder Sekt. Überhaupt ist der Riesling ideal als Trinkwein ohne Essen. Ich bemerke, dass ich nach Überwindung des »Lieblich-Schocks« der Nachkriegszeit jetzt ganz langsam auch bereit bin, halbtrockene oder milde Rieslinge zu trinken, wenn es dazu kein Essen gibt. Wenn man einen Riesling mit niedrigem Alkoholgehalt gefunden hat, kann man davon schon etwas mehr wegtrinken, ohne müde zu werden.

DIE MÜLLER-THURGAU-TRAUBE

Woran sich die Geister am Riesling scheiden, ist seine Säure. Die einen – wie ich – verfallen ihr, die anderen lehnen sie ab oder vertragen sie nicht. In diesem Fall ist der deutsche Müller-Thurgau eine Alternative. Bis vor einigen Jahren dachte man, er sei eine Kreuzung aus der Riesling- und der Silvaner-Traube, heute weiß man, dass er aus Riesling und Gutedel gezüchtet wurde, wie das Herr Müller aus dem Kanton Thurgau zum ersten Mal gemacht hat. Egal, ob Gutedel oder Silvaner, beides sind säurearme, für mich sehr schwache, konturlose Trauben. Durch die Züchtung entstand ein neuer Wein, in dem die Säure des Rieslings ausgeglichen wird. Dabei nimmt man ihm meiner Meinung nach seinen Charakter und seinen Charme. Dazu kommt noch, dass er – nicht notwendigerweise, aber doch recht oft – nach Katzenpipi riecht. Das scheint die

Müller-Thurgau-Trinker nicht zu stören. Von der Gesamtrebfläche deutscher Weine fallen 21,9 % auf den Riesling und 21,7 % auf den Müller-Thurgau.

DIE CHARDONNAY-TRAUBE

Der Chardonnay ist derzeit der Modewein schlechthin in der ganzen Welt. Während der Riesling weltweit eine sehr geringe Rolle spielt, ist der Chardonnay die unbestrittene Nr. 1 beim Qualitätsweißwein. Alle Winzer richten sich nach einem bestimmten Chardonnay-Geschmack, dem des weißen Burgunders aus Frankreich (Bourgogne). Hinter den berühmten Weißweinen Meursault, Puligny-Montrachet und Chablis (alles Orts- bzw. Gebietsnamen) verbirgt sich die Chardonnay-Traube. Diesen Weinen eifern alle nach, wobei der Chablis-Typ schwer zu kopieren ist, da er seine besondere Note von der Beschaffenheit seines Bodens bezieht.

Beim Chardonnay schmeckt man Walnuss, Zimt und Karamell, wobei keines dieser Aromen dominieren darf. Vom Eichenfass kommt der Vanillegeschmack, aber auch etwas Rauch, weil die Fässer, in denen er ausgebaut wird, innen mit offener Flamme getoastet (geröstet) werden. Vergleicht man diese Aromen mit denen des Rieslings, wird man schnell feststellen, dass der Chardonnay viel Frucht, aber wenig Säure hat. Die Fachleute sagen, er sei fett und buttrig, aber trotzdem sanft. Was daran stimmt, muss jeder für sich herausfinden. Für mich ist soviel klar: Wenn der Riesling ein leichter Wein ist, dann ist der Chardonnay ein schwerer oder zumindest voller Wein. Während der Riesling auch ohne Essen wunderbar funktioniert, passt der Chardonnay besonders gut zum Essen und entfaltet dabei erst seine wahren Qualitäten entfaltet. Auch mir ist er zum Essen am liebsten.

DIE PINOT-GRIGIO-TRAUBE

Von den fünf Probeweißweinen schauen wir jetzt auf den Pinot Grigio. Er ist aus meiner Sicht etwas für Leute, die sich am schönen Namen berauschen statt am guten Wein. Mit ihm kann man zwar nichts falsch machen, aber leider auch nichts richtig. Italien ist durch Boden und Klima eines der besten Rotweinländer überhaupt. Für Weißwein bietet Italien jedoch in vielen Bereichen eher mittelmäßige bis schlechte Voraussetzungen. Aber auch in der Weinwelt gibt es keine Regel ohne Ausnahme: So habe ich erst vor kurzem einen ausgezeichneten Pinot Grigio getrunken. Die Pinot-Grigio-Traube wird auch in Deutschland angebaut, besonders häufig in Baden, und heißt hier Grauburgunder bzw. Ruländer. Diese deutsche Brudertraube ist in der Regel besser als die italienische. Mir fehlen aber auch bei diesem Wein die Säure und die Frucht.

DIE SAUVIGNON-BLANC-TRAUBE

Der Sancerre, den wir bei der Probe getrunken haben, hat mir sofort gut geschmeckt. Das weiß ich noch heute. Die Traube, aus der Sancerre gemacht wird – und die wie oft in Frankreich nicht auf dem Etikett steht – ist eine Traube von allerhöchstem Ansehen in der Weinwelt: Sauvignon Blanc. In den Weinorten Sancerre und Pouilly Fumé an der Loire werden die Weine ausschließlich aus dieser Traubensorte hergestellt und das in Qualitäten, die zu den besten der Welt gezählt werden.

Man sollte den Sauvignon Blanc – ähnlich wie einen modern ausgebauten trockenen Riesling – möglichst jung trinken. Er besticht in guten Qualitäten durch ein großartiges Aroma verschiedener Früchte, aber auch durch den Duft frisch geschnittenen Grases. So eine Beschreibung des Aromas mag vielen lächerlich erscheinen. Ich finde sie besser als die früher üblichen Fachausdrücke. Jeder weiß, wie frisch geschnittenes Gras riecht. Wenn man einen guten Sauvignon Blanc im Glas schwenkt, so dass genügend Sauerstoff an den Wein kommt und man dann intensiv daran riecht, vielleicht noch mit geschlossenen Augen, um von nichts abgelenkt zu werden, dann wird es nicht schwer sein, sich vorzustellen, dass man auf einer Wiese steht, auf der das Gras gerade geschnitten wurde.

Natürlich sollte dieses Aroma auch im Geschmack zu finden sein. Aber das variiert von Wein zu Wein. Manche Aromen sind im Geschmack, manche im Geruch stärker auszumachen. Der Kenner würde sagen: im Gaumen und in der Nase.

EINKAUFSQUELLEN UND PREISE BEIM RIESLING

Wie sehr sich die Weinwelt in den letzten zwei bis drei Jahrzehnten verändert hat, sähe man, wenn ich versuchte, die eben beschriebene Weinprobe an meinem Küchentisch zu wiederholen.

Beim Riesling könnten wir Weine verkosten, die es in dieser Qualität in Deutschland damals vermutlich noch nicht gab. Deutsche Spitzenwinzer haben in den letzten Jahrzehnten durch verschiedene Maßnahmen die Qualität der Weine – zumindest bei Riesling – in eine Höhe gebracht, die auf Weinmessen und bei Prämierungen dem höchsten internationalen Niveau standhalten kann. Natürlich muss der größere Aufwand bei der Herstellung dieser Spitzenweine bezahlt werden. Sie liegen alle um 15 Euro und oft weit darüber. Sie werden in sehr begrenzten Mengen hergestellt und sind deshalb schwer zu bekommen. Den preiswerteren und trotzdem sehr ordentlichen, wenn auch einfachen Riesling um vier Euro gibt es aber immer noch. Ich kaufe ihn beim Weinhändler meines Vertrauens oder direkt beim Winzer. Besonders beim Winzer habe ich Weine mit einem unglaublich guten Preis-Leistungs-Verhältnis gefunden. Da große Mengen Wein auch im Supermarkt gekauft werden, habe ich in der Vorbereitung dieses Buches eine Recherche über Weine aus dem Supermarkt gemacht. Dabei zähle ich die gutgeführten Weinabteilungen der großen Kaufhäuser mit entsprechender Beratung eher zu den Weinhändlern.

Das Ergebnis meiner Recherche ist, dass der Supermarkt für den deutschen Riesling keine gute Einkaufsquelle ist. Natürlich kann man auch da einen Fund machen, einen Treffer landen, genauso wie man beim Händler oder beim Winzer Pech haben kann. Aber beides ist eher die Ausnahme.

Ich glaube, der Grund dafür ist, dass der Supermarkt – besonders wenn er zu einer Kette gehört, was heute meistens der Fall ist – Wein in großen Mengen einkaufen muss. Und ganz offenbar ist der gute deutsche Riesling ein Individualist, der sich der für große Mengen notwendigen Gleichmacherei entzieht. Bei anderen Traubensorten, zum Beispiel beim Chardonnay, ist das anders.

Der Weinhändler meines Vertrauens kann bei den Winzern seines Vertrauens kleine Mengen individuell gekelterten Weines beziehen und so die Besonderheiten des deutschen Rieslings erhalten. Ich empfehle auch, für ein paar Tage in eine deutsche Weingegend zu fahren, bei mehreren Winzern zu probieren, um sich dann den Wein, der einem wirklich gut geschmeckt und einen guten Preis hat, regelmäßig schicken zu lassen.

CHARDONNAY AUS ALLER WELT

Beim Chardonnay ist die Situation ganz anders. Wollte ich die Probe von damals wiederholen, müsste ich für einen großen weißen Burgunder, einen Meursault oder Puligny-Montrachet in bester Qualität wahrscheinlich 50 Euro ausgeben, vielleicht sogar wesentlich mehr. Dafür gibt es inzwischen ausgezeichnete Kopien oder Nachahmer des Originals aus dem Burgund. Ich habe bei meinen Recherchen festgestellt, dass man Chardonnay aus Übersee (Kalifornien, Südafrika, Australien, Neuseeland und Chile) im Supermarkt sehr gut kaufen kann. So habe ich in der Preiskategorie bis 15 Euro sehr gute Chardonnay-Weine gefunden.

Die Erklärung dafür ist ganz einfach. Die Chardonnay-Traube ist – im Gegensatz zum Riesling – kein komplizierter Individualist, keine eigenwillige Persönlichkeit. Sie kann deshalb weitgehend nach Wunsch des Winzers geformt werden. Sowohl Winzer als auch Kellermeister haben mit dieser Traube wenig Ärger. Und so ist es für die Weinproduzenten in Übersee recht einfach, den typischen Burgunder-Geschmack zu kopieren. Dabei wird auf das, was diesen Geschmack zur Mode gemacht hat, besonders geachtet: Er muss buttrig, nussig und rauchig vom Holz sein. Diese Geschmackskomponenten liegen beim französischen Original nur am untersten Ende des vielschichtigen Geschmacksvolumens. Experten sagen, dass kein Nachahmer bisher die Qualität des Originals aus dem Burgund erreicht hat. Aber die Kopien sind dafür, dass sie in sehr großen Mengen produziert werden, von durchaus beachtlicher Qualität.

Da der Chardonnay, wie schon erwähnt, besonders gut zum Essen schmeckt, sind diese preiswerten Überseekopien ein Segen für diejenigen, die die Preise für das Original nicht zahlen können oder wollen. Und das sind die meisten.

Die Weingüter in der Neuen Welt haben nicht mit den Traditionen ihrer Väter und Vorväter zu kämpfen. Sie haben zu einer Zeit, als modernes Marketing ziemlich genau voraussagen konnte, welche Weine in Mode kommen, ihren Anbau und ihre neuesten Techniken auf diese Weine ausrichten und einstellen können. Davon konnte ich mich in Kalifornien und in Südafrika selbst überzeugen.

In der Alten Welt fand die Umstellung viel langsamer und kostspieliger statt. Dazu kommen in einigen der Überseeländer niedrige Löhne. Natürlich erklärt sich der Preisunterschied zum Original noch aus vielen anderen Komponenten. So liegt der teure Chardonnay aus dem Burgund mindestens zwölf Monate in kleinen Eichenfässern, die man Barrique nennt. Sie werden in der Regel alle drei Jahre gegen neue ausgewechselt. Das macht ein Weinproduzent, der preiswert kopiert, sicher seltener. So könnte man noch viele Details der Herstellung dieser teuren Weine aufzählen. Ihre Qualität macht sie zum begehrten Sammler- und Spekulationsobjekt, was wegen der begrenzten verfügbaren Menge sehr schnell zu irrealen Preisen führen kann, die mit der eigentlichen Qualität des Weines nur noch indirekt zu tun hat.

DIE MODEWEINE – SANCERRE UND PINOT GRIGIO

Beim Sauvignon Blanc von der Loire ist die Preisentwicklung nicht ganz so erschreckend wie beim Chardonnay aus dem Burgund. Aber ein wirklich guter Sancerre oder Pouilly Fumé ist unter 15 Euro nicht mehr zu haben, meist sogar nicht mehr unter 30 Euro. Ausnahmen bestätigen die Regel. Ich habe im Supermarkt einen ordentlichen Sancerre für 12 Euro gefunden. Um die große Nachfrage nach diesem Kult- und Modewein zu befriedigen, produziert der Markt eine große Menge schlechter, billiger Sancerre-Weine. Diese Weine sind ihr Geld nicht wert und haben nichts von dem Geschmack, den ich an der Sauvignon-Blanc-Traube so schätze. Statt einen billigen, dem Modetrend folgenden Sancerre zu kaufen, empfehle ich, nach einem Sauvignon Blanc aus Neuseeland zu suchen. Ich habe im Supermarkt einen sehr anständigen, gut trinkbaren für 10 Euro gefunden.

Für den Pinot Grigio gibt es keinen Ersatz. Man braucht auch keinen. Er ist heute genauso preiswert und genauso flach, wie er zur Zeit meiner Weinprobe war. Wie gesagt, Italien ist in weiten Teilen kein Land für große Weißweine. Dass Italien trotzdem große Mengen Weißwein der mittleren und der unteren Qualitäten erfolgreich exportiert, hat viele Gründe. »Aus einem Land, aus dem das beste Essen kommt, muss auch der beste Wein kommen«, so denken sicher viele. Dazu gilt der Pinot Grigio in Deutschland als eine Art Kultwein, sozusagen als »mega-in«, ein Wein, den man trinkt. Der englische Weinjournalist Stuart Pigott, der das beste Buch über den deutschen Riesling geschrieben hat, nennt die Konsumenten von Modeweinen »Etiketten-Trinker«. Er definierte sie so: »Solche Weintrinker sind unbewusste Masochisten. Wenn sie ein schlechtes Exemplar ihres Lieblingsweines trinken, sei es ein Pinot Grigio oder ein Sancerre, empfinden sie trotz der Vergewaltigung ihres Gaumens Wohlbehagen.«

Ich fürchte, dass gerade in Deutschland ein großer Teil der Weintrinker in den so genannten gehobenen Kreisen zu dieser Kategorie zählt. Und wir Deutschen denken ja überhaupt gern »ausländisch ist besser«. Wahrscheinlich spielen auch die Namen der Weine eine Rolle. Pinot Grigio, Frascati oder Orvieto klingt angenehmer und verführerischer als Saumagen, Nacktarsch oder Herrgottsacker.

ROTWEIN-TYPEN UND -STILE

Im Gegensatz zum Weißwein, den ich bei besagter Weinprobe an meinem Küchentisch kennen und schätzen lernte, kam beim Rotwein die Wende im Hause des Sängers Stefan Sulke. Bei ihm trank ich zum ersten Mal bewusst die besten Roten aus dem Bordeaux-Gebiet. Welch ein Genuss! Es war Liebe auf den ersten Schluck. Jetzt fing ich an, zu vergleichen und mich zu erinnern. Die Rotweine, die ich von da an irgendwo per Zufall bekam, schmeckten mir nicht mehr. Ich fing an, mich mit dem Rotwein zu beschäftigen. Ich lernte, dass der Bordeaux häufig nicht nur aus einer Traubensorte gemacht wird, sondern aus mehreren. Das nennt man Verschnitt. Man spricht daher vom Bordeaux-Typ oder -Stil, wenn man einen bestimmten Rotweingeschmack meint. Daneben sind noch der rote Burgunder und der rote Côtes du Rhône wichtig. Auch sie sind Wein-Typen, allerdings ist der Burgunder nur aus einer Traubensorte gemacht.

DER BORDEAUX UND SEINE KOPIEN AUS DER NEUEN WELT

Für die Weinkenner gibt es den Bordeaux nicht. Sie unterscheiden nach stilistischen Trennungslinien, die mit den Rebsorten und den Anbaugebieten zusammenhängen. Früher musste man zehn, manchmal sogar 20 Jahre oder mehr warten, bis der Wein gereift war. Heute versuchen die meisten Châteaux (so heißen die Weingüter im Bordeaux immer, auch wenn das »Mutterhaus« alles andere als ein Schloss ist), ihre Weine so auszubauen, dass sie schneller, d. h. jünger, trinkbar sind. Die Zeit der englischen Lords, in deren Keller Bordeaux-Weine viel Zeit hatten, um reif zu werden, geht zu Ende. Spitzenweine aus dem Bordeaux-Gebiet gelten bei Kennern als das Beste, was die Weinwelt zu bieten hat. Wenn man kein Kenner ist, läuft man Gefahr, diese Beurteilung auf alle Rotweine auszudehnen, auf deren Etikett das Wort »Bordeaux« steht.

Nach meinen persönlichen Erfahrungen gibt es in der Tat – von einigen wenigen Roten aus dem Burgund (Bourgogne) abgesehen – nichts Besseres als einen Spitzen-Bordeaux. Was der heute kostet, darüber mehr weiter unten.

Ich habe allerdings auch die Erfahrung gemacht – und werde dabei von den meisten Kennern bestätigt –, dass Bordeaux-Rotweine der unteren und sogar der mittleren Preisklassen dem Mythos Bordeaux nicht annähernd gerecht werden. Wenn man sie mit Weinen anderer europäischer Länder oder gar mit denen aus der Neuen Welt in der gleichen Preiskategorie vergleicht, schneiden die roten Bordeaux-Weine fast immer schlechter ab. Aber der Mythos Bordeaux ist so groß, dass er selbst dem billigsten Wein aus dieser Region einen Heiligenschein verleiht. Dabei hilft es den einfachen Weinen dieser Region leider wenig, dass ihre Brüder aus dem obersten Weinhimmel das Beste sind, was aus Trauben gemacht werden kann.

Wenn ich also vom Geschmack des roten Bordeaux-Weines spreche, dann meine ich immer die sehr guten, leider auch sehr teuren Weine. Zum Glück werden sie jetzt in der ganzen Welt mit großem Erfolg sehr gut kopiert, sodass sich auch der Weintrinker, der keine Millionenerbschaft gemacht hat, diesen speziellen Geschmack leisten kann.

Die Hauptgeschmacksnote ist das Aroma der schwarzen Johannisbeeren. Schon in Jungweinen kann man heute Eichenholz und Tannin in ausgewogener Menge herausschmecken, dazu kommt je nach Gebiet, Traube, Jahrgang und Behandlung ein Aroma-Bouquet, in dem man Schokolade, Tabak, Minze, Gewürznelken und in älteren Weinen Pilze, Dörrobst und Lebkuchen ausmachen kann.

Die Farbe ist immer dunkel. Sie kann sich durch das Altern von purpur- zu ziegelrot verändern. Ich würde ihn als voll, um nicht zu sagen, als schwer bezeichnen. Schwer nicht im Sinne von sehr alkoholhaltig, sondern im Sinne von rund und dunkel, im Gegensatz etwa zum helleren Burgunder. Schwer heißt (bei mir) aber auf keinen Fall hart. Der volle Bordeaux ist für mich weich und rund. Im Gegensatz zu den meisten Kopien aus aller Welt ist der Bordeaux aber nie weich im Sinne von gefällig. Er ist weich – wie eine ganz liebe, aber doch strenge Mutter. Viele der nachgeahmten Rotweine sind nur liebe Mütter. Sie sind so genannte Schmeichler. Kenner rümpfen deshalb oft die Nase bei diesen Weinen. Ich nicht. Wer lässt sich nicht gern schmeicheln?

Der volle Bordeaux hat zwei Hauptsorten von Trauben als Grundlage: die Cabernet-Sauvignon- und die Merlot-Traube. Erstere ist immer noch so etwas wie die Leittraube, sie wird aber von letzterer eingeholt. Denn die Merlot-Traube gewinnt weltweit immer mehr an Bedeutung. Von geringerer Bedeutung – besonders bei den Nachahmungen – ist die Cabernet-Franc-Traube.

Der Grund dafür, dass der Bordeaux-Typ oder -Stil der weltweit am meisten nachgeahmte Rotwein-Stil ist, liegt daran, das die beiden genannten Haupt-Traubensorten nicht nur auf dem Boden und in dem Klima des Bordeaux-Gebietes gute bis ausgezeichnete Ergebnisse erzielen, sondern fast überall in der Welt. Dabei entstehen Weine, die dem Bordeaux ähneln, durchaus aber auch eigenständigen regionalen Charakter zeigen. Da auf den Etiketten der Weine aus der Neuen Welt die Traube in der Regel angegeben ist, braucht man nur noch Cabernet Sauvignon oder Merlot zu suchen, um diesen Rotwein-Stil zu finden. Im Preis-Leistungs-Verhältnis sind die Nachahmer aus der Neuen Welt fast unschlagbar.

TYPÄHNLICHE ALTERNATIVEN ZUM BORDEAUX UND ANDERE ROTE AUS ITALIEN

In Italien werden die dem Bordeaux am ähnlichsten Weine hauptsächlich in der Toskana produziert, in kleineren Mengen auch im Friaul (Friuli), im Veneto und auf Sizilien. Eine der einheimischen Trauben heißt Sangiovese. Sie ist die Grundlage vieler dieser angenehmen Rotweine, oft verschnitten mit Cabernet Sauvignon. Aber der Ruf nach Bordeaux typischen Weinen hat viele Winzer veranlasst, den Wein nur noch aus der Cabernet-Sauvignon-, der Merlot-Traube oder aus einem Verschnitt der beiden zu machen, wie er für den Bordeaux typisch ist. Die Weine werden wie ihr Vorbild im Barrique ausgebaut. Durch diese Lagerung bekommt der Rotwein Dichte, Fülle und zusätzliche Aromen, die in der Traube selbst nicht angelegt sind. Dass sich diese kostspielige Methode der Reifung im Fass auf den Preis auswirkt, ist klar.

Toskana-Weine haben oft einen hohen Tanningehalt. Man merkt das daran, dass der Wein im Hals kratzt und schon im Mund alles zusammenzieht. Bei den großen Qualitätsweinen der Toskana ist es den Spitzenwinzern gelungen, den Tanningehalt so in Grenzen zu halten, dass ein Wein entstand, der den Vergleich mit großen Bordeaux-Weinen nicht zu scheuen braucht.

Außer den Toskana-Weinen als Alternativen zum Bordeaux gibt es noch andere großartige Rotweine aus Italien. Ein Rotweinland war Italien immer schon. Allerdings ist der Chianti aus der Bastflasche Schnee von gestern. Zwar wird immer noch viel billiger Rotwein produziert und exportiert. Aber auch der ist dem heutigen Geschmack stärker angeglichen. Beim Wein der Mittel- und der Oberklasse haben die Italiener ein kleines Wunder vollbracht.

Neben sehr guten Toskana-Weinen gibt es Spitzenweine aus dem Piemont. Wir kennen sie unter dem Namen der Orte oder Gebiete, aus denen sie kommen. Hinter Barolo und Barbaresco verbirgt sich die Nebbiolo-Traube. Diese Weine haben glühende Verehrer, die, bedingt durch die relativ kleinen Mengen, in denen die Weine produziert werden, die Preise in astronomische Höhen klettern lassen.

Im Piemont hat man selten versucht, den Bordeaux nachzuahmen. Das wäre vermutlich auch nicht möglich. Die Nebbiolo-Traube – zumindest so, wie sie im Piemont an- oder ausgebaut wird – hat einen sehr hohen Tanningehalt und eine sehr herbe Frucht, beides zum Bordeaux-Stil geradezu konträr. Zwar wird der Barolo heute zugänglicher und weniger streng produziert, so dass man ihn auch schon etwas jünger trinken kann. Mir ist er immer noch zu hart. Ich bleibe bei meinen Toskana-Weinen und gelegentlich bei einigen aus dem Friaul und aus dem Veneto.

SPANIEN – ALTERNATIVEN ZUM BORDEAUX, DIE ANDERS SCHMECKEN

Als die guten Rotweine aus der Toskana immer teurer wurden, fing ich an, mich nach Alternativen aus Spanien umzusehen. Ich hatte schon sehr früh den Rioja als sehr schönen Wein mit gutem Preis-Leistungs-Verhältnis entdeckt. Aber je mehr ich dem Bordeaux-Geschmack verfiel, desto weniger schmeckte mir der Rioja. Er ist nicht im Barrique ausgebaut. Daher auch der günstigere Preis. Es fehlen ihm die Fülle und Dichte, das Weiche, Schwere – wie ich es verstehe. Wenn ich die Wahl zwischen einem guten Rioja und einem schlechten Bordeaux-Typ (woher auch immer) habe, werde ich natürlich den Rioja nehmen. Aber ich versuche, auch bei spanischen Rotweinen einen zu finden, der meinem geliebten Bordeaux nahe kommt. Auch die eigene Traube, die Sangiovese, kommt dem weltweit am meisten gesuchten Geschmack entgegen. Es gibt in Spanien Alternativen »der anderen Art«. In fast allen Anbaugebieten Spaniens dominiert die Tempranillo-Traube neben einer großen Zahl anderer, weniger bedeutender Traubensorten, die überwiegend für Rotweine, die nur in Region konsumiert werden, herhalten. Ich habe außer dem Gebiet Rioja (wo inzwischen junge Winzer erste Versuche mit dem Ausbau im Barrique-Fass mit spektakulären Ergebnissen machen) noch das Weingebiet Ribera del Duero besucht. Dort fand ich einen sehr hohen Qualitätsstandard bei entsprechend hohen Preisen. Die Tempranillo-Traube wird dort allein oder verschnitten mit Cabernet Sauvignon zu sehr wuchtigen, extrem aromatischen Weinen ausgebaut. Ich war begeistert, auch wenn dieser Wein mich nur in seiner Farbe und Fülle an Bordeaux erinnerte.

Die günstigsten Rotweine in sehr ordentlicher Qualität habe ich bisher aus dem Gebiet Navarra gefunden. Auch dort wird neben dem Tempranillo der Cabernet Sauvignon angebaut. Das ergibt sowohl junge, fruchtige Weine als auch vollere, dichtere aus dem Eichenfass, die ebenfalls eine gute, bezahlbare Alternative zum Bordeaux darstellen.

DER ROTE BURGUNDER

Der andere große Rotwein aus Frankreich ist der Rote aus dem Burgund (Bourgogne). Dieses Weingebiet ist insgesamt nur ein Fünftel so groß wie die Bordeaux-Region. Die Bezeichnung »Chateau« für die Hersteller der Weine gibt es hier nicht.

Im Gegensatz zum Bordeaux wird der Burgunder nur aus einer Traubensorte hergestellt: im klassischen Burgund aus der Pinot-Noir-, im Beaujolais und Mâcon aus der Gamay-Traube. Der klassische Burgunder hat zu vielen Nachahmungen angeregt, weil es von diesem sehr gefragten Wein viel zu wenig gibt. Erfolgreich war allerdings keine, da die Pinot-Noir-Traube nur im heimatlichen Burgund gut gedeiht.

Der große klassische rote Burgunder gehört zu den begehrtesten Weinen der Welt. Die Fachleute attestieren ihm ätherischen Duft und seidige Eleganz (was immer das bedeutet....), sowie an Früchte-Aromen Himbeeren, Erdbeeren und Kirschen und dazu den spezifischen Geschmack, der vom burgundischen Boden kommt und an Bauernhofgerüche erinnern soll.

Da die großen Burgunder-Weine extrem teuer sind und es erschwingliche Kopien nicht gibt, habe ich wenig Erfahrung mit diesem Rotwein-Stil. Die wenigen Male, die ich ihn getrunken habe, waren vielleicht nicht ausreichend, mich für diesen Weinstil zu begeistern. Auch der zum Burgund gehörende Beaujolais entspricht nicht meinem Geschmack. Es liegt daran, dass dieser sehr fruchtige, frische Wein, der jung getrunken werden muss, nichts von der Weichheit und der Fülle hat, die ich am Bordeaux-Typ liebe. Das hat leider nicht verhindert, dass auch ich Ende der siebziger Jahre der Mode des Beaujolais Nouveau (auch Primeur genannt) verfiel. Von den Strafen waren heftige Kopfschmerzen noch die geringsten. Davon bin ich gottlob geheilt!

DER DEUTSCHE SPÄTBURGUNDER UND TROLLINGER

In Deutschland wird Pinot Noir – zu deutsch Spätburgunder – an der Ahr und in Baden, aber auch in kleineren Mengen in der Pfalz und im Rheingau angepflanzt. Wenn er, wie dies einige Spitzenwinzer machen, sorgfältig gelesen, gekeltert und ausgebaut wird und im Barrique-Fass reifen darf, dann ist das Ergebnis mit französischem Burgunder durchaus vergleichbar. Leider auch im Preis.

Die großen Mengen des deutschen Spätburgunders, die auf herkömmliche Weise preiswert hergestellt (und verkauft) werden, sind Weine, die mir zu lieblich und zu hell sind. Sie erinnern mich an Rosé, was eine Sache des persönlichen Geschmacks ist. Auch die Trollinger-Traube, die zum Beispiel in Württemberg eine große Rolle spielt, ergibt einen hellen Rotwein. Wenn ich diesen Wein mit geschlossenen Augen trinke, denke ich, es sei Weißwein. Das ist für einen Bordeaux-Freund keine Alternative. Dass diese Weine durchaus ihre Berechtigung haben, werde ich beschreiben, wenn es um Wein zum Essen geht.

WEINE AUS DEM RHÔNE-TAL

Schließlich ist noch der klassische Rote von der Rhône zu erwähnen. Am bekanntesten ist der Châteauneuf-du-Pape, am begehrtesten der Hermitage und Côte Rôtie. Die meistzufindende Qualitätstraube ist die Syrah-Traube, die in Australien Shiraz genannt wird. Das ist nicht mein Ding. Es sind in der Regel schwere, voluminöse Weine, die früher zum Teil als Deckweine für den Bordeaux verwendet wurden. Der Hermitage ist als junger Wein sehr verschlossen, nach 10 bis 15 Jahren kann er sich zu einem weichen, großartigen Spitzenwein entwickeln, heute mit entsprechenden Preisen.

Der Trend ging lange gegen diese massiven Weine, hat sich jetzt aber gewendet, nicht zuletzt deshalb, weil Weinpapst Robert Parker jr. diese Syrah-Weine von der Rhône sehr gern mag. Wie schon erwähnt, schlägt sich das bei den sehr guten Weinen auch im Preis nieder.

Natürlich gibt es auch sehr viel billigere Weine aus dem Rhône-Tal. Die können, wenn man Glück hat, sehr ordentlich sein, sind aber in der Regel nur schwer genießbar. Da sind die Shiraz-Weine aus Australien eine gute Alternative, auch wenn die Kenner sagen, dass sie die großen Vorbilder aus dem Gebiet rund um den Weinort Hermitage nie erreichen werden. Dafür sind sie bezahlbar und sind auch jung gut trinkbar.

WAS IST GUTER ROTWEIN?

Ich habe in meinen Ausführungen über Rotwein besonders häufig von gutem Wein gesprochen. Was ist das, ein guter Rotwein? Ich kann diese schwierige Frage nur nach meinen Maßstäben beantworten und sagen, was für mich ein guter Rotwein ist. Er muss zunächst einen erkennbaren Geschmack haben. Wenn er nur nach Rotwein schmeckt, aber keine darüber hinausgehenden Assoziationen weckt, keinerlei Aromen zeigt, keine Komponenten, die ihn von anderen Rotweinen unterscheiden, dann ist es für mich kein guter Rotwein. Es ist dann nur ein Getränk, das durch seine Farbe besticht und durch diese sicher auch Assoziationen weckt und das je nach genossener Menge eine beruhigende oder eine berauschende Wirkung hat. Immerhin.

Darüber hinaus gibt es eine ganze Reihe objektiver Kriterien bei der Beurteilung eines Weines. Da heißt gut in erster Linie sauber sein. Sauber wiederum heißt ohne Zusätze, ohne Verschnitt mit billigen Massenweinen, ohne zu viel Schwefel (der für die Kopfschmerzen sorgt). Fachleute können noch viele andere objektiv feststellbare Qualitätsmerkmale nennen. Das beginnt bei der Traube und ihrer Lese, geht weiter bei der Kelterung, bei der Reifung (im Tank, im großen Holz-, im Barrique-Fass) und bei der Lagerung. Auch die verschiedenen Jahrgänge spielen eine Rolle – wenn auch heute nicht mehr so gravierend wie früher, weil durch moderne Keltertechniken schwache Jahrgänge aufgewertet werden.

Die Experten schätzen den Rotwein höher ein als den Weißwein. Er sei komplexer, vielschichtiger und könne mehr Aroma entwickeln. Seine Herstellung sei schwieriger und kostspieliger. Das soll allerdings niemanden davon abhalten zu sagen, ihm (oder ihr) schmecke Weißwein besser – abgesehen von all denen, die Rotwein schlecht oder gar nicht vertragen.

Die neuen medizinischen Erkenntnisse, Wein mäßig, aber regelmäßig getrunken, sei nicht nur gesund, sondern sogar lebensverlängernd, beziehen sich aber vor allem auf Rotwein, besonders den aus dem Holzfass.

ROTWEIN IST TEURER ALS WEISSWEIN

Wenn ich beim Rotwein – wie beim Weißwein – etwas über die Preise sagen will, so ist dies sehr problematisch. Wie bei den eingangs erwähnten Weißwein-Preisen handelt es sich um etwas ältere. Wie schnell sie sich ändern, kann niemand vorhersagen. In den letzten 20 Weinjahren hat es jedoch eine eindeutige Entwicklung gegeben: Die wirklich großen Weine aus Europa sind teurer geworden. Aber aus der Neuen Welt gibt es inzwischen preiswertere, gute Alternativen.

Die »Leitwährung« sind die französischen Rotweine der Spitzenwinzer aus Burgund und in größeren Mengen aus Bordeaux. Als sie die immer größer werdende Nachfrage nicht mehr befriedigen konnten, sprangen zuerst die Italiener und dann die Spanier in die Bresche – oder besser: in die Lücke. Sie waren zunächst sehr günstig, strebten aber schnell ihren Vorbildern nach. Heute sind sie teuer, während die französischen Spitzen sehr, sehr, sehr teuer sind.

Ein Beispiel: Am 29. März 1999 gab es im Kölner Stadt-Anzeiger eine Anzeige eines großen Kaufhauses. Darin wurde unter anderem ein Château Lafite Rothschild 1996 zum Preis von 349 Mark (bzw. 178 Euro) angeboten. Es wurde vermerkt, dass der Wein von Herrn Parker 94 bis 96 weinpäpstliche Punkte erhalten habe. Was hätte derselbe Wein erst gekostet, wenn er 100 Punkte bekommen hätte? Heute zahlt man für diesen Wein – wenn man ihn denn überhaupt bekommt – zwischen 350 und 400 Euro. Solche Preisüberhitzungen kennt man vom Kunstmarkt. Zum Glück haben sich dort – zumindest für einige Zeit – die Preise nach solchen Phasen wieder normalisiert. Über die Gründe für solche Preise kann man nur spekulieren. Es gibt beim Bordeaux auch wilde Gerüchte, so zum Beispiel, russische Kunden kauften die großen Namen zu jedem Preis.

Die italienischen und spanischen Spitzenweine liegen – von wenigen Ausnahmen abgesehen – um die 50 Euro. Leider öfter darüber als darunter. Normalerweise trinke ich Rotweine, die in der Kategorie zwischen 15 und 30 Euro liegen. Ich kaufe sie beim Händler, von dem ich mich beraten lasse. Am unteren Ende dieser Preisskala liegen die Roten aus der Neuen Welt, am oberen die Roten aus Italien und Spanien.

Um mich über den Rotwein in den unteren Kategorien zu informieren, habe ich eine Recherche über Rotweine ausschließlich aus dem Supermarkt gemacht. Ich habe 80 verschiedene in den Kategorien sieben bis 15 Euro probiert. Es waren Rotweine aus Frankreich, Spanien, Italien, Deutschland und aus Übersee.

Mir hat diese Weinprobe bestätigt, was ich schon lange ahnte: Rotweine, die mir schmecken, Rotweine, die nach meinen Kriterien gute Weine sind, kosten mehr als qualitativ vergleichbare Weißweine. Dafür gibt es viele Gründe. Bei den Weinen unter sieben Euro fand ich keinen einzigen, den ich trinken wollte. Das heißt nicht, dass es in dieser Kategorie keinen trinkbaren Rotwein gibt. Zunächst wird man beim Weinhändler den einen oder den anderen Treffer landen können, wenn auch seltener als beim Weißen. Es gibt in Kaufhäusern Wein-Aktionswochen, bei denen man so manches Schnäppchen machen kann. Eine berühmte deutsche Billig-Supermarktkette bietet immer wieder ordentliche Rotweine zu niedrigen Preisen an – als Werbemaßnahmen, an der sie nichts verdient oder sogar noch draufzahlt. Bei den Weinen aus der Neuen Welt gab es schon unter sieben Euro einige kleine Ansätze und in der Kategorie sieben bis 15 Euro einige wenige Überraschungen. Bei anderen Proben mit Rotweinen über 15 Euro aus dem Supermarkt schnitten die Weine aus Übersee auch besser ab als die europäischen.

Ich würde in allen Preisklassen europäische Rotweine immer bei einem Händler kaufen, während man im Supermarkt Weine aus der Neuen Welt in sehr guten Qualitäten findet. Wie lange sie zu günstigen Preisen angeboten werden, wie es zur Zeit der Fall ist, kann niemand sagen. Hoffentlich noch lange!

WIE FINDET MAN EINEN GUTEN WEIN?

Wie findet man nun einen Wein, der einem schmeckt? Dafür gibt es außer ein paar Hinweisen keine sicheren Richtlinien oder Kriterien. Was einem bei der Suche nach richtigen Weinen nicht hilft, ist leichter zu sagen. Da ist einmal das Etikett. Viele kaufen den Wein, dessen Etikett ihnen am besten gefällt. Das verstehe ich nicht. Seit wann macht der Grafiker den Wein? Gerade bei schlechten Weinen wird sich der Winzer um ein besonders attraktives Etikett bemühen.

Dann glauben viele, die Qualitätsbezeichnungen auf den Etiketten europäischer Weine könnten ihnen helfen. Das ist leider ein Irrtum. Diese so genannten Qualitätsbezeichnungen beruhen auf Weingesetzen aus einer Zeit lange vor der Revolution auf dem Weinmarkt, wie ich sie beschrieben habe. Ich habe neulich im Rahmen der erwähnten Rotweinprobe in der Kategorie unter sieben Euro einen Bordeaux probiert, dessen Qualität kurz vor dem Prädikat »ungenießbar« war. Das Vertrauen einflößende Etikett mit einem eindrucksvollen Château hatte das Prädikat: Bordeaux Supérieur. Wer weiß schon, dass das nichts anderes bedeutet als eine Bezeichnung für Bereiche, deren Wein nur einen Alkoholgehalt von mindestens 10,5% zu erreichen braucht?

In Deutschland ist es nicht ganz so schlimm. Aber auch da dienen die verschiedenen Qualitätsbezeichnungen dem unerfahrenen Käufer mehr der Verwirrung als der Orientierung. So darf man sich nicht wundern, dass der Anfänger im Supermarkt lieber zu den Flaschen aus der Neuen Welt greift, die ihm nicht suggerieren, dass er etwas falsch macht.

Auch in Italien ist die Entwicklung den Weingesetzen davongelaufen. Die Bezeichnung

»Vino da tavola«, die früher laut Weingesetz eine Art der Bestrafung für den Winzer war, der ausländische Traube verwendete, ist heute ein Prädikat, das auf den Etiketten der teuersten Weine steht.

Also, was tun? Zunächst würde ich raten, zum Weinhändler zu gehen oder in die Weinabteilung eines großen Kaufhauses und sich beraten zu lassen. Wenn man weiß, welchen Geschmack man sucht, ist es nicht so schwer, ihn zu beschreiben. Was Weinhändler zur Verzweiflung treibt, ist die Bitte: »Geben Sie mir einen guten Weißwein.« Das ist wie die Frage nach einem schönen Urlaubsort. Ist Ibiza schöner als Thailand? – und umgekehrt. Alle Weine, die nicht schlecht sind, sind gut. Man muss also wissen, welchen der vielen guten Weine man mag – das heißt, welche Traubensorte, welchen Rotwein-Typus oder -Stil, welche Aromen, ob viel oder wenig Säure, ob leicht oder voll – man mag. Wichtig ist, dass man beim Öffnen des Weines zu Hause nicht einfach davon ausgeht, dass es in jedem Fall der richtige ist – »schließlich hat ihn ja der Fachmann empfohlen«. Es gilt dann, den Wein zu probieren, um festzustellen, ob und wie sehr er dem gewünschten Geschmack entspricht. Kein vernünftiger Weinhändler wird beleidigt sein, wenn der Kunde nicht gleich ganz zufrieden ist. Er wird mit ihm gemeinsam weitersuchen.

Aber was macht man im Supermarkt? Da kann ich nur mit der Abwandlung eines alten Witzes antworten. Ein Fremder fragt einen Berliner auf der Straße Unter den Linden: »Wie kommt man hier zur Oper?« Der Berliner antwortet: »Üben, üben, üben.« Wie finde ich also im Supermarkt den Wein meines Geschmacks? Probieren, probieren, probieren. Und wenn man den Wein gefunden hat, der einem schmeckt: dabei bleiben.

WEIN ZUM ESSEN

Für die Entscheidung, welcher Wein zu welchem Essen passt, ist die letzte Instanz der eigene Geschmack. Zwar gibt es Regeln, die aber allenfalls als Entscheidungshilfen bezeichnet werden können. Ihre Anwendung ist von so vielen Faktoren abhängig, dass sie nie als allgemein verbindlich gelten können. Ob das Essen an einem heißen Sommertag oder an einem neblig-kalten Novemberabend stattfindet, macht einen Unterschied; die Stimmung, in der man gerade ist, der Anlass für das besondere Mahl und der Ort werden die Anwendung der Regeln unterschiedlich beeinflussen. Das wird ganz deutlich, wenn man an besonders schöne Urlaubserlebnisse zurückdenkt. Nicht nur die Kombination mit dem Essen, auch die Beurteilung des Weines überhaupt wird da durch Klima, Stimmung und Ambiente stark beeinflusst. Glücklichsein setzt – genauso wie Verliebtsein – alle Regeln außer Kraft. Ich bin überhaupt kein Freund von Rosé-Wein. Aber in der Provence haben wir jeden Abend zum Sonnenuntergang auf der Terrasse mit großem Genuss den einfachen örtlichen Rosé getrunken. Oft gab es ihn danach auch zum Essen. Auf einer griechischen Insel in der Ägäis mit viel Sonne und viel Wind, vor einer einfachen Taverne direkt am Meer, aus dem der Fisch, den wir essen, vor kurzem geholt wurde, da schmeckt mir sogar der Retsina – zumindest, wenn er aus dem Fass kommt.

In Deutschland ist Wein zum Essen immer noch keine Selbstverständlichkeit und in den meisten Haushalten noch lange nicht die Regel. Das ist in Italien und Frankreich anders. In jedem noch so einfachen Haushalt steht jeden Tag die Weinkaraffe auf dem Esstisch. Dabei ist es – außer zu besonderen Anlässen – immer der gleiche Wein, in der Regel auch ein sehr einfacher lokaler Tischwein.

Das hat Sinn, wenn man bedenkt, dass es sich um eine sehr alte Tradition handelt, die aus einer Zeit stammt, in der man von der heutigen Vielfalt an Weinen und ihrer ortsungebundenen Verfügbarkeit nur träumen konnte. Auch das Essen war – und ist in vielen Fällen sicher heute noch – einfach, wenig abwechslungsreich und regional geprägt. Das passt der einfache regionale Wein zum einfachen regionalen Gericht. Auch in Deutschland wird – wenn überhaupt – nur in den Weingegenden der eigene Wein regelmäßig zum Essen getrunken. Und auch das sind es in der Regel traditionelle Gerichte der Region, zu denen der Wein passt. Der eher einfache württembergische Trollinger passt zu fast allen schwäbischen Gerichten. Ich trinke ihn bei mir zu Hause nie, aber wenn ich meinen ältesten Freund Hans-Dieter besuche und wir im Remstal geschmälzte Maultaschen oder schwäbischen Zwiebelrostbraten essen, dann schmeckt mir der Trollinger dazu.

Wenn ich mir also im folgenden Gedanken darüber mache, welcher Wein zu welchem Essen passt, dann denke ich an das besondere Essen aus besonderem Anlass und nicht so sehr an das »tägliche Brot«. Ich erinnere mich an so ein Essen bei meinen schwäbischen Freunden in den sechziger Jahren. Margarethe hatte das von ihrem Mann Hermann geschossene Wild köstlich zubereitet. Und als Wein gab es dazu einen Walporzheimer Spätburgunder von der Ahr. Da waren die Schwaben über ihren heimischen Weinschatten gesprungen, weil der helle, leichte Trollinger sich gegen das dunkle, kräftige Wild nicht durchgesetzt hätte. Es war meine erste bewusste Erfahrung mit der Thematik Wein zum Essen. Vielleicht erinnere ich mich deshalb nach all den Jahren noch genau daran. Heute weiß ich mehr.

WEISS ZU WEISS, ROT ZU ROT

Die fast allen bekannte und auch einleuchtende Regel, zu hellem Fleisch und Fisch Weißwein und zu dunklem Fleisch Rotwein zu trinken, ist sofort zu ergänzen durch den Hinweis auf das, was die Experten die Gewichtigkeit des Weines nennen. Dabei geht es darum, ob man den Wein als leicht oder als schwer empfindet.

Für mich ist diese Unterscheidung wichtiger als die Farbe. Es geht ja darum, dass sich Wein und Essen ergänzen und nicht darum, dass sie miteinander kämpfen. Die dritte Komponente neben Farbe und Gewichtigkeit ist die Geschmacksintensität. Das macht die Entscheidung nicht einfacher. Ein leichter trockener deutscher Riesling kann sehr fruchtbetont geschmacksintensiv sein. Das muss bei der Kombination berücksichtigt werden. Ein gedämpfter Fisch (wenn es nicht der dunkle Thunfisch ist, der eher wie Fleisch zu behandeln ist) in zerlassener Butter ist ein leichtes Gericht, das auch einen leichten Wein verlangt. Ob dieser leichte Wein aber eher zurückhaltend in der Frucht oder stark im Aroma sein soll, wäre danach zu entscheiden, ob dieses Fischgericht durch aromatische Gewürze angereichert wurde.

Ganz schwierig ist es, einen passenden Wein zu finden, wenn man asiatisch oder orientalisch kocht. Das ist kein Zufall. In diesen Regionen wird aus religiösen oder klimatischen Gründen kein oder kaum Wein angebaut – weshalb er als regelmäßiges Getränk nicht zur Verfügung steht. Warum sollte die Küche dann darauf achten, dass ihre Gerichte sozusagen weintauglich sind? Besonders bei intensiv nach Curry, Zitronengras, Mango-Chutney, Kokosmilch oder Chili schmeckenden Gerichten ist es wohl besser, vor und nach dem Essen Wein zu trinken. Zum Essen selbst aber eher lieber Wasser, Tee oder Bier. Dasselbe gilt für extrem scharfe Gerichte.

Etwas einfacher ist die Entscheidung für den richtigen Wein zum Essen, wenn bei der Zubereitung der Speise Wein verwendet wird. Früher nahm man dafür billigen Kochwein mit dem Argument, »er verkocht ja«. Inzwischen hat sich herumgesprochen, dass es beim Wein im Essen nicht um den Alkohol geht – der verkocht in der Tat –, sondern um den Geschmack. Man muss zum Kochen keine teuren Spitzenweine nehmen. Es soll ein Wein mit Geschmack sein – und den trinkt man dann in der Regel auch beim Essen dieses Gerichts. Aber auch diese Grundregel nicht ohne Ausnahme: Wenn in dem Gericht andere Geschmackskomponenten – etwa kräftige Gewürze – den Weingeschmack vergessen lassen, dann muss zum Essen ein Wein gesucht werden, der diese kräftigen Noten aushält und von ihnen nicht untergebuttert wird.

Wer meine Kochsendung »alfredissimo!« regelmäßig gesehen hat, wird bemerkt haben, dass ich mit meinen Gästen am häufigsten deutschen Riesling getrunken habe. Das tat ich nicht deswegen, weil ich besonders häufig Gerichte kochte, zu denen Riesling am besten passte. Ich tat es einfach deswegen, weil mir von allen Weißweinen der deutsche Riesling am besten schmeckt. Ich trinke ihn gern und möchte, dass meine Gäste ihn kennen lernen.

Daran sieht man, dass die Wahl des Weines, der aufgemacht werden soll, um ihn zum Essen zu trinken, nicht allein davon abhängt, wie gut er zu den Speisen passt. Aber auch meine Liebe zum Riesling hat Grenzen. Ich würde ihn nie zu einer Lammkeule oder zu Hasenrücken trinken. Umgekehrt geht es schon mal: Gelegentlich habe ich zu Fisch schon Rotwein getrunken. Womit wir wieder am Anfang dieses Kapitels wären.

Rezeptregister

Hinweis

VEGETARISCHE GERICHTE

❦

Jedes Rezept, das rein vegetarisch ist,
haben wir in den Kapiteln
mit diesem Symbol gekennzeichnet.

GERICHTE MIT VORBEREITUNGSZEIT

✸

Jedes Rezept, in dem z. B. über längere Zeit
Zutaten eingelegt oder mariniert werden müssen,
haben wir in den Kapiteln
mit diesem Symbol gekennzeichnet.

SAUCEN, DIPS & FONDS

Aioli ♣ ... 17
Auberginensauce, scharfe ♣ ... 17
Béchamelsauce ♣ ... 12
Café-de-Paris-Butter ♣ ... 22
Curry-Shrimps-Sahne ... 15
Dill-Senf-Sauce ♣ ... 18
Fischfond ... 20
Fisch-Safran-Sauce zu Bandnudeln ... 15
Geflügelfond ... 20
Gemüsesud ♣ ... 21
Joghurtsauce ♣ ... 19
Kalbsfond ... 19
Kräuter-Vinaigrette ♣ ... 19
Mayonnaise ♣ ... 18
Oliven-Orangen-Butter ... 22
Olivenpaste ♣ ... 18
Olivensauce ♣ ... 14
Pesto Genovese ♣ ... 16
Pfeffersauce ♣ ... 12
Pfifferlingsauce ... 16
Rouille ♣ ... 17
Rucolasauce ♣ ... 14
Sauce Béarnaise ♣ ... 12
Sauce Hollandaise ♣ ... 12
Senfsabayon ♣ ... 19
Steinpilze in Sahne ♣ ... 16
Tomatensauce à la keka ♣ ... 14
Tomatensauce, klassische ♣ ... 13
Tomatensauce, meine ♣ ... 13
Tomatensauce, schnelle ♣ ... 14
Tomatensugo ♣ ... 21

SALATE

Avocado-Birnen-Salat ♣ ... 35
Chicorée-Salat mit Roquefort ♣ ... 34
Couscous-Salat, grüner ♣ ... 39
Feldsalat mit Kürbis ♣ ... 24
Feldsalat mit Roter Bete und Walnüssen ♣ ... 24
Feldsalat mit Senf-Ei-Dressing ♣ ... 24
Fenchel-Orangen-Salat ♣ ... 30
Fischsalat mit warmem Gemüse ... 43
Gemüsesalat mit Ei ♣ ... 28
Gemüsesalat ♣ ✸ ... 28
Gemüsesalat, warmer ... 27
Hähnchensalat mit Grapefruit und Minze ... 42
Hühnersalat mit Karotten und Sternanis, asiatischer ✸ ... 42
Kalamarisalat, thailändischer ... 43
Karotten-Orangen-Ingwer-Salat ... 33
Kartoffelsalat ♣ ... 36
Kartoffel-Spargel-Salat mit Bohnen und geräuchertem Lachs ... 37
Kartoffel-Zucchini-Salat mit Oliven und Kapern ... 37
Kochsalat mit pochiertem Ei ... 27
Kürbis-Rucola-Salat ... 34
Linsen-Feta-Salat ♣ ... 31
Melonen-Feta-Salat ♣ ... 32
Neapolitanischer Salat ♣ ... 38
Nudelsalat ♣ ... 39
Orangen-Avocado-Salat mit Shrimps ... 32
Orangen-Dattel-Salat mit Parmesan ♣ ... 32
Radicchiosalat mit lauwarmer Linsenvinaigrette ♣ ... 26
Reis-Salat ♣ ... 39
Rindfleischsalat mit Bohnen und Radieschen ✸ ... 41
Romanasalat mit Butter-Croûtons und Zwiebel-Senf-Vinaigrette ♣ ... 26
Rote-Bete-Salat ♣ ✸ ... 31
Rucola-Brunnenkresse-Salat mit Birne und Roquefort ♣ ... 25
Salat mit Datteln, winterlicher ♣ ... 25
Salat mit grünem Spargel und geräucherter Truthahnbrust ... 30
Salat Olpe ♣ ... 36
Salat Panormos ♣ ... 29
Salat von Chicorée und Crevetten ... 33
Salat von weißen Bohnen mit Räucherforelle ... 29
Sellerie-Salat mit Sauerrahm ♣ ✸ ... 29
Süßkartoffel-Salat ♣ ... 38

Topinambur mit Feldsalat ❧ ... 44
Walnuss-Linsen-Spinat-Salat zu Fisch, warmer ... 44
Welscher Salat ❧ ... 35
Wurstsalat, sommerlicher ... 40

APPETIZER & VORSPEISEN

Apfel-Carpaccio mit Senf-Honig-Dressing ❧ ... 47
Auberginen- und Zucchinischeiben, gebratene ❧ ... 51
Auberginen-Tatar ❧ ... 50
Balsamico-Schalotten ❧ ... 52
Bohnenpaste auf Tomatenscheibe ❧ ... 49
Burgunder Gugelhupf ... 64
Crostini di fegatini ... 46
Crostini, ligurische ❧ ... 46
Dill-Rösti mit rohem Lachs, kleine ... 55
Enten-Terrine ✸ ... 61
Feta, geschmolzener ❧ ... 53
Garnelen mit Feldsalat, marinierte gegrillte ✸ ... 58
Garnelen mit Rucola ... 57
Garnelen und Feigen mit Speck ✸ ... 58
Garnelencocktail ... 57
Geflügelleber-Creme mit schneller Portweinsauce ... 61
Gemüse-Relish ❧ ... 51
Grüne Sauce zu grünem Spargel, Renates ❧ ... 53
Grüner Spargel mit Vinaigrette ❧ ... 49
Hühnchen-Frikadellen ... 62
Käsesoufflé ❧ ... 54
Keftes, orientalische ... 62
Kohlrabi-Carpaccio ❧ ... 48
Kokos-Garnelen auf Fenchel-Salat ✸ ... 59
Lachs oder Lachsforelle, gebeizter ✸ ... 60
Lachsmousse ... 59
Lachstatar mit Dill-Honig-Senf ... 59
Makrelendip ... 57
Mangoldstiele mit Dip, gefüllte gebackene ❧ ... 63
Paprika, marinierte ✸ ... 48
Matjes-Tatar ... 56
Pochiertes Ei auf Toskana-Toast ... 47
Räucherforellenmousse ... 56
Ricotta-Soufflé ❧ ... 54
Salzmandeln ... 64
Schinken und Chorizo mit Trauben-Rosmarin-Dressing ... 60
Schwarzbrot-Lachs-Appetizer ... 46
Spargel und Schalotten mit Honig-Vinaigrette ❧ ... 50
Stangensellerie mit Gorgonzola ❧ ... 50
Süßkartoffel-Carpaccio mit Riesengarnelen ... 55
Tomaten-Käse-Quiche ❧ ... 52
Wachteln auf Romanasalat ... 62
Ziegen-Frischkäse mit Riesling-Vinaigrette ❧ ... 53
Zucchiniplätzchen ❧ ... 51

SUPPEN & EINTÖPFE

Artischockensuppe mit Tomaten ❧ ... 79
Bohnensuppe, Bio's ... 90
Bohnensuppe, toskanische ❧ ... 98
Borschtsch ... 96
Brunnenkressesuppe ❧ ... 75
Chili con Carne ... 69
Chili sin Carne ❧ ... 74
Erbseneintopf mit karamellisiertem Wurzelgemüse ❧ ... 93
Erbseneintopf mit Kartoffeln ... 92
Erbsensuppe mit Minze ... 98
Fenchel-Minestrone ... 76
Fenchelsuppe mit Lachsstücken ... 75
Fischeintopf mit Safran ... 95
Fischsuppe, schnelle ... 69
Gazpacho ❧ ... 70
Gemüsesuppe mit Pistou ❧ ... 76
Graupeneintopf ... 91
Graupentopf mit Bündner Fleisch ... 91
Grieß-Suppe mit gebratenen Zwiebeln, geröstete ❧ ... 87
Hühnersuppe – etwas asiatisch ... 67
Hühnersuppe mit Fenchel ... 67
Irish Stew »my way« ... 96
Karotten-Ingwer-Honig Suppe ❧ ... 73
Karottensuppe, exotische ❧ ... 73
Kartoffel-Lauch-Suppe ... 83

Kartoffelsuppe, kalte ... 71
Kartoffelsuppe mit Gemüsestreifen ❧ ... 84
Kokos-Currysüppchen ❧ ... 87
Kürbis-Papaya-Suppe ❧ ... 72
Kürbissuppe ❧ ... 72
Linseneintopf ✸ ... 92
Linsensuppe, orientalische ... 88
Linsen-Spinat-Suppe ❧ ... 88
Maissuppe mit geräucherter Forelle ... 82
Maissuppe, scharfe ... 82
Mangoldsuppe ❧ ... 74
Maronencremesuppe ... 86
Ochsenschwanz-Suppe ... 68
Pichelsteiner Eintopf ... 93
Pilzsuppe mit Nüssen ❧ ... 83
Pilzsuppe ... 69
Rahmsuppe von Erbsen und Zuckerschoten mit Minze ❧ ... 89
Rahmsuppe von gelben Erbsen ✸ ... 89
Rieslingsuppe mit frischer Bratwurst ... 81
Rindssuppe nach Mama Biolek ... 66
Rindssuppe ... 66
Rosenkohlsuppe ... 85
Rote-Bete-Suppe ❧ ... 86
Sauerampfer-Süppchen ❧ ... 74
Schnibbelbohneneintopf ... 95
Sellerie-Prosecco-Suppe ❧ ... 84
Senfgurkensuppe, kalte ... 70
Spargelsuppe, grüne ... 71
Spitzkohleintopf mit Lamm und Gemüse ✸ ... 94
Suppe von dicken Bohnen mit Bacon ... 90
Tomaten-Orangen-Suppe ❧ ... 77
Tomatensuppe mit Basilikumklößchen, klare ... 77
Tomatensuppe mit Quarknocken, frische ❧ ... 78
Wassermelonen-Tomatensuppe mit Mozzarella ❧ ... 78
Wein-Paprika-Suppe ❧ ... 81
Weißkohl-Curry-Süppchen ❧ ... 85
Wirsing-Kartoffel-Eintopf mit Dillcreme ❧ ... 97
Zwiebelsuppe, weiße ... 80
Zwiebelsuppe mit Ziegenkäse-Croûtons ❧ ... 80

KLEINE GERICHTE

Austernpilze in der Käse-Ei-Hülle mit Kräutersauce und Butterkartoffeln ❧ ... 101
Blutwurst mit Bratkartoffeln, feine ... 112
Brokkoli-Flan mit Butter und Parmesan ❧ ... 108
Calzone mit Steinpilzen und Rucola ❧ ... 116
Chicorée mit Tomatensalat, panierter ❧ ... 106
Chicorée, überbackener ... 107
Feta, eingelegter ... 114
Forellen mit Rotweinzwiebeln, marinierte ✸ ... 112
Frühlingsrolle mit pikantem Gurken-Chili-Dip, gebackene ❧ ... 111
Geflügelleber »Constantin« ... 113
Gemüseschnitzel mit Limettenbutter, panierte ❧ ... 107
Gemüsetatar mit Kartoffelrösti ❧ ... 103
Käseknödel im Wirsingblatt mit Kresse ❧ ... 114
Kohlrabi-Grünkern-Pflanzerl auf Kräutersauce ❧ ... 102
Kohlrabischnitzel mit Kartoffel-Avocado-Salat, gefüllte ❧ ... 101
Kohlroulade, vegetarische ❧ ... 104
Lauchtorte ... 110
Mangold mit Graupen und Tomaten ❧ ... 105
Mangold-Sesam-Burger ❧ ... 105
Omelett, kretisches ❧ ... 115
Omelette mit Brunnenkresse ❧ ... 115
Rahmspinat mit Spiegelei und weißen Trüffeln ❧ ... 103
Safran-Toast ❧ ... 100
Sandwich vom Jungschweinrücken ... 100
Saure oder Blaue Zipfel ... 113
Spargel in Tamarindensauce mit Kirschtomaten und Frühlingszwiebeln, gebratener ❧ ... 104
Spinatstrudel mit Rosinen und Pinienkernen, orientalischer ❧ ... 109
Tofu mit Gemüse und Erdnuss-Sauce, gebratener ❧ ... 110
Tomaten, gefüllte ❧ ... 108
Zucchinischeiben, panierte ❧ ... 106

GEMÜSE

Artischocken ❧ 118
Auberginen mit Minze und Balsamico, gegrillte ❧ 118
Auberginencurry ❧ 124
Auberginen-Röllchen ❧ 127
Blattspinat ❧ 120
Blumenkohl-Brokkoli-Curry mit Zitronenblättern ❧ 125
Bohnen-Curry-Gemüse ❧ 132
Bohnen-Feta-Topf ❧ 134
Chicorée mit Egerlingen, karamellisierter ❧ 119
Curry-Gemüse 124
Fenchel, geschmorter 128
Fenchel-Paprika-Ratatouille orientalisch ❧ 126
Friséesalat, geschmorter ❧ 139
Frühlingszwiebeln und Austernpilze, geschmorte ❧ 136
Gemüse auf asiatische Art ❧ 122
Gemüse aus dem Ofen, Salat von ❧ 138
Gemüsepaella ❧ 123
Gemüsepfanne mit Pfifferlingen ❧ 122
Gemüseragout ❧ 123
Gemüsetempura mit Schalottensauce ❧ 137
Gorgonzola-Bohnen mit Auberginen ❧ ✱ 133
Grammelkraut 129
Kochsalat mit Erbsen ❧ 119
Lauch, griechischer ❧ 118
Linsen auf indische Art ❧ ✱ 130
Linsengemüse, feines ❧ ✱ 130
Maisplätzchen ❧ 137
Möhren mit Kümmel ❧ 121
Paprika-Linsen-Gemüse ❧ ✱ 131
Papriziertes Bohnengulasch ❧ ✱ 133
Pilzpfanne, indische ❧ 135
Ratatouille à la Niçoise ❧ 139
Ratatouille im Römertopf 125
Rotwein-Linsen-Gemüse ❧ ✱ 131
Rotwein-Schalotten und -Pilze 134
Sauerkraut 140
Spinatsoufflé ❧ 120
Weinkraut 129
Weiße Bohnen mit Tomaten ❧ ✱ 132
Weißer Spargel mit Brokkoli-Mousse ❧ 121
Wirsing, toskanischer 128
Wirsingpfannkuchen 136
Zucchini mit Tomaten geschmort ❧ 123
Zucchini und Tomaten gebacken ❧ 127
Zucchini, orientalische ❧ 127
Zwiebeln, marokkanische ❧ 135
Zwiebeln, süße ❧ 135

AUFLÄUFE & GRATINS

Auberginen-Grieß-Auflauf ❧ 147
Blumenkohl, gebackener ❧ 142
Fenchelauflauf ❧ 146
Fenchel-Schinken-Nudelauflauf 143
Gemüse, überbackenes ❧ 145
Gemüse-Bäckerofen 144
Gratin von Topinambur, Mais und Pfifferlingen ❧ 150
Kartoffel-Gratin, deftiges 148
Kartoffel-Spinat-Auflauf ❧ 149
Lauchgratin ❧ 144
Makkaroni-Pilz-Auflauf ❧ 149
Moussaka »light« 142
Nudelauflauf mit Lauch und Shiitake-Pilzen ❧ 147
Sauerkrautauflauf ❧ 145
Wirsing-Auflauf 144

BEILAGEN

Bratkartoffeln, knusprige ❧ 152
Brezenknödel mit Schalotten und Petersilie ❧ 162
Buchweizenplätzchen auf Roter Bete mit frischem Ingwer und Kokossauce ❧ 165
Constantin-Kartoffeln ❧ 152
Gemüsepolenta ❧ 163
Hirseplätzchen, gebratene ❧ 164
Kartoffelfladen mit Rucola-Frischkäse ❧ 156

Kartoffelklößchen ❧ 160
Kartoffeln mit Minze, neue ❧ 153
Kartoffelnocken ❧ 154
Kartoffelnudeln mit Kohlrabi und Erbsen ❧ 158
Kartoffelpüree, gebackenes ❧ 154
Kartoffelravioli auf Egerlingen ❧ 157
Kartoffelrösti ❧ 154
Kartoffel-Sellerie-Püree ❧ 153
Kartoffel-Spargel-Ravioli mit Minze ❧ 158
Kartoffelstrudel 155
Kartoffel-Zwiebel-Omelette ❧ 155
Käsespätzle mit geschmolzenen Zwiebeln ❧ 159
Knödel aus gekochten Kartoffeln ❧ 160
Lauch-Semmelknödel ❧ 162
Pilz-Polenta 163
Quarknocken ❧ 166
Roggen-Apfel-Kücherl mit geschmortem Wurzelgemüse und Meerrettichschmand ❧ 165
Rosmarin-Kartoffeln ❧ 152
Schupfnudeln ❧ 159
Semmelknödel 161
Serviettenknödel ❧ 161
Stampfkartoffeln mit Löwenzahn ❧ 153
Süßkartoffelpuffer mit Mango-Senf-Creme ❧ 157

PASTA & RISOTTI

Auberginengnocchi ❧ 187
Bandnudeln mit Lachs 179
Fettuccine all'Alfredo ❧ 178
Gemüselasagne ❧ 185
Gnocchi à la Franca ❧ 186
Gnocchi ❧ 185
Gnocchi, grüne ❧ 186
Graupenrisotto mit Erbsen ❧ 193
Kräuter-Risotto mit Langustinen 191
Krautfleckerl mit Farfalle ❧ 183
Lemon-Herb-Risotto 192
Linguine mit Gorgonzola ❧ 179
Nudelteig ❧ 168
Oliven-Gnocchi ❧ 187
Paprika-Kräuter-Risotto 192
Pasta à la Scott ❧ 168
Pasta à la Sophia 169
Pasta kochen ❧ 168
Pasta mit frischen Kräutern ❧ 169
Pasta mit gebratenen Lammfilets und Spinat 169
Pasta mit grünem Gemüse 170
Pasta mit Mandelpesto ❧ 171
Pasta mit Mangold ❧ 171
Pasta mit Muscheln, Garnelen und Avocadosauce.. 171
Pasta mit rohem Thunfisch und Kapern 172
Pasta mit Tomaten und Ingwer ❧ 172
Pasta mit Tomaten und Steinpilzen ❧ 173
Penne »Carbonara« – vegetarisch ❧ 180
Penne all'arrabiata ❧ 179
Penne auf kalabrische Art 180
Penne mit Fenchel-Orangen-Sauce ❧ 181
Penne mit grünem Spargel und Thunfisch 181
Penne mit Kartoffeln und Spinat ❧ 182
Penne mit Radicchio und Pancetta 182
Penne mit weißen Bohnen und Tomaten ❧ 183
Ravioli asiatisch ❧ 184
Reis-Pilaf ❧ 193
Risotto Milanese 189
Risotto mit Fenchel und Wodka 194
Risotto mit grünem Spargel ❧ 190
Risotto mit Radicchio 189
Risotto mit Roter Bete 189
Risotto, sizilianisches ❧ 191
Risotto-Grundrezept 188
Rotwein-Risotto 190
Spaghetti al burro con salvia ❧ 174
Spaghetti alla puttanesca 174
Spaghetti mit falschen Trüffeln ❧ 174
Spaghetti mit Hummerkrabben 175
Spaghetti mit Kürbiskern-Minzpesto ❧ 175
Spaghetti mit roten Zwiebeln, getrockneten Tomaten, Balsamico-Essig und Basilikum ❧ 176
Spaghetti mit Spinat und Oliven ❧ 176
Spaghetti Vongole 176
Spaghettini mit Estragonpesto ❧ 177

Spaghettini mit Sepia 177
Spaghettini mit Wein-Paprika-Sauce ☙ 177
Tagliatelle mit Chicorée und Radicchio 178
Zucchini-Pasta mit Mandeln ☙ 173

FISCH & MEERESFRÜCHTE

Calamari in Tomatensauce 223
Feines Fischragout 200
Fisch aus dem Ofen mit Salsa verde 196
Fisch im eigenen Saft 197
Fisch im Wirsingblatt 200
Fisch in der Salzkruste 197
Fisch in Folie – exotisch 198
Fisch mit Knoblauch-Petersilien-Butter und Tomatensauce 198
Fisch mit Safranfenchel 201
Fisch mit Speck aus dem Ofen 199
Fisch mit Vanillebutter 199
Fischfilet à la puttanesca 196
Forelle Blau 221
Garnelen mit asiatischer Sesam-Sauce 224
Gebratener Zander auf Gemüse 205
Gebratenes Heilbuttfilet mit Rote-Bete-Sauce 219
Gedämpfter Fisch auf Gemüsebett 201
Gedämpfter Heilbutt mit Brunnenkresse 218
Gegrillter Fisch mit Rucola-Bohnen 202
Gegrillter Schwertfisch 220
Geschmorter Thunfisch 216
Hummerkrabben in Morchelrahm 224
Hummerkrabben mit Tomaten 225
Kabeljau mit Kartoffeln und Tomaten 207
Kabeljau mit Senfsauce 206
Kabeljau, weiße Bohnen mit 208
Kabeljaufilet im Senf-Ei-Mantel 207
Lachs mit Rotweinbutter 203
Miesmuscheln 222
Oktopus in Wein geschmort 222
Rotbarben aus dem Backofen 214
Saiblingsfilet in Folie 214
Saltimbocca vom Seeteufel 213
Schellfisch mit Estragonsauce 209
Schellfisch mit Senfbutter 209
Schwertfisch mit Balsamico-Trauben-Sauce 219
Seelachs mit Bacon und Estragon 226
Seeteufel auf Currywirsing 208
Seeteufel in Tempurateig mit Thunfischsauce 211
Seeteufel mit Frühlingszwiebeln 210
Seeteufel mit Papaya-Salsa 212
Seeteufel mit Spinat im Netz 210
Seeteufel mit Tomaten-Salsa 212
Shrimps mit Ingwer 225
Steinbeißer mit Fenchel 220
Thunfisch – italienisch 217
Thunfisch in Sesamkruste 217
Thunfisch mit Lorbeer 215
Thunfisch mit Sojasauce und Honig 218
Thunfisch mit Tomatensauce 216
Thunfisch-Gulasch 215
Tintenfischpfanne 222
Wels in Prosciutto mit Kräuterlinsen 213
Wolfsbarsch in Pfeffer-Zitrus-Sauce 220
Zanderfilet auf Sahnekraut 204
Zanderfilet mit Roter Bete aus dem Ofen 205
Zanderfilet mit Selleriesauce 204
Zitronen-Salsa zu Fischfilet 203

GEFLÜGEL

Ente mit Sauerkirschsauce 248
Entenbraten klassisch 248
Entenbrust à l'Orange 247
Entenbrust in Honig-Essig 244
Entenbrust mit Portweinsauce 244
Entenbrust mit Wurzelgemüse 245
Entenbrust mit Zuckerschoten 246
Entenbrust, pfannengerührte 246
Entenbrust-Filets mit Preiselbeersahne 245
Entenkeulen mit Fenchel-Orangen-Gemüse 249
Entenkeulen mit weißen Bohnen und Äpfeln 250
Entenragout zu Pasta 247
Frikassee vom Huhn 233

Hähnchenbrust mit Aprikosensauce ✸ ... 236
Hähnchenbrust mit Lauch und Shiitake-Pilzen ... 238
Hähnchenbrust mit Limetten mariniert ... 238
Hähnchenbrust mit Mandel-Orangen-Sauce ... 239
Hähnchenbrust mit Oliven, Chili und Honig ... 237
Hähnchenbrust mit Pistaziensauce ... 237
Hähnchenbrust, mit Spinat gefüllte ... 239
Hähnchenfilet mit Fenchel und Kardamom ... 235
Hähnchenfilet mit Gurkensauce ... 235
Hähnchenfilet mit Kräutersauce ... 236
Hähnchenfilet mit Quitten-Orangen-Sauce ... 240
Hähnchenfilet mit Salbei und Parmaschinken ... 240
Hähnchen-Lauch-Zwetschgen-Pfanne ✸ ... 234
Hähnchenschenkel mit Sherry-Morchel-Sauce ... 242
Hähnchenschenkel, orientalische ✸ ... 242
Huhn, Linsencurry mit ... 230
Huhn mit Brokkoli aus dem Wok ... 228
Huhn mit grünem Spargel und Zuckerschoten ... 229
Huhn mit Zwiebeln in Weinsauce ... 230
Huhn nach Monty Python, indisches ... 232
Huhn oder Kaninchen in Koriandersauce ... 228
Huhn, Grossmutters ... 231
Huhn, provenzalisches ... 232
Hühnchen mit Cranberries ... 229
Hühnerpfanne, chinesische ... 231
Medaillons aus Hühnerfilet mit Wasserkastanien und Kaiserschoten ... 241
Paprikahuhn ... 233
Platt-Huhn, Toskanisches ... 253
Täubchen, mit Wirsing gefüllte ... 252
Wachteln mit Trauben ... 252
Weihnachtsente »Max« ... 251
Wildente mit karamellisiertem Sauerkraut ... 251
Wildentenbrust auf Wein-Sauerkraut mit Trauben 250
Zitronenhähnchen mit rosa Pfeffer ... 243
Zitronen-Huhn ... 254

FLEISCH

Beinscheiben mit getrockneten Tomaten und Gremolata, geschmorte ... 257
Boeuf Stroganoff ... 267
Bratwurst mit Bohnen und Rotwein ... 275
Fleischlaiberl ... 276
Frikadellen ... 276
Gulasch nach Mama Biolek ... 264
Hackbraten mit Speck und Kartoffelkruste ... 277
Hochrippe in der Salzkruste ... 268
Kalbsgeschnetzeltes, klassisch ... 262
Kalbshaxe mit Spargel-Erbsen-Gemüse, ganze ... 260
Kalbskoteletts Pizzaiola ... 263
Kalbsleber mit Melonensauce ... 257
Kalbsnieren in Senfsauce ... 262
Kalbsrahmgulasch ... 258
Kalbsrücken mit Pilzragout ... 259
Kalbsschnitzel mit Kapern-Sardellen-Butter ... 256
Kalbstafelspitz mit Semmelmeerrettich, gekochter ... 260
Kasseler mit sauren Speckbohnen ... 275
Königsberger Klopse ... 269
Leberknödel auf Sauerkraut ... 268
Lungenbraten nach Mama Biolek ... 267
Rinderfilet mit Senf und Zwiebeln ... 266
Rinderfilet, pochiertes ... 264
Rindergulasch ... 263
Rinderrouladen mit Wirsingfüllung ... 265
Rindsrouladen, mit Gemüse gefüllte ... 266
Schmortopf »Mont Ventoux« ... 278
Schwein mit Ingwer und Sternanis ... 274
Schweinebraten »light« ... 270
Schweinebraten, gespickter ... 274
Schweinefilet in Parmesanhülle ... 270
Schweinefilet mit Äpfeln ... 271
Schweinefilet mit Mangold und Paprika ... 271
Schweinegulasch mit Orangen und Kardamom ... 273
Schweinelendchen mit Heidelbeer-Salsa ... 272
Schweinemedaillons mit Fenchel ... 272
Schweinemedaillons, überbackene ... 273
Tafelspitz mit Apfelkren ... 261
Wiener Schnitzel ... 259
Wiener Schnitzelchen mit Kartoffelsalat ... 256

LAMM

Lamm in Folie ... 280
Lamm mit Honig ... 289
Lamm-Aprikosen-Spieße ✸ ... 280
Lammhaxen, in Rotwein geschmorte ... 286
Lammkeule à la Rosana ... 290
Lammkeule mit Grüner Sauce ... 285
Lammkeule ... 284
Lammkeule, gefüllte ... 285
Lammkeule, gespickt mit Anchovis ... 284
Lammkoteletts auf Gemüse mit Minzöl ... 282
Lammkoteletts mit Kräutersalat ✸ ... 282
Lammkoteletts mit Orangen-Thymian-Sauce ✸ ... 281
Lammkoteletts mit Quittengelee-Glasur ... 290
Lammkoteletts, marinierte ✸ ... 283
Lamm-Medaillons mit Rosinensauce ... 289
Lammragout mit zweierlei Bohnen ... 287
Lammrücken ... 287
Lammschulter mit Zwiebeln und
Paprika geschmort ... 283
Lammtopf, marokkanischer ... 288
Spinat-Lamm-Curry ... 288
Zitronenlamm ... 280

WILD

Balsamico-Honig-Kaninchen ✸ ... 296
Fasan, festlicher ... 306
Hase flämisch süß-sauer ... 298
Hasenfilet im Wirsingblatt ... 297
Hasenrücken ... 297
Hirschbraten mit Rotkraut ... 303
Hirschkalbsrücken mit Champignons ... 304
Hirschsauerbraten ✸ ... 305
Hirschsugo zu Pasta ... 303
Kaninchen in Estragonsauce ... 292
Kaninchen in Senfsauce ... 293
Kaninchen mit Oliven und Orangen ... 293
Kaninchen mit Salbei, mariniertes ... 296
Kaninchen mit Tomaten ... 293
Kaninchen provenzalisch ... 294
Kaninchenleber mit Weißkraut ✸ ... 295
Kaninchenragout ... 295
Rehgulasch mit Rotkohl ... 300
Rehkeule ... 302
Rehpfeffer ... 300
Rehrücken, weihnachtlich ✸ ... 301
Rehschnitzel in Wacholdersauce ... 301
Stifatho von Hasenkeulen ... 299
Toscana-Kaninchen ... 292
Wildfilet mit Blaubeer-Sauce ... 302
Wildgulasch mit Feigen ... 305
Wildhasenspieß auf Radicchiosalat ... 299

DESSERTS

Ananas mit süß-saurer Sahne ... 330
Äpfel mit Walnusssauce, gedünstete ... 329
Apfel-»Blatz«-Auflauf mit Karamellsauce ... 311
Apfelmichel mit Vanillesauce ... 315
Apfelpfannkuchen ... 337
Apfel-Ragout, lauwarmes ... 329
Apfelringe in Bierteig ... 330
Apfelsinen-Gratin ... 311
Apfeltarte ... 333
Aprikosen-Apfel-Streusel ... 331
Aprikosenragout ... 326
Auflauf mit Kirschen ... 310
Beeren mit Portwein-Zabaione ... 327
Birnen mit saurer Sahne ... 328
Birnen, in Riesling pochierte ... 328
Bratbirnen mit Williamszabaione ... 328
Crème anglaise ... 319
Crème brûlée ✸ ... 318
Crêpes mit Auberginenkompott
und Kardamom ... 338
Diplomaten-Creme ... 319
Eiskaffee mal etwas anders ... 340
Erdbeeren mit Cayennepfeffer ... 331
Gebratene Hefetaler mit Pflaumensahne ... 339
Granité ... 316
Grießflammeri ... 318

Grießsoufflé ... 317
Halbgefrorenes mit Krokant ... 308
Heidelbeer-Kirsch-Kuchen, feiner ... 332
Himbeeraufläufchen ... 310
Himbeer-Kirschragout, überbackenes ... 314
Himbeer-Mousse ... 330
Ingwerparfait mit Früchtemousse ✸ ... 309
Joghurt türkische Art ✸ ... 340
Karottenkuchen ... 335
Kirschauflauf ... 310
Kompott von winterlichen Früchten ... 325
Lebkuchen-Sauerkirsch-Nachtisch ... 335
Liwanzen, böhmische ... 338
Mandelpudding ... 321
Marillen-Knödel ... 336
Maronen-Schoko-Dessert ✸ ... 322
Milli-Rahmstrudel ... 313
Mohr im Hemd ... 323
Nussfülle für Oblaten oder Biskuitböden, Mamas ... 335
Obstsalat von Himbeeren und Pfirsichen ... 324
Orangenkuchen, saftiger ... 334
Palatschinken ... 337
Pfirsich-Erdbeer-Kompott ... 327
Pistazienkuchen ... 334
Powidltascherln ... 336
Quarkcreme mit geeister Himbeersauce ... 324
Reispudding mit Beeren ... 320
Rhabarberkompott ... 326
Rohrnudeln mit Zwetschgen ... 313
Rote Grütze ... 324
Rote Grütze, schnelle ... 325
Rumtopf ... 340
Sahne-Milchreis mit Beerensauce ... 339
Salzburger Nockerl ... 316
Schokoladen-Amaretto-Dessert ... 321
Schokoladentorte ... 333
Schokoladen-Vanille-Rum-Creme ... 320
Sticky-Toffee-Pudding ... 322
Tarte Tatin ... 332
Topfenpalatschinken ... 312
Topfensoufflé ... 317
Vanilleeis mit heißen Himbeeren ... 309
Vanillepudding mit Punschsauce ... 323
Vanillesauce ... 308
Zabaione ... 308
Zimtparfait ... 309
Zitronenpudding ... 322
Zwetschgen-Kompott ... 326
Zwetschgenröster mit Kartoffelstreusel ... 314